≪히말라야 배낭여행≫

= 히말라야 트레킹가이드 1권 =

K2 트레킹

▶ 파키스탄 히말라야·카라코람 트레킹 ◀

~ K2, 가셔브룸, 브로드피크 & 낭가파르밧 ~

K2 트레킹

초판 1쇄 발행 2015년 4월 1일

지은이 리릭
펴낸이 장길수
펴낸곳 지식과감성#
출판등록 제2012-000081호

디자인 윤혜성
편집 임혜수, 이현, 양보영
교정 이인영, 이주영
마케팅 안신광

지도 리릭
사진 리릭 & Anis Hussain, Thomas Tichavsky, Christoph Hormann, Marc Ewert, Roger Nix,
     2009 러시아 샥스감밸리 탐험대, 2012 스페인 스노우레이크 탐험대

주소 서울시 금천구 가산동 60-5 갑을그레이트밸리 B동 402호
전화 070-4651-3730~4
팩스 070-4325-7006
이메일 ksbookup@naver.com
홈페이지 www.knsbookup.com

ISBN 979-11-5528-365-3(13980)
값 23,000원

ⓒ Lyric 2015 Printied In Korea

잘못된 책은 구입하신 곳에서 바꾸어 드립니다.
이 책의 전부 또는 일부 내용을 재사용하려면 사전에 저작권자와 펴낸곳의 동의를 받아야 합니다.

이 도서의 국립중앙도서관 출판예정도서목록(CIP)은 서지정보유통지원시스템
홈페이지(http://seoji.nl.go.kr)와 국가자료공동목록시스템(http://www.nl.go.kr/kolisnet)에서
이용하실 수 있습니다. (CIP제어번호 : CIP2015008314)

홈페이지 바로가기

히말라야
배낭여행

히말라야 트레킹 가이드 ①

K2 트레킹

리릭 저

파키스탄 히말라야-카라코람 트레킹

파키스탄의 트레킹 아낙들(From Islamabad)

* 책은 단지 유용한 정보들과 노하우들을 제공하는 데 지나지 않다. 여행을 선택하고 그에 대한 안전과 책임은 전적으로 본인의 몫이다.

* * * * * * * * * * * * * * * * *

▶ 트레킹이란

○ 트레킹(Trekking)의 정의

사전적 의미로는 '힘들게 고생고생 도보로 여행하다(trek)'는 의미를 담고있다. 그 유래는 과거 아프리카 원주민들이 짐승들-가축들과 함께 하는 유랑생활(유목) 내지는 집단이주 과정을 묘사하는 데서 생겨난 말이라 한다. 이러한 점에서 사실 트레킹이란 단어를 사전적으로 명확히 정의하기란 쉽지 않다.

한편으로 일반적으로 우리가 두 다리를 이용해 여행하는 모든 행위를 다 이러한 트레킹의 범주에 넣을 수 있을 것이다. 하지만 굳이 구분하여 언급해보자면, 이러한 도보여행의 대상목적지나 방법적인 측면에서 등산·등반(Mountaineering)/하이킹(Hiking)/워킹(Walking)/백패킹(Back-Packing)등의 부류로 나누어볼 수 있는데, 이들 중에서 트레킹은 등반과 하이킹의 중간 형태라 볼 수 있다. 물론 단지 '걷는다'는 관점에서는 위 모든 행태들이 다 '트레킹'의 일환이라 볼 수 있겠지만 어원에서 보듯 '노력과 수고'가 곁들여진다는 통상적인 관점에서의 '트레킹'이란 단지 산보수준의 '워킹'이나 가벼운 나들이 개념의 '하이킹'- 때론 자전거를 타고 가볍게 나다니는 행태도 포함 -을 넘어서 어감에서도 느껴지듯이 어느 정도의 고행을 감수하고 나서는 도보여행의 개념으로 보아야 할 것이며, 이를 위해서는 다소간 체력적인 측면과 준비성 또한 필요한 여가활동의 일환으로서 다루어질 영역으로서 보아야 하겠다.

또한편으로 위의 '백패킹'의 한 부류로서 생각해볼 수도 있겠으나, 백패킹은 야영/취사 등 모든 장비를 말 그대로 본인이 직접 등에 짊어지고 하는 것임에 반해, 트레킹은 그렇게 과중한 정도의 짐과 장비를 직접 운반하지는 않고 비교적 간소한 차림과 장비만을 갖추어서 나서는 행태를 보여준다. 이러한 점에서 백패킹과도 다소 구분이 되는 여행행태라 하겠으며, 다만 트레킹 대상지역 및 방법적인 측면에서 때로는 그러한 백패킹의 형태를 가미한 소위 '캠핑트레킹' 내지는 '원정(Expedition)'의 범주에까지 확대 적용된다고도 볼 수 있겠다.

이러한 트레킹에 대하여 다른 한편으로는 대상지의 성격과 고도 등에 따라 구분짓기도 하는데, 통상 히말라야 지역에 있어서는 해발 5천5백미터 이하 지역- 때에 따라 그 이상의 고도라도 정상등반이 아닌 단지 고개(High Pass)만 통과하는 경우에도 적용 -의 도보여행을 트레킹(Trekking)으로서 제시하고 있고, 그 이상 고도로 올라가는 경우에는 등반(Climbing)으로서 구분한다. 반면 이러한 구분과는 다르게, 일명 '트레킹피크'로서 알려진 대상지들도 있다. 하지만 이들은 사실 '트레킹'으로서보다는 - 비록 난이도는 전형적인 고산 클라이밍에 이르지 못한다 하더라도 - '등반'의 범주에 넣는 것이 더 타당할 듯하다.

아울러 '트레킹'은 그 목적에 있어서도 다소간 차이점이 있다. 말 그대로 '정상' 등반(등정)을 목적으로 하는 등산 알피니즘에 반해 트레킹은 반드시 정상에 올라야 하는 목적성을 배제하고 그저 단순히(또는 무작정) '걷는 과정'에서 얻어지는 감성과 문화적 체험, 그러한 여로 상의 문화·자연공간에서의 자아성취에 더 주안점을 두고있다. 즉, 트레킹은 단지 어디를 어찌어찌 여행하겠다가 아니라 그저 내 스스로가 자연과 현지에 동화되어 함께 느끼며 체험하고 여행한다가 그 주목적이라 하겠다. 이러한 점에서 현지민들이나 토속문화와의 교류가 중요한 관건이 될 수가 있겠으며, 이러한 부분들을 고려하여 소위 '트레킹 대상'지들이 정해지게도 된다.

※ 고산트레킹

고산트레킹은 말 그대로 '고산' 즉 고도가 높은 산악지역을 트레킹하는 것이다. 일반적으로 해발 3천미터 이상 지역을 트레킹하는 경우를 가리키며, 통상 3천미터~5천미터대까지의 영역을 고산트레킹 지역으로 분류한다. 이러한 고소지역을 트레킹하는 경우에는 말마따나 '고소증'에 유의해야 하며, 아울러 지대가 높은 만큼 개개인의 안전과 편의를 위하여 갖추어야 할 장비와 준비물에도 각별히 신경을 써야한다.

※ 원정(Expedition) & 등반(Climbing)

'원정'이란 현지에서는 통상 '엑스페디션' 말로 표현하는데, 이는 원 뜻대로 '멀리 길을 떠나 탐험하다(expedite)'란 의미를 내포한다. 즉, 문자 그대로 원거리 정찰 내지는 등정을 의미한다 하겠다.

반면 등반을 뜻하는 '클라이밍(Climbing)'이란 말 그대로 '오르는 행위'를 나타낸다. 하지만 이는 단순히 '오르는' 것을 의미하는 것이 아니라 통상 '정상을 목표로 오르는' 행위를 표방한다. 즉, '등정'을 염두에 두고 이루어지는 일련의 활동을 포괄한다. 여기서 클라이밍은 두가지 관점으로 접근해볼 수 있다. 하나는 오로지 '정상'을 위해서 오르는 행위 즉 '등정'에 입각한 관점이고, 또하나는 단지 '정상에 서는' 결과로서만이 아니라 그러한 정상으로의 '오름짓' 자체 또한 중요한 관점으로 부각시키는 소위 '등로'에 대한 정념이다. 이는 곧 이른바 '등로주의'에 입각한 클라이밍을 조성하는 사례가 되었고, 이로 인해 더욱 많은 등반가들이 수많은 코스와 루트들을 개척 시도하며 독자적이거나 차별화된 입지를 구축해가고 있다.

한편 이 두 개념을 혼합하여 일명 '원정등반'이라는 개념이 태동했다. 이는 바로 '원정'과 '등반'을 합친 말로서 통상 세계의 고봉이 밀집되어있는 히말라야 & 카라코람 일대의 무수한 등반대상지를 탐험하고 등정하는 일련의 과정과 행위, 결과를 총 망라한다. 보통 이러한 '원정등반'의 대상지로는 중앙아시아의 히말라야·카라코람 14고봉과 더불어 일대의 크고 작은 고봉들과 암봉·암벽들이 주 대상지로서 등반가들을 불러모으고 있으며, 나아가 비단 이러한 히말라야나 카라코람 지역뿐 아니라 공가산(7,556m)을 비롯한 중국본토 내륙의 고봉들과 멀리 남·북 아메리카 대륙의 로키-안데스 일원의 6천미터급 고봉들에도 원정의 손길을 내밀고 있다.

▶ 서문

"하아, 하아, 하아, 숨쉬기가 너무 어려워. 누가 대신 숨쉬어줘 주었으면 좋겠다…" 2009년 수술 직후 중환자실에서 뇌까렸던 말이다. 그리고 정확히 똑같은 대사를 히말라야에서 되뇌었다. 수술 후 그렇게 몇 년의 시간이 흘렀다. 하지만 느낌은 변하지 않았다. 그 느낌 그대로였다. 숨 쉰다는 게 참으로 매력적인 사실이란 걸 또한번 느꼈다. 다만 이번엔 필연적으로가 아니라 나의 선택에 의해서 그처럼 숨쉬기 어려운 상황 속으로 나 스스로 찾아들었다는 것 그것만 달랐다.

폐수술 후 절망적인 상황을 '산'을 통해서 극복해갔다. 떨어져나간 폐부처럼 잃어버렸던 희망을 그렇게 '산'을 통해서 회복해갔다. 희망은 현실이 되었고 그 와중에 히말라야가 있었다. 그리고 숨쉬기 힘든 희박한 공간으로 다시금 나자신을 몰고 갔다. 힘들었지만 즐거웠다. 더불어 이 즐거움을 나혼자 만끽하기에는 아까웠다. 그래서 나름의 작업을 진행중이며 그 첫 번째 결과물 미흡하나마 바로 지금 이러한 책자를 통해 드러내보고자 함이다.

히말라야는 더 이상 남의 이야기만은 아니라는 걸 깨달았다. 하지만 여전히 경외스럽고 범접키 어려운 대상으로서 뭇 세인들의 뇌리에 박힌 채 회자되고 있음이 안타깝다. 이에 그러한 관념을 털고 좀 더 가깝고 다정하게, 심지어 나와 같은 심폐장애를 지닌 이도 충분히 딛고 다가설 수 있는 다감한 대상으로서 나타내보이고자, 그러한 의중에서 바로 이 첫 번째 가이드북을 집필케 되었다.

내용은 단촐하지만 필요한 사항들을 나름대로 빠짐없이 언급코자 하였다. 하지만 그럼에도 나자신 머나먼 이방의 여행자로서 미흡한 정보력에 의존하여 집필되었기에 때론 빈약하고 때론 만족스럽지 못한 부분 또한 있음을 부인할 수 없겠다. 그렇다 하더라도 모쪼록 이 책자가 멀고 험난하게만 여겨졌던 히말라야에 대하여 좀 더 가깝고 친밀하게 이해하고 다가설 수 있도록 도움이 되었으면 하는 바람과 아울러, 나아가 독자들 스스로 또한 이의 히말라야 여로에 그처럼 직접 여정을 꾸리고 나설 수 있도록 도우미 역할이 될 수 있었으면 하는 소박한 바람이다.

바야흐로 이 책자의 수록내용과 정보제공에 큰 도움을 준 선답 탐험대원들과 현지 도우미들, 트레킹 에이전시 관계자들 및 또한 본 책자의 제작·편집에 열정과 노고를 아끼지 않은 출판관계자 여러 분들께 서두를 통해 감사의 말을 전한다.

▶ 저자에 대하여

1969년 닭띠 해에 태어나다. 대학에 진학하여 불문학을 전공하고 졸업 후 금융권에 잠시 직장을 두었다가 평소 관심이 깊던 여행과 관광 분야에 전념코자 2년 후 퇴사, 이후 국영관광회사에 공채 입사하여 11년간 관광업무에 종사하다 2007년 여행프리랜서를 선언하고 퇴사하다.

퇴사후 곧바로 중증 폐질환(비결핵성항산균 폐감염증)으로 장기간 항생치료를 요하게 되고, 이로 인해 정상적인 직업활동은 접고 투병생활에 돌입케 되다. 그러나 병세는 계속 악화되어 급기야 2년 뒤인 2009년 폐절제를 하기에 이르다.

(▶ 당시 절제부위는 우폐 상단과 중단부, 곧 우폐 전체부위의 약 2/3 가량을 절제해야만 했다. 수술 후 폐활량은 급격히 줄어들었으며 심폐기능 또한 상당히 저하되었다. 아울러 수술 후유증으로 '보상성 다한증'까지 가세. – 우폐 절제부위 내의 교감신경까지 모두 들어내었기에 – 교감신경이 제대로 제어되지 못하여 운동 때나 무더운 환경에서 과도한 땀의 배출로 인해 실생활에 상당한 지장을 갖기도 한다. 더군다나 특이하게도 상체 한쪽(왼쪽) 부위에서만 과도하게 땀이 나오는 기현상은 실생활뿐 아니라 정신적으로도 상당한 스트레스를 유발케 하였다. 하지만 보다 더 큰 문제는 호흡장애였다. 정상인 폐의 60% 정도만으로 숨쉬고 살아야 했다. 숨이 끝까지 쉬어지지 않았다. 폐활량도 그렇게 일반인의 60~70% 정도에 지나지 않았다. 매일같이 숨을 쉬며 살아간다는 것, 아니 숨 쉰다는 자체가 참으로 쉽지 않은 일이라는 걸 알았다. 정말로 숨 잘 쉬고 산다는 게 참으로 고마운 일이라는 걸 깨달았다.)

우울했던 2009년 상반기를 보내고 스스로의 재활에 들어가다. 끌며 기며 다시 산에 다니다. 짧고 완만한 야산조차도 헉헉거리며 오르내리다. 숨쉬기도 버거운데 어찌 그리 오르내리냐 주변에선 야단이다. 하지만 어차피 이래 죽나 저래 죽나 마찬가지란 생각 들다. 조금씩 더, 더, 더 크고 높은 산들에 도전장을 내밀다. 장애의 몸을 받아들이면서 심신의 안정도 되찾아가다. 그렇게 3년간 부단히 산에 다니다. 그리고 2011년 드디어 히말라야를 만나다.

▷ 2011년 5월, 먼저 중국 사천성에 위치한 **공가산(7,556m)** 트레킹에 나서다. 해발 4천 9백까지 이르다. 그때 처음 고소증과 맞닥뜨리다. 설사와 더불어 밤새 토하고 두통과 오심에 시달리다. 지나고나니 추억이 되다.

▷ 그 해 11월 네팔 히말라야를 방문하다. 첫 대상지는 **마나슬루(8,163m)**② 라운딩. 역시 해발 5천미터 지점에서 똑같은 호흡장애와 고소증에 시달리다. 두통과 현기증에 욕지기, 구토가 반복되다. 그래도 무사히 라르케를 넘어 마나슬루 트레킹을 완주하다.

▷ 11월 계속해서 **안나푸르나(8,091m)**③ 라운딩(서키트)까지 완주하다. 토롱라(5,416m)를 넘어 묵티나트, 좀솜에 이르러 일행들과 작별 후 독자적으로 트레킹을 계속, 안나푸르나 베이스캠프 일명 'ABC' 답사까지 마치다.

▷ 12월 곧바로 **에베레스트(8,848m)**① 트레킹에 다시 나서다. 해발 5천5백 칼라파타르에서 다시금 고소증에 직면하다. 이틀간 토하고 먹지도 못하며 보내다. 남들 다 적응된 '고소적응'은 그렇게 본인만 외면하다. 장애 때문이리라. 그래도 도전은 멈추지 않다. 다시 몸을 추슬러 해발 5천4백 고쿄리와 렌조라를 오르다. 그렇게 에베레스트 트레일 역시 완주해내다. (**로체(8,516m)**④ & **초오유(8,201m)**⑥ 트레킹 연계)

▷ 이어 12월말부터 해가 넘어간 2012년 1월초 기간 중 **랑탕(랑탕리룽; 7,234m)** 지역을 방문하다. 타망 헤리티지 트레일~랑탕밸리·체르고리(4,984m)~고사인쿤더 (4,370m)·헬람부에 이르기까지 보다 수월하게 트레킹을 끝내다. 비로소 고산트레킹의 참맛을 알다. 즐겁고 행복했다.

그리고 2012년 하반기 다시 히말라야를 찾다.

▷ 10월초 네팔 안나푸르나 **로얄트렉** 트레킹.
▷ 10월~11월 네팔 **돌포~좀솜 GHT** 트레일 완주.
▷ 11월~12월 네팔 **칸첸중가(8,586m)**③ 남·북 베이스캠프 답사
▷ 12월 중순 **시킴 칸첸중가 & 카브루(7,412m)** 트레킹
▷ 12월말 **부탄여행 & 드룩패스** 트레킹

2013년에도 히말라야 트레킹은 계속되다.

▷ 7월~8월 북인도(라다크) 카시미르히말라야 **잔스카르** 트레킹
▷ 8월~9월 파키스탄 5개봉 베이스캠프(카라코람 **K2(8,611m)**②, **가셔브룸 1·2봉 (8,068m·8,035m)**⑩⑪, **브로드피크(8,047m)**⑫ & 펀잡히말라야 **낭가파르밧(8,126m)**⑨ 남·북 베이스캠프) 트레킹
▷ 9월~10월 네팔 어퍼무스탕 & **다울라기리(8,167m)**⑦ 서키트 트레킹
▷ 11월 네팔 **마칼루(8,463m)**⑤ 서키트 & 베이스캠프 트레킹
▷ 11월~12월 **네팔 아룬밸리~솔루쿰부 트레킹(살파-루나다라-캉카르카-피케(4,067m)**
▷ 12월 네팔 **롤왈링(가우리샹카르; 7,135m)** 트레킹
▷ 12월말 네팔 **시바푸리-헬람부-고사인쿤더(4,370m)** 트레킹

〈①~⑬ : 히말라야 13고봉〉

※ **산행경력 및 향후계획** : 한창 젊었던 10대 후반부터 지금까지 약 30년간 국내 총 1,000여산, 1,800회 이상의 산행경력을 보유. 특히 학창시절 때부터 폐수술 전까지 국내 800여개의 산을 오르내렸으며, 아울러 백두대간 및 정맥, 지맥, 기맥 등 숱한 한국의 산줄기와 수계도 섭렵·완주해가면서 한국지리에 대한 해박한 지식과 식견을 갖추다. 폐수술 후엔 운동능력 저하로 인해 험산등반(암릉·암벽 등)은 자제하고 워킹 위주의 산행으로 회귀. 이후 400여회의 산행 경력을 추가. 2011년 이후로 해외 고산트레킹에 나서고 있으며, 현재 히말라야 13좌 베이스캠프 트레킹 완주, 이어 네팔히말라야의 GHT(Great Himalaya Trail) 완주를 목표로 계획 추진중이며, 나아가 파키스탄 낭가파르밧에서 동북인디아/동부티베트의 남차바르와에까지 이르는 대히말라야(Great Himalaya) 산맥의 전 트레킹 루트를 탐승, 일반대중에게까지 소개하려는 야심찬 계획을 잡고 있다.

〈 히말라야 트레킹가이드 〉

= 1권 =

K2 트레킹

▶ 파키스탄 히말라야·카라코람 트레킹 ◀

카라코람 & 펀잡히말라야

K2 / 가셔브룸 1·2봉 / 브로드피크

&

낭가파르밧

✦ 목 차 ✦

▶ 트레킹이란
  ○ 트레킹의 정의 ·· 5
    ※ 고산트레킹 ··· 6
    ※ 원정(Expedition) & 등반(Climbing) ·············· 6

▶ 서문 ·· 7

▶ 저자에 대하여 ·· 8

▣ 개 관

▶ 파키스탄 개관
  ○ 지리환경 ·· 17
  ○ 인구와 종교 ·· 18
  ○ 언어·문화 및 역사배경 ································· 18
  ○ 경제상황 및 종교·정치갈등 ························ 19
  ○ 여행 유의사항 ·· 19
  ○ 파키스탄 실용정보 ·· 21

▶ 히말라야 & 카라코람
  ⛰ 히말라야란 ·· 23
  ⛰ 카라코람이란 ·· 24
  ⛰ 대상산군 ·· 25

▶ 히말라야 14좌 ··· 26
  ⛺ 베이스캠프(Base Camp)란 ··························· 28

▣ 트레킹 가이드

● 트레킹 준비
  1. 계 획 ··· 32
  2. 준 비 ··· 35
  3. 실 행 ··· 41
  4. 현지진행 ·· 42

◈ 고소증(고산병) 대비 ·· 45

▶ 1장 – K2 발토로 트레킹(중앙카라코람)

- K2 개요 ·· 55
- 발토로 개요 ····································· 56
- 접근방법 ··· 57
- 트레킹 방식 ····································· 57
- 코스안내 ··· 58
  - ⚠ 트레킹안내
    - 1-1. 발토로 4개봉 베이스캠프 ············ 62
    - 1-2. 발토로 4개봉 베이스캠프 + 곤도고로라 ········ 106
    - 1-3. 스코로라 트레킹 ··················· 125
    - 1-4. 히스파라 트레킹 ··················· 129
- 교통가이드 ······································· 152
- 음식 & 숙박 ····································· 153
- 인근 볼거리/즐길거리 ························· 154
  - 🏠 현지추천여행사 ························ 156
- ⦿ 주의사항 ····································· 157

▶ 2장 – 훈자–파수 일원 미니트레킹(북부카라코람)

- 훈자·파수 개요 ································· 160
- 트레킹 방식 ····································· 167
  - ⚠ 코스 및 일정가이드
    - 2-1. 라카포시 & 디란 베이스캠프 ········ 168
    - 2-2. 울타르메도우 ······················· 178
    - 2-3. 파수빙하(파수가르/윤즈밸리/파툰다스) ········ 182
- 교통가이드 ······································· 192
- 음식 & 숙박 ····································· 194
- 인근 볼거리/즐길거리 ························· 196
  - 🏠 현지추천여행사 ························ 197
- ⦿ 주의사항 ····································· 200

13

▶ 3장 – 낭가파르밧 트레킹(펀잡히말라야)

- 펀잡히말라야 개요 ·· 202
- 낭가파르밧 개요 ·· 204
- 트레킹 방식 ·· 205
  - ⛺ 코스 및 일정가이드
    - 3-1. 낭가파르밧 북면 베이스캠프(페어리메도우) ············· 206
    - 3-2. 낭가파르밧 남면 베이스캠프(루팔) ······················ 217
    - 3-3. 낭가파르밧 남부루트(루팔-마제노) ····················· 224
    - 3-4. 낭가파르밧 서키트(루팔-페어리메도우-아스토르) ····· 233

▶ 4장 – 데오사이 트레킹 & 사파리(펀잡히말라야)

- 데오사이고원(데오사이 국립공원) ································· 258
  - ⛺ 데오사이 트레킹
    - 4-1-1. 부르게라(부르지라) 트레킹 ··························· 269
    - 4-1-2. 카추라-데오사이-아스토르 트레킹 ·················· 280
    - 4-1-3. 부르게라 & 데오사이 라운딩 ························ 281
    - 4-1-4. 하르포 트렉 ··· 282

  - 🏔 발티스탄(스카르두)~아스토르 히말라얀패스 ············· 286

  - ◀ 데오사이 지프사파리 ▶
    - 4-2. 스카르두-데오사이-아스토르 ··························· 288

  - ◁ 아스토르밸리 연장사파리 ▷
    - 4-3. 미니메룩-닐룸밸리 확장 ································ 298

- 아스토르밸리 ·· 302
- 닐룸밸리(닐룸밸리로의 히말라얀패스) ···························· 307

14

◆ 5장 – 닐룸강 & 닐룸밸리(펀잡히말라야)

- ○ 개관 ·· 312
- ▲ 유명 트레킹코스 ·· 316
- ◇ 주요 경유지 ·· 321

● 트레킹 조언

- ◎ 팀워크 및 리더십 & 멤버십 ································· 351
- ◎ 스태프(현지수행원)와의 갈등, 마찰, 난관 ········· 362
- ◎ 자기관리 ·· 370
- ⊙ 위급상황 ·· 374

* * * * * * * * * * * * * * * *

〈부 록〉

◆ 파키스탄 국경넘기

- ▷ 파키스탄–인도 ··· 377
  - ◢ 펀잡 짚어보기 ·· 382
    - ◇ 라호르 & 암리차르 ······································ 384

- ▷ 파키스탄–중국 ··· 390
  - ▶ 파미르고원 개략 ·· 393
    - ◇ 타슈쿠르간 & 카슈가르 ································ 401

  - ▲ (6-1.) 야르칸드 기점 K2 북부지역 트레킹 ········· 406

◆ 주요 산악언어 풀이 ·· 426

▣ 개 관

▶ 파키스탄 개관
- 지리환경 ··· 17
- 인구와 종교 ·· 18
- 언어·문화 및 역사배경 ································· 18
- 경제상황 및 종교·정치갈등 ························ 19
- 여행 유의사항 ·· 19
- 파키스탄 실용정보 ······································ 21

▶ 히말라야 & 카라코람
- 히말라야란 ·· 23
- 카라코람이란 ·· 24
- 대상산군 ··· 25

▶ 히말라야 14좌 ··· 26
- 베이스캠프(Base Camp)란 ·························· 28

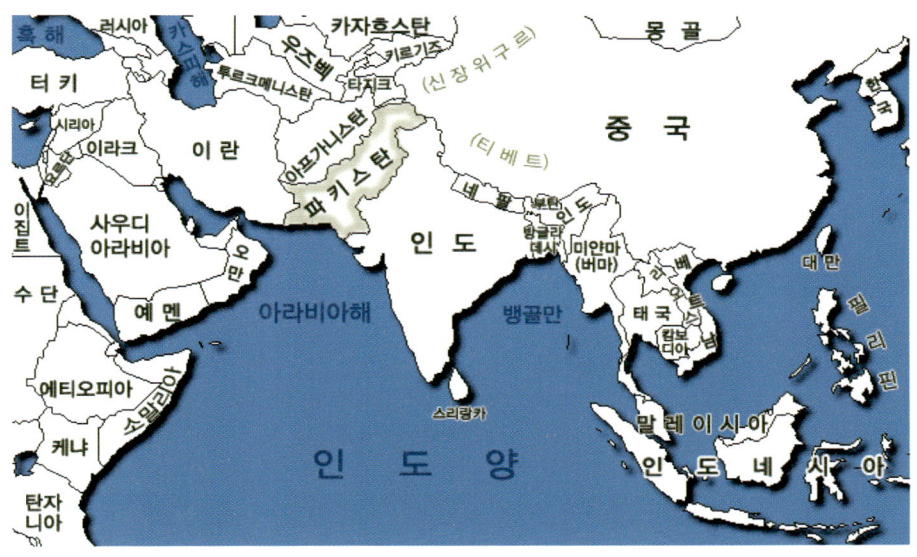

▶ 파키스탄 개관

○ 지리환경

파키스탄은 중앙아시아의 남단에 위치하여 남으로는 아라비아해와 접하고 북으로는 세계의 지붕이라 일컬어지는 파미르고원 중국령 신장위구르 지역과 더불어 아프가니스탄과 국경을 맞대고 있다. 동으로는 카시미르와 펀잡 지역을 사이에 두고 인도와 대면, 특히 인도와의 카시미르 영유권에 대한 영토분쟁으로 민감한 대치상황에 놓여있기도 하다. 서쪽으로는 반면 같은 이슬람 국가인 이란, 아프가니스탄과 국경을 두고 있지만 이 일대는 급진적 이슬람주의 집단인 탈레반과의 갈등과 대립이 빈번하여 여행에 주의를 요하는 곳이기도 하다.

세계4대문명의 발상지인 인더스강이 국토의 중앙을 관통하며 영토면적은 약 80만㎢로 우리나라 남북한 합친 면적의 4배 가까이 되는 세계에서 34번째로 큰 나라이다. 대체적인 지형특성으로는 북쪽이 높고 남쪽이 낮은 '북고남저' 형국을 보이고 있는데, 곧 바다에 접한 국토의 남쪽은 비교적 지대가 낮고 광활한 평야가 펼쳐져있는 반면에 북쪽과 서쪽은 파미르에서 비롯된 카라코람산맥과 힌두쿠시산맥이 급준한 산세를 형성하며 크고 웅장한 고산의 풍토를 빚어내고 있다. 아울러 중국·인도와의 접경에 놓인 북동지역으로도 카라코람과 히말라야의 거봉들이 늘어서있어 특히 매력적인 등반대상지로 손꼽히기도 한다.

기후조건 역시 위도와 고도에 따라 차이가 많다. 바다와 가까운 남쪽 저위도상의 해안지대와 지세가 낮은 내륙의 평야지대는 몬순(계절풍)의 영향을 받으며 연중 무덥고 습한 날씨를 보이는 한편 남서부와 남동부의 황량고원과 사막지대에서는 고온건조한 기후풍토를 보이기도 한다. 반면 위도가 높고 지세 또한 매우 높은 북쪽지방은 히말라야와 카라코람, 힌두쿠시 산맥에 둘러싸인 전형적인 고산성기후의 특성을 보이는바, 아울러 여름철에도 몬순의 영향을 거의 받지 않아 고온건조한 사막형기후의 특성도 가지며, 해발고도가 높은 산악지역에서는 여름철에도 영하의 기온으로 떨어지는 한랭건조한 기후풍토를 빚어낸다. 이 지역의 겨울은 10월부터 이듬해 4월까지에 해당하는데, 이 기간 중에는 강설량이 많아지고 기온도 급강하하여 여행하기에 어려움이 따른다.

○ 인구와 종교

파키스탄의 인구는 1억7천만명에 이른다. 2억 인구의 브라질에 이어 세계 6위의 인구를 보유한 국가이다. (※ 참고로, 이웃한 인도는 12억, 이란은 8천만, 아프가니스탄은 3천만의 인구를 갖고 있다.) 인더스강을 따라 비옥한 평야지대가 펼쳐진 국토의 남쪽과 동쪽의 신두, 펀잡 지방을 중심으로 인구분포가 많은 반면 서부 사막지대와 북부 고산지대 일원은 희박한 인구밀도를 보이고 있다. 인종(민족)별 구성으로는 인도아리안계의 펀잡 계열이 절반가량을 차지하고 있으며 이 외에 페르시아(이란)계에 속하는 파슈툰족, 신드족이 각각 15% 내외, 나머지 세라이키족, 발루치족 등의 인종분포를 보이고 있다. 종교는 인구의 95% 이상이 이슬람교를 신봉하고 있으며, 그 중에서 수니파가 75%, 시아파가 20% 가량을 차지하며 기독교·불교·힌두교를 비롯 기타종교는 5% 미만으로 상대적으로 열악한 교세로 말미암아 때때로 이들 소수종교집단을 대상으로 탄압과 테러가 자행되기도 한다.

○ 언어·문화 및 역사배경

파키스탄의 국어는 '우르드'어이지만 공식석상에서는 영어가 혼용된다. 허나 실질적으로 영어가 공용어 역할을 한다지만 여전히 도시 밖의 지역이나 산악지역, 사막지역 등 외딴 지역에서는 영어로의 의사소통이 곤란한 경우가 많다. 이런 곳들에서는 표준어인 우르드어와 더불어 그들만의 지역언어가 의사소통의 주를 이룬다. 특히 히말라야와 카라코람의 고봉들이 밀집한 발티스탄 일원에서는 일명 '발티어'라 하여 그들 스스로의 고유한 언어문화 풍토를 가지고 있기도 하다.

문화로는 기본종교인 이슬람교 정서에 의거하여 많은 종교문화유적이 산재하고 관련한 문화행사가 펼쳐지고 있다. 반면 과거 이슬람교 이전의 불교문화와 서양의 기독교문화가 전파된 역사적 배경 또한 간직하고 있지만 이후 쇠퇴하고 다만 일부지역에서의 유적과 유물로서만 흩어져있을 따름이다. 의식주 또한 이러한 종교적 풍토로 말미암아 다소간 독특한 문화현상을 내보이고 있다. 음식에 있어서는 술과 돼지고기를 금하며 특히 주류의 반입은 국가적으로 규제하고 있다. 의복은 여성의 경우 통상 얼굴과 손발을 제외하곤 속살이 보이지 않게끔 온 몸을 두른 전통의상이 주를 이루며 특히 목과 머리카락이 보이지 않게끔 가슴에서부터 머리 위까지 덮는 '히잡'과 아울러 하의에서부터 상의, 머리까지 몸 전체를 뒤집어쓰는 '차도르'가 유명하다. (지역 및 가풍에 따라서는 눈만 내놓게끔 만든 올 블랙 '니캅' 의상을 착용한 경우도 종종 목격된다.) 남성의 경우는 노출의 제약은 없지만 역시 전통적인 회색이나 회청색, 갈색 차림의 단색복장 행색이 일반적이며, 신분이나 상황에 따라 머리에 '터어반'을 두르거나 혹은 여성의 경우와 마찬가지로 지역 및 교파에 따른 의복의 차이도 존재한다. 주거문화 역시 대체로 이슬람 문화에 의거한 주거환경을 구축하고 있으며 아울러 일부 지방에서는 과거 불교와 몽골의 영향을 받은 주거문화 및 가옥형태 등도 찾아볼 수 있다.

이러한 파키스탄에 대한 역사적 배경은 먼저 4대문명의 발상지인 인더스강을 빼놓을 수 없다. 이로부터 고대의 화려한 문명이 탄생했고 모헨조다로와 하라파는 대표적인 고대문명의 유적지이다. 이후 불교문화가 전래되어 융성키도 하였으며 기독교 또한 전파되기도 하였으나 크게 빛을 보지는 못하였는바 바야흐로 11세기에 들어온 이슬람문화가 대세를 이루면서 16세기 이후 무굴제국 때를 맞이하여 영토·문화적 전성기를 이루게 된다. 그러나 19세기에 이르러 무굴제국이 쇠퇴하고 영국의 식민지배를 받으면서 인도령에 편입되고, 20세기에 이르러 두 차례의 세계대전을 거치면서 영국에 일조한 이래 1947년 8월 독립을 맞이하기에 이른다. 이후 인도의 동부에 위치하던 동파키스탄이 방글라데시란 국명으로 1971년 분리하여 독립해나감으로써 현재의 인도대륙 서부에 위치한 서파키스탄의 영토로서만 국토를 형성케 되었다. 한편 인도와의 영유권 분쟁지역에 속한 카시미르의 서북지역 역시 1966년 정전협정 이후 현재 파키스탄의 관할권에 놓인 곳으로서 특히 이 일대는 7천미터 이상 고봉들이 가장 많은 세계 최대의 고산지역으로서 알려져있기도 하다.

○ 경제상황 및 종교·정치갈등

파키스탄의 GDP(국내총생산)는 약 2천억달러로서 1인당 GNP(국민소득)는 1천2백달러 정도이다. 과거 한 때 아시아에서 가장 잘 사는 부국의 하나로 꼽히기도 하였으나 인도와의 전쟁 및 동파키스탄(방글라데시)의 독립 이후 경제가 쇠퇴하여 현재는 과거의 영화를 잇지 못하고 있는 실정이다. 경제인구 구성으로서는 전체인구의 절반가량이 농업에 종사하는 대표적인 농업국가의 형태를 보이며, 산업구조별로 보면 이러한 농업에 의한 생산규모가 국내총생산의 1/4 가량을 차지하며 금융/통신/용역(노동) 등과 관련한 서비스업이 약 50%, 섬유/봉제/가죽제품 등 제조업이 25% 가량을 차지한다. 반면 IT·전자 등 기술집약적인 산업 부문은 여전히 취약하다. 무역수지는 매년 적자를 면치 못하지만 막대한 자국 해외노동자들로부터의 외화송금액이 GDP의 상당액을 보전하고 있으며 아울러 외국인투자자로부터도 적자규모를 메우고 있다. 물가상승률은 매년 15~20% 내외의 상승세를 보이고 있으며, 특히 대테러전쟁 수행 및 불안한 정치상황과 맞물려 이러한 높은 인플레이션 현상이 가라앉지 않고 있는 실정이다. 아울러 높은 인구증가율과 낮은 교육수준, 산업 각 부문별 기술부족 및 후진성과 더불어 열악한 사회간접자본시설(전력/철도/도로/항만/항공 등)로 말미암아 파키스탄 경제활로에 걸림돌이 되고 있다. 천연자원으로는 암염/구리/철광석/석탄 등 광산자원과 더불어 상당량의 천연가스와 원유가 매장되어 있다.

한편 종교적·정치적 갈등 또한 간과할 수 없는 사회적 현상인데, 특히 인구의 대부분을 차지하는 이슬람교 내에서도 분파간 교파간 갈등과 대립이 존재하여 곧 종종 시아파와 수니파 간의 갈등이 고조되어 대결양상이 펼쳐지면서 유혈사태가 빚어지기도 하며, 이 경우 본의 아니게 여행객들이 고초를 겪기도 한다. 아울러 국내외 정세와 맞물린 정치상황 역시 그다지 바람직하다고는 할 수 없는데, 특히 극단적 이슬람주의 집단인 탈레반에 대응하여 미국과의 공조하에 수행하는 이른바 '대테러전쟁'에 따른 위험요소 및 아울러 서방 기독교문화에 대한 반감으로부터 바야흐로 소수종교 집단인 자국 내 기독교인들에 대한 반종교적 테러행위 등으로 특정 지역에서는 매우 민감한 국면을 보이기도 하여 이러한 지역을 여행할 때는 더더욱 각별한 주의를 요한다.

○ 여행 유의사항

✦ **여행적기** : 여행에 적합한 시기는 지역별로 다른데, 대체로 저위도상에 놓여 몬순의 영향을 받는 아열대기후 지역은 무덥고 습한 여름보다는 온화하고 건조한 겨울이 여행하기에 좋다. 지역적으로는 수도인 이슬라마바드를 중심으로 그 남쪽에 놓인 지역이라 할 수 있겠다. 반면 이슬라마바드 북쪽 즉 고위도 상의 산악지역으로 올라가면 상대적으로 기온은 떨어지고 추위가

일찍 찾아온다. 이런 지역은 겨울은 여행하기에 적합하지 않고 봄~가을 시즌이 여행하기에 낫다. 특히 계절풍 몬순(우기)의 영향을 거의 받지 않기 때문에 여름철에도 무덥거나 습하지 않고 쾌적한 날씨를 유지, 여행 최적의 시기로 자리매김한다. 이러한 대표적인 산악여행지로서 카라코람 일대의 발티스탄과 훈자 일원, 그리고 디아미르/아스토르 지역 히말라야 산군의 낭가파르밧 일원을 들 수 있는데, 고산지대를 트레킹하는 경우라면 기상조건을 감안하여 6월중순~9월중순까지가 최적이라고 할 수 있겠고, 반면 고산트레킹을 배제하고 단지 카라코람 및 훈자 일원, 낭가파르밧 하부초지(메도우) 일대만 유람코자 한다면 4월~10월까지 확장하여 여행계획을 수립할 수 있다. (참고로. 북쪽 카라코람 발티스탄 발토로빙하 일원은 10월부터 겨울이 시작되어 이듬해 5월까지 지속된다. 이 시기에 찾는다면 철저한 준비가 필요하다.)

✦ **여행 위험지역 및 자제/금지지역** : 파키스탄은 현재 한국 외교통상부 지침 '여행제한국가'로 지정되어있으나 실상 특별한 지역이나 경우를 제외한다면 여행에 아주 큰 문제나 어려움이 따르는 것은 아니다. 다만 파키스탄의 현 정세와 맞물려 여행하기에 긴장과 위험이 감돌고 다소간 불안요소가 상존하는 지역이 많다는 건 사실이다. 하지만 이러한 위험지역을 피하고 유의사항만 잘 숙지하면 대부분 여행객들의 경우 큰 위험은 없다. 대표적인 여행위험지역으로서 아프가니스탄 및 이란과의 국경지대 일원과 그리로의 여행루트는 통상 주의를 요해야하는 곳으로 분류된다. (특히 서부 국경도시 퀘타, 페사와르 등지에서는 간혹 테러가 발생하기도 한다. 물론 여행객들을 직접적인 표적으로 삼는 경우가 아니라고는 해도 가급적 이러한 위험요소가 도사리는 서부도시 일원으로의 여행루트는 자제토록 하기를 권한다.) 아울러 종종 정치·종교적 갈등과 대립국면을 빚는 카라치, 라왈핀디 등 대도시와 더불어 북쪽 칠라스, 길기트 일원을 여행할 경우도 종교·분파간 분쟁 및 정치갈등과 사회문제에 기인한 사건사고가 빈번하여 여행에 주의를 기울여야 한다. 반면 정부차원에서의 외국인 여행금지지역으로 정하는 경우도 있다. 대표적인 예가 탈레반 출몰이 잦은 힌두쿠시산맥 NWFP(North West Frontier Province) 주의 치트랄 서부 국경지역 및 2013년 상반기중 테러가 발생한 낭가파르밧 서면(West Site) 디아미르 베이스캠프 일원이 그러하다. 아울러 타 오지지역의 경우도 때에 따라서는 정부차원의 인솔단(무장병력)이나 무장경찰을 대동하고 여행해야 하는 상황도 발생한다.

✦ **주의 및 금지사항** : 이슬람국가인 파키스탄 여행시에는 복장에도 각별히 유의해야 한다. 특히 여성여행객의 경우는 하반신 신체노출을 삼가야하며, 남자의 경우도 더운 지방을 여행하는 경우라도 가급적 짧은 옷차림은 자제토록 하는 게 좋다. 특히나 보수적인 지역 무슬림의 정서상 반감을 유발할 수 있기 때문이다. 아울러 유적지나 종교·문화시설 등에 입장할 경우에는 긴바지와 긴소매옷을 착용토록 규정되어있는 곳이 많으므로 관광유람 시에 특히 유의토록 한다.

음식의 경우는 이슬람 율법상 돼지고기를 엄격히 금하고 있으므로 파키스탄에서 돼지고기를 먹는 것은 불가능하다. 물론 숲이나 산에서 돼지를 목격할 수 있지만 그들을 음식으로 취하는 것은 허용되지 않는다. 아울러 음주행위 역시 법으로 금한다. 만약 이를 어겼을 경우 자국민은 율법에 따라 강도 높은 처벌을 받게 되며 외국인의 경우는 즉시 추방시킬 수 있다. 그러므로 혹여라도 주류반입·음주행위를 염두에 두었다면 당장 마음을 바꿔먹거나 아예 다른 비 이슬람국가로 여행계획을 변경토록 바란다.

사진촬영시에도 주의를 요한다. 현지인을 대상으로 사진을 찍고자하는 경우 사전 동의를 구해야 하며 특히나 (현지)여성을 피사체로 놓고 촬영코자하는 경우는 대부분 불허된다. 만약 이를 무시하고 멋대로 여성의 안면을 촬영하는 경우 뜻하지 않은 봉변을 당할 수 있다. (⇒ 그들로부터 돌멩이가 날아오거나 상황을 목격 내지는 접해온 다른 친지 남자들로부터 치도곤을 당할 지도 모른다. 물론 사진찍힌 여성 자신도 곤경에 처할 것이다.) 하지만 대도시나 특정 유명관광지의 경우 의외로 선뜻 자신의 안면 촬영을 허용하는 여성들도 있다. 물론 이 경우도 사전 동의를 먼저 득해야 함은 필수다.

끝으로, 종교에 관한 부분이다. 파키스탄 역시 다른 이슬람국가와 마찬가지로 타 종교의 포교(선교)행위에 대해 그리 너그럽지 못하다. 그러므로 종교적 목적을 두고 방문한 경우라도 노골적인 포교행위는 지양해야 하며 가급적 드러나지 않게 처신하는 것이 좋다. 만약 현지인들에게 그러한 (선교)사실이 알려지게 되면 법적으로든 아니든 상당한 곤경에 처할 우려가 높다. 아울러 현지 교민들에게도 악영향을 미치기도 한다.

○ 파키스탄 실용정보

✦ **비자발급** : 여행 전 파키스탄 비자발급은 한국에서 해야 한다. 서울 용산에 소재한 주한파키스탄 대사관(주소: 서울시 용산구 장문로9가길 39) 영사과에서 비자업무가 이루어지며 비자신청 후 수령까지 약 4~5일가량 소요된다. 신청은 본인이 직접 해야 하지만 동반가족(지인)의 경우 대표자 1인이 총괄하여 신청할 수 있다. (개개인 여권 필수.) 여권상의 발급된 비자는 우편수령이 가능하며, 아울러 대행사를 통한 비자발급 대행도 가능하지만 소정의 수수료를 부담해야 한다. 사업비자가 아닌 단순 관광비자의 경우 발급절차가 간단하며 유효기간은 통상 3개월짜리로 발급받는다.

✦ **입국장소** : 파키스탄 입국은 크게 항공과 육로로 나누어볼 수 있는데 일반적으로 항공편 입국이 선호된다. 외국인 입국 가능한 국제공항으로는 수도인 이슬라마바드 공항과 파키스탄 제1·제2의 도시인 카라치, 라호르의 공항이 대표적이다. 한편 카라치의 국제항 역시 선편을 통한 입국이 가능키도 하나 일반여행객들 사이에서는 거의 이용되지 않는 방편이다. 육로의 경우에는 인도, 중국, 이란으로 왕래하는 특정 국경출입국사무소에서 소정의 절차를 마친 후 입국이 가능하다. 인도 쪽으로부터는 라호르와 인접한 '와가' 국경에서 입국이 가능하며, - 인도쪽 명칭은 '아타리' 국경이며 시크교 성지 황금사원으로 유명한 암리차르가 거점도시이다. - 중국 방면에서는 신장위구르(신쟝웨이우얼) 지역의 카스(카슈가르)~타스(타슈쿠르간)를 거쳐 카라코람 하이웨이의 쿤제랍 패스(고개)를 통과하여 파키스탄 최북단의 국경도시 '소스트'에서 입국절차를 마친 후 가능하다. 반면 이란 쪽 국경은 근자들어 외국인의 통과는 허용치 않는 것으로 바뀌었기 때문에 이란을 오가려면 육로 대신 항공편을 택할 수밖에 없다. 국경을 맞댄 다른 국가 아프가니스탄으로(부터)의 입출국은 불가능하다. (여행금지국)

✦ **대사관 & 영사관** : 파키스탄 주재 한국대사관은 수도인 이슬라마바드에 위치한다. 주소는 Block 13, Street 29, G-54, Diplomatic Enclave II, Islamabad, Pakistan, 연락처는 (92-51) 227-9380~1, 227-9385~7이다. 여행 중 긴급한 상황이나 위험에 처했을 경우 대사관을 통해 도움을 받을 수 있다. (※ 연혁: 1968년 주 이슬라마바드 총영사관 개설 및 1969년 카라치 출장소 설립. 이후 1983년 11월 한-파키스탄 국교수립에 따라 총영사관을 대사관으로 승격. 주 카라치 출장소를 총영사관으로 승격) 아울러 파키스탄 제1의 도시 카라치에 소재한 총영사관(공식명칭 '주카라치 대한민국 분관')에도 여행관련 문의 및 도움을 요청할 수 있다. 이곳 주소는 101, 29th Street(Off. Khayaban-e-Mohafiz) Phase VI, DHA, Karachi, Pakistan이며, 연락처는 (92-21) 3585-3950~1, 3585-3426~7이다.

✦ **시차** : 파키스탄은 한국보다 4시간이 늦다. 즉 파키스탄에서의 오전 8시는 한국의 낮12시에 해당하며 파키스탄의 낮 12시는 한국에서 오후 4시가 된다. 영국 GMT(그리니치 표준시)와 비교하면 5시간 빠른 시차를 두고 있다.

✦ **전력(전기)상황** : 다른 남아시아 국가들과 마찬가지로 파키스탄의 전력 및 전기상황도 그다지 좋지 못하다. 정전이 잦으며, 이로 인해 전열기기와 전자제품 사용에 애로가 뒤따르기도 한다. 산업발전과 경제도약을 위해서 파키스탄 정부가 선결해야 할 과제이기도 하다.

✦ **현지화폐** : 인도 · 네팔과 마찬가지로 '루피'란 명칭의 화폐를 사용한다. 하지만 인도의 루피화와는 약 1.6~1.8배 가량의 환차가 존재한다. 최근 들어 급등한 인플레이션으로 인해 이러한 파키스탄 루피화의 가치는 더욱 떨어질 전망이다. (2013년 기준 미국 달러화와의 환율은 대략 US1 ≒ Rs95~105 사이였으며, 원화적용률은 Rs1 ≒ 9~10원 가량 되었다. 이는 전년도에 비해 약 50% 가량 하락한 루피화의 가치이다. ※ 2012년도 US1 ≒ Rs75~80 수준)

✦ **통신(전화/모바일/인터넷/우편)** : 국제전화(International Phone Call)가 가능한 여행사무소나 호텔, 또는 PCO(Public Call Office) 부스를 찾는다. 통화 1분당 일정액을 내고 국제통화를 할 수 있다. 다만 대도시지역에는 이러한 곳이 많으나, 인적이 뜸한 관광지나 소도시로 접어들면 국제통화 가능한 곳을 찾기가 수월치 않다. 이 경우 현지인의 모바일폰을 빌려서 통화를 시도하는 방편도 있다. 물론 소정의 이용료는 지불해야 하겠다. 아울러 주요도시 일원의 숙식 편의시설에서 와이파이(Wi-Fi)를 이용한 인터넷 접속 및 통신이 가능한 곳도 많다. 하지만 속도는 한국에 비해 매우 느리다. 모바일 통신도 아주 첩첩한 산악지역이 아니라면 통신에 문제가 되는 경우는 드물다. 단, 이름난 관광지라 하더라도 폐쇄된 지형이나 산세에 의해 통신장애가 유발되는 경우도 많으며, 특히 산악오지 트레킹시에는 모바일 통신과 인터넷 접속이 거의 불가능하다는 점을 유념키 바란다. (※ 네팔과 달리 파키스탄과 북인도 카시미르(라다크) 일대는 비상상황을 대비한 위성전화(Satellite Phone)를 일반여행객이 지참하여 갈 수 없다.) 국제우편은 한국에서와 마찬가지로 EMS라든가 DHL 등의 국제우편사무소를 통해 처리할 수 있다.

✦ **의사소통** : 파키스탄 언어인 우르두어를 직접 구사하여 소통할 것이 아니라면 대충 영어와 몸짓을 섞어 현지인과의 의사소통 수단으로 삼으면 된다. 그들 역시 이러한 여행객들의 소위 '보디랭귀지(Body Language)'에 친숙하여 기본적이고 필수적인 소통이 그럭저럭 가능하다. 한편 영어가 전혀 통하지 않는 지역도 있다. 이 경우에는 전적으로 보디랭귀지에 의존해야 하는데 이 또한 다른 한편으로는 오지여행의 묘미이기도 하다. 아무튼 현지인과의 소통 및 교감은 언어보다는 여행자의 마음가짐과 손짓 · 몸짓에 달려있다는 점을 명심하라.

▶ 히말라야 & 카라코람

🏔 히말라야란

히말라야란 말의 어원은 산스크리트어(고대 인도어)로 '히말'과 '알라야'가 합쳐진 데서 나온 말이다. '히말(Himal)'은 '눈(또는 설산(Snow Mountain))'을 뜻하고 '알라야(Alaya)'는 '거처', '처소'를 뜻하는 말이다. 곧 직역하면 "눈의 거처" 내지는 "눈으로 덮인 산(신)들의 처소"를 의미한다 하겠다. 지리적으로는 인도아대륙 북단에 솟아 티벳고원과의 장벽을 이루면서 총길이 2,400km에 이르는 대산맥을 형성하고 있으며, 이는 지질학적으로 대륙이동설에 입각한 판구조론에 의거, 과거 남쪽의 인도대륙과 북쪽의 유라시아대륙이 이동하면서 바다 밑에 있던 서로의 판이 충돌하면서 솟아올라 생성된 데서 기인한다는 학설이 유력하다. 이를 뒷받침하는 자료로는 놀랍게도 이러한 세계에서 가장 높은 대산맥 일원에서 발견되는 숱한 바다화석과 해양퇴적지층들이다.

🔺 **산맥적 기원** : 산줄기 '맥(脈)'의 관점으로 볼 때 히말라야산맥의 기원은 이른바 '세계의 지붕'으로 일컬어지는 중앙아시아의 파미르고원이라 할 수 있다. (⇒ 파미르고원은 현재 타지키스탄과 아프가니스탄, 파키스탄, 중국령 신장위구르 지역 간의 국경(옛 교역로)이 교차하는 지역에 형성된 대산역을 가리킨다.) 이로부터 북으로 신장위구르의 텐산(천산)산맥, 동으로 티벳 쿤룬(곤륜)산맥이 뻗었으며, 남으로는 파키스탄 카라코람, 남서방면으로는 아프가니스탄 힌두쿠시 산맥이 뻗어나간다. 히말라야산맥은 파미르에서 남동방향으로 티벳고원의 카일라스 산을 기점으로 남진- 속칭 '*트랜스 히말라야*' 산맥 –하여 그로부터 양 날개를 펼치면서 동으로는 브라마푸트라강(창포강)을 끼고 동북인디아의 아삼히말라야 남차바르와까지, 서로는 인더스강을 위에 두고 파키스탄의 펀잡히말라야 낭가바르밧까지 이어지는 광대역의 산경을 이룬다.

🔺 **범역**

 # 협의의 히말라야(대히말라야산맥) : 서북방 **파키스탄의 낭가파르밧**에서 동북인디아/동부티베트의 남차바르와까지의' 총길이 2,400km의 산군을 두고 일명 '대히말라야산맥(Great Himalaya Range)'으로서 일컬어지며, 흔히 말하는 '히말라야산맥'으로서 매겨진다. 세부 구분으로는 **파키스탄 펀잡히말라야**-카시미르(잔스카르)히말라야-북인도 가르왈·쿠마온히말라야-네팔히말라야-시킴히말라야-부탄히말라야-아삼히말라야 이렇게 국가별 7개 권역으로 나누어 설명할 수 있다.

* 공교롭게도 양 끝단의 산이름이 비슷하다. 어원에 기초한 유래가 같지 않을까 한다. 낭가 파르밧 ≒ 남차바르와. ☞ 예를 들어 산스크리트어는 지역에 따라 파르밧(파르바트)이 파르왓(파르와트)로도 불리며, 바르와 역시 이와 유사하게 바르바 내지는 파르바, 바르밧, 파르밧으로도 불려질 여지가 많다.

 # 광의의 히말라야(광역히말라야) : 중앙아시아의 쿤룬·텐산산맥 및 파미르고원~힌두쿠시산맥~**카라코람산맥**~대히말라야산맥~중국 운남 매리설산까지를 어우르는 대산역을 이른바 '광역히말라야'로서 포괄하여 언급한다.

🏔 카라코람이란

카라코람(카라코룸)은 중앙아시아 투르크족의 언어 '검다'는 뜻의 '카라'와 '돌멩이'를 지칭하는 '코람(코룸)'이 합쳐진 말이다. 즉 풀이하면 '검은 돌(밭)'의 의미를 가진다 하겠다. 이는 이 일대의 지형과 산세, 토양의 성격에서 유래한다. 대체로 어두운 빛을 띠는 산괴와 주변의 검은 돌들이 많은 지리적·지질학적 조건으로부터 명칭에 대한 유래가 생겨났다. 한편 이 카라코람이란 지명은 과거 동·서 문물이 오가던 동쪽의 쿤룬(곤륜)산맥을 넘는 옛 교역로 상의 고개이름에서부터 전해 내려왔다고 하는 설과, 다른 한편으로는 과거 몽골제국의 수도였던 하라호름(Xaraxorm)의 남부방언으로 카라코룸(Karakorum)이 되었다는 몽골어에 기반한 어원설도 있다.

▲ **범역** : 카라코람 또한 중앙아시아의 파미르고원에 모태를 두고 있다. 그로부터 남하하여 인더스강에 이르기까지 파키스탄과 인도 북부의 카시미르, 중국령 신장위구르 지역에 걸쳐 동서로 약 500km, 남북으로 약 150km에 이르는 장대한 산군을 형성하며 아울러 이들 파키스탄-인도-중국과의 국경을 만들어놓고 있다.

전체적인 범역은 대히말라야산맥의 분계가 되는 인더스강 북부의 거대산군을 지칭하지만 세부적으로 들여다보자면 이의 인더스강을 기준으로 남쪽은 펀잡히말라야, 북쪽은 카라코람과 힌두쿠시로 나뉘며, 카라코람은 이 인더스강 북부 **발티스탄** 지역의 발토로빙하권(중앙카라코람)과 길기트 북방의 훈자와 나가르, 파수, 심샬 일원(북부카라코람)까지를 어우른다. '인도(힌두)의 산줄기'란 의미의 힌두쿠시는 반면 아프가니스탄과 국경을 맞댄 치트랄 일원의 코나르강을 분계로 파키스탄 서북 고산지대를 형성하고 있으며 이로부터 아프가니스탄 중앙부를 가르며 서남진, 약 1,200km에 이르는 대산맥을 구축하고 있다.

한편 이 카라코람산맥은 인더스강 동쪽의 대히말라야산맥과 연계, 함께 포괄하여 언급하기도 한다. 즉, 대히말라야산맥의 가장 서쪽 권역으로서 이의 카라코람산맥까지 포함하여 설명하고 있는 것이다. 이에 대한 방증으로는 곧 해발 8천미터 이상 세계14대고봉을 논할 때 보통 '**히말라야14좌**'라고 하는 데서도 찾을 수 있다. 즉, 카라코람에 있는 8천미터급 4개봉우리 역시 히말라야의 범주에 넣어 언급하고 있는 것이다. 비록 인더스강에 의해 산계가 분리되어 있으나 지질학적으로는 동쪽의 히말라야와 서쪽의 카라코람이 서로 다르지 않은 지질구조와 역학적 흐름이라는 설에 입각해서도 이러한 논지를 뒷받침한다 볼 수 있겠다.

⚜ **발티스탄** : 발티스탄은 '발티'언어(문화)를 사용하는 사람들의 땅을 지칭한다. 곧 인더스강 상류 파키스탄 북부의 스카르두를 중심으로 형성된 산악문화의 고장으로서, 이슬람문화와 더불어 과거 융성했던 간다라 불교문화의 흔적도 상대적으로 외부의 간섭과 영향이 적었던 탓에 현재까지도 지역 곳곳에 남아있다. 표준어인 우르드어와 더불어 그들 고유의 '발티어'를 구사하고 있으며, 이는 한편 북방의 '티베트어'와 유사한 어휘와 발음체계를 보이기도 한다. 아울러 티베탄 계열의 인종구성도 많이 띄며 생김새뿐 아니라 이름이나 가문·가풍 역시 그러한 티베탄의 명맥을 아직까지 유지하면서 이슬람 정서와 혼합된 독특한 문화풍토를 보이기도 한다. 다만 종교는 역시 국교인 이슬람교를 신봉하며 오래전 이 지역에 먼저 전래된 불교에 대해서는 유적과 유물로서만 간직할 뿐 신앙으로서 삼는 경우는 거의 나타나지 않는다. 하지만 산악지대 곳곳에 또한 티벳불교의 표상인 '타르초(기도깃발)'가 펄럭이며 휘날리는 모습도 여전

히 목격되고 있음은 무슬림이지만 불교적 정서 또한 사람들의 마음 한편에 자리하고 있음을 반증하는 것이라 하겠다.

현재 이 '발티스탄'이란 지역명칭은 단지 인더스강 유역의 스카르두 일원에 국한되지 않고 소위 '길기트·발티스탄'이라는 명칭으로서 이 일대 즉 '카라코람' 산군 일원을 총칭하여 하나의 광역 행정구역으로 묶여져있다. 과거에는 이 카라코람 일대를 일명 '북부연방통치구역'으로서 명명하고 관리해왔으나 카시미르를 둘러싼 인도와의 분쟁이 평화국면에 접어들고 상호간 협정에 의한 나름의 국경선이 그어지며 이 일대에 감돌던 긴장과 대립상황이 안정되면서 명칭 또한 지역 고유의 '발티스탄'이란 단어를 표기하여 관리해오다가 이웃 '길기트' 지역과 더불어 일명 '길기트·발티스탄' 주로서 근자에 통합 개칭케 되었다. (※ 이로 인해 과거 등반 및 트레킹시 모든 허가와 제반 절차가 이슬라마바드에 소재한 파키스탄 등반사무소(알파인클럽)와 에이전시(여행사)를 통해 이루어졌으나 이제는 명실상부한 자치권을 지닌 행정구역으로서 길기트와 스카르두, 칠라스, 카리마바드 등지의 관광안내소와 현지 에이전시에서 처리가 가능케 되었다.)

한편 이 길기트·발티스탄 주는 단지 길기트와 발티스탄 지역 뿐 아니라 북쪽 훈자·나가르와 서쪽 기제르, 디아메르(디아미르) 및 아스토르 지역까지도 아울러 포괄하는 광역 행정구역으로서 자리매김하고 있다. 이로써 동남지역 스카르두와 간체(강체)를 묶은 **'발티스탄'**(발티어권) 지역, 북쪽의 길기트와 기제르, 훈자·나가르를 묶은 **'부루샬'**(부루샤스키어권) 지역, 그리고 서남방면 디아메르와 아스토르를 묶은 **'다르디스탄'**(셰나어권) 지역 등 총 3권역 7개지역으로 구분하여 짚어볼 수 있다.

🏔 대상산군

중앙카라코람(북부 발티스탄 지역) : 일명 대카라코람(Great Karakoram)이라 칭하며, 발티스탄 스카르두에서 인더스강 북쪽에 거대산군을 형성, 수많은 고봉과 세계 최대의 빙하가 밀집되어 있다. 그로부터 시아첸빙하와 더불어 총길이 62km에 달하는 내륙최대의 빙하 '발토로빙하'를 중심으로 첨예한 고산준봉들이 늘어서있다 하여 속칭 '발토로빙하권'으로 따로 지칭하여 설명할 수 있다. 이름난 고봉으로는 세계2위봉인 **K2(고드윈오스틴)**와 빼어나다는 필명을 지닌 **가셔브룸 1봉~7봉**(세계 11위 및 13위봉 포함), 정상부가 넓다하여 붙여진 이름의 **브로드피크**(세계12위봉)와 더불어 마셔브룸(7,821m), 초골리사(7,665m), 무즈탁타워(7,273m), 트랑고타워(6,286m) 등 6천~7천미터급 다수의 산봉이 솟아있다. 아울러 발토로빙하를 중심으로 비아포빙하, 판마빙하, 트랑고빙하, 만두빙하, 무즈탁빙하, 고드윈오스틴빙하, 비뉴빙하, 아브루찌빙하, 가셔브룸빙하, 초골리사빙하 및 남쪽의 곤도고로빙하, 마셔브룸빙하, 차라쿠사빙하, 카베리빙하, 콘두스빙하 등 크고작은 수많은 빙하가 펼쳐져있다.

훈자강 유역(길기트 & 훈자·나가르 지역) : 길기트 북방의 훈자강을 중심으로 양안에 펼쳐진 산세를 가리키며 대카라코람과 대비시켜 소카라코람(Little Karakoram)으로 분류키도 한다. 대표적인 고봉으로 남부산군 라카포시(7,788m)와 디란(미나핀; 7,257m), 스판틱(골든피크; 7027m), 말루비팅(7,458m), 하라모시(7,409m) 및 북부카라코람 울타르(7,388m)와 시스파르(7,611m), 파수피크(7,284m), 바투라무즈탁(7,785m), 카룬코(7,162m), 그리고 대카라코람으로 연결되는 동부산군 몸힐사르(7,343m), 디스타길사르(7,885m), 트리보르(7,728m), 쿠냥치시(7,852m), 푸마리치시(7,492m), 칸주트사르(7,760m) 등을 꼽을 수 있으며, 이들과 더불어 미나핀빙하(디란빙하), 히스파빙하, 바르푸빙하, 파수빙하, 바투라빙하 등의 거대 빙하지역들 또한 빼놓을 수 없는 명광이다.

펀잡히말라야(남부 발티스탄 & 다르디스탄 지역) : 스카르두의 인더스강 남부 발티스탄과 다르디스탄(디아메르 & 아스토르) 지역의 산군을 가리켜 파키스탄의 펀잡히말라야로서 매긴다. 하지만 카라코람과 따로 구분하여 생각지 말고 함께 포괄하여 언급해본다면 이 파키스탄 북동부의 펀잡히말라야 역시 발티스탄 카라코람의 한 영역으로 다루어볼 수 있다. 이곳에는 세계9위봉인 **낭가파르밧(8,126m)**이 있으며 충그라(6,830m), 라이코트피크(7,070m), 마제노피크(7,120m), 토샤인(사라왈리; 6,424m), 샤이기리(6,290m) 등 6~7천미터의 고봉군이 함께 어우러져있다.

▶ 히말라야 14좌

히말라야 산계에 속한 해발 8천미터 이상 세계에서 가장 높은 14개의 봉우리를 가리켜 이른바 '히말라야 14좌'로서 소개하고 있다. 이는 히말라야와 카라코람의 8천미터급 맹주들을 함께 묶어 제시하고 있음인데, 높이 순으로 열거하자면; ①에베레스트(8,848m/네팔), ②K2(8,611m/파키스탄), ③칸첸중가(8,586m/네팔·인도(시킴)), ④로체(8,516m/네팔), ⑤마칼루(8,463m/네팔), ⑥초오유(8,201m/네팔), ⑦다울라기리(8,167m/네팔), ⑧마나슬루(8,163m/네팔), ⑨**낭가파르밧(8,126m/파키스탄)**, ⑩안나푸르나(8,091m/네팔), ⑪**가셔브룸1봉(8,068m/파키스탄)**, ⑫**브로드피크(8,047m/파키스탄)**, ⑬**가셔브룸2봉(8,035m/파키스탄)**, ⑭시샤팡마(8,013m/중국(티베트))로서, 네팔 8개봉, **파키스탄 5개봉**, 중국(티베트) 1개봉으로 자리매김되어 있다. (※ *칸첸중가, 로체, 다울라기리, 마나슬루, 안나푸르나, 낭가파르밧을 제외한 8개봉 역시 중국(티베트) 접경에 솟아있지만 통상적인 (자유로운) 트레킹 가능기점을 기준으로 관할국가를 언급했다.*)

한편 최근에 로체의 위성봉인 로체사르(8,382m)와 칸첸중가의 위성봉인 얄룽캉(8,505m)을 위의 8천미터 고봉군에 추가하자는 움직임이 있으나 국가간 이해관계가 얽혀 인정받지 못하고 있는 실정이며, 그처럼 굳이 같은 능선으로 인접한 위성봉에까지 세계고봉의 개념을 분리 적용하여 다루기엔 어폐가 있는 것 또한 사실인즉 아울러 타 산봉군들과의 형평성에도 어긋난다는 것이 쟁점이라 보겠다. (※ 이런 점에서 에베레스트의 위성봉으로서도 언급되는 로체를 14좌에 포함해야하느냐 말아야하느냐 의견이 분분키도 했었으나 오래전부터 이미 14좌로서 정립되어 명문화된 이래, 위성봉의 성격이 강함에도 14좌에서 배제치 말고 유지하는 것으로 논의가 일단락되었다.)

파미르 · 히말라야산맥 · 창탕(티베트)고원 조감

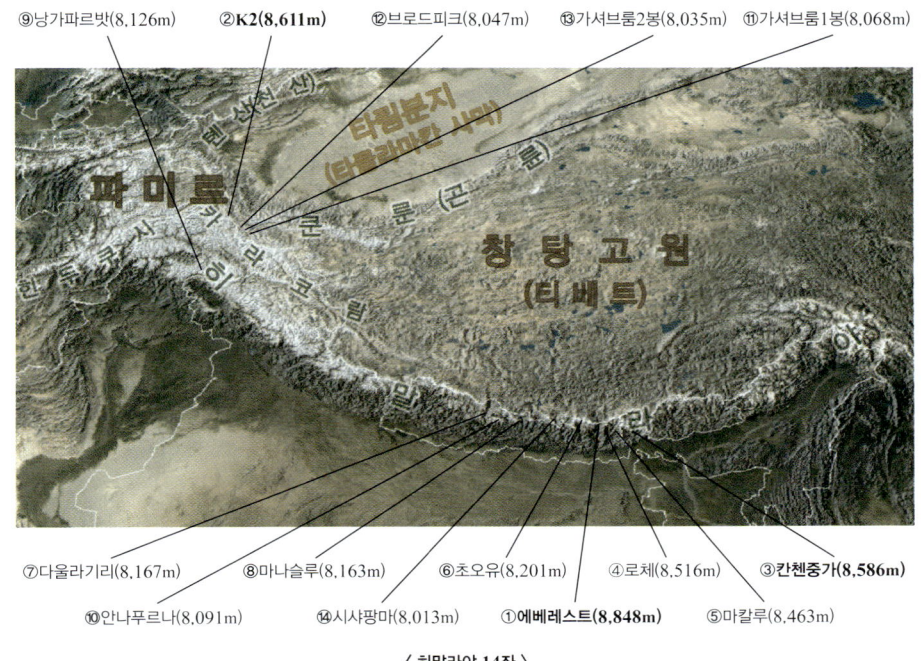

〈 히말라야 14좌 〉

🏕 베이스캠프(Base Camp; 약칭 B.C.)

등반을 위한 전초기지의 역할을 하는 곳이다. 보통 6천미터 이상의 고봉 등반시 대략 3천5백미터~5천5백미터 사이의 비교적 터가 넓고 평평한 곳에 구축한다. 최근에는 트레킹인구가 늘어나면서 단지 등반(Climbing)을 위한 전진캠프(Advanced Base Camp; 약칭 ABC)로서의 역할만이 아닌 이러한 트레커들을 대상으로 하는 최종 탐승목적지로서의 가치를 부여하며 상품화(여행상품 및 숙식편의시설 마련)되고 있기도 하다. 대표적인 예가 위에 언급한 '히말라야 14좌' 각각의 베이스캠프 트레킹이 그러하며, 아울러 자국 밖 여러 명산고봉들의 베이스캠프 탐승을 목표로 추진하는 다양한 프로그램들이 있다.

K2 베이스캠프

(※ 참고적으로, 고산등반의 경우 전초기지로서의 베이스캠프 이후 정상(Summit)에 이르기까지 각 단계별로 캠프1, 캠프2, 캠프3 등의 명칭을 붙이면서 정상등정에 나서게 된다. 특히 최종캠프(High Camp) 이후에는 보통 '정상공격'이란 말로 표현하면서 등정에 나서게 되는데, 거대한 대자연 앞에 티끌과도 같은 미천한 인간이 '공격'이라는 문투와 자세로 임한다는 게 타당치 않다는 의견이 분분하여 근래에는 단지 '시도(도전)' 내지는 '추진' 등등의 단순 겸허한 표현으로 대신하자는 움직임도 일고 있다.)

가셔브룸 베이스캠프

◼ 트레킹 가이드

● 트레킹 준비
  1. 계 획 (대상지 / 여행기간 및 경비계획 / 항공권 / 여행사) ············ 32
  2. 준 비 (장비 / 의복 / 주변용품 / 의약 / 자료 / 팀워크 / 체력) ············ 35
  3. 실 행 (여권 / 비자 / 사전학습 / 물품구입 / 경비납부) ············ 41
  4. 현지진행 (대금결제 / 퍼밋 / 환전·인출 / 지도 / 스태프미팅 / 사전고소적응) ······ 42

◆ 고소증(고산병) 대비
  ◇ 고소증이란 ··· 45
  ◇ 일반증상 ··· 46
  ◇ 예방법 (적응기간·방법 / 수분섭취 / 고소수칙 / 예방약/정수) ············ 47
  ◇ 응급대처 및 후퇴/후송 (응급상황 / 응급약 / 간호·후퇴·후송) ············ 51
  ⊙ 주의사항 ··· 53

● 트레킹 준비

1. 계획

 # 대상지 선정 : 떠나기로 마음먹었으면 먼저 어느 곳(나라)을, 어디를 여행(트레킹)할 것인지 정한다. 히말라야 트레킹을 마음먹었다면 네팔과 인도, 파키스탄 쪽으로 방향을 잡고 계획을 추진한다. 트레킹을 하고자하는 지역도 미리 정한다. "단지 네팔"이나 "인도·파키스탄"이 아니라 구체적으로 어느 나라의 어디어디를, 어느 지역을 어느 코스를 트레킹하겠다는 것을 마음속에 명시하고 아울러 사전 인터넷 검색이라든가 관련서적을 들여다보면서 자가학습을 통해 관심을 기울이며 마음에서부터 준비작업에 돌입한다. (트레킹뿐 아니라 모든 여행의 시작이 다 그러하다.)

 # 여행기간 및 경비계획 수립 : 대상지가 정해졌으면 본인의 여력에 맞는 여행기간과 소요경비 (예산) 계획을 수립한다. 반면 역으로 본인의 기간과 예산에 맞춰 대상지를 선정코자하는 경우도 있을 수 있다. 해당 범위에 맞춰져야 하기 때문에 선택의 폭이 좁을 수밖에 없다. 여행(휴가)기간이 짧거나 금전적으로 넉넉지 못한 경우 서글프지만 이 방법이 중용된다.

 # 항공권 예약 : 목적지와 여행기간, 예산계획 등이 어느 정도 정해졌다면 곧바로 항공권 예약에 돌입토록 한다. 이유인즉 여행시작 수개월 전 항공권을 미리 예약결제하게 되면 항공사별로 다르긴 해도 상당액의 할인율이 적용되며, 아울러 본인이 원하는 날짜의 항공편을 선택하기에도 유리하기 때문이다. (임박하여 항공권을 구입코자하면 특히 성수기인 경우 원하는 날짜의 항공권이 매진되어 없거나 혹은 요율이 매우 높게 변경된 할증금액으로 지불하고 구입해야 하는 상황이 발생한다.) 보통 여행 1~2개월 전에 항공권을 구매하는 것이 좋으며, 만약 해당지역의 극성수기에 여행코자한다면 그보다 좀 더 일찍 계획을 세워 적어도 3개월 이전에 항공권 구매에 나서는 것이 좋다. 알뜰여행을 지향하는 여행자의 경우라면 더더욱 신경써야 할 대목이다.

아울러 직항편 vs 경유편의 경우도 가격차이가 있으므로 본인의 시간과 예산에 맞춰 항공편을 선택하도록 한다. 일반적으로 한국출발의 경우, 경유항공편보다는 직항편의 가격이 높다. 하지만 직항편의 가장 큰 매력은 이동시간이 짧다는 점에 있다. 반면 경유편은 상대적으로 가격은 저렴하지만 도중 1~2곳의 경유지를 들르며 환승– 다른 비행기로 갈아탐 –해서 가야 하므로 그만큼 시간이 많이 소요되며 항공편에 따라 꽤 긴 시간– 심지어는 반나절 이상 –을 환승지에서 대기해야 하는 경우도 있다. 따라서 본인의 선택(우선순위)이 중요한바, 즉 돈보다는 시간이 중한(시간에 쫓기는) 여행자라면 경유편보다는 직항편이, 반대로 시간보다는 금전적으로 절약코자한다면 직항편보다 경유편이 선호될 수 있을 것이다. 물론 이러쿵저러쿵 따지고자시고 하는 것 다 싫고, 단지 '환승(대기)'이 불편해서 직항편을 택하려는 경우도 있을 수 있다. 다만 알아둘 것은 히말라야 방면으로의 항공편의 경우 직항편의 주 운항횟수는 경유편에 비해 상대적으로 훨씬 적다는 것. 예로써, 네팔 카트만두 취항 직항편인 대한항공편의 경우 평수기 주1회, 성수기 주2회이므로 날짜와 일정안배를 따라서 잘 해야 할 것이다. 반면 타이항공, 말레이시아항공, 싱가포르항공, 케세이퍼시픽, 및 중국 동방/남방항공 등은 경유편이지만 거의 매일 운항하므로 날짜선택에 있어 그만큼 유리하다. 단, 이러한 항공사별로도 시간대와 더불어 가격 및 서비스 수준이 다르므로 덥석대고 아무 항공사나 선택치는 말고 각 항공사·항공편별로 출발(Departure)/경유지(Transit)착·발/목적지도착(Arrival) 시간을 꼼꼼히 체크함과 더불어 본인의 사정과 만족도에 부응할만한 항공편을 선택하는 게 좋겠다. 아울러 각 항공사와 항공편 이용후기 등도 인터넷 검색을 통해 다양하게 접할 수 있으니 이로부터도 본인의 여건에 맞는 항공편을 선택하는 데 도움이 될 수 있을 것이다.

(※ 참고로, 경유항공편 이용의 경우 수하물 분실의 사례가 종종 회자되기도 하는데, 특히 중국남방항공의 경우 그러한 사례가 많이 보고되고 있다. 값나가는 고가의 물품이나 다수의 고가장비를 수반코자 하는 경우 가급적 사고빈도가 높은 항공사보다는 요율이 좀 더 높더라도 안정적이고 책임감있는 항공사를 택하는 게 좋겠다. 국적기인 대한항공, 아시아나항공과 더불어, 경유편인 타이항공, 말레이시아항공, 싱가폴항공, 케세이퍼시픽 등이 비교적 안전하며 서비스도 우수하다.)

✈ **에어아시아(Air Asia)** : 말레이시아 국적의 저가항공사이다. 규모가 그리 크지 않은 중소형 여객기를 위주로 국제선취항을 하고 있으며, 상대적으로 염가의 항공료로 여객서비스를 제공하고 있다. 때에 따라 더욱 저렴한 초특가(메이저 항공사의 1/2 내외의 가격)로 항공권 구매가 가능토록 특별이벤트(프로모션)를 펼치면서 승객을 유치하기도 한다. 하지만 그만큼 단점 또한 존재하는데, 가장 큰 단점은 일단 항공권을 구입하고 나면 차후 취소나 일정변경이 쉽지 않다는 것이다. 그나마 과거에 취소/일정변경이 일절 허용되지 않던 약관이 개정되어 출발 3개월전 100%, 2개월전 90%, 1개월전 80%, 1개월 이내 70% 환불이 가능토록 개선되었지만 타 항공사에 비해 여전히 일정변경 및 취소환불에 적잖은 시간과 수고가 따르는 건 사실이다. 특히나 여정에 변동이 많은 (예를 들어 왕복편을 끊어놓고 복편을 변경코자 하는) 자유여행자의 경우 이러한 부분은 상당히 치명적이다. 그래서 확실히 출입국 날짜에 변동이 없을 여행자의 경우에만 이러한 저가항공의 가격메리트가 유용하다 하겠다. 아울러 수하물서비스와 기내서비스에도 차이가 있다. 승객 1인당 수하물+기내소화물 중량제한이 7kg에 불과하고(타 비저가항공사의 경우 소화물 제외한 수화물 통상 20~25kg 적용) 초과할 경우 kg당 추가요금이 징수되며 기내 화물 규격에 대해서도 매우 엄격하다. 기내서비스 또한 일반 메이저항공사와는 다르다. 기내식과 음료 및 간식거리 등이 기본으로 제공되지 않는다. 원하는 경우 이 역시 추가요금을 지불해야만 서비스가 제공된다. 즉, 이러한 번외적인 요소들을 배제함으로써 타 항공사에 비해 상대적으로 저렴한 가격으로 이용이 가능하다는 점을 피력하고 있는 셈이다. 저가항공을 이용코자한다면 사전에 꼭 알아두어야 할 부분이라 하겠다. (현재 한국 출발 말레이시아 쿠알라룸푸르 경유 네팔 카트만두 왕복 주 2~3회 운항한다. 아울러 인도 쪽과 연계하여 루트를 짤 수 있는 콜카타, 코치(코친) 등지로도 운항한다.)

여행사 접촉/확정 : 여행사(에이전시)를 정하는 것 또한 중요한 일이다. 만약 국내여행사에 일임하여 진행하는 경우라면 굳이 항공권예약이나 현지일정진행에 대한 부분을 본인이 직접 도맡아할 필요가 없을 것이다. 하지만 본인 스스로 계획을 수립 추진해나가면서 현지여행사를 통해 진행코자하는 경우 위의 항공권구매와 더불어 현지여행사 선정이 중요한 항목이 된다. 아울러 대부분의 현지여행사의 경우 영어로의 질의 및 답변이 이루어지기 때문에 어느 정도는 언어적인 실력도 갖추고 있어야 한다. (기본적으로 중학생 정도 수준의 언어구사력이면 소통에 큰 문제는 없다. 물론 언어력이 딸린다 해도 시간적 여유가 많다면 사전을 들여다보며 영어공부하는 셈치고 시도해보는 것도 나쁘지 않다.) 일단 FIT(자유여행/가족개별여행)*에 입각하여 진행코자하는 경우를 들면;

* FIT : Free Individual Travel 또는 Family Independent Tour/Travel

1) 현지여행사 접촉 – 방법은 여러 가지가 있겠지만 호평을 받은 현지에이전시 정보를 주변으로부터 제공받거나 또는 인터넷 검색을 통해 그 중 괜찮음직한 여러 곳을 뽑아 본인이 의도하는 여행에 대한 구체적 일정계획 및 견적문의를 넣어본다.

2) 견적수신 및 회신 – 적극적으로 회신하는 에이전시가 있는 반면 아예 회신치 않거나, 한다 해도 대충 소극적인 답변에 그치는 에이전시가 있을 것이다. 소극적인 데는 당연 배제하고 적극적인 에이전시들로부터의 회신자료를 취합·검토 후 그들 중 더욱 전문성있어보이고 구체적이며 명료한 몇 곳을 다시 추려 세부내용(서비스내용/진행방법)과 부가사항(견적조건)에 대한 더욱 면밀한 자료제공 및 부연설명 등을 요구한다.

3) 최종결정 – 취합된 여러 에이전시들의 일정계획(Itinerary) 및 견적(Quotation) 자료로부터 최적의 일정과 서비스, 가격조건을 제시하는 에이전시를 최종적으로 결정, 연락을 지속하면서 보다 구체적이고 세밀한 사항까지 주고받는다.

4) 확정(확약) – 필요에 따라 에이전시 측에서 사전준비를 위한 선수금(Deposit)을 요구하는 경우가 있다. 일리가 있는 부분으로, 보통 총 견적의 10~20% 선에서 책정하여 여행시작 전 일정기일까지 지불함으로써 여행계획을 확정한다. 이후 잔금은 통상 현지 도착 후 에이전시와의 직접 만남에서 지불토록 할 것이며, 간혹 극성수기의 여행인 경우 잔금 역시 여행시작 전 언제까지 지불토록 종용하는 에이전시들이 있으나 그 말에 현혹되지 말고 잔금은 가급적 현지에서 지불하겠다고 못박아 두도록 한다. (굳이 전체경비를 여행도 시작하기 한참 전에 사전 결제토록 요구하는 에이전시와는 거래치 않는 것이 좋다. 아울러 선금(및 잔금)을 선납하는 경우에도 Paypal이나 Bidpay 등과 같이 어느정도 안전장치가 마련된 결제시스템을 통하여 진행하는 것이 좋다. 만약 공급자(에이전시) 측이 그러한 계정이 없다면 만들도록 종용하라.)

※ 국내여행사 vs 현지여행사를 통하는 경우 각각의 장단점

- 애초부터 국내여행사에 일임(또는 기 수립된 여행계획·패키지상품에 합류)하는 경우, 시간과 노력이 많이 필요치 않다. 말마따나 주어진 밥상에 그냥 숟가락만 들고 참여하면 되는 격이다. 그저 차려진 밥상 즉 짜여진 프로그램을 잘 즐기기만 하면 된다. 다만 그에 상응하여 여행사가 취해야 할 몫 또한 부담해야 하므로 그만큼 비용적으로 예산소요액이 크다. 또한 기 짜여진 프로그램에 단순히 따르기만 하면 된다는 점은 하나의 장점이지만 반대로 여행자 본인의 자유의지에 따른 변용이나 확장이 쉽지 않다는 점에서 단순히 맹목적으로 따라다니는 소위 '깃발여행'의 행태로 퇴색될 여지도 있다.

- 기본계획은 본인 수립, 이후 현지진행은 현지여행사에 의뢰 추진하는 경우. 단점부터 말하면 위와 반대로 본인 스스로의 열정과 시간, 노력(언어적인 부분 포함)이 많이 요구된다. 그런 것들이 없거나 혹은 부족하다면 애초부터 국내의 잘 짜여진 여행사 프로그램에 합류하는 게 낫다. 하지만 스스로 충분히 열정적이고 그러한 열정을 분출할 시간과 노력, 실력 또한 충분하다고 믿으면 직접 계획을 수립하고 실행에 나설 수 있다. 가장 큰 장점이다. 즉, 내 스스로 내 입맛에 맞는 계획과 일정을 세워 진행할 수 있다는 것이다. 아울러 비용적인 측면에서도 계획한 바를 어떻게 구성하고 진행하느냐에 따라 다양한 옵션이 가능하다. 소위 비용대비 만족도를 극대화시킬 수 있는 본인만의 일정을 꾸릴 수 있다는 점이다. 현지에서도 그만큼 선택의 폭이 넓다. 굳이 항공권 날짜에 쫓겨 일정을 서두르거나 다그칠 필요가 없으며 상황에 따라 일정에 대한 변용과 융통성을 발휘할 수 있다. 나아가 후속 여행프로그램을 본인 자유의지에 의거 계속해서 추구할 수도 있다. (예를 들어 어느 하나의 프로그램(여정)을 마치고 난 후에 계속해서 연장·확장 여정을 진행코자하는 경우 등)

2. 준 비

 # 장비구입 : 트레킹은 일반 배낭여행보다 챙겨야 할 준비물이 많다. 특히 장비 면에서 그러하다. 더욱이 고산지역을 트레킹하는 경우라면 준비해야 할 장비들은 더욱 늘어난다. 히말라야·카라코람 고산트레킹의 경우 다음과 같은 장비들이 필요하다. (★ : 필수품목 / ☆ : 비필수품목)

1) 기본장비

- ☆ 카고백 : 80~120리터 용량. (단순 **롯지트레킹**˚의 경우 60~80리터 정도의 대형 배낭도 무방. 캠핑트레킹의 경우는 배낭보다는 카고백이 유리. 특히 2주이상 장기간 트레킹하는 경우 옷가지와 부식거리 등을 넉넉히 지참해가고자 한다면 100리터 이상 용량을 준비토록.)

- ★ 배낭 : ① 트레킹도우미(포터) 없이 본인이 직접 메는 경우 60~70리터 규모의 배낭 필요. (야영·취사장비 포함시 더 큰 용량으로 준비.) ② 큰 짐은 트레킹도우미에게 맡기고 본인은 간소차림으로 나서고자하는 경우 약 25~40리터 가량의 개인배낭 별도준비

- ★ 수통 : 1~1.5리터 용량 또는 1리터+0.5리터 등으로 나누어 지참.

- ☆ 미니백(숄더백 종류) : 여권, 화폐, 모바일폰, 메모리카드 등 중요물품 수납. 트레킹과 별도로 간소복장의 시내관광시에도 유용. (단, 사람이 많은 곳을 다닐 시에는 항상 앞으로 멜 것.)

- ★ 침낭 : 오리털/거위털 침낭으로 구비. 특히 동절기 트레킹이나 4천미터 이상 고지대를 장기간 트레킹하는 경우에는 충전재 1,000g 이상 제품을 지참토록. 동절기 배제, 단기간의 롯지트레킹이나 3천미터대 이하의 저지대를 트레킹하는 경우는 800g 이하 충전재로도 가능. 아울러 롯지트레킹시에 해당 숙소의 침구 동시 활용.

- ☆ 베개 : 공기주입식 '에어필로우(Air Pilow)'가 좋음. 필수품목은 아니며, 숙소에 비치된 침구나 본인의 의복류를 활용해도 됨.

- ☆ 매트커버(은박돗자리) : 필수품목은 아님. 지저분한 현지숙소의 침상이나 텐트 내부의 매트리스 위에 깔기 위함. 고가품 필요없고 트레킹 후 폐기. (**카라반**˚시 매트리스는 에이전시 측에서 지급하며, 롯지트레킹시에는 대개 침상에 매트리스가 깔려있음. 단, 에이전시를 통하지 않고 독자적 캠핑트레킹을 수행하는 경우는 매트리스를 별도 구입하여 지참토록.)

- ★ 등산화 : 두툼하고 목 긴 것. 예비용 스트랩(끈)도 준비.

- ☆ 운동화(또는 샌들) : 숙소지나 캠프지에서 착용. 운동화는 등산화 파손시 임시대안으로 활용가능. 오지트레킹시 샌들은 계곡 건널 때에도 유용 – 대용품으로 현지에서 '쪼리' 구입 활용.

- ★ 크램폰(아이젠) : 적설시나 빙설구간 통과시 필요

- ☆ 게이터(스패츠) : 동절기 심설구간 트레킹시 필요

- ☆ 등산스틱 : 산행습관에 따라 반드시 필요한 것은 아님. 수시로 사진장비 다루는 경우는 오히려 불편요소. 필요시 현지에서 조달가능

- ★ 비옷 : 고가품이 아니더라도 배낭까지 덮을 수 있는 종류면 됨.

☆ 대형비닐 : 우천시 카고백 방수 및 캠핑캬라반시 짐승털/냄새 방지. 코팅처리된 방수카고백의 경우라면 굳이 필요치 않음. (참고로 인도·네팔·파키스탄 등지에서는 비닐을 '플라스틱'이라고 함. 현지에서 구입코자하는 경우 "Big Size Plastic Please"라 말하여 주문토록.)

☆ 소형비닐 : 카고백 내부물품 커버(이중방수효과 겸함). 수량 10개 내외로 준비

★ 랜턴 : 헤드랜턴이 좋으나, 롯지트레킹의 경우라면 손전등도 무방.

☞ 이들 대부분의 장비는 현지의 아웃도어 쇼핑가 등지에서도 구입할 수 있으며 가격 또한 저렴하다. 하지만 시간적 여유가 없는 경우라면 미리 한국에서부터 준비하여 오는 것이 낫겠다. (현지 구입품은 유명브랜드의 로고를 모사한 속칭 '짝퉁' 제품들이 대부분으로 가격은 저렴하지만 그만큼 디자인과 품질에 차이가 있다. 하지만 전문등반이 아닌 일반적인 트레킹에 나서는 경우라면 이러한 염가제품들도 무방하다. 행색에 그리 치중하지 않는 젊은 유러피안 등 실속파 트레커들은 현지구입을 많이 선호한다.)

* 롯지트레킹 : 로칼 현지의 숙식이 가능한 상업적 롯지(Lodge)를 활용하여 트레킹하는 방식을 말한다. 게스트하우스(Guest-house)/티하우스(Tea-house) 트레킹이라고도 한다. 캠핑과 취사가 필요없다. (※ 유사하지만 비상업적인 '홈스테이(Home-stay)' 방식의 트레킹도 있다. 말 그대로 현지의 민가를 활용하는 '민박트레킹'인 셈이다. 상업화되지 않은 오지를 여행하는 개인 트레커들이 종종 이용하는 방식이다.)
* 캠핑트레킹(카라반) : 야영·취사장비 및 관련 도우미들(가이드/포터/주방요원 등등)까지 대동하여 대규모 캠핑팀을 꾸려 트레킹에 나서는 방식이다. 보통 4인 이상 단체의 경우가 일반적이지만 최근에는 커플(2인) 또는 단독으로 나서는 경우도 많다. 대개는 현지의 숙식편의시설이 열악한 오지의 트레킹에 나서는 경우 이러한 캠핑방식의 트레킹이 추진되며, 이를 과거 동서양의 대상(隊商)들이 오가던 모습에 비유, '카라반(Caravan)'으로서 명명키도 한다. 나아가 그처럼 단지 인력만이 아니라 말이나 나귀(노새), 야크, 낙타 등 짐승들을 운반수단으로 동원하여 실제적 '카라반'의 형태로 운용하기도 한다.

2) 의복류

★ 자켓 : 방수·방풍기능이 가미된 기능성소재로 된 옷이 좋음. 동절기나 고지대 트레킹시 동계용으로 구비. (오리털/거위털로 만든 일명 '다운자켓'은 숙소나 야영지에 도착해서 저체온증 방지를 위해 착용하면 좋음. – 필수적이지는 않음.)

★ 내피복 : 자켓 안에 덧입을 용도. 경량의 다운자켓이나 스웨터 정도면 됨. (고산지역이라도 해가 쨍쨍한 낮에는 그리 춥지 않으므로 자켓을 벗고 스웨터나 셔츠 차림만으로 트레킹하는 경우가 많음.)

★ 셔츠 : 동절기용, 춘추용, 하절기용으로 각각 1~2벌 준비 – 보통 해발 4천미터 이상 베이스캠프 등 고지대에서는 동절기용으로, 3천~4천미터 이내의 중단부 지역에서는 춘추복으로, 2천미터대 이하의 저지대에서는 하절기용으로 착용. (※ 트레킹 중간중간 빨아입을 경우를 염두에 두었다면 무게·부피 부담을 고려하여 굳이 여러 벌씩 준비할 필요는 없음. 다만 하절기용은 빨래와 상관없이 갈아입어야 할 상황이 많으므로 2벌 이상 준비. 아울러 저지대의 경우 정글지역을 통과하는 경우가 많으므로 반팔셔츠보다는 소매가 있는 긴팔차림을 권장.)

★ 바지 : 위와 동일. 우기(6월~10월중순) 트레킹시에는 **거머리**의 공격을 우려하여 가급적 반바지·반팔차림으로 나서는 걸 지양할 것.)

★ 속옷 : 자주는 아니어도 3~4일에 한번씩은 갈아입을 것으로 상정, 트레킹 기간에 맞춰 준비할 것. (보통 상하의 3~4벌 정도씩 준비하면 무난 - 장기간 트레킹시에도 도중 빨아입을 상황이 많으므로 굳이 많은 수량을 챙겨올 필요는 없음.)

★ 양말 : 등산용 양말로 구비. 1~2일 단위로 갈아신는 것을 상정하여 트레킹기간에 맞춰 준비할 것. (보통 3~5켤레 정도 준비 - 도중 빨래를 한다 해도 등산양말의 특성상 마르는 데 시간이 걸리므로 대비하여 여유있게 구비하는 것이 좋음. 아울러 편안한 잠자리를 위한 수면양말도 챙겨오면 좋음.)

★ 모자 : ① 햇빛가릴 용도의 넓은 원테모자(Hat)나 선캡(Sun Cap). (※ 선캡과 더불어 뒷목과 옆얼굴을 가릴 수 있도록 햇빛가리개로 나온 천제품도 함께 지참하여 가면 좋음.) ② 추위에 대비한 털모자도 구비. (※ 네팔에서는 일명 '야크모자'- *실제로는 양털로 직조* -를 손쉽게 저렴한 가격으로 구입하여 지참해갈 수 있다. 인도와 파키스탄의 관련 상점에서도 구입이 가능하나 "Made in Nepal"이라고 찍혀있다.)

★ 목도리/후드 : 목주위의 방한, 방풍을 위한 필수품목. 굳이 전문용품이 아니더라도 보통의 머플러(목도리)나 후드 정도면 충분

★ 장갑 : 동계용·춘추용 장갑(면장갑 무방) 각각 준비. 특히 춥고 바람이 강한 고지대 지역에서 머무르거나 통과해야할 때 방한장갑이 절실. 이 경우 굳이 고소등반용 전문 방한장갑까지는 아니어도 스키장에서 착용하는 장갑 정도면 무난하며 그 외의 경우는 일반 동계용 장갑이면 되고, 추운지역을 벗어나면 일반 춘추용 장갑이나 저렴한 면장갑으로도 무리가 없음.

★ 수건/손수건 : 잘 마르는 기능성 소재로 된 것이 좋음. 손수건은 얇고 가벼운 것이 좋으며 때때로 마스크 대용으로도 활용가능. (공해·먼지 대처.)

★ 선글라스 : 대단위 설상지역을 트레킹할 때 필수품목. 미지참시 설맹의 위험에 노출. 다만 트레킹의 특성상 너무 진한 것보다는 50~70% 정도의 차단율을 보이는 렌즈착용 권장.

☆ 무릎보호대 : 무릎관절이 안좋은 경우 지참하여 가도록. (트레킹 시 무릎통증을 호소하는 이들이 의외로 많음.)

3) 기타 주변용품 및 여가물품

★ 손톱깎기 : 세트로 준비해가는 게 좋다.

☆ 다용도칼 : 속칭 '맥가이버칼'로 불리며, 여러 상황에서 요긴하다.

★ 세면도구/양치도구 : 비누·샴푸 &, 치약·칫솔 등. (대개의 경우 비누는 숙소지의 롯지에도 비치되어 있으며, 캠핑캬라반시에는 스태프(Staff)들이 준비하여 온다. 이를 활용, 짐을 줄이고자 한다면 양치도구만 챙기라.)

★ 휴지/물휴지 : 여러 면에서 필요하다. 특히 용변 후 뒤처리에 물휴지가 요긴하며, 고지대에서 고소증을 우려하여 물휴지로만 간단히 세안하기도 한다. 여행용 일반규격의 경우 대략 2~3일에 한 팩 꼴로 수량을 산정한다. (물휴지도 마찬가지.) 장기간 트레킹시에는 좀 더 오래 쓸 수 있는 두루마리 휴지를 지참해가는 것도 괜찮다.

☆ 선크림/입술크림 : 햇빛이나 눈의 반사로 인해 피부가 벗겨지는 것을 방지키 위해 선크림 (자외선차단제)을 준비. 아울러 춥고 건조한 지역을 트레킹하는 경우 입술이 터서 고생하는 경우가 많으니 입술크림(립글로스)을 준비해가는 것이 좋다.

☆ 고무장갑 & 빨래줄/집게 : 트레킹 도중 빨래시에 필요. (고산지역은 특히나 물이 차가워 빨래할 때 고충이 많다. 이 경우 면장갑을 끼고서 고무장갑을 착용하면 손시림이 훨씬 덜하다. 아울러 롯지트레킹의 경우 숙소에 빨래줄과 집게가 마련되어있는 경우가 많은데, 하지만 상황이 여의치 않을 경우를 대비해 빨래집게 서넛 정도는 구비하여가는 것이 좋다.)

☆ 카메라 : ① 무겁고 클수록 짐만 되므로 전문 사진여행이 아니라면 가급적 부피와 무게가 적은 성능좋은 하이엔드급이나 미러리스(Mirrorless) 카메라로 지참하여 갈 권한다. DSLR이라면 간단한 줌렌즈 하나만 지참토록 하자. ② 예비용으로 소형카메라(일명 '똑딱이') 하나 더 준비해 가면 좋다. 메인카메라에 문제가 생겼을 때(분실/고장 등) 서브카메라로 활용토록. 명심하자. 남는 건 사진이다. (※ 스마트폰보다는 카메라가 다루기에 낫다.)

☆ 메모리카드 : 각자의 사진취향과 촬영대상(목적)에 따라 적당한 용량으로 준비한다. 단, 메모리 카드 불량의 경우를 대비하여 예비메모리 또한 준비해가도록 한다. (평소 한국에서는 메모리 용량 끝까지 다 채워서 찍는 일이 거의 없지만 해외여행시에는 많은 사진을 찍다보면 어느 순간 불량섹터와 맞닥뜨리게도 된다. 이런 경우를 대비치 않으면 낭패를 보기 십상이다.)

★ 배터리 : ① 카메라배터리 - 오지트레킹시 충전이 여의치 않은 경우가 많으므로 카메라배터리는 여유있게 준비해가도록 한다. (여분으로 4~6개 정도.) ② 전등(랜턴)용 배터리 - 캠핑트레킹의 경우 1일 2~3개 소요량을 산정한다. 개별적인 랜턴사용이 많이 요구되지 않는 롯지트레킹의 경우는 소요량을 1/2~1/3 정도로 줄일 수 있으며, 도중 상점이나 롯지에서도 배터리를 구입할 수 있다.

☆ 휴대용 음향기기(MP3, MDP 등) : 소일거리용. 클래식명곡은 취침시 불면증에도 도움이 된다. 스마트폰을 활용할 수도 있다. 여벌 이어폰도 지참토록.

☆ 책 : 음향기기와 더불어 무료함을 달래기에 좋다. (※ 단, 너무 작은 글자체의 서적을 뚫어지게 쳐다보면 고산두통이 심화될 수 있으니 유의토록.)

☆ 필기구 : 기록을 위한 미니노트 또는 수첩(다이어리) 및 유성볼펜 등 지참. (수성펜은 얼어붙음)

★ 여권사본 & 사진 : 특별한 경우(여권분실시나 항공편 변경시 등)를 위해 여권사본 1~2부 복사하여 각기 다른 가방(배낭)에 수납하여 지참. 본인사진은 도착비자의 경우와 더불어 트레킹허가증(퍼밋)과 팀스카드(네팔의 트레킹카드) 발급시에 필요하다. 본인의 트레킹계획과 대상지역에 맞춰 필요수량-비자용·퍼밋용·팀스용(네팔의 경우)을 가져오도록 한다. (반드시 여권사진 동일규격의 크기일 필요는 없다. 명함판, 반명함판이나 증명사진도 무방하다.)

☆ 플레잉카드(트럼프) : 오락용. 숙소지에서의 여가시간 활용 및 고소증 방지 차원에서도 유용. (※ 고산에서는 휴식기(휴식시간/휴식일)라 하더라도 널부러지지 말고 계속해서 무언가 나름의 육체·두뇌활동을 진전시키는 게 좋다. - 고소증 노출의 위험이 큰 밤시간 숙면에도 도움이 된다.)

4) 의약품류

★ 두통약 : 20정 내외 (1일1회 복용 상정하여 트레킹 소요기간에 맞춰 준비)

★ 종합감기약 : 10정 내외 (2~3일치)

★ 지사제(설사약) : 10정 내외 (2~3일치)

★ 소화제(위장약) : 10정 내외 (2~3일치)

☆ 사혈침 : 식체시 응급조치. 고소상황에서의 혈액순환에도 도움

★ 항생제 : 10정 내외 (2~3일치) – 상처감염 및 염증치료

★ 상처연고제 : 후시딘/마데카솔 등(소형)

★ 스티커밴드 : 10개 이상 – 상처보호 및 치료용 (※ 국내 약국에서 판매하는 밴드닥터가 좋다.)

★ 거즈 & 반창고 : 소형 스티커밴드로 처치하기 곤란한 상처부위가 큰 경우 대비

★ 벌레물린 데 바르는 약 : 물파스 종류나 크림 타입의 연고제

☆ 아스피린 장용정(혈행개선제) : 30~40정 (1일 2정 복용 기준으로 트레킹 소요기간에 맞춰 준비)
  ✔ 주의〉 단순두통약으로서의 일반 아스피린이 아닌 혈행개선제로서 피를 묽게 해주는 '장용정'으로 약국에 주문 – 복용시 고소상황에서 효과적. 단, 출혈시 지혈이 잘 안될 수 있으므로 신체적 상황에 따라 복용. (출혈을 동반하는 상처가 났거나 사혈을 요하는 경우는 복용 자제.) 징코민 등의 혈행개선제로 대신할 수도 있다.

☆ 다이아목스(고소예방약) : 탄산탈수 효소억제제로서의 일명 '아세타졸 아마이드'라는 다이아목스(Diamox)는 이뇨제로서 고소예방약으로도 유용. 보통 해발 3천미터 고도에 이르기 전날부터 복용. 1일 1정 기준으로 트레킹 소요기간에 맞춰 준비. (1회 1/2정 × 1일 2회 복용.) 단, 국내에서는 현실적으로 구입이 힘든 경우가 있기에(녹내장/백내장 처방전 요구) 인도·네팔·파키스탄 현지의 약국에서 구입하는 편이 유리하다.

  ※ 일반증상 및 부작용 : 잦은 이뇨감으로 소변량이 많아지며 그만큼 갈증도 생겨나 물을 더 많이 마시게 됨 – 수분섭취가 많아지고 신진대사가 활발해짐으로써 고소증에 상당한 효과. 부작용으로 안면과 손발 떨림·저림 증상. 특히 취침시 경련증세가 심화되기도 함. 심할 경우 복용을 중단하고 다른 대안을 모색할 것.

☆ 비아그라(고소치료약) : 1정(=4회 분량) 준비. 처방전을 받아 약국에서 구입가능. 국립의료원 해외여행클리닉에서도 구입할 수 있음. 고소증으로 인한 응급상황에 복용. (1회 1/4알로 쪼개서 복용. – 복용해도 고소상황에서 비뇨기적으로는 효과 미미.) ※ 트레커가 많이 몰리는 네팔 타멜의 여행자거리에서도 구할 수 있다 하나 정품여부는 확실치 않음.

☆ 근이완제 : 1일 2회 2~3일분. 운동과다로 인한 근육통이나 고소환경에서의 순환장애에 따른 근육통증 완화에도 유용.

☆ 패치류(파스) : 근육통·결림증상 부위에 붙이는 패치(찜질파스), 관절 통증부위에 붙이는 패치(관절파스), 고지대에서의 취침시 저체온증 방지를 위해 신체에 붙이는 핫팩(열파스) 등 패치류 적당량 (각 2~4개)

☆ 비타민 C : 1일 4~6정 (트레킹 소요기간에 맞춰 준비)

☆ 영양제 : 그밖에 오메가3, 종합영양제 등을 지참해가면 체력과 영양증진에 도움이 된다.

(⇒ 의약품류 전부를 카고백에 수납하여 다니지 말고 응급상황시 요구되는 필수구급의약품 각각의 적당량(최소 1일분)을 일명 '구급키트'로서 꾸려 상시 본인 배낭에 지참하고 다닐 것.)

5) 부식류

위의 기본적인 품목들 외에 음식이 입에 맞지 않을 경우를 대비하여 먹거리 등도 지참하여 갈 수 있다. 대표적인 부식거리로 라면, 햇반, 즉석조리음식(레토르트식품), 누룽지, 캔류(햄/참치 등), 절임반찬(깻잎/마늘 등), 건어물류(멸치/오징어포 등), 죽 종류, 차류(커피/녹차 등), 고추장 등 음식거리와 견과류, 초콜릿/사탕류, 육포 등 행동식이 있다. 하지만 이런 부식거리들이 많아질수록 짐의 무게와 부피 또한 늘어난다는 점을 명심하자. 가급적 현지식을 위주로 삼고, 꼭 필요한(간절한) 경우에만 이러한 부식거리를 활용하는 방편을 모색하라. (★ 단, 초콜릿, 사탕, 초코바 등의 비상 행동식은 상시 본인 배낭 안에 떨어지지 않게끔 준비하여 지니고 다닌다. 부족시에는 트레킹 도중이라도 인근 상점이나 롯지에 들러 확보토록 한다.)

* * * * * * * * * * * * * * * *

 # 자료준비 : 지참물에 대한 정리가 어느정도 되었다면 마찬가지로 숙지해야할 정보와 지녀야 할 자료들에 대해서도 준비토록 한다. 인터넷을 통해 해당국가와 여행루트에 대한 자료를 수집하거나, 필요한 경우 관련서적의 내용을 스크랩하여 나름대로 정리하여 활용하여도 좋다. 트레킹과 관련해서는 인도나 네팔 쪽은 비교적 자료가 풍부한데 반해 파키스탄 쪽은 상대적으로 빈약하다. 필요하다면 국내자료에만 의존하지 말고 외국어검색(구글링 등)을 통해 타 국가(또는 현지)의 정보사이트나 에이전시에서 제공하는 정보 및 그들 외래여행객들의 여행후기 등을 참고 활용하는 방편도 있다. 아울러 각종 가이드북– "*Lonely Planet*" 등 –에 수록된 유용한 정보들을 수집하여 취합 정리할 수도 있겠다. 이 모든 것이 나름 시간과 노력이 수반되는 과정이지만 이를 통해 그만큼 충분한 사전학습과 더불어 추구하는 여행에 대한 다양한 밑그림을 구상할 수 있게 될 것이다.

* * * * * * * * * * * * * * * *

 # 팀워크 체크(사전간담회 & 예비산행 등) : 만약 단체로 팀을 이루어 트레킹에 나서는 경우라면 참여자(대원)들 간의 이른바 '팀워크(Team Work)' 또한 중요하다. 필요에 따라 사전모임(간담회 등)을 통해 목표와 방향을 설정하고 서로의 의견을 조율해가면서 공동의식과 협력·화합의지를 조장해가도록 한다. 나아가 친목도모 및 교감증대와 더불어 대원간의 여행(산행)스타일도 파악할 겸 사전 예비산행을 추진해보는 것도 좋은 방안이다.

* * * * * * * * * * * * * * * *

 # 체력연마 : 팀워크훈련(준비산행)과는 별개로 본인 스스로의 체력증진에도 힘을 기울인다. 성공적인 트레킹 완수를 위해 본인의 체력과 신체조건은 스스로 연마해야 한다. 이를 무시하고 대충 어찌되겠지 하는 마음으로 따라나선다면 본인은 물론이거니와 함께한 동료들과 주변 타인에게까지 적잖은 영향을 미친다. 여행 전 항상 좋은 건강을 유지토록 노력하고 아울러 잠깐씩이라도 매일 같이 꾸준한 운동을 통해 기초체력과 지구력, 근력을 유지토록 힘쓴다.

3. 실 행

 # 여권발급 : 해외여행 첫 번째 조건으로 여권은 필수다. 구청이나 지자체 시·군청에서 발급이 가능하며, 기 보유 여권을 활용코자하는 경우 유효기간 6개월 이상 남아있어야 한다. 발급비용*은 가장 보편적인 유효기간 10년짜리 복수여권(횟수에 상관없이 출국 가능)의 경우 수수료·기금 포함 5만3천원, 유효기간 1년 이내의 단수여권(귀국 후 재사용 불가)의 경우 2만원(사진부착여권의 경우 1만5천원)이다. 대부분의 여권발급기관에는 관련도우미가 배치되어있어 신청 및 처리절차에 큰 어려움이 없다.

* 여권발급비용(수수료 및 국제교류기금)

종류	구분		기간	여권발급 수수료	국제교류 기금	계
전자여권	복수	성인	5년 초과 10년 이내	38,000원	15,000원	**53,000원**
		미성년	5년 (만8세~18세 미만)	33,000원	12,000원	**45,000원**
			5년 (만8세 미만)	33,000원	-	**33,000원**
	단수		1년 이내	15,000원	5,000원	**20,000원**
사진부착 여권	단수		1년 이내	10,000원	5,000원	**15,000원**

(※ 여권발급에 있어 사진의 조건과 규격이 중요하다. 신규로 사진관에서 촬영하여 제출코자하는 경우는 대부분 사진관에서 알아서 해주지만 만약 본인이 직접 촬영하거나 기존의 사진을 활용코자한다면 여권사진의 조건과 규격에 어긋나지 않도록 주의를 기울여야 한다. 인터넷 등을 통해 미리 이에 대한 정보를 열람하여 실수가 없도록 한다.)

 # 비자신청 : 여행코자하는 대상국가의 한국주재대사관에 신청하여 받는다. 관광비자의 경우 여행기간 및 각국의 비자정책에 따라 15일/1개월/3개월/6개월 단위의 유효기간을 지닌 싱글(1회만 입국 허용)/멀티플(횟수 상관없이 재입국 허용) 비자를 신청하여 받을 수 있다. 비자에 관한 절차와 비용, 구비서류(사진 포함) 등에 대해서는 해당대사관에 문의하거나 인터넷 검색으로 알아볼 수 있다. 아울러 각국의 비자정책 또한 수시로 바뀌니 신청 전 해당대사관에 미리 문의하여 착오가 없도록 한다. (발급절차, 대행발급 가능여부, 유효기간 개시/기산 시점 등등)

> * **도착비자 :** 네팔의 경우 현지(국제공항 및 출입국사무소 소재 국경도시)에 도착즉시 멀티플비자 발급이 가능하며, 15일/30일/90일 단위로 신청 발급받을 수 있다. 비자비용은 15일-25달러, 30일-40달러, 90일-100달러 이다. 비자연장은 해당국가의 이민국(Immigration Office)을 방문하여 진행한다.

 # 준비자료 학습 및 현지정보 사전숙지(Pre-Familiarization) : 그간 준비한 여행자료 및 추가 필요한 정보들에 대해서도 계속 돌아보고 취합, 반복적으로 학습함으로써 지식적으로도 소양을 갖추도록 노력한다. 여행(트레킹)하고자 하는 대상지역의 현지정보에 대해서도 수시 열람하여 이해도를 높이고 사전 충분히 숙지하여 나서길 권한다.

 # 의약품 & 부식거리 구입 : 준비물 중 의약품과 부식거리는 여행출발 1주일 전쯤에 구비토록 한다. 일찍부터 준비치 않는 이유는 특성상 변질의 우려가 있기 때문이며, 그렇다고 너무 임박해서 구하려면 시간적 여유가 없어 미처 구비치 못할 수도 있으니 대략 출국 3~4일 전까지는 완비토록 한다.

 # 잔금납부 : 여행사(에이전시)가 정해졌으면 결제조건에 따라 잔금납부를 시행할 수도 있다. 특히 국외여행사(현지에이전시)의 경우 완납이든 분납이든 충분한 의견조율을 통해 진행토록 한다. 혹시 모를 경우를 대비하여 어느 정도 안전장치가 마련된 결제시스템을 통하여 진행하는 게 바람직하다.

4. 현지진행

 # 현지 에이전시 미팅 및 잔금결제 : 외국 현지에 도착해서 가장 먼저 할 일은 에이전시(에이전트)와의 접촉이다. 만약 모든 상황이 제대로 '**정리(Arrange)**'되었다면 입국장소에서부터 에이전트가 마중 – 이른바 '픽업'(Pick-up)서비스 –을 나올 것이다. 이후부터는 에이전시 측에서 다 '**알아서 진행(Manage)**'할 것이므로 크게 신경쓰지 않아도 된다. 잔금결제 역시 해당 에이전시 사무실로 안내받아(혹은 직접 방문) 직접 현금지불하거나 신용/체크카드 또는 스마트폰을 통한 여타 결제수단(페이팔 등 결제시스템)을 이용하여 지불처리하면 되겠다. 그리고 증빙(영수증)을 받아두는 것을 잊지 말자. 서구식 처리방식인 경우에는 견적(Quotation)이 영수증(Receipt)을 대신키도 하는데, 이 때 **"Paid"** 날인을 받고 아울러 영수자=대표자의 서명(Signature)도 표기되도록(또는 인장 날인) 요청한다.

(※ 만약 위와 같이 아닌(에이전시 예약 없이 입국) 상황이라면 숙소 이동 후 곧바로 준비절차에 돌입해야 하겠다. 에이전시 사무실을 직접 방문 상담(견적) 후 적당한 에이전시와 계약을 체결하고 본격적인 트레킹을 준비토록. 단, 성수기의 경우 유능한 일꾼(트레킹도우미)들은 먼저 예약한 단체프로그램(그룹투어) 등에 선점되어있는 경우가 일반적이라 상대적으로 능력과 수준이 다소 떨어지는 일군들을 배정받을 가능성이 크다. 따라서 성수기라면 앞당겨 에이전시를 확정짓고 미리 투어/트레킹 예약을 통해 진행하는 것이 바람직하다.)

 # 허가증(Permit) 신청 및 발급 : 트레킹지역에 따라 출입(입산)허가가 필요한 곳이 있는바, 현지 에이전시를 통해 진행토록 한다. 만약 사전에 에이전시와 모든 일정진행 및 프로그램이 확약되어 있는 경우라면 보통은 그쪽에서 다 알아서 할 것이므로 딱히 신경쓸 일이 없다. 파키스탄의 경우 중앙카라코람국립공원 상의 발토로 K2 일원을 트레킹하고자 하는 경우 에이전시를 통하지 않고서는 트레킹허가를 내주지 않으며, 아울러 1인 U$50의 트레킹비(Trekking Fee)를 요구한다. 반면 훈자지역(라카포시 포함)이나 낭가파르밧 일원은 트레킹에 별도의 허가나 비용을 요구치 않아 개인이 자유롭게 트레킹이 가능하다. (필요시 여행사무소에 트레킹 신고서만 제출.) 이밖에 허가(퍼밋)가 반드시 필요한 지역이 있으나 대개는 일반 유명 트레킹지역과는 동떨어진 오지에 위치하여 특별한 오지 탐험가의 경우가 아니면 잘 찾아들지 않는다.

한편 파키스탄 내 단순한 트레킹이 아닌 클라이밍(고산등반)의 경우는 6천5백미터 이하 대상지에는 별도의 비용을 징수하지 않지만 그 이상부터는 대상고도에 따라 차등하여 등반료(Royalty)를 징수한다. 그로부터 최소 7인 이상 규모의 등반팀이 구성되어야 하고, 대상지(고도)별로 1인당 U$200~U$2,000의 등반료를 납부해야 한다.

* 등반료(Royalty Fee) 일람

등급(그룹) (☞ 고도별 구분)	등반고도(m)	총등반료(U$) (7인기준)	추가 1인당 가산액 (U$)
1그룹	K2 - 8,611	12,000	2,000
2그룹	8,001~8,500	9,000	1,500
3그룹	7,501~8,000	4,000	500
4그룹	7,001~7,500	2,500	300
5그룹	6,501~7,000	1,500	200
트레킹그룹	6,500 이하	면제	면제

(※ 인도도 마찬가지로 6천5백미터 이상 고봉의 경우 퍼밋과 더불어 등반료(고도단위별로 차등)가 필요한데, 대표적으로 **카시미르(잔스카르)**의 눈(7,135m), 쿤(7,077m), **히마찰프라데시**의 실라(7,025m), 레오푸르길(6,816m), **우타란찰** 가르왈·쿠마온의 카메트(7,756m), 난다데비(7,817m), **시킴** 카브루(7,412m) 등의 고봉들이 그러하다. (6천5백미터 이하는 일률적인 입산료만 징수) 다만 카브루의 모산으로서 동부네팔과의 경계상에 솟은 칸첸중가는 특별한 경우를 제외하고는 인도(시킴) 쪽에서의 정상등반이 허용되지 않아 대개 네팔 쪽을 통해서 오르게 된다. 한편 네팔의 경우는 일반 트레킹지역을 트레킹하고자할 때 퍼밋/입산료뿐 아니라 소위 'TIMS(Trekking Information Management System)'라고 하는 트레킹카드도 만들어 나서야 한다. 이 역시 에이전시를 통해 진행하는 것이 일반적이지만, 그렇잖고 만약 본인이 개별적으로 추진코자한다면 이 모든 필요절차를 직접 스스로 다 처리해야 하므로 다소 번거롭다 할 수 있겠다.)

현지화 준비(환전/현금인출) : 파키스탄, 인도, 네팔은 루피(Rupee=Rs)화를 쓴다. (※ 나라마다 환율은 다르다.) 물론 미 달러화도 통용되는 경우가 많으나 곳에 따라 환율이 매우 불리한 경우가 많다. 미리 대비하여 쓸데없는 낭비를 막도록 한다. (※ 현지도우미(스태프) 임금/팁 지불 시에도 달러보다 루피화가 서로에게 좋다.) 은행이나 환전소를 찾아 환전하되, 짐이 될 정도로 너무 많은 액수를 환전치는 말자. 트레킹차 방문한 경우라면 2주 내외 일정의 경우 1인당 대략 100~200달러 정도 환전해 지참하면 무난할 듯싶다. 해외사용 가능한 현금카드(일명 '글로벌 체크카드')를 준비해오는 것도 좋다. 굳이 많은 현찰(달러화)을 지참하고 다닐 필요 없이 필요시 요소마다 비치된 ATM(Auto Teller Machine) 기기를 통해서 현지통화를 인출하여 사용하면 되기 때문이다. 현금인출 가능한 ATM 부스는 웬만한 중소도시에는 다 있다. 파키스탄 카라코람 일원 스카르두, 카리마바드(훈자)에도 물론. (단, 네팔은 원격지(오지) 소도시의 경우 은행은 있지만 환전이 불가능하고 ATM도 없는 경우가 많아 주의를 요한다. 가급적 카트만두나 포카라 등 대도시에서 충분히 환전·인출하여 준비하고 나서길 바란다.)

지도구입 : 트레킹 내내 내가 어디를 어떻게 가는지 모른다면 눈 뜬 장님이나 마찬가지다. 한국에서 미리 해당루트의 트레킹지도를 구비치 못했다면 현지에 도착하여 트레킹 시작 전에 필히 지도를 구입토록 하자. 트레킹의 메카로 불리는 네팔의 경우는 서점마다 다양한 트레킹지도들이 매우 잘 구비되어있고 소개도 잘 되어있지만 인도나 파키스탄 쪽은 그렇지 못하다. 있다 하더라도 트레킹과 관련한 지도들의 수준이 썩 만족스럽지 못하다. 그렇다 하더라도 외면치 말고 구입토록 한다. 없는 것보단 있는 편이 낫다.

현지도우미(스태프) 미팅 & 세부논의 : 보통 트레킹 출발 하루이틀 전쯤에 본인의 트레킹을 함께 수행할 도우미(스태프)들과의 만남(Meeting)을 가지게 된다. 이때 각 일군들과의 통성명은 물론, 보다 구체적인 심도있는 이야기와 의견을 나누도록 한다. 트레킹하는 본인(팀)의 성향과 본 트레킹의 목적 및 주안점에 대해서 주지하고, 장비 및 식단에 대한 언급과 더불어 서로에 대한 당부와 주의사항(금지/금기사항, 고도적응/응급상황 등등)에 대해서도 이야기한다. 나아가 각각의 일정에 대해서도 시작 전에 좀 더 세부적으로 이야기를 나누길 권면한다. 예를 들어 해당일의 이동거리 및 소요시간, 도중 휴식처 또는 들를(만한) 곳, 특별한 뷰포인트(View Point; 조망처) 내지는 그에 대한 사진촬영 할애시간, 휴식일(적응일) 할애 및 그날의 일과 등등 더욱 다양하고 세세한 부분들에게까지 사전 조율하고 나서면 보다 체계적인 일정진행과 더불어 도중 잡음이나 마찰이 생길 염려도 그만큼 적다.

사전 고소적응 및 현지 필요물품 구입 : 고산트레킹은 보통 해발 3천미터~5천미터 일원을 걸어서 여행하는 것이기에 이에 대한 사전 적응단계가 필요하다. 고로 현지에 도착하여 곧바로 트레킹을 시작하기보다는 어느정도 고도가 있는 거점도시에서 1~2일 가량을 머물며 신체적응 및 필요한 준비물 등도 챙기면서 보내도록 하자. K2 발토로 트레킹의 경우 해발 2천4백미터 고도의 스카르두에서 하루이틀 머물고서 나서면 좋다.

* * * * * * * * * * * * * * * * *

◆ 고소증(고산병) 대비

◇ 고소증(HAS/AMS)*이란

해발고도가 높은 고소상황에서 신체적·정신적으로 발현되는 병리적 증상을 말한다. 이는 고도가 높아질수록 기압이 낮아지고 대기 중의 산소량(산소분압*)이 감소함으로써 생기는 신체기능 저하·상실 및 체내 산소부족과 호흡장애로 인해 야기되는 정신적 증세까지 망라한다.

* HAS = High Altitude Sickness / AMS = Acute Mountain Sickness
* 산소분압 : 대기(공기) 중의 산소의 비율

✦ **원인** : 해발고도가 상승하여 기압이 낮아지고 산소량이 감소하는 상황에 이르면 호흡을 통해 체내 산소요구량을 충족치 못하게 된다. 이를 보충키 위해 인체조직은 ①**체내 수분을 끌어다가** 적혈구를 더 많이 생성 투입케 되는데, 이 과정에서 ②**혈중수분 또한 감소**함으로써 ③**혈액의 농도가 짙어져** ④**혈류의 흐름이 원활하지 못하게** 되고(특히 모세혈관의 혈류 위축·감퇴) 아울러 ⑤**영양의 분배 또한 골고루 이루어지지 못하게** 되면서 신체 각 부위에 불편함과 이상증세가 나타나게 된다. (∴ 고소증의 해결(예방/치료)은 위 다섯 가지 부분을 보완 내지 개선하는 데 주안점을 둔다. 즉, 수분섭취, 혈행개선(피를 묽게 함), 영양개선(영양제 섭취)이 요지로서 이로부터 해법을 찾을 수 있다.)

✦ **발생단계** : 고소증은 보통 해발 2천5백미터 이후부터 나타나게 되는데, 대개는 3천미터 전후에서 증세를 느끼기 시작하여 이후 3천5백미터를 넘어서면서부터 그 증세가 심화되어 4천미터 이상부터는 심각한 고산증(고산병)으로 치닫기도 한다. 특히 5천미터 이상을 오르는 고산트레킹이나 등반(클라이밍)의 경우는 대기 중 산소량*이 일반 지상의 50% 이하로 떨어지므로 심한 고소증에 당면할 우려가 높다. 이를 방지키 위해 고도별 순응기간을 거쳐 단계적으로 차근차근 적응하며 오르는 것이 필요하다.

* 트레킹고도별 대기중 산소량

고도(m)	0	1,000	2,500	3,000	3,500	4,000	4,500	5,000
산소분압(산소량)	100%	88%	73%	68%	64%	60%	57%	53%

* 등반고도별 대기중 산소량

고도(m)	5,500	6,000	6,500	7,000	8,000	8,500
산소분압(산소량)	50%	47%	44%	41%	36%	33%

✦ **위험성** : 일반적인 경미한 고소증은 고도적응과정을 잘 지켜왔다면 시간이 지나면서 자연스레 해결되므로 크게 염려치 않아도 된다. 그러나 심각한 고소증에 직면케 되면 정상적인 신체기능의 상실은 물론 심할 경우 생명에 위협이 되기도 한다. 특히 고소증을 방치하고 계속 무리·강행하였을 경우 **폐수종(HAPE)*** 및 **뇌수종(HACE)*** 으로 인해 사망에 이를 수 있다.

아울러 운행 당시에는 심각한 특이증상을 느끼지 못했다 하더라도 일정 종료 후 밤시간(특히 취침시간)에 예기치 못한 심각한 고소증에 휘말리는 경우도 있다. 이러한 밤시간의 고소증이 더더욱 위험한바, 급기야 위급상황으로 인해 긴급 후퇴·후송에 이르기도 한다. (⇒ 현실적으로 밤시간에 응급후퇴·후송이 곤란한 경우가 많아 대개는 다음날 새벽같이 하산하거나 심지어는 구조헬기를 통해 응급후송을 받는 경우가 자주 목격된다.) 그러므로 낮시간 아무 일이 없었다고 하여 방심하는 것은 금물이며, 특히 타인들과 경쟁적으로 앞서 치고나가는 소위 '선두주의'에 익숙한 한국식 '빨리빨리' 정서에 입각한 트레킹은 절대 지양해야 한다. 설령 행군시엔 아무 탈 없었다 하더라도 밤시간에 필시 문제를 일으킬 확률이 크다. 실례로 2012년 5월 안나푸르나 라운딩(일주코스) 토롱하이캠프(해발 4,900m)에서의 트레커 사망사건 역시 그러한 고소지대에서의 무리한 일정강행에 기인한다 하겠다.

* **폐수종(HACE; High Altitude Cerebral Edema)** : 폐에 물이 차는 증상으로 계속적인 기침을 동반하며 방치할 경우 사망까지 이른다. 즉시 후송토록 해야 한다.
* **뇌수종(HAPE; High Altitude Pulmonary Edema)** : 뇌에 물이 차는 증상으로 혼절/의식불명을 유발, 뇌사 및 사망에 이른다. 역시 즉시 병원으로 후송해야 한다.

✦ **안전책** : 고소증의 증상 및 적응 매뉴얼(지침)을 숙지하고 그에 따라 트레킹을 진행하는 게 가장 좋은 방책이다. 절대 무리하지 않으며, 설령 고소증세가 왔다 하더라도 두려워하지 말고 매뉴얼에 따라 충분한 휴식과 안정을 취하면서 마음가짐 또한 즐겁고 편하게 갖도록 노력한다. 증세가 심화될 경우 계속 전진치 말고 일단 저지대로 후퇴하여 여유를 갖고 상태가 호전되기를 기다린다. 계속 상태가 좋지 못하다면 무리하게 재시도(재등정)치 말고 하산토록 한다. 고소증 최고의 안전책은 바로 '하산'이다.

◇ 일반증상

고소증의 증상은 다양하다. 흔히 나타나는 일반적인 증상으로는 호흡장애에 따른 호흡곤란(숨가쁨)과 심박증가, 산소부족으로 인한 두통(뇌혈관 압박)과 소화불량/위장장애에 따른 오심(메스꺼움), 욕지기(구역질), 구토, 설사, 복통 및 혈액순환 장애에 따른 피부발적·발진, 근육통, 요통, 어깨결림, 전신무력감 등을 들 수 있다. 여기에 정신적 증세까지 가미되어 수면장애(꿈과 현실을 분간치 못함) 및 심할 경우 평상시에도 정신이 혼미해지거나 착시, 환청·환각(망상/히스테리)증세까지 보이기도 한다. 급성 폐수종이나 뇌수종, 신경(정신)장애(과대망상·히스테리) 등 중증 고산병이 아닌 이상 이러한 일반적인 증상들은 심신의 안정을 취하면서 서서히 시간을 보내면 자연스레 사라지게 된다.

신체상의 변화도 뒤따른다. 대기압의 하강으로 인해 몸이 붓고 내적으로도 뭔가 붕 뜬 듯한 느낌을 받게 된다. 특히 산소가 부족하여 체내 산소침윤(산소포화도)이 저하되면 혈액농도가 진해져 모세혈관으로의 원활한 혈액순환이 되지 못해 손발이 저리거나 감각이 무뎌지고, 체온도 떨어져 동상의 위험에도 노출된다. (아울러 소화불량 해소를 위해 사혈을 하고자하는 경우 이러한 혈중수분감소로 인해 혈액농도가 짙음으로 해서 사혈이 잘 되지 않는 – *피가 잘 나오지 않는* –다는 점도 유념해야 할 부분이다.) 더하여 건조한 고산기후의 특성으로 인해 입술이 트고 피부건조증세가 나타나며 상처가 나면 잘 아물지 않는다. 게다가 기압이 낮고 대기가 건조하여 콧속 실핏줄이 터져 코피가 나기도 하는데 특히 밤사이 콧속에 맺힌 피딱지를 풀어(뱉어)내느라 매일아침 고역을 치르기도 한다.

※ 일반적으로 진행되는 고소증의 예로는; ①경미한 두통/미열 및 소화불량, 오심, 근육통/결림 증상, 피부발적·발진 ②호흡불량과 수면장애 ③심한 두통 및 욕지기, 구토·설사(위장장애) 증세에 이어 ④오한 및 전신 무기력증, 환청·환각(망상과 히스테리)증세로까지 발전된다. 특히 ③, ④단계에서 조치를 취하지 않고 방치하거나 계속 무리하면 심한 고산병으로 치닫게 될 우려가 있다. 따라서 고소증세가 일단 나타나면 무리해서 강행(극복코자)하지 말고 매뉴얼(지침)에 따라 잘 대처하는 게 중요하다. 대부분의 심각한 고소증은 이러한 초기 가벼운 증상을 대수롭지 않게 여기고 방치한 데서 나타난 결과이다.

① 진통·해열제 복용
② 호흡법과 취침매뉴얼 숙지·활용
③ 운행중지·응급처치(치료제 복용)
④ 운행중지·휴식기 갖기 내지는 하산

◇ **예방법**

✦ **고소적응 기간 & 방법** : 고소적응이 되지 않은 상태에서 고지대를 트레킹시 고도에 따라 단계별로 적응과정을 거치며 트레킹하는 것이 필요한데, 일반적으로 1천미터 단위로 휴식기를 가지면서 몸이 서서히 적응토록 노력한다. 보통은 2천5백미터-3천5백미터-4천5백미터 고도에서 각기 최소 반일(오전운행 후 오후전체 휴식) 내지는 전일(하루 전체) 휴식일을 가지며, 특히 산소량이 2/3 이하로 줄어들면서 신체변화가 두드러지게 나타나기 시작하는 3천5백미터를 전후해서는 하루 일정 전체를 휴식일로 삼으면서 충분한 휴식과 안정을 취하는 게 좋다. 단, 휴식일이라고 해서 무작정 드러누워 휴식만 취하라는 것은 아니다. 아주 고단한 경우가 아니라면 가볍게 주변산보를 하면서 돌아다니거나 혹은 인근 야산/언덕지대나 높은 곳에 위치한 전망지(뷰포인트)를 답사차 오르내리길 권한다. 가장 효과적인 고소적응방법은 '오르내림'이다. 즉 높은 데 '올랐다 내려오면' 그만큼 고소에 대한 적응이 된다. 반대로 '내렸다 오르는' 경우도 고소적응에 도움이 된다. 즉, 낮은 곳으로 내려갔다가 다시 오르는 것이다. 특히 고소증이 이미 진행된 경우라면 이러한 역방법이 효과적이다. 말하자면 "일보 전진을 위한 일보 후퇴"라 할 수 있겠다.

1일 상승고도 또한 새겨두어야 할 일이다. 통상적인 고도상승 지침은 해발 2천5백미터 이후부터는 **하루 5백미터** 내외를 권고하고 있다. 인체의 (고도)적응력에 있어 대략 그 정도 범위를 무리 없이 받아들일 수 있다는 과학적인 근거에 밑바탕을 둔 조언이다. 하지만 여의치 못할 – 그러한 고도단위에 머물만한 시설/숙편이 여의치 않아 어쩔 수 없이 계속 진행해야 하는 – 경우, 즉 고지대에서 그 이상 훨씬 큰 고도차를 극복해야 하는 경우는 최대한 천천히, 그리고 도중 충분한 휴식을 취하면서 서서히 나아가도록 한다. 만약 최고도에 이른 후 오래 머물지 않고 곧바로 하산하여 내려간다면 비록 고도상승지침에 어긋났다 하더라도 이 경우는 큰 문제가 되지 않는다.

＊ 고도상승지침 : 지침상 5백미터이나 급격한 고도상승의 경우가 아니라면(완만히 오르는 경우라면) 상승폭 7백미터 내외로 삼아도 될법하다.

✦ **고소증 예방**

△ **수분섭취** : 고소증 예방을 위한 첫 번째 조건은 수분섭취다. 고산에서는 호흡하면서 몸의 수분이 더욱 많이 빠져나가게 된다. 곧 하루 평균 3리터 이상의 수분이 소변 및 호흡을 통해 배출되는바 그만큼 체내 수분을 보충해주어야 할 의무가 있다. 비록 고소지대에 이르지 않았다 하더라도 수시로 물을 마셔줌으로써 체내 수분이 기준치 이상을 유지토록 한다.

아울러 소변량이 많아짐(자주 소변을 봄)으로써 신진대사 기능을 원활하게 하는 효과도 있다. 기본적으로 해발 3천미터 이상부터 1일 3리터 이상 물을 마시도록 하며, 4천미터 이상부터는 4리터 이상 섭취하도록 한다. 특히나 보행시에 힘들고 귀찮다 하여 미루지 말고 수시로(매 30분~1시간 단위) 물을 꺼내 마시도록. (※ 매번 배낭을 끌러 수통을 꺼내 마시기가 번거롭다면 파이프(호스)가 달린 워터백(Water Bag)을 마련하여 배낭 밖으로 빨대를 내어 빨아마시면서 트레킹에 임할 수도 있겠다.) 활동량이 적은 밤시간 수분섭취도 중요한데, 특히 잠자기 전 충분히(다소 과하다 싶을 정도까지) 물을 마셔두는 것이 좋다. 물론 물을 많이 마시게 되면 그만큼 이뇨감도 생겨 자다 일어나 소변을 봐야 하는 불편함도 없잖아 있으나 다음날 고소증으로 헉헉대는 것보다는 낫다. 귀찮고 번거롭다 하지 말고 본인 자신의 고소건강을 위하여 꼭 행하도록 한다. (아울러, 차가운 물보다는 따뜻한 물이 흡수와 이뇨작용에도 좋으니 밤시간 숙소지/캠핑지에서 끓인 물(Boiled Water)을 주문해서 받아놓도록 한다.)

(∴ 음용수로 보통은 끓인 물이나 광천수(미네랄워터)를 준비하는 것이 좋지만 여의치 않을 경우 현지식수(로컬워터)나 맑은 계곡수를 떠다가 정수하여 음용할 수도 있다. - 정수제/정수필터 활용. ※ 완벽히 현지적응(고소적응 & 음식적응)된 경우라면 현지 샘터나 마을 수도꼭지에서 나오는 물을 마셔도 큰 탈이 나지 않는다. 우리나라 60~70년대 상황을 떠올리면 된다. 단, 빙하 녹은 계곡수를 함부로 떠먹으면 물 속 석회성분으로 인해 설사를 유발할 수 있으므로 유의토록 한다.)

△ 고소수칙 :

첫째, 호흡법이다. 산소가 부족한 고지대에서는 숨이 끝까지 쉬어지지 않는 듯한 느낌을 받는다. 그것은 바로 체내(폐)에 유입되는 산소량이 극히 부족하기 때문에 나타나는 현상이다. 이럴 때 무리하게 헉헉거리지 말고 최대한 숨을 깊이 들이마시면서 마치 폐 끝까지 숨이 다 차는 느낌이 들 때까지 숨을 빨아들이고, 내뱉을 때는 반대로 빠르게 한번에 배출토록 한다. (⇒ 날숨을 길게 하면 호흡곤란과 함께 현기증이 나면서 두통이 올 우려가 있다.) 흉부에 다소 부담이 따르지만 고소에 어느 정도 적응이 될 때까지 이 방법을 종용한다. (⇒ 마음속으로 숫자를 헤아리며 호흡하는 것도 괜찮다. 들숨시에 하나-둘-셋-넷... 날숨시엔 단지 하나-둘 이렇게 속으로 셈하며 호흡하는 방법이다.)

둘째, 보행법도 중요하다. 앞서 말한 듯이 고지대에서는 최대한 천천히 그러나 일정한 속도를 유지하며 나아가는 것이 중요하다. 순간적으로 호흡과 근육의 운동량이 증폭되는 상황은 피한다. 경사가 있는 곳을 걸어오를 때에는 좀 더 편안히 한발 한발 내딛도록 한다. 호흡이 빨라지거나 근육에 부담(통증)이 느껴지는 보행은 삼가야 한다. 고산지대의 힘든 오르막길의 경우 숨쉬기는 물론이거니와 한발 한발 떼기조차 어려운 경우가 있다. 이때 역시 숫자를 헤아리면서 내딛으면 도움이 된다. 곧 열 걸음 내딛고 멈춰서서 하나-둘-셋 숨 한번 크게 쉬고, 다시 열 걸음 내딛고 멈춰서서 또한 번 숨 크게 쉬고 하는 둥 여유를 두고 가다서다를 반복하면서 천천히 진행하는 방법이다. (반드시 열 걸음일 필요는 없다. 상태에 따라 그 이상 또는 이하의 단위로 끊어서 진행하라. 멈춰서 숨쉬는 것 역시 상태에 따라 한 자리에서 두 번 세 번 길게 가져갈 수도 있다. 더욱이 힘들고 어렵다면 단 두세발짝 아니 한발짝만이라도 내딛고 멈추어서서 숨 쉬고 이렇게 오를 수도 있다. 그러다보면 어느덧 목적지에 도착해있는 자신을 발견하게 될 것이다.)

셋째, 고지대에서의 음주와 흡연은 삼간다. 특히 술과 담배에 익숙한 한국트레커들에게는 쉽지 않은 부분인데, 명심하라. 고산에서의 음주와 흡연은 고소증의 강도와 비례한다. 특히 해발 2천5백미터 이후부터는 만약 고소적응이 되지 않은 상태라면 음주·흡연이 매우 큰 영향을 미친다.

흡연은 심폐기능에 부정적 영향을 미치며 특히 음주에 있어서는 평소 저지대에서처럼 체내 알코올 성분이 쉽게 분해되지 않아 그로 인해 심한 두통과 위장장애(계속되는 구토·설사)에 직면케 된다. 간혹 트레킹을 수행하는 도우미들이나 현지주민들의 음주·흡연 장면을 목격하게도 되는데, 이에 나라고 못할쏘냐 배짱을 부릴 일은 아니다. 가장 큰 차이점은 이미 '적응'되어 있는가 그렇지 못한 가이다. 즉, 그들은 이미 적응되어있는 상태이고 나는 그렇지 못하다는 것이다.

넷째, 과식은 금물이다. 고산에서는 특히 소화력이 떨어져서 위장장애를 일으키기 쉽다. 그러므로 평소의 왕성한 소화력을 믿고 고산에서도 그처럼 과식·과음을 일삼아서는 안된다. 더욱이 고산에서의 체력유지가 중요하다고 해서 잘 먹어야 한다는 것을 '많이 먹어야 한다'는 것으로 오해하는 경우가 많은데 잘못된 생각이다. 적정량을 초과한 음식물의 과다섭취는 오히려 역효과를 불러 일으킨다. 대신 조금씩 자주 섭취토록 하자. 한 끼 식사량은 정량을 초과하지 않게 혹은 평소보다 20~30% 정도 줄여서 섭취하기를 권하며, 될 수 있으면 매 끼 거르지 말고, 말한 바와 같이 2~3시간 간격으로 자주 음식물을 섭취토록 하는 게 고소환경에서는 훨씬 유리하고 효과적인 방도이다. 아울러 열량이 높고 소화가 잘 되는 탄수화물(곡물) 위주로 식단을 짜고, 체질적으로 위장에 부담을 느끼는 기름기 많은 음식이나 우유 성분이 든 유지방 음식들은 어느 정도 고소에 대한 적응이 될 때까지는 지양하는 게 좋겠다. 참고로 고소상황에서 좋은 음식들로서 마늘, 양파, 생강 등을 들 수 있는데 식단에 이러한 재료들이 첨가되면 고소증에 상당히 효과적이다. 특히 고소증 초기 생양파/생마늘 복용으로 효험을 보기도 한다. 냄새가 역하다거나 속쓰림이 고민된다면 수프로 끓여먹어도 좋다.

다섯째, 저체온증을 방지한다. 이를 위해서는 신체 각 부위의 보온에 주의를 기울여야 한다. 특히 체온손실이 큰 머리 부분은 보온에 더욱 각별히 신경써야 한다. 항시 털모자와 후드를 지참하고서 (배낭 또는 옷주머니) 한기가 느껴지면 바로바로 착용하고 아울러 취침시에도 모자를 쓰고 수면을 취하도록 한다. (이를 무시할 경우 다음날 두통과 저체온증으로 적잖이 고생할 것이다.) 손발의 보온도 중요한데 고소상황에서의 모세혈관의 위축으로 인해 더더욱 동상의 위험이 큰 부분이기 때문이다. 젖은 양말과 신발, 장갑을 오래 착용치 말고 가급적 바로바로 교체 또는 불가에서 말리면서 체온을 빼앗기지 않도록 한다. 해발고도가 높은(보통 해발 3천5백미터 이상) 지대에서의 세면시에도 유의한다. 고지대에서 차가운 물로 씻을 경우 저체온증이 찾아와 갑작스레 고소증에 휘말릴 수 있다. 굳이 씻고자한다면 더운 물을 받아 하되 세면 후에는 즉각 수건으로 물기를 닦아내어 체온손실을 막도록 한다. (아니면 물휴지(Moisture Tissue)로만 간단히 세안하는 방법도 있다. — 후에 저지대로 내려와 제대로 씻으면 된다.) 특히 고지대에서 머리감는 행위는 절대 금물이다. 십중팔구 저체온증으로 말미암은 고소증으로 고초를 겪을 것이다. 샤워도 물론.

여섯째, 스트레스도 금물. 스트레스를 주지도 말고 받지도 말라. 고소증 역시 스트레스의 정도에 비례한다. 즉, (어떤 이유로건) 스트레스를 받는 사람은 그만큼 고소증에 잘 걸린다. 이는 스트레스 현상이 신체적으로 혈관축소를 유발하여 순환장애를 야기하며 아울러 정신적으로도 신경계통을 예민하게 하여 두통 및 각종 통증장애를 유발한다는 의학적 논거에도 기인한다. 비단 평상시뿐 아니라 스트레스는 고소증에 있어 치명적인 요인이다. 가급적 스트레스 상황을 피하고 즐겁고 행복한 마음으로 임하는 것이 또한 고소증 예방의 최선책이라 하겠다. ☞ 짜증 금지 !

△ 예방약

- **이뇨제〉** 고소증 예방약의 대표적인 것으로 다이아목스(Diamox)*를 들 수 있다. 이뇨효과가 강하여 복용시 소변감을 자주 느끼게 되며, 동시에 갈수증세도 느껴 물을 많이 찾게 된다. 이로 인해 인체의 신진대사 기능을 더 활발히 가동하게 해줌으로써 고소증에 상당한 효과를 본다. (물을 많이 마시게 하는 것부터가 일단 고소예방책으로서의 특효라 하겠다.) 고산이 처음인 경우 해발 3천미터 고도에 이르기 전날부터 복용하기 시작, 최고도를 넘어설(이를) 때까지 1회 1/2알로 쪼개서 아침저녁으로 1일 2회 복용한다. 고소증 우려가 높다면 1회 1알씩 복용할 수도 있다. 단, 손발떨림, 입술 및 안면경련 등의 증세가 나타날 수 있으니 유의토록. - 이러한 부작용이 심하여 수면시 또는 행동에 상당한 불편을 초래하게 된다면 복용을 중단하고 다른 방법을 모색토록 한다.

  > * 원래는 백내장/녹내장 치료제로서 처방을 받아 구입해야 하는 약제인데, 한국에서는 단지 고소증 예방을 위해 처방해주지는 않으므로 현실적으로 구입이 쉽지 않다. 이 경우 굳이 힘들게 한국에서부터 준비하여 가려 하지 말고 현지(파키스탄/인도/네팔)에 도착하여 구입토록 한다. 해당 국가의 약국에서 처방전 없이도 쉽게 구입할 수 있다.)

- **혈행개선제〉** 아스피린 장용정은 피를 묽게 하는 효과가 있다. (약국에서 일반 아스피린 말고 꼭 '장용정'으로 주문토록 한다.) 다이아목스와 마찬가지로 1일 2회 아침저녁으로 복용한다. 혈액순환을 좋게 하여 고소증 예방에 효과적이다. 단, 약제 특성으로 인해 출혈시 지혈이 잘 안될 수 있으므로 외상 및 사혈 처치시에 주의토록 한다. 이밖에 징코민과 같은 혈행개선제도 고소증 예방에 도움이 된다.

- **식염포도당/죽염〉** 땀을 많이 흘릴 경우 탈진에 의해 고소증의 위험이 더욱 커진다. 염분 및 전해질 보충을 위하여 식염포도당이나 죽염을 준비해오면 좋다. 필요시마다 적정량을 섭취토록 한다.

- **소화제〉** 소화불량은 고소증과 직결된다. 식후 속이 편치 않다면 미루지 말고 소화제를 복용하여 증상이 심해지는 것을 미연에 방지한다.

- **홍삼〉** 고소상황에서 홍삼은 다방면에 효과가 좋다는 보고가 있으며 실제로도 그러하다. 고소상황에서의 증상과 유사한 술독(숙취) 해소에 홍삼이 탁월한 것과 같은 이치이다.

△ **정수** : 고소증과 물의 관계는 밀접하다. 특히 좋지 않은(불결한) 물을 음용하게 되면 고소증에 더욱 치명적이다. 만약 생수(Mineral Water)나 끓인 물(Boiled Water)을 구하기 어렵다면 정수제와 정수필터를 활용토록 하라. 정수제는 환(알약)으로 된 것과 액체(시럽) 형태의 것이 있다. 상황과 필요에 따라 현지 약국에서 구입하여 준비토록 한다. 아울러 트레킹하는 지역(지질) 특성상 석회성분이 많은 물을 음용해야 할 경우도 있다. 이 때는 정수필터를 사용하면 좋다. 휴대용 정수기로서 수원지에 직접 대고 빨아마시는 빨대형과 펌프로 물을 빨아들이면서 정제하여 수통에 담아 마시는 방식이 있다. 편의에 따라 구비토록 한다. (※ 아주 오지의 트레킹이 아닌 경우라면 이런 정수장치는 사실 그렇게 필수적인 것은 아니다. 대개의 유명 트레킹지역에는 생수와 끓인 물을 쉽게 구할 수 있다.)

◇ 응급대처 및 후퇴/후송

✦ 응급상황 및 대처방법 : 고소증에 기인한 다음과 같은 상태가 지속된다면 응급(위급)한 상황으로 본다. ①**머리가 깨질 듯, 눈이 튀어나올 듯한 심한 두통** – 두통약을 복용한다. 효과가 없다면 운행을 중지하고 하산하라. ②계속되는 구토증세 – 딱히 해결책이 없다. 스스로 진정될 때까지 휴식과 안정을 취한다. 가라앉지 않는다면 하산이 답이다. ③**멎지 않는 설사** – 지사제(설사약)를 복용한다. 정도가 심하다면(빈도가 잦다면) 1회 2정 복용한다. (단, 이러한 지사제 복용시 변비(2~3일간)가 생길 수 있다.) ④이로 인한 탈수·탈진 및 무기력증 – 식염포도당을 용해 섭취하거나 식이요법(미음/죽 종류)을 통해 영양을 보충하고 아울러 충분한 휴식기를 가진다. 증세가 심하다면 즉각 하산하여 치료(수액주사 등)토록 하라. ⑤고소증으로 일체의 음식을 넘기기 어려운(거부하는) 경우 – 스스로 호전될(식욕이 생기고 소화력이 회복될) 때까지 기다리는 것밖에는 답이 없다. 죽이나 미음조차도 넘기기 어려운 상황이 오래 지속된다면 이 역시 하산이 답이다. ⑥호흡과 맥박이 과도하게 빨라져 심신의 안정을 취하지 못하고 행동에 어려움이나 부자연스러움이 증대되는 경우 – 산소(응급산소키트 지참시)를 호흡하고 충분한 휴식을 취한다. 단, 기온이 낮은 고지대에서 운행을 멈추고 오래 머물러 쉬는 경우 저체온증이 우려될 수 있는바, 만약 상황이 개선되지 않고 이러한 저체온증까지 나타난다면 즉각 하산토록 하라. ⑦**얼굴과 손발에 핏기가 없어져 창백해지고 오한과 어지럼증이 나타나는 경우** – 증세가 심하다면 비아그라를 복용하라. ⑧**저체온증 및 동상** – 이 역시 비아그라를 복용하면 효과가 있다. 만약 동상이 이미 심하게 진행되었다면 즉각 응급후송토록. ⑨계속되는 마른기침(폐수종) 또는 각혈(폐렴) – 무조건 하산하라. 생명과 직결된 일이다. 단순히 감기증상이라면 감기약 복용으로 어느 정도 효과를 보겠지만 그렇지 못하다면 최대한 빨리 하산(후송)해야 한다. ⑩환각·환청 및 망상·히스테리(자해, 욕설, 공격행위 등) 증세 – 드물긴 하지만 실제 일어나는 현상 중의 하나다. 머물러 쉰다고 해결되지 않는다. 오히려 주변에 큰 폐해와 혼란을 야기한다. 즉시 하산하라. (신경안정제 복용으로 어느 정도 효과를 볼 수 있지만 근본적인 해결책은 아니다.) ⑪혼절 및 혼수상태(의식불명) 지속(뇌수종) – 스스로 하산이 불가하며 아울러 시간이 관건이다. 최대한 빨리 응급후송토록. (앰뷸런스/구조헬기 호출)

✦ 응급약(치료제)

- **두통약>** 일단 두통이 나타나면 참지 말고 무조건 복용하라. 고산두통(산소부족에 기인)은 참는다고 해결되는 것이 아니다. 증세가 호전될 때까지 수시(2~4시간 간격) 복용한다. 약을 넘기지도 못할 정도라면 하산 말고는 방도가 없다. (파라세타몰이나 타이레놀보다 흡수가 빠르고 효과도 좋은 진통제들이 많다. 특히 약 자체가 단단하여 넘기는데 고충이 있는 하드타입보다는 삼키기도 쉽고 약효도 신속한 젤리타입의 진통제가 권할만하다.)

- **해열진통제>** 춥고 열이 나며 몸살기(오한)가 있는 경우 복용한다. (부루펜이 보편적인바, 현지에서 쉽게 구입할 수 있다. – 한국에서는 처방전 필요)

- **지사제>** 증상(설사 및 장복부 통증) 정도에 따라 1회 1정~2정 복용. 증상이 가라앉을 때까지 1~2일 지속 투여한다.

- **비아그라〉** 고소증 최고의 치료제다. 혈액순환증진 및 체온상승효과가 탁월하여 두통, 오심, 저체온증, 심폐기능 저하(호흡곤란/혈압강하) 등 고산에서 일어나는 여러 증상에 효과가 있다. (단, 고산에서의 비뇨기적 효과는 미미하며, 혹 심장질환이나 고혈압 증세가 있는 경우는 심박증대로 인한 부작용의 위험이 따르니 유의토록) 응급상황 정도에 따라 1회 1/4~1/2정으로 쪼개서 복용하되, 1정을 1회에 복용하는 것은 지양한다. 심장에 과부하가 걸릴 수 있다. ☞ 병의원의 처방전을 받아 약국에서 구입이 가능하며, 국립의료원 해외여행클리닉에서도 구입할 수 있다. 단, 약 자체가 단단하여 도구 없이 쉽게 쪼개기 힘들므로 미리 1/4 크기로 잘라서 담아오는 것이 좋겠다.

이러한 응급치료제를 복용하였어도 별 효과가 없고 상황이 나아지지 않으면 즉각 하산토록 하라. 더 이상의 치료방법은 없다. 자신 혼자의 힘으로 하산이 불가능하다면 도움(구조)을 받아서라도 후송되도록 하라.

✦ 간호 & 후퇴/응급후송

▽ **간호가 필요한 상황 :** 혼자 힘으로는 증세를 추스르지 못하고 타인의 도움을 필요로 하는 상황이다. 특히 응급후송이 바로 진행되기 어려운 – 후송되기까지 상당시간을 대기해야 하는 – 경우 상태가 악화되지 않도록 노력해야 하는바, 이 때 주변 동료나 이웃의 보살핌이 절실하다. (☞ 일례로 일정종료 후 밤시간에 심한 고소증이 찾아와 위급상황에 이르렀을 때, 그러나 현실상 응급후송이 곤란하여 긴박한 밤시간을 보내야 하는 경우 환자의 상태 체크 및 필요시 응급조치를 할 수 있도록 같은 숙소(텐트) 내에서 합숙하며 간호행위를 하게 된다.) 단체로 팀을 꾸려 트레킹하는 경우는 팀원(대원)간에 좀 더 체계적이고 효율적으로 위기상황에 대처(간호행위 진행)할 수 있다.

> ★ **유의점 :** 첫째, ①**환자의 체온유지**에 각별한 주의를 기울여라. (∵ 고소환자 간호의 첫 번째 수칙은 저체온증 방지이다.) 겉옷과 침낭을 잘 단속해주어 냉기가 들지 않게끔 한다. 아울러 위급한 상황에서의 통상의 간호행위는 신체접촉을 수반해야 하는 경우가 많은바, 커플(부부/연인) 관계가 아니라면 ②**남자는 남자가, 여자는 여자가 합숙간호**토록 하라. 만약 친분이 그리 돈독치 않은 이성간의 부득불 합숙·간호행위를 진행해야 할 경우는 반드시 ③**목격자(증언해줄 수 있는 사람 또는 녹화·녹취)**를 두라. 무턱대고 나섰다간 나중에(상황 종료 후) 곤경에 처할 수도 있다. (☞ 간호행위라 하더라도 동의 없이 진행하거나, 그러한 위급상황에서의 간호행위였음을 증언할만한 목격자가 없다면 추행으로 몰릴 여지가 있다. 기사도정신도 좋지만 후탈이 없으려면 증인·증거에도 주안점을 두라. 만약 그럴 상황이 못 된다면 안타깝지만 직접 간호치 말고 다른 방법을 모색하라. 특히 남성이 여성을 간호해야 하는 경우 필독사항이다.)

▽ **후퇴 :** 쉽게 말하면 하산이다. 고소증세가 심하여 더 이상 진행하기 어렵거나 머물러 쉰다고 해결되지도 않을 상황이라면 하산을 종용한다. 일반적으로 4백~5백미터 정도만 내려가도(고도를 낮추어도) 증세는 상당히 호전된다. 그럼에도 나아지지 않는다면 좀 더 낮은 곳으로 내려가라. 8백~1천미터 가량을 내리면 몸상태는 현격히 나아져있음을 느낄 것이다. 하산고도차가 커서 다소 체력적인 부담이 따르긴 하겠지만 온종일 고소증으로 고초를 겪는 것보단 나을 것이다. 만약 본인 스스로 하산이 불가하다면 주변에 도움을 요청토록 하라. 함께 트레킹하는 동료나 도우미들(스태프)이 하산동행에 난색을 표한다면 주위의 하산중인 다른 트레커나 그들 도우미들에게 부탁하여 동행을 요청하라. 히말라야 여행자들 대개는 나몰라라 하지 않는다. 물론 하산 후 감사치레는 기본이다. (최소한의 팁 또는 음식대접이라도 마음속에 두라.) 숙소지의 주인/관리인에게 도움을 요청할 수도 있겠다. 다만 이 경우 그들이 직접 동참키보다는 다른 누군가에게 연락을 취하여 도움을 주게끔 조치할 것이다.

▽ **응급후송** : 폐수종, 뇌수종, 신경장애 등 극심한 고소증이나 혹은 심각한 부상(골절/과다출혈 등)으로 인해 위급한 상황에 이르렀다면 지체 말고 응급후송(구조)을 요청하라. 설사나 구토증세가 지속되고 탈수·탈진, 무기력증으로 인해 자가하산이 어려운 경우에도 구조(Rescue)를 요청할 수 있다. 상태와 여건에 따라서는 단지 인근 마을로 후송(후퇴)하여 의사의 왕진을 요청할 수도 있겠다. 도로사정이 여의치 않은 깊숙한 산악지역에서는 오직 헬기후송만이 가능한데, – 앰뷸런스 진입이 불가하거나 가능하더라도 시간이 많이 소요 – 한국과 달리 히말라야지역 트레킹의 경우 이러한 응급구조비용이 상당하다. (☞ 실례로 네팔 히말라야 트레킹시 구조헬기 비용은 자국민 1천불(미화) 내외인데 반해 외국인의 경우 지역에 따라 5천~1만불까지 요구한다. 어쨌거나 목숨이 돈보다 중요하다. 아깝다고 생명에 모험을 걸지는 말자. 여건에 따라서는 – 특히 국경지역 인접한 파키스탄 발토로 트레킹시 – 트레킹지역 내에 주둔한 군 캠프(Army Camp)에 도움 및 구조를 요청할 수도 있다.)

◉ **주의사항**

★ **금지품목** : ①**술과 담배**는 해발 2천5백미터 이상부터는 독(毒)이라고 생각하라. 잠이 잘 오지 않는다 하여 인위적인 ②**수면제** 복용도 금물이다. 영영 못 깨어날 수도 있다. 혈관확장을 위한 ③**혈압강하제** 사용에 있어서는 본인의 병력과 현 신체여건을 고려하여 투여토록 하라. (고산에서는 부작용 또한 크다.)

★ **지양(방지)해야 할 것** : ①**과식**(식체·소화불량을 야기한다.) ②**편식**(영양불균형·결핍에 맞닥뜨린다.) ③**탈수**(탈진·무기력증의 원인이며 체내 산소부족으로 호흡장애 및 정신장애도 유발한다. 기름진 음식을 피하고 유제품이 들어간 음료나 차를 너무 많이 마시지 않는다. ⇒ 설사유발) ④**상처 및 출혈**(고산트레킹의 특성상 상처가 나면 잘 아물지 않으며 출혈시 지혈이 잘 되지 않는다. 특히 혈행개선을 위한 혈전용해제(아스피린 종류)를 복용하였을 경우 더욱 그러하다. 무모함과 객기로 인한 실족·추락은 물론이거니와 어디 부딪히거나 넘어져서 다치지 않도록 주의하라. 내상(피멍)도 마찬가지다.) ⑤**낮잠**(밤시간 수면장애의 원인이 된다. ⇒ 수면장애는 고소증과 직결된다. 독서나 음악감상 내지는 주변 가벼운 산보를 즐기면서 시간을 보내라.) ⑥**샤워·머리감기**(저체온증에 맞닥뜨릴 것이며 고소증으로의 급행열차를 타는 격이다. 해발고도 3천5백을 넘어가면 고소적응이 되지 않은 상태에서 찬물로 머리감는 것은 금물이다. 온수를 받아 한다 하더라도 전신목욕이나 머리감는 행위는 지양하고 세수·세족만 하라. ∴ 고소수칙 권고안은 해발 3천미터 이상부터는 간단히 물휴지로 세안만 하는 것이다. 고소상황이 끝날 때까지만 참으라.) ⑦**과도한 운동**(쉬어야 할 때 확실히 쉬어두자. 고소증이 나타나지 않았다 하여 계속 무리해서 몸을 혹사시키면 조만간 틀림없이 고소증에 휘말릴 것이다. 체내 산소를 많이 소비케 하는(급감시키는) 체력운동도 지양하라. 간혹 고산에서 평지에서와 같은 근력운동(팔굽혀펴기/윗몸일으키기/높이뛰기(점프)/달리기(러닝) 등)으로 본인의 체력을 시위하는 경우가 있는데 자제하라. 평지가 아닌 고산에서는 완벽히 적응되지 않은 상태라면 조금만 운동의 강도가 세져도 심박이 급증하고 머리의 지끈거림(두통)과 어지럼증(현기증)이 찾아온다. 아울러 산소가 부족하니만큼 근육의 회복속도 또한 매우 더디다. ⇒ 역으로, 고소증을 가장 빨리 체험해보고 싶다면 본인의 운동량을 급증시키면 된다. 심박이 빨라지고 두통, 현기증이 출현할 것이다. 이렇게 고소적응이 되지 않은 상태에서 과한 운동을 했을 경우 원상태로 회복되기까지는 상당시간이 걸린다. ☞ 30분 무리시 회복에 1~2일 정도 소요.)

▶ 1장 – K2 발토로 트레킹(중앙카라코람)

- K2 개요 ·· 55
- 발토로 개요 ·· 56
- 접근방법 ·· 57
- 트레킹 방식 ·· 57
- 코스안내 (발토로지역/후세지역/사이드트레일) ········· 58
- ⚠ 트레킹안내 ·· 62
  - 1-1. 발토로 4개봉 베이스캠프 ······························ 62
  - 1-2. 발토로 4개봉 + 곤도고로라 트레킹 ············· 106
  - 1-3. 스코로라 트레킹 ··· 125
  - 1-4. 히스파라 트레킹 ··· 129
- 교통가이드(항공/차량) ·· 152
- 음식 & 숙박 ·· 153
- 인근 볼거리/즐길거리 ·· 154
- 🏠 현지추천여행사 ·· 156
- ⦿ 주의사항 ·· 157

발토로 창공에서 본 발토로빙하와 카라코람 고봉군. 8천미터급 가셔브룸(중앙 좌측 쌍봉)산군을 중심으로, 발토로 상부빙하(Upper Baltoro Glacier)가 우측으로 뻗어가며 그로부터 시아캉그리 & 발토로캉그리(상단), 초골리사(하단) 등등 7천미터급 거봉들이 사방 포진하고 있다. (사진 : Guilhem Vellut)

▶ 1장 – K2 발토로 트레킹(중앙카라코람)

○ K2 개요

카라코람의 맹주로서 **"산 중의 왕"**으로서 일컬어진다. 높이는 해발 **8611m**로서 에베레스트(8,848m) 다음으로 높은 세계2위봉이다. 원래 티베트/발티어로 "큰 산"이라는 의미의 **'초고-리'**란 이름을 갖고 있었으나 측량 당시에는 원 명칭을 찾지 못하여 오랫동안 K2란 측량기호로서 계속 통용되어왔다. 그러한 연유로부터 이후 세계2위봉임이 확인되고 난 후에 마치 그러한 2위봉임을 표방하는 양 숫자 "2"를 내건 **"K2"**란 명칭으로 계속 공식 표기로서 통용되고 있음이 흥미롭다. (※ 참고로 K2의 'K'는 Karakoram의 이니셜 K를 뜻하는 문자이다. 그로부터 파키스탄 카라코람 일원의 고봉들을 측량 순서대로(높이순이 아님) K1, K2, K3... 으로서 표기하게 되었다. – 영국 카라코람협의회 분류 – K1은 마셔브룸(7,821m), K2는 초고리(8,611m), K3는 브로드피크(팔첸캉그리; 8,047m), K4·5는 가셔브룸 2봉(8,035m)과 1봉(8,068m)이다.)

K2는 한편 1856년 영국의 측량장교였던 몽고메리에 의해 발견되어 그로부터 당시 **'몽고메리'봉**으로서 불리기도 했다. 이후 1861년 세계2위봉임이 확인되면서 이의 접근로로서 발토로빙하를 탐험한 영국 등반가 고드윈 오스틴의 이름을 따서 일명 **'고드윈오스틴'산**으로서 명명키도 했으며 현재까지도 이 이름은 K2란 명칭과 함께 부기되어 표기된다. (아울러 그가 K2 봉우리 바로 아래까지 탐험하여 나아간 빙하지대를 일명 '고드윈오스틴빙하'로서 호명하고 있기도 하다.) 역시 공교롭게도 고드윈 오스틴에 의해 이 산으로의 접근이 처음 시도된 연도가 1861년인데, 바로 이 K2의 높이가 연도숫자와 왠지 무관하지 않아보이는 '8611'이라는 점도 우연치고는 꽤 흥미로운 부분이다.

지리적으로는 카시미르 분쟁지역의 파키스탄 관할로서 매겨진 발티스탄 북동부 발토로빙하 북단에 솟아있으며, 그로부터 이 **K2를 위시하여 세계14대고봉** – 일명 *히말라야14좌* – 에 포함된 **브로드피크(8,047m), 가셔브룸 1봉(8,068m)·2봉(8,035m)**과 마셔브룸(7,821m), 초골리사(7,665m), 발토로캉그리(7,312m), 시아캉그리(7,422m), 살토로캉그리(7,742m) 등 7천미터급 수많은 고봉들이 늘어서있다. 아울러 이들 4대고봉 곧 K2-브로드피크-가셔브룸2봉·1봉으로 이어지는 중앙카라코람산맥은 중국령 신장위구르 지역과의 국경을 형성하고 있다.

K2는 1902년부터 등반이 시도되어 초등에 성공한 것은 그로부터 42년이 지난 **1954년**의 일로, 당시 아르디토 데지오를 중심으로 한 대규모 이탈리아 원정대에 의해 이루어졌으며 **리노 라체델리 & 아킬레 콤파뇨니**가 정상에 올랐다. 워낙 험난한 탓에 수많은 등반가들의 목숨을 앗아갔으며 여전히 등반성공률이 매우 낮은 악명높은 산으로서 회자되고 있다. 특히 **8천미터급 고봉들(14좌) 중에서는 가장 난이도가 높은 봉우리**로서 알려져있다. 한국은 1986년 8월 대한산악연맹 장봉완, 김창선, 장병호 대원에 의해 초등에 성공했다.

○ 발토로 개요

발티스탄 중앙카라코람산맥의 K2, 브로드피크, 가셔브룸 연봉, 마셔브룸, 초골리사 등 수많은 고봉들로부터 빚어져 흘러내린 거대한 빙하군이다. 총연장 62km에 달하며 같은 중앙카라코람산맥 동남 방면에 이웃한 시아첸빙하(72km)*와 더불어 극지빙하를 제외한 내륙빙하로서는 세계 최대의 빙하로 일컬어진다. 지류빙하로서 고드윈오스틴빙하, 가셔브룸빙하, 아브루찌빙하, 무즈탁빙하, 트랑고빙하, 릴리고빙하 등이 포진하고 있으며, 더불어 서북쪽 곁가지로서 흘러내린 판마빙하(42km)와 비아포빙하(59km)가 있다. 특히 비아포빙하는 규모에 있어서도 이의 발토로빙하와 어깨를 견주는 웅장한 빙하로서 그 북쪽 너머로는 소카라코람*(훈자)으로 흘러내리는 히스파빙하가 있다. 이 또한 총연장 61km로서 발토로에 필적하는 거대한 빙하군을 형성하며 아울러 시아첸, 발토로, 비아포 빙하에 이은 파키스탄 내 4번째로 큰 빙하로 꼽힌다**. 이들 발토로의 빙하들은 시가르 강의 원류를 형성하며 이윽고 스카르두에서 인더스강으로 합류, 그로부터 서북진하여 길기트의 훈자강과 길기트강을 만나 더욱 유장한 흐름으로 이내 파키스탄 편잡, 신드 지방을 가르며 서남진해 내려가 아라비아해로 흘러든다.

* 해발고도 5천~6천미대에 형성된 시아첸빙하는 세계 최고(最高)의 전장이기도 했다. 그로부터 1984년 인도군이 전격 점령한 이래 현재까지 인도의 통제하에 놓여있으며 이로 인해 파키스탄 쪽으로는 접근이 불가하다. 2007년부터 북인도 카시미르(라다크) 방면에서 이 시아첸빙하 트레킹을 허가해주기도 하였으나 여전히 민감한 대치상황에 놓여있는지라 특별한 경우가 아니면 트레킹허가를 받기 어렵다. 참고로, 이 시아첸빙하 일대에는 인도군과 파키스탄군 각기 사단급의 대규모 병력이 주둔하고 있다.

* 히스파빙하는 '대(大)카라코람'으로 분류되기도 하나 통상 거대 고봉들이 밀집한 발토로와 시아첸 일원을 대카라코람으로 놓고 보는 것에 입각하여 그 지경 너머의 훈자강 유역으로 흘러드는 북부빙하들(바투라빙하, 바르푸빙하 포함)은 대카라코람으로부터 분할된 소(小)카라코람으로 매기는 것이 타당한 것으로 본다.

** 파키스탄 카라코람 빙하의 규모

순위	명칭	길이(총연장)	면적	위치(지역)
1	시아첸 빙하	72km	685㎢	동부카라코람(간체) ※ 일명 '살토로라인' 북동부 인도점령지역
2	발토로 빙하	62km	592㎢	중앙카라코람(스카르두(발토로))
3	비아포 빙하	61km	383㎢	중앙카라코람(스카르두(발토로))
4	히스파 빙하	59km	343㎢	소카라코람(훈자·나가르(나가르))
5	바투라 빙하	58km	220㎢	북부카라코람(훈자·나가르(파수))
6	판마 빙하	42km	254㎢	중앙카라코람(스카르두(발토로))
7	초고룽마 빙하	44km	238㎢	소카라코람(스카르두(하라모시/푸파라시))

∴ 길이/면적은 측정 기준(시기)이나 방법에 따라 다르다. 대략 규모가 그렇다는 것만 알아둔다.

※ 참고적으로, 극지방 제외 내륙지역 세계최대빙하를 두고 카시미르(파키스탄/인도)의 '시아첸빙하'냐 혹은 파미르(타지키스탄)의 '페드첸코빙하'(72km, 총면적(지류빙하/빙원 포함) 900㎢)냐의 의견이 분분하다. 자료마다 길이와 면적이 제각각인데, 특히 파미르의 페드첸코 빙하는 측정값의 편차가 매우 크다. 고로 일단 과거부터 탐험과 조사가 많이 이루어져 비교적 안정된(편차가 적은) 수치로 호소력을 갖고 있는 카시미르(카라코람)의 빙하들에 우선순위를 부여한다.

○ 접근방법

발토로 K2 트레킹을 위해서는 발티스탄의 중심도시인 스카르두까지 가야 한다. 여기서 중앙카라코람 국립공원 입산허가(퍼밋)를 받고 스태프들을 구성하여 발토로 트레킹에 나선다. (단, 콩코르디아(발토로)와 곤도고로라(후세) 트레킹시에만 퍼밋 필요. 달리 비아포-히스파 방면은 퍼밋을 필요로 하지 않는다.) 스카르두까지는 항공편이나 육로교통을 이용하여 갈 수 있다. 수도인 이슬라마바드에서 1일 2회 (성수기 상황에 따라 1일 4회까지) 운항하는 파키스탄 국영항공(PIA)을 이용하면 1시간만에 스카르두에 도착하지만, 기상으로 인한 결항이나 성수기 좌석매진으로 인해 비행기 탑승이 어려운 경우 라왈핀디의 NATCO* 정류장에서 운행하는 스카르두 행 버스를 타고 가야 하겠다. 이 경우 버스 이동시간으로만 꼬박 하루가 소요된다. 장시간 버스탑승이 고역이라면 디아메르의 칠라스까지 이동하여(16시간 소요) 1박 후 다음날 칠라스~스카르두로 이동(8시간)하는 방안도 있다. 스카르두에서 발토로 트레킹의 기점인 아스콜리까지는 차로 6시간이 소요된다. 시가르를 지나 군 체크포스트가 있는 닷수 이후부터는 포장도로가 끝나고 비포장 산악도로가 시작되는데 4륜구동차량이 아니면 이동하기 힘들다. 스카르두~아스콜리 구간은 1일 1회 승합차량이 운행한다지만 실은 비정기 노선으로 승객이 많지 않을 경우 대중교통편이 운행하지 않는다. 때문에 어쩔 수 없이 차 한 대를 전세내어 타고가야 하는 상황도 종종 빚어진다. 다만 스카르두 복귀시에는 주민들을 태워 나가는 사설지프에 합승요청하여 타고갈 수도 있겠다. (☞ K2 발토로 트레킹의 경우 트레킹 에이전시를 통해서만 가능하기에 보통은 에이전시에서 제공하는 차량서비스를 받아 이동하게 되므로 굳이 대중교통편을 염두에 둘 필요는 없겠다. 하지만 트레킹 목적이 아닌 단지 아스콜리까지만 방문차 다녀오겠다 하는 경우라면 사전 이러한 대중교통수단을 잘 확보해두도록 한다.)

* NATCO : Northern Area Transport Company

○ 트레킹 방식

발토로 K2 트레킹은 중앙카라코람 국립공원의 특별허가(퍼밋)를 필요로 하는데, 트레킹 에이전시를 통하지 않고서는 입산허가가 나지 않으며 퍼밋비로 1인 U$50의 비용을 납부해야 한다. 아울러 발토로빙하 일원은 도중 숙식을 해결할만한 편의시설이 여의치 않기에 처음부터 카라반을 꾸려 트레킹에 나서는 게 일반적이다. ⇒ 이른바 '**캠핑트레킹**'으로서 숙식을 자체적으로 해결하며 진행하는 방식이다.

(※ 물론 흔치는 않지만 성수기 트레킹코스 중간중간 들어앉은 허름한 티하우스(Tea-house)나 허접하게 돌벽과 천막으로만 대충 둘러쳐진 간이 티숍(Tea-shop)에서 근근이 숙식을 해결하며 트레킹을 지탱할 수도 있긴 하다. 하지만 상상을 초월하는 형편없는 시설과 음식 수준에 경악을 금치 못할 것이며 결국 무모한 시도였다는 후회와 함께 다른 카라반들을 부러운 눈으로 쳐다보게 될 것이다. 그리하여 이러한 극한의 '티하우스 트레킹'은 특히 이 K2 트레킹에 있어서는 권할 것이 못되지만, 그러나 만약 본인 스스로의 강한 도전정신에 입각하여 동시에 철저히 현지에 동화(현지인화)되기를 꿈꾼다면 시도해보는 것도 나쁘지 않다.)

* 캠핑트레킹 vs 티하우스 트레킹 : 캠핑트레킹은 위에서처럼 도중 숙식편의시설이 없거나 사정이 열악할 때 주로 이용하는 방식이다. 이에 따라 취사·야영을 자체 해결해야 하므로 장비의 양이 많아지고 또한 많은 양의 음식을 직접 운반해야 하기에 이를 위해 역시 많은 수의 인원(스태프)과 도우미(일꾼)들이 동원되며

그에 따른 상당한 비용부담을 감수해야 한다. 그래서 대개는 단독으로 추진하기보다는 2인 이상 그룹을 이루어 나서는 것이 보편적인바 비용절감은 물론 진행 효율성 면에 있어서도 훨씬 바람직하다. (☞ 고객이 1인이거나 2인이거나 스태프 구성인원은 차이가 없다.) 반면 롯지(Lodge)트레킹 또는 게스트하우스(Guesthouse) 트레킹으로도 불리는 티하우스(Teahouse) 트레킹은 그러한 많은 장비와 음식 및 도우미들이 필요치 않아 훨씬 간소하고 저렴하게 트레킹이 가능하다. 하지만 그만큼의 숙식편의시설이 갖추어진 곳으로 나서야 한다는 선택적 제약이 있으며, 아울러 다수의 인원이 이러한 현지 편의시설 이용방식의 트레킹에 나설 경우 장소 및 수용의 제약이 따르기도 하여 이럴 경우(보통 6인 이상 규모)에는 차라리 캠핑방식의 트레킹이 비용이나 편의성 면에서 더 효율적이라 하겠다.

※ 참고로 현지 민가를 활용하는 일명 홈스테이(Home-stay) 트레킹 방식도 있을 수 있다. 하지만 낯선 외지인을 집안에 들이기를 꺼리는 엄격한 이슬람국가인 파키스탄에서의 이러한 홈스테이 방식의 트레킹은 거의 불가하다고 보면 된다. 보통은 인도나 네팔의 숙식편의시설이 마땅치 않은 오지를 소수인원으로 트레킹할 때 이러한 홈스테이 트레킹이 많이 시도된다.

○ 코스안내

 # 발토로빙하(Baltoro Glacier) 지역〉 히말라야 14좌 **파키스탄 4대고봉 베이스캠프**를 탐승하는 루트이다. 발토로빙하를 따라서 콩코르디아(4,650m)에 이른 후 각 방향으로 코스를 달리하여 루트를 짤 수 있다. 북쪽 고드윈오스틴빙하를 거슬러 올라 브로드피크 B.C.*(5,000m)와 K2 B.C.(5,135m)를 탐승할 수 있고, 남동방향 발토로 상부빙하를 따라 올라가면 군 캠프를 지나서 가셔브룸 B.C.(5,150m; 일명 G1·G2 B.C.)를 다녀올 수 있다. 한편 콩코르디아에서 남쪽 비뉴(Vigne)빙하를 타고 곤도고로라(5,700m)를 넘어 후세밸리 방면으로 나아갈 수도 있다. 발토로 트레킹 중에서는 난이도가 매우 높은 루트로서 일기의 영향을 많이 받고 안전장비가 필수이다. (코스가 험해 말이나 나귀는 통행이 불가하다.) 특히 해발 5천7백미터가 넘는 곤도고로라를 안전하게 넘기 위해서는 해가 떠올라 기온이 상승하여 눈사태 위험이 생기기 전 이른 시각에 고갯마루 정상에 도달해야 하므로 일찍부터 서둘러야 하며(보통 새벽 2시 이전에 여정 시작) 이를 위한 철저한 준비와 수칙, 팀워크가 중시된다.

(※ 사정이 여의치 않다면 단지 콩코르디아까지만 다녀오는 것만으로도 훌륭한 여정이 된다. K2~브로드피크~가셔브룸 연봉~발토로캉그리~초골리사~미트라피크~마블&크리스탈피크~무즈탁타워 등등 콩코르디아 빙하분지를 화려하게 둘러친 카라코람의 고봉준령을 휘둘러보는 것만으로도 세상 비길 데 없는 감흥이다.)

  * B.C. = Base Camp

 # 후세밸리(Hushe Valley) 지역〉 카라코람 발티스탄 동부 '강첸(간체)' 지역에 놓인 트레킹지역으로서 스카르두에서 동쪽으로 103km 거리에 있는 카플루가 거점도시이다. (∵ 이 일대에는 세계 최대의 시아첸빙하를 위시하여 많은 탐승루트가 있지만 현재 카시미르 영유권분쟁으로 인한 인도군과 대치상황으로 일반인은 접근이 어려움에 따라 이 장에서는 쉽게 접근이 가능한 후세밸리 일원만 떼어내어 언급한다.) 이 후세밸리의 대표적인 트레킹코스로서 **마셔브룸 B.C.**와 **곤도고로라**를 들 수 있다.

(※ 스카르두~카플루 간 1일 2~4회 대중교통편이 운행한다. 하지만 보통은 카플루보다는 스카르두에서 일체의 트레킹을 준비하고 시작하기에 카플루를 거치지 않고 곧바로 후세밸리로 올라간다.)

▲ **마셔브룸 B.C.** : '마셔브룸'은 단순히 '검은 산'이라는 뜻 외에 산스크리트어로 '고귀한 산'의 의미도 담겨있다. 마셔브룸(7,821m) 베이스캠프 트레킹은 후세계곡을 따라 올라가다가 알링빙하로부터 흘러내리는 알링계곡과의 합수부(오둥스탄 건너편)에서 북쪽으로 마셔브룸 빙하를 거슬러 탐사하며 오르는 트레킹이다. 후세 마을에서부터 베이스캠프 왕복에 총 5일(휴식일 제외)이 소요된다.

후세마을에서 바라본 마셔브룸

⇒ 고소적응을 감안한 일정안배로서;

<u>1일) 후세(3,050m) / 2일) 파르비산(3,475m) / 3일) 브룸브루마(4,050m) / 4일) 마셔브룸 B.C. (4,290m) / 5일) 후세(3,010m)</u> 이렇게 총 4박5일의 일정으로 보통 잡는다.

▲ **곤도고로라** : 앞서 언급한 것처럼 발토로 콩코르디아에서부터 넘어오는 것이 일반적인바, 하지만 종종 모험심이 강한 트레커들 사이에서 이러한 역방향 후세밸리 방면에서부터 오르는 경우도 종종 이야기되는데 발토로 트레킹과는 달리 짧은 기간 안에 고지대로 올라서야 하는 만큼 체력적인 부분과 더불어 고도적응 문제가 관건이라 하겠다. 아울러 곤도고로라에서 콩코르디아 방면으로 하산시 시간이 지체될 경우 기온상승으로 인한 해빙과 눈사태의 위험요소 또한 무시할 수 없는 부분이기도 하다. 장점으로는 대신 일단 곤도고로라를 넘어서면 세칭 '신들의 광장'이라는 콩코르디아가 지척이며, 그로부터 여유롭게 각 베이스캠프들을 다녀오는 것은 거의 문제가 되지 않는다. (곤도고로라를 넘어오면서 고소적응은 확실히 되었을 것이다.) 또한 하산시 스카르두로 향하지 않고 도중 비아포 빙하를 거슬러 히스파라-훈자로 이어지는 트레킹을 곧바로 확장 진행할 수 있는 유리한 점이 있기도 하다.

후스팡에서의 곤도고로라 조망

(⇒ 만약 이를 역으로 한다면 훈자-히스파-비아포-발토로-콩코르디아-곤도고로라-후세의 순이 되어야 할 것이다.)

곤도고로라만을 왕복 트레킹하는 경우;

<u>1일) 후세(3,050m) / 2일) 사이초(3,330m) / 3일) 골롱(4,000m) 또는 달상파(달참파: 4,300m) / 4일) 후스팡(히스풍: 4,680m) / 5일) 곤도고로라(5,700m*) 왕복(캠프: 후스팡) / 6일) 사이초(3,330m) / 7일) 후세(3,050m)</u> 이렇게 총 6박7일(휴식일 제외)의 일정으로 다녀올 수 있다.

* 고도표기는 자료(지도)마다 다르다. 특히 곤도고로라의 경우 해발 5,940m / 5,835m / 5,700m / 5,690m / 5,620m 등등 자료마다 수치가 제각각으로, 심하게는 그 편차가 3백미터에 이른다. 아마도 측정수단 및 상황별로 측정값이 다 달랐던 듯하다. 여기서는 중간값인 해발 5,700m로서 소개한다. (※ 5,940m는 표기상의 오류인 듯하다. 같은 지도상에 실제 곤도고로라보다 높은 곤도고로피크의 높이가 5,650m으로 나와있다. 즉, 곤도고로피크의 높이를 곤도고로라로, 곤도고로라의 높이를 곤도고로피크의 높이로 잘못 기재한 데서 나온 착오인 듯싶다.)

(※ 2013.7월부터 곤도고로라를 통과하는 트레킹은 등반에 준하는(특별퍼밋을 받아야 하는) 시스템으로 룰이 개정되었다. 정부의 연락관을 대동해야 하며 그로 인한 비용도 적잖이 들어간다. 이런 부분들까지 감안하여 현재 파키스탄 정부는 곤도고로라 트레킹 퍼밋을 신청하는 그룹당(개인이 아니라) U$2,200의 말마따나 '준 등반'에 해당하는 입산료(퍼밋비용)을 제정하여 이를 납부하는 그룹에 한해서만 등행허가를 내주고 있는 실정이다. 세부내용은 발토로 트레킹 1-2. 편에서 언급)

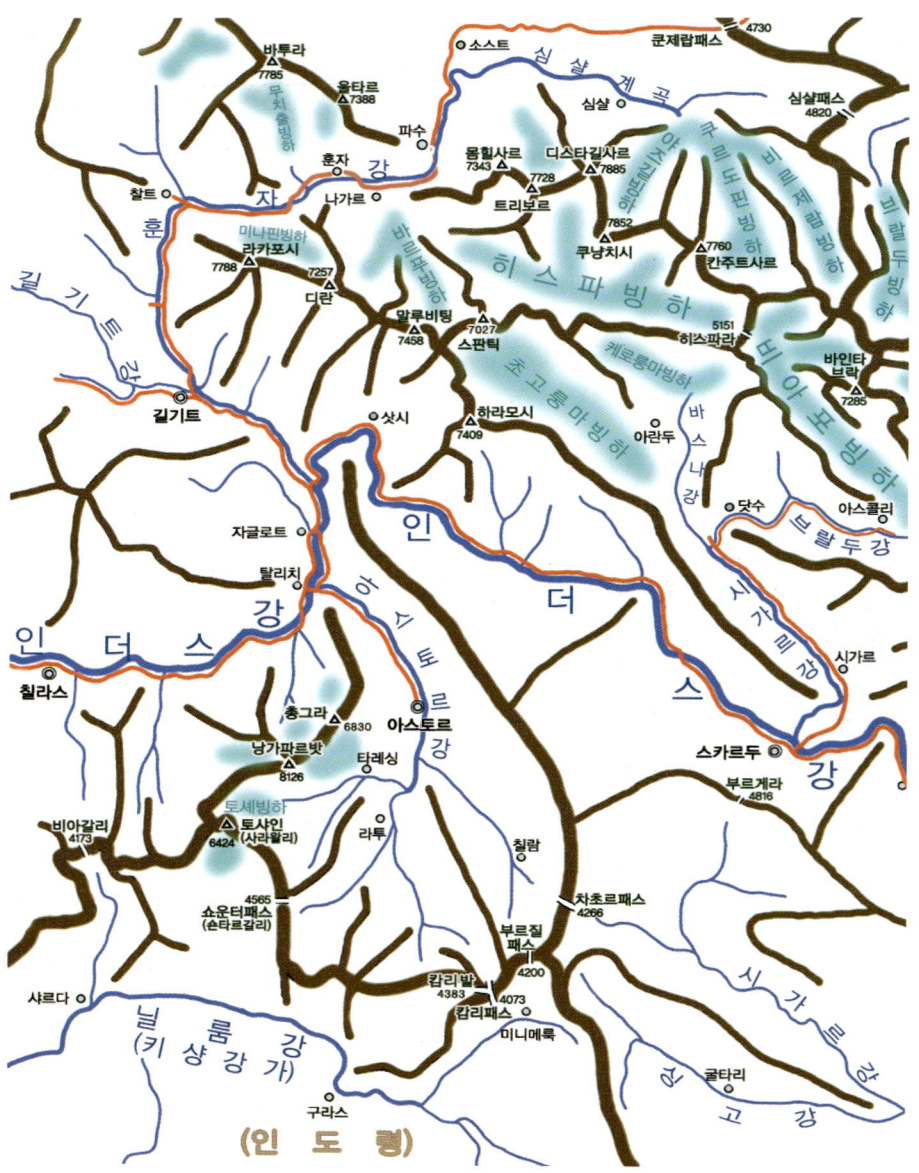

사이드트레일(Side Trail) 〉 발토로~시가르로 넘어가는 스코로라 트레일, 발토로~훈자로 넘어가는 히스파라 트레일(비아포-히스파 빙하트레일)이 있다. (일정가이드에서 따로 소개)

K2 발토로

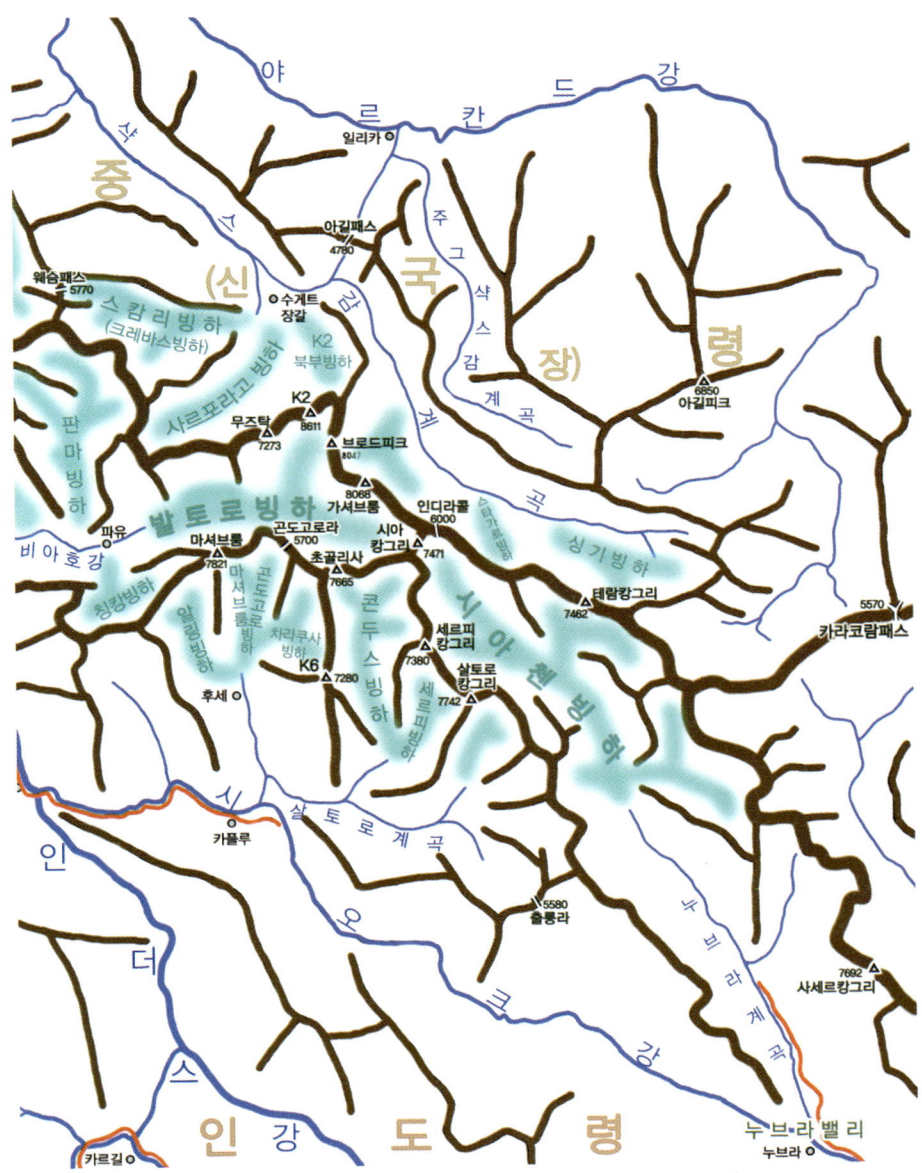

카라코람&펀잡히말라야 전도

⚠ 트레킹안내

1-1. 발토로 4개봉(K2, 가셔브룸 1·2봉, 브로드피크) 베이스캠프 탐승

✦ **특징** : 세계의 지붕 파미르고원 남단에 위치한 파키스탄 카라코람 산맥의 동부권에 속한 고봉군으로서, 인도와 카시미르 분쟁지역에서 파키스탄령에 속한 지역이다. 시아첸 빙하와 더불어 세계최대의 빙하인 발토로 빙하를 품고 있으며 이를 둘러싸고 세계 2위봉 K2(고드윈오스틴)를 비롯, 세계 11위봉인 가셔브룸1봉과 12위봉 브로드피크, 13위봉 가셔브룸2봉이 포진하고 있다. 언급한바와 같이 세계 최대의 발토로빙하를 따라 트레킹 하는 맛이 일품이며, 아울러 트레킹의 백미인 콩코르디아 **빙하모레인**˚ 대지에서의 사위조망 또한 빼놓을 수 없는 매력포인트다. 나아가 일정을 더 할애하여 브로드피크 & K2 베이스캠프, 그리고 G1·G2 **베이스캠프**˚까지의 탐승루트 또한 거대빙하를 따라 밀집된 세계의 고봉들을 어우를 수 있는 훌륭한 추천코스이다.

* 모레인(Moraine) : 빙퇴석(얼음+바위+자갈)이 쌓여 이룬 지형 ⇒ 빙퇴구
* 가셔브룸 1·2봉 베이스캠프를 약칭하여 G1·G2 B.C.라고 한다.

✦ **트레킹 적기** : 6~9월. 카라코람 일대는 몬순의 영향을 거의 받지 않으므로 가장 날씨가 따뜻한 여름철이 트레킹에 최적시기라 할 수 있다. 반면 10월로 들어서면 겨울이 시작되어 날씨가 많이 추워지고 강설량도 많아져서 위험요소와 대응장비도 증가하므로 이 시기에 일반 트레커들이 찾아들기에는 어려움이 많다. 겨울시즌은 보통 4월까지 지속된다. 이 시기에는 전문 등반가들이나 모험가들이 주로 찾으며, 각종 동계장비 및 필요에 따라 특수장비까지 동원하여 탐승·탐험에 나선다.

✦ **트레킹 최고점** : 콩코르디아(4,650m) / G1·G2 베이스캠프(5,150m) / K2 베이스캠프(5,135m) & 메모리얼(5,200m)

⚠ 일정가이드

(※ 소요시간은 중식 및 휴식시간을 제외한 일반적인 트레커들 기준의 평균적인 시간이다. 각각의 시간 안배 및 개개인의 조건과 상황에 따라 가감될 수 있다.)

1일차(Day01) : 스카르두(2,400m)-〈차량이동 6시간〉-아스콜리(3,000m)

카라코람 발티스탄의 중심도시 스카르두에서 여장을 꾸려 일정을 시작한다. 본격적인 도보트레킹의 시작점인 아스콜리까지 차량(지프)으로 6~7시간 가량 소요되며, 도로 및 기상상황에 따라 좀 더 소요될 수 있다. 스카르두에서 인더스강을 건너 북쪽길로 시가르를 지나면서부터 시가르강을 끼고 달리게 되며, 닷수에 이르면 포장도로는 끝나고 비포장길이 시작되고 시가르강의 지류인 브랄두 강 협곡을 따라 동쪽으로 4시간가량을 더 달려 아스콜리에 이르게 된다. 도중 점심식사는 시가르를 지나서 하이드라바드 또는 닷수를 지나 아포알리곤 마을 등지에서 해결하고 가는 경우가 많다. (※ 아스콜리 못미처 호토 마을에서 도로유실로 차에서 내려 도보이동 후 건너편의 다른 지프로 환승해야 할 경우가 있을 수 있으니 참고토록.)

아스콜리에 도착하면 여장을 풀고 마을 일원의 캠프장에서 야영토록 한다. 마을 내 두어 군데 게스트하우스가 있으나 그리 만족스러운 시설상태는 아니다. 물론 청결과 안락함에 개의치 않는 여행자라면 이곳을 활용하는 것도 무방하다. 낯선 여행자가 민가에서 투숙하는 것은 용이치 않다. 무슬림의 정서상 낯선 이를 집안에 초대하는 건 극히 이례적인 일이다. 특히 여주인들은 절대 외간남자와 상대하거나 안면조차도 틀 수 없다. 그러므로 현지 홈스테이(민박)를 활용하겠다는 발상은 버리고 가급적 본인의 숙식해결 장비를 갖추어서 나서든지, 아니면 애초부터 트레킹 에이전시를 통해 카라반을 꾸려 트레킹에 임하길 권한다.

스카르두~아스콜리 노선도

(※ 파유까지는 개별트레킹이 가능하나, 이후 본격적인 발토로빙하 진입은 에이전시를 통하지 않고서는 트레킹허가를 내주지 않는다.)

아스콜리 마을은 분위기가 매우 차분하고 평온하다. 하지만 낯선 이방객들이 찾아들 때면 반가움과 기대감에 다소간 부산해지며 떠들썩해지기도 한다. 다만, 아름답고 예쁘다 해서 현지 여인들에 대해 카메라를 들이대는 행위는 절대 삼가야 한다. 도시와 동떨어진 오지의 전통 무슬림 여인들은 절대 얼굴 정면을 찍히려 하지 않는다. 그들만의 율법이다. 만약 이를 어겼다간 찍는 이도, 찍힌 이도 큰 봉변을 당할 수 있다. 단, 피사체가 남성인 경우는 크게 개의치 않는다.

아스콜리 캠프장

아스콜리 도착 후 시간여유가 있으면 마을 중앙에 위치한 아스콜리 박물관(Askole House)을 구경해보는 것도 좋다. 과거부터 이어져 내려온 발티스탄 산간의 전통 풍속과 유물 등이 보존되어있다.

취침시에는 **고소증**에 유의토록 한다. 아스콜리의 해발고도가 3천미터에 이르므로 어느 정도는 고소증세가 나타날 수 있다. 특히 밤시간 수면중 호흡곤란이나 저체온증에 유의토록 하고, 사전에 다이아목스 등 예방약을 복용하면서 수분을 많이 섭취, 서서히 고소에 적응되게끔 대비토록 한다.

아스콜리하우스 내부

2일차(Day02) : 아스콜리(3,000m)-(1시간)-케사르-(1시간)-코로폰(3,050m)/ Army Camp-(1시간)-광천샘터-(1시간)-줄라(3,100m)

본격적인 도보트레킹이 시작되는 날이다. 아스콜리에서 브랄두 강을 따라 올라간다. 참고로 아스콜리에서 도보 1시간 거리의 케사르(비아포계곡 합수부)까지는 찻길이 나 있으므로 차를 타고 이곳까지 이동하여 트레킹을 시작할 수도 있다. 그로부터 케사르의 비아포계곡(Biafo River)을 가로지르는 위태로운 **현수교**'를 건너 트레일을 이어간다. 계곡을 건너 언덕으로 오르면 돌로 쌓아 만든 간이쉼터가 있다. 햇빛강한 여름에 유일하게 그늘을 제공한다. 쉼터 뒤 광활한 **단구평원**' 중앙부로 트레일이 이어진다. 동쪽 정면으로 릴리고(6,251m)와 마셔브룸(7,821m) 연봉이 드리우고 남쪽으로 바호르다스(망고피크; 5,810m)와 북쪽 불라피크(6,294m)의 모습도 인상적이다.

케사르 단구평원과 비아포계곡. 마셔브룸이 하늘금을 긋고 있다.

비아포계곡의 출렁다리.

* 쇠줄 두 가닥에 판자때기 엮어서 밑바닥에 해놓았다. 발밑으로는 비아포빙하가 녹아 흐르는 잿빛 강물이 굉음을 퍼부으며 세차게 쏟아내린다. 실족시에는 수습이 어렵다.
* 케사르의 광대한 단구평원은 일명 'Kaiser(Caesar) Polo Ground'라는 별칭을 갖고 있다. 즉 '황제의 폴로경기장'이란 의미이다. 물론 과거 왕들이 이곳에서 실제 폴로경기를 펼쳤는지는 확인할 바 없으나
  – 단지 전설에 의하면 북쪽 훈자왕국과 남쪽 발티스탄왕국의 제왕들이 이곳에서 만나 서로 폴로경기를 즐겼다는 얘기가 전해온다. – 아무튼 그만큼 넓고 평탄한 지형임을 방증하는 말이다. 아울러 '케사르(Kesar)'란 지명 역시 이로부터 비롯된 것이며, 이의 발티어에서 유래한 '폴로(Polo)'는 둥근 공(Ball)을 뜻하는 말이다.

30분여 단구평원을 질러 나아가면 불라피크(6,294m) 아래 거대한 빙퇴지형(모레인)이 드리운 비아포빙하의 끝자락 코로폰'에 이른다. 코로폰에는 비아포빙하가 녹아 흐르는 작은 계류부와 함께 그늘을 만들어주는 나무가 몇 그루 있어 쉼터나 중식장소로 활용된다. 인근에는 군 캠프(Army Camp)가 있으며 이러한 군 시설물을 배경으로 사진 촬영은 불허된다. 코로폰을 지나면 '라스캄 브로크(LASKAM BROQ)''라는 입간판이 반긴다. 이 일대(코로폰~줄라)를 달리 지칭하는 말이기도 하다. (※ 입간판의 내용을 보면 이곳이 라다크산양(Ladakh Urial)의 서식지임을 알리는 문구가 있다. 곧 '라다크'란 단지 북인도의 라다크뿐 아니라 이의 카시미르(카라코람산맥) 일대에 있어서도 적용되는 호칭임을 유추해볼 수 있다. ⇒ 참고 3장 펀잡히말라야 편 '라다크 산맥')

불라피크와 비아포빙하 하부모레인(코로폰)

비아포빙하 초입부 코로폰 캠프지

* 코로폰 = '코로(잡석/돌) + 폰(돌더미/바위)'의 합성어로, 즉 빙하 말미자락의 돌더미가 쌓인 모레인 지형을 가리킴을 알 수 있다.
* 라스캄 브로크(Laskam Broq) : 라스캄은 '높은지대(고개)'를 뜻하는 '라(La)'와 메마르다는 의미의 '스캄(Skam)'이 합쳐진 말로, 여기에 또한 '높은 땅(고원)'을 뜻하는 '브로크/브록(Broq/Brok)'이 더하여 소위 "높고 황량한 고원의 땅"으로서 풀이하면 될 듯싶다. 이런 고지대·고원에 사는 사람(부족민)들을 일명 '브록파(Brokpa)'로서 달리 지칭하는 데서도 그 유래를 찾을 수 있다. (발티어/티베트어 동일하며, '파(Pa)'는 '부족·사람(들)'을 뜻한다.)

코로폰 비아포빙하를 뒤로하고 줄라까지의 트레일은 브랄두 강을 오른쪽에 끼고 걷는다. 절벽진 하안단애 위쪽으로 완만한 트레일이 이어지다 모퉁이를 돌아 내리막으로 향하면서 다소 위태로운 절벽 허리길을 에둘러 내리게 된다. 도중 조그마한 광천샘터가 있는데, 탄산가스가 함유되어있어 소화불량에 효험이 있다. (☞ 현지인들은 일명 '펩시-파니'라 한다. 인도·네팔과 마찬가지로 '파니'는 '물'이라는 말이다.) 코로폰~광천샘터를 지나는 구간은 햇빛을 피할 그늘이 없다. 일사/열사에 유의토록 하며 고소증 예방을 위해서라도 물을 충분히 마셔둔다.

브랄두강 절벽길(두모르도계곡 합류부)

샘터를 지나면 북쪽 판마빙하로부터 흘러내리는 두모르도계곡(Dumordo River) 합수머리에 이르는데, 이로부터 줄라는 지척이다. 하지만 두모르도 물길 바로 건너편에 (야영촌이 손에 잡힐 듯 가까이) 보이는 것과 달리 북쪽으로 한참을 거슬러 올라갔다가 두모르도 계곡의 다리를 건너 다시 남하하여 내려와야 하므로 보기와 다르게 시간이 꽤 걸린다. (합수부~두모르도 브릿지(현수교) 30분 소요.) 북쪽으로 꺾이는 산모롱이 구간에서는 험한 바위사면을 절개하여 길을 만들었기에 절벽 아래로 실족치 않도록 유의한다.

이곳만 지나면 줄라까지 난구간은 없다. 샘터에서 줄라까지는 1시간 남짓 소요된다. 줄라 못미처 두모르도 계곡을 건너는 현수교 직전에 역시 돌로 쌓아 만든 간이대피소가 있다. 과거 티숍(Teashop)으로 쓰였다고 하나 현재는 방치되어 이용하는 경우가 거의 없다. '라스캄(Laskam)'으로서도 표기되는 줄라(Jula)는 대단위 캠핑장이 마련되어있으며 간이화장실 부스들도 상당수 설치되어있다. 성수기(7~8월)에는 소위 텐트촌이 형성된다. 아울러 콘크리트로 된 티하우스도 있는데 이곳에서 숙식을 해결코자 한다면 열악한 시설과 청결치 못한 상

두모르도 계곡변 녹지(줄라캠프)

태로 인해 상당한 불편을 감수해야 한다. (※ 여름철 특히 파리가 장난이 아니다.)

아스콜리를 출발, 케사르-코로폰을 경유하여 줄라까지 중식 및 휴식시간 포함 5~6시간 잡는다. 더 진행코자한다면 줄라에서 점심을 취하고 그로부터 2~3시간 거리의 문종(스캄촉 또는 바르두말이라고도 함)에 이르러 야영할 수도 있겠다. 문종에도 야영장을 운영하는 허름한 돌집으로 된 티하우스가 있다. 숙식(매식)이 가능하나 마찬가지로 매우 열악하다. (돌로 벽을 쌓아 만든 숙소 내에는 먼지 자욱한 카페트만이 덩그러니 놓여있으며 청결·위생 상태도 썩 좋지 못하다. 그럼에도 호기심에 이용해보고자 한다면 말리지는 않는다.) 성수기인 6월~9월초 기간만 문을 열며 9월 중순이 되면 문을 닫고 주인이 아랫마을(아스콜리)로 내려간다. (※ 운 좋으면 문종에서 티숍 주인이 잡은 발토로 산천어를 맛볼 수 있다. 빙하수의 특성인지 육질이 단단하여 매우 맛이 좋다. 발토로빙하가 녹아 흐르는 빙하수류에서 희한하게도 물고기가 잡히는 것을 보고 여행객들 뿐 아니라 파키스탄들 심지어 스카르두와 아스콜리의 주민들도 불가사의한 일이라고 혀를 내두른다. 단, 문종을 지나서는 완전한 빙하수로서 물고기는 전혀 없다고 한다.)

3일차(Day03) : 줄라(3,100m)-(1시간)-Army Camp-(1시간)-바르두말-(30분)-문종(3,300m)-(1시간30분)-파유계곡-(1시간)-파유(3,450m)

줄라에서 두모르도 강물을 오른쪽에 두고 다시 남쪽으로 향하여 브랄두 강 합수부로 나아온다. 줄라에서 30분 정도가 소요되며 도중 남쪽 정면으로 바호르다스(망고피크; 5,810m) 모습이 인상적이다. (별칭처럼 우뚝 치솟은 모습이 마치 '망고'와도 같이 생겼다.) 여기서부터 브랄두 강은 '비아호' 강으로 이름을 달리하여 상류 발토로빙하로부터의 물길을 빚는다. (∴ 즉, 발토로빙하에서 내려오는 비아호 강이 줄라에서 두모르도 강과

바호르다스(일명 망고피크)

만나 브랄두 강이 되고, 그로부터 아스콜리, 닷수를 지나 티사르 (하이드라바드)에서 바스나 강과 만나 시가르 강이 되어 흘러간다.) 두모르도 합수부의 넓은 퇴적자갈층 모퉁이를 돌아 이제 이름이 바뀐 비아호 강을 끼고 동남 방향으로 트레일이 이어진다. 비아호 강 건너편에도 길이 보이는데 현지 주민들과 군인들이 이용하는 길이다.

비아호강 트레일

비아호 강변의 자갈밭과 모래사장을 따르다 30분 쯤 지나 군 캠프를 지나서 강변단애 언덕 위로 올라서면서는 산에서 내려오는 물길에 의해 골깊게 패인 위태로운 소협곡들을 내렸다 오르면서 나아간다. 실족치 않도록 주의. (※ 단애부 위쪽으로 오르지 않고 계속 강물을 옆에 끼고 진행할 수도 있지만 물이 불어나 진행이 곤란한 경우가 있으며, 그렇진 않더라도 도중 철썩거리며 밀려드는 강물결에 의해 신발과 바지가 젖을 수 있다.) 그로부터 강변단애 모퉁이를 완만하게 돌면서 위태로운 절벽구간이 나오고, 이를 조심해서 내려선 후에 절벽 아래 비아호 강의 자갈길을 다시 따른다. 그렇게 1시간여 진행하면 널찍한 바르두말* 분지에 이른다. 도중 강변의 자갈밭과 모래사장을 걷는 맛이 아늑하나 햇빛이 강하고 기온이 상승하면 그리 녹록치만은 않은 길이다. 바르두말 남쪽 비아호 강 건너편으로 깊숙한 골짜기는 '칭강' 계곡으로서 그 너머로 보이는 흰 봉우리는 더블피크(6,700m)라는 이름을 가지고 있으며 골짜기를 따라 오르면 더운물이 솟는 노천탕이 있다고 한다.

칭강계곡 초입부와 후방의 더블피크

* 바르두말 : '거친(바르두) 기슭자락(말)'의 뜻이다. 문자 그대로 이 강변기슭 일대에 통행하기 다소 까다롭고 성가신 관목지대가 성글어있다. '스캄촉'과도 상통한다.

문종은 바르두말에서 평지길로 30분쯤 더 나아가면 된다. 지도상의 스캄촉'이라고도 하는 곳으로, 바르두말과도 혼용하여 표기된다. (현지인들은 문종이라는 명칭을 고집한다. 발음상 '문드롱'으로 들리기도 한다. 옹이나무과의 고산수종(樹種)의 하나인 '문두(만두)'에서 나온 지명일 듯싶다.) 문종에는 넓은 야영터와 함께 이를 관리하는 돌집 티하우스가 있다. 이곳에서 간단한 차나 음료, 다과류의 매식이 가능하며 원하면 숙박도 할

문종(스캄촉) 캠프지

수 있지만 시설수준은 형편없다. 대개는 중식장소로 활용하거나 시간이 늦을 경우 야영지로 삼는다. 식수로 활용되는 물은 역시 끓여먹어야 한다. 특히 오전에는 괜찮다가도 오후가 되어 기온이 상승하면 대롱을 통해 나오는 물이 탁해진다. 빙하수의 특징이다.

* 스캄촉(Skamtsok) : 메말랐다는 뜻의 '스캄(Skam)'과 가시덤불을 의미하는 '촉(Tsok)'의 합성어로서 즉, "황량한 덤불지대/관목지대" 정도로 해석하면 될듯하다. 실제 이 일대에 그렇게 사막형태의 덤불지대가 형성되어있다. '바르두말'과 같은 의미로 보면 될듯하다.

문종을 지나 완사면의 단구지형으로 오르면서 동쪽 정면으로 릴리고(6,251m) 연봉을 바라보면서 걷는다. 완만하게 굴곡진 강기슭을 돌아서면 다시 절벽단애가 나오고 이를 내려서서 다시금 자갈과 모래가 어우러진 강변길을 따라 걷는다. 그늘이 없어 특히 햇빛이 강하고 기온이 높은 낮시간에는 녹초가 되는 구간이다. 파유까지 이러한 오르내림은 몇 번 더 나온다. 왼쪽 북방으로는 풀한포기 없는 메마른 바위산군의 연속이다. 그로부터 골깊이 패어내린 험준한 소협곡 구간도 재차 통과해가야 하는바 낙석과 실족에 유의한다. 북쪽으로 파유피크*(6,610m)가 보일 때쯤 위태로운 단애길은 끝나고 다시 강변의 자갈길과 백사장길을 걷는다. 다행히 강변사장 기슭에 조촐한 나무그늘지대가 있어 더위를 식히며 쉬어가기 좋다. 계속되는 황량한 강변언덕 위 돌밭길은 심신을 지치게 한다.

릴리고 연봉

구름에 덮인 파유피크

고소증과 더불어 일사·열사로 인한 탈수/탈진에도 유의토록 한다. (황량하고 삭막하지만서도 풍광은 빼어나게 아름답다. 마치 그랜드캐년의 한 골짜기를 연상케 한다.)

* '파유'는 발티어로 '소금'을 뜻하는바 즉 '소금봉우리'의 뜻이라 하겠다.

물이 불어난 파유계곡

광활한 강변대지 상부 북쪽 골짜기 위로 파유피크의 빙원이 보이는 곳에 이르면 그로부터 흘러내리는 물골을 건너야 하는데, 햇빛이 강한 맑은 날씨에는 이 파유계곡을 가로지르는데 어려움이 있다. 빙원이 녹아 흐르는 계곡의 수량이 불어나기 때문이다. 더구나 딱히 다리가 마련되어있지도 않을 라치면 부득불 신을 벗고 바짓가랑이를 걷어 올린 채 도하에 나서야 한다. 물살이 셀 때는 스태프들의 도움을 받아 조심해서 잘 건너도록 한다. (∵ 특히 얼음(빙원)이 녹아 흘러내리는 물이라서인지 상상 이상으로 매우 차가워 심장과 뼛속까지 시릴 정도이다. 한편으로는 이러한 냉류에 발을 담그면 신경통과 정신환기에 특효라고 에둘러대기도 한다.) 만약 바지를 걷고 물을 건너기를 원치 않는다면 해가 중천에 오르기 전 아침시각(오전 10시 이전)에 이곳을 통과하도록 하라. 돌멩이를 놓아 징검다리식으로 건널 수 있을 것이다. (∵ 흐린 날이 오히려 유리하다.) 문종에서 파유계곡까지 1시간반 가량 소요된다.

비아호강과 트랑고, 카테드랄, 롭상스파이어, 사보야(스킬브룸) 원경

발토로빙하 초입부의 비아호강 하상. 카테드랄(좌), 릴리고(우)가 바라보인다.

파유계곡을 건너서면 다시 한 번 언덕으로 오르게 된다. 가는 길 동쪽 정면으로 트랑고(6,286m)와 카테드랄타워(5,866m)가 보이고 날이 좋다면 멀리 비앙게(6,427m), 사보야(7,360m) 연봉도 가늠된다. 30분쯤 걸어올라 모퉁이길 상부에 이르면 폭 좁고 거칠었던 비아호 강의 흐름이 완만하고 평온한 원형분지의 풍광으로 변모하며 그로부터 동쪽 정면 멀리 비아호 강의 시발지인 거대한 발토로빙하의 잿빛풍광이 마주놓인다. 오름

발토로빙하의 주둥이. 옆자락 숲지대가 파유캠프지

길은 완만하지만 역시 앞서와 마찬가지로 강가의 절벽을 돌아 내리는 구간은 절벽지대라 조심해야 한다. 바위사면길 아래로 비아호 강의 긴 현수교를 건너 이어지는 또다른 트레일이 나있으며 그로부터 남단의 하상평원을 가로질러 발토로빙하로 곧장 진행할 수도 있으나 파유를 거치지 않기 때문에 대개는 발토로 트레킹 종료 후 하산시에 주로 이용한다. (도중 군부대도 거쳐간다.)

강가절벽의 바윗길을 조심해서 밟아 내리면 이제 파유까지는 1시간이 채 걸리지 않는다. 발토로빙하를 배경으로 비아호 강기슭 좌측사면의 푸른 숲지가 형성되어있는 곳이 파유이다. 메마르고 삭막한 풍광 속에 유일하게 나무숲이 울창한 곳이다.

파유 포레스트캠프(Forest Camp)

다른 곳과 달리 파유는 이처럼 나무숲이 우거져 매우 아늑한 분위기를 자아낸다. 파유 캠프지에는 무슬림들을 위한 기도건물이 따로 마련되어있다. 숙식을 요청하면 별도의 부속건물에서 숙박 및 매식이 가능하기도 하나 시설상황은 그리 만족스럽지 못하다. 캠프지로서는 우르두카스와 더불어 가장 멋진 곳이라 할 수 있다. 햇빛 좋은 낮에는 인근 샤워장– 계곡수를 저장탱크에 받아 호스로 뽑아낸다. –에서 몸을 씻을 수도 있다. 햇빛에 의해 자연적으로 덥혀진 적당수온의 물로 샤워가 가능하다. 단, 고소적응이 되지 않은 상태라면 전신샤워는 자제토록. 수온이 웬만큼 올라있다면 머리를 감는 정도는 무난하다. 줄라–문종–파유까지는 중식/휴식시간 포함 6~7시간 가량이 소요된다. 전날 문종에서 야영했다면 반나절 만에 파유에 당도한다. 즉 **런치캠프(Lunch Camp)**'가 가능하다.

* 런치캠프: 오전시간에만 운행(트레킹)하고서 점심 때 캠프지에 도착하여 캠프를 차리고선 오후에는 운행치 않고 쉬는 것을 말한다. 보통 시간(일정)관계상 하루 전체를 휴식일(고소적응일)로 할애하기 어려울 때 약식으로나마 이러한 방식으로 조율한다.

4일차(Day04) : 파유(3,450m) 휴식일

(☞ 고소적응을 위한 휴식일은 중요하다. 단, 이미 고소적응이 되어있는 상태라면 굳이 하루를 빈둥거리며 소진할 필요는 없다. 다음 일정으로 계속 진행.)

무료하게 빈둥거리지만 말고 고소적응차 파유 B.C.(3,800m)를 다녀와보는 것도 좋다. 코앞의 파유피크(6,610m)는 물론 거대한 발토로빙하와 더불어 날이 좋으면 멀리 브로드피크와 가셔브룸 연봉까지 조망된다. 파유 B.C.까지 왕복 2시간반~3시간가량 소요된다. 단, 오르는 도중 이곳저곳 갈림길이 나오고 중간중간 험한 구간도 있어 길을 잘 아는 도우미(스태프)와 함께 나서도록 한다. (∴ 다녀온 후 소정의 인센티브(팁)는 사례토록.) 파유 베이스캠프 역시 아담한 규모의 나무숲이 우거져있고 바윗길 아래 골짜기에서 식수를 해결할 수 있다. (터가 좁아 텐트 여러 동을 치기는 어렵다.)

파유피크 B.C. 발아래 비아호강의 하상이 보인다.

베이스캠프에서 올려다본 파유피크

발토로빙하의 거암연봉들. 구름을 얹은 브로드피크(팔첸캉그리; 8,047m)가 바라보인다.

릴리고피크(좌측)

발토로빙하의 주둥이(비아호강 합류부)와 릴리고피크(우측)

더블피크 설산봉우리

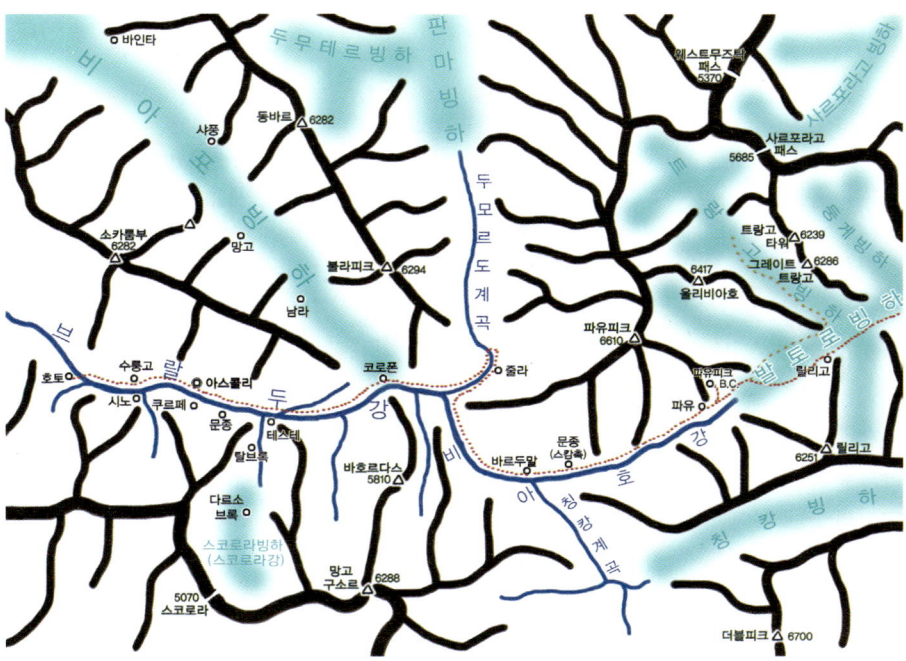

5일차(Day05) : 파유(3,450m)−(30분)−발토로빙하(3,550m)−(2시간)−릴리고 B.C.(3,750m)−(2시간30분)−호불체(3,950m)

파유를 지나 비로소 발토로 빙하지대로 진입하여 빙하루트를 거슬러 오르며 트레킹 하게 된다. 파유 캠프촌을 뒤로하고 비아호 강의 펑퍼짐한 하상단구 위로 거슬러 오르는 트레일을 따라 걷는다. 어디나 마찬가지지만 절벽진 단애부 끄트머리로는 다가서지 않도록 한다. 사태위험이 매우 크다. 산허리를 끼고 나아가는 랜드슬라이드길(사태길)을 따라 30분쯤 진행하면 마침내 발토로빙하와 맞닥뜨리게 된다. 압도적인 빙하모레인 지형과 함께 가운데 움푹 갈라진 거대한 검은 얼음동굴로부터 잿빛 수류가 마구 쏟아져나오는 광경에 놀라움을 금치 못한다. 여기가 바로 비아호 강의 시작점이다. 이후부터는 강이 아닌 '빙하'로서 즉 "Baltoro Glacier"이다.

발토로빙하 시작부의 얼음동굴(비아호강 시작점)

본격적인 빙하지대 퇴석더미 위로 오르는 도중 트랑고산군(Trango Group) 갈림길을 만난다. 해발 6,286m의 트랑고는 6,500m 이하 등반대상지로서 퍼밋만 필요할 뿐 별도의 등반료가 징수되지 않아 많은 등반가들에게 더욱 매력적인 대상지로 뽑힌다. (안쪽에 뾰족하게 솟은 트랑고타워(6,239m)는 특히 등반가치가 높은 암봉으로서 유명하다.) 큰 바위에 트랑고 방면 화살표가 그려져 있는데 혹 못보고 지나쳐서 그쪽 트레일로 접어들지 않도록 주의한다.

거대한 빙퇴석 언덕을 오르내리는 것은 작은 야산을 오르내리는 것과 같다. 도중 거대한 얼음바위와 깊숙이 꺼져내린 소규모의 빙하호수들도 목격된다. 오르내림을 반복하며 빙하모레인(퇴석지대) 구간을 나아갈 때 낙석에 유의하고 내리막에서는 잔돌에 굴러 미끄러지지 않도록 주의하라. 릴리고 B.C.로 향하면서 북쪽 트랑고 산군의 풍광이 압권이다. 거대한 바위봉인 그레이트트랑고(Great Trango; 6,286m) 뒤로 촛대처럼 치솟은 트랑고타워(Trango Tower; 6,239m)가 특히 인상적이다.

트랑고산군

릴리고 B.C.에는 식수사정이 여의치 않다. (산사태로 식수원이 모두 파묻혔다.) 그러므로 다소 멀더라도 호불체까지 진행하는 것이 좋다. 굳이 야영코자한다면 릴리고 B.C.에서 호불체 방향으로 30분 거리의 빙하모레인 퇴석사면 아래로 식수를 뜰 수 있는 곳이 있으므로 이곳을 이용토록 하라. 다른 곳과 달리 물이 매우 맑고 깨끗하여 그냥 마셔도 별

탈이 없다. 단, 내려설 때 주의토록. 파유를 출발, 릴리고 B.C.까지 2시간반~3시간 가량 걸린다. 릴리고 B.C.를 지나 호불체로 향하는 길 역시 계속되는 빙퇴구간의 연속이다. 발토로빙하 남단기슭 칼날같은 허리길을 그으며 트레일이 이어지고, 퇴석언덕의 규모도 더욱 커지고 얼음바위 사이로 크레바스도 간간이 눈에 띈다. 발토로빙하 건너편으로는 트랑고 빙하와 바위연봉이

릴리고 B.C.에서 바라본 파유피크

멋진 모습으로 다가온다. 날이 좋으면 동쪽하늘 멀리 브로드피크(8,047m)의 모습도 바라볼 수 있다.

빙퇴지대를 가로질러 발토로빙하 남측기슭루트를 계속 따르면 또 달리 모래밭 위로 트레일이 나있다. 보기드문 빙하지대의 백사장이다. 이와 더불어 빙하모레인 중단부에도 모래언덕이 드리워있기도 하다. 여기서부터 트랑고타워(6,239m)는 그레이트트랑고(6286m) 뒤로 숨어 보이지 않는다. 대신 발토로빙하의 전경을 담으며 파유피크(6,610m)-울리비아호*(6,417m)-트랑고(6,286m)-카테드랄(Cathedral; 5,866m)-롭상스파이어*(Lobsang Spire; 5,707m)로 펼쳐지는 발토로의 거암거봉들을 우러러볼 수 있다.

발토로빙하 사구지대(백사장)와 트랑고(중앙), 카테드랄(우) 첨봉군

* 울리비아호는 수탉(Biaho)의 벼슬(머리; Uli)처럼 생겼다는 데서 붙여진 이름이다.
* 발티어(티베트어) '롭상'은 '넓은/열린'의 뜻이며 '스파이어'는 영어로 '첨탑/첨봉'을 뜻한다. 곧, 현지어와 외래어의 절묘한 조합이다. 그처럼 폭넓게 하늘 위로 고고한 첨봉군이 들어올려져있는 데서 연유한 산명인게다.

호불체(Xobultse/Khoburtse)에 이르기 전 릴리고(6,251m)로부터 흘러내린 웅장한 릴리고빙하를 가로지르게 되는데 위태로운 구간이 있어 주의를 요한다. 호불체에 도착하여 발토로빙하 너머로 바라보는 파유피크(6,610m)와 울리비아호(6,417m)는 더욱

릴리고빙하와 릴리고피크(좌)

인상적이다. 하늘을 찌를 듯 우뚝 솟구쳐 있다. 이름처럼 대성당을 연상케 하는 카테드랄(5,866m)은 더욱 거대한 몸집으로 다가서고 롭상스파이어(5,707m) 역시 첨예한 암봉들로 시야를 장식한다. 파유~릴리고 B.C.~호불체까지는 중식/휴식시간 포함 6~7시간 잡는다. 호불체에도 야영장을 관리하는 돌집으로 된 티하우스가 있다. 숙식이 가능키도 하나 시설과 음식 수준은 매우 열악하다. 체력과 더불어 시간적 여유가 있다면 2시간여 거리의 '우르두카스'까지 더 나아가 야영할 수도 있겠다. (※ 우르두카스는 '깨진(무너진) 바위'라는 의미를 담고 있다. 실제 몇 해 전 이 일대에서 바위가 무너져내려 빙퇴구 아래에 야영하고 있던 등반객들을 덮친 사고가 발생했다. 이 사고로 당시 3명의 포터가 숨졌고 그로부터 우르두카스의 캠프의 위치도 위쪽 산비탈 중턱부로 옮겨지게 되었다.) 우르두카스의 야영지는 전망이 좋다. 아울러 야영장을 관리하는 조그마한 티하우스가 있는데 상황이 여의치 않을 경우 여기서 숙식을 취할 수도 있다. 시설은 보잘 것 없으나 분위기나 청결도 면에서는 앞선 티하우스들보다는 낫다.

파유피크(좌)와 울리비아호(우) – 호불체에서

카테드랄(중앙)과 롭상스파이어(우) – 호불체에서

6일차(Day06) : 호불체(3,950m)–(1시간)–호불체빙하–(1시간)–우르두카스빙하–(30분)–우르두카스(4,050m)–(1시간)–만두빙하–(1시간)–무즈탁빙하–(1시간)–고로I(룽카코로; 4,300m)

호불체에서 계속해서 발토로빙하 남측기슭에 놓인 트레일을 따라 우르두카스로 향한다. 1시간쯤 걸어오르면 우측(남쪽)의 호불체피크(6,368m)에서 흘러내린 호불체빙하를 만난다. 트레일은 빙하 하단부를 가로지르며 나아가게 돼있는데 도중 얼음과 자갈이 혼재된 빙상 구간을 걷는 구간이 있어 미끄럼에 유의한다.

호불체 캠프의 돌집(티숍)

발토로빙하 건너 북쪽으로는 트랑고(6,286m)와 카테드랄(5,866m)의 웅장한 거암거벽 사이 둥게빙하의 빙폭(Ice Fall)이 빛난다. 햇빛강한 맑은 날에는 반사광으로 인해 매우 눈부시다. 촛대처럼 우뚝한 트랑고타워(6,239m) 역시 그레이트트랑고(6,286m) 우측 뒤편으로 다시 보이기 시작한다. 1시간쯤 더 오르면 또하나의 빙하와 만난다. '우르두카스빙하'로서 트레일은 빙상구간이 아닌 하부 빙퇴자락의 바윗돌 사이로 나있다. 우르두카스는 30분 거리. 도중 남쪽 가파른 산중턱 암봉들 사이 벼랑에 매달린 **현수빙하**'가 가늠되고 이어 잿빛으로 뿌연 작은 **빙하호수**를 지나 오르면 바로 우르두카스다.

호불체빙하

우르두카스빙하

둥게빙하

현수빙하(우르두카스에서)

* 문자그대로 '매달린 빙하'이다. 즉 다른 빙하처럼 흐름이 아래까지 이어진 게 아니라 도중 가파른 산사면 아래로 무너져내려 그로부터 빙하의 상층부만 남아있는 형태다. 주로 절벽진 가파른 급사면을 내려올 때 이러한 현수빙하 형태로 빚어지게 된다.

상부 우르두카스 언덕에 캠프촌과 티하우스, 군 캠프(Army Camp)가 있다. 트레일이 지나는 아랫자락에도 돌로 쌓아 만든 티숍이 있는데 과거 이 근방에서 낙석으로 3명의 포터가 숨진 사고가 있던 곳이다. '깨진(무너진) 바위'라는 뜻을 담고 있는 '(우)르두카스(rDu-Kas)'란 이름을 상기하게끔 한다. 만약 고소적응이 잘 되지 않은 상태라면 이곳 우르두카스까지만 진

우르두카스 캠프의 티숍

행한다. 이전 파유에서 고소적응일을 챙기지 않은 경우라면 더더욱 우르두카스에서 하루 머물기를 권한다. 야영장 부근의 티하우스에서 숙식을 해결할 수도 있다. 열악하긴 해도 발토로 트레일 상에서는 그나마 시설상태가 가장 낫다. (물론 안나푸르나의 롯지 수준을 기대하는 건 무리다.) 언덕 위 캠프지의 전망도 매우 좋다. 지나온 뒤편으로 촛대처럼 솟은 울리비아호 암봉의 모습이 특히 인상적이며 빙원을 이고 있는 파유피크의 모습도 아름답다. 이로부터 파유피크(6,610m)-울리비아호(6,417m)-트랑고(6,286m)-카테드랄(5,866m)-롭상스파이어(5,707m)로 펼쳐지는 화려한 발토로의 거봉들을 한 눈에 담아볼 수 있다.

파유피크와 울리비아호 - 우르두카스에서

트랑고(좌)와 카테드랄(우) - 우르두카스에서

우르두카스 이후부터는 본격적인 빙하지대를 직접 밟으며 나아간다. 곳곳에 빙류곡(Glacier Water Slide), 빙사면(Ice Slope), 빙벽(Ice Wall), 빙혈(Ice Cave), 크레바스(Crevasse) 등 위험요소가 많으니 보행에 주의를 기울이도록. (※ 이러한 빙하트레일은 또 한편 지루한 감도 없지 않다. 특히 기상이 좋지 않다거나 구름/안개 등으로 시야가 좋지 못할 때에는 더더욱 유의해야 한다.) 우르두카스를 출발, 아래쪽 발토로 빙하로 내려서면 이제부터는 말마따나 '빙하트레킹'이다. 빙퇴언덕의 오르내림이 심하고 어떤 곳은 고도차(1~2백미터)도 상당하다. 얼음이 녹아 흐르는 빙하계류를 건너야 할 경우도 있으며 이로 인해 신이 젖기도 한다. 햇빛이 좋은 날에는 녹아 흐르는 물의 양이 많아 때론 통과에 어려움을 겪기도 한다. 특히 **워터슬라이드**에 미끄러져 휩쓸리지 않도록 각별히 주의한다. (운 없으면 그대로 크레바스 속으로 빨려들어갈 수도 있다.)

발로로빙하 표면부의 빙류곡(Glacier Water Slide)

점심을 우르두카스에서 해결치 않았다면 빙하지대 모레인 언덕의 전망 좋은 지점에서 느긋하게 풍경을 감상하며 즐겨도 된다. 발토로빙하 모레인을 가로질러 북쪽 카테드랄(5,866m)과 롭상스파이어(5,707m) 사이로 반짝거리는 바일레빙하가 가늠되고 아울러 주변 여기저기 드리우는 기이한 고인돌 형태의 빙탑(Ice Dolmen)들도 색다른 눈요깃거리다. 날이 좋으면 동북방향으로 룽카(6,307m), 그리고 브로드피크(8,047m)까지도 조망할 수 있다. 간혹 "뚝 뚝" 소리와 함께 쿵쾅거리며 무언가 무너져 내리는 소리들을 들을 수 있는데, 아닌게아니라 천천히 빙하가 움직이면서 얼음층이 갈라지고 무너지는 소리이며 때로는 거대한 석빙과 빙사면이 우르릉 무너져내리는 장면도 목격할 수 있다. 섬뜩하면서도 신비한 체험이다. – "빙하는 살아있다!"

고인돌 형태의 빙탑 – 일명 아이스돌멘

우르두카스에서 1시간쯤 진행하면 우측(남쪽) 마셔브룸(7,821m)에서 내려오는 **만두빙하**를 만날 수 있다. 트레일은 그리로 향하지 않고 계속 발토로빙하 중앙부를 거슬러 오르며 가게끔 되어있다. 그로부터 1시간가량 오르내림을 계속하여 나아가면 이번에는 좌측(북쪽) 무즈탁(7,273m)으로부터 흘러내린 **무즈탁빙하**와의 합류점에 이른다.

무즈탁빙하와 롭상스파이어(좌), 룽카피크(우)

무즈탁빙하를 사이에 두고 롭상스파이어(5,707m)와 룽카(6,307m)의 암봉군을 마주할 수 있다. 무즈탁빙하를 지나면서부터 도처에 독특한 현상들이 눈에 띈다. 일명 '아이스큐브(Ice Cube)'라는 것으로 전문용어로는 '세락(Sérac)'이라 한다. 희한하게도 빙하모레인 지평 위에 거대한 하얀 얼음덩어리가 불룩불룩 솟아나와있는 모습들이다. 이러한 소위 '빙탑'들은 빙하의 흐름에 기인하여 생성된다. 즉 빙하가 흐르면서 작용하는 압력 및 중력의 힘에 의하여 특히 흐름이 변하거나 다른 빙하가 합류하는 일대에서 균열이 생기고 그로 인한 크레바스 및 빙폭(Ice Fall)이 형성되며, 아울러 하부의 얼음이 돌출하여 드러나는 세락지대도 빚어지게 된다. 이들 세락지대를 통과할 때에는 더욱 신중해야 하며, 특히 이러한 하부빙하의 세락지대는 붕괴의 위험이 항상 있으므로 더더욱 주의를 기울여야 하겠다. 덧붙여, 이처럼 **매일같이 변하는 빙하의 특성**'상 지형과 루트의 상태가 수시로 변하니 주변 지형지물을 잘 살피며 나아가고, 헷갈린다 싶은 곳에서는 주변을 잘 둘러보아 돌탑(케른) 등의 표시물을 확인하며 길을 잘 찾아 나가도록 한다.

* 내륙빙하의 경우 하루 수미터를 이동한다고 한다.

만두피크와 세락(룽카고로에서)　　　　　세락지대의 카라반(룽카고로에서)

무즈탁빙하 합류부에서부터 캠핑지인 룽카고로까지는 1시간이면 갈 수 있다. 룽카고로는 보통 "**고로I**"로서 지도상에 표기된다. '고로(Goro)'는 발티어로 돌맹이/자갈을 뜻하는 말이다. 즉 지류빙하 합류부의 돌이 많은 빙하모레인 지대를 지칭한다 보면 되겠다. (※ '룽카'는 이 앞 북쪽의 산군과 빙하를 가리키는 말로 발티어 원뜻은 산과 산 사이의 골짜기입구 즉 '합류부'를 나타낸다.) 호불체를 출발하여 고로I까지 중식/휴식시간 포함 쉬엄쉬엄(고소보행) 7시간 이상 잡는다. 장소가 여의치 않을 – 캠프사이트 부족 등 – 경우 1시간쯤 더 나아가면 **고로II**(비앙게고로)가 나오고 이곳에다 캠프를 차려도 된다. 하지만 일정상 호불체~고로I 까지가 적합하다. 아울러 고로II의 분위기는 다소 어수선한데 반해 고로I은 훨씬 호젓하고 안락하며 전망 면에서도 낫다. 주위의 아름다운 세락(아이스큐브)지대와 더불어 바로 앞 남쪽으로 마셔브룸(7,821m)과 예르만두빙하가 화려하게 펼쳐지고 좌측으로는 하얗게 날개를 펼친 비아르체디(6,781m)가 시야를 장식한다. 북쪽으로는 룽카빙하*와 룽카피크(6,307m)가, 그리고 동쪽 멀리 콩코르디아 분지의 가셔브룸, 브로드피크를 위시한 발토로의 고봉들도 시야에 든다. 지나온 뒤안길로부터도 멀리 파유피크-울리비아호-트랑고-카테드랄-롭상스파일-룽카피크로 전개되는 발토로 기슭의 거암준봉들의 모습들도 한껏 조망할 수 있다. 고로I에 비해 터가 넓은 고로II는 한편 성수기에는 티숍이 운영되기도 한다.

* 룽카빙하(Lungka Glacier) : 룽카피크(6,307m)와 비앙게피크(6,427m) 사이에 흘러내린 빙하로서 고로I 바로 북쪽에 마주놓여있다.

마셔브룸(좌) & 만두피크(우) – 고로I　　　　　비아르체디 – 고로I

룽카빙하와 룽카피크(중앙)

콩코르디아 방면(고로I 캠프)

고로 일대에서 바라본 발토로의 거암연봉; 우로부터 롭상스파이어-카테드랄-트랑고-울리비아호(운무속)-파유피크

7일차(Day07) : 고로I(룽카고로; 4,300m)-(1시간30분)-고로II(비앙게고로; 4,380m)-(1시간30분)-고레(4,500m)-(1시간)-독삼(Army Camp)-(30분)-콩코르디아(4,650m)

계속해서 발토로빙하 중앙부를 통과해 거슬러 오르는 일정이다. 정면(동쪽)으로 가셔브룸 연봉을 바라보며 걷는다. 그 아래 넓은 분지가 바로 '콩코르디아'이다. 육안으로는 그리 멀지 않아보이나 지대가 높은 고산이어서 보행속도가 더딘데다 오르내림이 잦은 빙하지역을 가르며 나아가기에 시간이 꽤 걸린다. 여기저기 불거진 빙탑(Ice Dolmen)들과 아름답게 솟아오른 큐브(Ice Cube)들이 눈을 즐겁게 한다. 일기가 좋아 구름이 벗겨진 상황이라면 정면 가셔브룸4봉(7,925m) 우측능선 너머로 가셔브룸2봉(8,035m)의 날카로운 봉우리가 비죽 튀어나온 모습도 가늠할 수 있다. 마셔브룸(7,821m)은 이제 뒤안길에 놓였다. 날카롭고 예리한 봉우리로 하늘금을 긋는다. 진행방향 우측

(남쪽)으로는 비아르체디(6,781m)가 큰 날개를 펼치며 호위하고 좌측(북쪽)으로는 룽카(6,307m)-비앙게(6,427m)-사보야(스킬브룸*; 7,360m) 산군이 에워싼다. 후방으로는 롭상스파이어(5,707m)-카테드랄(5,866m)-트랑고(6,286m)-울리비아호(6,417m)-파유피크(6,610m)로 흐르는 발토로의 연봉들이 배웅한다.

> * 스킬브룸 : 발티어로 '가운데(스킬) 봉우리(브룸)'라는 의미이다. 곧, 이의 사보야 산군의 가운데(중앙)에 솟아 있다 하여 그러한 이름이 붙여졌다.

콩코르디아 방면 가셔브룸 4봉(좌)과 5봉(우)

마셔브룸

사보야(스킬브룸) 산군

발토로의 암봉군

비앙게빙하와 만나는 비앙게'고로는 일명 "**고로II**"로서 표기된다. 비앙게빙하 뒤편 북방으로 무즈탁(7,273m)과 사보야(스킬브룸; 7,360m) 연봉이 바라보인다. 고로I(룽카고로)~고로II(비앙게고로)까지 1시간반가량 소요되며, 전날 우르두카스~고로I 구간보다는 오르내림이 덜하고 트레일도 평탄하여 걷기 좋다. 단, 주 트레일을 벗어나면 세락지대 근방에 위험한 빙류곡과 크레바스가 많으므로 주의해야 한다. 특히 크레바스에 유의하라. 빠지면 헤어나오기 어렵다.

> * 비앙게는 발티어로 '잡석/모래'를 뜻한다. 곧 이 일대에 다소 입자가 작은 모래/자갈층 형태의 빙하모레인(비앙게빙하 하층) 지대가 형성되어있음에 기반하여 생성된 지명이라 하겠다.

(※ 전날 만약 우르두카스에서 머물렀다면 이날 콩코르디아까지 진행하기에는 다소 버거울 수 있다. - ☞ 우르두카스~고로I 4시간이상 소요 - 그럴 경우 무리하지 말고 고로II를 캠프로 삼고 야영을 취한다. 많은 트레커들이 이같은 일정을 수용한다. 모레인 등성자락 아래 자리한 고로II에는 돌집으로 된 티숍이 있으나 운영치 않을 때가 많다. 만약 이곳에서 숙식을 해결코자 한다면 우르두카스에서 미리 확인하고 나서라. 캠프촌 관리인이나 하산중인 사람들로부터 정보를 얻자.)

비앙게빙하와 무즈탁(중앙), 비앙게피크(좌)   빙협(크레바스)   사보야 연릉과 크리스탈피크(우)

고로II를 지나 콩코르디아까지 계속해서 주위의 세락지대를 어우르며 빙하모레인 길을 걸어 오른다. 때론 거대한 아이스큐브의 좁은 틈새로 길을 잇기도 한다. 날이 좋다면 콩코르디아 가셔브룸 연봉을 줄곧 정면으로 바라보며 나아가는 맛이 좋다. 하지만 구름에 덮이거나 날이 흐려 시야가 좋지 않다면 검고 어두운 산자락 하단부와 빙하모레인 지평만 가늠되어 진행하기에 지루한 감이 들기도 한다. 고로II~콩코르디아까지는 3~4시간 가량 소요되며 도중 펑퍼짐한 모레인 언덕부의 고레(Gore)'와 군 캠프(Army Camp)가 있는 독삼(Doksam)' 지대를 지난다. 터가 좋은 고레는 중식장소로서 권할만하다.

빙탑(세락)지대 통과루트

시간여유가 있다면 여기서 핫런치(Hot Lunch)'를 취하고 가도 좋다. 가까이에서 식수를 구하기 쉽다. 고레를 지나면서는 우측(남쪽)으로 기골찬 암봉들이 늘어선 모습을 본다. 비아르체디(6,781m)에서 빚어 내려온 암산릉으로 아래에 비아르체디 빙하가 멋드러진 모습으로 방문객들을 맞이한다. 독삼에 이르면 우측(남쪽)에 아름답게 치솟은 미트라피크'(Mitre Peak; 6,025m)와 더불어 희고 고운 미트라빙하를 만날 수 있다. 다만 이곳의 군 캠프를 지날 때 군 시설물을 향해 렌즈를 들이대지 않도록 하라. 군인들에 의해 제재당하거나 심지어 메모리 포맷을 강요당할 수 있다. (시설물 사진만이라면 괜찮지만 만약 찍은 사진 전체를 날려야 한다면 그것처럼 불행한 일은 없다.)

고레 퇴석마루. 미트라피크(우)와 운무에 휩싸인 콩코르디아 가셔브룸 연봉이 바라보인다.

비아르체디 빙하

미트라피크

미트라빙하

군 캠프를 지나 콩코르디아는 이제 지척이다. 바로 앞에 넓은 광장처럼 펼쳐진 검은 지평이 바로 콩코르디아이다. 물론 코앞에 보인다 해서 빨리 나아가겠다 서두르지는 말자. 서있는 곳은 해발 4천6백미터가 넘는 곳이다. 조금만 무리해도 고소로 인해 어려움을 겪을 수 있다. (일이십분 무리하고서 밤새 토하고 두통에 시달리지 말라.) 적절한 각자의 속도로 30분~1시간 정도면 콩코르디아에 닿을 수 있다. 프랑스어'로부터 유래되었다는 '콩코르디아'와 달리 현지인들은 '캉코르디아'로 호명한다. 이는 곧 '캉코르(=강고로')'가 발티어로 '돌과 얼음의 땅'을 지칭한다는데 의미를 둔다. 즉, 왕관 형태로 둘러싼 **"로얄플라자"** 내지는 **"화합의 광장"**이라는 서구식 의미에 앞서, 이미 새겨진 바와 같이 **"빙하의 요람"**으로 풀이할 수 있을 것이다.

콩코르디아 빙하분지 가셔브룸 연봉(좌로부터 4봉-5봉-6봉)과 발토로캉그리

* '고레'는 '고로'의 변형된 표현이다. 즉, 마찬가지로 '돌'이 많은 지형임을 암시한다.
* 독삼은 '돌덩이(Dok)로 층(Sam)'을 이룬 지형을 가리키는 발티어 지명이다.
* 핫런치(Hot Lunch)란 문자 그대로 '따뜻한 점심식사'를 말한다. 즉, 간단한 도시락 형태의 팩런치(Pack Lunch)가 아니라 취사를 하여 음식을 지어먹는 행태를 말한다. 이러한 고산트레킹시에 편의시설이 여의치 않고 더구나 일정이 빠듯하여 취사에 긴 시간을 할애하기 어려울 때 보통은 팩런치를 꾸려서 지참해가지만 경우에 따라서, 즉 시간적 여유가 있고 장소적으로도 맞아떨어질 때 이렇듯 취사를 통해 따뜻한 식사를 제공받을 수 있다. '런치캠프'와도 어느 정도 상통하나 런치캠프는 점심식사 후 계속되는 여정이 없음에 반해 핫런치는 식후에도 계속 여정을 진행한다는 데 주안점이 있다.
* 미트라피크(Mitre Peak) : 영어로 '마이터피크'라고도 하며 산봉우리의 모습이 카톨릭 주교관이 의식 때 쓰는, 상부가 치솟은 미트라(Mitre) 모자와 닮았다고 하여 그러한 이름이 붙여졌다.
* 콩코르디아란 이름의 유래는 프랑스 파리의 중심부 '콩코르드(Conocorde)' 광장을 연상케 한다는 데서 붙여진 것이라 한다. 명명자는 영국의 예술비평가이자 산악인인 윌리엄 마틴 콘웨이(William Martin Conway; 1856~1937)이다. 발토로 초입 북쪽으로 비아포빙하 상부의 거대빙원(일명 스노우레이크) 심강빙하 탐험가로서도 알려져있다.
* 강고로(Gang Goro) = 강(얼음/빙하) + 고로(돌밭)

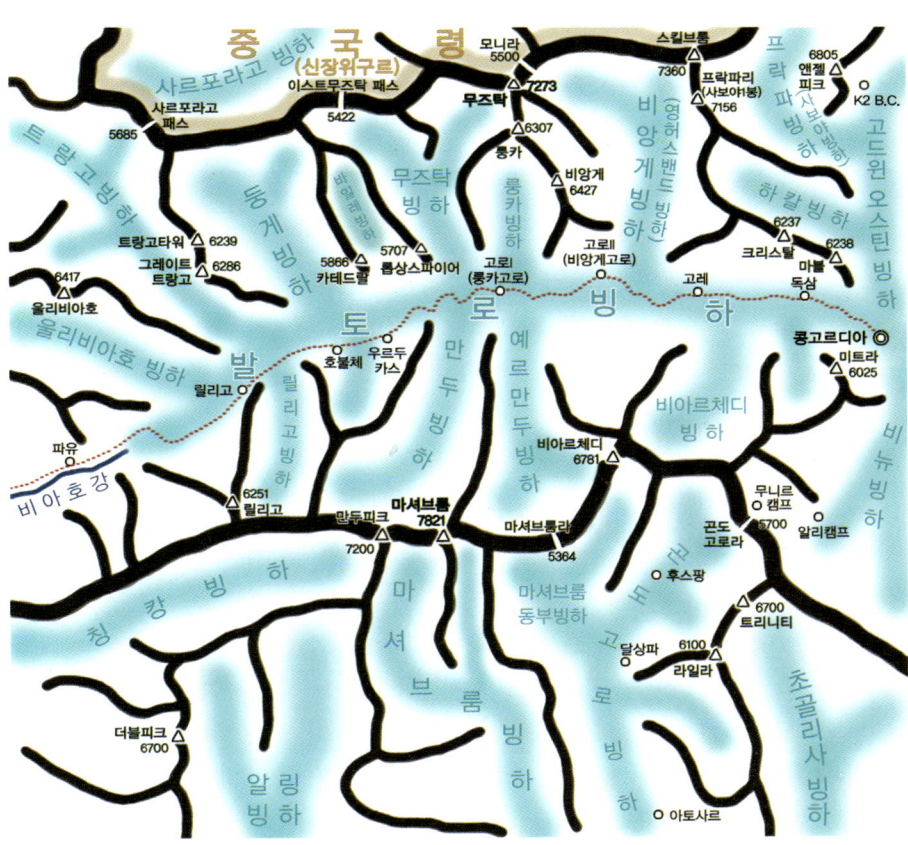

돌과 얼음밖에 없는 콩코르디아에도 티숍이 운영되고 있다. 특히 카라코람 발토로의 고봉등정에 나선 등반객들이 이 콩코르디아를 후방기지로 삼기 때문에 시즌에는 거의 항시 문을 열어놓고 있다고 봐도 된다. 다른 곳과 달리 천막형태로 설치되어 보잘 것 없어 보이지만 내부로 들어가면 꽤 훈훈하다. 원하면 숙식을 이곳에서 해결할 수도 있긴 한데 물론 더러움과 불편함은 감수해야 할 일이다. 다른 모든 곳과 마찬가지로 배터리 충전은 쉽지 않다. 전등배터리 뿐 아니라 카메라배터리도 충분히 지참하고 나서도록.

(※ 빙하지대 어디나 마찬가지지만 특히 이 콩코르디아 일원에서는 큰 용변을 치를 시에 가릴만한 지형지물이 마땅치 않아 애를 먹는다. (여자의 경우는 더더욱.) 얼음지형의 특성상 천막화장실(Toilet Tent)을 설치하기도 쉽지 않거니와 설치한다 해도 여러 사람이 함께 이용하기는 꺼려진다. 그렇다면 부득불 모레인 언덕 아래로 얼마간 내려가서 잘 은폐하여 일을 치르거나 아니면 아예 어두운 밤시간이나 새벽녘에 용무를 마치기를 바란다. *(아주 급한 경우가 아니라면 대부분 그렇게 한다.)* 아울러 일을 마친 후에는 반드시 널찍한 돌로 자리를 정리하는 지혜(!)도 필요하겠다.)

고로I~콩코르디아까지 중식/휴식시간 포함 넉넉히 6~7시간 정도로 잡으면 되겠다. 고로II에서 출발했다면 콩코르디아에서 런치캠프를 차릴 수 있다.

콩코르디아 캠프(등반기지). 구름이 피어나는 비아르체디 설산마루와 롭상스파이어-카테드랄-트랑고-파유피크로 넘실대는 발토로 기암봉들의 군집이 아스라하다.

8일차(Day08) : 콩코르디아 유람일(또는 카라코람 4개봉 B.C. 탐승)

'신들의 광장'이라는 필명에 걸맞게 콩코르디아에서의 조망은 타의 추종을 불허한다. 동쪽 정면으로 피라밋 형태로 우뚝하게 솟은 봉우리가 바로 줄곧 바라보며 나아왔던 **가셔브룸 4봉(7,925m)**이며 우측으로 가셔브룸7봉(6,950m)'-5봉(7,321m)-6봉(7,003m)이 일렬로 포진해있다. 가셔브룸의 좌측 북방으로는 '넓은 산'의 뜻을 지닌 팔첸캉그리 즉 **브로드피크(Broad Peak; 8,047m)**가 듬직하게 솟아있으며 그로부터 북쪽 멀리 바야흐로 **세계2위봉 K2(8,611m)**의 풍모도 드러난다. 멀어도 K2의 형체는 뚜렷하다. 삼각탑처럼 오롯이 솟았은즉 이름하야 '초고-리' 곧 "카라코람의 황제"로서 이들 발토로의 준령들을 호령하고 있음이다. K2 왼쪽능선으로 이어진 앤젤피크(Angel Peak; 6,805m)의 모습도 아름답다. 말마따나 천상의 신부처럼 희고 고운 드레스를 늘어뜨린 듯하다. 바로 앞 서북쪽에 솟은 암봉은 이름대로 대리석과도 같이 불거진 마블피크(Marble Peak; 6,238m)이다. 그 뒤로 또한 이름처럼 수정과도 같은 크리스탈피크(Crystal Peak; 6,237m)가 하늘금을 긋는다. 남서방향 바로 앞 송곳처럼 날카로운 봉우리는 콩코르디아의 첨봉임을 자처하는 미트라피크(Mitre Peak; 6,025m)이다. 그로부터 남쪽 또하나 하얀 신부의 드레스를 늘어뜨린 초골리사(7,665m)와 멀리 발토로 상부빙하를 가로질러 온통 하얗게 무장한 콘두스(6,756m)-카베리(Kaberi Pass; 6,260m) 빙원, 그리고 세칭 "Golden Throne"이란 필명을 얻은 발토로캉그리(7,312m)의 모습도 선하다.

가셔브룸 연봉(좌로부터 4봉-(7봉)-5봉-6봉)

K2(초고리; 8,611m) & 브로드피크(팔첸캉그리; 8,047m)

K2와 앤젤피크(좌)
(∴ 일명 '카라코람의 황제' K2는 한동안 '고드윈오스틴(Godwin Austin)산'으로서 통용되던 시절이 있었다.)

마블피크(중앙) & 크리스탈피크(좌)

미트라피크

발토로 상부빙하(Upper Baltoro Glacier) & 발토로캉그리(좌)-콘두스(중앙)-초골리사(우)

발토로캉그리(중앙) & 콘두스(우) 빙원

* 가셔브룸은 '아름다운(가샤/가쉐) 산(브룸)'이라는 뜻으로서 바로 이 정면에 고고하게 솟은 가셔브룸4봉의 아름다움에 반영하여 이름지어졌다 한다. 다만 요새는 가셔브룸이라 하면 8천미터급 세계 14좌의 반열에 올라있는 후방의 가셔브룸 1봉과 2봉으로서만 주로 언급되는데 실은 그들 두 후위봉들은 말마따나 그렇게 뒤쪽에 '숨겨져있다' 해서 애초에는 일명 "히든피크(Hidden Peaks)"로서 지칭되었다 한다. 그것이 차후에 앞쪽의 가셔브룸 연봉과 합세하며 이른바 '가셔브룸 산군(Gashebrum Group)'으로서 함께 포괄하여 매겨지게 된 것이다. 이의 가셔브룸 산군은 총 7개의 봉우리로 형성되어있는데, 언급한 1봉(8,068m)·2봉(8,035m)·4봉(7,925m)·5봉(7,321m)·6봉(7,003m)·7봉(6950m) 외에, 2봉의 서쪽 바로 앞에 3봉(7,952m)이 위치한다. (※ 참고로, 우리나라와 다르게 히말라야와 카라코람의 고봉들은 방향이나 위치 순서가 아니라 높이순으로 매겨진다. 지도상에 봉우리 순서가 다소 뒤죽박죽인듯 나열된 것에 혼란스러워 할 수 있으나 다름아닌 위치순이 아니라 높이순에 의한 배열임을 알아두라.)

* 가셔브룸 7봉은 달리 5봉의 위성봉으로 치부되어 순위에서 배제되기도 한다. 다른 한편으론 6봉의 남쪽에 돌출한 6,270m의 봉우리를 7봉으로서 지칭키도 한다.

만약 휴식일을 취하지 않고 더 진행해보고자 하겠다면(또는 일정이 매우 넉넉하여 다른 주변지역을 탐승코자 해보겠다면) 서두에 언급한 가셔브룸 베이스캠프(G1·G2 B.C.)로 먼저 나서보기를 권한다. (☞ K2 베이스캠프를 먼저 택해도 좋다. 하지만 일정과 기상조건 등을 감안할 때 조금 부지런을 떨면 충분히 당일 왕복*이 가능한 K2 B.C.보다는 필히 1박을 해야 하는 – *당일 왕복은 거의 불가능에 가깝다.* – G1·G2 B.C.에 선순위를 두는 것이 바람직하다.)

* 콩코르디아~K2 B.C. : 왕복 9~11시간 소요
* 콩코르디아~G1·G2 B.C. : 가는 데만 7시간 이상 소요

☆ 제안〉 **콩코르디아 → G1·G2 B.C.** : 콩코르디아(4,650m)-(3시간)-샤마(Army Camp; 4,800m)-(4시간)-G1·G2 B.C.(5,150m))

가셔브룸 1·2봉 베이스캠프로의 트레일은 발토로 상부빙하(Upper Baltoro Glacier) 중앙부에 길게 형성된 볼록한 모레인 지형을 따라서 가게끔 돼있다. 이 지형으로 접어드는 데 첫 부분 어려움이 있다. 바로 앞을 가로지르는 거대한 빙괴(아이스큐브)지형을 건너서 가야 하기 때문이다. 일단 남쪽 방향으로 콩코르디아 언덕을 내려서 발토로 상부빙하로 들어서는 초입부의 산더미처럼 쌓인 거대한 얼음덩이들 사이

발토로 상부빙하 초입부의 세락(아이스큐브)지대

사이의 트레일을 잘 찾아서 나아간다. (가이드든 마부든 익숙한 경험자가 반드시 동행해야 하며 선두(안내자)를 시야에서 잃어버리지 말아야 한다.) 도중 빙하곡(워터슬라이드)과 크레바스가 나타나는데 실족치 않도록 특히 주의하라. 길을 잘못 들었을 시엔 매우 난감하다. 이런 아이스빙하 지형은 길을 잃었을 시 안전장비가 없다면 정말 헤어나오기 어렵다. 일기가 좋지 않아 시야확보가 어렵거나 눈이 내려 길흔적이 묻혀버렸다면 절대 여정에 나서지 말라. 길을 잃은 연후에 이런 빙괴지대 중간에선 길을 되돌리는 것조차 쉽지 않다.

발토로캉그리와 콘두스를 바라보며 걷는 중앙모레인 구간

큐브지대를 통과하고 나면 비로소 발토로 상부 빙하의 중앙모레인 지형으로 오르게 되는데 중간중간 빙하수가 흐르는 곳을 지그재그 우회하여 올라서야 하기에 역시 길을 헤메지 않도록 주의를 기울여라. (돌탑(케른)이 쌓인 곳을 유심히 살펴라. 그곳으로 길이 나있다. 물론 유동적인 빙하의 특성상 지형변화가 일어나 그로 인해 트레일 역시 바뀌기 일쑤다. 숙련된 안내자가 반드시 필요한 이유다.) 상부빙하 중앙부의 빙퇴구에 올라서면 이제부터는 크게 어려운 곳은 없다. 그냥 눈앞에 길게 펼쳐진 빙하중앙의 퇴석구를 따라 나아가면 된다. 이로부터 좌우에는 하얗고 거대한 아이스빙하가 긴 강과도 같이 놓여있다. 세락(sérac)이란 표현을 넘어서 말 그대로 '얼음의 강'이다. 트레일은 남동방향으로 이들 가운데에 띠처럼 나란히 뻗어가는 빙하모레인 지경을 따라 나아가게 돼있다. 이곳에 올라서기까지 약 1시간반~2시간 가량 소요된다. 직선거리로는 얼마 안 되지만 세락지대와 모레인 지경을 좌우로 휘어돌아 오르내리면서 나아가야 하기에 시간이 적잖이 걸린다.

군 캠프(Army Camp)가 있는 샤마(Shama)까지는 이로부터 2시간~3시간가량 소요된다. 가는 길 남동방향으로 멀리 모레인 언덕 위에 독특한 군 시설물이 보인다. 한달음에 나아갈 수 있을듯 싶지만 해발 4천8백을 넘나드는 빙하 모레인 지대를 걸어오르는 일이 쉽지 않아 마음만 앞설 뿐 속도는 더디다. 도중 모레인 지형이 무너져내려 작은 얼음호수를 만들어 낸 곳을 지나게도 된다. (물론 해마다 이런 지형은 또 달라질 수 있다.) 우측(남동) 방향으로 거대한 골짜기 사이

샤마 근방에 생성된 얼음호수. 직경 50m가 넘는다.

아늑하게 드리운 또다른 빙하지대가 엿보인다. 비뉴(Vigne)빙하이다. 발토로 궁극의 패스(고개) 곤도고로라(Gondogoro La)로 향하는 길이다. 왼편엔 초골리사(7,665m), 오른편엔 미트라피크(6,025m)가 호위한다. 정면 남동쪽 퇴석구를 따라서는 멀리 발토로캉그리(7,312m)와 콘두스(6,756m)의 하얀 빙사면이 가늠되며 좌측(동북) 방향으로는 가셔브룸 연봉이 늘어서있다. 특히 이름처럼 '아름다워 마지않은' 가셔브룸4봉과 그 뒤 북방에 놓인 웅장한 브로드피크, 고고한 K2의 모습은 실로 황홀해마지않는 장관이다.

운무에 감싸인 트리니티피크와 비뉴빙하

발토로캉그리(좌) & 콘두스(우)

K2 & 브로드피크

브로드피크

가셔브룸 4봉 & 5봉

샤마의 군 캠프를 지나면 가셔브룸 베이스캠프까지는 4~5시간 가량이 소요된다. 샤마 부근이나 좀 더 나아가 경관이 좋은 언덕부에서 점심시간을 갖는다. 여건상 도중 취사가 쉽지 않기에 점심식사는 도시락(팩런치)으로 준비해오는 것이 좋다. 참고로, 악천후로 인한 조난의 위험 또는 응급부상환자 발생 등 비상시에는 샤마의 군 캠프에 도움을 요청할 수 있겠다. 샤마 캠프에서 콩코르디아(독삼캠프)로 무전연락을 취하여 대기 인력 호출을 요청할 수 있으며, 위급한 경우 구조팀(헬기)을 지원토록 군에 협조를 부탁할 수도 있다. 물론 아주 예외적인 상황에 국한된다. 즉, 시급을 다투는 매우 위급한 경우에 한해서이다. 일반적인 상황 하에서는 원칙적으로 이러한 군 캠프의 병력과 시설물을 이용할 수 없게끔 되어있다.

샤마에서 약 3시간가량 진행하면 이윽고 발토로 상부빙하가 갈무리되면서 빙하모레인 지형이 좌측(동북) 방향으로 틀어지는 곳에 이른다. 꺾이는 빙하모레인 퇴석언덕 지형을 따라 동북방향으로 올라간다. 아브루찌빙하(Abruzzi Glacier)를 거슬러 오르는 길이다. 경사도 급해진다. 이때껏 완만히 진행해왔다면 이제부터는 힘차게 오르는 빙하지형이다. 직진하면 발토로 상부빙하의 끝자락, 달리 '초골리사 북부빙하(North Chogolisa Glacier)'의 필명을 지닌 거대빙상지역 카베리패스(Kaberi Pass; 6,260m) & 콘두스새들(Kondus Saddle; 6,470m) 방면으로 들어서게 되는데 일반 트레커들은 갈 수 없다. 트레킹 루트는 단지 이렇게 동북방으로 틀어 오르는 아브루찌빙하의 중앙모레인을 통해 가셔브룸 B.C.에 닿는 것으로 갈무리된다. (베이스캠프까지 1시간반~2시간 정도 소요)

아브루찌빙하의 가셔브룸 7봉(끝봉). 우측에 가셔브룸1봉이 희미하다.

카베리패스 콘두스빙원(초골리사 북부빙하)

G1·G2 B.C.에서 바라보이는 가셔브룸1봉(8,068m)

베이스캠프에서 가셔브룸1봉(8,068m)은 북동쪽 바로 앞에 보이나 2봉(8,035m)은 빙하 안쪽 깊숙이 들어앉아있어 조망이 어렵다. 베이스캠프에서 북쪽 가셔브룸빙하 방면으로 좀 더 올라가야 전망포인트가 나온다. 기상이 좋지 않거나 눈이 많이 쌓였을 때는 특히 위험하므로 무리하여 나아가지 않도록 한다. (단지 가셔브룸 베이스캠프에 섰다는 것으로 만족하고 돌아서라.) 가셔브룸 베이스캠프 모레인기슭 아래에도 군 캠프가 자리하고 있다. 사진촬영시 유의토록. 등반시즌에는 모레인언덕 일대가 온통 텐트촌을 이룬다. 취침시 고소증에 유의하라. 해발 5천미터가 넘는 곳이다.

9일차(Day09) : 콩코르디아 유람일(또는 카라코람 4개봉 B.C. 탐승)

☆ 제안〉 **G1·G2 B.C. → 콩코르디아** : G1·G2 B.C.(5,150m)-(3시간)-샤마(Army Camp; 4,800m)-(3시간)-콩코르디아(4,650m)

전날 G1·G2 B.C.에 올라와 묵었다면 오늘은 하산이다. 왔던 길 그대로 되내려간다. 하산하기 전에 날씨가 좋다면 충분히 담아두고 가라. 아브루찌 빙하를 내려서서 발토로

상부빙하로 다시 접어들면 가셔브룸의 맹주는 더 이상 담을 수 없다. 하산길은 어제 올랐을 때보다 좀 더 속도를 낼 수 있을 것이다. 샤마 군 캠프까지 3시간이면 넉넉할 듯싶다. 점심식사 역시 전날과 마찬가지로 팩런치(Pack Lunch)로 준비하는 게 바람직하다. 시간적으로 샤마 부근이 중식지가 될듯하다. 군 캠프를 내려설 때 혹여 길을 헤매지 않도록 주의한다. 무심코 내려가다 길을 잘 못 들어 루트를 찾느라 시간을 허비하는 경우가 있다. 캠프의 주둔 병사들도 그 점을 당부한다. (※ 운이 좋다면 캠프의 군인들로부터 차대접이나 심지어 식사대접을 받을 수도 있다. 물론 그들의 룰에는 어긋날진 모르나 외면치 말고 기꺼이 응할 일이다. 이런 오지에서 – 특히 빙하와 고봉으로 점철된 카라코람 산중에 고립되어 – 근무하는 파키스탄 군인들의 성품은 의외로 따뜻하고 친절하다. 인물도 훤하지만 마음씀씀이는 더욱 좋다. 단, 그렇다고 함께 사진을 찍는 일은 삼간다. 말했듯이 군 시설/병력을 사진으로 찍는 행위는 금지사항이기 때문이다.)

샤마~콩코르디아는 하산에 3시간정도 잡는다. 다만 그로부터 2시간쯤 내려가 콩코르디아가 지척에 보이는 언덕에 이르러 역시 길을 헤매지 않도록 유의한다. 전날 오를 때보다 외려 하산시에 길 찾는데 어려움을 겪을 수 있다. 길을 표시하는 돌탑(케른)을 잘 살피되 지나다닌 흔적이 역력하지 않다면 섣부르게 돌탑만 믿고 그리로 따르지 말라. 오래전 세워둔 표식에 지나지 않을 수 있다. (빙하지형의 변화로 기존 루트가 폐쇄되고 신 루트로 바뀌었을 수 있으며 실제로 이러한 경우가 흔하다.) 아울러 전날 지나왔던 발토로빙하의 세락지대를 재차 통과하여 돌아올 때도 유의하라. 방심했다간 길을 잃기 십상이다. (다 왔다고 마음을 놓았다간 콩코르디아를 목전에 두고 곤경에 처할 수 있다. 안내자가 시야에서 벗어나지 않도록 항상 유의한다. 엉뚱한 큐브 위로 올라섰을 시엔 오도가도 못하고 정말 난감하다.)

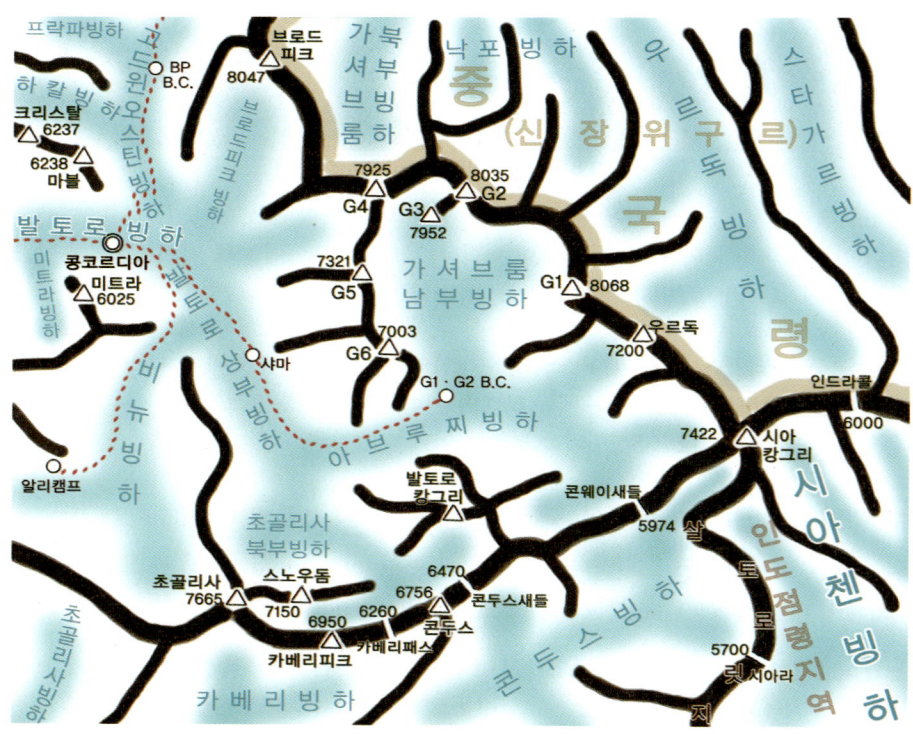

콩코르디아에 무사히 도착했으면 이제는 휴식이다. 이틀간의 가셔브룸 베이스캠프 탐승을 마치고 돌아온 것에 자축하라. 고소문제도 어느덧 해결되었을 것이다. 남은 시간은 다시 콩코르디아 주변의 황홀한 풍광을 감상하며 느긋하게 보낸다. 만약 다음날 K2 B.C. 탐승계획을 연이어 세워두고 있다면 일찌감치 정리하고 자리에 들 일이다.

K2 발토로

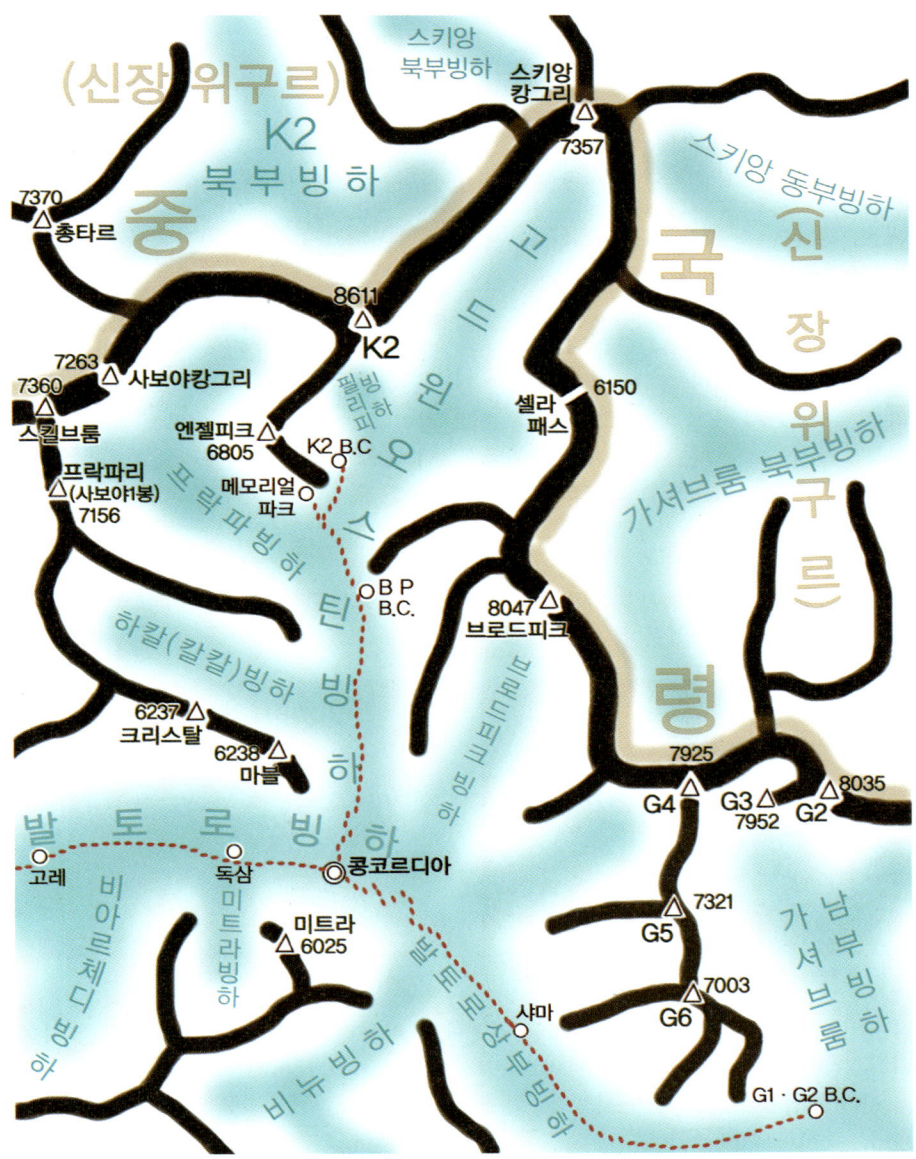

10일차(Day10) : 콩코르디아 유람일(또는 카라코람 4개봉 B.C. 탐승)

☆ 제안〉 콩코르디아 → BP* B.C. & K2 B.C./메모리얼(Memorial) 답사 :
  콩코르디아(4,650m)−(2시간30분)−BP B.C.(5,000m)−(2시간30분)
  −K2 B.C. (5,135m)/메모리얼파크(5,200m)

(※ 고소문제 없이 준족인 경우 당일왕복도 가능. 콩코르디아 ~ BP B.C. ~ K2 B.C. ~ BP B.C. ~ 콩코르디아 복귀 총 9~10시간 소요.)

* BP = Broad Peak

북쪽 고드윈오스틴빙하를 따라 올라간다. 먼저 콩코르디아에서 발토로빙하 북단의 아이스큐브(세락) 지대를 건너 고드윈오스틴빙하로 진입한다. 아이스릿지(빙괴 상의 능선부)를 통과할 때 유의. 경사진 좌우로 빙류곡(Glacier Water Slide)이 흐른다. 물론 지형과 루트는 또 달리 바뀔 수 있다. 어쨌든 세락지대를 가로지르지 않고서는 나아갈 수 없다. 고드윈오스틴 빙하지대에 올라서면 정면 북방으로 K2

빙괴(아이스큐브)지대의 빙류곡(워터슬라이드)

와 브로드피크를 줄곧 바라보면서 간다. 길은 평이하다. K2 왼편 순백의 앤젤피크 역시 아름답다. 참으로 멋진 나들이다. (일기가 좋지 않아 시야에 드리우지 않더라도 원망치 말라. 언제고 보여줄 때가 올 것이다.) 브로드피크 B.C.를 지나 K2 B.C.로 향하는 트레일은 G1·G2 B.C. 트레일과 마찬가지로 빙하 중앙부의 길게 띠처럼 형성되어 나란히 달리는 빙퇴석 언덕지대를 밟아 거슬러 오르는 길이다. 좌우 양편에는 역시 하얀 아이스빙하가 강처럼 흐른다. 콩코르디아를 출발, 세락지대를 통과하여 고드윈오스틴빙하의 모레인지경에 닿기까지 1시간 남짓 걸린다.

K2를 바라보며 걷는 고드윈오스틴빙하의 중앙모레인

운무속 K2 & 브로드피크

북향의 고드윈오스틴 빙하의 모레인 지평에 올라서면 서북방으로 새하얗게 빛나는 하칼빙하(Khakhal Glacier)와 너머의 사보야(Savoia; 7,156m), 스킬브룸(Skilbrum; 7,360m) 연봉을 바라보며 걷는다. 반대편 동북방향으로는 브로드피크빙하가 웅장하다. 큼지막한 케른(돌탑)이 세워진 퇴석구를 거쳐 2시간여 나아가면 브로드피크

B.C.에 이른다. 모레인 지형의 움푹한 곳에 터잡고 있으며 식수원이 가깝고 캠핑흔적들과 크고작은 돌탑들이 여기저기 눈에 띤다. 브로드피크(Broad Peak)는 이름 그대로 '넓은 봉우리'란 뜻이다. 발티어 원명칭은 '팔첸캉그리'이다. 마찬가지로 '넓은(팔첸) 산(캉그리)'이란 의미다. 아래에서 보는 것과 다르게 정상부가 넓은 산마루로 드리워있다 해서 그러한 이름이 붙여졌다. 베이스캠프에서 올려다보면 매우 급준한 암벽과 빙폭에 상층부에는 거대빙원 아래 단락된 현수빙하도 가늠된다. 해발 8,047m로서 세계에서 12번째로 높은 산이다. 점심식사를 이곳에서 취하거나 시간상 조금 더 나아가서 해도 되겠다. 당일 왕복할 것이 아니라면 식수를 얻기 용이한 브로드피크 B.C.에서 느긋하게 핫런치(취사식) 타임을 가져도 좋다. 당일로 복귀해야 하는 상황이라면 핫런치는 어렵다. G1·G2 B.C. 트레킹 때와 마찬가지로 팩런치(도시락)가 답이다. (※ 취사+취식에 보통 1시간반 이상이 소요된다. 스태프들이 앞서 가서 차려놓는다 해도 이것저것 시간을 감안하면 그리 녹록치 못하다. 뒷정리하는 것도 물론.)

하칼(칼칼)빙하 사보야산군 운무

브로드피크빙하의 빙폭

브로드피크 B.C.

프락파빙하와 사보야(프락파리; 7,156m)

사보야(프락파리)

브로드피크 B.C.를 지나 계속해서 북향으로 모레인지경을 따라 오르다가 이윽고 고드윈오스틴빙하가 좌측(서쪽)에서 흘러내리는 프락파빙하(Praqpa Glacier)와 만나 북동쪽으로 틀어오르는 기슭에서 직진하여 모레인언덕을 따라 오르면 K2 메모리얼파크(Memorial Park), 계속 고드윈오스틴빙하를 따라 동북방향으로 진출하면 모레인랠리가 끝나는 곳의 K2 베이스캠프에 다다른다. 브로드피크 B.C.에서 여기(프락파빙하 합류부)까지 1시간반~2시간 정도 걸린다. 그로부터 북진하여 앤젤피크로부터 흘러내린 네라피크(6,394m) 바윗자락 하단부의 메모리얼파크 기슭까지는 30분~1시간, 동북으로 틀어 고드윈오스틴빙하의 서북기슭 K2 B.C.까지는 1시간~1시간반 가량이 소요된다.

메모리얼로 향하는 트레일은 서북쪽에서 내려오는 프락파빙하의 동측기슭을 트래버스(횡단)하여 오른다. 하얗게 덮인 빙상지역을 거슬러 오르게 되지만 앞선 세락지대와 달리 크게 위험한 곳은 없다. 오히려 빙상구간이 끝나고 퇴석빙하를 다시 만나 오를 때 주의해야 한다. 곳곳에 크레바스와 아이스슬로프(빙사면)가 도사리고 있다. 프락파빙하 빙상구간을 오르는 동안 하얗게 빛나는 빙하와 더불어 상층부 서북방으로 일렁이는 사보야 연봉의 아름다움에도 마음을 빼앗긴다. 좌로부터 사보야 3봉(7,103m)-2봉(7,110m)-1봉(프라파리; 7156m)의 순으로 도열하며, 일기가 좋다면 더 북쪽의 사보야 산군의 으뜸 스킬브룸(7,360m)도 가늠해볼 수 있다.

조난자들을 애도하는 수많은 메모리얼(추모판)이 박힌 메모리얼파크(Memorial Park)로 오르는 길은 매우 주의해야 하는 구간이다. 가파른 바위사면을 지그재그로 조심스럽게 올라야 한다. (5~10분 소요) 자신이 없거나 고소증으로 힘들어한다면 무리해서 오르지 말라. 메모리얼이 하나 더 얹어질 수 있다. 벼랑지대에서 실족시 생사가 갈린다. 특히 두통이나 현기증이 오는 경우는 절대 오르지 마라. 아래 언덕에 차분히 앉아서 숨을 가다듬으라. 이미 당신은 '이곳'에 와있음이다.

> K2 메모리얼에 서면 상념이 교차한다. 그토록 아름다운 청춘을 이곳에 바쳐야 했던 숱한 젊은 영령들의 열정과 울부짖음이 들리는 듯하다. 메모리얼에는 단지 K2의 영령들만 깃들어있지 않다. 가셔브룸, 브로드피크를 비롯한 이곳 발토로에 뼈를 묻은 수많은 이들의 영혼의 안식처이다. 피가 끓도록 젊었던 그들 애환과 절규의 시간을 떠올리며 흐느껴 운다 한들 누구하나 뭐랄 사람은 없다. 지극히 마땅한 일이기에. 함께 동행했던 발티스탄들도 덩달아 흐느낀다. 그것이 인지상정 아니 '산지상정(山之常情)'이다. 굿바이 프렌즈 ! - 돌아서면서 남긴 고령의 발티스탄 쉐프(Chef)의 전하는 말이다. 안녕히, 그리고 영원히 그곳에...! See you again...

메모리얼파크에서 K2 베이스캠프는 북동쪽으로 휘어오르는 고드윈오스틴빙하의 서쪽 기슭 곧 K2 바로 남쪽의 필리피빙하(Filipi Glacier) 초입에 자리잡고 있다. 육안으로 빤히 보이나 다시 되내려와 빙하모레인을 가로질러가야 하기에 1시간 이상이 소요된다. 남쪽 바로 앞 브로드피크와 더불어, K2 베이스캠프로 향해가면서 바라보는 북부 고드윈오스틴빙하의 풍광도 장관이다. 온통 새하얀 빛으로 눈과 얼음의 세상을 반사한다.

카라코람의 황제 K2는 바로 이들 열병식을 나온 천상의 대군 앞에 군림한다. 바야흐로 발토로의 영봉, 카라코람의 맹주임이다. K2 B.C.에서 야영키로 했다면 그리 서두를 일은 없다. 바로 앞 보이는 언저리까지만 나아가면 될 일이기에. 취침시엔 매한가지로 고소증과 저체온증에 유의하라. 해발 5천1백미터가 넘는 춥고 황량한 곳이다.

좌) K2 B.C.와 필리피빙하 빙폭 / 중앙) 스키앙캉그리(7357m)로 이어지는 고드윈오스틴빙하의 상부구간. 정면 움푹한 곳은 샥스감밸리로 넘어가는 셀라패스(6,150m) / 우) 메모리얼파크에서 바라본 고드윈오스틴빙하와 브로드피크

시간이 여유롭지 못해 돌아서야 한다면 이내 추모의 눈물을 닦고 눈앞 거대한 빙하의 물결처럼 밀려오는 가슴아픈 상념을 간직한 채, 젊은 영령들이 서린 메모리얼을 뒤로 하고 K2의 배웅을 받으며 하산한다. 반대로 하산길에는 이제 신부의 산 초골리사(7,665m)를 남쪽 정면으로 줄곧 바라보면서 간다. 그 아래 이름마냥 '포도나무가지'처럼 뻗어간 비뉴(Vigne)'빙하가 드리우고 양옆에 수문장으로 버티어선 초골리사와 미트라 연봉은 치렁한 포도송이와도 같다. 이어 콩코르디아는 미트라(6,025m) 아래 더욱 너른 지평으로 시야에 와닿는다.

* 비뉴(Vigne)빙하의 유래는 실은 이의 빙하일대를 탐험하여 곤도고로라(Gondogoro La)로의 접근로를 개척한 영국의 고드프리 비뉴(Godfrey Vigne; 1801~1863)의 이름을 따서 붙인 것이다. 프랑스식 이름인 지라 영어발음상 "비느", "비니" 등으로도 들린다. (※ 이탈리아어 '비녜-포도나무'에서 유추 거명된 '와인빙하' 내지는 이의 와인(Wine)을 다시금 '윙(Wing)'으로 새롭게(!) 오기하여 거명하는 '윙빙하(Wing Glcier)' 등등의 호칭은 완전히 틀린 것이다.) 이와 유사하게 카라코람의 대다수 빙하들의 명칭이 각 탐험가들의 이름에 기초하여 명명되었다.

초골리사(좌)와 미트라피크(우) 사이로 비뉴빙하가 드리워있다.

브로드피크 B.C.를 지나 콩코르디아로 향하면서 줄곧 초골리사의 아름다운 치마폭이 발걸음을 당긴다. 그 옆자락 남동방향으로 스노우돔(7,150m)-콘두스(6,756m)-발토로캉그리(7,312m)로 펼쳐지는 하얗고 하얀 설봉의 열병도 가히 빼어난 광경이다. 콩코르디아의 미트라피크가 더욱 첨예하고 고고한 자태로 치솟았다면 이제 다 온 것이다. 왔던 길 잘 되짚어 세락지대를 통과, 마지막 아이스릿지

스노우돔(우)에서 카베리패스와 콘두스(중앙), 발토로캉그리(좌)로 펼쳐진 은백의 빙원

를 넘어서고 나면 바로 콩코르디아 언덕이다. 긴 시간 K2를 다녀오느라 수고들 하셨다.

* * * * * * * * * * * * * * * * * *

◇ **K2 B.C. 또는 메모리얼파크를 다녀오는 다음의 세 가지 경우를 상정한다.**

I) **1일 여정)** 일정에 여유가 없다면(다음날 콩코르디아에서 하산해야 하는 일정이라면) 오늘 당일로 콩코르디아로 복귀해야 하므로 다소간 서둘러야 하겠다. ☞ 이른아침 (7시 이전) 출발. (※ 당일왕복의 경우 실상 K2 B.C.와 메모리얼을 동시에 답사하고 돌아오기는 쉽지 않다. 둘 중 하나만을 선택하라. 물론 꼭두새벽부터 출발하여 나선다면 전혀 불가능한 일은 아니다. 하지만 전체 소요시간 12시간 이상은 잡아야 한다. 시간적으로나 체력적으로나 쉬운 일은 아니다.)

- K2 B.C.만 답사 : 왕복 9~10시간
- 메모리얼파크만 답사 : 왕복 8~9시간
- 메모리얼파크 + K2 B.C. 답사 : 왕복 11~12시간

※ 위 소요시간은 고소적응이 된 상태에서의 평균적인 보행속도를 기준으로 한 것이며 중식 및 휴식시간을 포함하면 좀 더 늘어날 것이다.

II) **2일 여정)** 일정에 여유가 있다면 브로드피크 B.C에서 핫런치(Hot Lunch)를 취하고서 K2 B.C.에 도착, 캠프를 차리고 야영을 한다. 다음날 느긋하게 콩코르디아로 돌아올 예정이라면 말이다. 물론 다음날 콩코르디아를 지나 더 내려가 고로II까지도 일정계획을 세워볼 수 있다. 즉, 콩코르디아를 중식장소로, 그리고 그로부터 3시간 거리를 내려가 고로II에서 야영하는 것으로.

III) **1 + 1/2일 여정)** 다음날 콩코르디아를 하산, 고로II 또는 고로I에서 캠핑하는 일정의 경우 첫날 K2 B.C. 답사 후 브로드피크 B.C.로 복귀하여 야영을 취할 수도 있겠다. 이럴 경우 다음날 고로II까지는 7시간, 고로I까지는 8시간 정도 소요된다.

어느 방안이 좋을 지는 각자의 체력과 남은 일정에 의거한 선택의 몫이다. 최선의, 최상의, 최적의 방안으로 K2 방문여정을 꾸리길 제안한다.

11일차(Day11) : 콩코르디아 유람일(또는 카라코람 4개봉 B.C. 탐승)

☆ 제안〉 K2 B.C. → BP B.C. → 콩코르디아 (4~5시간 소요)

(∴ 전날 복귀(당일왕복)하였을 경우에는 이날 콩코르디아에서 휴식을 취하거나 하산을 진행.
 ※ 브로드피크 B.C.에서 1박 후 출발할 경우 콩코르디아를 지나 고로II나 고로I까지 하산)

K2 B.C.에서 하산하면서 전날 메모리얼파크를 다녀오지 않았다면 이날 오전에 들렀다 갈 수 있겠다. 전체 소요시간은 2시간정도 추가된다. 메모리얼파크를 경유치 않는다면 점심식사는 브로드피크 B.C에서 핫런치를 취하거나 또는 아예 콩코르디아까지 내려가 런치캠프를 차릴 수도 있다. 물론 더 진행하여 고로II나 고로I까지 잇고자한다면 너무 지체해서는 안되겠다.

12일차(Day12) : 콩코르디아(4,650m)-(30분)-독삼(Army Camp)-(1시간)- 고레(4,500m)-(1시간30분)-고로II(4,380m)-(1시간)-고로I (4,300m)-(3시간)-우르두카스(4,050m)

K2

브로드피크

가셔브룸4봉

가셔브룸6봉(좌) & 발토로캉그리(우)

콘두스(좌) & 초골리사(우)

콩코르디아를 하산한다. 북쪽 고드윈오스틴빙하와 K2, 그리고 반대쪽 남동방향 발토로 상부빙하 자락의 초골리사, 콘두스, 발토로캉그리는 더 이상 볼 수 없다. 떠나기 전에 충분히 담아두고 가라. 떠나는 길 후방으로 브로드피크와 가셔브룸이 배웅한다. 하산 길엔 이제 마셔브룸이 맞이할 것이다. 왼편(남쪽)엔 비아르체디(6,781m), 오른편(북쪽) 엔 무즈탁타워(7,273m)가 피어난다. 올라오면서 봤던 숱한 크고작은 빙하들도 좌우로 다시 드리운다. 멀리 가늠되는 파유피크(6,610m)-울리비아호(6,417m)-트랑고(6,286m)-카테드랄(5,866m)-롭상스파이어(5,707m) 연봉도 머잖아 곧 가까이에 재회할 것이다.

비아르체디(좌) & 마셔브룸(우)   무즈탁타워(좌) & 블랙투스(Black Tooth)(중앙)

하산길이지만 올랐던 동일한 빙하지대를 통과해 가야 하므로 시간단축은 그리 많지 않다. 콩코르디아~우르두카스까지 빨라도 꼬박 7시간을 할애해야 한다. 도중 중식/휴식 시간까지 감안하면 더 늘어날 것이다. 역시 팩런치가 답이다. 만약 우르두카스까지 가기가 힘든 경우 고로I(룽카고로)에서 야영하라. 많은 트레커들이 이같은 일정을 수용한다. 만약 브로드피크 B.C.에서부터 하산하는 길이라면 우르두카스는 절대 불가다. 고로I이나 그 전의 고로II(비앙게고로)까지를 여정으로 삼으라. K2 B.C. 출발이라면 고로I까지도 무리다. 고로II나 그 전의 고레, 아니면 그냥 차라리 콩코르디아에 도착하여 쉬면서 하루 더 머물라.

고로I을 지나서 무즈탁빙하 합류부에서부터 우르두카스까지는 하산길이라고 마음풀고 쉽게 생각하고 내려가다간 사고가 나기 십상이다. 많은 트레커들이 이러한 하산길에서 크고작은 사고를 당한다. 긴장을 늦추지 말고 발걸음에 더욱 조심하라. 넋놓고 가다 길을 헤매지 않도록 하고 커다란 모레인언덕을 오르내리거나 크게 돌아 우회하여 나아갈 때는 특히 유의한다. 기온이 상승한 낮시간에 통과하게 되면 곳곳에 워터슬라이드의 폭과 수량이 증가하여 통과시에(건너뛸 때) 더더욱 주의를 요한다. (※ 상행 당시와는 트레일의 상태나 분위기가 판이하게 다를 수 있다.) 내려가면서 바라보는 롭상스파이어-카테드랄-트랑고-울리비아호-파유피크의 너울대는 침봉군은 더욱 화려하다. 긴 행군을 갈무리하고 우르두카스 캠프에 도착하면 여장을 풀고 밤풍경을 즐긴다. 발토로 최고의 멋진 조망처 중의 하나이다.

고로I을 지나면서 바라본 발토로빙하의 바위연봉들(우로부터 롭상스파이어-카테드랄-트랑고-울리비아호-파유피크)

우르두카스의 야경(우르두카스 빙하호와 파유피크(좌)-울리비아호(우))

#13일차(Day13) : 우르두카스(4,050m)-(1시간30분)-호불체(3,930m)-(2시간)-릴리고B.C.(3,750m)-(2시간30분)-파유(3,450m)

이른 아침 우르두카스의 풍경이 멋지다. 발토로빙하 건너편 북쪽으로 롭상스파이어(5,707m)-카테드랄(5,866m)-트랑고(6,286m)-울리비아호(6,417m)-파유피크(6,600m)로 넘실대는 날카로운 침봉군이 더욱 선명하게 드리운다. 우르두카스를 출발, 호불체를 지나 릴리고 B.C.에 이르기까지는 상행 때와 마찬가지로 발토로빙하의 남단 기슭을 따라 하산길을 긋는다. 매한가지로 우르두카스빙하-호불체빙하-릴리고빙하를 가로지르는 구간에서 방심치 말고 조심해서 길을 잇도록. 점심식사는 릴리고 B.C. 일대가 적합하다. 여기를 지나면 시간적으로 빙하모레인 트레일상에 그늘이 형성되지 않아 만약 날이 너무 청명하다면 마땅한 장소를 찾기가 쉽지 않다. 고로I·II에서 출발했다면 파유까지는 무리다. 호불체나 릴리고 B.C.까지만 나아가도록 한다. (릴리고 B.C.에서 캠핑코자 한다면 직전 30분 거리의 깨끗한 물웅덩이에서 식수(2끼 취사분)를 뜨도록 하라.)

우르두카스의 아침풍경
(좌로부터 파유피크-울리비아호-트랑고-카테드랄(중앙사진)-롭상스파이어-비앙게-사보야-브로드피크)

※ 참고로, 사구(모래언덕) 지형에 이어 릴리고 B.C.를 지나서 발토로빙하 하단부의 모레인지경의 퇴적마루를 넘어서면 곧 갈림길이 나온다. 왼쪽 길은 군부대 옆을 지나 문종으로 직행하는 길이고 오른쪽 길은 상행 당시 나아왔던 길로서 트랑고 갈림목을 지나 파유로 향한다. 만약 문종까지를 여정으로

삼았다면 이 길을 통해 파유를 경유치 않고 릴리고 B.C.-(1시간)-모레인 갈림길-(1시간)-군부대-(1시간 30분)-파유브릿지(현수교) 도하-(1시간30분)-문종(스캄촉)에 이를 수 있다. 체력에 문제가 없고(보행속도가 뒤처지지 않고) 시간적으로 일정을 앞당기고자 한다면 이렇게 문종까지의 여정으로 계획해볼 수 있다.

14일차(Day14) : 파유(3,450m)-(2시간)-문종(스캄촉; 3,300m)-(2시간30분)-줄라(3,100m)

파유에서 문종으로 넘어갈 때 중간에 파유계곡을 건너야 함을 잊지 마라. 아침시간에 통과한다면 수량이 많지 않아 돌과 바위를 잘 짚고 건널 수 있을 것이다. 서두르면 문종을 지나 줄라에서 런치캠프를 차릴 수 있다. 물론 좀 더 나아가 코로폰까지 진행도 가능하나 코로폰의 식수상태는 별로다. 다소 뿌연 비아포빙하의 녹아흐르는 물로 해갈하고 밥을 지어먹어야 한다. 그러므로 아예 아스콜리까지 갈 게 아니라면 그냥 줄라에서 머무는 게 낫다. (※ 전날 호불체에서 묵었다면 줄라까지는 꽤 멀다. 문종(스캄촉)이나 그 전의 파유에서 야영하는 것이 좋다. 반면 이날 문종에서 출발했다면 조금 속도를 내어 아스콜리까지도 충분하다.)

비아호강 건너편 트레일의 풍경
(파유피크와 파유 오아시스캠프(좌 하단 푸른 숲지대) / 비아호강과 발토로 연봉, 릴리고피크(우))

15일차(Day15) : 줄라-(2시간)-코로폰-(1시간)-케사르-(1시간)-아스콜리-(차량이동 30분 또는 도보 2시간)-호토-(차량 6~7시간)-스카르두

발토로 트레킹 마지막 날이다. 바야흐로 아스콜리로 복귀한다. 상황 및 여건에 따라서는 스카르두까지 단번에 복귀하는 것으로 계획을 잡아볼 수 있다. 줄라-라스캄-코로폰을 거쳐 먼젓번 지나왔던 광대한 단구평원 위에서 마셔브룸(7,821m) 산군을 다시한번 돌아보라. 이후로는 시야에 드리우지 않는다.

케사르평원에서 돌아본 마셔브룸, 만두피크와 릴리고

미리 복귀차량(지프)을 예약해두었다면 아스콜리에 이르기 전 케사르(비아포계곡 합수부)로 마중나와 태우고 가도록 주문할 수 있다. 하지만 미리 예약치 않았다면 그냥 아스콜리까지 걸어간다. 한편 아스콜리에서도 차편이 마땅치 않다면, - ☞ 아스콜리-호토 구간 역시 지프를 미리 예약해두지 않으면 차로 이동하기가 용이치 않을 때가 많다. - 그냥 속편히 스카르두 차량이 오가는 호토까지 걸어 내려가도록 한다. (도보 2시간.) 이 도보길 또한 빼어난 풍경을 선사한다. 찻길을 따라 내려가면서 남쪽 브랄두 강 건너편 쿠르페, 시노 마을의 아름다운 정경을 줄곧 끌어안으며 간다. 걸어내려온 뒤편(동쪽)으로는 바호르다스(망고피크; 5,410m)를 비롯한 발토로의 첩산령과 함께 날이 청명하다면 멀리 가셔브룸(4봉; 7,925m)의 모습도 아스라이 피어오른다.˚ 점심은 아스콜리에 도착해서 해도 되겠고˚, 차편이 미리 대기중이라면 곧바로 차를 타고 나아가 아포알리곤 마을에서 매식으로 해결해도 되겠다. (호토-아포알리곤 2시간 소요)

테스테 마을(골짜기 너머 스코로라 트레일로 이어진다.)

수룽고 들판과 건너편 시노마을

문종(좌), 쿠르페(중앙) 마을과 브랄두강, 아스콜리(우)

바호르다스(우) & 가셔브룸4봉(좌중앙) - 총고 들녘

* 단, 이렇게 머나먼 지경에서 가셔브룸을 조망할 수 있는 경우는 매우 드물다. 현지스태프들도 이런 경우를 거의 만나지 못했다 한다. 확률적으로는 날씨가 매우 청명한 오전시간에나 가능할법한 일이라 하겠다.
* 운 좋으면 아스콜리 마을에서 주민들이 불법(?) 포획한 아이벡스(Ibex; 고산야생염소 = Mountain Goat) 요리를 구경할 수도 있겠다. 물론 비밀이다. ∴ 그들의 생활상이므로 절대 누설치 말라. (군인/경찰들에게는 더더욱.)

수룽고

총고 하행길 도중의 석회암 용식지형

총고에서 바라본 호토마을 단구언덕

호토브릿지(브랄두강)

참고적으로, 만약 전날 문종에서 묵었어도 계획만 잘 세우면(차량예약 필수) 다음날 스카르두까지 하루에 충분한 일정이다. 단, 파유에서 출발한다면 스카르두까지는 당일로 복귀하기 어렵다. 하루 더 일정을 추가하도록 한다.

* * * * * * * * * * * * * * * * *

Good Bye Askole Baltoro !

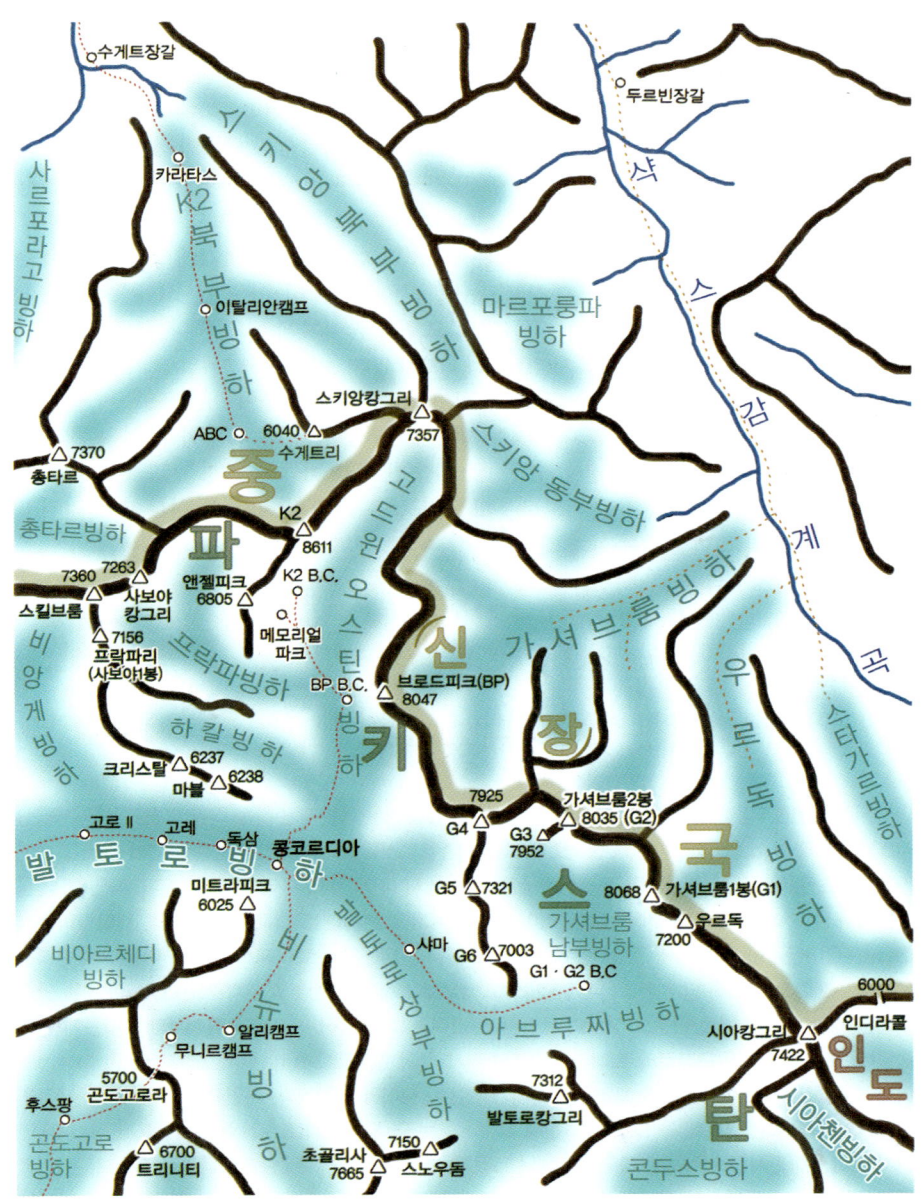

1-2. 발토로 4개봉 B.C. + 곤도고로라 트레킹

✦ **특징** : 발토로빙하와 콩코르디아에 이어 곤도고로라, 후세밸리까지 연결하는 트레킹이다. 전체적인 그림은 곧 발토로~후세밸리로 돌아내리는 소위 '라운드 트레킹'이라 할 수 있다. 하지만 대개는 간략히 '곤도고로라(또는 곤도고로패스) 트레킹'으로서 구분한다. 해발 5천7백미터의 곤도고로라를 넘는 게 최대포인트인바, 이 곤고도로라는 뭇 트레킹 패스(고개) 중엔 가장 난이도*가 높은 고개 중의 하나로서 날씨와 체력(고소적응)에 따라 성패가 갈린다. 아울러 현지의 행정·정치상황에 영향을 받아 그로 인해 트레킹에 제한을 받거나 상당한 부담을 감수하고 나서야 하기도 한다. '곤도고로'는 한편 조각/파편을 뜻하는 '곤도(군도)'와 돌을 뜻하는 '고로'의 합성어이며 여기에 고개를 뜻하는 '라(La)'가 합쳐져서 이루어진 명칭으로, 즉 "돌파편(낙석)이 많은 고개"란 단순한 지칭이었던 것이 모름지기 고유한 이름(지명)으로서 굳어지게 된 것이다. (사실 거의 모든 오지의 지명들이 다 그러하다. 한국의 지명들 역시 다르지 않다. 보통명사→고유명사화.) 이 명칭은 다름아닌 건너편 후세밸리(Hushe Valley) 쪽 사람들에 의해 붙여진 것으로, 바로 그로부터 후세밸리(후스팡 방면)로 내려서는 하행길이 잡석/푹석이 많아 낙석의 위험이 매우 크다는 데서도 유래를 찾을 수 있으며, 아울러 바로 아래에 일명 '곤도고로 베이스캠프"란 명칭을 두고 있는 것과 그로부터 '곤도고로빙하'란 빙하의 이름이 새겨지고 있는 것으로부터도 이를 유추할 수 있다.

* 발티어의 모태는 티베트어이다. 고개를 뜻하는 '라(La)' 역시 티베탄의 언어와 동일하다. 북인도, 네팔, 시킴, 부탄, 아삼히말라야(동북인디아) 등지에서 이처럼 동일한 티베트어 유래의 산이름·고개이름들의 명칭이 부여되고 있다. 마찬가지로 이들(카라코람~히말라야) 지역에 속한 명칭들이 크게 달라보이지 않는 것 역시 같은 맥락이다.

* 곤도고로 B.C.는 통상 후스팡(히스팡/시스팡/쿠스팡) 캠프로서 지칭한다. '후스팡'은 청록(후스) + 초지(스팡)의 합성어로서 역시 이곳 지명으로서의 고유명사가 되었다.

(★ 주목 : 2013.7월부터 곤도고로라 패스를 통과하는 트레킹은 등반에 준하는(특별퍼밋을 받아야 하는) 시스템으로 룰이 개정되었다. (실제 난이도가 그 정도 된다. 사망사고도 여러번 발생했다.) 1~2개월 전에 주한파키스탄 대사관에 해당지역 트레킹을 신청하고 현지 에이전시로부터도 지방정부의 승인(퍼밋)을 최소 1개월 전에 미리 신청하여 받아두어야 한다.' 여기에 현지에 도착해서도 이른바 세미클라이밍(Semi-Climbimg)으로서의 준 등반료 개념의 그룹 퍼밋비용(곤도고로패스 통과에 나선 트레킹그룹 – 인원 20인 이내 – 1그룹 당 허가비용 U$2,200)도 납부해야 하고 또 정부의 연락관도 대동해야 하는 만큼 이러한 제반 사항에 따른 비용도 적잖이 들어간다. 하여튼 최근 들어 이렇게 행정절차가 까다롭게 바뀐 까닭에 과거보다 이 곤도고로라 트레킹을 추진하기가 쉽지 않아졌으며 비용부담도 커졌지만 그럼에도 여력이 된다면 꼭 한번쯤은 시도해볼만한 가치가 있는 여정이라 권하겠다. 개인적으로 비용이 문제라면 출발단계에서부터 팀(동행)을 모아서 추진해보거나(또는 국내 여행사(프로그램)에 미리 자문), 아니면 현지 에이전시와 사전 긴밀하게 접촉하여 해당 트레킹을 원하는 외국 트레킹그룹(다국적 그룹) 또는 자국 파키스탄 그룹에 동참하여 진행할 수 있도록 요청해보도록 한다. 소수 외국인들의 경우 그렇게 다녀온 사례들이 많다. 필자 역시 파키스탄 트레커와 동행했다.)

* 단, 이 경우 주한파키스탄 대사관에 트레킹목적을 제출할 때 단독추진으로 간주되면 절차에 어려움을 겪을 수도 있겠는바 알아서 융통성(?)있게 잘 대응토록. – 파키스탄 행정력을 보면 대사관측과 현지당국의 말과 처리방식이 다를 때가 많다. 솔직히 이런 트레킹 목적의 여행에 있어서는 현지 에이전시가 일처리에 훨씬 더 능숙하다. 트레킹에 일천한 대사관 직원보다(그들의 말에만 전적으로 의지하지 말고) 현지 에이전시에게 먼저 자문토록 하라. 그들 역시 고객을 끌어모으기 위해 최선을 다할 것이다.

✦ **트레킹 적기 :** 6월~8월. 몬순의 영향을 크게 받진 않지만 그래도 기상조건이 좀 더 낫다고 보여지는 6월말~8월중순 기간이 최적기라 할 수 있겠다. 9월로 접어들면 발토로 트레킹이나 후세밸리 트레킹은 큰 문제가 없지만 곤도고로라 트레킹은 어려움에 당면한다. 이 시기에는 눈이 내리고 점차 쌓이기 시작하면서 더불어 이 곤도고로라 트레일 역시 그로 인해 통행에 상당한 난관에 봉착할 수 있다. 만약 9월에 곤도고로라를 넘고자 한다면 상당한 준비와 각오를 해야 할 것이다. (※ 9월 중순부터는 일반 트레커들은 거의 불가하다. 전문 등반그룹의 수준을 갖춰야 이를 넘을 수 있다. 파키스탄 지방정부가 곤도고로라를 등반루트로서 레벨(등급)을 바꾼 것도 바로 이러한 점과 무관치 않다.)

✦ **트레킹 최고점 :** 콩코르디아(4,650m) / 곤도고로라(5,700m) / 후스팡(곤도고로 B.C. : 4,680m)

⚠ **일정가이드** (★ 사진협조 : Anis Hussain(파키스탄 여행매니저))

(※ 소요시간은 중식 및 휴식시간을 제외한 일반적인 트레커들 기준의 평균적인 시간이다. 각각의 시간 안배 및 개개인의 조건과 상황에 따라 가감될 수 있다.)

1일차~11일차 : 발토로 4개봉 B.C. 트레킹(일명 「콩코르디아 트레킹」)과 동일하다. 콩코르디아 이후 일정부터 기술한다.

곤도고로라 주변산세(접근루트) 개략(콩코르디아 방면)

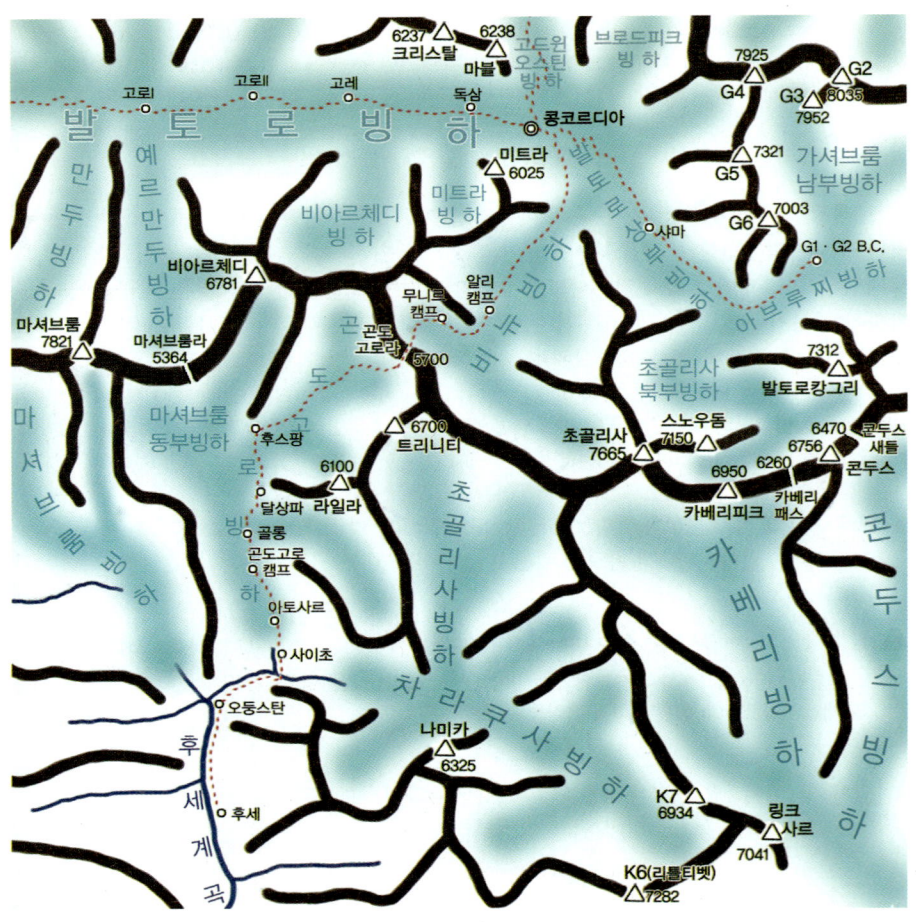

12일차 : 콩코르디아(4,650m)-(2시간)-비뉴빙하 초입-(3시간)-알리캠프
         (5,010m)-(2시간)-무니르(문힐)캠프(5,140m)

콩코르디아에서 남쪽방향으로 발토로 상부빙하를 가로질러 트레일을 시작한다. 크램폰(아이젠)은 각자 반드시 지참하고 나선다. 곳곳에 위험한 빙류곡과 크레바스가 도사리고 있으므로 각별한 주의를 요하며, 빙괴지대(세락)를 넘어설 때 길을 헤매지 않도록 특히 주의한다. 우측(서쪽)으로 미트라(6,025m)의 아랫자락을 끼고 남쪽 행보로 계속 잇는다. 올려다보는 미트라피크는 첨예함 그 자체이다. 정면으로 화려한 초골리사의 능자락이 마중을 나온다. 남동방향 온통 하얗게 무장한 콘두스(6,756m)와 발토로캉그리(7,312m)의 빙붕이 드리우고, 동이 터올라 역광에 눈부신 가셔브룸(4봉; 7,925m) 연봉이 뒤를 받쳐준다.

K2 발토로

미트라

초골리사 북릉

콘두스(후방) & 발토로캉그리

K2 & 앤젤피크

브로드피크

가셔브룸4봉

마블피크(우), 크리스탈피크(좌)와 콩코르디아 분지

돌아본 북방 멀리로는 고드윈오스틴빙하를 감싼 브로드피크(8,047m)와 K2 (8,611m)가 고고하다. 발토로 상부빙하를 비껴 남서향 비뉴빙하(Vigne Glacier)로 접어들면서 콩코르디아가 멀어진다. 그 뒤안길에 우뚝한 마블피크(6,238m), 크리스탈피크(6,237m) 쌍봉도 점차 시야에서 물러난다. 콩코르디아에서 발토로 상부빙하를 트래버스(횡단)하여 비뉴빙하 초입에 닿기까지 2시간 남짓 걸린다. 남쪽 초골리사(7,665m) 연봉을 계속 바라보며 걷는다.

미트라와 초골리사 암릉이 수문장처럼 버티어 선 서남단의 비뉴빙하로 들어서면 앞선 발토로빙하와는 분위기가 사뭇 다르다. 멀리 바라볼수록 마치 하얀 카페트를 드넓게 펼쳐놓은 듯하다. 그렇지만 위험한 크레바스 또한 곳곳에 도사리고 있음은 말할 것도 없다. 표면에 드러나지 않은 것들도 많으니 매한가지로 위험지대로 향하지 않도록 길을 잘 살펴 나아간다. G1·G2 B.C. 트레일과 마찬가지로 알리캠프 행 트레일 역시 비뉴빙하의 중앙부 모레인을 따라 오른다. 지형이 자주 바뀌지만 얼음빙하를 피하고 자갈빙하를 따르는 것으로 일관하면 큰 문제점은 없다. 도중 간간이 나오는 빙류곡 (Glacier Water Slide)과 큐브(Ice Cube) 지형을 통과할 때 언제나 유의토록. 특히 안개가 많이 차서 시야가 좋지 못할 때는 더더욱 유의한다. 이 비뉴빙하 일대는 급준한 산세에 고립되어있어 다른 곳보다 유독 운무가 많이 끼는 지역이다. 이른바 화이트아웃(White-out)* 현상에 주의한다.

카페트같은 빙하트레일은 비뉴빙하의 특징이다. 후방으로 K2, 브로드피크, 가셔브룸이 배웅한다.

* **White-out** : 짙은 운무와 가스(안개) 등으로 인해 시야가 열리지 않는 상황 즉, 문자 그대로 **사방이 온통 하얗게 보여 시계(視界)를 상실**하는 경우를 일컫는다. 고산트레킹시에 가장 주의해야 할 현상 중의 하나다. 이런 경우 까딱하면 길을 잃거나 자기도 모르게 한 장소를 뱅뱅 도는 소위 '환상방황'에 빠지기 쉽다. 이러한 평평한 빙하지대를 나아갈 때는 더더욱 위험하다. 일행들 간 가시거리를 유지하고 가급적 촘촘한 행렬을 이루어 전체 인원이 천천히 나아가도록 한다. (급한 용무(?)가 있을 시는 길을 잘 아는 도우미(스태프)를 항상 곁에 두도록 하라. 창피함보다는 길을 잃지 않는 것이 더욱 중요하다.)

알리캠프로 향하는 비뉴빙하의 얼음/자갈 혼재구간. 정면으로 새하얀 초골리사 북서릉(좌)과 구름을 얹은 트리니티피크(우)가 보인다.

폭넓은 빙하지대를 잘 거슬러 올라왔으면 알리캠프는 이제 그리 멀지 않다. 뒤쪽으로 비뉴빙하 은백의 카페트를 가로질러 북방의 K2, 브로드피크, 가셔브룸 연봉이 도열한다. 언제 봐도 질리지 않는 장면이다. 시장기가 돈다면 알리캠프 방면(서향)으로 꺾어오르기 전 전망좋은 빙하포인트에서 오찬을 즐기기를 권한다. 서쪽으로 틀고 나서부터는 곤도고로라에 오를 때까지 북방의 K2를 위시한 발토로의 거봉들을 더는 볼 수 없다. 비뉴빙하 초입에서 알리캠프까지 중식/휴식시간 포함 3~4시간가량 소요된다. 중식은 물론 알리캠프에서 해도 된다. 이럴 경우 즉 런치캠프(Lunch Camp)이다. 도중 점심을 취하고자한다면 간단한 팩런치로 지참해오길 권한다. 만약 간소한 행동식으로만 허기를 때웠다면 알리캠프에 도착하여 제대로 핫런치(Hot Lunch)를 즐긴다. 알리캠프에는 참고로 반대편 후세방면에서 넘어온 등반도우미(이른바 Rescue Staffs) 팀이 상주하고 있다. (성수기 7~8월에 한함.) 이들이 곤도고로라 상·하행에 장비(로프/아이스액스(얼음도끼) 등) 대여 및 길잡이 역할을 한다. 물론 소정의 대가는 지불해야 함이다.

알리 캠프지

알리캠프 우측(남서쪽)으로 바라보이는 트리니티피크의 북릉

알리캠프에서 무니르(문힐)'캠프 역시 그리 먼 거리가 아니다. 그리하여 알리캠프에서 오후시간에 고소적응차 무니르캠프를 답사하고 돌아내려오는 계획도 상정해볼 수 있다. 그러나 아예 무니르캠프까지 나아가서 야영코자한다면 알리캠프에서 너무 긴 시간을 지체하지 말고 조속히 길을 진행해야 하겠다. 알리캠프에서 무니르캠프로 가기 위해 다시 서북방향으로 틀어 퇴석기슭의 너덜지대를 밟아 오르게 되는데 비뉴빙하를 가로질러 직진하여 나아가지 않고 서북기슭으로 일명 비뉴 서부빙하(West Vigne Glacier) 방면으로 에둘러서 가게 된다. 크레바스의 위험 때문에 별 수 없이 계속 안전한 지형으로 따라 올라야 함이다. 아래쪽으로는 반대방향 남쪽으로 휘어드는 본디의 비뉴빙하가 그 모습 그대로 하얀 카페트를 연출하며 골짜기 안쪽으로 깊숙이 드리우고 앙 옆 좌우로 초골리사[남동] (7,665m)와 트리니티피크[남서](6,700m) 연릉이 각축을 하듯 도열해있다. 돌무

무니르 캠프지에서 바라본 비뉴 서부빙하와 곤도고로라(중앙 좌측 설사면지대)

더기 너덜이 진 다소 경사진 무니르캠프 부근까지 2시간가량이 소요되며 곤도고로라(5,700m)는 이로부터 계속 북쪽기슭을 타고돌아 나아간 연후에 서쪽의 긴 장벽을 형성한 설릉 가운데에 움푹한 곳으로 바라보인다. 시계가 좋다면 곤도고로라가 바로 가까이 보이나 한참을 돌아서 내려갔다가 다시 올라야 하므로 생각만큼 거리가 만만치 않다. 알리캠프/무니르캠프에서 야영시 마찬가지로 고소증에 유의한다. 해발 5천미터가 넘는 곳이니만큼. 콩코르디아~알리캠프~무니르캠프까지 중식/휴식시간 감안 7~8시간 가량 소요된다.

* 무니르캠프(Muneer Camp) : 이의 우르두어 발음에 연상된 영문 "Moon Hill Camp"로서도 변용되었다.
  ⇒ 우리말로 차역해보자면 '달둔' 또는 '월둔(月坉)'이라고나 할까. 어쨌거나 원명칭은 '달(Moon)'과는 관련이 없다. 영문으로 Munir, Monir, Mounir, Moneer 등등으로 표기되기도 하는, 즉 인물명사(아랍계열)로서 쓰이는 단어이다.

13일차 : 무니르(문힐)캠프(5,140m)-(4~5시간)-곤도고로라(5,700m)-(2시간)-곤도고로 빙하호(곤도고로 H.C. ; 5,000m)-(2시간)-후스팡*(곤도고로 B.C. ; 4,680m)

* 후스팡(Xuspang)은 부르기에 따라 '쿠스팡(Khuspang)', '히스팡(Hispang)', '히스풍(Hispung)' 등으로도 표기된다. 다 같은 지칭이므로 헷갈려하지 말 것.

✔ 곤도고로라를 넘기 위해서는 특별 퍼밋(허가)이 필요하므로 사전 절차를 확실히 마무리짓고 나설 일이다. 말마따나 단순 트레킹이 아닌 그처럼 등반에 준하는 자세와 준비성도 갖춰야 하겠다. (로프 및 크램폰, 방한장갑* 필수)

* 스키·스노우보드용 장갑도 무방하다.

※ 만약 곤도고로라행이 불가능하게 되었다면 - 일기가 좋지 않다거나 갑작스런 행정당국의 등반금지 통보 등 - 콩코르디아로 복귀한다. 이전에 4개봉 B.C. 탐승에 나서지 못했다면 이들을 다녀오는 일정으로 대안을 삼는다. 만약 등반불가를 사전에 알고 나섰다면 처음부터 '곤도고로라' 대신 「발토로 4개봉 B.C. 탐승」프로그램으로 변경하여 진행토록 한다. (대부분 그렇게 한다.) 각 B.C. 탐승까지 완주한 상황에서 하필 악천후로 인해 후퇴할 수밖에 없는 지경이라면 별 수 없다. 남은 일정에 맞게 하산(발토로 방면)을 재촉하는 게 답이다.

곤도고로라는 일명 '낙석고개'이다. 「돌조각(곤도고로)」+「고개(라)」의 합성어이다. 즉, 낙석으로 중무장한 고개임을 상기하라. 후세밸리(후스팡) 방면이 특히 그러하다. 가급적 일찍 기상하여 이른 시간에 캠프를 출발하여 나선다. 무니르(문힐)캠프에서 시작한다면 늦어도 6시 전에는 출발해야 하며 알리캠프에서라면 그보다 2시간 더 앞서 여정을 시작한다. 곧 곤도고로라 쪽으로 직진하여 나아가지 않고 우측(서북방)으로 약간 우회하여 안전지대를 통과하여 서부 비뉴빙하를 비끼듯 휘어돌면서 다소간 오르막으로 올랐다가 좌측(서쪽방향)으로 다시금 틀어 내려간다. 1시간쯤 걸려 서부 비뉴빙하를 건너서면 이제 곤도고로라로 오르는 초입기슭에 닿는다. 이제부터가 진짜이다. 즉, '등반'이 시작되는 것이다.

곤도고로라 오름길. 크레바스가 무시무시하다.

크레바스 및 눈처마·설벽*에 주의하라. 사고는 예기치 않게 찾아온다. 고소적응이 잘 되어있다면 주의사항만 잘 숙지하고 경험 많은 안내자의 지시에 충실히 잘 따르기만 하면 무사히 잘 넘을 수 있을 것이다. 공포스럽다 해서 지레 겁먹을 필요는 없다. 정신무장을 단단히 하고 자신감을 갖고 (마인드콘트롤) 임하라. 곤도고로라는 당신 앞에 마중나와 있다.

* 눈처마(Ice Roof) & 설벽(Snow wall)에 특히 주의. 눈사태와 직결된다.

온통 하얗게 덮인 설벽아래 거대한 크레바스지역을 통과할 때 로프(밧줄)가 필요하다. 보통은 레스큐(Rescue; 등반도우미) 팀에서 고정로프를 설치해둔다. 조심해서 잘 오르면 잠시 완사면을 걸어 나아간 연후에 본격적으로 곤도고로라를 향한 설사면 경사지역을 오르게 된다. 곤도고로라로 오르면서는 무념무상 침착하고 차분히 오른다. 고함을 치거나(산사태위험) 허튼 짓(실족/추락위험)을 하면 안 된다는 것을 물론 잘 알 것이다. 사진 찍을 때는 더욱더 신중하라. (사진보담 생명이 먼저다.) 특히 가파른 설사면에서 로프를 놓치지 않도록 주의하라. 경사가 누그러지는 곤도고로라 정상부 바로 아래에까지 이러한 로프지대가 구축되어있다. (그래야만 한다.) 로프를 잘 붙잡고 한발 한발 천천히 숨을 고르면서 올라간다. 느릿느릿 3시간가량 걸어오르면 마침내 부드럽고 완만한 둔덕부가 보이고 그로부터 곧 평평하고 넓은 곤도고로라 정상부에 이르게 된다. 평균적인 정상인의 속도라면 무니르캠프~곤도고로라까지 4시간가량 잡는다. 물론 고소증세나 다른 체력적인 문제로 인해 1~2시간 더 걸릴 수도 있다. 본인의 적응도와 신체조건을 감안하여 출발시간'을 조정하는 게 좋다.

* 현지 스태프들은 대부분 일찍 서둘러 나서기를 종용한다. 하지만 무턱대고(무리를 해가면서까지) 그들 제안을 따를 일은 아니다. (☞ 사전(전날)에 충분히 협의하라. 임박하여 계획을 달리하고자 하면 잡음과 마찰이 일기 십상이다. 너무 일찍 출발해도 피로하여 좋지 않고 너무 늦게 출발하면 기온상승으로 인해 위험요소가 증가하므로 좋지 않다. 적절한 시간대에 출발일정을 잡도록 한다.) **곤도고로라 정상에 대략 오전 10시 전까지는 도착**하겠다는 생각으로 계획을 세우라. 그 시간이 넘어가면 하산시에 **해빙으로 인한 낙석위험**이 크다는 건 사실이다. (물론 그렇다고 하산이 불가능한 건 아니다. 오후시간에도 무탈하게 하산했던 사례들도 많이 있다. 단지 확률적으로 하산시의 난이도가 더욱더 높아진다는 것. 사고확률도 그만큼 비례한다 하겠다. 실제로도 그렇게 사고를 당했던 경우가 많이 보고되었기에 이처럼 곤도고로라는 가급적 오전시간대(10시 이전)에 통과하기를 권고하고 있다.)

넓게 드리운 비뉴 서부빙하 위로 샤코라 능선이 하늘금을 그으며 샤코라피크(중앙) 우측으로 K2와 브로드피크가 떠오른다.

피라밋처럼 솟아오른 K2에 여명이 비춘다.

곤도고로라에 서면 걸어올라온 뒤편(북쪽~동쪽) 폭넓게 드리운 서부 비뉴빙하 하얀 빙원 위 샤코라피크(6,172m) 능선너머로 K2, 브로드피크, 가셔브룸 연봉'이 고고한 마루금을 들춘다. 오르면서 동남 방면으로 엿보였던 초골리사(7,665m)는 이제 물러나고 대신 남쪽의 트리니티피크(Trinity Peak; 6,700m)가 시야를 장악한다. 반대편 서북방으로는 하얗게 덮인 비아르체디(6,781m)연봉이 기세등등하다. 날이 좋다면 그로부터 멀리 발토로빙하 골짜기도 아련히 가늠되리라. 하지만 압권은 바로 하산길인 서남향의 곤도고로 빙하골짜기 방면이다. 지구상의 지경이 아니리란 착각에 빠질 정도로 거대

곤도고로라 정상에서의 K2-브로드피크-가셔브룸(4봉-3봉-2봉) 조망.

하고 압도적인 풍광이 펼쳐진다. 트리니티(Trinity Peak; 6,700m)로부터 물결쳐 흘러간 라일라피크(Laila Peak; 6,200m)가 좌측(남서향)에 송곳과도 같이 날카롭게 비죽 솟아나와 있고, 그 아래 깊고 거대한 빙하골짜기 맞은편 서쪽방향으로는 마셔브룸(7,821m) 산군이 넘실거린다. 이의 곤도고로빙하를 따라 남쪽 먼 방향으로도 숱한 설산준령이 포효하고 있건만 그러나 그 봉우리들 일일이 헤아릴 수는 없는 노릇이라. 그 어떤 명칭도 딱히 부여되지 않고 다만 높이만 표시되어있음이 안타깝다. 정녕 저들 봉우리 단 하나만이라도 옮겨다놓을 수 있다면…

* 가셔브룸 4봉(7,925m) 뒤에 가려져있었던 3봉(7,952m)과 2봉(8,035m)도 가늠된다. 비죽비죽 날등을 곧추세운 봉우리들이 그들이다.

곤도고로라 정상에서의 가셔브룸 연봉 조망
(중앙 우측으로 4봉-3봉-2봉-5봉-6봉-1봉의 순이다.)

곤도고로라 정상마루 풍경. 트리니티(6700m)는 우측 바위능선 너머로 펼쳐진다.

곤도고로 빙하골짜기 방면. 창날같은 라일라피크(좌)가 선하다. 멀리 백색 삼각탑 형상의 혼보로피크(우)도 선명한 하늘금을 짓는다. (사진 : Marco Gabbin. 관련자료: http://photomountain.50webs.com)

급경사 푸석길 곤도고로라 내리막

곤도고로라를 내려서는 것 역시 위험하기 짝이 없다. 남서향으로 급준하게 비탈진 낙석지대를 거쳐 내려가야 하는바, 이의 유래가 된 이름하야 '곤도고로' 지대이다. 가파르고 험준한 내리막길 구간에는 어김없이 로프에 의지해야 한다. 보통은 레스큐 팀이 확보를 다 해놓는다. 이러한 가파른 낙석사면 길은 1시간 가량 계속되고 경사가 다소 누그러진 완사면에서 잠시 숨을 고르고 다시계속해서 내리막길로 치닫는다. 너덜과 돌파편은 내려가는 내내 신경을 곤두세우게 한다. 그래도 정신을 차리고 눈을 들어 정면을 향하면 빼어난 풍광에 절로 탄성이 나온다. 심연의 곤도고로 빙하골짜기와 그 위의 치열한 멧부리들은 가히 선계와도 다름없다. 하늘 향해 창날을 세운 라일라피크는 그 중에서도 단연 으뜸이다.

곤도고로라 하산길에서 바라본 풍광. 좌로 트리니티가 볼록하고 중앙에 라일라피크가 하늘을 찌를듯 솟았다.

허나 풍광에 취하여 넋 놓고 내려서다간 실족 및 낙석에 의해 사고가 날 수 있음을 상기하라. 사진도 중요하지만 안전이 더 중요하다. 특히 이런 낙석지대에서의 한사람의 부주의는 곧 여러 사람에게까지 위험한 상황을 야기한다. 날이 화창하여 기온이 차차 오르게 되면 위험은 더욱 높아진다. 돌조각들을 지탱하고 있던 냉기가 풀리면서 위태로운 돌무더기들이 함께 허물어져 내려앉기 때문이다. 누가 건들지 않아도 스스로 무너져 내리는 상황도 빚어진다. 해가 중천에 떠오른 시간대라면 더더욱 주의를 집중하고 조심히 내려가야 하겠다. 절대 뛰거나 내닫지 말라. 나뿐 아니라 모든 위에게 위협이다.

퇴석더미가 길게 쌓인 곤도고로빙하 모레인 지경까지 내려왔다면 한시름 놓아도 된다. 마지막 빙협(크레바스) 구간을 지나면 이제 위험구간은 벗어났다. 곤도고로라 정상에서 빙하호가 가까이 바라보이는 모레인 기슭에 내려앉기까지 대략 2시간가량이 소요된다. 더 빨리 내려갈 수도 있겠으나 일행이 여럿일 경우 때론 정체현상을 빚을 수 있기에 시간은 넉넉히 감안하는 게 좋다. 곤도고로빙하 모레인에 안착하면 장소가 좋은 빙하호수(곤도고로 H.C.') 근방에서 휴식을 취한다. 이때쯤 되었으면 시장기가 돌기도 할 것이다. 준비해온 도시락을 꺼내 허기를 달래고 적당히 쉰 후 나머지 후스팡 캠프로의 여정을 계속한다. 무니르캠프~곤도고로라~곤도고로빙하호 구간 휴식시간 포함 소요시간 약 7시간정도 잡는다. 후스팡까지는 이제 1시간여 남서방향 모레인

곤도고로빙하 모레인 기슭에 형성된 소규모의 빙하호수지대
(간이캠프로서도 활용된다. 트리니티와 라일라에 구름이 일고있다.)

(퇴석구)을 따라서 걸어 내려가기만 하면 된다. 좌측(남쪽) 뾰족한 라일라피크가 계속해서 길잡이역할을 하고 서남방 곤도고로빙하 정면에 장벽처럼 막아선 산군은 우측(서북)에서 내려오는 마셔브룸 산군의 남부 산릉줄기이다.

* H.C. = High Camp

뒤돌아본 곤도고로라 방면은 정말 저길 넘어왔을까 싶을 정도로 험난하기 짝이 없다. 거의 수직의 설벽과 암사면으로 점철되어있다. 후스팡으로 이어지는 길은 그러나 평온하고 안락하다. 그저 곤도고로빙하의 모레인언덕 자갈층을 온전히 따르기만 하면 된다. 그렇다고 너무 맥을 풀고 발걸음을 내딛어서도 안 될 일이다. 여전히 좌우에는 빙하물골이 형성된 빙류곡과 눈에 띄지 않는 빙혈들이 산재

후스팡 하산길에서 되돌아본 곤도고로라 방면.

하고 있다. 남향으로 옮겨간 라일라피크(6,200m)의 모습은 여전히 첨예한 바늘봉우리의 모습이다. 이와 대조적으로 후방(동남향)의 트리니티(6,700m)는 하얀 돔 형태의 웅장한 설릉을 빚는다.

후스팡에 다가서면서 초록의 대지가 다시 나타난다. 푸르른 초지를 가르며 걸어내리는 정취는 아늑하기 그지없다. 이름 그대로 터키석 청록〈후〉의 초원〈스팡〉임이다. 라일라피크는 여전히 전방을 호위한다. 후스팡 캠프는 곤도고로빙하의 우측편으로 빙하둑을 형성한 아랫자락에 움푹한 분지 형태로 자리잡고 있다. 일명 '곤도고로 베이스캠프'로서도 일컬어지는 곳이다. 자갈빙하(모레인)가 물러나고 진흙과 잔돌이 어우러진 반듯한 지평 중앙부에 흐느적 물길이 흐른다. 식수로 사용할 수 있는 자원이다. 기슭언저리에는 돌로 만든 티숍이 있다. 야영장을 관리하는

후스팡으로 이어지는 빙하둑 안부의 초지길.

게 주목적이지만 경우에 따라서는 트레커를 위한 숙소로서의 활용도 가능하다. 물론 시설 및 내부 상태는 발토로빙하 트레킹시의 그것들과 다를 바 없다.

후스팡에 이르면 여장을 풀고 캠핑에 들어간다. 빙하지대 모레인기슭에 멋진 터를 구축한 훌륭한 캠핑지이다. 다소 일찍 도착하여 시간과 체력적 여유가 있다 해서 기왕에 더

아래의 사이초 캠프까지 진행코자하는 경우도 있을 수 있다. 불가능은 아니나 권할 것
은 못된다. 굳이 다음날 스카르두로 필히 복귀해야 할 것이 아니라면 말이다. 실상 다
끝난 것처럼 보여도 이곳 후스팡~사이초까지의 구간 또한 만만찮은 난코스가 도사리고
있다. 무릅쓰고 감행했다가 야밤에 녹초가 되어 기진맥진상태로 캠프에 도착치 말라.
사고의 위험도 그만큼 높다. 정 더 나아가고자 한다면 다음 캠프지인 달상파 정도까지만
으로 여정을 삼자.

(※ 간혹 트레킹을 인솔하는 스태프들이 내친 김에 사이초까지 하산을 종용하는 경우가 있는데 단호하게
의사를 밝혀라. 그들은 '처음부터 타고난 철인'들이고 우리는 단지 '처음으로 방문한 여행객'들에 불과하다.
그들이 가능하다 해서 우리도 당연 그럴 거란 확신은 버려라. 모든 것은 첫 방문하는 당신들의 기준에
맞춰져야 할 것이다. 일이 진행되고 난 연후에 모든 것을 되돌리기에는 이미 늦을 때가 많다. 더 진행
할 지 말 것인지의 여부는 가장 허약한− 상태가 좋지 않은 −사람을 기준으로 놓고 생각하라.)

아울러 후스팡~사이초 구간의 풍광도 이왕이면 밝은 주광 하에서 즐길 일이다. 어둑어둑
해지는 시간대에 굳이 악을 써가면서 겨우 하산하면서는 모든 아름다운 풍경을 감상할
기회를 놓칠 필요는 없다. 다음날 느긋하게, 그리고 안전하게 하산하면서 충분히 감상
하고 즐기며 '유람'할 일이다. 새겨두라. 트레킹은 즐기는 것이지 강행하는 것이 아니다.
체력과 극기심을 훈련코자한다면 고국에 돌아가서 해도 늦지 않다.

후스팡 캠프와 라일라피크

후스팡 빙하둑 너머로 곤도고로라(좌측설릉안부)가 바라보인다.

14일차 : 후스팡(곤도고로 B.C. ; 4,680m)−(2시간)−달상파(달참파 ; 4,300m)−
(1시간30분)−골롱(4,000m)−(1시간)−곤도고로캠프(3,800m)−(1시간
30분)−아토사르(3,500m)−(30분)−사이초˚(사이시초 ; 3,330m)

후스팡캠프(곤도고로 B.C.)를 뒤로하고 서남향 곤도고로빙하를 따라서 내려간다. 곧
퇴석빙하지대를 가로지르며 건너편 라일라(6,200m)에서 흘러내리는 빙하골짜기 언저리
(곤도고로빙하 남측기슭)로 올라붙는다. 달상파까지는 너른 퇴석더미 내리막 지평을
걷는다. 족적이 뚜렷치 않을 수도 있으나 산기슭과 맞닿은 모레인 지경만 잘 따라서 걸어

내리면 무난하다. 정면 곤도고로빙하 맞은편 우측(서북방)으로 마셔브룸 동부빙하(Ice Fall)가 거대한 규모로 펼쳐져있다. 하늘로부터 은백의 거대한 주름이 잡혀 내려오는 듯하다. 그치 북방 (우측)으로 마셔브룸라(Mashebrum La; 5,364m)를 넘어 예르만두빙하로 이어지면서는 발토로빙하에 연결되는 루트가 있다. 허나 워낙 험로라 숙련된 전문 등반그룹 아니면 통행은 불가하다. (트레킹그룹은 절대 불가!) 마셔브룸 (7,821m)은 이의 빙하 중앙부에 불룩 솟아나온 바위봉 바로 뒤편으로 올려다보인다.

곤도고로빙하를 가로지르며 바라본 마셔브룸 동부빙하. 우측 빙하지대 가운데 돌출한 바위능선 위 봉우리가 마셔브룸 주봉.

후스팡에서 1시간반 남짓 걸어내리면 달상파 분지에 이른다. 그로부터 올려다본 라일라피크는 형태는 변했지만 어김없이 하늘을 찌를 듯 예리한 봉우리로 우뚝 솟구쳐있다. 달상파 역시 후스팡과 비슷한 분위기의 캠프지다. 다만 후스팡 캠프와는 반대방향 즉 곤도고로빙하의 좌측편(동남쪽)으로 빙하둑을 형성한 아랫자락에 역시 움푹 가라앉은 평평한 분지형태로 자리잡고 있으며, 그와 유사하게 작은 호수*와 계류부가 드리워져 있다. 장엄한 마셔브룸 동부빙하를 관망하기에는 최적의 장소로 하룻밤 이곳에서 머무는 것도 나쁘지 않다. 한편으론 바로 동쪽 산릉 위에 솟구쳐있는 라일라피크(6,200m)를 등정키 위한 전초기지(베이스캠프)*로서 활용키도 한다.

달상파 못미처 올려다본 라일라피크

달상파 빙하둑 초지길에서 바라본 곤도고로빙하 쪽 풍광

* 시기에 따라서는 메마른 드라이레이크(Dry Lake)의 모습일 때도 있다.
* 달상파 = 라일라 B.C.

계속해서 곤도고로빙하 좌측(동측)기슭을 따라 트레일이 이어진다. 남쪽으로 휘어 흐르는 곤도고로빙하와 나란히 걸어내리게 되지만 그러나 곧 얼마지 않아 암산 비탈면 위쪽으로 올라붙어 허릿길을 그으며 트레일이 요동친다. 가파르고 위험한 비탈사면 오르내림과 더불어 좌측(동쪽) 산릉과 골짜기에서 흘러내리는 소계곡(지계곡)들도 건너가며 나아가야 한다. 그로부터 다시금 평평한 모레인 빙하둑 아래 퇴석분지 골롱 캠프지에 내려앉기까지 위태로운 사면길 트레일은 1시간 넘게 계속되며 사이초에 이르기까지 최대의 난구간이다. 이 루트 말고 원래의 곤도고로빙하 표면의 자갈과 얼음이 혼재된 모레인지경을 따라 계속 내려가는 루트도 있으나 빙하지형의 변형으로 곳곳에 위험요소가 드러나 대안으로 이러한 메마르고 험준한 산비탈 루트를 따라 이동케 된다. 물론 상황에 따라서는 원래의 아랫길(빙하길)로의 진행을 시도해볼 수도 있겠다. 하지만 기온이 높은 오후시간대에 나아가게 된다면 녹아 흐르는 빙류곡의 폭과 수량이 증대되어 이의 빙하루트를 통과하기에 큰 난관에 봉착할 가능성이 크므로 이런 하부루트(Lower Trail)'보다는 그 윗자락 상부루트(Upper Trail)'를 권고토록 하겠다.

* Lower Trail = Glacier Trail / Upper Trail = Slope Trail

달상파 내리막에서 바라본 곤도고로빙하. 멀리 보이는 산군 중앙 좌측으로 스모크봉(Smoke Peak/Cigrette Peak)이란 별명처럼 연기가 피어오르는 듯한 혼보로(Honboro; 6,450m)피크가 가늠된다.

골롱캠프 역시 빙하둑 모레인 퇴석더미 아래 반반히 터잡은 분지형태의 지평으로서 앞선 후스팡, 달상파보다는 다소 경사도가 있으며, 이름에서 유추되듯 잡석과 큰 돌들이

곤도고로캠프에서의 마셔브룸

많은 것이 특징이다. 파릇한 골롱 분지를 지나 계속 아랫방향으로 평평하고 반듯한 퇴석구를 따라 나아간다. 다음 장소인 곤도고로캠프'는 그리 멀지 않은(약 30분~1시간) 거리에 있다. 계속되는 곤도고로빙하 좌현(동측) 빙하둑 아래의 평퍼짐한 지형을 따르다 왼쪽(동쪽)에서 내려오는 물길을 건너면 곧 돌집 구조물이 들어선 판판한 지대가 바로 곤도고로 캠프장이다. 성수기엔 캠핑장관리와 더불어 티숍이 운영되기도 한다. (투숙가능 여부는 불투명 ⇒ 2시간 이내 거리의 사이초에 투숙가능한 티하우스/롯지가 있으므로 대개는 이를 활용) 곤도고로 캠프에서 빙하둑 너머 북서 방면으로 올려다보는 마셔브룸(7,821m)의 위세 또한 당당하기 그지없다.

* '곤도고로캠프'와 '곤도고로 베이스캠프를 혼동치 않도록. 약칭하여 G-C / G-BC(Base Camp) / G-HC(High Camp) 등으로 표기하기도 한다.

골롱 초지 / 곤도고로캠프의 돌집 / 사이초 못미처 아토사르 일원

곤도고로캠프에서 다음 아토사르 구간까지는 평이하다. 길폭도 넓어지고 경사도도 완만하다. 1시간반 가량이 소요되며 도중 좌측(동쪽 빙하골)에서 내려오는 두 차례 계곡을 건넌다. 분지골이 점점 넓게 드리우는 아토사르를 지나면 사이초는 이제 지척이다. 30분정도만 내려가면 된다. 숲이 우거지고 아울러 대단위 야영장이 조성된

나무숲이 우거진 사이초 오아시스캠프

사이초 캠프는 곤도고로빙하가 끝나는 자락의 동쪽 차라쿠사(차락차) 빙하와 초골리사빙하가 흘러내려와 합류하는 기슭변 넓고 반반한 흙밭 위에 터를 드리우고 있다. 성수기에는 이 역시 수많은 텐트들이 들어차 소위 '텐트촌'을 형성하기도 한다. 한편으론 동남 방면 차라쿠사빙하와 K6(7,281m)·K7(6,934m) 진입을 위한 후방캠프의 역할을 하는 곳으로서도 자리매김하고

있으며 방문객 및 투숙객들을 위한 티하우스/롯지도 운영된다. (허름하긴 마찬가지지만 그래도 다른 곳들보다는 상태 및 분위기가 낫아 보여진다.) 사이초 캠프 도착까지 후스팡 출발 중식/휴식시간 포함 약 7~8시간 잡는다.

※ 사이초에서 더 진행하여 후세까지 나아가 트레킹을 갈무리하고자 할 수도 있을 것이다. 하지만 당일(오늘) 스카르두까지 복귀하는 것이 무리라고 본다면 어차피 다음날(내일) 후세 출발 스카르두 복귀나 사이초 출발 후세 경유 스카르두 복귀나 크게 다를 것이 없다. 단지 스카르두에 조금 일찍 도착하느냐 아니냐의 차이다. 그러므로 막바로 스카르두에서 또다른 일정을 개시할 게 아니라면 그냥 느긋하게 사이초 캠프에서 하루 머물고선 다음날 후세마을로 하산토록 권면한다. 대단원의 발토로-곤도고로라 트레킹 유종의 미를 사이초~후세 트레킹으로 갈무리할 수 있도록. 물론 일정에 여유가 있다면 후세 마을에서 하루 머무는 것 역시 나름 의미있는 추억의 시간이 될 것이다.

15일차 : 사이초(3,330m)-(2시간)-오둥스탄(알링계곡 합류부; 3,150m)-(1시간)-후세(3,050m)-(차량 2시간)-카플루-(차량 5시간)-스카르두(2,400m)

발토로-곤도고로라 트레킹의 대단원 후세 마을로 하산하는 마지막 일정이다. 시간적 여유가 넉넉하다면(일정을 더 늘일 수 있다면) 스태프들 및 현지 도우미들과 협의하여 인근 마셔브룸 B.C.나 K6·K7 B.C. 탐승에 나서는 것도 추진해볼 수 있다. 마셔브룸 B.C.는 서두에 소개한 바와 같고, K6·K7 B.C. 트레킹은 이른바 '차라쿠차빙하(차락차 빙하)'를 따라 트레킹하는 노정으로 다음과 같은 일정으로 추진해볼 수 있다.

* 해발 7,281m의 K6은 일명 '리틀티벳(Little Tibet)'이라는 애칭을 갖고 있기도 하다. 한편으로는 "발티스탄 피크(Baltistan Peak)"로서 지칭되기도 한다.

① **K6(7,281m)·K7(6,934m) B.C. 트레킹** 일정제안(캠핑트레킹)

1일차〉 사이초(3,330m)–(3시간)–창킬(틱슈믹; 3,700m)–(3시간)–스팡세르(4,000m)
2일차〉 스팡세르(4,000m)–(4시간)–K7 B.C.(4,600m)
3일차〉 K7 B.C.(4,600m)–(3시간)–스팡세르(4,000m)–(2시간)–창킬(3,700m)
4일차〉 창킬(3,700m)–(2시간)–사이초(3,330m)–(3시간)–후세

차라쿠사빙하 트레일의 뷰포인트
좌) 나미카(6,235m) / 중앙) K7 B.C. 메도우(고산초지) / 우) K6와 차라쿠사빙하 모레인)

※ 참고적으로 말하면, K6 B.C.는 차라쿠사 방면 루트와는 다소 동떨어진 후세 남쪽의 칸데에서 동쪽 낭마빙하를 거슬러 올라가거나(남면 B.C.) 또는 살토로계곡(Saltoro River)을 따라서 동쪽으로 더욱 멀리 돌아 타가스–시노–브라코르–카르마딩을 거쳐 콘두스빙하(Kondus Glacier)를 따라 북상해 올라가게 끔(동면 B.C.) 돼있다. (단, 살토로계곡과 콘두스빙하 방면은 발토로 트레킹과 마찬가지로 특별퍼밋 요구지역이다. ☞ 인도와의 접경지대 – 일명 '살토로릿지') 하지만 차라쿠사 방면에서도 K6의 웅장하고 아름다운 면모를 충분히 감상할 수 있다.

* 콘두스빙하 너머의 세계최대빙하인 시아첸 방면으로는 넘어갈 수 없다. 카시미르 영유권을 둘러싼 인도와의 정전선**– 세계 최고(最高)의 전쟁터였다. –**으로서 그어진 살토로릿지(Saltoro Ridge) 서남단 지역만 실질적인 파키스탄령으로 자리매김하고 있기 때문이다. 즉 살토로릿지를 넘어서부터는 인도군의 주둔 지역이다.

칸데 마을의 낭마밸리 협곡 초입부
(K6 남면루트 기점)

* 살토로릿지 : 인도와 파키스탄 각자의 주장이 다르긴 한데, 일단 발토로산군(Baltoro Group)과 맞닿은 시아캉그리(7,422m)에서부터 남쪽 세르피캉그리(7,380m)–**살토로캉그리(7,742m)**–K12(7,428m)–추미크(6,754m) 남단의 출룽산군(Chulung Group)에 이르기까지의 산릉줄기를 통상 '살토로릿지(Saltoro Ridge)'로서 명명하고 있다.

◇ **트레킹 가능/제한/금지 지역**

자유트레킹 지역(Open Zone) * 퍼밋 불필요. 가이드고용 의무 아님.	후세밸리 일원(마셔브룸 B.C. / K6 B.C. 낭마빙하 방면) ※ 단, 곤도고로빙하와 차라쿠사빙하 트레킹은 퍼밋 필요
트레킹 허가지역(Restricted Zone) * 퍼밋 필요. 가이드 의무고용	발토로 일원(콩코르디아/곤도고로라 트레킹 등)
출입금지 지역(Prohibited Zone) * 퍼밋발급 불가	살토로릿지 동편 시아첸 일원 ※ 단, 살토로릿지 서편의 콘두스빙하/카베리빙하/세르피빙하 일원도 등반대에 한해 특별 퍼밋 발급

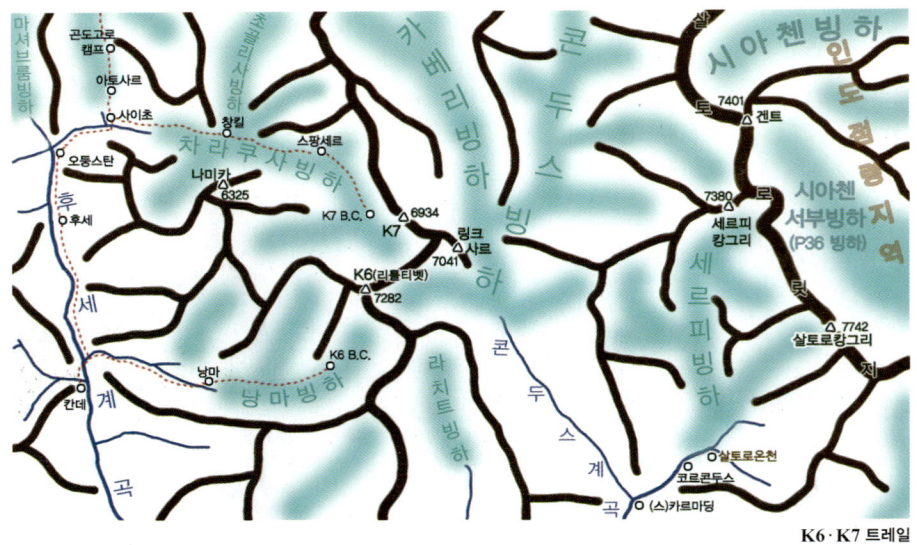

K6·K7 트레일

② 마셔브룸 B.C. 트레킹 일정제안(캠핑트레킹)

1일차〉 사이초(3,330m)-(2시간)-다리야초크(3,200m)-(1시간)-파르비산(3,475m)-(2시간)-푸슈카(3,750m)

마셔브룸 남부트레일

2일차〉

푸슈카(3,750m)-(1시간 30분)-브룸브루마(4,050m)-(4시간)-마셔브룸B.C.(4,290m)

3일차〉

마셔브룸 B.C.(4,290m)-(2시간30분)-브룸브루마(4,050m)-(1시간)-푸슈카-(3,750m)-(1시간)-파르비산(3,475m)-(30분)-둠숨(단삼; 3,200m)-(2시간)-후세(3,050m)

마셔브룸 조망 (좌: 후세마을에서의 원경 / 우: 마셔브룸 남부빙하(남부 B.C.)에서의 파노라마)

일정확장이 어렵다면 사이초에서 이제 하산을 시작한다. 캠프에서 곧바로 남쪽에 놓인 차라쿠사계곡의 다리를 건너 트레일을 이어간다. 좌측(동쪽) 차라쿠사 골짜기 방면으로 멀리 K7(6,934m)을 바라볼 수 있다. K6(7,281m)은 반면 바로앞 암봉에 가리워 잘 보이지 않는다. 조금 안쪽(창킬/티슈믹 방면)으로 들어가야 K6을 볼 수 있다. 차라쿠사 목교를 건너 서쪽으로 휘어지는 후세강(Hushe River)*을 따라 트레일을 이어간다. 길은 좋다. 강 건너편(북쪽 방향)은 온통 거대한 절벽과 암봉으로 점철된 산세가 위세당당하다. 후세강을 우측(서쪽)에 두고 계속 강줄기를 따라 후세마을로 향한다. 햇빛 따가운 강변 자갈밭을 가로질러가게도 되는데 무척 눈부시고 뜨거운 길이다. 한편으론 빙하가 그립기도 할 것

차라쿠사계곡의 목교

이다. 후세강이 서쪽에서 내려오는 알링계곡(Aling River)*를 만나 남쪽으로 휘어지는 오둥스탄 기슭까지 1시간반 가량이 걸린다. 강에 놓인 다리를 건너면 마셔브룸 B.C.로 향하는 트레일이 나있다. 후세에서 곧장 오르는 길과 만난다. 가파른 산비탈이 강자락으로 스미면서 넓은 단구평원형태를 빚은 오둥스탄에는 돌집 구조물들이 산재해있다. 후세까지는 얼마 남지 않았다.

오둥스탄 목동들의 돌집 움막(Shepherd's hut)

* 북쪽 곤도고로빙하와 동쪽 차라쿠사빙하의 물길이 만나 바로 이 사이초 합수목에서부터 후세강(Hushe River)이 시작된다.
* 알링계곡(Aling River) : 서쪽 더블피크(6,700m) 발원의 알링빙하와 북쪽 마셔브룸(7,821m) 발원의 마셔브룸빙하가 계곡을 형성하여 만나 흐르는 강으로서 후세밸리(후세강)의 가장 큰 서쪽지류이다.

오둥스탄을 지나 계속되는 남쪽길로 후세까지 1시간 남짓 걸린다. 담장길을 넘어서자마자 푸르른 들판이 반기며 멀리 목적지인 후세 분지가 바라보인다. 평화롭고 아늑한 터전이다. 돌아본 북방으로는 웅장한 마셔브룸(7,821m)이 눈덮인 하얀 봉우리를 들추며

후세강을 따라 후세마을의 단구언덕이 드리운다.

하늘향해 포효하고 있다. 마지막 단구언덕을 올라서면 바야흐로 후세마을이다. 차가 이곳까지 들어오며 일찍 도착하였다면 (미리 확보해 둔) 차를 잡아타고 스카르두로 바로 복귀할 수 있다.* 카플루가 목적지라면 서둘 것은 없다. 후세~카플루는 차로 2시간 거리다. 중식은 후세에서 이른 점심 또는 차를 타고 복귀하는 도중 칸데, 마칠루(마출로) 마을이나 스카르두 행 직진길에서 조금 벗어난 카플루에서 나름 성대한(!) 오찬을 즐겨도 좋다.

* 후세–카플루(2시간+α) 이동 후 카플루–스카르두(5시간)로 이동하거나 아예 에이전시를 통한 차량임차로 후세–스카르두(6~7시간)로 곧장 이동할 수 있다. (∴ 발토로·곤도고로라 트레킹시 에이전시 공조는 선택이 아닌 필수다. 단, 마셔브룸 B.C.나 곤도고로빙하 트레킹, 차라쿠사(K6·K7) B.C. 트레킹시에는 에이전시를 꼭 통하지 않고서도 트레킹이 가능한 것으로 돼있으나 – 중앙카라코람 국립공원 트레킹비 1인당 U$50만 지불 – 실상으론 초행자들에게 쉽지 않은 일이라 이러한 발토로/후세밸리 트레킹 거의 모든 경우가 에이전시와의 공조 하에 이루어진다는 점을 주목할 필요가 있다.)

※ 만약 에이전시를 통하지 않고 단지 마셔브룸 B.C. 트레킹이나 차라쿠사빙하 트레킹(K7 B.C. 트레킹), 곤도고로빙하 트레킹에 나섰다면 후세마을에 도착하여 일꾼(가이드/포터)들을 직접 섭외(장비 포함)하여 트레킹을 진행할 수도 있다.

* * * * * * * * * * * * * *

Happy Ending Gondogoro La at Hushe.

1-3. 스코로라 트레킹

✦ **특징** : 시가르~아스콜리를 연결하는 트레일로서, 아스콜리까지 길이 뚫리기 전 과거에는 시가르에서 이렇게 최단거리로 산을 넘어 직통으로 오갔다고 전해진다. 해발 5,070m의 스코로라(Skoro La)를 넘는 동서향의 산줄기를 일명 망고산맥(Mango Range)이라 부르며, 최고봉은 서쪽의 코세르궁게*(6,400m)이다. 트레일의 특성으로 남쪽 시가르 방면으로는 빙하지대는 없이 스코로계곡 물줄기만 드리워있는 반면 북쪽 아스콜리 방면으로는 일명 '스코로라강'(Skoro La Gang)이라고 하는 소규모 빙하지대가 펼쳐져있다. 스코로라 트레킹은 퍼밋(허가)를 필요로 하지 않는 개방지역(Open Zone)으로 분류된다.

  * 코세르궁게는 '황금봉우리(=코세르) 얼음산(=궁게/강게)'이라는, 그 형상과 빛깔- 햇빛이 닿는 모습 -로부터 유래가 된 산이름이다.

✦ **트레킹 적기** : 6월~9월.

✦ **트레킹 최고점** : 스코로라(5,070m)

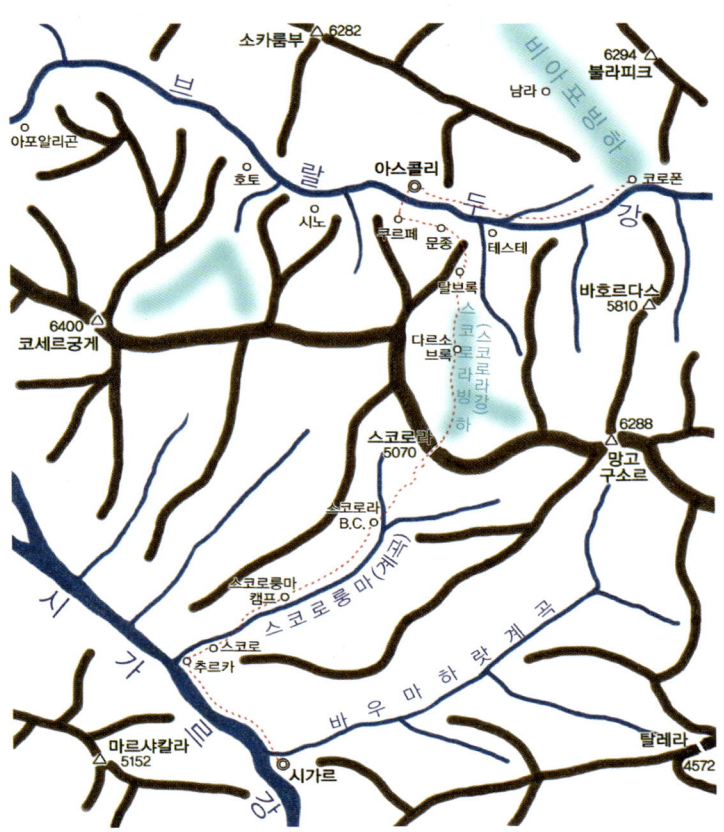

⚠ 일정가이드

(※ 여기서는 발토로트레킹 하산과 연계하여 아스콜리~시가르의 순으로 소개한다. 아울러 고소적응이 이미 되어있다는 전제 하에 다음과 같은 일정으로 진행한다.)

1일차 : 아스콜리(3,000m)-(1시간)-쿠르페/문종˚(3,000m)-(2시간)-탈브록˚ (3,600m)-(2시간)-다르소브록(4,100m)

브랄두 강과 테스테 마을(뒤로 망고구소르(6,288m)가 보인다.
스코로라 트레일은 마을 우측 골짜기 너머로 이어진다.

문종마을.(좌측 산자락을 비스듬히 타고 나아가 테스테 마을에서 오르는 스코로라 트레일과 만난다.

아스콜리에서 남쪽 브랄두 강의 다리를 건너 쿠르페/문종 마을로 진입한다. 문종마을을 지나면 남쪽 골자락을 타고 가파른 골짜기를 거슬러 오른다. 트레일 상에는 초지가 드리워있으며 간간이 낙석지대가 나타나기도 하지만 크게 어려운 점은 없다. 2시간가량 가파른 오름길 발품을 팔면 경사가 다소 누그러지면서 계곡이 갈라지는 곳에 이른다. 탈브록이라는 곳이다. 좌측(동쪽)엔 소규모 빙하지대가 놓여있다. 점심식사를 이곳에서 해결하고 남쪽 골짜기를 따라 2시간쯤 더 올라가 다르소브록이란 곳에 이르면 더 이상 전진하지 말고 야영토록 한다. 이후 계속 고도를 높여 5천미터가 넘는 스코로라까지 오를 경우 고소증에 맞닥뜨릴 우려가 높다. (∴ 아무리 고소적응이 되어있다고 해도 아스콜리~스코로라 간 하루 2천미터 고도를 올리는 것은 '트레커'들로서는 절대 권할만한 사항이 아니다.) 다르소브록 캠프에서 스코로라 방면으로는 빙하지대가 펼쳐져있다. 아스콜리~다르소브록 총 소요시간 중식/휴식 포함하여 6~7시간 정도 잡는다.

* 문종이란 같은 이름의 캠프촌이 발토로트레일 상에도 있지만 주민이 사는 진짜 문종 마을은 바로 이곳이다. 그리고 실은 발토로트레일의 '문종' - *이의 원 명칭은 '스캄촉'이다.* -이란 곳 역시 이 아래지역 문종 마을사람이 올라와 터(캠프지)를 닦았다는 데서 유래했다. 말하자면 자기네 마을의 콜로니캠프(Colonial Point)인 셈이다. 마찬가지로 문종마을 이웃의 쿠르페, 테스테 등지의 마을사람들이 올라와 브랄두/비아호 골짜기에 목초지를 일구고 돌집구조물 등 방목지캠프를 이룩한 곳들 역시 그네들 마을지명 쿠르페, 테스테 등등으로 불리고 있다.
* 브록(Brok/Broq)는 '높은 곳(고지대/고원)'을 지칭하는 발티어이다. 즉, 이러한 '브록'이 들어간 지명/명칭은 다 '높다'는 의미를 내포하고 있음을 알아두자. 발토로트레킹 '라스캄 브로크' 부분에서도 잠깐 언급한 바 있다.

2일차 : 다르소브록(4,100m)-(4시간)-스코로라(5,073m)-(2시간)-스코로라 B.C.(4,100m)-(2시간)-스코로룽마(강변캠프)(3,400m)

스코로라 오름길에서의 소카룸부(6,282m) 조망

다르소브록에서 남쪽 스코로라강(Skoro La Gang)* 빙하골짜기를 거슬러 스코로라로 향한다. 경사도가 차츰 급해지며 이윽고 4시간여 힘겹게 오르면 마침내 해발 5,070m의 스코로라 정상이다. 오르면서 돌아본 뒤쪽 풍광은 참으로 빼어나다. 망고산맥과 너머의 북쪽 카라코람의 준령들이 첩첩함과 치밀함으로 하늘아래 세상을 어우른다. 스코로라에서 남쪽방향으로는 날이 좋다면 시가르 강과 인더스강 너머의 파키스탄 히말라야 산군의 일렁임을 목도할 수 있다. 정말로 날이 맑고 깨끗하다면 서남향 멀리 파키스탄 제2의 고봉 낭가파르밧(8126m)까지 가늠할 수 있으리라.

* 강(Gang)은 발티어로 '얼음'이라는 뜻이다. 곧 스코로라의 얼음지대 즉, '빙하'를 지칭한다 보면 되겠다. 티베트어와도 일맥상통한다. 스코로 또한 (s)Koro 즉 '돌'을 지칭하는 말인즉 '스코로라 = 돌(이 많은)고개'로 풀이할 수 있겠다. 곤도-고로라를 연상해보면 쉽다.

스코로라 정상에서의 북쪽 조망. 브랄두 강의 협곡과 소카룸부 연봉이 일렁인다.

스코로라를 넘어서면 트레일은 남서쪽 골짜기 아래로 가라앉으며 돌과 눈이 덮인 골짜기사면 사이사이를 지그재그 비틀며 내려선다. 빙하지대는 없다. 2시간가량 내려서면 스코로룽마 계곡과 만나는 캠프지에 이른다. 속칭 '스코로라 B.C.'라 할 만한 곳이다. 피로가 쌓였다면 이곳에서 캠프를 차리고 야영해도 좋다. 물론 한두 시간쯤 더 내려가 스코로룽마 계곡변의 아늑한 초지에서 좀 더 멋드러진 야영지를 구축해도 좋다. 각자의 체력과 시간에 맞게 캠프지를 선택한다.

* 룽마(Lungma)는 발티어로 'River(강/계곡)'를 뜻하는 말이다.

3일차 : 스코로룽마(3,400m)-(3~5시간)-추르카(스코로; 2,550m)-(2시간)-시가르 (2,500m)-(차량 2시간)-스카르두(2,400m)

스코로라 B.C.든 스코로룽마 강변 초지캠프든 이젠 그리 힘들 것은 없다. 스코로룽마 계곡이 갈무리되는(시가르 강과 합류하는) 추르카까지 줄곧 수변자락을 따라 내려가기만 하면 된다. 물길을 건너야하는 경우도 있으므로 도하시 유의토록. 주계곡을 가로지르는 곳에는 다리가 놓여있다. 시가르 강변의 도로와 만나는 추르카(스코로)까지는 출발지점(전날 야영지)에 따라 3~5시간 정도로 산정한다. 추르카에서 시가르 마을까지 도로를 따라 2시간가량 이동하여 시가르에서 스카르두 행 차량을 타고 복귀하거나, 아예 하산지점인 추르카에 차량을 대기시켜 곧바로 스카르두로 이동할 수도 있다. 시가르~스카르두는 차로 2시간 정도 소요된다.

※ 시가르 출발인 경우, 고소적응을 감안하여 시가르-스코로룽마(1박)-스코로라 B.C.(1박)-스코로라-다르소브록(1박)-탈브록-아스콜리의 일정으로 진행하면 무난하다. (총 3박4일)

스코로계곡(스코로룽마)   추르카에서 바라보는 시가르강과 마르샤   시가르 강변에서의 망고구소르 조망(우측
                       칼라(5,152m) 연봉   산그늘진 곳이 스코로계곡 입구 추르카이다.)

※ 일정이 너무 일찍 종료되어 조금 무미건조하다면 (대절한) 차를 타고 시가르 강을 따라 북서쪽 추트론* 마을에 위치한 노천온천에서 찌든 몸을 씻고 가는 것도 괜찮다. 시가르~추트론 차로 2시간 정도 걸리며, 아스콜리~추트론은 3시간반 정도가 걸린다. 물론 온천탕은 남녀유별(남탕/여탕 따로)이다. 탕에서는 맨몸으로 온천욕하는 이들도 띈다. 물론 중요부위는 어느 정도 가리는 게 좋겠다. 꼬맹이들은 거의가 알몸이다. - 하지만 이방객들이 쳐다보면 꼭꼭 숨는다!

* 추-트론 곧 '계곡/물'을 뜻하는 '추'와 덥다는 의미의 '트론(트란)'의 합성어인즉, 말 그대로 '온천(溫泉)'임을 나타낸다.

* * * * * * * * * * * * * * * * *

1-4. 히스파라 트레킹 (발토로-비아포빙하-히스파라-히스파빙하-훈자)

◆ **특징** : 파키스탄 최장트레일 중 하나로 총길이 120km˙에 달하여 극지방을 제외한 세계최장의 빙하트레일이기도 하다. 지리적으로는 남쪽의 발티스탄과 북쪽의 훈자·나가르 지역을 직통으로 연결하는 루트로서 과거 훈자강 유역의 나가르 전사들이 아스콜리 침공시 루트이기도 했다. 이 두 빙하트레일 양단의 마지막 주거지역은 발토로 방면은 아스콜리, 훈자·나가르 방면은 히스파 마을이다. 대개는 아스콜리 쪽을 시작점으로 하여 **비아포빙하**를 거쳐 오르며 최고점인 히스파라(5,151m)를 넘어 **히스파빙하**를 통해 나가르 방면으로 하산한다. (☞ 상행 비아포빙하→하행 히스파빙하) 트레킹으로는 최소 12일이 소요된다.

  * 120km = 비아포빙하 61km + 히스파빙하 59km

은백의 카페트와도 같은 장엄한 빙하트레일이 가장 큰 특징이자 매력이며 이로부터 일명 「Glacier Highway」 또는 「Ice Highway」로서도 불려진다. 반면 발토로 콩코르디아 트레일과는 달리 짐승(말/나귀 등)들을 운반수단으로 활용하는 카라반은 불가능하다. 광대하고 평범해보이는 트레일이지만 곳곳에 크레바스들이 산재하여 짐승들의 통행이 어렵기 때문이다. 또한 콩코르디아 발토로 트레킹과는 달리 이 히스파라 트레킹은 캠핑˙이 필수이고 일기의 영향을 더욱 많이 받으며 트레일의 2/3 이상이 빙하트레일로서 유동적인 빙하의 특성상 매년 지형과 루트가 바뀐다는 점 역시 간과할 수 없는 부분이다. 특히 이 비아포-히스파 산군과 빙하 일대는 장엄한 히말라야·카라코람 대자연의 신비와 순수함이 살아있는 곳으로, 히말랴야갈색곰(Himalayan Brown Bear), 아이벡스(Ibex; 야생염소), 마코르(Markhor; 야생산양), 설표(Snow Leopard; 눈표범) 등 많은 고산야생동물의 서식처로서도 알려져있으며, 심지어는 1937년 영국 탐험가 틸만(Herold William Tilman)이 히스파라에서 히말라야 설인(예티) 발자국을 목격했다는 일화도 있다.

  * 캠핑지는 스노우레이크~히스파라 구간을 제외하곤 대부분 빙하지대를 벗어난 아늑한 빙하기슭 메도우(초지 언덕)에 위치한다.

이 비아포-히스파 트레일은 트레킹하는 데 퍼밋(허가)이 필요없는 개방지역(Open Zone)으로서, 이에 따라 가이드 고용은 의무사항이 아니나 워낙 지형이 난해하고 루트가 자주 바뀌어 이곳 지리에 밝고 경험이 많은 숙련된 길잡이를 대동하고 나서야 한다. (☞ 전문가이드가 아니더라도 인근 마을주민 중 경험이 풍부한 사람을 필히 도우미로 세우고 나서도록.) 아울러 크레바스가 많은 빙상지역을 통과하는 데 있어 로프/크램폰(아이젠)/게이터(스패츠) 등 안전장비를 필요로 하고, 특히 거대한 빙원을 형성한 '스노우레이크(Snow Lake)'' 횡단시에는 히든크레바스(Hidden Crevasse)를 대비한 로프사용(안자일렌˙)이 필수적이다. 동시에 가급적 방수등산화 착용 또한 권고된다. (☞ 설원지대 통과시 절실.)

* 히스파라 트레킹의 백미로서, 히스파라 B.C.(심강캠프 또는 스노우레이크 캠프로서도 지칭)에서 16km 폭으로 드리운 스노우레이크 빙상분지를 빼놓을 수 없다. 실로 남극의 빙원을 연상시킬만한 거대한 규모의 말마따나– 1982년 이곳을 첫 탐험했던 영국의 마틴 콘웨이(William Martin Conway)의 호명처럼 – '**Snow–Lake**' 로서 불릴만한 거대빙원이 펼쳐진다. 그로부터 면적은 약 80㎢(≒240만평)에 달하며 얼음호수 깊이(두께)는 약 1천5백미터로 추정되고, 무릇 극지빙하와 더불어 태고의 얼음층이 보존된 곳으로 여겨짐과 동시에 온대권 최후의 원초적 빙원으로서도 보고되고 있다.
* 안자일렌(Anseilen) : 독일어에서 나온 말로, 영어로는 러닝빌레이(Running Belays)라고 하며 등반시 각 대원간 줄(로프)을 서로서로 연결하여 안전하게 이동/등반하는 방식을 말한다.

한편 두 지역간(발티스탄 vs 훈자) 분계를 가르는 히스파라(5,151m)를 넘어서면 그로부터 히스파빙하를 따라 내려서는 훈자·나가르 방면으로는 앞선 발토로–비아포 일원(발티스탄)과 언어/문화/생태환경이 판이하게 다른 풍토를 빚다. 이 히스파 산계의 최고봉들(7,500m 이상)로서 칸주트사르*(7,760m), 쿠냥치시(쿠냥키시*; 7,852m), 디스타길사르*(7,885m), 트리보르(7,728m)가 있다.

* 훈자·나가르 지역의 토속어(부루샤스키어)인 사르(Sar)는 '산'을 뜻하는 말이다. 치시/키시(Chhish) 역시 마찬가지로 산(Mountain), 봉우리(Peak)라는 의미다. 같은 의미로 발티스탄에서는 티베트어와 동일한 '리(Ri)'로 표현키도 한다. (➢ 캉그리(Kangri)는 '빙산/설산'(=캉(강)+리)의 의미)

▰▰ **비아포빙하** : 히스파라 동쪽의 브랄두브락(6,200m), 룩페라(5,800m), 룩페브락(6,028m), 스캄라(5,407m), 심라(5,833m), 바인타브락(7,285m) 등의 산령을 모태로 하여 빚어져 내려오는 심강(Simgang)빙하와, 북쪽의 타투르툼(6,651m), 룩페라보브락(6,593m), 쿠르도핀패스(5,790m)의 산령이 둘러친 광대한 비아포분지(스노우레이크)의 빙하가 만나 남동향의 흐름으로 내려앉는 빙하로서, 발토로 트레일의 코로폰 일대에서 거대한 빙퇴지구를 가라앉히며 브랄두 강으로 잦아든다. 모름지기 길이 61km, 면적 383㎢에 달하는, 파키스탄 3번째 규모의 빙하이다. 트레킹의 경우 빙하 하부구간(케사르/코로폰~바인타) 통과시 잦은 오르내림과 더불어 미로 같은 길찾기에도 신경을 써야 하기에 어려움이 많다.

▰▰ **히스파빙하** : 히스파라에서 서쪽으로 내려앉아 훈자 방면으로 흘러내리는 빙하로서 나가르밸리의 히스파 기슭에서 갈무리된다. 길이 59km, 면적 343㎢에 달하여 너머의 비아포빙하 다음으로 큰 파키스탄 제4위의 빙하이다. (※ 자료에 따라서는 비아포빙하보다 우선순위에 놓이기도 함.) 이의 하행 히스파빙하 방면의 북측기슭 루트는 특히 북쪽에서 내려오는 4개의 규모있는 지류빙하– *카니바사빙하/유트마르(주트모)빙하/푸마리빙하/쿠냥빙하* –를 가로지르게 되는데 지형의 변화가 심하고 길이 좋지 않아 진행시에 피로도가 높다. 다른 한편으로는 유트마르(주탄말) 캠프에서 남서쪽으로 횡단하여 하이구툼–마크롱–간다르–축트란–멘키시(멘치시)–히스파로 이어지는 이의 히스파빙하 남측기슭 루트로 트레일을 변경해서 진행할 수도 있는바, 단지 히스파빙하만 가로지르면 이로부터 남쪽에서 내려오는 소규모의 곁가지빙하들만 가로지르게 되므로 북측루트에 비해 상대적으로 피로감이 덜하다.

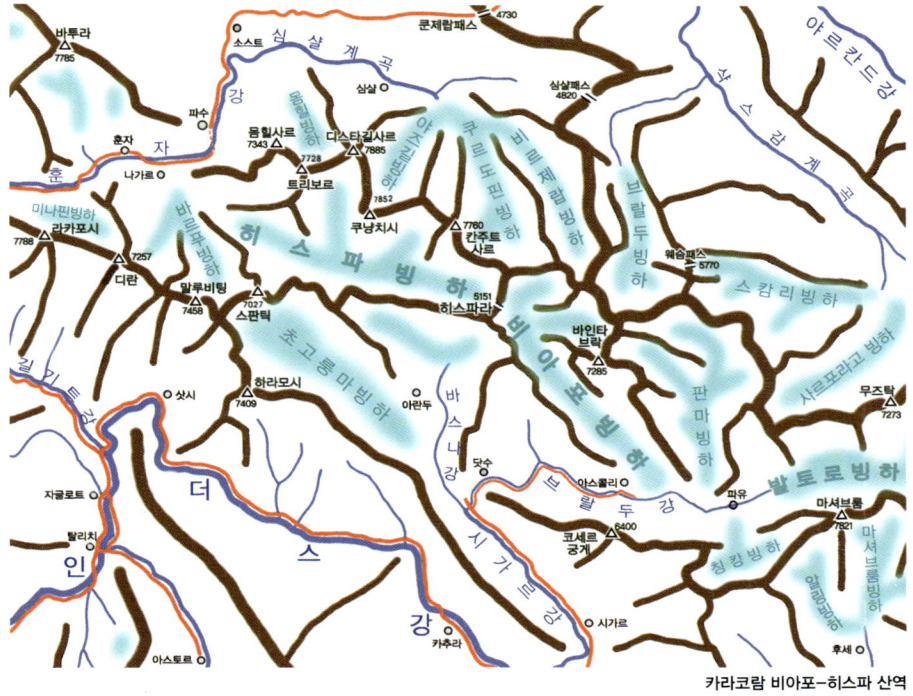

카라코람 비아포-히스파 산역

- ✔ 히스파라 접근 트레킹 개방/제한구역
  - 개방지역(퍼밋 불필요) : 비아포빙하-히스파라-히스파빙하, 바르푸빙하
  - 제한지역(퍼밋 필요) : 발토로빙하, 판마빙하-촉토이빙하-노반데·소반데빙하, 케로룽마빙하.

- ✦ 트레킹 적기 : 6월~9월초 (발토로 트레킹과 동일하다. 단, 눈이 많이 쌓인 봄철(3~5월)이나 가을(10월 이후)에는 산악스키어들이 찾기도 한다.)

- ✦ 트레킹 최고점 : 히스파라(5,151m)

(※ 또는 히스파라 북쪽능선(일명 워크맨피크(Workman Peak: 5,885m) 전망포인트까지 답사하고 돌아올 수도 있겠으나 위험요소가 다분하기에 단순 트레커로서 이곳을 찾은 이들에게까지 권고할 사항은 아니다. ☞ 동계전문장비 지참 요)

⚠ 일정가이드 *(※ 사진협조 : Anis Hussain(파키스탄 여행매니저) & 2012 스페인탐험대)*

(※ 지도마다 각 경유지/캠프지의 고도표기가 제각각이다. 편차가 200m가 넘는 것도 있으므로 경유지 고도에 너무 예민해하지는 말자. 각 카라코람 지도 중에서 합리적이라 판단되는 고도표기에 의거하여 부기하였다.)

1일차 : 스카르두(2,400m)-(6~7시간)-아스콜리(3,000m)

☞ 스카르두에서 아스콜리까지 이동은 발토로 트레킹과 동일하다.

2일차 : 아스콜리(3,000m)-(2시간)-케사르/코로폰(3,050m)-(3시간)-남라브랑사(3,560m)-(3시간)-망고(3,640m)

아스콜리~케사르간 트레일은 평이하다. (※ 발토로 트레킹을 마치고 하산시에 히스파라 연장 트레킹을 추진하는 경우라면 전날 줄라나 코로폰에서 머물고 출발한다.) 비아포강을 건너 케사르(Kesar)로 올라서는 널따란 단구평원은 일명 'Kaiser(Caesar) Polo' Ground' 로서 일컬어진다. 말마따나 '제왕들의 폴로경기장' 곧 'King's Polo Ground' 라고도 지칭. 케사르 지명의 유래이기도 하다. (∵ 아스콜리에서 비아포강을 건너지 않고 산기슭을 비껴 비아포빙하지대로 곧장 들어가는 루트(Shepherd's Trail)도 있다. 어느 길이든 초장엔 땀깨나 흘린다.)

* Polo : 공(ball)을 뜻하는 발티어

케사르 폴로광장(단구평원). 불라피크(좌)와 멀리 마셔브룸(우)이 보인다.   줄라에서 코로폰으로 나아오면서 바라본 비아포빙하의 초입부. 멀리 우준브락 바위봉이 아련하다.

비아호빙하 초입부 트레일. 불라피크가 비아포빙하 건너에 솟아있다.

케사르(또는 코로폰)~비아포빙하 하부(초입부) 진입시 어려움이 있다. 거칠고 험한 빙퇴구 모레인 언덕을 기어오르다시피 하여 간다. 오르면서 동쪽 불라피크(6,294m) 너머 파유(6,610m)산군이 조망된다. 비아포빙하 모레인으로 올라서면 남라브랑사 캠프까지 빙하모레인 좌측기슭의 트레일을 밟는다. 빙하지형의 특징에 따른 잦은 오르내림으로 말미암아 케사르/코로폰~남라브랑사'(약칭 남라) 캠프까지 약 3시간가량이 소요된다. 남라캠프는 모레인 옆기슭 평평한 초지언덕 위에 자리한다. 야영터에는 모래밭이 잔잔히 깔려있다. 중식지로서 손색이 없다. 만약 시간이 늦을 경우 무리해서 나아가지 말고 이곳에서 야영한다.

* 브랑사(Brangsa) : 캠프지(Camping Ground)를 지칭하는 발티어이다.

남라 지나서부터 비아포빙하 모레인 트레일이 시작된다. 비아포 퇴석빙하지대를 거쳐 나아가면서 모레인릿지(퇴석릉), 침삭빙하곡* 등 쉽지 않은 지형을 통과해가야 하므로 여정이 녹록치 않다. 대부분 돌길·바윗길 사이사이로 루트가 나있어 살펴보고 나아가기에 에두르고 까다롭다. 때론 빙하 바깥으로 트레일이 한참 벗어나기도 한다. 3시간정도 진행하면 망고 캠프지에 이른다. 마찬가지로 초지에 형성된 캠프지이며 주변조망이 훌륭하다. 케사르/코로폰 기준 망고캠프까지 휴식 포함 6~7시간가량 잡는다. 핫런치(Hot Lunch)를 취한다면 1시간이상 더 잡는다. 아스콜리에서부터라면 조금 바삐(일찍) 서둘러 나설 일이다.

빙하 침삭지대(침삭빙하곡)

* 침삭빙하곡 : 침하되고 풍화/침식으로 삭마된 빙퇴골(모레인골짜기)

남라브랑사 캠프지의 침삭빙하곡과 비아포빙하

망고브랑사(초지캠프)

3일차 : 망고(3,640m)−(3시간)−샤풍(3,930m)−(2시간)−바인타(4,030m)

망고를 출발, 비아포빙하를 대각으로 횡단하여 트레킹을 진행한다. 카페트같은 빙하트레일이 시작된다. 크레바스를 조심하라. 일단 빙하 위로 올라서면 전날보다 오르내림이 덜하여 그리 어렵지는 않다. 단지 캠프를 출발하여 빙하 중심부로 올라설 때, 특히 첫 중앙모레인에 닿기까지 미로같은 퇴석빙하구간을 통과해 오르는 것과 아울러, 마찬가지로 다음 캠프로 내려설 때 재차 빙하모레인으로부터 내려서는데 고충이 있다. 빙하 중앙부를 가로지르면서는 북쪽의 소스분, 우준, 바인타 산군이 매혹적인 모습으로 바라보인다.

카페트같은 빙하 중앙부의 물골. 소스분브락(좌)과 라톡 산군의 우준브락(우)이 보인다.

비아포빙하를 가로질러 서측기슭 퇴석구 언저리의 수풀지대에 자리한 샤풍 캠프지는 참으로 멋진 곳이다. 분위기도 좋고 전망도 뛰어나다. 망고에서 3시간 정도 걸린다. 점심식사 후 목적지인 바인타까지는 그리 어렵지 않다. 2시간 정도면 도착한다. 바인타빙하가 비아포빙하와 합류하는 직전 비탈자락 모레인 옆기슭에 위치한 바인타 또한 매우 훌륭한 푸르른 녹지캠프이다. 이른바 메도우(Meadow) 지형의 탁월한 입지 하에 맑은 계류부가 드리워있고 뒤편으로는 웅장하면서도 파릇한 절벽사면이 분위기를 북돋운다.

샤풍 캠프지. 멀리 소스분브락(좌), 우준브락(우) 산군이 가늠된다.   바인타 캠프지. 우측 멀리 소스분브락이 보인다.

4일차 : 바인타 휴식일(고소적응일) (※ 또는 라톡 B.C. 답사)

고소적응을 위한 휴식일이다. 고소적응이 이미 되어있다면 – 발토로트레킹을 완수한 상태라면 – 굳이 전진을 멈추고 휴식일로 잡을 필요는 없다. 일기가 무난하다면 다음 여정으로 곧바로 진행한다. 그러나 휴식일로 삼는다면 역시 무료하게 캠프지에만 머물러있지 말고 주변유람을 즐기도록 한다. 고소적응차 캠프 뒤편의 전망 좋은 바위언덕을 올라보거나 동쪽 바인타룩파빙하

라톡 B.C.

를 거슬러 라톡 B.C.를 답사하고 오는 것도 좋다. (왕복 3시간 내외)

전망포인트에 서면 북쪽과 동쪽 방면으로 바인타브락(7,285m)과 라톡(7,151m) 산군의 빼어난 풍치를 담아볼 수 있다. 바인타브락'은 오우거(Ogre)'라는 별칭으로 불리기도 한다. 이름마냥 험상궂고 위압적인 바위산군을 휘두르고 있다. 라톡 역시 다르지 않다. 첨예한 암봉들로 산세를 둘렀다. 남쪽 방면으로도 풍광이 멋지다. 거대한 비아포빙하를 아래에 두고 동남방 동바르(6,282m), 불라피크(6,294m)로 이어지는 들쭉날쭉 암산군이 시야를 두른다. 맞은편 비아포빙하 건너 남쪽방향으로는 소카룸부(6,282m), 망고브락(5,355m)에 이어 멀리 바호르다스(망고피크; 5,810m)의 모습도 떠오른다. 비아포빙하와 나란히 오르는 서북방 멀리로는 또한 기골찬 소스분브락'(6,413m) 암봉군이 그처럼 설원 위에 피어난 꽃봉오리인양 시야에 드리운다. 이들 비아포의

화려한 산령들뿐 아니라 운 좋다면 기슭자락과 바위언덕 위에서 서성거리는 야생 아이벡스(Ibex)의 무리들도 목격할 수 있을 것이다.

동바르,불라피크(좌) & 바호르다스(중앙)

비아포빙하와 소카룸부(우),망고브락(중앙) 방면

비아포빙하와 소스분브락 바위산군

바인타브락(오우거)

* **바인타브락(Baintha Brakk)** : 발티어로 목초지를 뜻하는 '바인타(반타)'와 바위(봉우리)를 뜻하는 '브락'의 합성어이다. 즉 '초지에 펼쳐진 바위산군'의 의미로 해석하면 되겠다.
* **오우거(Ogre)** : 프랑스어 '오그르'로서도 불리며 12세기 프랑스신화에 나오는 잉글랜드의 거인- *거대한 식인 괴물* -을 일컫는 말이다.
* **소스분브락** : 소스분(산더미) + 브락(바위봉)의 합성어이다. 즉, 말 그대로 '바위산군'을 나타낸다.

5일차 : 바인타(4,030m)-(3시간)-낙포고로(4,230m)-(2시간)-마르포고로(4,410m)
  -(2시간)-카르포고로(4,680m)
  ※ 또는 낙포고로/마르포고로-(2~3시간)-나피나(4,400m)

바인타 초지를 출발하여 비아포빙하를 따라 계속해서 북서향으로 전진한다. 역시나 처음 비아포빙하 위로 다시 올라서는 게 까다롭긴 하나 일단 올라서고 나면 이후부터는 말마따나 백색빙하 직행루트 시작이다. 그리 힘들진 않으나 매한가지로 크레바스에는 주의를 기울여야 함이다. 특히 눈이 덮여 육안으로 쉽게 확인되지 않는 히든크레바스(Hidden Crevasse)를 조심하라. 이들 위험지형을 우회하여 길을 찾아 전진하는 데 어려움이 있을 수도 있다. 목적지간 직선거리는 그리 멀지 않지만 이로 인해 시간이 상당히 지체되기도 하는 구간이다. 루트는 매년 바뀌므로 이런 지형에 익숙한 전문 길잡이의 안내가 꼭 필요하다. 빙하루트 상에서 우측(동북)의 눈덮인 바위봉우리 바인타브락(오우거; 7,285m)을 비롯 주의의 들쭉날쭉한 첨봉들과 더불어 멀리 소스분브락(6,413m) 바위산군과 함께 심강 스노우레이크(Snow Lake)가 가늠되기 시작한다.

낙포고로의 빙탑(아이스돌멘). 너머로 소스분브락 바위산군이 늘어서있다.　　마르포고로 캠프지　　우준브락(오스틴오우거)

비아포빙하 우측(동측) 기슭의 낙포고로와 마르포고로 역시 빙하둑 분지에 형성된 캠프지이다. 마르포고로는 특히 터가 넓게 형성되어있으며 잔잔한 모래밭과 더불어 맑은 계류부가 드리워있기도 하다. 아울러 바로 위 동쪽 우준부락(오스틴오우거(Austin Ogre); 6,422m)과 비아포빙하 건너편 서쪽 소스분브락(6,413m)의 풍광도 새삼 멋지다. 바인타~낙포고로까지는 3시간, 마르포고로까지는 5시간 정도가 걸린다. 팩런치라면 도중 아무데서나 상관없지만 핫런치로 마련코자 – 현지도우미들 배려 –한다면 중앙빙하를 벗어나 낙포고로나 마르포고로로 내려와 해결하고 간다. 이 경우 캠프지로의 침삭빙하곡 지형으로 내려설 때 주의토록. 언제나 그렇듯이 중앙에서 주변부로 빠져나오는 트레일은 순탄치 않다. 물론 취사목적이 아니라면 굳이 힘들게 주변부 목초지(캠프지)로 내려서서 중식시간을 챙길 필요는 없겠다. 평탄하고 전망 좋은 빙상표면에서 즐기도록.

비아포빙하 건너편 나피나 캠프지(백색빙하 우측기슭)　　카르포고로 캠프. 이후로는 드러난 땅을 찾기 어렵다. 오로지 빙상지역이다.　　스노우레이크 방면 빙상구간

마르포고로*에서 카르포고로*까지는 2시간 남짓 소요된다. 낙포고로*에서라면 2시간 더 추가한다. 바인타~카르포고로 직행시에는 측면빙퇴구(침삭빙하곡)의 난잡한 오르내림을 거칠 필요가 없으므로 총소요시간 1~2시간 가량 단축된다. 참고로, 낙포고로·마르포고로가 아닌 비아포빙하 건너편(서측) 기슭의 나피나(4,400m)로 진출하여 트레킹을 진행할 수도 있다. 나피나캠프 역시 기슭변 침삭빙하곡 지대에 위치한 녹지캠프로서, 그쪽 방면에서도 스노우레이크로 직진해 올라갈 수 있다. 마르포고로 이후 상부빙하지대는 녹지캠프를 찾기 어렵다. (⇒ 땔감을 구하기 힘들므로 전적으로 준비해온 연료(숯/케로신 등)에 의존해야 한다.) 카르포고로 캠프는 모레인기슭 자갈밭에 형성되어있다. 나피나든 카르포고로든 선택은 각자 몫이다. 일행들과 잘 협의토록. 시간이 많이 지체되었거나 상황이 여의치 않으면 그 전의 마르포고로에서 머물도록 하라. 무리할 필요는 없다.

* 낙포고로/마르포고로/카르포고로 : 발티어로 '낙포(락파)'는 검정, '마르포(마르파)'는 빨강, '카르포(카르파)'는 흰색을 뜻한다. '고로'는 발토로트레킹에서 익혔듯이 '돌(밭)'을 지칭하는 단어이다. 곧 이들 합성어 지명들을 통해 지형의 분위기가 감이 잡힌다. (※ 한편 이들 색상을 지칭하는 단어들은 티베트어와도 일맥상통한다.)

히스파라

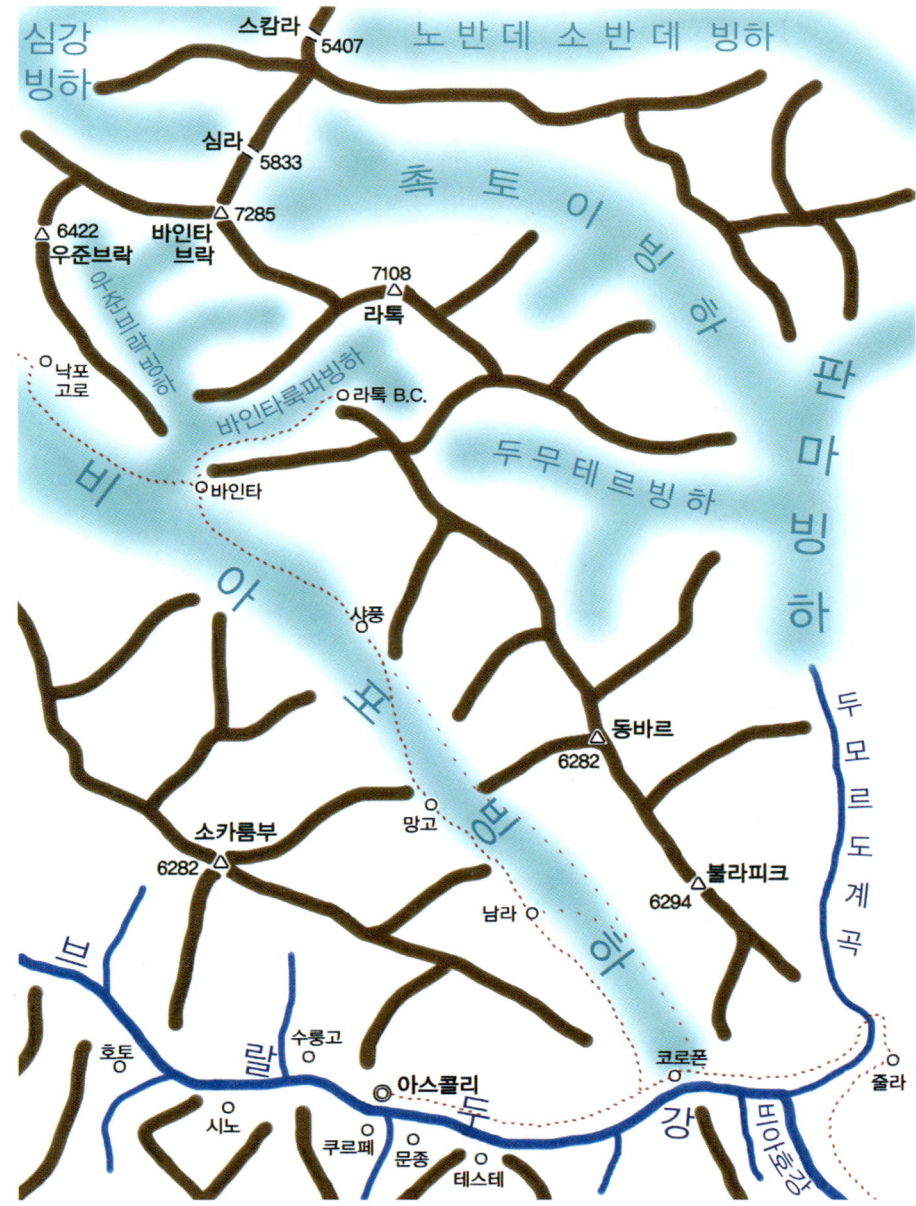

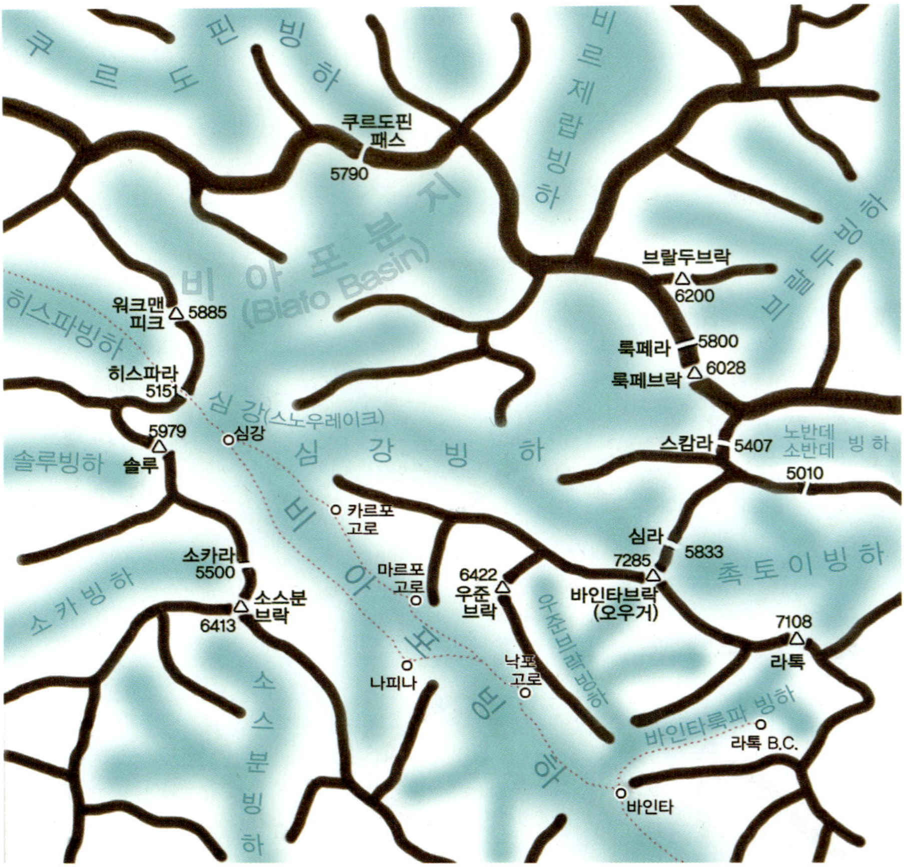

6일차 : 카르포고로(4,680m)/나피나(4,400m)−(3~5시간)−심강(4,780m)
(※ 심강 = 스노우레이크(Snow Lake)* = 히스파라 B.C.)

* 심강 자체는 '심(구덩이/호수) + 강(얼음/빙하)' 즉, 얼음호수(Ice Lake)란 의미다. 그러한 얼음세상 위 곧 하얗게 눈덮여있는 풍경에 콘웨이(Martin Conway)는 이를 "Snow Lake"라 표현했다. (※ 다른 한편으로는 "Ice Lake"란 지명이 지구상 여러 곳에 존재하고 있기에 이들과 차별하여 매기고자 했을 수도…)

설원트레일 일명 아이스하이웨이(Ice Highway)가 시작된다. 완만하지만 크레바스 위험으로 로프사용(안자일렌)이 요구되며 더하여 게이터(스패츠)와 크램폰(아이젠)을 착용토록 한다. (방수등산화는 설원지대 통과시 매우 유용하다.) 거대빙원이 펼쳐진 심강(스노우레이크)에 이르기까지 카르포고로에서는 4시간 내외, 나피나에서는 5시간가량이 소요된다.

서로 로프를 매고 일렬로 통행하는 게 안전하다.

스노우레이크(심강빙원)에서의 바인타브락(우) 방면 조망

스노우레이크의 소호수

대규모 빙상지역인 심강(Simgan) 일명 '스노우레이크(Snow Lake)'는 세칭 카라코람 산봉들의 보금자리다. 톱날같은 거암 침봉군과 고고한 화강암 첨봉들이 광대한 설상면 둘레에 포진하여 지구상 가장 아름다운 산악풍경의 하나를 연출한다. 해발 4천7백~ 4천8백미터대에 형성되어 면적 약 80㎢(240만평)에 달하는 이곳 스노우레이크 일대에는 이러한 얼음호수 내에 또한편 형성된 소위 'Colonial Lake'라고 하는 소호수들도 눈에 띈다. 물론 이들 아기자기한 풍경들 역시 매년 변할 것이다. 스노우레이크 빙원에서의 야영시 일몰과 더불어 한밤중 별빛과 새벽녘 일출의 감흥 또한 특별하다. 그리하여 내친 김에 히스파라 정상까지 도달코자 할 수도 있겠으나 일정이 촉박하지 않다면 바로 이 스노우레이크 설원에서 하룻밤 지새보는 것도 적극 권할만한 일정이다.

심강빙하 룩페라 방면 캠프지에서의 스노우레이크 설원 조망. 새하얀 스노우레이크 빙상표면 위로 소스분브락 암봉군이 불쑥 돋아나있고 우측 부드럽게 오르며 하얗게 덮인 히스파라가 바라보인다.

스노우레이크 바인타브락에 물든 석양

이로부터 동쪽의 심강빙하 방면은 한편 스키 등반가들에게도 인기높은 코스로서, 너머의 줄라 – 발토로트레일 상의 캠프지(☞ 코로폰–'줄라'–문종) – 에서부터 판마빙하~촉토이빙하를 거쳐 심라 (5,833m)를 넘어와 그로부터 심강빙하~ 스노우레이크~히스파라~히스파빙하 또는 비아포빙하를 거쳐 하산케 된다. 다른 한편 으로는, 심강빙하의 동북단 룩페라' 능선줄기를 넘어 샥스감밸리나 심샬 방면으로 트레일 을 이어나갈 수 있다. 단, 판마빙하–촉토이빙하와 심라(5,883m), 룩페라(5,800m) 통 과는 난이도가 매우 높은 위험한 등반루트로서 사전 특별허가(퍼밋)를 받아야 한다. (☞ 트레킹루트로 분류되지 않는다.)

* 발음(어순)을 약간 달리하여 '룹케'라고도 표기하는 '룩페'는 발티어로 '응달/음지'를 뜻하는 '룩파'의 변형된 표현이다. 즉 이 '룩페/룹케'가 들어간 지명 또한 (녹지 않는) 눈과 얼음으로 뒤덮인 지형임을 알 수 있다.

7일차 : 심강(스노우레이크; 4,780m)–(4시간)–히스파라(5,151m)

히스파라 트레킹의 하일라이트. 히스파라 B.C.(스노우레이크)에서 히스파라 정상 부까지는 표고차 약 4백미터, 경사도 30 도 이내의 완만한 구간이나 지대가 워낙 높은 만큼 – 산소농도가 평균 지상의 40~50% 정도에 불과하다. – 고소증에 유의하여 보행 하라. 아울러 크레바스에 유의하고 세락 지대 통과시 로프·크램폰 외에 상황에 따 라서는 아이스액스(얼음도끼)를 필요로 할 수도 있다.

히스파라 오름길

히스파라 정상은 더욱 황홀한 최고의 조망처다. 진행방향 서쪽으로 히스파빙하와 훈자 방면의 첨봉들이 아련하고, 북쪽능선(워크맨피크(Workman Peak); 5,885m) 너머로 칸주트사르(7,760m), 유트마사르(주트모사르; 7,330m), 푸마리치시 (7,492m), 쿠냥치시(7,852m)로 펼쳐지는 고봉준령의 물결이 화려하다. 남쪽방향으로는 솔루(5,979m), 브로드타워(6,065m) 산봉이 시야를 메우고, 뒤돌아본 동쪽방면으로는 오우거(바인타브락; 7,285m)를 위시하여 장대한 스노우레이크 빙원을 감싼 침봉군과 더불어 은백의 삼강빙하와 또한 장중하기 이를 데 없는 비아포빙하분지(Biafo Basin) 의 거대한 흐름이 가득 들어찬다.

일정여유가 있고 고소문제가 없다면 히스파라 정상부 설원에서 하룻밤 보내는 것을 강력 추천한다. 생애 최고 추억의 하나가 될 것이다. 일몰·일출 뿐 아니라 한밤중 별빛 의 향연 또한 결코 잊지 못할 추억이다.

140

히스파라

비아포분지(Biafo Basin) 쿠르도핀패스(좌) 방면

심강빙원(스노우레이크)과 바인타브락(우) 방면

※ 워크맨피크에서의 조망 (※ 사진협조 : Tomas Tichavsky(체코 자유여행가))

히스파라에서 바라본 워크맨피크

히스파라 정상부. 정면에 쿠낭치시가 보인다.

히스파사르(좌) & 푸마리치시(중앙)

심라 너머로 바라보이는 K2(중앙) & 브로드피크(우) 원경

낭가파르밧 원경

비아포분지(Biafo Basin) 전경.
(중앙분지 사이로 쿠르도핀패스, 우측 심강분지 상단에 스캄라 (5,407m)와 심라(5,833m)가 넘어간다.)

히스파라 서쪽 창공에서 본 칸주트사르(우)와 유트마사르(좌)

141

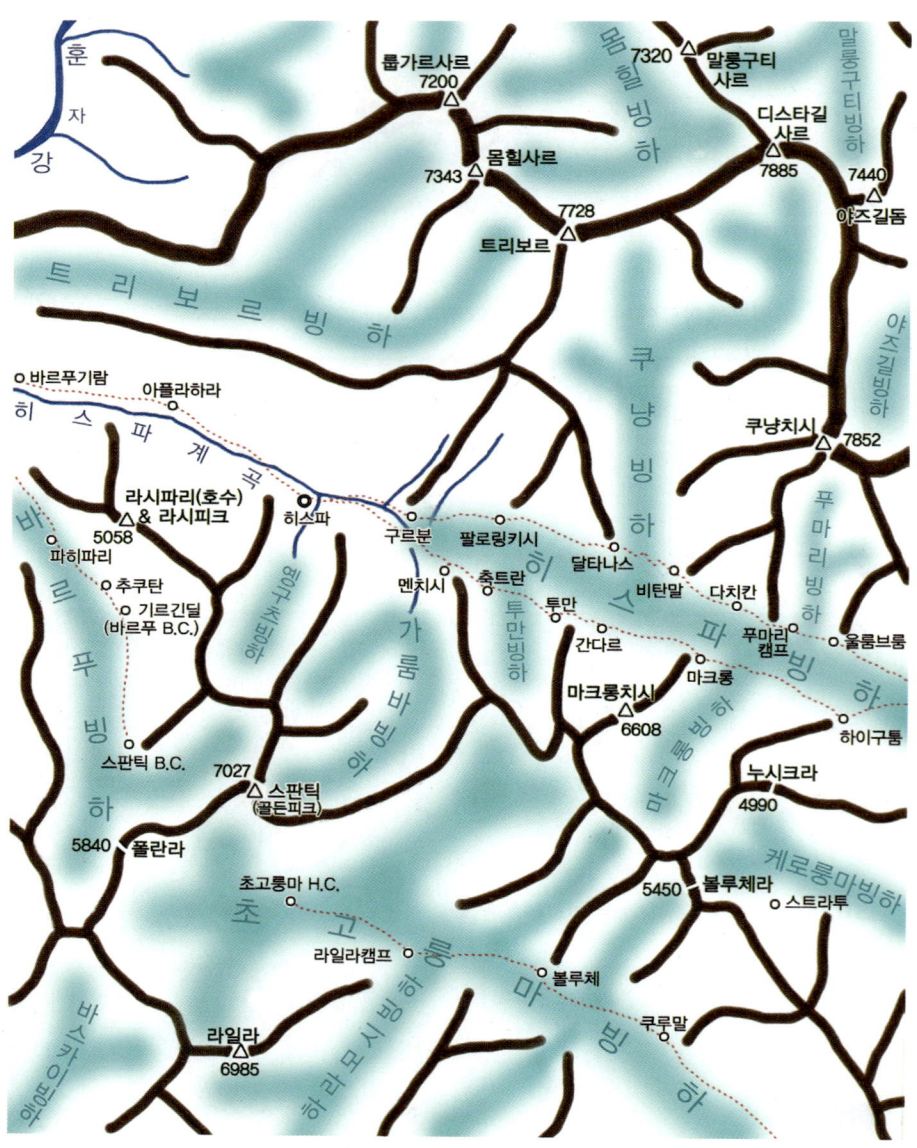

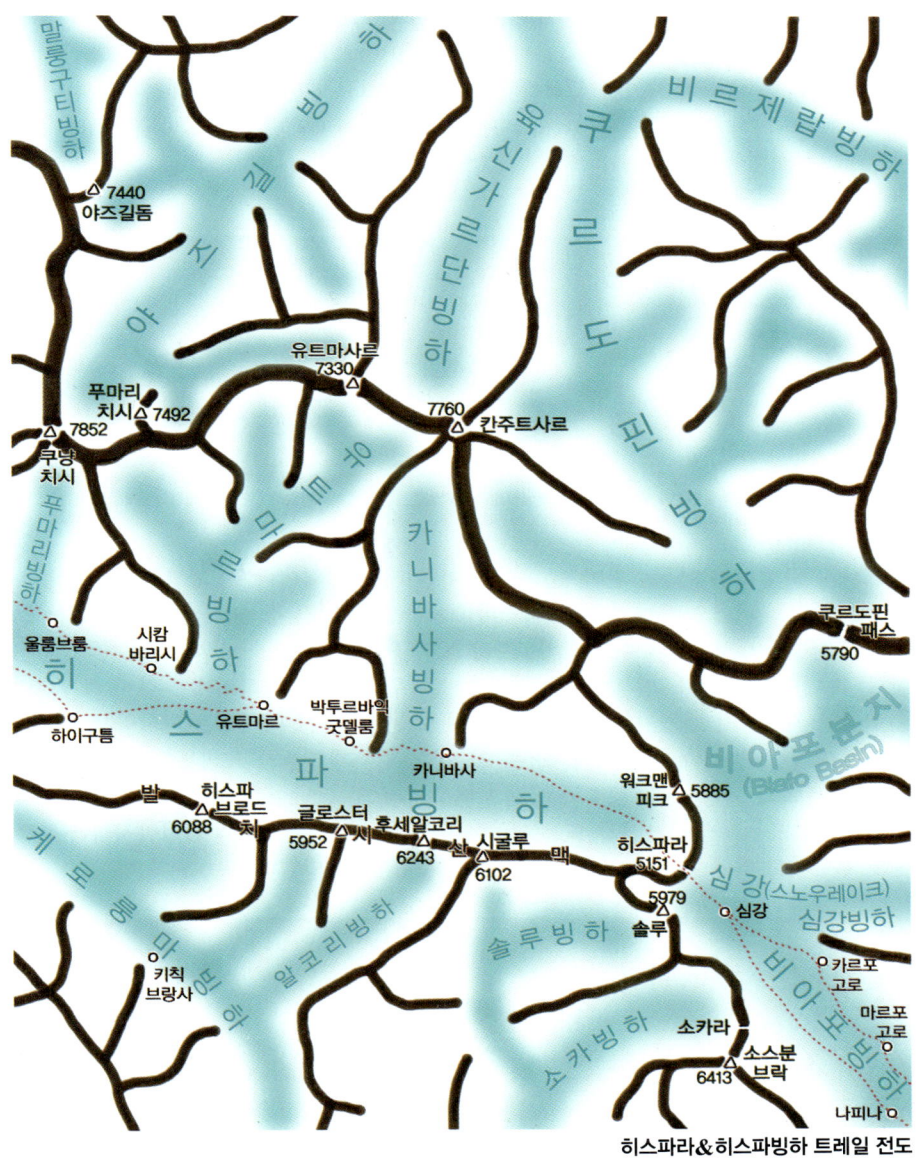

히스파라 & 히스파빙하 트레일 전도

8일차 : 히스파라(5,151m)-(6시간)-카니바사(4,500m)

일몰뿐 아니라 히스파라에서의 일출광경 또한 명승이다. 바인타브락 너머로부터 이내 은반의 대빙원(스노우레이크)으로 내려앉는 햇살은 가히 천상의 빛과도 같다. 일출감상 후 일찌감치 짐을 꾸려 하산을 시작한다. 긴 여정인데다가 히스파빙하 방면 설사면은 기온이 올라 눈이 녹기 시작하면 보행에 어려움이 많다. 전날 밤 눈이 내려 쌓였다면 더 더욱 헤치고 나가기 쉽지 않다. (특히 7~8월에는 내린 눈이 새벽에도 얼지 않아 딛고 내려서는데 애를 먹는다. ⇒ 푹푹 빠지는 건 물론 예상치 않게 죽죽 미끄러내리기도 한다.) 숨어있는 크레바스에도 역시 유의한다.

히스파빙하 방면 내리막. 역시 안전을 위하여 일렬로 러닝빌레이(안자일렌) 통행이 권고된다. 쿠냥치시(우측 뒤)와 마크롱치시(좌)가 보인다.

히스파빙하 구간에서 되돌아본 히스파라 전경

히스파라를 넘어서부터는 언어·문화가 상이한 훈자 권역이다. 행정명으로는 이른바 '훈자·나가르' 지역으로 매겨진다. 히스파라에서 한두 시간 경사진 설사면을 내려서서 비교적 평평한 빙하지대에 이르면 바야흐로 설상구간은 끝나고 이로부터 로프(안자일렌)는 풀고 나아가도 된다. 이후부터는 자갈층이 어우러진 퇴석빙하지대가 다시 시작되며 목적지인 카니바사 캠프지까지 계속된다. 이윽고 북측에서 내려오는 카니바사 빙하를 횡단하여 건너면 바로 캠프지다. 맑은 물이 흐르는 계류부가 드리웠는바, 모름지기 며칠간 은백의 세상 이후 재회하는 녹지대로서의 첫 만남이다. 히스파라~카니바사까지 중식/휴식 포함 6~7시간(또는 그 이상)이 소요된다. 캠프지의 카니바사빙하 북쪽으로 부드럽고 하얀 돔 형태의 칸주트사르(7,760m)가 조망된다.

카니바사 캠프지. 멀리 펑퍼짐한 히스파라가 보인다. 정면 봉우리는 발치시산맥의 시굴루피크(6,100m)

카니바사빙하와 칸주트사르(중앙), 유트마사르(좌)

9일차 : 카니바사(4,500m)-(30분)-박투르바익 굿델룸(4,470m)-(3시간)-유트마르(주탄말; 4,200m)-(1시간)-시캄바리시(4,150m)-(30분)-울룸브룸-(1시간)-푸마리-(30분)-다치칸(다치감; 3,950m)

카니바사에서 하행길 바로 아래 박투르바익 굿델룸 (Baktur Baig Gut Delum) 캠프도 야영지로서 손색이 없다. 전날 이곳까지 내려와 캠핑지를 차려도 좋다. 이후 전형적인 퇴석빙하구간이 드리우며 모레인릿지를 오르내리면서 아울러 자갈층과 빙사면, 빙류곡 등등의 거칠고 험한 지형을 통과할 때 길을 헤매지 않도록 유의한다. 특히 북쪽에서

박투르바익 굿델룸 캠프지

유트마르빙하와 푸마리치시 쌍봉(중앙), 유트마르사르(우)

내려오는 거대한 유트마르빙하(주트모빙하)*를 가로지를 때 통행이 까다로운 세락지대의 빙벽과 빙사면을 헤쳐나가는 데 있어 주의를 집중하라. 이전처럼 하부빙하의 미로같은 퇴석층 사이사이 루트를 잘 잡아서 나가도록. 물(탁류)이 흐르는 계곡부도 여러 번 통과한다. 오후가 되면 수량은 더욱 증가하고 물살도 거세지기에 애로가 많을 것이다. 카니바사빙하~유트마르빙하 구간 3시간 이상 잡는다.

* 유트마르(주트모)빙하는 이전 카니바사빙하와는 차원이 다르다. 히스파 본빙하와 필적할만한 규모로 웅장하기 이를 데 없다. 바로 칸주트사르(7,760m), 유트마르사르(7,330m), 푸마리치시(7,492m), 쿠냥치시(7,852m) 등등의 거대한 고봉들의 군집으로부터 빚어져 내려오는 까닭이다.

유트마르(주트모)빙하 내원에서 바라보는 쿠냥치시(중앙)와 푸마리치시(우)

유트마르(주탄말) 캠프지에서 바라보는 히스파 빙하와 발치시산맥 웅장한 전경(바로앞 히스파브로드(우)에 이어 멀리 히스파라(좌)가 가늠된다.

유트마르빙하를 가로지르면서 북방의 푸마리치시 쌍봉(남봉; 7,400m / 주봉; 7,492m) 좌우로 북동쪽 칸주트사르(7,760m), 북서쪽 쿠냥치시(7,852m)로 일구어진 히스파의 맹봉들을 조망할 수 있다. 빙하를 가로지르며 내리막 너머로 바라보이는 유트마르(주탄말) 캠프 또한 참으로 훌륭하다. 암봉 아래 넓은 초지에 관목지대가 성글고 풀꽃이 어우러져있다. 맑은 물이 흐르는 계류부 또한 다르지 않다. 더하여 히스파빙하 전경을 조망하는 데 있어 이 유트마르 일대가 특히 탁월하다. 모레인 너머 남쪽으로는

울룸브룸에서 바라본 히스파빙하와 발치시산맥
(빙하건너 좌측으로 하이구툼 캠프지가 바라보인다. 그치로부터의 히스파 하행루트도 있으며, 달리 남쪽골짜기 뒤로 올라 누시크라를 넘어 케로롱마빙하 지역으로 진출할 수 있다.)

히스파브로드(Hispar Broad; 6,084m), 글로스터(5,952m), 후세알코리(6,243m), 시굴루(6,102m) 등으로 일구어진 발치시산맥(Balchhish Range)의 연봉들이 불쑥불쑥 도열해있다. 이어지는 야크목동거처인 시캄바리시 역시 비슷한 분위기다. 계속해서 초지를 가르며 트레일이 이어지고 역시나 들꽃들이 잔잔히 피어난 야생화동산과도 같은 트레일을 걷게도 된다. 다른 한편으론 유트마르/시캄바리시에서 히스파 본빙하를 가로질러 남측기슭 하이구툼* 방면으로 나아가 그로부터 계속해서 히스파빙하의 남측기슭루트를 따라 히스파로 하산하는 방법도 있다.

* 하이구툼은 누시크라(나우시크라)-케로롱마빙하 트레일의 기점이기도 하다. 그로부터 곧바로 남쪽 발치시산맥의 누시크라(4,990m)를 넘어 케로롱마빙하를 거쳐 아란두로 나아갈 수 있다. (대개는 이의 역코스로 진행한다.) 단, 난이도가 높은 누시크라를 넘는 것은 사전 특별허가(퍼밋)를 득해야 한다.

히스파빙하와 마크롱치시(좌). 우측 아래 시캄바리시 캠프지가 보인다.

울룸브룸 캠프지. 빙하둑 너머에 푸마리 빙하가 놓여있다.

푸마리빙하

시캄바리시를 지나면 두 개의 작은 빙하 하단을 통과하여 트레일을 이어간다. 완경사의 하부모레인을 밟아 그다지 힘들이지 않고 건너설 수 있다. 곧이은 울룸브룸 캠프 역시 빙하둑 언저리의 방목초지에 드리운 캠프지다. 이를 지나 곧바로 다시금 북쪽에서 내려

푸마리 캠프와 쿠냥치시

오는 큼지막한 푸마리빙하를 가로지르게 되는데 앞선 유트마르빙하보다는 규모는 작지만 통과하기가 꽤 까다롭다. 특히 매한가지로 침삭빙하곡으로 한참 내려섰다가 재차 메도우(초지언덕) 지역으로 올라서야 하는 게 경사도 제법 있고 사태구간(랜드슬라이드)도 형성되어있어 상당히 고되다. 여기만 건너서면 푸마리 캠프지에 이어 다치칸(다치감) 캠프지가 지척이다. 푸르름이 만연한 다치칸 방목지엔 군데군데 목동들이 쌓아놓은 돌담장이 구축되어있다. 히스파빙하 건너 남서방향으로 마크롱치시(6,608m)가 조망된다. 유트마르~다치칸 역시 3시간 이상 잡는다. 중식시간을 감안하면 좀 더 늘어날 것이다.

푸마리빙하에서의 쿠냥치시 전경

다치칸에서 바라보는 히스파빙하와 마크롱치시

10일차 : 다치칸(3,950m)−(2시간)−비탄말(3,800m)−(1시간30분)−달타나스(3,700m)−(1시간30분)−팔롱링키시(3,630m)−(1시간)−구르분(3,450m)−(1시간)−히스파(3,100m)

※ 또는 유트마르/시캄바리시−하이구툼 1박 후,

하이구툼(4,370m)−(2시간)−마크롱(4,010m)−(1시간30분)−간다르(3,900m)−(1시간30분)−축트란(3,800m)−(1시간)−멘키시(멘치시; 3,650m)−(2시간)−히스파로 하산도 가능. (노정이 길다면 축트란에서 1박 추가)

다치칸 이후 목초지를 따라 트레일이 이어진다. 계류도 여럿 건넌다. 2시간쯤 진행하면 드넓은 초원지대가 펼쳐진 비탄말에 이른다. 일정여유가 넉넉하다면 전날 일정을 카니바사~유트마르 또는 시캄바리시에서 끊고 이날(오늘) 비탄말이나 다음 장소인 달타나스에서 캠핑하는 것으로 계획할 수도 있다. 비탄말을 지나 곧바로 나타나는 쿠냥빙하 역시 북쪽의 쿠냥키시(7,852m),

비탄말 초원캠프

디스타길사르(7,885m), 트리보르(7,728m) 등의 거봉들을 모태로 흘러내린 꽤 규모가 있는 빙하이나 통과하는 것은 그리 어렵진 않다. 다만 폭이 넓어 다소 지루한 감이 들고, 아울러 맞은편 바윗길 오르내림 구간은 조금은 힘이 들기도 한다.

쿠냥빙하를 가로지르면 곧바로 달타나스 방목지다. 말했듯이 카니바사에서부터 2일 일정으로 나누어 이곳에다 캠프를 차려도 되겠다. 쿠냥빙하는 앞에 놓여있으나 모산이자 히스파 산군의 최고봉인 디스타길사르, 쿠냥치시는 바로 앞 바위봉들에 가려 보이지 않는다. 대신 반대편 히스파빙하 건너 남쪽으로 웅장한 마크롱치시(6,608m)의 모습을 한 눈에 담아볼 수 있다. 비탄말~달타나스 구간 쿠냥빙하 통과에 1시간이상 걸린다.

달타나스 일대.

쿠냥빙하와 불라룽사르(팔로링키시)   쿠냥빙하에서 바라보이는 트리보르(좌)와 불라룽사르(우)

다음 팔로링키시(불라룽캠프)까지는 1시간반가량이 소요된다. 이 역시 방목지에 자리 잡은 좋은 캠프지다. 노정이 길다 생각되면 이곳에 여장을 풀고 하루 머물도록. 물론 다음날 히스파에서 곧바로 차량이동이 가능해야 한다. 아니면 하루 더 여유를 부려도 상관없거나. 팔로링키시 이후 구르분을 지나 히스파마을까지 계속해서 목초지 트레일을 걸으며 아울러 소계곡들도 여러 번 건넌다. 다를 것 없이 오후에는 빙하계곡의 수량증가로 물을 건널 시에 애로가 뒤따르기도 한다. 이것들만 제외하면 히스파까지의 트레일은 대체로 평이하다. 지나면서 퇴락한 돌집 가옥들도 많이 띈다.

히스파빙하의 폭이 좁아지는 팔로링키시 일대. 앞쪽(우측)에 구르분 빙퇴단구지대가 보인다.   구르분 언덕을 내려서자 히스파 마을이 바로 보인다. 멀리 훈자의 바투라 산군이 하늘금 긋는다.   히스파 마을에서 돌아본 히스파빙하 초입부

팔로링키시에서 구르분 지나 2시간쯤 진행하여 다리건너 단구언덕 위로 올라서면 바로 히스파 마을이다. 주민들과 몰려나온 아이들이 반길 것이다. 마을로 진입하면서 비로소 히스파산군의 맹주인 북방의 트리보르(7,728m), 불라룽사르(7,200m), 디스타길사르 (7,885m)가 시야에 드리운다. 더불어 거쳐온 동쪽방향 발치시 연봉의 조망도 탁월하다. 야영은 히스파 마을의 숲 우거진 기슭변 텐트장을 이용하면 되겠다. 또는 마을의 레스트 하우스(Resthouse = Teahouse)에서 숙박도 가능하다. 피로에 지치고 땀에 찌든 몸을 맑은 계곡수에 담그며 냉수욕을 시도해볼만도 하나 단, 아직 3천미터가 넘는 고지대 이니 고산감기와 저체온증에 유의토록.

☆ 히스파빙하 남부루트

유트마르/시캄바리시에서 히스파빙하를 가로지르면 남쪽 맞은편 하이구툼빙하 말미 왼쪽(서쪽) 상부 기슭에 하이구툼 캠프가 위치한다. 이로부터 서북 방향으로 계속 이의 히스파빙하 남측기슭루트를 따라 히스파까지 나아가면 된다. 마크롱캠프까지는 2시간가량 소요되며 방목지(초지)가 펼쳐져있다. 이후 남쪽에서 흘러내린 간다르빙하 합류부까지 평평한 목초지 트레일이 이어지며 1시간반 거리의 간다르는 간다르빙하와 히스파빙하가 만나는 기슭의 흙과 돌이 어우러진 캠프지로서 목동들의 돌집구조물이 자리한다. 마크롱키시(6,608m)를 모산으로 한 이의 간다르빙하와 이어지는 투만빙하의 투만캠프지를 지나면 곧 축트란이다. 역시 방목지캠프로서 돌집구조물이 놓여있다. 간다르에서 축트란까지 약 1시간반가량 소요되며, 긴 노정을 감안, 축트란에서 하루 머무는 일정을 고려해도 좋다. 축트란을 지나 1시간 거리에 다음 방목지캠프인 멘치시가 나오고 이를 지나서 가룸바빙하 하부지역 모레인을 가로질러 이윽고 히스파 마을로 들어서게 된다. 멘치시~히스파 2시간 정도가 소요된다.

비탄말로 향하는 도중 히스파빙하 건너편 마크롱피크 아래의 방목초지가 보인다. 마크롱캠프는 좌측 골짜기 초입기슭의 목초지이다.

달타나스에서 바라보는 히스파빙하와 마크롱치시. 건너편 우측자락으로 간다르빙하 기슭에 자리한 간다르 캠프지가 있다.

11-12일차(예비일 포함) : 히스파(3,100m)-아플라하라(2,800m)-바르푸기람(2,600m)-후루(후라; 2,500m)-호파르(2,400m)-나가르(2,300m)-수마야르-KKH*(가네시; 2,250m)-카리마바드(훈자; 2,400m)

* KKH = Karakoram Highway

후라~히스파 도로가 온전하면 곧바로 히스파 마을에 차량을 대기시켜 훈자(카리마바드)까지 이동이 가능하다. 폭우나 산사태 등으로 도로/다리 유실 시에는 도보로 후루까지 이동(5시간) 후 후루에서 훈자까지 차량으로 이동한다. 또는 전 구간 차량이동이 여의치 않을 경우 히스파

후루 방면 지프로드

(3,100m)~나가르(2,300m) 총 20km 연장트레킹을 진행해야 하겠다. (☞ 도중 1박 - 예비일 활용.) 나가르는 제법 규모가 있는 동네라서 KKH 상의 가네시(훈자)까지 교통편이 상시 운행한다.

히스파~후루 강변트레일(지프로드)

※ 도중 거쳐가는 아플라하라, 후라, 호파르, 나가르에서 레스트하우스(Rest-house)를 이용한 숙식 해결이 가능하다. (단, 바르푸기람은 숙식편의시설 여부 불투명)

참고로, 일정에 여유가 있다면 나가르에 이르기 전 남동방면으로 갈래친 바르푸빙하 탐승에 나서볼 수 있다. **호파르(살구농장)-시스킨-파히파리-추쿠탄-기르긴딜(바르푸 B.C.; 3,877m)**에 이르러 1박(야영) 후 다음날 나가르-훈자로 귀환한다. 트레일 상에서 미아르피크(5,824m), 푸파라시(6,785m), 말루비팅(7,458m) 등등의 푸파라시산군과 일명 '골든피크(Golden Peak)'로 불리는 스판틱(7,027m)을 조망할 수 있다. (⇒ 바르푸빙 북쪽의 전망과 경관이 좋은 라시파리(4,700m) 일원을 트레킹하는 프로그램- **일명 「러시레이크(=라시파리) & 러시피크(라시피크; 5,060m) 트레킹」** -도 꾸며볼 수 있다. 일반인들에게도 인기높은 코스로서 훈자에서 3~4일 정도의 짧은 일정으로 많이 탐승에 나선다.)

바르푸빙하와 스판틱(골든피크)

라시파리(러시레이크)와 푸파라시산군 조망

∴ 히스파라 트레킹은 기상·고소증·교통편(도로상황)등에 따른 변수가 많아 이를 대비한 예비일(최소 2일)이 반드시 필요하다. 아울러 가장 대표적인 빙하트레킹 루트로서 유동적인' 빙하 자체 특성상 트레일 상황이 수시로 바뀐다는 점, 따라서 각 구간별 소요시간 및 심지어 캠프지의 위치까지도 변동가능성이 높다는 점 유념하기 바란다. (☞ 상황에 따라서는 일정조정이 불가피할 경우도 있으므로 너무 기 수립된 일정에 얽매이지 말고 융통성있게 각 일정을 조율해가면서 진행토록.)

* 고산지대에서 흘러내리는 내륙빙하는 하루 평균 수미터에서 많게는 수십미터까지 이동하는 것으로 알려져 있다.

※ 만약 지금까지의 일정과 다른 **역방향**으로 수립코자 한다면 대략 다음과 같다.

1일〉 나가르~히스파   **2일**〉 ~ 달타나스 또는 비탄말   **3일**〉 ~ 다치칸
4일〉 휴식일   **5일**〉 ~ 유트마르   **6일**〉 ~ 카니바사
7일〉 ~ 히스파라   **8일**〉 ~ 심강(스노우레이크) 경유 카르포고로 또는 나피나
9일〉 ~ 바인타   **10일**〉 ~ 망고 또는 남라   **11일**〉 ~ 아스콜리

물론 중간경유지 및 야영지 선택과 아울러 각각의 여정(일정) 단축/연장을 융통성있게 조율토록.

히스파라

호파르 마을과 바투라무즈탁 산군

길기트~호파르 간 NATCO 정기버스(1일 1회)

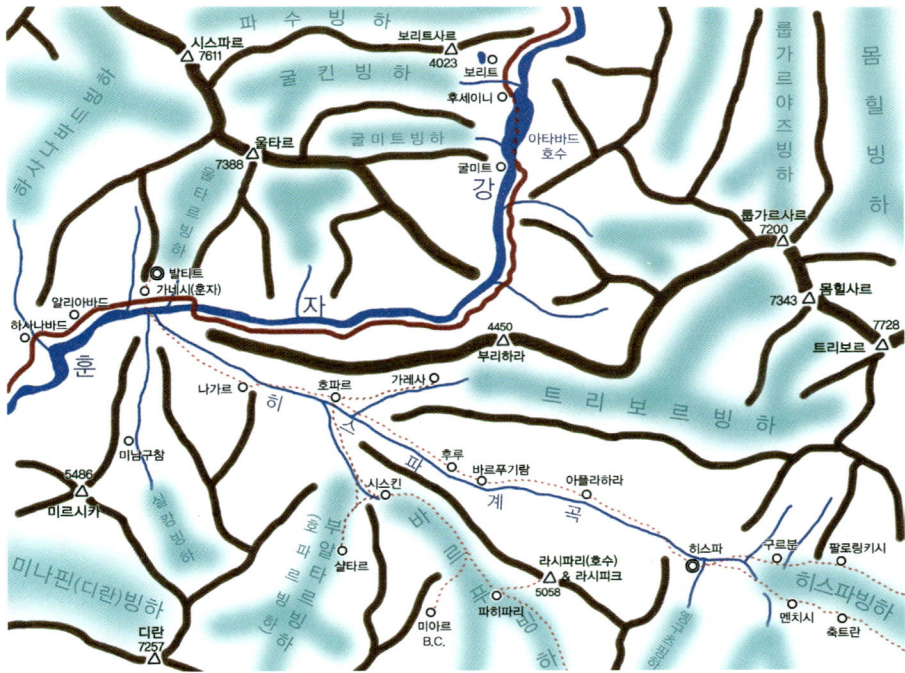

나가르 마을

울타르 부블리모틴(레이디핑거)과 훈자 카리마바드(수마야르에서)

○ 교통가이드

발토로를 위시한 중앙카라코람 트레킹의 거점도시는 스카르두이다. 이후 스카르두에서 각 방면 트레킹 기점으로 이동하는 방편을 간략 언급한다.

 # 항공편(현지 국내선) : 이슬라마바드~스카르두 행 국내선(PIA) 항공편이 1일 2회 운항한다. 성수기에는 4회로 증편 운항키도 하나 좌석을 구하기가 여의치 않을 수 있으므로 미리 현지 에이전시(여행사)와의 확약을 통해 좌석을 확보토록 한다. 에이전시 측에서 요청하는 사전준비금(Deposit)은 이러한 연유로 필수적이기도 하다.

 # 차량편(버스 & 지프) : 이슬라마바드 인근 라왈핀디*의 나트코(NATCO)* 터미널에서 스카르두 방면으로 이동하는 교통편(버스 1일 3~4회 오후/저녁시간대 출발)을 이용하여 간다. 라왈핀디~스카르두 간 소요시간은 24시간 이상(상황에 따라서는 30시간 이상)이 걸린다. 고로 장시간 버스 여행이 곤혹스럽다면 첫 날 칠라스까지만 이동하여(16~18시간 소요) 1박* 후 다음날 칠라스에서 환승하여 스카르두로(6~8시간 소요) 간다. 칠라스~스카르두 행 차편은 라왈핀디~스카르두 직행편보다 자주 있다. 한편으론 칠라스에서 여행자들끼리 합심하여 스카르두까지 아예 지프를 전세내어 이동할 수도 있다.

- * 이슬라마바드는 파키스탄의 행정수도이며, 인구나 산업규모로는 카라치, 라호르, 파이살라바드(리얄푸르)에 이어 파키스탄 제4의 도시로 일컬어지는 라왈핀디가 역시 파키스탄 중북부 육로교통의 중심지이다.
- * NATCO = Northern Area Transport Company. 라왈핀디의 피르와다이(Peer Wadai)와 이슬라마바드 외곽의 메트로(Metro) 이 두 곳에 정류장(터미널)이 있다. 전화예약 가능하며, 연락처는 피르와다이 (+92) 051-9239556~9 / 메트로 (+92) 051-4864041~4 이다.
- * 칠라스의 호텔/게스트하우스 : 「Panorama Hotel」, 「Karakorum Inn」, 「Shangri La Indus View」, 「Hotel Diamond Peak」, 「Grace Continental Hotel」, 「Napwd Resthouse」, 「Chilas Inn」 등

스카르두에서의 현지교통편은 이전단계와 달리 대형버스는 운행치 않고 소형 마이크로버스(Van)나 4륜구동 지프차량이 대세를 이룬다. (☞ 전세차량이 아닌 정기 노선차량의 운임은 매우 저렴하다.)

1) 스카르두~아스콜리 행은 정기차량 운행여부가 불투명하며(승객이 없을 경우 보통 하이드라바드나 닷수까지만 운행), 대개 지프를 전세내어 이동한다. 또는 시가르까지 정기차량(1일 4~6회) 이용 후 시가르~아스콜리 간은 스코로라를 넘어 도보로 이동하는 트레킹(사이드트레일 참조) 방식도 생각해볼 수 있다. 단, 트레킹 중의 고소적응 또한 중요한 관건이다.

2) 스카르두~후세밸리 간은 전세차량 말고는 직통운행편이 존재하지 않으며 중간의 카플루에서 환승하여 가야 한다. 스카르두~카플루 간 1일 5~6회 정기편이 운행하며 카플루~후세 간은 지프차량으로 1일 1~2회 운행한다. (승객이 없을 경우는 아스콜리 노선처럼 정기차량이 운행치 않을 수도 있다.)

 # 전용차량 이용 : 주로 단체여행시 활용되는 방편이다. 차량을 아예 전세내어 활용하는 것이기 때문에 그만큼 높은 비용을 감수해야 하는바, 개인이나 소수인원이 이용하기에는 다소 부담스럽다. 그래도 선택의 여지가 없는 경우에는 부득불 비싼 돈을 지불하고서라도 이용할 수밖에 없다. 통상 시가르~아스콜리 및 카플루~후세 구간 이동시에 활용하거나(반일 조건) 6인 이상 규모로

단체트레킹에 나섰을 경우 아예 처음(스카르두)부터 트레킹 기점까지 전일 전용차량을 임차하여 이동하는 게 바람직하다. (∴ 발토로 트레킹을 위해 이동코자 하는 경우에는 이의 트레킹 조건상 에이전시 고용이 필수적이므로 애초부터 에이전시 측에서 현지의 전용차량을 견적에 포함시켜 일정을 수립케 된다. 여기 제시한 방안은 극히 이례적인 사안으로 단지 참고적으로 알아두도록 한다.)

○ 음식 & 숙박

 # 음식 : 파키스탄 북부 발티스탄 지방의 음식은 티베트나 라다크(북인도 카시미르)의 음식과 비슷하다. 차에 소금과 버터를 넣은 수유차(일명 솔트티; Salt Tea)를 즐겨 마시며, 곡물로 반죽을 빚어 넓적하게 팬에 구운 짜파티(로티)와 더불어 양고기, 염소고기(때론 아이벡스)로 만든 커리/수프 형태의 요리를 즐긴다. 단, 티베트와는 달리 이슬람 율법상 돼지고기로는 절대 음식을 해먹지 않으며 술 또한 마찬가지로 금칙이다. 한편으론 편잡 음식과 유사하게 곡물을 기름에 볶은 '달 프라이' 및 밀가루를 입혀 기름에 튀긴 '파코라' 등의 음식도 낯설지 않다. 닭요리 또한 매우 인기있는 음식으로 트레킹 시에는 아예 살아있는 닭을 바구니에 넣어 식용으로 운반해가기도 한다. 닭고기나 양고기로 만든 것 중에 걸쭉한 커리 형태로 항아리에 담아 내오는 '한디'라는 음식은 한국인들의 입맛에도 잘 맞아 인기를 누리기도 한다. 두툼한 난(Naan)을 찍어 먹으면 그만이다.

 # 숙박 : 중앙카라코람의 트레킹지역 내에서의 숙박은 대부분 캠핑(야영)이 주를 이룬다. 물론 콩코르디아로의 트레일상의 허름한 돌집 티하우스/티숍에서 애처(?)롭게 숙식을 해결할 수도 있긴 하나 적극적으로 추천할만한 방편은 못된다. 온갖 불편함과 불결함을 무릅쓴 단지「도전 & 체험정신」에 입각한 자만이 즐길(!) 일이다. 트레킹루트를 벗어나 트레킹 기점이 되는 마을 등지에서는 나름 감수할만한 숙식편의시설을 이용할 수 있다. 콩코르디아 트레킹 기점인 아스콜리에 두어 곳 게스트하우스가 있으며 후세 마을 일원에도 숙박이 가능한 게스트하우스가 있다. 비아포-히스파 트레일에서는 히스파 마을에서 나가르, 훈자에 이르는 동안의 마을마다 숙식이 가능한 레스트하우스(Resthouse)들이 있다. 시설상태는 아스콜리, 후세 일원의 시설들과 대동소이하다. 이들 트레킹지역을 벗어나 거점도시로 나오면 숙박/음식점 등의 여행편의시설은 더욱 양호하다. 스카르두에는 관광객들을 위한 고급형** 호텔과 더불어 중저가** 숙박업소가 다수 들어앉아 있다. 카플루**에도 관광객들을 위한 호텔 및 게스트하우스가 여럿 들어서있으며 시가르**에도 시설 양호한 게스트하우스(레스트하우스)가 몇 있다.

- ** 대표적인 것으로 「Hotel Mashebrum」, 「PTDC K2 Motel」, 「Shigar Fort Resort」 등이 있으며, 다소 동떨어져 있지만 – 스카르두에서 차로 1시간여 – 인더스강을 따라 북서쪽 카추라 근방의 호숫가에 자리한「Shangri La Resort」는 가장 고급스럽고 시설이 훌륭한 일급호텔이다.
- ** 스카르두의 절약형 중저가(Budget) 숙박지로서 「Baltistan Continental」, 「Concordia Motel」, 「Pioneer Hotel」, 「Skardu Inn」, 「Baltistan Tourist Cottage」, 「Dewan-e-Kas」, 「Indus Motel」, 「Karakoram Inn」, 「Hunza Inn」, 「Baltoro Resthouse」, 「Hilton Lodge」등이 있다. (☞시기 및 상황에 따라 영업을 하지 않는 경우도 있다.)
- ** 카플루 호텔·게스트하우스 : 「Serena Kaplu Palace」, 「Kaplu PTDC Motel」, 「Kaplu Inn」, 「K7 Hotel」, 「Kaplu Karakoram Lodge」 등
- ** 시가르 호텔·게스트하우스 : 「Shigar Fort Resort」, 「Karakoram Hotel」등

○ 인근 볼거리/즐길거리

추트론(Chutron)* 온천 : 아스콜리~시가르 간 도로상의 하이드라바드에서 다리건너 티사르를 지나 북쪽으로 바스나계곡(Basna River)을 따라서 올라간다. 티사르에서 1시간 거리의 추트론 마을 근교 노천탕에 담을 두르고 지붕을 둘러친 온천장이 마련되어있다. 스카르두/아스콜리에서 각각 차로 3시간30분 소요

* '추트론' 지명 자체가 온수(溫水), 온천(溫泉)이라는 뜻이다. (☞ 추(水/泉) + 트란(트론)(溫))

시가르성(Shigar Fort) : 스카르두~아스콜리 도중의 시가르 내원 계곡변에 위치한다. 고급형 숙박시설인 시가르 포트레지던스(Shigar Fort Residence)가 함께 자리하고 있다. 차로 스카르두에서 2시간, 아스콜리에서 4시간 정도 소요된다.

카추라호수(Kachura Lake) : 스카르두에서 북서방향으로 인더스강을 끼고 1시간여 달리면 샹그릴라 리조트 지나 카추라 호수로 갈 수 있다. 푸른 호수 위에 쪽배를 타고 유람할 수 있으며 (유료) 호반의 티하우스에서 숙식이 가능하다. (※ 실상 2곳의 호수 중 규모가 큰 상부호수 쪽을 유람객들이 많이 찾는다. 규모가 작은 아래쪽 호수는 대신 고품격의 '샹그릴라 리조트'가 들어앉아있어 숙박을 겸한 관광객들이 주로 찾는다.)

사트파라호수(Satpara Lake)* : 스카르두에서 남쪽으로 상수원인 만탈 골짜기를 따라서 데오사이 고원 방면으로 오르면 댐으로 물을 가둔 거대한 인공호수가 나타난다. 바로 사트파라 호수이다. 수변부의 티숍에서 차/음료/식사를 주문할 수 있다. 스카르두에서 차로 1시간 소요.

* "일곱(사트) 겹/층(파라)의 호수"란 의미인바 즉, "무지개호수(Rainbow Lake)"란 필명이다.

추트론 온천

시가르성

스카르두의 불교암각화

카추라호수

사트파라호수

카르포초 성

K2 박물관

데오사이국립공원(셰오사르 호수)

데오사이(Deosai) 고원(데오사이국립공원) : 사트파라 호수를 지나서 계속 남쪽으로 차를 타고 나아가면 서서히 고도를 높이면서 해발 4천미터대의 데오사이 고원에 이른다. 히말라야의 장대한 고원지대가 펼쳐진 곳으로 이 일대에는 큰키나무들은 없고 오로지 바짝 늘어붙은 고산초지와 관목류들만 언덕과 물골자락 여기저기 성글어있다. 스카르두에서 트레킹으로 부르게라(부르지라; 4,816m)를 거쳐 오를 수도 있다. (☞ 1박2일 트레킹 + 지프사파리)* 날이 좋으면 고원마루에서 멀리 서북방의 희끗한 낭가파르밧(8,126m)과 남쪽 인도령 카시미르(인도 히말라야) 잔스카르산맥의 눈(7,135m), 쿤(7,077m)을 조망할 수 있다. 부르게라 정상마루에서는 8천미터급 파키스탄 5개봉 – *K2, 브로드피크, 가셔브룸 연봉 & 낭가파르밧* – 모두를 휘둘러볼 수도 있다. 스카르두에서 데오사이고원까지 차로 2~3시간 소요.

* 4장 – 데오사이 편 참조

간다라불교 암각화 : 스카르두 근교– *시가지를 벗어난 남쪽마을의 언덕지대(만탈계곡 협곡부)* ⇒ 차로 10분 내외 –에 위치한 옛 간다라 불교유적이다. 전각과 처마(지붕)가 있었던 것으로 추정되나 현재는 벽화만 남아있다. 풍화되고 깎여 형태가 많이 훼손되었으며 관리가 잘 되지 않아 주변지대 역시 아이들 놀이터와 같은 분위기를 풍긴다. 스카르두에서 시간여유가 있다면 한번 들러볼만한 곳이다.

카르포초성(Karpocho Fort) : 스카르두 근교– *시내 중심부에서 북쪽 인더스강변 언덕 위* ⇒ 차로 10분 내외 –에 위치한 옛 성으로 현재 퇴락한 성채와 구조물들만 남아있다. 19세기 중반 잠무지역 힌두교 왕조(마하라자)의 침입으로 멸망한 옛 발티스탄 왕국의 흔적으로, 8백년을 구가했던 왕국의 영화와 역사는 단지 쓸쓸한 바람과 폐허 속에 묻혀있지만 인더스 강변자락의 높은 절벽언덕 위에 위치하고 있어 역사의 흔적과 더불어 시원한 전망을 함께 아울러 찾아보기에 좋다.

K2 박물관(Italian K2 Museum) : PTDC K2 모텔 안쪽 정원에 위치한다. 밑변 사각형에 각 측면 삼각뿔 형태로 흡사 K2의 모습을 본딴 형태로 지어졌다. 내부에는 최초로 K2를 등정한 이탈리아 등반대의 역사와 일화가 기록물로 전시되어 있으며, 아울러 K2를 위시한 카라코람 및 낭가파르밧 의 히말라야 산군과 자연환경에 대해서도 소개하고 있다. 관련 사진 및 영상물, 유물/유품 등도 전시되어 있다.

🏠 관광안내소 : PTDC* K2 모텔 관내에 위치한다. 이곳에서 트레킹에 관한 인터뷰, 퍼밋(허가) 관련사항 및 주의사항이 전달된다. 'PTDC'는 바로 그러한 '안내/통제' 역할을 담당하는 캠프(숙소지)로서의 기치를 지닌다.

* PTDC : Pakistan Tourism Development Corporation

🏠 현지추천여행사(트레킹 에이전시)

· Karakoram Adventure Holiday(www.karakoramadventureholidays.com)
　◇ 대표 Anis Hussain / **스카르두 소재** – 발티스탄(스카르두/간체) 지역 우수 트레킹여행사

　　☞ 필자가 이용한 에이전시로서 대표가 무척 젊고 의욕적이며 트레킹견적과 프로그램 또한 매우 합리적이다. 게다가 대표 본인이 직접 트레킹을 인솔(가이드)하며 아울러 운영진(스태프)들도 매우 성실하며 일에 대한 책임감과 수행도가 높다. 일부는 한국 원정대의 전담 조리사 및 안내자 역할을 하기도 했다. 이밖에 필자가 직접 접촉해보고 평가해본 파키스탄 현지의 다음과 같은 에이전시들을 추천할만하다. 물론 카라코람 트레킹을 취급하는 현지 에이전시들은 이 외에도 무척 많다. 아래 열거한 곳 말고 다른 에이전시들을 접촉해보고 진행해도 상관없다. (※ 비용견적이 높다면 그만큼 서비스의 품질이 우수한 건 사실이겠으나 반면 견적이 상대적으로 저렴하다 해서 서비스품질 또한 그렇게 떨어지는 것은 아니다. 캠핑트레킹을 위한 기본적인 서비스는 충분히 제공된다. 단지 부가서비스와 수행인원(스태프) 또는 운반수단(포터 vs 말/나귀 등)구성에 있어 다소 차이를 둔다.)

· Jasmine Tour & Trekking(www.jasminetours.com)
　◇ 대표 Sher Baz / **길기트 소재** – 길기트 · 발티스탄 주 대표 트레킹여행사

· Hunza Adventure Tours(www.hunzaadventuretours.com.pk)
　◇ 대표 Nisar Ali Rozi / **길기트 소재**

· Adventure Kings Travels & Tours(www.adventure-kings.com)
　◇ 대표 Mujeeb Hunzai / **길기트 소재**

· Nazir Sabir Expedition(www.nazirsabir.com)
　◇ 대표 Nazir Sabir / **이슬라마바드 소재** – 파키스탄 대표 트레킹여행사

· Hunza Guide Pakistan(www.hunzaguides.com)
　◇ 대표 Amir / **이슬라마바드 소재** – 파키스탄 대표 트레킹여행사

· Karakurum Treks & Tours(www.karakurum.com.pk)
　◇ 대표 Ghulam Nabi / **이슬라마바드 소재** – 1986년 곤도고로라 트레킹을 최초로 소개한 에이전시

· Saiyah Travel(www.saiyah.com.pk)
　◇ 대표 Ejaz Sohail / **이슬라마바드 소재**

· Summit Karakoram(www.summitkarakuram.com)
　◇ 대표 Iqbal Quadri / **스카르두 소재**

· Baltistan Tours(www.baltistantours.com)
　◇ 대표 Zafar Iqbal / **스카르두 소재**

· Blue Sky & Tours(www.bluskytours.com)
　◇ 대표 Ghulam Muhammad / **스카르두 소재**

· Adventure Tours Pakistan(www.atp.com.pk)
　◇ 대표 Essar Karim / **스카르두 소재**

* * * * * * * * * * * * * * *

⊙ 주의사항

★ **사진촬영금지** : ① **군사지역 및 군 시설물(Army Camp) 촬영금지**. 위반시 사진장비 압수(메모리 포맷) 내지는 트레킹 금지조치를 당할 수 있음. ② **현지여성 안면촬영 금지**. 어겼을 시 가족/지인까지 합세하여 큰 봉변을 당할 수 있음. (※ 이슬라마바드나 라호르 같은 대도시에서는 여성들 사진을 찍는 것을 크게 문제삼지 않기도 하나 이런 산악 오지의 현지여성들은 절대 그렇지 않다는 점 명심하라. 간혹 비교되는 훈자 지역─ 훈자의 일부지역 여성들은 그들 종교성향에 따라 사진촬영 제의에 아무런 거리낌 없이 *순순히 응해주는 경우도 많다.* ─과 달리 왜 발티스탄 여인들은 안 되냐 묻는다면 답은 간단하다. 그냥 훈자와 발티스탄은 '다르다' 그뿐이다.)

  * 훈자 지역의 여성들이 외지인에게 우호적인 이유는 실상 교의로 삼은 이슬람 분파가 다른 데서 기인한다. 비교적 개방적이고 온건한 '이스마일리' 분파의 교의를 신봉하기에 그렇다. 다른 지역들은 대부분 정통 이슬람주의인 수니파와 그의 제2분파인 시아파를 교의로 삼고 있어 훨씬 엄격하고 행동과 생활방식에 제약이 많다.

★ **무단행동 금지** : 일행들이나 스태프들과 동떨어져 단독으로 숙소지를 크게 벗어난 인적 드문 외곽지대로 함부로 나서지 않도록 한다. 아울러 현지 주민들이 사는 가옥이나 주거지를 함부로 기웃거리지 말며, 특히 여자들이 들어앉아있는 곳에는 이방(여행객) 남자들은 절대 얼씬거려서는 안된다.

★ **음주·고성방가 및 추태·풍기문란행위 금지** : 굳이 설명치 않아도 알 것이다. 아울러 현지인들에게 위화감을 줄 수 있는 노출이 심한 짧은 옷차림 또한 가급적 삼간다. (∴ 특히 여자들은 더욱더 짧은 옷차림을 피하도록. 덥다 해서 허벅지가 훤히 드러나는 반바지차림으로 마을 일원을 돌아다니는 일은 없어야 하겠다. 인도·네팔 트레킹과 가장 구별되는 부분이다.)

★ **이교도적 종교(포교)행위** : 현지인이 신봉하는 이슬람교와 다른 타 종교의 거창한 의식(예배)이나 노골적인 집단 종교행위 등은 절대 삼가라. 우호적이었던 현지인들이 적대적으로 돌아설 수 있다. 개인의 종교행위는 자유이나 현지정서에 큰 실례가 되고 반감을 불러일으킬만한 도를 지나친 이교도적 종교행위는 서로에게 불안과 위협으로 작용한다.

★ **무분별/무책임한 자선행위 지양** : 아이들이 귀엽고 예쁘다 해서 사탕이나 초콜릿 등 단맛거리를 선뜻 내어주는 것은 좋지 않다. 아이들도 그렇게 여행객들이 오면 으레 초콜렛과 사탕을 요구하는 게 습관화되었는바, 만약 그네들이 원하는 것을 얻지 못하면 험담과 욕설을 퍼붓고 심지어는 공격행위를 보이기도 하는 것이다. 그럴 바에는 차라리 학용품이나 건강을 위한 양치도구 같은 것들을 선물로 준비해와 나누어주는 것이 바람직하다고 본다. 물론 한꺼번에 우르르 몰려나오는 아이들 모두에게 자선을 베푸는 것 역시 신중을 기해야 하는 일로, 혜택을 받지 못한 아이들이 되려 상실감과 차별감을 받지 않도록 잘 처신하기 바란다.

★ **열악한 현지교통상황 및 교통수단** : 카라코람의 산악오지를 여행하는 데 있어서는 어쩔 수 없이 감수해야 하는 부분이기도 하다. 교통상황이 여의치 않을 때를 대비하여 예비일과 여윳돈(비상금)을 적절히 안배토록 한다.

★ **테러리즘** : 종교적 갈등·대립국면을 빚는 시기/지역은 웬만하면 피하는 것이 상책이다. 현지 스태프들의 통제에 잘 따르고 아울러 번잡한 시내의 사람들이 많이 몰리는 곳들도 주의해서 다니도록 하라. 트레킹 시에도 가급적 혼자 다니지 말고 스태프건 동료건 몇몇씩 짝을 이루어 다니는 게 바람직하다.

(※ 육로교통편으로 이동시 때론 테러리즘에 대비한 무장경관이 함께 동승하거나 아예 전·후방에 무장호위차량을 배치하여 일사불란한 통제에 의거 모든 차량이 동시 이동하는 상황도 발생한다. 육로이동시의 큰 불편사항이기도 하지만 한편으론 파키스탄 여행에서만 겪을 수 있는 이색체험이라 받아들일 수도 있겠다. 본인의 마음가짐 여하에 달려있다. 물론 늘상 그런 것은 아니다.)

* * * * * * * * * * * * * * * *

이슬라마바드~길기트 KKH 구간의 버스행렬

산악오지 비포장 구간의 승합지프

▶ 2장 - 훈자·파수 일원 미니트레킹(북부카라코람)

- 훈자·파수 개요 ·· 160
  - 카라코람 하이웨이(KKH) ·· 164
- 트레킹 방식 ·· 167
- 코스 및 일정가이드 ·· 168
  - 2-1. 라카포시 & 디란 베이스캠프(북면루트) ····················· 168
    - ☆ 라카포시 서부루트 & 남부루트(라칸갈리 트레일) ······· 175
  - 2-2. 울타르메도우 ··· 178
  - 2-3. 파수빙하(1코스-파수가르트렉 / 2코스-윤즈밸리트렉 / 3코스-파툰다스트렉) ····· 182
- 교통가이드(항공/차량) ·· 192
- 음식 & 숙박 ·· 194
- 인근 볼거리/즐길거리 ··· 196
- 현지추천여행사 ··· 197
- ※ 심샬트렉 ··· 197
- 주의사항 ··· 200

훈자 라카포시(북면)와 피산빙하

▶ 2장 – 훈자·파수 일원 미니트레킹(북부카라코람)

○ 훈자·파수 개요

'훈자'란 명칭은 정식 행정구역명이 아니라 길기트 북쪽의 훈자강(Hunza River) 유역 일원을 어우르는 지역명칭이다. 곧 인도와의 영유권 분쟁지역에 속한 카시미르 지역의 북부카라코람 바투라 산군의 남쪽유역과 소카라코람 라카포시 산군의 북쪽유역 사이에 가로놓인 일대를 지칭한다. 공식 행정구역명칭으로는 「길기트·발티스탄」주의 '훈자·나가르' 지역으로서 매겨지며, '훈자'는 이 중 훈자강 북쪽기슭의 알리아바드, 가네시, 카리마바드, 발티트* 일원을 통칭하여 부르는 말이다.* 어원상으로는 '훈족(Hun)의 거처(Za)'로서 정의되기도 하나 분명치는 않다. 역사적*으로는 11세기 이후 단일 왕가에 의해 존속되면서 세상과 동떨어진 산악왕국을 유지해왔으며 18세기 후반부터는 당시 강성했던 북쪽 파미르고원의 타지크족과 신장지역의 위구르족에게 공물과 조세를 바치면서 계속 독립된 왕국으로서의 명맥을 유지해왔다. 그러던 중 인도를 식민 점령한 영국군이 1891년 이곳에까지 진출하면서 비로소 세상에 그 존재가 드러나게 되었는바, 워낙 오지인데다 바깥세상에 알려지지 않았던 탓에 1933년 제임스 힐튼(James Hilton)의 소설 '잃어버린 지평선'에서의 샹그릴라(Shangri-La)*의 모델로서 회자되기도 했다. 1947년 인도가 영국의 식민지배로부터 벗어나면서 동시에 파키스탄이 분리 독립하였으며 그로부터 30년이 지난 1976년 이의 카시미르 영유권을 둘러싼 인도·파키스탄 분쟁이 정리되면서 카시미르의 훈자왕국은 파키스탄의 관할영토로 완전히 합병케 되었다. 이때까지도 비록 주변 강국의 지배하에 놓여있긴 했지만 '미르'*라고 하는 왕족자치의 통치권을 부여받아 나름 명목적이나마 독립왕국으로서의 위상을 잃지 않고 있었다.

* 발티트 : 과거 라카포시 산 너머의 발티스탄왕국의 공주가 이곳 훈자왕국으로 시집와서 기거한 성을 이름하야 '발티트' 성이라 명명했던 데에 유래를 두고 있다. 하지만 옛 고유어에 기반하면 이 '발(티)트'란 단어는 아래쪽의 '알(티)트'와 대비되는 '높은 곳'의 의미를 담고 있었다고도 한다. 즉 아래쪽 낮은 자리에 위치한 알티트 성과 대비되는 위쪽 '높은 성'이라는 지칭이다. 반면 알티트 성은 이와 달리 그처럼 '낮은 성'을 지칭하고 있음에 의미를 두며, 한편으론 이 '알트(Alt)'란 단어 역시 '낮음'을 피력하는 서양의 어원과 무관하지 않은 점 일맥상통한다 하겠다.

* 대개는 상부지역인 카리마바드, 발티트 일대만을 '훈자'로서 매겨버리는 경우가 많다. 하지만 하부지역까지를 전반적으로 어우르는 즉 가네시, 알리아바드까지 이의 훈자왕국의 지경으로 받아들이는 것이 옳다. 카라코람 하이웨이(KKH) 국도변의 알리아바드는 한편 이 '훈자·나가르' 지역의 행정도읍으로서 자리매김하고 있기도 하다.

* 한편으론 기원전 325년 그리스(마케도니아) 알렉산더대왕의 동방원정 시에 고향으로 돌아가지 못하고 잔류한 몇몇 병사들이 이곳 훈자계곡에 터를 잡고 가정을 이루면서 그 후손이 번창하여 이로부터 훈자왕국의 시초가 되었다는 설이 있기도 하나, 이 역시 전설과 야화에 기초할 뿐 역사적 근거가 없어 사실로서 받아들일 만한 것은 못된다. 다만 사람들의 인상과 체형이 유러피안과 상당히 흡사해 보인다는 점은 예사롭지만은 않은 부분이다.

* 「잃어버린 지평선」의 '샹그릴라'라 하면 흔히 중국 윈난(운남) 중띠엔(중전)의 샹그릴라를 떠올리지만 한편으론 달리 이곳 파키스탄의 옛 훈자왕국에 비유키도 한다.

* 미르(Mir)는 훈자왕국을 다스리는 대공(영주)의 역할로서, 엄밀히 보면 왕국이라기보다는 '공국'에 가까웠다.

언어로는 표준어인 우르드어 이외에 토착언어인 **'부루샤스키'**어를 사용하며, 이 부루샤스키어는 훈자 뿐 아니라 남쪽에 이웃한 나가르 지역에서도 통용되는 언어이다. 반면 훈자강을 따라서 좀 더 북쪽으로 올라간 파수*, 고잘, 심샬 일대의 북부권 사람들은 파미르 타지크족의 언어인 **'와키'**어를 지역방언으로 사용하는 점이 조금 다르다. (그들 의식주 역시 조금은 다른 풍토를 보인다.) 인종(부족)별 분포로는 크게 4대 혈통으로 구분할 수 있는데, '그로웅'이라고 하는 **카시미르계**, '쿠쿠트'로 불리는 **페르시안계**, '바라탈링'이라는 **러시안계** 및 '드라마틴스'로 불리는 중앙아시아 **타타르계**의 인종들이 주민을 구성하고 있다.

* **파수**는 얼마 전까지만 해도 단순히 북부 훈자의 한 지역으로 자리매김하고 있었으나 불과 몇 해 전 굴미트 산자락의 대규모 산사태에 의해 인위적인 자연호수—아타바드호수가 생성됨으로써 그로 인해 교통과 생활 부분에 있어 상당부분 단절되어 고립된 형국을 빚고 있는 곳인바, 이에 따로 '파수' 지역으로 분리하여 언급코자 한다. 즉, 아타바드 호수를 기준으로 아래(하류)쪽은 훈자, 위(상류)쪽은 파수, 고잘 및 심샬 지역으로 분류한다. 산계로 보면 바투라무즈탁 산군의 이 아타바드 산령을 기준으로 북쪽의 파수와 남쪽의 훈자로 나뉘는 것으로 구분했다.
* 카시미르(라다크/잔스카르) 혈통인 그로웅(Groung)은 티베탄과 인디안의 혼혈부족으로서 네팔의 '구룽(Gurung)' 부족과 같은 어원으로 본다.
* 타타르계는 흔히 중앙아시아의 투르크계 + 몽골계의 혼합(혼혈)종족으로 본다. 현재는 그 수가 많지 않다.

훈자 전경 (훈자강과 라카포시(좌)의 산세가 절묘하게 빚어놓은 말마 따나 지상낙원의 형국이다.)

울타르밸리 아래 고아하게 터잡은 훈자 카리마바드의 지세

지형적으로는 바투라무즈탁(Batura Muztagh*; 7,785m) 산맥 남단의 아타바드 산군 아래 남쪽지평에 자리잡고 있으며 북으로 아타바드 산군의 맹주 울타르(7,388m)가 호위하고 남으로는 훈자강을 가로질러 디란(7,257m)과 라카포시(7,788m)가 감싸고 있다. 남서방면의 길기트에서부터 이처럼 높고 우뚝한 산악지형의 가운데에 좁고 깊숙한 긴 훈자강 협곡을 따라 나아오게 되어있어 험산오지의 첩첩함이 더욱 돋보인다. 하지만 놀랍게도 이의 훈자 일대에 이르면 웅장한 산세를 두르고 드넓게 가라앉은 산악분지와 완만한 경사도의 비옥한 지평이 펼쳐져있어, 그로부터 포플러, 버드나무, 잣나무, 사과나무, 호두나무, 살구나무 등 다양한 수종과 아울러 지천에 각양각색의 야생화가 어우러진 한 폭의 그림같은 지경을 연출한다. 주요 식생으로는 이들 수목과 화초 외에 설표(눈표범), 마코르(카라코람산양), 아르갈리(파미르산양) 아이벡스(산간야생염소), 야크*, 줄무늬여우 등등의 야생동물이 서식한다. 풍요로운 산간옥토 지평 위에서는 북방 울타르빙하의 녹은 물을 관개수로로 끌어와 벼, 밀, 보리, 귀리를 비롯한 각종 곡물들과 과일, 채소, 감자 등 밭작물들을 재배하고 있다. 특히 훈자의 장수비결이라고 일컬어지는 '살구(Apricot)'는 그처럼 이곳의 명물이자 전 세계적으로도 유명한 훈자의 특산품이기도 하다. 제 철이 지났어도 말린 살구와 살구씨는 각 상점에서 쉽게 구할 수 있으며 맛도 매우 좋다.

* 무즈탁(Muztagh)이란 투르크어(터키어)로 '눈/얼음(Muz)의 산(Tagh)' 즉 '설산'을 뜻한다. 산스크리트어 (옛 인도어)의 '히말라야(Himalaya)'와 동일한 의미라는 것을 알 수 있다.
* 목격되는 대부분의 야크는 가축이다. 야생야크는 히말라야 일원에서도 마찬가지지만 카라코람에서도 거의 보기 힘들다. 북쪽의 파미르나 티베트의 창탕고원 등지에서나 간혹 거대한 몸집의 야생야크가 목격된다고 한다.

장수촌으로서도 유명한 훈자 사람들은 우유·치즈 및 감자, 버섯음식을 곁들여 짜파티(얇게 바삭하게 구운 둥그런 형태의 밀빵)와 각종 곡물음식(특히 통밀음식이 주류)을 주식으로 삼고 육류는 다른 파키스탄인들처럼 그리 많이 섭취하지는 않는다. 아울러 살구기름 또한 빼놓을 수 없는데, 불포화지방산이 풍부해 노화방지에 특효라는 이 살구기름이 특히 장수의 비결이라고도 한다. 훈자의 전통의복은 남녀불문하고 모자를 쓰는 게 특징이다. 여성은 화려하게 수를 놓은 짧고 둥근 원통모양의 모자를 쓰고 얼굴을 드러낸 채 그로부터 색깔이 고운 사리(숄) 형태의 얇은 천을 아름답게 두르고 다닌다. 전형적인 이슬람여인들의 복장과는 다소 다른 모습이다. 남자들은 반면 둥글납작한 흰색이나 회색 톤의 모자를 즐겨 쓰는데 한편으론 그들 주식인 밀떡(짜파티)의 모양을 연상케도 한다. 전통가옥은 돌을 진흙에 이겨 겹겹이 쌓은 돌집 가옥들이 주류를 이루는바, 그러나 근자에 현대화된 개량가옥이 차차 등장하면서 이러한 전통가옥들은 점차 줄어드는 추세에 있다.

장수촌 훈자마을 주민들의 기본행색

한편 같은 이슬람교를 신봉하면서도 이들이 믿는 교의(분파)는 조금 다르다. 이슬람 대부분을 차지하는 수니파, 시아파와는 다르게 소수분파인 이스마일리* 분파에 속하여, 이를 교의로 삼고 신앙생활을 하는 훈자 및 나가르 지역의 주민들은 상대적으로 개방된 사고와 생활상을 보이며 사상 또한 매우 온건하며 우호적이다. 그래서 더욱 이 훈자 일원의 사람들이 인심이 좋고 너그러우며 이방객들에게도 상당히 호의적이고 특히 여성들 또한 자유분방한 행동과 개방적 태도를 보이는 까닭이기도 하다. 확실히 급진적 이슬람주의― *이슬람 근본주의* ―와는 다른 양상이라 보겠다. 이 훈자왕국은 한편 일본의 유명한 애니메이션 작품 「바람계곡의 나우시카」의 모티브가 되었다고도 하여 그로부터 널리 세간의 관심을 불러일으키게 된 연유로 이후 많은 일본인 관광객들의 방문이 끊이지 않는 명소로 더욱 각광을 받고 있다.

* 이슬람교는 크게 4개의 분파로 정리할 수 있다. 서기 632년 이슬람교 창시자인 예언자 모하메드(마호멧)의 사후 후계자를 정하는 과정상의 대립에서 코란과 모하메드의 가르침을 근간으로 하는 '**수니파**'와, 반면 코란을 전파하고 일상생활에서도 모하메드의 사위인 알리의 자손으로서 최고 종교지도자인 이맘(Imam)의 교의와 설법을 중시하는 '**시아파**'(시아알리=알리추종자)로 분파되었는바, 이후 시아파의 종교지도자 선출에 반대하여 8세기에 시아파에서 분파되어 나와 이른바 "종교와 기도는 지극히 개인적인 일"로 주창하고 모스크를 주민공동회당으로 바꾸고 동시에 개방적이고 온건한 사고와 행동을 권장하는 '**이스마일리**'파가 따로 독립케 되었다. 또다른 한편으론 이슬람 본래의 기조와 맥을 같이하는 '**수피**' 분파가 있는데, 원래는 인도아대륙에서의 종교전파를 주된 목적으로 하여 태동한 종파로 과격 이슬람주의자들의 명분(종교전파; '개종 아니면 죽음')으로서 악용되기도 하였으나 현재는 그 중심사상인 '자비'와 '관용'을 기치로 대다수 파키스탄 무슬림들의 전통정서로서 자리매김하고 있다. 즉, 이슬람교 본연의 교리의 이해와 그에 상응하는 실천을 강조하며 종교행위에 있어 어떤 형식도 중요하지 않다는 점을 피력, 곧 형식보다는 마음과 신앙 그 자체에 더욱 우선순위를 둔다. 이들 이슬람 교파 중 75% 이상이 주류(정통파)인 수니파이며, 20%는 시아파, 그리고 이스마일리와 수피 등이 나머지 소수종파로서의 분포를 보이고 있다.

▶◀◆ **파수(Passu/Pasu)** : 일명 '고잘' 지역으로 분류되는 북부 훈자의 가장 오래된 거주지역 중의 하나로, 위치적으로는 바투라빙하와 파수빙하의 말미자락 훈자강 기슭의 나릇한 구릉지 일대를 터전으로 하여 삶을 일구고 살아온 고장이다. 남쪽 훈자 권역에 속한 굴미트에서 훈자강 상류지역으로 험준하고 좁은 산세의 협곡부를 통과하여 그로부터 약 15km 거리에 전형적인 농촌마을의 풍토를 드리우며 첩첩한 산간오지의 척박한 삶을 유지하고 있음에, 타지크족 기원의 주민들 대부분은 훈자지역 사람들과 마찬가지로 이슬람교 이스마일리파에 속하여 사고와 행동이 비교적 유연하고 활달해 외지인들에게도 매우 다정하며 호의적인 태도를 보인다. 역사적으로는 과거 이 파수 부족민들은 미르(Mir) 혹은 라이아(Raia)라고 하는 자체적인 군주제도를 두어 하나의 부족국가로서 존속해왔지만 이후 아랫지역 훈자왕국의 세력이 커지면서 훈자 왕(미르)의 영향력 안에 들게 되었고, 그로부터 일부는 이의 훈자왕국에 대항하여 두 차례나 봉기를 일으켰지만 성공을 거두지는 못했다. 현재는 파키스탄 카시미르의 길기트·발티스탄 주에 편입되어 이의 북부지역 곧 훈자·나가르 지역의 북부권 중심고을로 자리매김하고 있으며, 언어로는 표준어 우르두어 외에 고잘 지방의 언어인 와키어와 더불어 부루샤스키어, 타지크어 등의 방언이 함께 쓰인다.

훈자강의 넓은 하상 연안에 터잡은 파수. 투포프단(파수 카테드랄) 암산군이 풍광을 북돋운다.

🏔 **카라코람 하이웨이(Karakoram Highway; 약칭 KKH)** : 파키스탄의 수도 이슬라마바드 인근 라왈핀디(Rawalpindi)에서 북방으로 중국령 신장위구르 지역의 카슈가르(Kashgar)까지를 잇는 총길이 1,200km에 달하는 자동차도로이다. 바로 그처럼 카라코람 산군의 중심부를 통과한다 하여 '카라코람'이란 전제를 달았으며 아울러 높은 산악지대를 거쳐가기에 또한 '하이웨이"로서 명칭을 붙였다. 신장위구르의 지경은 차치하고 파키스탄 영내의 구간만 총 873km에 달하며, 라왈핀디에서 길기트까지 인더스강을 따르는 608km, 그리고 본격적인 카라코람 산군 내로 달리는 길기트~훈자~파수~쿤제랍 고개까지의 북부구간 265km로 구분해볼 수 있다. (▶ 총체적으로는 단지 카라코람 뿐 아니라 히말라야와 힌두쿠시의 산자락, 강자락을 어우르면서 달린다.) 이 도로는 중국과 합작 하에 만들어졌으며, 1959부터 1978년까지 총 공사기간 20년에 걸쳐 완공되기까지 연인원 2만4천명의 인부들이 동원되었고 그 중 파키스탄 측 810명, 중국 측 82명이 목숨을 잃은 대토목공사로 기록된다. 현재도 계속 확포장 공사가 진행중이며 매년 산사태 및 폭우로 인한 도로유실로 이를 유지 보수하는 비용 또한 막대한 부담으로 작용한다. 그럼에도 이러한 첩첩오지의 산악지방에 사는 부족민들에게 물자수송 및 인적왕래에 있어 정치 경제 문화적으로 상당한 영향력을 행사하는 도로임에는 틀림없다.

* 사실 고속도로란 의미의 하이웨이는 결코 아니나 그럭저럭 이 일대에서는 '가장 신속한(Express)' 고속도로급의 하이웨이라 간주할 수도 있을 것이다. 중국 측에서는 '카라쿤룬 공로' 또는 '중파우의로'로서 지칭하며 도로표기 314번 국도로서 매겨놓고 있기도 하다.

파키스탄 내 KKH의 주요 이동경로는 다음과 같다.

라왈핀디(Rawalpindi)[1]−아보타바드(Abottabad)−만셰라(Manshera)[2]−바트그람(Batgram)−타코트브릿지(Thakot Bridge)−베샴(Besham)[3]−파탄(Patan)−카밀라(Kamila)−다수(Dasu)−사진(Sazin)−칠라스(Chilas)[4]−라이코트브릿지(Raikot Bridge)[5]−탈리치(Thalichi)[6]−자글로트(Jaglot)[7]−심로트(Shimrot)/알람브릿지(Alam Bridge)[8]−다뇨르(Danyor)[9]−시칸다라바드(Sikandarabad)[10]−닐트(Nilt)−피산(Pisan)[11]−알리아바드(Aliabad)[12]−굴미트(Gulmit)−아타바드(Attabad)호수[13]−후세이니(Hussaini)−파수(Pasu)−키바르(Khibar)−주쿨가르(Jukulgar)−소스트(Sost)[14]−디(Dih)[15]−쿤제랍패스(Khunjerab Pass)[16]

(1) 라왈핀디 : 이슬라마바드 바로 옆 인구 약 300만의 도시로서, 인구나 산업경제 규모로는 수도인 이슬라마바드보다 크다. 과거(1959~1969년) 10년간 카라치를 대신하여 파키스탄의 수도 역할을 하기도 했다. 현재 카라치, 라호르, 파이살라바드(리알푸르), 다음으로 큰 파키스탄 제4의 도시로서 자리매김하고 있다.

(2) 만셰라 : 카간계곡의 쇼그란·나란·랄라자르고원 방면으로 향하는 갈림길이 있으며 이를 통해 바부사르패스(4,670m)를 넘어 칠라스로 진행할 수 있다. (단, 랄라자르 이후 칠라스까지의 도로상태는 그리 좋지 못하다.) 칠라스, 길기트로 전세차량으로 이동시 경우에 따라서는 이 도로를 이용해야 하는 상황도 발생할 수 있다. 도로상태는 별로지만 도중 고원산상의 호수지대를 지나게 되어 경관이 좋다.

(3) 베샴 : 라왈핀디~칠라스 구간의 중간지점(소요시간 약 7~8시간)에 해당하는 곳으로 대형 휴게소가 있으며 대다수의 운행편이 이곳에서 장시간 휴식을 취하고 운전수를 교대한다. 한편으론 서쪽 스와트(Swat) 지방으로 가는 분기점이기도 하다.

(4) 칠라스 : 길기트·발티스탄 주 남부 디아마르 지역의 행정도읍으로서 본격적인 카라코람 여행자들은 체크 포스트(Check Post)에서 확인을 받고 이동하게 된다. 한편으론 달리 남쪽으로 바부사르-랄라자르고원-쇼그란 고원-만세라로 우회하여 넘어가는 루트의 시발점이기도 하다.

(5) 라이코트 브릿지 : 인더스강을 건너는 콘크리트 다리가 있는 곳이며 낭가파르밧 아래 명승지인 페어리메도우(Fairy Meadows)로의 갈림길이기도 하다.

(6) 탈리치 : 낭가파르밧 동·남면 루트인 아스토레 방면으로의 갈림목이다. KKH는 인더스강과 나란히 계속 북상해 올라간다.

(7) 자글로트(주글롯) : 탈리치—아스토르 행 신도로가 개통되기 전 KKH~아스토르 진입 기점으로, 예로부터 길기트(카라코람)~부르질패스(히말라야)~스리나가르(카시미르)로 연결되는 카라반루트의 중요 기착지이기도 했다. 지금도 아스토르/길기트 행 대중교통편은 이곳을 꼭 거쳐서 가므로 역시 배낭여행객들의 중간기착지로서 역할을 하고 있다. 아스토르 방면으로 인더스강을 건너 곧바로 나오는 반지(Banji) 마을은 제법 규모가 있는 동네이다. 전세차량의 경우는 이들(자글로트/반지)을 거치지 않고 탈리치 신작로로 해서 곧바로 아스토르로 들어간다. (※ 라카포시 서면 B.C. 트레킹 기점의 자글로트 마을과는 다른 곳임을 유의.)

(8) 심로트/알람브릿지 : 스카르두로 향하는 도로와의 분기점으로서, 인더스강은 이 직전에서 동쪽으로 스카르두를 향해 방향을 틀며 KKH는 이로부터 인더스강을 떨치고 북쪽에서 내려오는 길기트 강을 거슬러 계속 북상해 올라간다.

(9) 다뇨르 : 길기트 분지의 동측 기슭으로서 길기트(1,500m)를 거치지 않고 훈자 방면으로 곧장 직진해 통과하는 구간의 마을이다. 길기트로 가려면 앞서 길기트 강을 건너지 않고 서쪽길로 나아가 완경사의 평탄면을 가로질러 가면 된다. 아울러 다뇨르에서도 서쪽으로 훈자 강과 길기트 강을 다시 건너 길기트로 갈 수 있다.

(10) 시칸다라바드 : 훈자강 건너편 북쪽 탈보다스, 다인타르 방면으로 향하는 길과의 갈림길이다.
※ 다인타르에서 서쪽으로 날타르밸리로 이어지는 트레일이 있다.

(11) 피산 : 라카포시 북면 트레킹 기점인 미나핀으로 향하는 진입포인트이다. KKH는 피산 직전에서 훈자강에 놓인 콘크리트 다리를 건너 훈자강 북측기슭으로 옮겨가 동북향으로 계속해서 훈자강을 따라 거슬러 오른다.

(12) 알리아바드 : 카리마바드(훈자; 2,400m)로의 갈림길이 나뉜다. 알리아바드(2,240m) 역시 '훈자'의 일원이다.

(13) 아타바드 호수 : 2010년 아타바드 능선 동부자락의 대규모 산사태로 거대한 계곡을 마치 댐처럼 막아 가둔 소위 언색호(폐색호)라 불리는 자연호수가 생성되었다. 이 호수를 아타바드 호수라 이름하였고, 이로 인해 아래의 굴킨(Gulkin) 마을은 완전히 수몰되었으며 이 구간의 카라코람하이웨이 역시 물 속으로 완전히 잠겨버렸다. 이후 호수가 생성된 사태지역 초입 굴미트 산자락 언덕 아래에 도선장을 마련하여 인적, 물적 왕래를 유지하고 있으며 KKH를 오가는 차량들 역시 선창에서 배에 옮겨져 이동케 된다. 이러한 도선 구간은 더 북쪽의 후세이니 마을까지 이어지며 후세이니 마을 역시 상당부분 물 아래로 가라앉았는바, 수몰지역 말미에 다만 도선장을 마련하여 왕래를 돕고 있는 형편이다. 결국 온전히 남은 것은 더 상류 지역인 파수(2,540m) 일대부터이며, 이 역시 이러한 언색호의 수위를 조절하지 못하면 결국은 수몰되고 말 것이라는 지론인바, 이를 방지키 위해 호수의 물을 빼기 위한 대규모 공사가 동시에 진행되고 있다.

(14) 소스트 : 출입국관리소가 있는 곳이다. 이곳에서 중국 입출국 관련 행정사무를 담당한다. 신장위구르 지역으로 넘어갈(또는 그로부터 넘어오는) 시에 반드시 거쳐야 하는 곳이다. 과거에는 이곳에서 파키스탄 도착비자가 가능키도 했으나 현재는 도착비자 발급은 중단되었으므로 중국에서 이 루트를 통해 파키스탄으로 입국코자 한다면 사전 필히 파키스탄 비자를 받아와야 한다.

(15) 디 : '데'라고도 하며, - 둘 다 '산'을 뜻하는 와키어 방언이다. 세나어 '디아'와도 상통한다. - 쿤제랍 패스로 향하는 도중의 별도의 '쿤제랍국립공원' 통과 입장료를 징수하는 체크포스트가 있는 곳이다. 이곳을 지나면 파키스탄 국경 쿤제랍 패스까지 계속해서 고도를 높이며 고원지대로 오르는 파키스탄 KKH의 마지막 구간이다.

(16) 쿤제랍 패스 : 해발 4,700m의 높이로서 바야흐로 파키스탄과 중국령 신장위구르 지역과의 국경에 놓인 고갯마루이다. 양국 국경수비초소가 있으며 중국 측으로 입국시 과정이 특히 까다롭다. 파키스탄 카라코람 하이웨이는 이곳에서 끝난다. 타슈쿠르간/카슈가르 행 차량(버스)은 계속해서 쿤제랍 패스의 초소를 통과하여 중국 측 출입국관리소의 확인절차를 거친 후 신장위구르의 파미르고원을 가로질러 가게 된다. 쿤제랍 패스를 넘어 타슈쿠르칸을 지나 카슈가르까지 신장위구르 파미르고원의 길이 약 300km 이상 도로구간이 계속 이어진다.

∴ 위 주요 경유지에는 거의가 검문초소가 있어 여행객들이 탑승한 차량 통과시 여행객들 신상을 일일이 확인 기록한 연후에 통과하게 된다. 파키스탄 카라코람 도로여행상의 다소 불편한 점이라 할 수 있다. 하지만 만일의 사고를 대비한 나름의 필수조치로서 받아들이면 좋겠다. (특히 오지여행에 있어 실제 여행객의 사고나 행방불명 시에 유용하게 활용하는 실용적인 시스템으로 판단된다. 본인의 안전을 위해서도 다소 번거롭긴 하지만 불편을 감수하고 받아들이도록 하자.)

카라코람하이웨이(KKH)의 기착지 길기트 터미널(NATCO). 라카포시(7,788m) 하얀 설마루가 보인다.

○ 트레킹 방식

1일(당일) 왕복트레킹 또는 1박2일 미니 캠핑트레킹
(∴ 훈자·파수 일원 트레킹은 퍼밋(허가) 불필요.)

⚠ 코스 및 일정가이드

2-1. 라카포시 & 디란 B.C. 트레킹(북면루트)

✦ **특징** : 훈자를 대표하는 산악트레킹 루트로서 파키스탄 11위 고봉인 라카포시*(7,788m)의 북면루트를 트레킹하는 일정이다. 라카포시에서 동릉으로 연결된 디란(미나핀; 7,257m)피크까지의 장대한 설릉과 더불어 그 아래 거대한 미나핀빙하의 풍광이 압권이다.

> * 라카포시 이름의 유래는 문자 그대로는 "라카의 포슈(망루)"– '라카'는 전설 속 인물 –를 의미하지만 옛 고유어에 따르면 "눈덮인 산(Snow Cover)" 또는 "눈부신 벽(Shining Wall)"이라는 뜻이라 한다. 한편으로는 현지인들로부터 "구름의 거처(Mother of Mist)"라는 '두마니'란 이름으로 불리기도 한다.

✦ **트레킹 적기** : 5월~10월(최적기는 6월~9월)

✦ **트레킹 최고점** : 타가파리(라카포시 북면 B.C(: 3,450m) / 아스코레슝(3,800m) / 디란 B.C. (3,650m) / 미르시카 B.C.(카첼리호수; 3,950m)

✦ **트레킹가이드**

상행〉 미나핀(2,250m)-(40분)-미나핀계곡(다리)-(1시간30분)-메도우(2,750m)-(1시간)-하파쿤드(3,000m)-(1시간)-빙하둑 초지(3,300m)-(20분)-타가파리(라카포시 B.C.; 3,450m)-(4~5시간)-디란 B.C.(3,650m)-(2시간)-카첼리호수(미르시카 B.C.; 3,950m)

하행〉 타가파리-(20분)-빙하둑 초지-(40분)-하파쿤드-(40분)-메도우-(1시간)-미나핀계곡-(30분)-미나핀

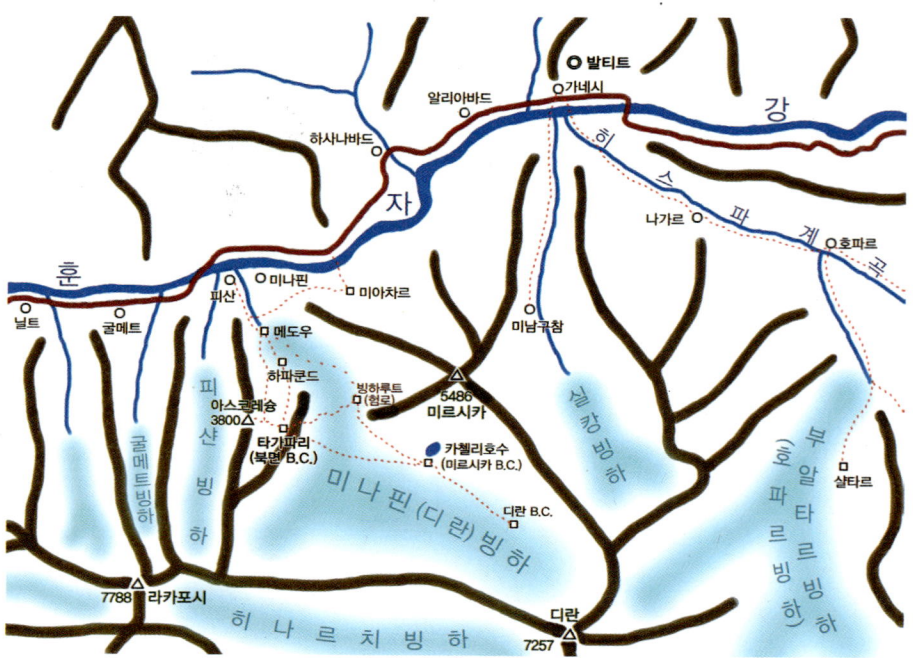

✔ 라카포시 & 디란 북면 B.C. 트레킹의 기점은 미나핀 마을이다. 훈자(카리마바드)에서 차로 1시간, 길기트에서는 2시간 남짓 걸린다. 대중교통편으로는 카리마바드-알리아바드-피산-미나핀의 경로로 이동해야 하는데, 운행편 및 환승이 불편하기 때문에 대개는 택시나 전용차량(호텔 또는 현지 에이전시에 의뢰)으로 이동한다. 훈자~길기트 행 노선에서 도중 피산 마을 입구 훈자강의 다리 앞에서 내려서 거기서부터 미나핀까지 걸어갈 수도 있지만 초반에 체력적 부담이 가중되므로 당일치기 트레킹 계획이라면 별로 권할만한 방편은 아니다.

본격적인 도보트레킹은 미나핀 마을에서 남쪽으로 난 계곡길을 거슬러오르며 시작하게 된다. 30~40분쯤 오르면 계곡을 가로지르는 다리를 건너게 되며, 지프를 대절했을 경우 이곳까지 타고 와서 트레킹을 시작할 수도 있다. 다리를 건너면 곧바로 비포장 산판길을 따라 트레일이 시작되며 댐 공사가 한창인 우렁찬 계곡물줄기를 뒤로하고 가파른 비탈길을 지그재그로 오른다. 도중 더욱 가파르게 질러 오르는 지름길(Short Cut)이 있지만 해발고도가 높은 고지대 트레킹이라 처음부터 너무 무리할 필요는 없는즉, 물론 고소적응이 충분히 되어있는 상태라면 질러가도 무방하다.

오름길 뒤쪽 풍광

듬성듬성 향나무와 함께 돌과 바위로 점철된 가파른 트레일을 오르면서 뒤쪽 북방으로 미나핀 분지와 훈자강, 바위병풍처럼 펼쳐진 하친다르(4,544m) 암산령과 더불어 북동방으로 고고한 울타르(7,388m), 시스파르(7,611m)의 하얀 설산이 빛난다. 1시간쯤 오르면 급경사 구간은 끝나고 완만하고 평탄한 평원지대에 이르게 된다. 메도우(Meadows)라 불리는 지형으로, 다른 어느 곳보다도 광활하고 아늑하다. 하지만 메도우의 좌측(동쪽) 구릉 너머에는 급준한 모레인절벽 아래 거대한 미나핀빙하의 흐름이 놓여있다.

30분쯤 고원부의 완만한 트레일을 걸어 오르면 반듯하게 잘 쌓아올린 돌집 구조물들이 나타난다. 목동들의 거처로서, 방문객들이 많은 시기에는 티숍(Tea shop)으로 운영키도 한다. (상황에 따라서는 숙박도 가능하다지만 내부상태는 잠자리로서 썩 내키지 않을 것이다.)

시스파르(좌)와 울타르(우)

메도우지대의 돌집거처(Shepherd's Hut)

나무숲이 울창하고 파릇한 초원지대가 펼쳐져있으며 중앙부엔 시냇물이 가로지르고 소, 염소, 양 등 방목된 가축들도 눈에 띤다. 남쪽 바위기슭에서는 아담한 폭포의 모습도 들어온다. 동쪽 정면으로는 흰 눈을 이고 있는 미르시카(5,486m)의 우뚝한 봉우리가 바라보인다. 풍요롭고 아늑한 곳이기에 간혹 이곳에다 터를 잡고 캠핑을 하는 여행객들의 모습도 볼 수 있다.

메도우 후미에 드리워진 소폭포

미르시카

라카포시

메도우 초지를 지나면 남쪽으로 다시 경사가 가파른 오름길이 시작된다. 오르면서 남쪽 숲능선 너머로 백색으로 치장한 라카포시의 모습이 살짝 엿보이기도 한다. 메도우 골짜기의 계곡 물줄기를 따라 서서히 경사를 높이며 숲 울창한 산길을 따라 30분쯤 오르면 이윽고 다시금 푸르른 고원언덕 위에 서게 된다. '하파쿤드(하파쿤)'라는 곳으로, 층층이 드리운 드넓은 구릉초지와 함께 이곳에도 목동들의 돌집 구조물들이 여럿 들어서있다. 운때가 맞다면 더욱 많은 소떼와 양떼, 염소무리를 만날 수 있을 것이다. 도중 여기저기로 향하는 길들이 나오는데, 안내자(가이드)가 없다면 주변을 살펴보아 목동이나 일하러 올라온 현지인들에게 길 안내를 받도록 한다. (✓ 단, 남자여행객들은 절대 현지의 여성들에게 접근치 말라. 여자끼리는 상관없다. 물론 같은 여자끼리라도 현지여성들의 안면촬영은 금물이다.)

하파쿤드 방목초지

* 하파쿤(드) : 부루샤스키어로 "하루나절(Hapa) 거리의 장소(Kund)"라는 의미이다. 마을에서 여인들이 아이들을 업고 왔다갔다하면서 일(방목)을 볼 수 있었던 거리라는 데서 유래했다 한다. (∴ 여인들은 어둡기 전 귀가하는(귀가시키는) 게 이곳 사람들의 율칙이다.)

푸르른 초원길을 가로지르며 동남향으로 다시금 서서히 고도를 높여 오르는데 이제부터가 가장 힘이 든다. 해발고도가 3천미터를 넘어서면서 호흡도 가빠지고 발걸음도 무뎌진다. 전나무 숲을 지나 1시간여 가파른 비탈면 허리길을 따라 오르면 이윽고 수목한계선에 이르고 바닥에 눌어붙은 풀들과 자잘한 관목림들만 성근 비탈사면을 오르게 되는데 도중 바위지대를 우회하여 나아가게도 되므로 길을 헤매지 않도록 유의하라. 돌아보면 북방으로 북부카라코람의 맹주인 바투라무즈탁(7,785m) 산군이 웅장한 백색 하늘금을 그으며 떠있고 정면 남쪽으로는 메도우(빙퇴구) 능선의 가파른 언덕너머로 라카포시(7,788m) 순백의 봉우리가 떠올라있다.

바투라무즈탁 원경　　　　　　　　　　　　　라카포시 북면

30분여 마지막 가파른 비탈오르막을 힘겹게 오르면 마침내 부드럽고 아늑한 초지언덕에 이른다. 빙하가 쓸고 내려오면서 만든 산기슭의 빙하둑 언덕으로 완만하고 평탄한 초원지대가 펼쳐져있음에 반해 동편자락 아래로는 절벽처럼 깎아지른 빙하모레인 수직단애가 형성되어있다. 아울러 그로부터 펼쳐지는 거대한 미나핀빙하의 장관이 압도적으로 시야에 와닿는다. 고진감래 비로소 아름답고 찬란한 라카포시와 디란, 미나핀빙하의 화려한 면모를 눈에 담는 순간이다. 미나핀 마을에서 예까지 3~4시간 가량 소요된다. 표고차는 약 1,300m. 고소증이 나타난다면 속도를 좀 더 천천히 할 필요가 있다. 라카포시 B.C.는 이제 얼마 안 남았다. 빙하둑을 따라 남쪽으로 틀어 완만한 길로 20분쯤 걸어 나아가면 된다. 도중 아찔한 벼랑지대를 통과하는 구간이 있으므로 주의를 요한다. 깎아낸 절벽길을 돌아 나아가면 허술한 문짝이 놓여있고 이곳을 통과하면 바로 라카포시 B.C.(타가파리*)가 나온다. 빙하둑 아래 평탄한 지경으로 내리기 전 벼랑길 언덕위에서 바라보는 캠프지의 모습은 평화롭고 아늑하기 그지없다. 다를 것 없이 초원지대가 넓게 드리워져있으며 중앙부에는 물골이 흐른다. 하지만 수질은 별로 좋지 못하여 캠핑시 취사용 식수로 사용하기에 다소 거부감이 들기도 한다.

* 타가파리(Tagaphari)는 토속어로 '합류목(합류부)'이라는 뜻이라 한다. 즉, 라카포시와 디란으로부터 빚어져 내려와 합류하는 미나핀빙하의 전경을 이곳에서 한눈에 휘둘러볼 수 있음이다. 영국인들에 의해 'Taga-Fairy(요정의 어울림)'란 이름으로 변용되기도 했다. 다른 한편으로는 부루샤스키어로 '진흙(Taga) 웅덩이(phari)'란 의미로서, 빙하둑 아래 움푹한 아늑한 지형(목초지)을 지칭하는 말임을 연상할 수 있다. 어느 어원이 맞을런지는 각자 판단에 맡긴다.

미나핀빙하와 디란(미나핀)피크(좌)   타가파리(라카포시 북면 B.C.)

당일치기로 트레킹에 나섰다면 여기서 발걸음을 돌려 하산토록 한다. 하산은 왔던 길 그대로 되내려가면 된다. 올라올 때보다 1~2시간 정도 단축될 것이다. 시간여유가 있다면 베이스캠프에서 계속해서 빙하둑 능선부를 밟아 남쪽 모레인기슭까지 더 나아가 볼 수 있다. (강풍시 실족치 않도록 주의!) 빙하둑이 남서향으로 크게 꺾이는 곳부터는 경사가 매우 가팔라지고 길도 희미해져 더 이상 오르기에는 부담스러우니 그만 돌아서도록. 베이스캠프 빙하둑의 멋진 조망처에서 준비해온 점심을 꺼내 라카포시와 디란, 그리고 장중한 미나핀빙하를 가득 품으며 화려한 오찬을 즐기는 것 역시 세상 더할 나위 없는 최고의 풍미라 할 수 있을 것이다.

타가파리의 빙하와 메도우를 경계짓는 빙하둑. 미나핀빙하 너머로 멀리 바투라무즈탁 산군에 구름이 덮이고 있다.   미나핀빙하의 완경사면 빙상부. 정면 너머 구름이 이는 미르시카 아래 움푹한 곳에 카첼리호수가 들어앉아있다.

바쁠 것 없는 1박2일 일정으로 나섰다면 이곳에다 캠프를 차리고 야영한다. 굳이 시간에 얽매일 필요가 없으므로 중식장소 또한 임의로 정할 수 있겠다. 라카포시 B.C. 일원에는 여행객들을 위한 티숍 건물이 들어서있다. 숙박이 가능키도 하지만 역시 시설수준은 보잘 것 없다. 방문객이 많지 않으면 영업을 하지 않으므로 이를 전적으로 의지하지 말고 마실 물과 먹을 것은 본인 스스로 챙겨오도록 한다. (캠핑시에는 야영장 사용료를 받으려고 관리인이 올라와 문을 연다.) 일찍 도착했다면 무료함을 달래기 위해 아스코레슘*(3,800m) 전망포인트를 다녀와보는 것도 좋다. 타가파리(라카포시 B.C.)에서 서북 언덕 너머 지류(구툼룽 골짜기*)를 건너 계속해서 서쪽능선을 타고 오르게 되며 왕복에

3~4시간 정도가 소요된다. 남쪽 라카포시, 디란, 미나핀빙하와 더불어 북쪽 바투라무즈탁(7,785m), 시스파르(7,611m), 울타르(7,388m)와 훈자밸리의 풍광을 한껏 조망할 수 있다.

좌: 디란(중앙봉우리). 미나핀빙하 건너 좌측으로 맨땅이 드러난 곳이 디란 B.C. / 우: 라카포시

* 아스코레슝 : '꽃의 능선'이라는 지칭이다. 부루샤스키어로 아스코르(Askore)는 꽃, 슝(Shung)은 좁은 통로(=능선길)를 의미한다.
* 구툼룽은 부루샤스키어로 '골짜기(구툼) 목초지(룽)'라는 의미이다. 한편으론 이 구툼룽 계곡에서 타가파리 방면으로 복귀치 않고 계속 골짜기를 따라 북진해 내려가 하파쿤드 아래의 메도우 지형으로 나아올 수 있다. 물론 반대로 하파쿤드 아래 메도우에서부터 라카포시 B.C.(타가파리)를 가기 위해 이렇게 오를 수도 있지만 해발 3,650m 지점까지 힘들게 올랐다가 다시 2백여미터를 내려야 하므로 체력부담이 많이 되어 보통은 상대적으로 덜 가파르고 덜 힘든 하파쿤드 목초지루트로 오르게 된다.

디란 B.C.~타가파리 구간 빙하루트

디란 B.C.는 한편 이의 미나핀빙하를 가로질러 건너편 북측기슭 방면으로 나아가야 하는데, 루트를 잘 아는(찾는) 전문길잡이가 없으면 어렵다. 보다시피 거대한 하얀 얼음빙하의 세락(빙괴)과 크레바스 지대를 통과해가야― *상황에 따라서는 로프도 필요* ―하기 때문이다. 만약 디란 B.C.까지 탐승코자 한다면 당연 당일치기(당일 미나핀 복귀)는 어렵고 최소 1박2일 일정으로 나서야 한다. '라카포시 B.C.~디란 B.C.'는 거대한 미나핀빙하를 가로지르는 빙하루트로서 4~5시간 정도가 추가 소요된다. 디란 트레킹은 이쪽 방면 말고도 동쪽의 호파르에서 부알타르빙하(호파르빙하)를 따라 탐승하는 루트도 있다. 어느 코스든 가이드를 대동하는 것이 바람직하다. 디란 B.C.를 배제한 라카포시 B.C. 트레킹의 경우는 현지 안내자(가이드) 없이 단독으로 트레킹에 나서도 크게 어려운 점은 없으나 단, 도중 목동들의 방목지로 향하는 갈림길들이 여럿 나오므로 신중을 기한다.

* 디란 B.C.(3,650m)에서 다시 역방향으로 북서방면 산등성이 위에 위치한 카첼리호수(3,950m)까지 탐승루트를 정할 수도 있다. 일명 '미르시카 B.C.'로 불리는 곳으로서, 해발 5,486m의 미르시카 – 트레킹피크로서 별도의 등반허가(클라이밍 퍼밋) 없이 트레킹으로 오를 수 있는 대상지다. – 등반을 위한 전초기지로서 활용되는 곳이다. 물론 이렇게 카첼리호수(카첼리캠프)까지의 여정을 고려하였을 때 2박3일 일정은 되어야 적당하다. '카첼리'는 한편 부루샤스키어로 '최상(最上)의 목초지'임을 뜻한다.

카첼리호수와 라카포시

디란 & 라카포시 전경(카첼리 B.C.에서)

타가파리 빙하둑에서 바라본 라카포시 북면. 정상은 우측 검은봉우리 뒤편에 숨어있다.

☆ **라카포시 서부루트(Rakaposh West B.C.)** : 위의 북면 B.C. 루트보다는 인기가 덜한 루트이기는 하나 라카포시의 서쪽과 남쪽 전경을 바라보는 면에 있어서는 오히려 더 빼어난 풍광을 자랑하는 훌륭한 탐승코스이다. 일정은 훈자와 길티트의 중간 지점인 **구레** 마을에서 동쪽으로 자글로트 계곡을 따라 **자글로트**˚ 마을에 이르러 동남 방향으로 **바리트－도바르**를 거쳐 비로빙하(Biro Glacier) 북측기슭의 라카포시 **서면 B.C.(3,400m)**를 답사하고 돌아오게 된다. 왕복에 북면 B.C.와 엇비슷한 총 7~8시간 가량(휴식/중식 포함)이 소요된다.

라카포시 서면 B.C.(비로빙하 메도우)

* 칠라스－길기트 도중 KKH 상의 자글로트와는 다른 마을임을 주지할 것.

☆ **라카포시 & 디란 남부루트(라칸갈리 트레일)** : 라카포시 산군의 남쪽지경에 놓인 트레킹코스로서 그로부터 북쪽의 빙하들 너머로 라카포시(7,788m)와 디란(7,257m), 그리고 북동쪽 말루비팅(7,458m)을 위시한 푸파라시 산군과 동쪽의 하라모시(7,409m) 산군까지 장엄한 소카라코람의 맹주들을 어우를 수 있는 일품 탐승 루트이다. 시작은 길기트 동남쪽 바그로트계곡(Bagrot Gah˚)을 따라 북동향으로 거슬러 오르며 **자갈라바드－시나카르－불체－사트**에 이른 후 – *여기까지는 4륜구동 차량의 통행이 가능한 비포장길이 닦여있다.* – 그로부터 히나르체빙하, 구투미빙하, 유나빙하, 부르체빙하를 연계 탐승할 수 있고, 나아가 **라찬갈리(Rachn Gali˚; 4,548m)**를 넘어 더 남쪽의 다르찬계곡(Darchan Gah)을 거쳐 **삿시(Sassi)** 마을까지 라운드(일주) 트레킹으로 여정을 그을 수 있다. 이렇게 되면 총 소요일수 5~6일 정도의 중급 트레킹 프로그램이 되며, 각각의 빙하 내원 더 깊숙이 탐승할 경우 2~3일 정도의 일정이 추가 소요된다.

* 길기트 지방의 토속어 'Gah(가)'는 '강' 또는 '계곡'을 뜻하며 'Gali(갈리)'는 발티어/티베트어 '라(La)'와 동일한 의미의 고개(Pass)를 뜻하는 말이다.

길기트에서 바라본 푸파라시 산군
(말루비팅(중앙) 우측 라칸갈리 트레일의 바그로트밸리 vs 다르찬밸리를 구분하는 도바니(빌차르; 6,134m)가 솟아있다.)

바그로트밸리의 사트 분지. 좌향으로 디란피크가 보인다.

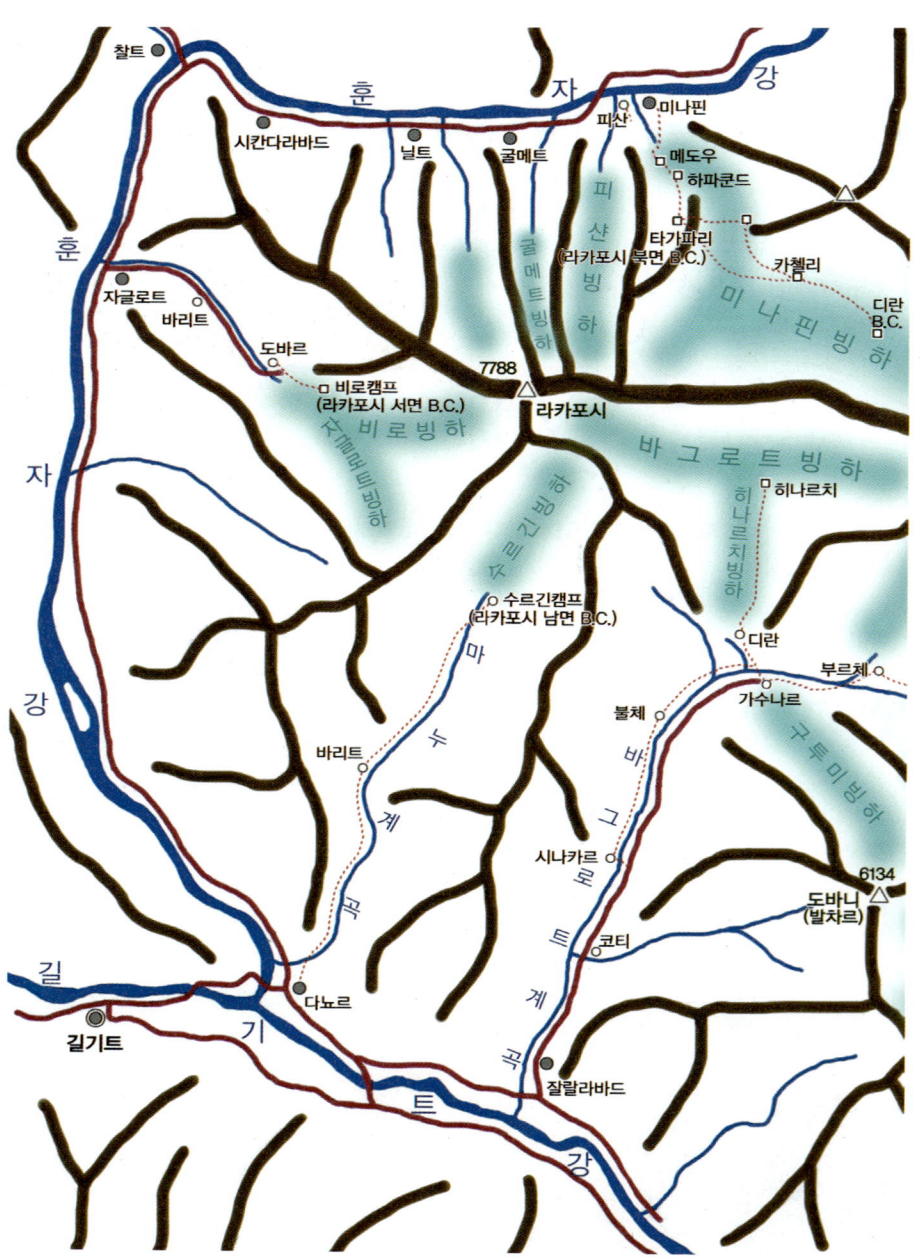

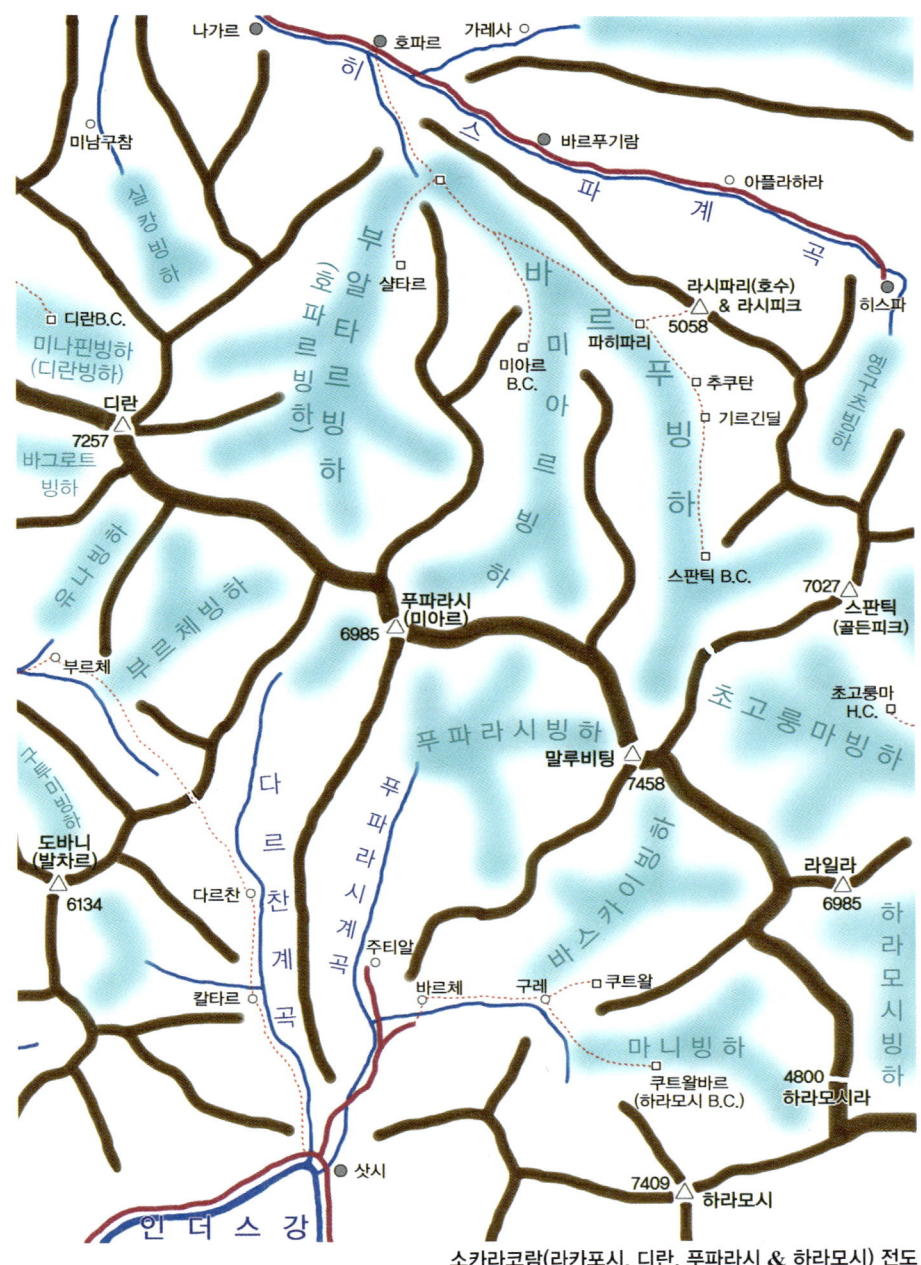

소카라코람(라카포시, 디란, 푸파라시 & 하라모시) 전도

2-2. 울타르메도우(Ultar Meadows) 트레킹

✦ **특징** : 훈자의 중심부 발티트 뒤편의 울타르 협곡을 따라 울타르빙하의 메도우(초지)까지 다녀오는 짧은 일정의 트레킹이다. 가파른 협곡의 절벽지대를 깎아 길을 낸 트레일이 인상적이며 부근의 관개수로 또한 잊지 못할 명승이다. 일명 '죽음의 골짜기(Death Valley)'로 불리는 깊고 험악한 울타르 남서골짜기의 협곡부와 더불어 이름마냥 하늘위로 흡사 여인네 손톱을 치켜세운 듯 우뚝 치솟은 '레이디핑거(Lady Finger; 6,000m)'가 거대한 울타르의 흰 봉우리와 어우러져 아찔한 경관을 자아낸다.

✦ **트레킹 적기** : 6월~9월
✦ **트레킹 최고점** : 울타르메도우(3,300m) / 울타르빙하(울타르 B.C.; 3,600m)

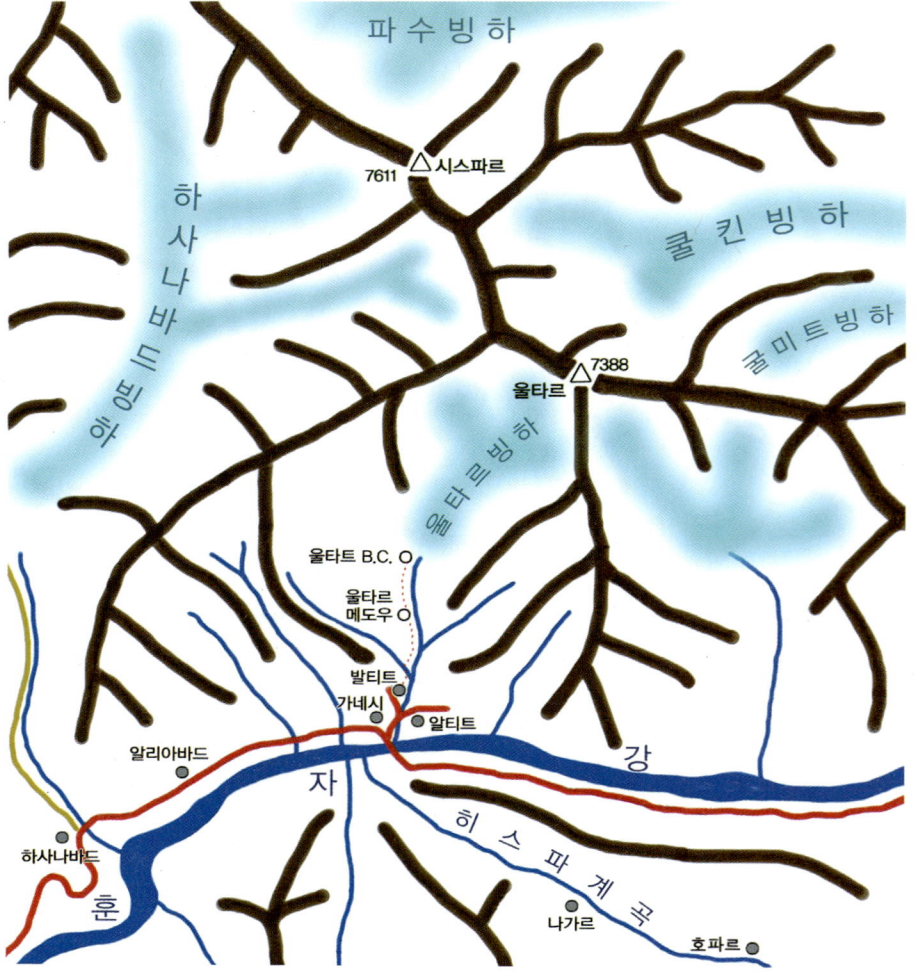

✦ **트레킹가이드**

상행〉 훈자(발티트; 2,450m)-(1시간)-울타르계곡(다리)-(2시간)-수로길 목초지(2,950m)-(1시간30분)-울타르메도우(3,300m)-(1시간)-울타르빙하(울타르 B.C.; 3,600m)

하행〉 울타르빙하-(30분)-울타르메도우-(1시간)-수로길 목초지-(1시간)-울타르계곡-(30분)-발티트(훈자)

발티트성 우측으로 보이는 울타르협곡(Death Valley)과 울타르

짧지만 매우 가파른 트레킹코스다. 시작은 훈자 발티트 성 뒤쪽으로 내려다보이는 협곡부의 계류가에서 이루어진다. 계곡변을 따르다 곧 다리를 건너면서부터는 좌측 언덕 방향으로 가파른 오르막길로 걸어 오르며, 1시간반 남짓 올라서면 절벽지대를 깎아 수로를 낸 길을 따라 걷게 되는데, 그로부터 일명 '죽음의 계곡(Death Valley)'으로 일컬어지는 아찔한 협곡단애부를 굽어 돌며 진행, 이윽고 녹음진 협곡부의 평탄고원 위에 물골이 가로놓인 목초지에 이른다. 발티트를 출발하여 이곳까지 2~3시간 정도가 소요되며- 두 가지 루트(험로/일반로)가 존재하나 소요시간은 대동소이하다. - 오름길 후방으로 훈자밸리의 전경과 남쪽 라카포시(7,788m), 디란(7,257m)과 함께 푸파라시 산군의 말루비팅(7,458m)에 이어 골든피크 스판틱(7,027m) 산군의 설산 파노라마를 시야에 담아볼 수 있다.

울타르메도우로 이어지는 절벽 수로길. 뒤로 훈자밸리와 라카포시가 보인다.

새벽 오름길 뒤로 보이는 푸파라시산군의 스판틱(중앙), 말루비팅(우)의 일출

오름길 후방 소카라코람의 연봉들. 좌로부터 푸파라시-디란-미르시카-라카포시

이후 계속 북쪽으로 이의 울타르 남서골짜기의 빙퇴골을 따라 올라 1시간~1시간반 정도 나아가면 다시 넓은 초지에 이르게 되고 완만한 구릉언덕 위에 번듯하게 돌로 쌓아 만든 대피소가 바라보이는바, '울타르 메도우'로서 일컬어지는 곳이다. 이 외에도 양과 염소들을 방목하기 위해 목동들이 쌓아둔 돌담장과 허름한 돌집 구조물들이 자리하고

있으며, 찾는 이가 많은 시기에는 대피소 건물에서 유료로 숙박과 취식을 제공하기도 한다. 야영을 하고자 한다면 이곳 울타르 메도우 일대가 적당하며 더 나아가고자 한다면 빙하둑 너머 울타르빙하 모레인 근처의 울타르 B.C.까지 다가갈 수 있다. (※ 울타르 메도우에서 계속 북쪽 가파른 사면으로 오르면 길이 두 갈래로 나누어지는데 어느 쪽으로 가든 울타르빙하 기슭(초입)에 이른다.) 메도우에서 울타르 B.C.(울타르빙하)까지는 1시간 남짓 걸린다.

> * 사실 메도우(Meadow)로 칭하기에는 좀 과장스런 면이 없지 않다. 통상적인 다른 곳과 달리 규모도 작고 터도 협소하다. 그럼에도 울타르 빙하골의 초지(방목지)란 점에서 문자적인 '메도우'의 의미가 퇴색되지는 않는 것으로 볼 수도 있겠다.

울타르 절벽 수로길

절벽길이 끝나고 나타나는 수로길 안부 계류가의 목초지. 지나온 협곡부 사이로 디란피크가 보인다.

울타르 B.C.에서의 울타르 연봉 조망. 왼편에 부블리모틴(레이디핑거)이 뾰족하다.

울타르메도우의 돌집 구조물. 울타르빙폭과 부블리모틴이 잘 드러난다.

날이 좋다면 풍광은 그야말로 압권이다. 북쪽 바로앞 울타르빙하의 거대한 빙폭(Ice Fall)이 눈앞으로 당장 쏟아져내릴 듯하고, 더불어 그 위로 웅고한 울타르의 회색암봉과 설산마루가 두둥실 바라보이며 아울러 왼편의 하늘을 찌를 듯 뾰족봉우리로 올라선 이른바 '레이디핑거'(6,000m)'의 풍모 또한 지워지지 않는 명승이다. 반대편 남쪽 좁은 협곡사이로 시야가 트이는 지경으로는 이내 훈자밸리가 굽어보이고 너머로는 골든 피크(Golden Peak)의 별칭을 지닌 스판틱(7,027m)*, 그리고 푸파라시 산군의 최고봉 말루비팅(7,458m)과 디란(7,257m), 라카포시(7,788m)로 일렁이는 은백의 너울이 빛을 발한다.

* '여인의 손톱'이란 필명의 '레이디핑거' 본명은 부블리모틴(Bublimotin) 또는 부블리마팅(Bublimating)이라 한다. 부루샤스키어 원뜻은 '솟아난(부블리) 바위(모틴/마팅)'이다.
* 스판틱(Spantik) : 정원/초지를 뜻하는 '스팡(Spang)' + 작다는 뜻의 '틱(Tik)'이 합쳐진 말이다. 곧 "작은 정원(Little Garden)"이라는 산이름으로 해석할 수 있겠다. 이름처럼 아담하고 예쁜 봉우리로 볼록 솟았다.

울타르협곡(Death Valley) 급경사 내리막. 왼편으로 절벽사면을 절개하여 낸 또다른 수로길이 구불텅 놓여있다.

야영할 것이 아니라면 더 이상 나아가지 말고 돌아서도록 한다. 하산은 올라왔던 시간의 절반이면 충분하다. 반대로, 매우 가파르게 내려가기에 넘어지거나 미끄러지지 않도록 주의하라. 하산길 벼랑지대에서는 더더욱 주의토록. 심장이 약하거나 고소공포증이 있는 사람은 쉬이 나서지 말라. 데쓰밸리(Death Valley) 이름부터가 소름돋는 아찔하고 가파른 협곡부가 대단히 위태롭고 공포스럽다.

* * * * * * * * * * * * * * *

울타르 & 죽음의 계곡 절벽협곡부

훈자밸리 알티트마을 협곡부

2-3. 파수빙하 트레킹

✦ **특징** : 훈자 북방 바투라 산군 동남줄기 상에 솟은 파수피크(7,284m)의 동쪽으로 빚어져 흘러내리는 파수빙하의 하단부를 가볍게 왕복 트레킹하는 일정이다. 그리 힘들이지 않고 단시간 내에 거대한 얼음빙하의 휘황찬란한 세락과 크레바스의 장관을 마주할 수 있다는 장점이 있으며 트레킹 난이도도 그렇게 높지 않다. 파수까지 가는– 언색호 수몰지구를 지나서 –길 또한 많은 상념을 불러일으키게 한다.

✦ **트레킹 적기** : 5월~9월

✦ **트레킹 최고점** : 파수가르(파수가트; 3,300m) / 윤즈벤(2,950m) / 파툰다스 릿지(4,300m~4,575m ※ 캠핑 필수)

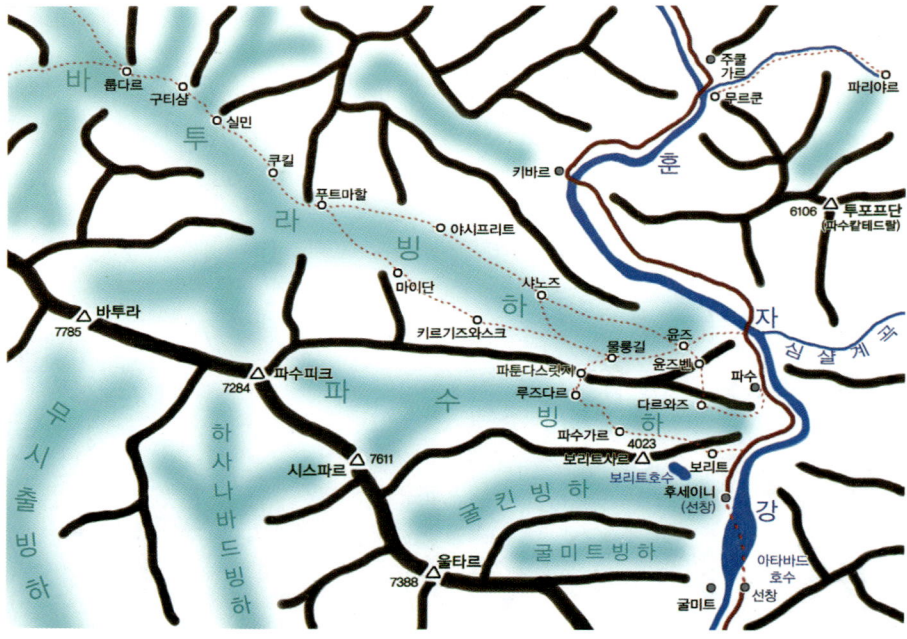

✦ **트레킹가이드**

✔ 출발지는 언색호인 아타바드 호수의 상류 쪽 선창인 후세이니(후사이니) 마을 북단이다. 또는 좀 더 올라간 파수 마을을 출발선상에 놓아도 좋다. 훈자에서 온다면 차를 타고 KKH를 따라 굴미트까지 온 후 언덕 위 굴미트 도선장에서 배편을 이용, 아타바드 호수 물길을 건너 후세이니 도선장에서 하선하여 차로 다시 갈아타고 후세이니 북단의 보리트 초입이나 파수 마을까지 간다. 반면 중국(신장위구르) 쪽에서 넘어왔다면 이렇게 복잡하게 이동할 필요 없이 쿤제랍패스(타슈쿠르칸 출발편)나 소스트 등지에서 후세이니 행 차편을 이용, 그로부터 아타바드호수 도선장에 이르기 전 파수나 후세이니 보리트 초입에서 내려 트레킹을 시작하면 된다. 파수, 후세이니 도착시간이 늦었다면 무리해서 트레킹을 감행하지 말고 인근 여행자숙소에서 머문 뒤 다음날 나서도록 한다. 파수와 후세이니 일원에 여행객들을 위한 숙식편의시설– 파수 숙박정보 참고 –들이 몇 있다. 보리트 호수의 게스트하우스(Borith Lake Hotel)를 이용해도 좋다.

아타바드 호수 굴미트 선창

후세이니 선창

아타바드호수 말미 후세이니 마을과
투포프단(파수카테드랄) 침봉

파수에서 바라본 울타르(좌), 시스파르(우측 뾰족봉우리), 파수피크와
파수빙하(우측 끝)

훈자강 하안기슭의 파수마을

1코스〉 파수/후세이니(2,500m)−(1시간)−보리트호수(2,650m)−(1시간)−보리트 안부 (2,750m)−(1시간)−빙퇴분지(2,900m)−(40분)−빙퇴마루(전망포인트; 3,100m)−(1시간)−파수가르(파수가트; 3,300m)

파수빙하를 단순 왕복하는 일정이다. 출발지는 파수 마을 못미처(남쪽) 후세이니 마을에서 서쪽으로 완만한 구릉골짜기 중단부 분지상의 '보리트(부리트)' 호수란 곳이다. 보리트 호수는 일반적인 빙하호수와는 다르게 진초록으로 투명한 맑은 수질의 호수로, 바로 옆 기슭에 여행객들을 위한 사설 숙식편의시설도 갖추고 있다. 넓은 산간분지형국으로 빚어진 호수 주변은 매우 아늑하고 호젓하며 풍치가 좋다. **보리트사르(4,023m)**★의 황량하고 육중한 산세가 호수의 서북편을 두르고 있으며 서쪽 너머로는 바투라산맥의 시스파르(7,611m)와 울타르(7,388m)의 고고한 설산마루가 하얗게 빛난다. 전용차량을 대절하여 타고 왔다면 보리트호수를 지나 산간분지의 마을길을 따라 좀 더 북쪽으로 도로가 끝나는 안부 바로 아래지점까지 타고 가서 트레킹을 시작할 수도 있다. 후세이니 마을이나 파수 마을에서부터 걸어 오르는 것보다 1시간 이상(약 5km) 절약할 수 있을 것이다.

파수빙하 트레일의 들머리 후세이니 훈자강의 넓은 하상. 멀리 심살파미르의 영주 카룬코(7,164m)가 봉긋 머리를 내민다.

보리트호수에서 바라본 울타르 연봉

보리트사르(4,023m)

★ **보리트사르(Borith Sar)** 는 북쪽 파수빙하와 남쪽 굴킨빙하를 가르는 능선 상에 놓인 해발 4,023m의 봉우리로서, 그처럼 파수빙하, 굴킨빙하를 함께 어우를 수 있는 멋진 전망포인트임과 동시에 그로부터 사방을 휘둘러 바투라무즈탁, 시스파르, 울타르, 라카포시, 몸힐사르, 디스타길사르, 카룬코 등의 북부카라코람의 첩첩한 고봉들을 한눈에 담아볼 수 있는 일급 조망처이다. 오르는 데 그리 난이도가 높지 않지만 아무래도 일반 여행객들에게 많이 알려지지 않은 코스다보니 안전을 위해서라도 가급적 현지인(안내자)과 함께 나서는 것이 바람직하다. 보리트호수 기점 왕복에 5~6시간 정도가 소요된다. 4천미터가 넘는 곳이므로 고소증에 유의한다.

보리트 능선안부에서 이제 본격적인 도보트레일이 드리운다. 잘록한 안부에서 서북방향으로 능선길을 타고 나아가다 곧 능선자락 우측(북쪽)으로 산허리길을 따라 관개수로와 나란히 서북 방면으로 거슬러 오른다. 차츰 경사도가 높아지면서 이내 우측(북쪽) 아래로 깎아지른 절벽지대를 통과하게 되는데 길은 관개수로와 함께 잘 다듬어져있어

파수빙하와 파수피크

서 보행에 큰 문제는 없다. 바위지대를 깎아 반듯한 돌마루길을 낸 산모롱이를 돌아 나가면 곧이어 장엄한 빙하의 풍광에 맞닥뜨린다. 눈이 부시도록 강렬한 백색빙하 바로 파수빙하이다. 저 위 서편 새하얀 봉우리가 바로 이의 모태인 파수피크(7,284m)이며 그로부터 장엄하고 찬란하기 그지없는 파수빙하가 빚어져 내려오고 있다. 반대편 동쪽 아래로는 반면 백색빙하의 풍광은 이내 갈무리되고 예의 거무

튀튀한 자갈빙하와 빙퇴석 모레인 지경이 그리 길지 않게 드리우다 곧 잿빛 수류를 뿜어내며 웅대한 빙하협곡의 물줄기를 훈자강변 파수마을 기슭으로 흘려보낸다. 좌우가 상당히 대조되는 풍광인바, 파수빙하는 이렇게 짧은 접근만으로도 그 본연의 백색빙하의 풍광을 아낌없이 보여주는 점이 가장 빼어난 매력이며, 한편으론 달리 바로 아래 동편의 푸르른 옥토가 펼쳐진 파수 고을의 아늑하고 풍요로운 정취 또한 동시에 담아볼 수 있다는 점 다른 곳과는 대비되는 감상의 묘미다. 전망이 탁 트이는 절벽길 모퉁이 벼랑지대에서 실족에 주의토록. 풍광이 멋지다고 카메라를 들이대며 나도 모르는 사이에 한 두 걸음 내딛다 자칫 미끄러져 추락하거나 낙석에 의해 사고를 당할 수 있다. 위험지대는 안전하게 신속히 통과하는 것이 상책이다. 아울러 좁은 카메라 앵글에 담으려 분주해하기보다는 넓은 두 눈으로 가득 풍광을 만끽하며 나아가도록 하자.

바위절벽지대를 통과하여 산기슭 모롱이를 돌아 나가면 위태로운 구간은 끝이 나고 두리뭉실 황량한 산허리를 길게 그으면서 길이 이어진다. 그로부터 크게 한바탕 돌아 나아가면 곧 거대한 빙퇴언덕 아래 오롯한 분지형태로 함몰된 지평에 이른다. 움푹 꺼지고 나릇하고 평탄하게 눌러앉은 형국은 다른 곳과 다르지 않지만 주변엔 초지가 그리 발달하지 않아서 가축방목지로서의 입지는 딱히 이렇다할만한 곳이 못된다. 보리트 안부에서 예까지 이르는데 쉬엄쉬엄 1시간이면 충분하다. 해발고도도 3천미터가 채 되지 않기(약 2,900m) 때문에 고소증세도 그리 심하게 나타나지는 않을 것이다.

시장기가 돈다면 모래밭 가장자리의 풀밭 언저리에서 싸갖고 온 먹거리를 들며 한가로운 오찬을 즐겨도 좋다.

빙하둑 아래의 판판한 메도우 분지에 이르면 일부는 길을 되돌리고 하산을 종용할 지도 모른다. 하지만 바로 앞 서쪽으로 더 나아가 빙하둑 골짜기의 오솔길을 타고 올라보자. 높이 약 2백미터, 거리 약 5백미터의 다소 가파르게 오르는 구간이긴 하지만 일단 올라서고 나면 파수빙하의 더욱 압도적인 풍광이 시선을 붙든다. 서쪽 멀리 웅장한 파수피크(7,284m)가 하얗게 빛나고 그로부터 거대한 빙하의 물결이 흡사 성난

파수빙하의 말미자락. 아래쪽 하부메도우(우측)와 멀리 훈자강 연안의 파수마을이 보인다. (파수가르에서)

파도와도 같이 밀려 내려온다. 기슭과 맞닿은 부분은 온통 검고 잿빛인데 반해 중앙부의 빙하는 마치 깨물어 먹고라도 싶을 만치 하얗고 하얀 은백의 얼음물결이다. 물론 틈틈이 갈라지고 때론 솟구친 얼음빙하의 세락과 크레바스로 요동치고 있음은 말할 것도 없다. 빙퇴골 분지자락에서 이곳 빙퇴마루 언덕까지 오르는데 30~40분가량 걸린다. 경사가 있는데다가 해발 3천미터에 이르렀으므로 다소 숨가쁘고 어지럼증이 나타날 수 있으므로 무리하지 말고 천천히 오르도록 한다. 판판한 정상부에는 텐트 여러 동을 칠 수 있는 공간이 있으며 아울러 돌로 만든 간이대피소 형태의 건물도 자리하고 있다. 성수기에는 방문객들을 위한 티숍으로 활용하는 것으로도 알려져있다. (숙박가능 여부는 불투명하다. 아마 보리트호수의 게스트하우스가 그리 멀지 않기에 굳이 작정하지 않고서야 이 황량한 곳에서 하룻밤 머물고자할 여행객들은 거의 없으리라 본다.)

파수가르 하단 전망포인트에서 바라본 파수빙하와 파수피크. 빙하 건너편(우측 상부)으로 루즈다르-파툰다스로 넘어가는 트레일이 있다.

계속해서 서쪽 정면으로 실오라기같이 나있는 트레일을 따라 더 나아가 상층부 빙하둑 아래의 또다른 빙퇴구분지와 모레인지대로 나아갈 수도 있다. (1시간~1시간30분 소요) 다만 트레일 상태는 이때까지완 다르게 사람들이 그다지 많이 통행하지 않아서인지 길 폭도 좁아지고 족적도 희미해진다. 그래도 일단 나아갔다면 역시 약 2백미터 정도 고도를 더 높여 올라간 빙퇴분지의 또다른 메도우 지형에 이를 수 있는데, 이른바 **'파수가르'** 라고 하는 곳으로, 이곳 빙하둑 언덕에서 역시 파수빙하의 더욱 장엄한 풍광을 마주할 수 있으며 한편으로 이로부터 파수빙하를 가로질러 북쪽의 바투라빙하 방면으로 넘어 가는 상급트레킹을 위한 1박 캠프지로서의 역할을 하는 곳이기도 하다.

* 파수가르의 '가르(ghar)'는 현지어로 야영터를 지칭한다고도 하고 단순히 '골짜기(Valley)'를 일컫는 –"Gah"와 비슷 –말이라고도 한다. 그냥 "파수골의 막영지" 정도로 받아들이면 될듯하다.

훈자강 건너편(파수 동단) 3,900고지 뷰포인트에서 바라본 훈자강 파수마을과 파수빙하 전경(사진 중앙). 파수마을 뒤편 암산 너머로 윤즈벤(윤즈밸리) 트레일이 넘어가며 그로부터 우측으로 보이는 바투라빙하 트레일로 연결된다. 구름이 덮은 바투라무즈탁 산군 아래 정면으로 보이는 파수빙하 좌측은 보리트사르, 우측은 파툰다스 릿지이다. 두 곳 모두 뛰어난 조망지로서 트레커들의 방문이 잦다. (사진 : Abdul Khan)

하산하는 데 드는 시간은 오를 때보다 1~2시간가량 단축될 것이다. 파수가르에서 되돌아 하부의 빙퇴단구 언덕마루까지 30~40분이면 되고, 그로부터 다시 아래쪽 분지골의 평탄지경 내리막길은 20분이면 충분하다. 이후 똑같이 왔던 길을 되돌려 수로길 따라 보리트 능선안부에 내리기까지 소요시간 1시간 이내로 잡을 수 있다. 고로 왕복에 소요되는 총시간 약 5시간 정도면 되겠다. 물론 후세이니 또는 파수 마을에서부터 걸어서 오른다면 총 소요시간 2~3시간은 더 추가되어야 한다. (※ 만약 당일 훈자로 귀환 예정이라면 휴식/중식시간 및 사진촬영시간을 많이 할애할 경우에 너무 지체되지 않도록 유의한다. 예정시각에 맞추지 못했을 경우 후세이니 도선장에서 배편이 그리 녹록치 못하다.) 이 보리트호수 방면 루트는 길이 잘 나있어 길잡이(가이드) 없이도 충분히 다녀올 수 있다.

2코스〉: 파수(2,540m)-(2시간)-다르와즈(2,850m)-윤즈밸리-(1시간)-윤즈벤 (2,950m)-(1시간)-모레인 퇴석구-(1시간)-파수

일명 '**윤즈밸리(Yunz Valley) 트레킹**'이라고도 일컫는 루트로, 파수빙하와 바투라빙하를 갈라놓은 능선줄기 남동방면의 황량하고 메마른 둔덕부 완사면의 골짜기를 따라 탐승하는 트레킹이다. 파수 마을에서 시작하여 파수빙하나 바투라빙하 방면으로 첫 출발을 끊게 되는데, 보리트 방면 루트와 달리 길이 뚜렷치 않고 더욱 황량한 모레인 상층의 평원지대를 가로질러가야 하므로 가급적 혼자 나서지 말고 길을 잘 아는 안내자(가이드)와 동행하기를 권한다. 아울러 트레킹 도중 메마르고 삭막한 지대만을 걷게 되어 마실 물을 구할 데가 없으므로 사전 음용수 준비를 철저히 하고 나선다.

(좌: 파수빙하 방면 윤즈밸리 트레일 초입부 계곡) / (중앙: 파수가르 방면에서 파수빙하 건너편으로 바라보이는 다르와즈 안부 / (우: 다르와즈 오름길에서 바라본 파수빙하 전경. 보리트사르와 우측 멀리 시스파르, 파수피크가 바라보인다.

파수빙하 방면부터 탐승코자 한다면 파수 마을에서 남서쪽 구릉초지 아래로 돌아 빙하계곡의 우측(북측)자락을 타고 서쪽으로 방향을 잡은 뒤 서북방향 언덕부로 치고 오르면서 다소 가파른 사태진 오르막으로 진행케 된다. 평탄한 안부지대(다르와즈)에 이르러 돌아보면 파수빙하가 거대한 하얀 흐름으로 발아래 놓여있고 서쪽 멀리 이의 모태가 된 파수피크가 하얗게 빛나는 모습을 볼 수 있다. 아울러 빙하 건너 서남방향으로 보리트사르(4,023m)의 둔중한 산세와 너머의 울타르(7,388m) 설산첨봉들의 모습도 시야에 펼쳐진다. 빙퇴절벽을 뒤로하고 이로부터 과거 실크로드 상인들이 지나다녔다고도 전해지는 이른바 '**윤즈밸리**'로서 일컬어지는 평퍼짐한 안부의 나른한 오르막을 거슬러 올라 마침내 넓고 탁 트인 정상부에 서게 되면 바로 **윤즈벤(Yunzben)**으로 불리는 곳으로, 이로부터 바투라빙하의 지경으로 넘어서게 되며 파수빙하는 이미 남쪽 산능선 안부 아래로 시야에서 사라진 지 오래다.

총길이 58km로 파키스탄 다섯 번째 규모의 빙하로 기록되는 바투라빙하의 모습은 그러나 앞선 파수빙하와는 달리 완연한 백색빙하의 모습을 갖추고 있지는 못하다. 상류로 훨씬 더 올라간 지경의 먼 쪽 중앙부에서부터 조금씩 하얗게 얼음빙하 표층부가 드리워지고 있으며 당장 눈앞에 보이는 하단부의 너른 골짜기는 온통 잿빛 빙퇴석으로 얼룩진 퇴석빙하의 흐름이다. 빙하 자체의 풍광으로서만 따진다면 앞선 파수빙하의 경관이 훨씬 낫다. 하지만 전체적인 전망으로 놓고 본다면 이 윤즈벤 고원에서의 조망도 뒤지지 않는다. 서북향 거대한 바투라빙하의 흐름 너머로 바투라무즈탁 북부산릉의 하얀 설산 마루금이 도열하고 반대편 동북방면으로는 회색의 거대한 빙퇴계곡의 색채와 대비되는 투포프단(Tupopdan*; 6,106m)과 코나사르(Khona Sar; 6,055m)의 암산군이, 그리고 그들 후방으로 심샬 파미르의 영주인 카룬코(Karun Kho; 7,164m) 의 청아한 하늘금도 얼핏 가늠된다.

윤즈밸리 상부 완사면. 넘어서면 바로 바투라빙하가 열리는 윤즈벤 평원이다.

윤즈벤 정상마루 평원의 목동거처(돌집). 바투라빙하와 바투라 무즈탁 산군이 한껏 펼쳐진다.

★ 아타바드 호수에서부터 바라보이기 시작하는, 곧 파수에서 가장 인상적으로 들어오는 바위산봉군 '**투포프단**'은 일명 '**파수카테드랄(Pasu Cathedral)**' 혹은 '**카테드랄 스파이어(Cathedral Spire)**'란 별칭으로도 불린다. 소위 발토로지역의 '카테드랄타워(5,866m)'와도 대비되는 멋진 풍치를 자아낸다.

투포프단(파수 카테드랄) 침봉군. 정상 봉우리는 너머에 있다.

윤즈벤 언덕마루 너머로 바라보이는 파수 카테드랄.

윤즈벤 내리막길 퇴석사면

전망 좋은 윤즈벤 평원의 초지에서 휴식을 취한 후 동쪽 파수 방면으로 방향을 잡고 길을 내려서면 이제곧 바투라빙하의 하층부 모레인으로 내려앉는 메마른 퇴석계곡의 시작이다. 반면 윤즈벤에서 서쪽으로 바투라빙하 남측기슭을 타고 이의 바투라빙하 트레킹으로 확장 진행할 수도 있다. 곧, **윤즈벤(2,950m)-물룽길(3,050m)-키르기즈 와스크(3,200m)-마이단(3,350m) 또는 야시프리트*(3,300m)-푸트마할(3,370m)-쿠킬(3,400m)-실민(3,500m)-구티샴(구치샴; 3,630m)-룹다르(3,870m)**로 진행케 되며 왕복(또는 실민이나 구티샴에서 북쪽 와르툼패스(5,150m)/룹가르패스(5,190m) 등을 경유 룹가르-푸르진-라민즈 방면으로 넘어가 소스트로 하산하는 라운드 트레킹)에 7~10일 정도가 소요되는 상급 트레킹 일정으로 추진케 된다.

* 야시프리트 : 타지크어로 "야크(yash)의 땅(prit)" 즉 '야크방목지'를 뜻하는 말이다. 지역방언에 따라 요스페르트(Yospert)나 요크페르트(Yokpert), 자가페르트(Jagapert) 등으로 부르기도 한다.

어쨌든 당일트레킹으로 나섰다면 더는 서쪽으로 나아가지 말고 동쪽으로 방향을 되돌려 하산토록 한다. 바투라빙하 방면 하산길은 초반엔 거대한 산자락의 랜드슬라이드(사태구간) 허리길을 그으면서 진행케 되다가 이후 사태사면이 종료되면서 곧바로 가파른 기슭 아래로 내리게 된다. 매우 메마르고 삭막한데다가 구르고 미끌림이 심한 잔돌과 바위부스러기가 많은 내리막길이라 주의를 요한다. 이의 가파른 빙퇴구간 내리막길을 통과하면 흡사 거대한 채석장과도 같은 돌무더기 빙퇴석 지대로 나아오는데 이 일대에서 루트가 둘로 나뉘므로- *직진(동북방향)하면 파수 마을 북단의 KKH 도로변으로, 우측(남동방향)으로 틀어 내리면 출발 당시의 파수 마을로 복귀하게 됨.* - 길을 잘 선택하여 내려가도록 한다. 출발지였던 파수 마을은 이로부터 남동방향으로 굽어돌며 내려앉게 되는데 이윽고 파릇한 초지가 드리우면서 바야흐로 파수 마을로의 원점회귀 트레킹이 마무리된다.

파수를 출발하여 **다르와즈-윤즈밸리-윤즈벤**을 거쳐 바투라빙하 하층 모레인 지경을 통해 다시 파수로 돌아내려오기까지 휴식 및 중식시간 포함 총 6~7시간 정도가 소요된다. 앞선 보리트 코스보다 조금은 길고 고된 일정이다. (역방향 역시 난이도나 소요시간 면에서 크게 차이나지 않는다.)

3코스〉 파수/후세이니-(4~5시간)-**파수가르(3,300m)**-(3시간)-**루즈다르(3,500m)**-(1시간)-**파툰다스 메도우(3,700m)**-(4~5시간)-**파툰다스 릿지(4,300m~4,575m)**-(3~4시간)-**물룽길(3,050m)**-(1시간)-**윤즈벤(2,950m)**-(2시간)-**파수(2,500m)**

(또는, ~물룽길(3,050m)-키르기즈(3,200m)-야시프리트(3,300m)-마이단(3,350m)-푸트마할(3,370m)-쿠킬(3,400m)-구티샴(3,630m)으로의 바투라빙하 트레일로 확장 트레킹)

파수피크와 파수빙하. 좌측 빙하둑 상부가 파수가르, 빙하 건너 우측 기슭이 루즈다르 캠프지다.

파툰다스메도우에서의 동남방면 조망. 디스타길사르(중앙)와 트리보르, 몸힐사르, 쿠냥치시(우) 산령이 아련하다.

달리 '**파툰다스 트렉(Patundas Trek)**'으로도 불리는 루트이다. 파툰다스는 파수빙하와 바투라빙하 사이에 가로놓인 동서향 긴 능선상의 초지로 '여름방목지(목초지)'로서의 의미를 안고 있다. 초반부는 파수빙하 보리트 코스와 동일하다. 보리트 호수에서 파수가르에 이른 후 그로부터 북서방향으로 비스듬히 빙하를 건너 루즈다르 초지에 안착, 1박(야영) 후 이튿날 북쪽으로 가파른 산자락을 타고 올라 파툰다스 능선상의 캠프사이트

(파툰다스 릿지)에서 하룻밤 더 머물고선 북쪽 내리막길로 물룽길로 하산*하여 그로부터 지경이 바뀐 바투라빙하의 남측기슭을 타고 서쪽 윤즈벤으로 나와 파수로 복귀하는 일정이다.

* 또는 물룽길로 내려와 반대편 서쪽으로 키르기즈와스크—마이단—푸트마할—쿠킬—구티샴으로의 앞서 소개한 이의 바투라빙하 트레일로 연계하여 진행하는 중장기 트레킹프로그램으로서도 구상할 수 있다.

파툰다스릿지에서의 바투라빙하 조망

파툰다스 릿지로 곧장 오르는 게 어렵다면 대안으로 루즈다르에서 조금 북쪽의 파툰다스 메도우에서부터 동쪽으로 비스듬히 산허리를 타고 올라가 능선을 넘어 윤즈벤으로 바로 나아가는 방안도 있다. 가파른 파툰다스 릿지 상층부와 또한 물룽길로의 가파른 내리막으로 치닫지 않아도 되기에 훨씬 수월한 루트라 할 수 있으나 아쉽게도 파툰다스 릿지에서의 멋진 조망은 접어야 한다. 아울러 루즈다르에서 윤즈벤을 거쳐 파수까지 하루에 귀환하기에도 조금 녹록치 않은 면이 있다. 그래서 대개는 윤즈벤에서 하루 더 머물고 파수로 하산하는 일정을 종용한다. 어쨌든 파툰다스트렉의 대략적인 전체 일정으로는 파수 기점 최소 2박3일 내지는 3박4일의 일정이 필요하다. 고소적응을 감안하여 좀 더 천천히 진행코자한다면 4박5일의 일정이 좋다. (☞ 파수가르(1박)–파툰다스 메도우(1박)–파툰다스릿지(1박)–윤즈벤(1박)–파수)

앞선 두 코스와 다르게 루트가 길므로 도중 캠핑이 필수적이며, 바투라빙하 트레일로 연계시에는 전문 길잡이(가이드)와 카라반 수준의 인력구성이 필요하다. 이 트레일의 특징으로는 뭐니뭐니해도 파툰다스 릿지(능선) 상단에서의 조망을 빼놓을 수 없다. 곧 남북 양단에 가로놓인 파수빙하·바투라빙하와 더불어 서쪽의 바투라무즈탁(7,785m)에서부터 파수피크(7,284m)와 시스파르(7,611m)를 지나 남쪽 울타르(7,388m)에까지 이르는 바투라 산군의 전모를 담아볼 수 있으며, 남동방면으로 또한 디스타길사르(7,885m), 트리보르(7,728m), 몸힐사르(7,343m), 룹가르사르(7,200m)에 이어 스판틱(골든피크; 7,027m), 말루비팅(7,458m), 디란(7,257m), 라카포시(7,788m)까지 한 눈에 조망할 수 있다. 더하여 KKH가 지나는 동북방 훈자강 협곡 너머로 투포프단(6,106m), 코나사르(6,055m)와 그 뒤 심샬 파미르의 맹주 카룬코(7,164m) 역시 시야에서 빠지지 않는다. (➤ 북부카라코람 7천미터급 10개가 넘는 봉우리를 한꺼번에 조망할 수 있는, 트레킹으로 누릴 수 있는 최고의 조망지다.)

바투라빙하 트레일의 풍경
(좌 : 키르기즈와스크에서의 바투라무즈탁 / 중앙 : 야시프리트에서의 바투라무즈탁 / 우 : 야시프리트에서의 디스타길사르)

훈자 · 파수

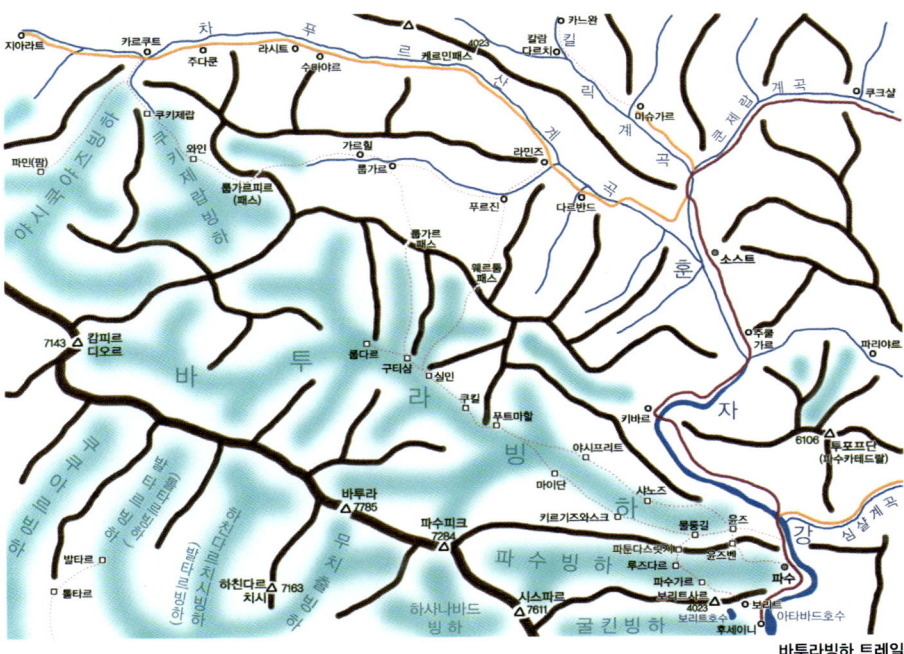

바투라빙하 트레일

○ 교통가이드

〈훈자·파수를 가기 위한 거점도시는 길기트이다. 길기트를 중심으로 교통편을 소개한다.〉

 # 항공편(현지 국내선) : 이슬라마바드~길기트 행 국내선(PIA) 항공편이 1일 1회 운항한다. 하지만 언제나 좌석을 구하기가 만만치 않다. 성수기 증편여부도 확실치 않다. 항공을 이용코자 한다면 아무래도 사전 확실한 에이전시를 통해 진행하는 것이 좋다. 에이전시에 따라서는(현지 영향력) 항공예약을 의뢰하였다 하더라도 막상 현지 도착해서 제대로 일처리가 완결되지 않은 상황에도 맞닥뜨릴 수 있다. 이 길기트 노선이 워낙 인기있는 노선이라 상호간 많은 입김(?)이 작용하기에 그렇다. 하지만 소수인원의 경우 확실한 에이전시를 통하면 좌석확보 가능성이 훨씬 높다. 만약 항공예약 확답회신을 받았는데도 불구, 막상 현지 도착해서 보니 좌석이 없다더라 이러면 별 수 없다. 장시간 뻐근한 육로교통편을 이용할 일이다. (의외로 이런 상황이 많이 벌어진다.)

 # 차량편(버스 & 지프) : 발토로트레킹 시의 스카르두행과 마찬가지로 라왈핀디 NATCO(북부지역운송회사) 터미널*에서 길기트 방면으로 이동하는 교통편(1일 4~6회)을 이용해서 간다. 라왈핀디~길기트 소요시간은 20시간 이상 걸리며, 역시 장시간 좁은 좌석의 불편함을 조금이나마 덜고자 한다면 첫 날 베샴이나 칠라스까지만 이동, 1박* 후 다음날 길기트로 올라간다. 라왈핀디~베샴 약 8시간, 베샴~칠라스 역시 약 8시간 정도 걸리며, 칠라스~길기트 약 4~5시간 가량 걸린다. 한편 라왈핀디에서 길기트를 지나 훈자(알리아바드)까지 한 번에 가는 노선도 있다. 1일 1회 운행하며, 소요시간 24시간 이상 걸린다. 그리고 훈자 중심부인 카리마바드까지 올라가지 않고 KKH 상의 알리아바드까지만 운행하기 때문에 카리마바드까지는 다시 소형 승합차로 환승하여 타고 올라가야 한다. 길기트에서 출발하는 훈자 행 승합차량은 카리마바드까지 올라가기도 한다.

* NATCO 터미널(정류장)은 이슬라마바드의 메트로(Metro)와 라왈핀디의 피르와다이(Peer Wadhai) 두 곳이 있다. 피르와다이에서 출발하여 메트로를 경유하여 간다. 두 지점 발차시각 약 30분의 차이가 있다.
  전화예약은; 메트로 (+92) 051-4864041~4 / 피르와다이 (+92) 051-9239556~9

★ 베샴 & 칠라스 숙소(호텔)정보

• **베샴** : 「PTDC Motel」/「Continental Hotel」/「Palace Midway Hotel」/「Hotel Paris」/「Hotel Karach」/「Hotel Taj Mahal」/「Abasin Hotel」/「Rock City Hotel」/「Hotel International」/「Prince Hotel」 etc.
  (✔ 총기판매 등 이런저런 연유로 종종 위험한 동네로 언급되기도 하는 베샴에서는 각자의 안전을 위해 가급적 늦은 밤시간에는 거리를 배회하지 않도록 한다.)

• **칠라스** : 「Panorama Hotel」/「Hotel Chilas Inn」/「Diamond Hotel」/「Grace Continental Hotel」/「NAPWD Resthouse」/「Karakorum Inn」/「Shangri-La Indus View」 etc.

길기트, 훈자 행 버스는 전부 야간버스다. 즉, 늦은 오후나 밤시간에 출발하여 목적지인 길기트/훈자(알리아바드)에는 다음날 오전시간에 도착하게 된다. 도중 많은 검문초소를 거쳐가야 하는 것은 육로여행의 피로를 가중시킨다. 25인승 이하의 소형버스도 있으나 여행객들에게는 추천할 만한 것이 못된다. 가급적 45인승 대형버스를 이용토록. (오후/저녁시간대 1일 3~4회 편성)

길기트에 무사히(!) 도착했다면 다음은 훈자행이다. 길기트 NATCO 터미널에 정차된 소형 승합차량(미니버스/밴)을 타고 훈자까지 간다. 운행편은 자주 있으나 출발시간은 정해져있지 않다. 무조건 승객이 다 차야- *기본적으로 승차정원 이상을 태운다.* - 출발한다. 이러지 않으려면(일찍 출발을 원한다면) 남은 승차정원 수의 요금을 본인이 다 지불해야 한다. 이건 파키스탄 북부를 운행하는 사설 승합차량 모두가 마찬가지다. 불합리하다고 따져들기보다는 현지법이라 생각하고 받아들이도록. 로마에 가면 로마법을 따르라 했다. (※ 사람이 찰 때까지 1~2시간 기다리는 것은 기본이다. 운 좋으면 마지막 한 두 자리 남은 차량 마지막 칸에 우겨넣듯(?) 비집고들어 타고 갈 수 있을 것이다. 그러나 이럴 경우를 너무 기대하지는 말자. 불편한 건 둘째 치고 KKH의 풍광을 감상하는 건 언감생심. 육로여행의 묘미인 차창 밖 경치감상을 제대로 즐길 수 없다.)

길기트에서 탄 차가 훈자 중심부인 카리마바드까지 올라가면 다행이지만 만약 그 전의 알리아바드에서 내려야 하는 상황이라면 거기서 다시 카리마바드 행 소형차량- *일명 '스즈키'로 통한다.* -으로 갈아타고 올라가야 하겠다. 승합차량의 요금은 상당히 저렴한 편이다. 물론 택시로 이동할 수도 있다. 비용이 다소 들긴 해도 기다림 없이 곧바로 이동이 가능하기에 역시 많이 선호되는 방편이다. 일행이 여럿일 경우 고민치 말고 택시를 이용토록.

한편 훈자로 가기 전에 **라카포시 트레킹을 먼저 진행**하고 그다음 훈자로의 여정을 계획했다면 길기트에서 라카포시 트레킹의 기점이 되는 지역(마을)까지만 이동토록 한다. '라칸갈리 트렉'과 연계된 라카포시 남부루트는 길기트 동편의 잘랄라바드(Jalalabad)란 곳에서부터 시작되는데, 북쪽 깊숙한 골짜기 안쪽 불체(Bulche) 마을까지 길이 닦여있으므로 여기까지 차를 타고 이동하여 트레킹을 진행할 수도 있지만 대개는 이 라칸갈리 트레일을 단독으로 진행하는 경우는 드물기 때문에 보통 길기트에서부터 아예 차량을 전세내거나 에이전시를 통한 전용차량을 이용하여 추진케 된다. 그럼에도 굳이 독자적으로 나서겠다 하는 경우는 길기트 현지에서 교통편을 잘 확인하고 나서길 바란다. (트레킹가이드도 가급적 길기트에서 섭외하길 바란다.)

반면 라카포시 서면 B.C.나 북면 B.C. 트레킹에 나서는 경우는 훈자행 차편을 이용, 도중 각각 구레(Gure) 마을 및 피산(Pisan) 마을 입구에서 내려 트레킹을 시작하면 된다. 물론 라카포시 북면 B.C 트레킹의 경우는 피산 마을을 경유 미나핀(Minapin)까지 들어가는 교통편을 이용하여 좀 더 가까이 진입해서 트레킹을 시작할 수도 있다. 하지만 길기트에서 차편이 그리 자주 있지 않으므로 차시간에 맞추기 힘들다면 그냥 훈자행 차편을 이용, 피산 마을 입구 훈자강 다리 앞에서 하차하여 미나핀 마을까지 도보로 이동토록 한다. 아니면 일행이 여럿(또는 길기트에서 뜻 맞는 외국인들과 합세)일 경우 비용을 분담하여 아예 길기트에서부터 지프를 전세내어 서면 B.C의 기점인 자글로트(Jaglot)*나 북면 B.C.의 기점인 미나핀까지 타고 가도록 한다. (현지 안내자(길갑이)는 각각 자글로트, 미나핀에서 쉽게 구할 수 있다. 물론 정식 라이센스(자격증)를 가진 사람은 없다.) 트레킹을 마친 후에는 왔던 방향으로 되돌아나와 각각 구레마을 앞 KKH 도로변 및 피산마을 아래 KKH 도로변에서 지나가는 훈자행 승합차량에 탑승하여 훈자까지 이동하면 되겠다. 언급했듯 차시간이 일정치 않지만 기다리다 보면 앞에 와서 설 것이다. (혹시 지나칠 지 모르니 손을 흔들 것.) 단, 너무 늦은 시간에 인적 드문 KKH 도로변에 혼자 나와있는 것은 피한다.

(※ 훈자에서 라카포시 트레킹을 위해 되내려오는(하행 교통편) 경우는 트레킹 본문에 언급한 바 있으므로 생략.)

* 언급한 바 있지만 KKH 상의 자글로트와는 **구별토록**.

훈자에서 파수 방문은 일단 굴미트 행 차편을 이용, 굴미트까지 가서 언덕 너머 아타바드호수의 선착장까지 도보로 이동한다. 알리아바드~굴미트 간 차편은 수시 운행하나 시간은 정해져있지 않다. 보통은 현지의 에이전시를 통해 여러 여행객들(다국적)과 팀을 이루어 아예 차 한 대를 빌려 움직이는 방법을 많이 선호한다. 굴미트 도선장에서의 배편은 운때가 맞아야 한다. 이 역시 승객이 다 찰 때까지 시동을 걸지 않는다. 그룹을 이루어 여행시 에이전시를 통해 미리 예약을 해두면 전담 배편이 대기하고 있다가 탑승과 동시에 바로 출발하게 되므로 편리하다. 호수를 가로질러 맞은편 후세이니 선착장에 내리면 거기서 대기중인 다른 승합차량에 몸을 싣고 파수까지 이동한다. 이 역시 미리 예약해놓은 차량이 대기중이라면 훨씬 수월하게 여정을 진행할 수 있을 것이다. 그렇지만 혼자 여행에 나섰다면 아무래도 비용부담이 되니 현지 대중교통편을 이용하면서 천천히 느긋하게 여정을 꾸릴 일이다. 시간에 구애받지 않을 '나홀로 여행자'라면 더욱더 여유로운 일정으로 즐기길 바란다. (※ 중국(카슈가르) 방면에서 국경(쿤제랍 패스)를 넘어서 오는 경우 역시 앞서 파수트레킹 편에서 언급한 바 있으므로 생략한다.)

 # 전용차량 : 여행객들만을 위한 전용차량을 임차하여 이동수단으로 활용하는 것은 상당히 매력적이다. 시간절약도 할 수 있고 무엇보다 꽉 찬 현지 승합차량에 매한가지로 답답하게 쪼그려 앉아(혹은 줄곧 선 채로) 이동하지 않아도 된다는 장점이 있다. 하지만 개인 혼자서 차 한 대를 점유하여 이동수단으로 삼는 것은 아무래도 부담이 된다. 4~5명 이상 팀을 이루었을 때 이러한 방식을 모색하자. 아니면 현지에서 서로간 잘 모르더라도 즉흥적으로 여행객들끼리- **다국적일지라도** - 의기투합하여 각자 비용분담 하에 전용차량으로 임차하여 여정에 나서는 방법도 시도해볼 수 있다. 방문객이 많은 시즌에는 의외로 쉽게 이러한 방식에 합류(또는 주도)할 수 있다. 직접 발벗고 나서기가 여의치 않다면 현지 에이전시(여행사)를 통하자. 에이전시에서는 약간의 수수료를 받고 이러한 관광객들을 즉석 모집하여 여타 프로그램에 합류시키곤 한다. 단지 교통편만을 제공하는 경우도 많으므로 이러한 방편을 적극 활용하자. (☞ 현지의 여행사 사무실이나 호텔 프런트- **꼭 본인의 호텔이 아니어도 좋다.** -의 게시판에 붙은 당일 투어프로그램 동참자 모집문 등도 눈여겨보면 도움이 될 수 있다.) 물론 여행시즌이 지나 인적 뜸한 시기에 접어들었다면 아무래도 뜻 맞는 여행객들이 모이기까지 기다림의 시간이 길 것이다. 어쨌든 현지에서의 일정계획은 각자 본인의 여행기간과 현지의 상황(비용 & 타이밍 등)을 잘 고려하여 수립토록.

참고로, 훈자에서 그래도 가까운 미나핀 방면(라카포시 북면 B.C. 트레킹)이나 나가르(호파르 부알타르 빙하, 바르푸빙하(라시파리 & 스판틱 B.C.)) 방면 이동시에는 만약 현지 승합교통편을 이용하기가 여의치 않다면 비록 혼자라 하더라도 거리가 그리 멀지 않으니 택시를 타고 가는 방법도 추천해본다. 개별여행객들 상당수는 택시를 근교 이동의 주된 교통수단으로 활용하는 사례가 많다.

○ 음식 & 숙박

도시지역이나 중심 관광단지에서 동떨어진 단지 트레킹루트 내원지역에 있어서는 그럴싸한 호텔이나 게스트하우스가 잘 없다. 그나마도 있는 것이라곤 접근기점(진입마을) 일원의 소규모 레스트하우스(티하우스) 정도가 전부다. 그래도 라카포시 트레킹기점인 미나핀 마을의 **디란 게스트하우스**

는 시설과 상태가 괜찮은 편이라 선호도가 높다. 아울러 파수마을 일원의 여러 호텔 및 게스트하우스(레스트하우스)들 역시 하룻밤 묵어갈만하다. 그밖에 나가르밸리 방면 나가르, 호파르, 후루, 아플라하라, 히스파르 및 심샬밸리 심샬 등지의 오지마을 일원에도 여행객(트레커)을 위한 소규모의 숙식편의시설(레스트하우스)들이 갖추어져 있다.

- **길기트 일원** : 「Gilgit PTDC Motel」 / 「Hotel Canopy Nexus」 / 「Gilgit Continental Hotel」 / 「Serena Hotel」 / 「Riviera Hotel」 / 「Mirs Lodge」 / 「Park Hotel」 / 「Gilgit Gateway Hotel」 / 「Hotel Shaheen」 / 「Bagrot Sarai Hotel」 / 「Jamal Hotel」 / 「Ramjan Hotel」 / 「Rupal Inn」 / 「Chinar Inn」 / 「Madina Hotel & Gueshouse」 etc.

- **훈자(카리마바드) 일원** : 「PTDC Motel (Ganesh)」 / 「Serena Baltit Inn」 / 「Eagle's Nest」 / 「Hunza Embassy」 / 「Darbar Hotel」 / 「Hill Top Hotel」 / 「Mountain Refugee Hotel」 / 「World Roof Hotel」 / 「Mulberry Hotel」 / 「Hunza View Hotel」 / 「Hill View Hotel」 / 「Karimabad Inn」 / 「Old Hunza Inn」 / 「Karakoram Inn」 / 「Rakaposh View Hotel (Ghumeht)」* etc.

(※ 이밖에 알리아바드, 가네시 일원에도 여행자숙소 및 레스트하우스들이 많이 있다.)

> * 굴메트의 라카포시뷰(Rakaposh View) 호텔은 훈자에서 길기트 방면 KKH 도로변 굴메트 빙하 전망 공원 내에 위치한 호텔로서 시설수준과 주변 분위기는 카리마바드의 호텔들보다는 다소 차이가 있다.
> (※ 굴메트(Ghulmet)와 굴미트(Gulmit)를 혼동치 말도록)

- **굴미트(아타바드 호수 남부) 일원** : 「Continental Hotel」 / 「Hunza Marco Polo Inn」 / 「Silk Route Lodge」 / 「Gulmit Tourist Inn」 / 「Village Guesthouse」 etc.

- **파수 일원** : 「Passu Ambassador Hotel」 / 「Passu Tourist Lodge」 / 「Shisper View Hotel」 / 「Passu Peak Inn」 / 「Sari Silk Route Hotel」 / 「Glacier Breeze Garden & Restaurant」 / 「Passu Inn」 / 「Batura Inn」 / 「Borith Lake Hotel」 etc.

- **소스트 일원** : 「PTDC Motel」 / 「Riveria Hotel」 / 「Sost Tourist Lodge」 / 「Asia Star Hotel」 / 「Khunjarab Hotel」 / 「Sky Bridge Inn」 / 「4 Brothers Hotel」 / 「River View Guesthouse」 / 「Park Hotel」 etc.

(※ 파키스탄/중국 국경인 쿤제랍패스 일대에는 여행자숙소가 없다. 파키스탄 관내로서는 소스트(Sost)가 여행자가 묵어갈 수 있는 마지막(최북단) 마을이다.)

☕ **훈자의 별미** : 통밀 짜파티, 치즈 및 각종 채식거리를 중심으로 한 훈자지방만의 특색이 돋보인다.

- 베리쿠츠 : 훈자피자. 짜파티 두 장 가운데에 치즈 & 볶은야채 등을 삽입하여 구워 내오는 음식. 편잡식 파란타— **짜파티/로티 속에 내용물 채움**—와 유사.

- 부루샤픽 : 중국식 춘권 또는 서양식 스프링롤과 비슷해보이나 튀기지 않고 짜파티 안에 내용물을 넣고 돌돌 말아 잘라먹음.

- 가르마무스/홀리오 가르마 : 짜파티를 조각내어 야채와 함께 볶아 만든 음식.

- 도우도 : 훈자국수. 살구즙이 혼합된 Apricot Doudo가 특히 유명하다.

○ 인근 볼거리/즐길거리

길기트 일원 : 다뇨르 터널, 길기트 브릿지(목조현수교), 타지무갈 기념비, 카르가붓다(불교 암각화), 날타르밸리, 카라코람 에어사파리(항공관광) 등

◇ 지방축제〉 나브로즈 축제(페르시안 첫봄맞이; 3월 하순) / 봄철 폴로축제(4월 하순) / 실크로드 축제(Silk Route Festival; 5월 중순 ※ 길기트, 스카르두, 훈자·나가르 등 카라코람 전역) / 길기트·발티스탄 독립기념일(11월1일)

길기트의 카르가붓다   다뇨르터널과 목조현수교   날타르밸리

훈자 일원 : 발티트성(Baltit Fort), 알티트성(Altit Fort), 이글네스트(Eagle's Nest) 전망대, 가네시마을과 수로, 울타르밸리(일명 '죽음의 계곡'), 울타르메도우, 하사나바드 계곡 & 빙하, 하친다르빙하, 굴메트빙하(전망휴게소), 나가르밸리(부알타르빙하/바르푸빙하/가레사빙하(트리보르빙하)/라시파리호수/히스파마을&히스파빙하 트레일) 등

◇ 지방축제〉 파종행사(Bophaw; 2월말~3월초) / 관개수로 대청소(Eithum; 3월) / 가루쿠스 축제(봄맞이 행사; 4월) / 봄축제(Jashan-E-Baharan; 5월) / 수확축제(Ginani; 6월말~7월초) / 산두르 폴로축제(7월 첫 주) / 혼례축제(11월) / 토모샬링 축제(악귀퇴치; 11월~12월중)

발티트성(Baltit Fort)   알티트성(Altit Fort)   굴메트빙하와 라카포시(북면)

파수 일원 : 서스펜션브릿지(출렁다리; 속칭 인디아나존스 다리*), 보리트호수, 파수빙하, 윤즈밸리, **심샬파미르(심샬트렉)** 등

◇ 지방축제〉 봄맞이 대청소(Kit E Thit; 2월초~3월초) / 파종행사(Tagum; 3월 초순) / 유목축제(Summer & Winter Kuch*; 5월 마지막주 & 9월 마지막주) / 수확축제(Harvesting; 7월 첫 주)

파수 서스펜션브릿지(Suspension Bridge)

심샬파미르(심샬패스 슈웨르트 고원)

* 헐리우드 영화 '인디아나 존스'가 실제 여기서 촬영된 일은 없다. 단지 영화상의 주인공 인디아나 존스가 영화 후반부에 절벽의 위태로운 출렁다리를 건너는 장면을 연상시킨다 하여 누군가 이름붙인 것이 지금까지 그렇게 애칭으로 통용되고 있는 것이다. 파수에는 이처럼 허술한 두어 가닥 와이어(쇠줄)로 연결한 출렁다리들이 많은데 원래는 훈자강 건너의 '쿠라마바드' 마을로 가기 위해 가설한 다리라고 한다.

* 현지어 쿠치(Kuch)는 '가축 이동방목'을 뜻하는 말이다. 영어로는 〈Transhumance〉

🏠 현지추천여행사

· Hidden Paradise Tours (대표 Musa Karim / 카리마바드(훈자) 소재)
- E-mail: mtmkarim@hotmail.com, hunzacards@gmail.com
- Tel: +92-5813-457199 / +92-346-5399471, 312-9705955

※ 훈자 현지 여행사들이 대개 그렇듯이 이 역시 여행사 사장이 직접 지프를 몰며 가이드를 하면서 여행객들을 인솔하고 다닌다. 여정 및 방문지에 대한 좋은 설명을 덧붙이며 아울러 친밀감이 더해지면 직접 자신의 집에 초대, 가족들과 함께 만찬을 주선하기도 한다. 위의 '무사 카림'은 한국 관광객들에게도 어느 정도 알려져있는 인품 좋은 현지 여행사대표 겸 가이드이다. 이 외에 각자가 묵고 있는 호텔의 데스크에 현지의 관광프로그램 참여 및 필요시 차량과 가이드를 주선토록 요청해도 된다.

※ 심샬트렉(Shimshal Trek) (★ 사진협조 : Anis Hussain)

심샬파미르 슈웨르트 고원

파수에서 동쪽으로 심샬계곡을 따라 심샬고원 일대를 트레킹하는 프로그램이다. 일명 '심샬파미르' 트렉이라고도 하여 이름에서 알 수 있듯이 이른바 세계의 지붕 파미르고원이 남쪽으로 펼쳐내린 파키스탄 최북단의 고원지경으로, 바야흐로 웅대한 카라코람산맥이 태동하는 곳이기도 하다. 심샬밸리의 중심지인 심샬마을(3,050m)까지 파수에서 왕복 4~5일 일정이 소요되며(도보기준), 그로부터 남쪽 야즈길빙하, 쿠르도핀빙하, 비르제랍빙하 등지로의 더욱 깊숙한 내원지역으로 트레킹을 진행할 수도 있다. 아울러 파미르-카라코람의 중요한 고개인 동쪽 심샬패스(4,820m)방면으로 나서는 계획도 세워볼 수 있으며,

이의 심샬패스와 슈웨르트 고원지대를 지나 샥스감밸리 지역으로 넘어가 유목민들의 여름거처인 치카르(3,820m)에서 남쪽 우첼가(3,950m) 목초지를 지나서 브랄두*빙하 지역으로의 **탐승·탐험***에 나서는 소위 심샬파미르 카라코람 최후의 오지 트레일에 도전해볼 수도 있다. (✔ 단, 이 샥스감밸리 지역은 중국(신장위구르)과의 국경지역이라 사전 출입허가를 득하고 나서야 한다. 그리고 계속 동쪽으로 브랄두계곡 하류를 따라 샥스감리 원류와 만나면서부터는 더 이상 통행할 수 없다. 바로 중국 땅이기 때문이다. 샥스감밸리는 〈부록〉 – 'K2 북부지역 트레킹' 편에서 다시 언급한다.)

* 발토르트레킹시 진입경로 상의 브랄두 강과 혼동치 말라. 전혀 다른 지역의, 단지 이름만 같은 물줄기, 빙하지대를 지칭하는 표현일 뿐이다. (발티어 원뜻인즉 브랄두(=바르두) : '거친/험한')

* 브랄두빙하를 따라 올라 마지막 브랄두브락(6,200m) 남단의 룩페라(룹케라; 5,800m)를 넘어 비아포 빙하 – 비아포–히스파 트레일 – 상단의 심강빙하 일명 '스노우레이크(Snow Lake)' 지역으로 넘어갈 수도 있으나 이는 일반 트레커들은 통과가 어려운 일급코스로서 전문적인 등반수준을 갖춘 모험가들이나 나설만한 매우 험난하고 기술적 난이도가 있는 탐험루트이다.

사진 좌) 심샬패스 슈웨르트 고원의 심샬호수. 너머로는 야르칸드 강 유역의 샥스감밸리 지역이다. /
사진 중앙) 야즈길빙하와 야즈길사르(좌)–유트마르사르(중앙)–푸마리치시(우) 연릉 /
사진 우) 심샬밸리 남부의 쿠르도핀빙하. 최상부를 넘어가면 비아포 빙상분지 스노우레이크로 이어진다.

∴ **심샬트렉(편도) 표준일정** (▶ 파수~심샬까지 도로상황에 따라 지프차량으로도 이동가능하나 기본적으로 도보일정으로 권고. 아울러 고도적응 감안 저속(Slow)일정으로 소개)

· **기본일정(파수~심샬)** : 1일) 파수–두트(피쿠트)–샤리트 // 2일) 샤리트(샤라트)–말룽구티(또는 리즈반) // 3일) 말룽구티·리즈반–심샬

· **확장일정(심샬~심샬파미르)** : 4일) 심샬–가르사르(자르드가르벤)*–푸르진 // 5일) 푸르진–푸리안에벤(또는 푸리안아르밥) // 6일) 푸리안에벤/푸리안아르밥–슈제랍 // 7일) 슈제랍–압둘칸마이단–심샬패스–슈웨르트(심샬파미르) // 8일) 슈웨르트–슈제랍–푸리안에벤 // 9일) 푸리안에벤–푸르진–가르사르–심샬

* 가르사르(자르드가르벤) : 남쪽 야즈길빙하, 쿠르도핀빙하, 비르제랍빙하 방면 진입골짜기와의 갈림목

사진 좌: 심샬마을 / 사진 중앙: 말룽구티빙하를 건너면서 바라보이는 야즈길돔(좌)과 디스타길사르(우) /
사진 우: 심샬패스 너머의 치카르(브랄두밸리) 방면 트레일.계속 나아가면 샥스감밸리 지역이다.

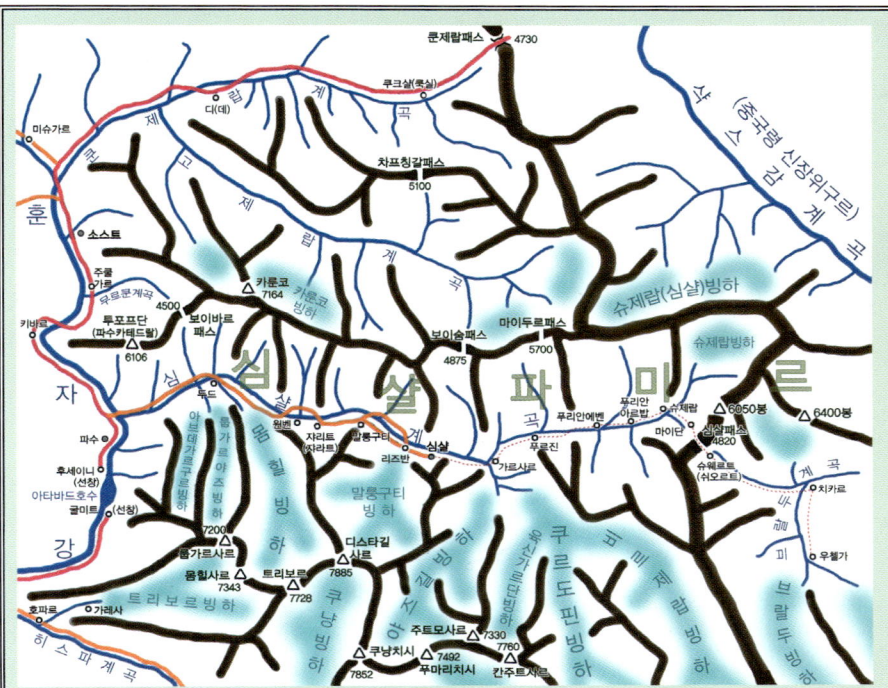

훈자·파수

✦ **트레킹 방식** : 캠핑트레킹(심샬 마을에서는 롯지/게스트하우스 투숙도 가능)

(※ 수행일꾼들 동행시 보통 훈자나 파수의 에이전시(여행사)를 통하여 ①현지인력을 소개 받아 나서게 되나, 그룹인원이 많거나 난이도가 있는 트레킹지역을 여행할 경우 경험이 많은 ②에이전시 소속 전문인력들을 고용하여 나설 수도 있다. 개별여행객일 경우 ①안을, 3인 이상 그룹을 이룰 경우 ②안으로 고려하여 나서라. 전문적인 에이전시에 의거 구성되는 카라반 은 비용은 좀 들겠지만 트레킹장비부터 서비스의 질, 스태프들의 수준이 확실히 다르다.)

🏠 **심샬(마을) 숙박지** : Shimshal Tourist Lodge / Mountain Palace Tourist Lodge / Sifat Guesthouse

심샬 슈웨르트 고원의 돌집 구조물

심샬고원 셰르피크

심샬마을 진입부 단구협곡과 하상단애

◉ **주의사항**

★ **항공이동관련 :** 국내선항공(이슬라마바드-길기트) 이용불가(결항 또는 리컨펌 불능 등에 의한 취소)상황이 잦다는 점을 염두에 두고 대체수단(육로이동)을 아울러 전체일정 계획을 수립한다. (기본 1~2일의 여유일은 필수다.)

★ **사진촬영 금지 :** 길기트 일원 역시 군 시설과 관련한 사진촬영 제한구역이 많다. 이를 어기고 카메라를 들이댔다가 적발되었을 경우 매우 곤혹스러운 상황을 겪을 수 있다. 심하면 악명높은 파키스탄정보부(IAS)의 심문을 받게 될 수도 있으므로 금지구역 촬영은 더더욱 신중하라. 아울러 현지인들(특히 여성)을 허락 없이 무단촬영하는 것 역시 변함없는 금기사항이다. 다만 이스마일리 파가 우세한 훈자 지역에서는 현지여인들이라 하더라도 사전허락을 부탁하면 별 거부감 없이 촬영에 응해주는 경우가 많으니 적절히 예의를 갖춰 뜻한 바를 이루도록 하라.

★ **돌발상황 주의 :** 길기트 지역은 앞선 발티스탄 지역보다도 안전에 좀 더 각별한 주의를 기울여야 하는 곳으로, 종교분파간 갈등도 많아 때로 서로간 과격한 대립이나 유혈사태가 빚어지기도 했던 사례가 있다. 비록 여행객들을 대상으로 하는 사안이 아니라곤 하더라도 불의의 사고를 당할 수 있으므로 각자 신변안전에 만전을 기하도록. 아울러 낯설고 외진 곳에는 가급적 혼자 나다니지 말며, 인솔자나 경호원(수행경찰)이 없는 경우에는 여럿이라 하더라도 어둡기 전에는 일찌감치 숙소로 귀환토록 하라. 한편 길기트 지역과 달리 훈자 지역은 여행객들에게 비교적 우호적이며 안전한 여행지로 부각되어 있어 유람과 개인행동에 제약이 적다. 그럴더라도 혼자 어두운 밤거리를 배회하지는 말자.

★ 이밖에 **음주** 및 **무단행동**을 삼가며, **복장**이나 **개개인 종교행위** 등에 있어서도 매한가지로 현지인, 현지문화를 자극하지 않도록 배려하고 주의를 기울인다.

▶ 3장 – 낭가파르밧 트레킹(펀잡히말라야)

○ 펀잡히말라야 개요 ·· 202
　◢ 카시미르히말라야 ·· 203
○ 낭가파르밧 개요 ·· 204
○ 트레킹 방식 ·· 205
▲ 코스 및 일정가이드 ·· 206
　3-1. 낭가파르밧 북면 베이스캠프(페어리메도우) ········· 206
　3-2. 낭가파르밧 남면 베이스캠프(루팔) ···················· 217
　3-3. 낭가파르밧 남부루트(루팔-마제노) ···················· 224
　3-4. 낭가파르밧 서키트(루팔-페어리메도우-아스토르) ···· 233

▶ 3장 – 낭가파르밧 트레킹(펀잡히말라야)

○ 펀잡히말라야 개요

파키스탄 북동부의 카라코람산맥 아래 인더스강에 의해 분리된 낭가파르밧 일대의 산계를 '펀잡'히말라야'라고 한다. 대히말라야산맥의 최서단으로서 일명 '파키스탄 히말라야'로서도 통한다. 원래는 인더스강에 의해 분계가 되는 카시미르 지역 서남단의 히말라야산맥 전 지경을 아우르는 분류명칭이기도 했으나 현재 카시미르가 인도와 파키스탄 양국의 영유권 분쟁에 의거 정전선이 그어진 이래로 파키스탄에 속한 히말라야산맥은 이처럼 파키스탄히말라야 또는 펀잡히말라야로, 달리 인도령에 속한 카시미르의 히말라야는 인도히말라야' 또는 카시미르히말라야로서 분류하게도 되었다. (∴ 본지에서는 이를 준용하여 – '파키스탄령 펀잡히말라야' vs '인도령 카시미르히말라야'' – 설명한다.) 펀잡히말라야는 이처럼 인더스강을 경계로 카라코람산맥과 나뉘고 있으며 바야흐로 세계9위봉인 낭가파르밧(8,126m)을 맹주로 하여 아울러 해발 4천~5천미터대의 고산지경을 이룩한 데오사이고원 및 바부사르고원, 랄라자르고원을 비롯 파키스탄 동북부의 웅장한 산악세력을 구축하고 있다. 지역적으로는 길기트·발티스탄 주의 **디아메르, 아스토르** 두 지역과 그 남쪽의 **아자드카시미르(Azad Kashmir)'** 지역을 포괄한다.

* '다섯(Punj) 개의 물길(Ab)'을 의미하는 '펀잡(Punjab)'은 파키스탄과 인도 양국 사이에 가로놓인 인더스강 동부의 다섯 지류 곧 젤룸, 체나브, 라비, 베아스, 수틀레지의 다섯 개 강줄기 유역에 걸친 비옥한 평원지대를 일컫는 말로서, 또 한편으론 그 북쪽유역(발원지)의 히말라야 산계에 속한 산악지역을 이른바 '펀잡히말라야'로서 매겨놓고 있다.

* 인도히말라야는 한편 이의 카시미르히말라야와 더불어 북인도 히마찰프라데시 주의 산계와 우타란찰 주의 가르왈·쿠마온 히말라야까지를 함께 아울러 지칭하는바, 차후 언급에 있어서는 이 카시미르히말라야를 배제하고 북인도 히마찰과 우타란찰의 히말라야 산계만을 인도히말라야로서 떼내어 언급코자 한다. 한편 인도 동북부의 시킴 주 및 아룬찰프라데시 주 또한 인도 영토에 속한 히말라야의 일환으로서 역시 포괄적인 '인도히말라야'로서도 아우를 수 있으나 중앙에 네팔과 부탄의 히말라야 지경을 두고 있어 그로부터 일괄하여 인도히말라야로 다루기에는 거리와 개념상 요원한 면이 있으므로 기 분류했듯 '시킴히말라야' 및 '아삼히말라야'로 따로 구분하여 다루게 될 것이다.

* 실제적인 펀잡히말라야 vs 카시미르히말라야의 분계는 인도령 카시미르의 카르길 남쪽 조지라(Zoji La)로 본다. 과거 길기트~스리나가르를 잇는 중요 카라반루트였던 해발 3,530m의 이 고개가 카시미르와 파키스탄을 통과하는 전체 산줄기 상에서는 가장 낮은 지점인바(사실 전 히말라야 산계(산령)에 있어서도 가장 낮은 고개일 것이다.), 곧 이를 두 산계의 구분점으로 봐도 무방할 것이다. 이렇게 본다면 카시미르히말라야와 분리된 펀잡히말라야는 파키스탄에만 맥을 두고 있는 것이 아니고 극히 일부지만 인도구간(인도령)에도 영역을 두고 있는 셈이다. 바로 조지라(3,530m)에서부터 국경지대로서의 LOC(Line of Control)로 그어진 카로발패스(4,160m)까지의 구간이다.

* 아자드카시미르(Azad Kashmir) : 정전협정에 의거 파키스탄의 관할로 정해진 지역이다. 파키스탄 자체적인 광역행정 관리체계에 포함시키지 않고 원래의 카시미르 정서를 준용하여 계속 '아자드 카시미르'란 이름으로 관리해오고 있다. 문자 그대로 '자유 카시미르'임을 표방한다.

■ **카시미르히말라야** : 편잡히말라야의 동부 곧 인도령 카시미르의 히말라야 산계는 인더스강을 경계로 남쪽의 잔스카르산맥과 북쪽의 라다크˚산맥으로 나뉘며, 정확한 맥락의 대히말라야산맥은 낭가파르밧으로 연결되는 인더스강 남쪽의 잔스카르산맥˚을 가리킨다. 이 카시미르히말라야 잔스카르산맥에는 7천미터급 두 개의 산봉 눈(7,135m)과 쿤(7,077m)이 있다. 북쪽 라다크산맥은 한편 인더스강 북부의 동남방향 지류인 시오크(샤이오크)강에 의해 카라코람산맥과 분리되나 산세는 계속 카라코람을 따라 파키스탄 카시미르의 사세르캉그리˚(7,672m), 살토로캉그리(7,742m)를 지나서 시아첸, 발토로 산군으로 연결된다. 하지만 어쨌든 광의의 히말라야산맥의 개념으로서 보면 잔스카르산맥과 라다크산맥 모두 이러한 광역히말라야의 일원으로 볼 수 있으며, 다를 것 없이 이의 라다크산맥과 연계된 카라코람산맥 역시 히말라야의 한 부분으로, 나아가 그로부터 맺어진 힌두쿠시와 쿤룬(곤륜)·톈산(천산)산맥 등도 이의 광역히말라야로 함께 어우를 수 있음이다. (☞ 서두의 파미르고원 참조)

낭가파르밧

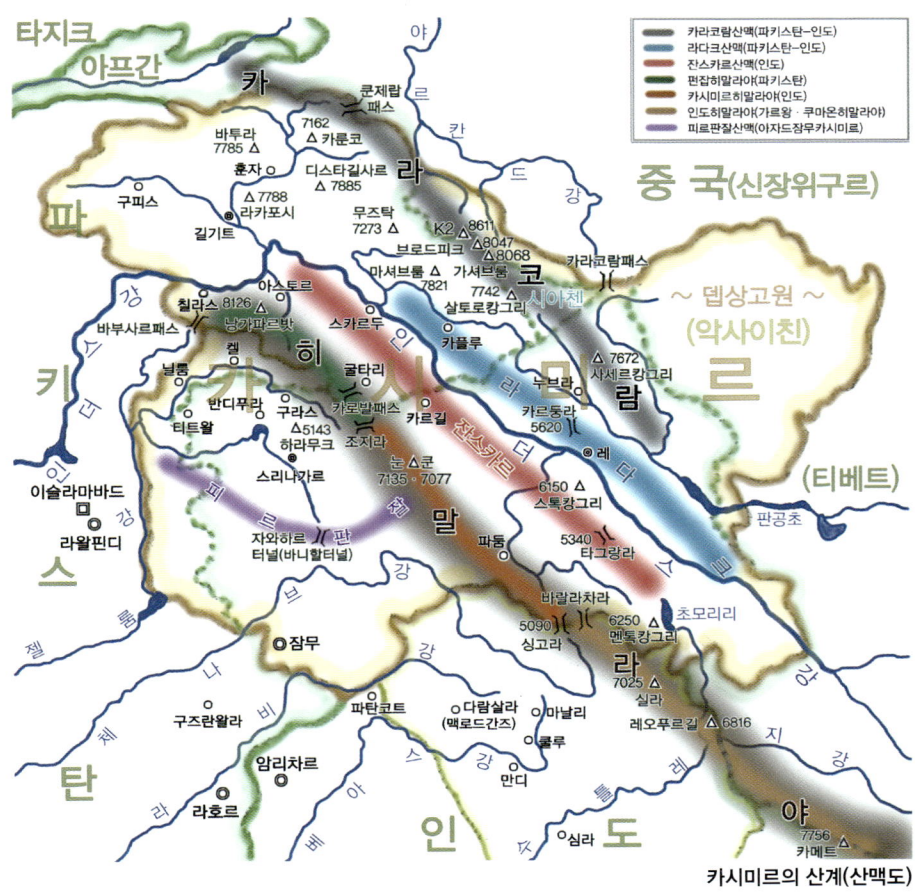

카시미르의 산계(산맥도)

* 북인도 하면 떠오르는 '**라다크(Ladakh)**'는 라다키어(티베트어)로 고개를 뜻하는 '라(La)'와 땅을 뜻하는 '닥(Dakh)'의 합성어이다. 즉 "높은 고개(위)의 땅", "높은 고개가 많은 땅"으로 풀이할 수 있으며, 한마디로 그냥 '고개 위의 땅' 즉 '높은 땅' 임을 지칭하는 단순명사에서 유래한 명칭이라 하겠다. **잔스카르(Zanskar)**는 반면 어원과 유래가 단순해보이지 않는다. 여러 해석과 의견이 분분한데 대체로 '구리(Zans/Zangs)'와 관련한 해석이 주류를 이루어 그로부터 구리의 땅, 구리계곡, 구리별(星), 구리백토(白土) 등등의 여러 어원적 해석이 쏟아진다. 하지만 이 지역의 메마르고 황량한 풍경과 그 토양·지질의 특성이 대체로 불그스름한 구릿빛 색채를 띠는 데서 연유한 것은 분명해보인다. 결국 이 또한 '(구리색의) 붉은 땅' 또는 '붉은 골짜기' 등의 단지 지형과 토양의 특성을 가리키는 단순명사로서의 지칭으로부터 유래했을 가능성이 높다. 필자 의견 역시 '구리계곡' 내지는 '구리골짜기'가 가장 유력해보인다. (☞ Zangs(Copper) + Skar(Valley))

* 일각(주로 지질학계)에서는 다시 카시미르의 인더스강 남쪽지류인 잔스카르강 일대의 산세의 흐름— 비록 잔스카르강에 의해 산줄기가 끊어져있을지라도 —을 소위 잔스카르산맥으로서 매겨놓고 있기도 하나 전체적인 그림을 놓고 본다면 잔스카르강 유역의 남쪽 지경(발원)을 이루는 대히말라야의 산줄기를 이의 잔스카르산맥으로 동일시하는 것이 옳다.

* 사세르캉그리 : '황금(Saser) 설산(Kangri)'의 의미이다. 소카라코람 히스파산군의 '골든피크'(스판틱; 7,027m)와 상통하는 발티어(라다크어) 산명이다.

○ 낭가파르밧 개요

카시미르 창공에서의 낭가파르밧 전경(그래픽 이미지 / 자료협조 : Christoph Hormann. 관련자료: http://earth.imagico.de) 거대한 루팔벽의 위용이 잘 나타난다. 오른쪽 멀리 힌두쿠시 최고봉 트리치미르의 형상도 어렴풋 잡힌다.

파키스탄 북부 길기트·발티스탄주의 디아메르와 아스토르 지역에 걸쳐있는 산군으로, 해발 8,126m의 높이는 K2에 이은 파키스탄 제2위의 고봉으로 자리매김하고 있음과 동시에 히말라야14좌 중 제9위의, 즉 지구상 아홉 번째로 높은 고산으로서의 지위를 부여받고 있다. 1895년 영국의 머메리(Albert Frederick Mumerry)에 의해 첫 등정시도가 이루어진 이래 1953년 헤를리히코퍼(Karl Maria Herrligkoffer)가 지휘한 독일·오스트리아 합동대의 헤르만 불(Hermann Buhl)이 비로소 초등에 성공하기까지 숱한 등반가들의 목숨을 앗아간 탓에 8천미터급 히말라야 고산 중에서는 카라코람의 K2와 더불어 등반난이도가 가장 높은 산으로서 언급되고 있다. 한국은 1992년 박희택, 김주현, 송재득 대원이 첫 등정에 성공했으며, 한편으론 그리 오래지 않은 2009년 히말라야14좌 완등에 나선 여성산악인 고미영 씨가 11번째 대상지로서 도전했다가 정상에 오른 후 하산 도중 실족하여 추락사한 안타까운 사연을 간직한 산이기도 하다.

낭가파르밧의 어원은 산스크리트어로 '벌거벗은(Nanga) 산(Parbat)'을 의미한다. 온통 하얗게 빛나는 산세와 더불어 아무런 생명도 다가설 수 없는 완전히 깎아지른 거벽들의 모습으로 하여금 그처럼 '벌거벗은 산'의 이미지를 각인시켰는지도 모르겠다. 토속방언인 세나(Shena)어로는 '디아미르'(디마메르)'라 불리며 K2의 원명 '초고리'와 같은 "산중의 왕"을 뜻한다. 낭가파르밧은 한편 네팔 에베레스트에 대한 영국원정대의 열정과 도전에 대비되어 이에 경쟁적으로 20년간 전폭적인 독일 정부의 지원을 업고 진행된 독일원정대의 수많은 도전과 루트개척에 의거 세칭 '독일의 산'으로서 회자되기도 했다. 그만큼 독일인들의 이 난공불락의 낭가파르밧에 대한 관심과 열정이 대단했던 것이리라. 그 중에서도 특히 세계최대의 거벽'이라 일컬어지는 표고차 4천5백미터의 낭가파르밧 남면 루팔벽(Rupal Face)'을 통한 정상등정 또한 결국 1970년 독일계 이탈리아인인 등반가 라인홀트 메스너(Reinhold Messner)에 의해 성공되었다는 점도 왠지 독일이라는 밑바탕과 무관하지 않아보인다. 한국인으로서는 1999년 엄홍길 대장이 이 루팔벽을 통한 정상 등정을 시도했으나 실패했고 이후 2005년 김창호, 이현조 대원이 사투 끝 등정에 성공했다.

* 풀이하면 '산'을 뜻하는 「디아」+ '왕'을 뜻하는 「미르」의 합성어 – ※ 일각에서는 거꾸로 디아=왕(Deo) + 미르=산(Mount)으로서도 해석(서구식 발상) – 이다. 발티어 '초고(제왕/으뜸)–리(산)'와 마찬가지로 '산중의 왕'을 뜻하는 말임을 알 수 있다. 한편으론 수많은 등반가들의 생명을 거둔 산이름 이 '디아미르'란 어감으로부터 연상된 프랑스어 '디아블미르(Diable Mir; 악마의 제왕)' 곧 '악마의 산(Devil's Mountain)'이라는 닉네임을 가지고 있기도 하다. 이로부터 세칭 '죽음의 산(Killer Mountain)'이라는 필명으로서도 새겨진 것으로 보인다. (☞ 낭가파르밧 기슭을 지나는 KKH 도로변에 이의 입간판이 또렷이 세워져있다.)

* 낭가파르밧의 루팔벽은 안나푸르나 남벽, 로체 남벽과 함께 세계 3대 거벽으로 일컬어진다.

초리트 마을에서의 낭가파르밧(루팔면)

○ 트레킹 방식

– 트레킹허가(퍼밋) 불필요. 롯지트레킹 & 캠핑트레킹

※ 단기트레킹(3일 미만)의 경우 보통 롯지(게스트하우스)트레킹으로 진행하며 장기트레킹(3일 이상)의 경우 롯지트레킹 + 캠핑트레킹 형식으로 진행한다. (∵ 주민 최종 거주마을을 지나면 오직 캠핑트레킹만 가능하다. 단, 페어리메도우(Fairy Meadows) 방면은 성수기에 찾았다면 베이스캠프(돌집 간이구조물)에서 숙식을 해결할 수도 있다. 시설은 물론 열악하다.)

⚠ 코스 및 일정가이드

3-1. 낭가파르밧 북면 B.C. 트레킹(1~2일) ※ 페어리메도우 기준

✦ **특징** : 낭가파르밧의 손꼽히는 명소인 페어리메도우(Fairy Meadows)*를 거쳐 탐승하는 루트이다. 낭가파르밧의 가장 아름답고 화려한 면모를 그리 힘들이지 않고 단시간 내에 만끽할 수 있는 가장 대표적이며 인기있는 코스이다.

> * 페어리메도우(Fairy Meadows) 곧 '요정의 초원'이란 의미의 이 말은 원래 독일인들에 의해 고안된 애칭 '메르헨비제(Märchenwiese)'를 영역한 것으로서, 이른바 독일의 전래동화를 가리키는 '메르헨(Märchen)'과 알프스자락의 초지를 지칭하는 '비제(Wiese)'를 합해 만든 단어이다. 이는 곧 상상으로만 가능한 메르헨 동화속 풍경에 영감을 받아 지어낸 이름으로서, 문자 그대로 '동화속 초원'임을 떠올리게 할 만큼 매혹적이며 아름다움이 깃든 곳임을 피력한다 하겠다.

✦ **트레킹 적기** : 6월~10월초
✦ **트레킹 최고점** : 낭가파르밧 북면 B.C.(3,900m)
✦ **트레킹가이드**

> **접근)** 낭가파르밧 북면 B.C.의 기점인 페어리메도우로 가기 위해 길기트와 칠라스의 중간지점인 KKH 도로상의 라이코트브릿지(Raikot Bridge)에서 하차, 그로부터 남쪽 라이코트계곡을 거슬러 오른다. (☞ 길기트~칠라스 간을 운행하는 버스 또는 승합차량에 탑승하여 중간지점인 라이코트브릿지에서 하차한다. 또는 라왈핀디/이슬라마바드의 NATCO 정류장에서 장시간의 길기트 행 밤버스를 타고 다음날 아침 탈리치(아스토르 갈림길) 못미처 라이코트브릿지에서 하차하여 여정을 시작할 수도 있다. 라이코트브릿지에는 검문초소가 있어 여행객 탑승차량은 이곳에서 일단 정차하여 확인수속 후 통과하게 되므로 그냥 지나칠 일은 없다. 단, 애초 출발시 여행객 신고를 하지 않았다면 경우에 따라 그냥 통과시킬 수도 있다. 현지인들 위주로 태운 소형 승합차량의 경우 종종 그러하다.)

> **상행〉** 라이코트브릿지(1,100m)-(지프이동 2시간)-젤(2,500m)-(1시간)-타토(2,600m)-(2시간30분)-페어리메도우(3,300m)-(1시간30분)-베얄(3,550m)-(2시간30분)-북면 B.C.(3,960m)
>
> **하행〉** 북면 B.C.-(1시간30분)-베얄-(1시간)-페어리메도우-(1시간30분)-타토-(1시간)-젤-(지프이동 1시간30분)-라이코트 브릿지

낭가파르밧 북면 B.C. 트레킹을 위한 첫 출발점은 KKH 국도상의 인더스강을 건너는 교각 라이코트브릿지(Raikot Bridge)이다. 여기서부터 남쪽으로 라이코트계곡을 따라 페어리메도우로 오르게 되는데 보통은 중간지점인 젤 마을까지 4륜구동지프*로 이동케 되며, 오르는 동안 급준하고 아찔한 라이코트협곡의 풍광을 차창 밖으로 감상하는 것 또한 요정의 동산 페어리메도우를 향한 여정의 잊지 못할 묘미이다.

> ★ 주의!) 지프차량을 이용하여 오를 시에 왕복요금과 편도요금이 나뉘어져있음을 주목하라. 하산일을 얘기하고 그때도 동일하게 지프를 타고 내려올 것이라면 왕복요금을 지불토록 종용할 것이다. 만약 편도요금만을 지불하면 나중에 되내려올 때 지프를 이용 못하고 도보로 라이코트브릿지까지 걸어내려와야 한다. 이건 그네들 룰이란다. 우리들 상식으로는 하산일과 하산방법 선택을 융통성있게 발휘하여 그때 상황에 맞춰 결정하고

싶은데 그러나 이런 옵션은 여기선 통하지 않는단다. 어쩔 수 없다. 일단 왕복요금을 지불하는 게 답이다. 아니라면 편도운임 지불 후 정말로 그렇게 걸어내려오는 수밖에 없다. 필자가 직접 경험한 바이다. 이 역시 로마에 가면 로마법을 따르라 했던가... (※ 왕복요금과 편도요금은 차 1대당 약 30~40% 정도 차이가 있다. 예를 들어 왕복이 6천루피면 편도는 4천루피이다. 말하자면 편도시 30~40% 가량(1천루피)의 할증이 있는 셈이다. 파키스탄 1천루피면 한화 1만원돈이다.)

라이코트~젤 구간의 지프로드. 절벽길 내리막 멀리 인더스강 협곡이 보인다.

타토 분지에서 정면으로 보이는 낭가파르밧

애초에는 지프차량이 올라올 수 있는 도로가 더 위쪽의 타토 마을까지 이어져 있었으나 홍수와 산사태로 도로가 유실, 복구되지 않은 상태가 지속되어 그로부터 젤 마을 이후 구간은 통상 걸어서 오르게 된다. 라이코트 브릿지~젤 마을까지는 지프로 2시간쯤 걸리며 도로상황에 따라 단축 또는 지체될 수 있다. 차에서 내려 본격적인 도보여행이 시작되는 젤 마을부터는 바로 위의 타토 마을까지 약 1시간 정도가 소요되는데, 해발 1천미터 초반의 라이코트브릿지에서 갑작스레 고도를 올려 해발 2천5백미터 지경에 올라섰으므로 보행시 숨이 차고 어지럼증이 나타나는 등 고소증이 우려될 수 있기에 빨리 올라가야겠단 조급함을 버리고 물을 많이 마시면서 천천히 걸어오르도록 한다. 일기가 좋다면 라이코트계곡 분지의 넓게 열린 젤~타토 골짜기 구간에서 남쪽 정면으로 하얗게 두둥실 떠오른 낭가파르밧의 모습을 줄곧 시야에 담으면서 갈 수 있다. 타토마을 기슭에는 여행객들을 위한 티숍 및 숙박이 가능한 코티지(오두막숙소)가 마련되어 있다. 시간에 구애받지 않는다면 차 한 잔 하고 가도 좋고, 혹은 시간이 많이 늦었다면 무리해서 페어리메도우까지 오르려 하지 말고 이곳에서 머물고 다음날 페어리메도우로 올라간다.

타토에서 페어리메도우는 계속 남쪽으로 거슬러 오르는 라이코트 골짜기를 따라 나아가게 된다.˙ 젤 마을부터 온통 자갈과 바위로 휩쓸려 퇴적된 라이코트계곡의 모습은 타토 마을을 지나면서부터 풍광이 바뀌기 시작한다. 이내 좁고 깊은 협곡의 모습으로 변모하여 협소한 바윗골 틈바구니 사이에서 굉폭을 쏟아붓기도 하며 좌우로는 아름드리 전나무숲으로 치장하기도 한다. 타토마을 아래 건너편 자락으로도 과거 나름 주민이 많이 모여사는 마을이 있었다고 하나 근자에 큰 홍수와 산사태로 온 마을이 무너지고 쓸려내려가면서 이제는 더는 사람이 살 수 없는 삭막한 사태골로 변해버렸다고 한다. 단지 그쪽 기슭언저리에 라인홀트 메스너의 지인이 세웠다는 자그마한 목조서관(Library)만이 무너진 기슭 언덕위에 자리하고 있을 뿐이다.

라이코트계곡의 풍광 (좌: 젤 마을 구간 / 중앙: 골짜기의 바위협곡지대 / 우: 타토 일대의 휩쓸린 퇴석계곡)

* 실은 타토에서 페어리메도우까지도 도로를 개설하자는 움직임이 있었다고도 하나 현지인들의 강한 반대로 무산되었다고 하며, 아울러 불과 최근까지도 비록 4륜차량은 불가했지만 2륜 모터바이크 여행객들은 페어리메도우까지 그들의 모터바이크를 타고 올라 바이크여행을 즐겼다고도 한다. 그러나 지금은 이조차도 허용되지 않으며 오로지 타토 이후부터는 도보여행만이 가능하다. 짐이 많은 여행객들은 짐꾼(포터)을 고용하거나 나귀에 짐을 싣고 페어리메도우까지 오르게 되는데 비용이 그리 저렴하진 않다. 불과 두어 시간 짐 싣고 오르는 데 다른 트레킹지역의 일꾼들보다도 훨씬 높은 비용을 요구한다. 상황이 그렇다보니 울며겨자먹기로 높은 비용을 고스란히 지불할 수밖에 없다. 이는 하산시에도 동일하게 적용된다. 유명관광지다보니 첫 시작(지프 운임)부터 알게모르게 가격에 대한 횡포가 있는 듯하다.

타토에서 페어리메도우 방면 오름길은 두 군데다. 여행객들은 보통 안전하고 평이한 절반 비포장도로처럼 보이는 넓은 길을 따른다. 우측 골짜기의 가파른 바윗길과 산릉을 타고 오르는 험로도 있는데, 위험요소가 많아 현지인들이나 주로 이용하고 일반 여행객들은 이 길로 오르내리지 않는다. 타토를 지나 전나무 숲길로 접어들면 남쪽 정면으로 보였던 낭가파르밧은 나무에 가려 한동안 조망이 어렵다. 경사도가 조금씩 높아지면서 오름길 구간 다소간 힘이 많이 든다. 고소증에 대비한 예방약(다이아목스)은 전날부터 미리 복용해두면 좋다. 숲이 벗겨지면 다시금 하얗게 빛나는 낭가파르밧의 위용을 온몸으로 느끼며 걸어오른다. 페어리메도우가 가까워지면서는 산길이 지그재그로 휘저어 오른다. 가파른 비탈사면을 오르기 위함이다. 갈지자로 꺾이는 곳에 이르기까지 타토에서부터 천천히 2시간가량 걸리며 이후 페어리메도우까지는 30분 정도 더 걸린다. 페어리메도우 못미처 도중 가파른 골짜기를 타고 곧바로 특정 롯지촌으로 오를 수도 있으나* 길이 험한데다 족적이 뚜렷치 않으므로 비록 해당 롯지에 예약을 해두었더라도 안전하게 조금 돌아서 메도우 고원초지로 올라선 다음에 롯지를 찾아가는 게 낫다.

* 간혹 짐꾼들이나 현지 안내자들 중에는 자신과 친분이 있는(혹은 자신이 운영하는) 롯지로 안내하려고 일부러 좋은 길 놔두고 그리고 곧장 질러 오르는 험로로 유인하는 경우가 있다. 물어보면 이 길이 훨씬 빠르고 좋다고 둘러댄다. 사실 그보다 시설과 경관이 좋은 다른 롯지들을 섭렵해가지 않도록 하기 위한 일종의 '계략'이다. 아무튼 현지인들의 말을 너무 믿지 말 것이며 길을 나아갈 때에 있어서는 초행이라면 무조건 좋은 길을 따르라. 그것이 가장 안전하며 또 가장 확실한, 그리고 가장 현명하고 만족스러운 여행의 방법이다. 좋은 시설을 갖춘 숙소나 편의시설들 역시 중심 트레일에서 벗어나있지 않다. 그 또한 인지상정이다. 만약 그렇지 않다 라고 말하는 사람(현지인)이 있다면 절대 거짓임을 명심하라. 특히 이 낭가파르밧 페어리메도우는 더더욱 그렇다. 주의해야 할 대목이다.

낭가파르밧 북면 B.C. 트레일은 페어리메도우에서 본격적으로 시작된다. 하지만 페어리메도우 도착시간이 늦었다면 무리해서 강행치 말고 맘에 드는 롯지를 잡아 여장을 풀고서는 이 날은 고소적응도 할 겸 편안하게 휴식을 취하면서 가볍게 메도우 일대를 둘러보는 일과로 갈음한다. 페어리메도우 일대에는 돌아볼만한 곳이 많다. 축구장보다 넓은 평탄한 초지가 드리워져있기도 하며 주변에는 또한 향나무와 소나무, 전나무 숲에 감싸인 산중호수와 아늑한 초지언덕이 깃들어있기도 하다. 일기가 좋아 낭가파르밧을 한껏 조망할 수 있다면 더욱 축복이다. (물론 일기가 좋지 않더라도 단지 아랫녘 라이코트계곡을 빚어내는 웅장한 라이코트빙하의 풍광을 코앞에 맞닥뜨리는 것만으로도 훌륭한 감흥이다.) 반대편 북쪽방향으로 숲길언덕을 넘어 완경사면의 초지가 양탄자처럼 부드럽게 깔린 언덕자락으로 다가가 올라온 라이코트 골짜기의 풍광을 되새겨보는 것도 좋다. 역시 날씨가 좋다면 그로부터 북방에 도열한 하라모시(7,409m)와 푸파라시(6,785m), 라카포시(7,788m) 산군의 파노라마를 감상할 수 있을 것이다.

좌) 페어리메도우 일대. 동화속 초원 위에 낭가파르밧이 떠있다. / 우) 페어리메도우 언덕에서의 하라모시-푸파라시 산군 조망(우로부터 하라모시(7,409m)-말루비팅(7,458m)-푸파라시(6,785m)-디란(7,257m)의 순이다.)

낭가파르밧과 라이코트빙하의 주둥이   페어리메도우 뒤편 숲속언덕 아래의 호수

페어리메도우 일대를 거닐며 사진촬영시 조금 주의를 요한다. 현지 여인들의 모습은 물론 현지 주민들이 사는 마을의 풍경 역시 그들 가옥들을 직접적인 대상으로 놓고 찍어서는 안 된다. 발티스탄보다도 더욱 까다롭고 엄격한 이 고장만의 또한 룰이다. (☞ 어겼을 시 만약 현지인의 눈에 띄었다면 십중팔구 뭇 사내들이 다가와 공격적인 태도로 몰아세우며

욕설과 함께 심지어는 카메라를 빼앗으려고까지 할지 모른다. 사전 이러한 사실을 숙지하고 가급적 현지의 룰에 어긋나는 행동들은 하지 말자. 평소 호의적이었던 사람들조차 룰에 어긋나는 무분별한 사진촬영 행위에 갑작스레 태도가 돌변할 수 있다.)

만약 다음날 시간여유를 더 갖기 위해 좀 더 나아가야 하겠다면 1시간반 거리의 베얄캠프까지 진행하는 것도 괜찮다. 본격적인 풍경구와 전망포인트는 베얄에서부터 시작된다. 그러므로 베얄에서 하루 머물고 다음날 베이스캠프로 오르는 일정 역시 좋은 선택이다. 물론 베얄을 지나서 아예 베이스캠프까지 가련다 할 수도 있다. 하지만 상황을 잘 봐야 한다. 첫째 **시간**을 잘 봐야 할 것이며(베얄~북면 B.C.~베얄 왕복에 4시간 이상이 소요된다.), 둘째 **날씨**를 잘 봐야 한다. (구름이 이미 가득한 궂은 날씨에 굳이 더 올라봤댔자 볼 것은 없다. 단지 체력훈련 내지는 고소적응훈련 정도로만 삼아야 할 것이다. 오직 다음날 이른 아침 베이스캠프의 풍광을 담기 위해서가 아니라면 이렇게까지 해서 나설 일이 아니다.) 그리고 중요한 것 하나 더. 바로 베이스캠프에서의 **숙박가능 여부**다. 성수기 방문객들이 많은 시즌에는 모쪼록 현지인들이 올라와서 베이스캠프의 초지언덕에 세워놓은 티숍의 문을 열고 영업을 하는데, 여기서 숙식을 제공받을 수도 있다. 하지만 항시 문을 여는 것은 아니므로 사전 베얄에서 확인을 하고 나서야 함이다. 물론 취사야영 장비를 직접 챙겨가서 캠핑을 하겠다 하는 경우는 아무 문제가 없다. 단지 숙박을 위한 편의시설을 이용코자할 때 해당되는 사안이다.

베얄캠프에서의 낭가파르밧

베얄캠프의 위치(중앙 분지). 더 아래쪽 멀리 숲 울창한 빙퇴단구지대가 페어리메도우이다. 단구절벽 아래는 바로 라이코트빙하.

베얄에서 낭가파르밧 북면 B.C.로 오르는 여정은 정말 멋지고 아름답다. 2백여미터 언덕을 오르자마자 탁 트인 메도우 언덕 전망포인트에 이르게 되며 그로부터 빙하침식에 의거 메도우지형과의 지경을 세운 빙퇴구 능자락을 따라 이어지는 환상적인 트레일을 걷게 된다. 바로 아래는 급준한 빙퇴절벽 낭떠러지인바 행여 실족치 않도록 유의한다. 날씨가 나쁘지 않다면 하여튼 보이는 풍광은 가히 예술이다. 발아래로는 거대한 라이코트빙하가 거무튀튀하면서도 그 가운데에 빼어나게 아름다운 은백의 세락과 크레바스들을 심어놓아 눈부신 흐름으로 일구어놓았다. 그로부터 남쪽이의 황홀하기 이를 데 없는 빙하물결을 늘어뜨린 모태 바로 낭가파르밧 연봉의 거대함이 하늘 아래 온 시야를 장악한다.

하부 라이코트빙하. 빙하둑 좌측안부는 베얄.

"악마의 산, 죽음의 산이라고는 도무지 믿기지 않을 너무나도 아름답고 빼어난 자태이다. 단지 그 이름처럼 흰칠하게 벗겨져 온통 하얗기만 한 백색 봉우리의 열정이다. 그럼에도 분명 '악'의 화신이 정녕 깃들어있단 말은 도저히 받아들이기 어려운 '역설'이며 '독설'이다. 낭가파르밧은 이렇듯 하얗고 거대한 몸집으로 객들의 시선을 붙든다. 더 이상 상념도 필요 없다. 단지 아름답고 아름답고 아름답고… 그래서 단지 황홀하다 이 말밖에는. 그리하여 숱한 오름꾼들이 그래 저 아름답고 황홀한 정수리에 발 딛고자 그렇게도 무릎쓰고 올랐던 것인가, 그토록 아름다운 청춘과 열정을 눈가루처럼 흩날리며 또 그의 하얀 품 안에 파묻혀 스러져가면서까지…"

불다르피크(5,602m)

라이코트빙하와 낭가파르밧 연릉
(좌로부터 총그라(6,830m)–라이코트(7,070m)–낭가파르밧 북릉(7,785m))

총그라(좌) & 라이코트피크(우)

낭가파르밧 북봉(좌) & 가날로피크(우)

낭가파르밧의 전모는 이후 베이스캠프에 다다를 때까지 변함이 없다. 두 덩이 큰산마루 볼록한 낭가파르밧의 위용에 맞닿아 왼편으로 장쾌한 날개를 펼친 그로부터 다시 우뚝 피어난 라이코트피크(라키오트; 7,070m)'와 총그라(남봉; 6,455m)의 눈부신 아름다움도 선하다. 휘황찬란한 풍광에 시간가는 줄 모르고 예까지 왔지만 어느덧 베알에서 2시간이 훨씬 지난 시점에 이르렀음을 깨닫게 된다. 그래 하산을 결정했으면 이제 아쉬움을 남기고 뒤돌아서야 함이다. 올랐던 길 그대로 되밟아 베이스캠프 초지언덕의 허리길을 밟아 하산길을 재촉한다. 아쉬워 미련이 남았다면 길을 조금 달리하여 서쪽언덕으로 다소 가파르지만 그리 어렵잖은 초지언덕 오름길을 올라 능자락 마룻배기 정상부 – 돌탑이 서있다. –에 서서 기지개 한 번 켠 후 내려오라.

"단, 호연지기 내세운다 하여 함성과 괴성은 절대 금물이다. 혹여 저 눈덮인 마의 산자락 아래 누군가 사투를 벌이며 오르고 있을 지도 모를 터, 고로 행여 내 외침에 그들 위태로운 지경을 초래할까 조바심내야 할 일이다. 만일에 나의 외람된 메아리와 호연지기에 의해 저들 끔찍한 지경에 처한다면 그것은 전적으로 나의 과오요 무책임이렷다. 그러므로 절대 산을 노엽게 하지 말지어다. 저 아름답고 찬란한 은백의 주름이 언제 악마의 파도처럼 돌변하여 아랫녘 미물들을 휩쓸어버릴지도 모를 일 !"

라이코트(북면) B.C.에서 올려다보이는 낭가파르밧 북릉 두 봉우리

* 라이코트(Raikot)피크는 달리 '라키오트(Rakiot)'피크라고도 말한다. 철자 하나 순서 바뀌었을 뿐인데 발음과 표현이 완전히 다르다. 현지인들 중에서도 어떤 이들은 라이코트라고, 또 어떤 이들은 라키오트라며 부르는 게 제각각이다. 어차피 '높은 곳(산)'을 지칭하는 Ra-Kot에서 유래된 말이라 하니 뭐든 상관있겠냐마는 그래도 어쨌든 발음상 더 매끄러운, 아울러 아래쪽 라이코트계곡과 라이코트브릿지라는 공식명칭(표기)이 있음을 준용하여 '라이코트피크'로 새겨둠이 타당할 듯싶다. (산너머 반대편 타레싱 방면에서도 라키오트 또는 라이코트 두 호칭을 함께 쓴다. 공식 발간된 지도상에는 거의가 '라이코트'로서 표기돼있다.)

베이스캠프에서 머물지 않고 되내려 바야흐로 올랐던 길 이내 가로질러왔던 서남향의 가날로빙하(Ganalo Glacier)의 퇴석빙하 구간을 되짚어 나아갈 때 혹 길을 헤매지 않도록 유의하라. 분명 왔던 길 똑같은 길이지만 의외로 헷갈려하여 길을 헤매는 경우가 허다하다. 심지어는 길을 잘 안다던 안내자조차도 종종 실수를 하기도 한다. 어디서든 방심은 금물이다. 비록 이 페어리메도우 낭가파르밧 북면 B.C. 코스가 쉽고 편한 트레일이라고는 하나 그래도 해발 4천미터에 육박하는 높디높은 고산인데다 특히 일기가 변화무쌍한 바로 '악마의 산' 낭가파르밧 임이다. 혹여 화이트아웃(White-out; 백시 현상)이라도 겪을 시엔 더더욱 이 가날로빙하를 건너는 구간에서 길을 잘못 잡아 아래쪽 라이코트빙하 방면으로 잘못 들어서지 않도록 유의해야 한다. 그쪽 라이코트빙하 방면은 정말로 위험하다. 그치로도 트레일이 있긴 하지만 본 루트에 비길 것은 못되며 화이트아웃 현상시엔 더더욱 안전을 장담 못한다.

베이스캠프 언덕 위 돌탑. 아래로 라이코트빙하가 보인다.

라이코트빙하 위 구름에 덮인 총그라(우) & 불다르피크(좌)

베얄캠프로 무탈하게 귀환했다면 이제 페어리메도우로의 복귀는 그저 휘파람불며 산보하는 기분의 하산길이다. 그렇다고 마음이 들떠 베얄 일대의 마을과 집들, 주민들을 피사체로 놓고 내 맘대로 찍어서는 안 될 일. 이곳은 페어리메도우 사람들보다 더욱 엄격하다. 사진촬영시에는 더더욱 유의해야 한다. 아이들이 먼저 다가와 찍어달라고 하는 경우는 괜찮다. 사진 한 장으로 짧지만 친구가 될 수 있는 시간이다. 참고로 베얄에서 우측(서쪽) 평퍼짐한 골자락으로 타고 오르면 줄리퍼패스(카추패스; 4,837m)로 이어지며 그로부터 서쪽으로 줄리퍼 하이캠프를 거쳐 낭가파르밧 서면 등반루트인 디아미르 사이트로 나아가게 된다. 이어 디아미르계곡을 따라 서북 방면의 부나르 마을 KKH 도로변으로 하산할 수 있고, 또는 디아미르 캠프에서 계속 라운딩 트레일을 진행, 그로부터 남동방면으로 휘어돌아 마제노패스(5,399m)를 넘어 라트보메도우(3,530m), 루팔면 바진 B.C.(헤를리히코퍼 B.C.; 3,550m)를 거쳐 낭가파르밧 남부트레일의 기점인 타레싱으로 나아오는 이른바 낭가파르밧 일주(Circuit) 트레킹으로 완주할 수 있다. 하지만 대개는 이의 역방향으로 즉, 낭가파르밧 남면(루팔면)에서부터 시계방향으로 돌아 이쪽 베얄로 넘어와 페어리메도우에서 대미를 장식하는 일정으로 꾸리게 된다. 아무래도 트레킹의 난이도 면에서 두 개의 패스를 넘어 진행하는 데 있어 남쪽에서부터 출발해 넘어오는 게 유리한 점이 있기에 그러한 듯하다. 아울러 막바지 말마따나 동화속 요정의 동산과도 같은 메르헨비제(페어리메도우)에서 즐겁고 안락한 휴식을 취하며 긴 여로의 대단원을 갈무리하고자 하는 트레커들의 심산 역시 무시할 수 없는 인지상정이었기에 더 그러할 듯하다.

줄리퍼(카추)패스 방면

메르헨비제 풀밭의 롯지(라이코트세라이)

빠른 걸음이라면 베얄~페어리메도우 하산길은 1시간도 채 걸리지 않는다. 시간여유가 있다면 페어리메도우에 이르기 전 숲길 지나 앞서 무심결에 지나쳐왔던 메도우 끝자락 빙퇴절벽 위에 올라서 다시금 아찔하고 경이로운 풍광을 가늠해보아도 좋다. 이곳 전망언덕을 지나면 곧바로 페어리메도우로 떨어져내리게 되며 더 이상 좋은 전망포인트는 없다. 단지 페어리메도우 일대의 몇몇 롯지(코티지) 정원에서나 조금은 덜 만족스러운 낭가파르밧의 조망과 잿빛으로만 얼룩진 라이코트빙하의 풍광만을 담아볼 수 있을 뿐이다.

∴ **권고일정 : 페어리메도우나 베얄캠프에서 1박** 후 다음날 아침에 베이스캠프로 오르길 권한다. 강행해서 오후시간에 다녀올 수 있다 쳐도 히말라야 산악날씨가 대체로 오후에는 구름이 몰려와 제대로 구경하기 어려울 확률이 높기 때문에 가급적 오전시간대에 베이스캠프로 올라가는 일정이 좋다. 대부분의 여행자들이 이같은 일정을 취하며, 보통 라이코트브릿지를 출발하여 1박2일 내지는 2박3일의 일정으로 북면 B.C. 탐승을 마치고 돌아오게 된다. 만약 첫 날 도착시간이 늦어 페어리메도우까지 오르기가 어렵다면 이전 타토 마을의 롯지에서 숙박하고 다음날 아침 일찍(7시 이전) 트레킹을 시작한다. 북면 B.C. 트레킹을 위해 **늦어도 오전 10시 전에는 페어리메도우를 나서야** 하는 시간적 안배를 감안하여 다소 서둘러야 하는 일정이다.

라이코트(북면) B.C.의 돌집 티하우스

페어리메도우로 오르는 도중의 여행자숙소(타토마을 코티지)

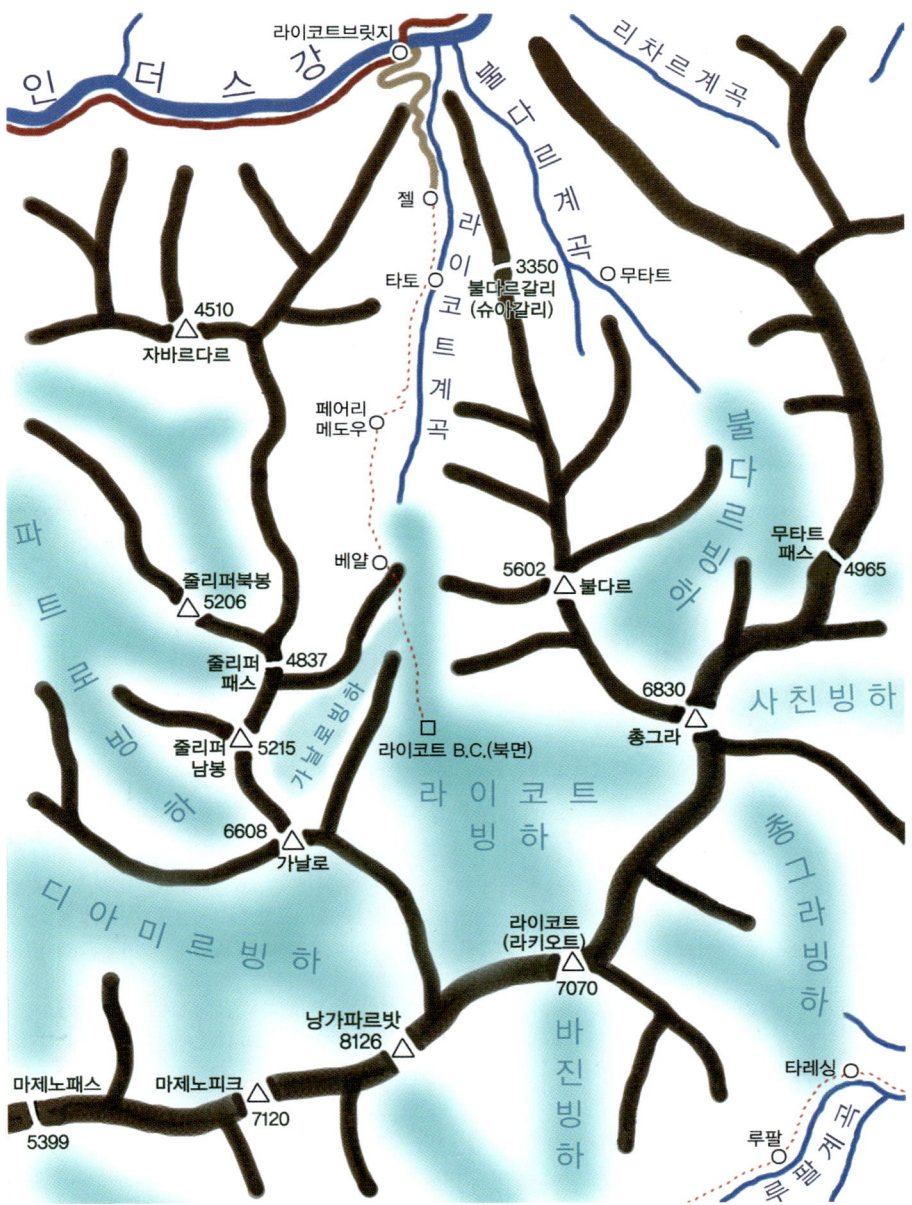

🏠 숙소정보

- **라이코트브릿지** : Shangri La Tourist Hetel (☞ 스카르두의 샹그릴라리조트 체인으로서 라이코트브릿지의 유일한 호텔인데다 나름 고급형이라 자처하는바 가격이 높은 편이다.)
- **타토** : Fairy Point Resaurant & Hotel (☞ 말이 호텔이지 판잣집마냥 허름한 오두막 수준이다. 그래도 페어리메도우로 오르는 타토 길목 요긴한 데 있어 비상시 활용도가 높다. 페어리메도우의 「Fairy Meadows Viewpoint Hotel」과 연계되어있다.)
- **페어리메도우**

    - Raikot Serai★ : +92-300-5550667 / 581-1484451 (raikotsarai@yahoo.co.uk)
    - Fairy Meadows Cottage : +92-581-1484460 / 301(312)-4493725 (fairymeadowscottage@gmail.com)
    - Fairy Meadows Viewpoint : +92-312-9705856 / 312-5990088 / 301-8127566 (fm_viewpoint@yahoo.com, khurshid_raikoti@yahoo.com)
    - Hotel Broad View : +92-322-2226323 / 312-9705843 (hotel.broadview@gmail.com)
    - Greenland Hotel : 페어리메도우에서 가장 최근에 생겼으나 전망도 별로고 시설과 서비스도 그다지 만족스럽지 않은 숙소로 평가된다. (손님에게 바가지를 씌우거나 거짓정보를 흘리기도 한다.) 주인이 현지사람이 아니라서인지(길기트 출신) 디아마르 지역의 정서와는 조금 다른 면이 있는 듯하다. 미리 예약할 필요는 없으며 문을 닫지 않았다면 현장에 도착해서도 쉽게 빈 숙소를 제공받을 수 있다.
    - All View Cottage : 허름한 오두막이 몇 있긴 하나 캠핑장소 제공을 주목적으로 하는 숙박지이다. 산막(오두막) 투숙시 가격도 매우 저렴한 편이다. 외진 곳에 있어 상대적으로 찾는 이가 덜하다. 사전예약은 필요없을 듯하다. 현지인인 주인장은 나름 친절한 편이다.

    > ★ 주목! : 페어리메도우에서 전망이 좋고 시설이 잘 되어있어 가장 인기있는 「Raikot Serai」는 때에 따라 만실일 경우가 있다. 만약 이곳에서 꼭 머물고자 한다면 에이전시를 통해 사전 예약을 진행토록 하라. 예약 필요없고 아무 때나 가도 투숙할 수 있다 말하는 에이전시(가이드)가 있다면 그건 거짓말이다. 그냥 잘 알지 못하거나 일처리능력이 부족하니까 대충 둘러대는 말이다. 일처리가 확실한(능력있는) 에이전시는 언제든 미리 예약을 통해 객실을 확보해놓고 일정을 진행한다. 그렇지 못한 에이전시는 능력이 떨어진다고 감히 말할 수 있다. 에이전시 선택이 이래서 중요한 부분이기도 하다. 일찌감치 도착해놓고도 미리 예약하고선 뒤늦게 올라온 관광객들에게 우선권을 내줄 수밖에 없다면 정말 난감하지 않겠는가? 그것도 만약 단체로 인솔해서 왔다면 더더욱…

- **베얄 & 북면 B.C.** : 베얄에도 페어리메도우와 비슷한 규모와 형태로 산막숙소(통나무집 형태)를 운영하는 몇 군데 숙박지가 있다. Jilipure Inn, Parbat Serai(페어리메도우의 Raikot Serai와 연계), Messner Lodge 등으로 각각 4~6개의 숙소동을 보유하고 있으며(계속 신축중) 객실당 4~8인 가량 투숙이 가능하다. 내부에 별다른 시설은 없고 마룻바닥에 그냥 카페트만 깔아놓은 형태다. 최종목적지인 북면 B.C.에는 돌집 티숍만이 덩그러니 놓여있는데 문을 열었다면 숙박요청도 가능하겠지만 상태와 청결도가 대단히 열악하다는 것만 알아두라.

3-2. 낭가파르밧 남면 B.C.(루팔) 트레킹(2~3일)

✦ **특징** : 낭가파르밧의 가장 접근이 쉽고 트레일이 편한 코스로서, 특히 표고차 4천5백미터에 달하는 세계최대의 거벽 낭가파르밧 남면 루팔벽(Rupal Face)을 바로 가까이에서 감상할 수 있는 명품 탐승코스이다.

✦ **트레킹 적기** : 6월~10월초

✦ **트레킹 최고점** : 루팔(바진) B.C.˚(3,550m) / 라트보메도우(3,530m)

　＊ '헤를리히코퍼 베이스캠프'라고도 한다. 헤를리히코퍼(Karl Maria Herrligkoffer)는 1950년대 낭가파르밧 원정대를 조직한 독일 의사출신의 등반가이다. 1953년 그가 지휘한 독일·오스트리아 합동원정대의 헤르만 불(Hermann Buhl)에 의해 낭가파르밧 첫 등정이 이루어졌다. 현지어로는 바진(Bazhin) 캠프라고도 불린다.

✦ **트레킹가이드**

접근) 낭가파르밧 남면(루팔면) B.C. 트레킹 기점은 길기트·발티스탄 주 남부 아스토르 지역의 타레싱이다. 먼저 칠라스나 길기트에서 아스토르로 이동 후 타레싱까지 환승하여 간다. (※ 라왈핀디/이슬라마바드의 NATCO 정류장에서 아스토르까지 직통 운행하는 버스편도 있다. 물론 20시간 이상 운행하는 장거리 버스인바 늦은 오후나 저녁때 출발하여 다음날 아침 아스토르에 도착하게 된다. 일반 로컬버스와 고급형 밴(Van) 두 가지가 있는데 여행객들로서는 로컬버스보다는 고급형 밴이 아무래도 조금은 덜 피로할 듯싶다. 운임은 로컬버스가 고급형 밴의 1/3 정도로 저렴하다. ☞ Rs600 vs Rs2,000) 칠라스/길기트에서 아스토르 행 차편은 자주 있다. 또는 라이코트브릿지에서 북쪽 길기트 방면으로 KKH 국도와 아스토르 방면 도로가 만나는 탈리치 삼거리에서 아스토르로 들어가는 차편으로 환승하여 아스토르까지 이동할 수도 있다. 아스토르~타레싱은 정기 승합차량이 1일 1회 운행하며 운임은 저렴하다. 시간대가 맞지 않으면 아스토르에서 타레싱까지 택시나 지프를 전세내어 타고 갈 수도 있다. 차 1대당 Rs2,000~3,000(한화 2~3만원) 정도 부른다.

또 한 방편으로 아스토르 방면이 아닌 스카르두 방면에서 오는 경로이다. 유명한 데오사이(Deosai) 국립공원을 경유(✔ 국립공원입장료 징수)하여 오게 되는데, 데오사이 고원구간은 도로상태가 포장이 되어있질 않고 요철구간이 많아 덜컹거림이 심하여 대개는 스카르두에서 일반 차량이 아닌 지프를 대절하여 이동케 된다. 스카르두~아스토르 간 데오사이고원을 경유하여 운행하는 정기노선 교통편은 없으며˚ 여행객들로서는 오로지 속칭 '지프사파리(Jeep Safari)'로서만이 이동 가능하다. (※ 일반 승용차도 다니긴 하나 여행객들 운송수단은 아니다.) 도중 중식 및 휴식 시간을 포함하여 8~9시간 가량이 소요되며 아스토르를 들르지 않고 타레싱으로 곧바로 올라갈 수 있다. 지프 비용은 하루 미화 100~150불 정도 요구한다. 뜻 맞는 여럿이 모여 비용을 분담하여 타고가면 좋다.

　＊ 단, 사설노선(승합지프)으로 통행가능시기에 국한하여 승객을 모아 2~3일 간격으로 다니기도 한다. (후속 '4장 – 데오사이' 편 참조)

상행〉 아스토르(2,350m)-(차량이동 1시간30분)-타레싱(2,910m)-(1시간)-타레싱
       빙하(3,100m)-(1시간)-루팔(3,150m)-(2시간)-바진 B.C.(3,550m)
       (※ 또는 바진 캠프에서 3~4시간 거리의 라트보메도우(3,530m)까지 진행)
하행〉 라트보메도우-바진 B.C.-(1시간30분)-루팔-(1시간)-타레싱빙하-(30분)-
       타레싱-(차량이동 1시간)-아스토르

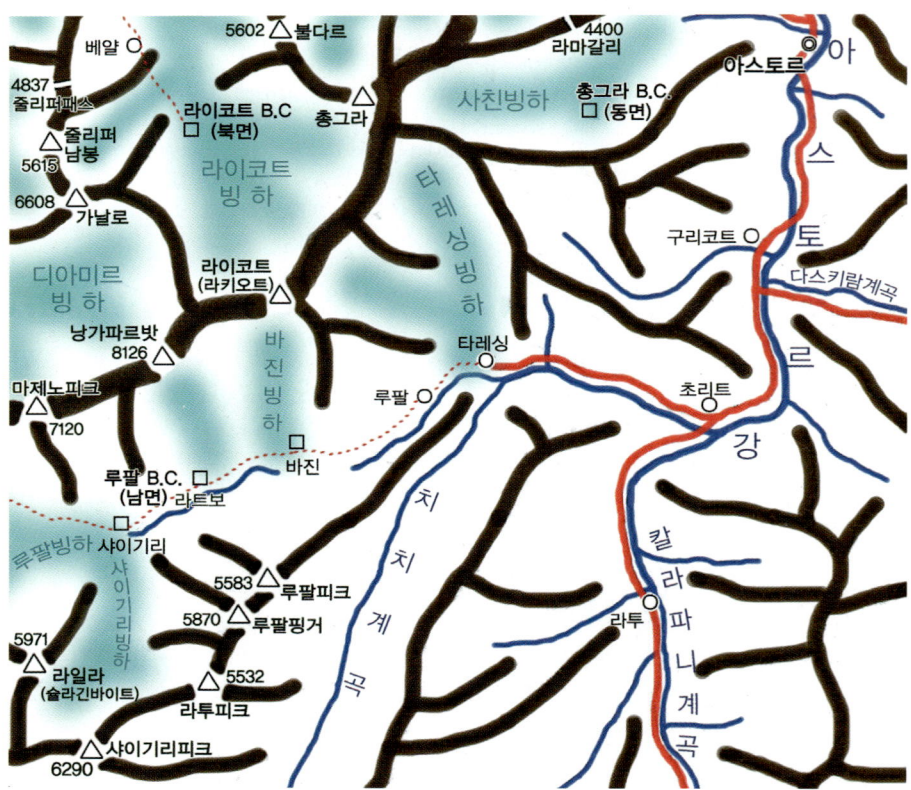

루팔트레킹의 시작은 타레싱(타라싱/타리싱) 마을에서부터이다. 보통은 타레싱에 전날 도착하여 1박 후 이틀날 트레킹에 나서게 된다. 첫 날 타레싱에 도착하자마자 트레킹을 시작할 수도 있으나 이 경우 당일로 아스토르로 복귀하는 건 용이하지가 않고 또 루팔트레킹의 진수인 낭가파르밧 루팔벽의 풍광을 구름이 많이 낄 확률이 높은 오후 시간대에 섭렵하게 될 여지가 많으므로 그다지 추천할만한 일정은 아니다. 따라서 만약 첫 날 굳이 트레킹을 시작코자한다면 루팔벽 감상을 위해서라도 당일 복귀하겠다는 생각은 버리고 루팔벽 아래의 루팔 B.C.(바진 캠프)에서 하루 머물고서 다음날 하산하겠다는 계획으로 일정을 수립하길 바란다. 대다수의 방문객들이 이같은 일정으로 루팔트레킹에 나선다. (∴ 물론 루팔벽의 제 모습을 마주할 수 있는 것은 내 뜻이 아니라 하늘의 뜻이다. 그래도 아침시간에는 확률적으로 구름이 끼기 전 온전한 모습을 감상할 가능성이 높다는 점에 있다.)

구리코트~타레싱 구간에서 바라보이는 낭가파르밧(좌)-라이코트 피크(중앙)-총그라(우) 연릉

타레싱빙하(총그라빙하)의 빙하둑 능선길(마을주민들의 주 소통로이다. 구름에 덮인 총그라 연봉과 타레싱빙하가 웅장하다.)

일단 타레싱을 출발하면 마을길(비포장길)이 남쪽으로 휘어지는 윗마을에까지 걸어올라 이곳에서 루팔 방면으로 향하는 서쪽언덕 가파른 오름길로 이어간다. (※ 아침시간에는 루팔과 타레싱을 오가는 사람들과 등교하는 학생들이 많은데 특히 여자들 사진을 찍지 않도록 주의 ! - 귀엽고 예쁘다 하여 등교길 여학생들 모습을 카메라에 담겠다 하는 생각도 버릴 것.)* 다소 숨가쁘게 언덕을 올랐다면 이제는 한시름 놓아도 된다. 바로 북쪽에서 내려오는 거대한 타레싱 빙하(총그라빙하)의 모레인지경이 빚어놓은 빙하둑 언덕이다. 아래로는 여느 빙하자락과 다름없는 퇴석구릉과 자갈빙하가 웅장하게 펼쳐져있다. 트레일은 이 아래 타레싱빙하를 건너 이어지는데 두 마을 주민들이 왕래하는 주 통로이기도 하여 소, 당나귀와 염소 무리 등 가축짐승들도 많이 오간다. 더 아래쪽 말미자락에 찻길을 닦아 그로부터 바로 앞에 보이는 루팔 마을까지 연결하고자 하는 시도도 있었으나 유동적인 빙하의 흐름상 성공적으로 완결되지 못하여(도로유실) 현재는 루팔마을로의 진입은 도보로서만이 가능하다. (☞ 차후 찻길이 다시 열린다 하더라도 루팔마을 차량진입은 항시 불투명하다.)

* 심지어는 애 어른 할 것 없이 현지의 여자들과는 무조건 안면을 피하는 게 바람직하다. 그들도 그리 원한다. 보수적인 이슬람 율법이 더욱 엄격한 곳이기에 그렇다. 산악오지의 이슬람 여인들에 대한 태도는 새삼 강조해도 지나치지 않다.

날씨가 나쁘지 않다면 이곳 타레싱 빙하둑 마루터기에서 낭가파르밧 남면의 풍치를 휘둘러볼 수 있다. 타레싱빙하의 모태가 된 라이코트피크(라키오트; 7,070m)와 총그라(6,830m) 연릉이 북방에 장쾌한 설산 하늘금을 그으며 웅장하게 펼쳐지고 이의 설릉마루 서쪽 가장자리에 최고봉 낭가파르밧(8,126m)이 하늘금을 빚는다. 루팔벽은 아직 보이지 않는다. 바로 앞 타레싱빙하 건너편 고원단구 형태로 광활하게 드리운 아늑하고 풍요로운 지경의 루팔* 마을을 지나야 비로소 마주할 수 있다. 서쪽으로 빙하둑을 내려서면 이제 뒤안길에 놓였던 타레싱 마을과는 작별이다. 복귀할 때까지 더는 시야에 드리우지 않을 것이다. 아울러 타레싱 마을 뒤편 동쪽너머로 보였던 데오사이와 아스토르의 설산준령의 모습도 안녕이다.

* 루팔(Rupal) : 힌디어로 '아름다움'을 뜻한다. 낭가파르밧이 펀잡 지방의 힌두(산스크리트)문화의 영향을 많이 받은 곳이기에 지명 또한 그처럼 힌두문자로부터 비롯된 곳이 많다. 마을유래는 타레싱 동편 아랫마을인 초리트 마을사람들의 여름거처였던 데서부터 비롯되었다고 한다.

타레싱에서의 낭가파르밧 파노라마. 좌측 끝의 낭가파르밧 주봉에 이어 라이코트피크, 그리고 타레싱빙하(총그라빙하) 두 줄기와 우측 끝 총그라피크가 떠올라있다.

길은 좋다. 자갈표층으로 뒤덮인 빙하지대로 내려서서 트레일을 잇고는 다시 곧 맞은편 빙하둑 언덕 위로 오른다. 군데군데 자갈과 바위 아래 거대한 얼음층이 눈에 띄기도 한다. 타레싱을 출발, 타레싱빙하를 건너 루팔 마을 초입의 이곳 반대편 빙하둑 기슭언덕에 이르기까지 약 1시간정도가 소요된다. 이로부터 루팔 마을 본토는 30분~1시간정도 더 나아가면 된다. 힘든 구간은 없으며 풍요로운 루팔고원의 아늑한 지평을 따라 완만하게 걸어 나아간다. 루팔 들녘의 정경도 아름답다. 다른 트레킹지역에서는 좀체로 만나기 힘든 풍요롭고 고즈넉한 풍경이다. 도중 허수룩한 학교건물 앞을 지나면서는 삼삼오오 몰려나와 이방객을 호기심에 쳐다보는 해맑은 어린아이들의 모습들도 맞이할 수 있을 것이다. 물론 여자아이들은 없다. 그들은 분명 꼭꼭 숨었을 것이다. 루팔 마을 중심부를 지나면서는 좌우로 집집이 가로놓여 다소 헷갈리기도 하는 마을길을 거쳐가게도 된다. 어쨌든 돌담장과 마을집들을 잘 우회하여 이내 마을 바깥지경으로 빠져나오면 다시금 메마르고 황량한 산자락 트레일로 오르게 됨이다. 마을지경을 좌측(남쪽)아래에 두고 트레일은 서서히 경사도를 높여 오른다. 서남방으로 이정표 역할을 해주었던 하얀 첨봉 루팔릿지(일명 루팔핑거(Rupal Finger); 5,870m)의 모습도 이제는 바로 앞 능줄기 뒤편으로 넘어가버린다.

루팔마을 원경. 정면 루팔릿지 산봉우리가 구름에 덮인다.

루팔들녘의 마을집들

루팔마을의 초급학교

루팔 마을을 지나 1시간쯤 오르면 다시 평탄한 고원언덕 위에 서게 되는데 드넓은 메도우분지 초원 위에 물빛깔이 고운 호수가 자리하고 있다. 방목지로서 손색이 없는 곳이며 야영하기에도 참 좋다 싶은 곳이지만 루팔벽을 보기 위해서는 좀 더 올라가 바진 캠프까지 가서 야영하는 게 좋다. 허기가 진다면 단지 요깃거리나 하고 가는 정도로만. 이후로부터의 오름길에

작은 호수가 있는 루팔 메도우 초지

는 바진 캠프 근방 계류부에 이르기까지 편히 쉴 만한 곳이 마땅치 않다. 더군다나 오름길 경사도는 더욱 가팔라지고 또 아이러니하게도 날이 너무 좋아 땡볕이 내리쬐기라도 할라치면 정말 메마르고 삭막한 오름길 내내 갈증과 더위와 씨름하게 된다. 물론 해발 3천5백미터에 육박하는지라 고소증에 의한 심신의 피로도 또한 만만치 않을 것이다. 높은 언덕으로 둘러친 남쪽 빙하둑 너머에는 바진빙하의 말미자락이 드리우기 시작하는 바 매한가지로 거칠고 삭막하기 그지없는 빙퇴절벽지대가 도사리고 있다.

호수지대로부터 다시 30분쯤 경사진 오르막을 걸어 나아가면 트레일은 차츰 북서향으로 휘어 오르며 곧 얼마지 않아 다시금 완경사면의 평탄한 초지언덕 위에 이른다. 바로 목적지인 루팔 베이스캠프 일명 헤를리히코퍼 B.C.라고도 일컫는 바진빙하의 '바진(Bazhin) 캠프'이다. 초지에 이르자마자 눈앞 거대한 빙폭과 바위벽이 수놓은 낭가파르밧 남면 이른바 루팔면(Rupal Face)의 아찔한 풍광과 맞닥뜨린다. 가히 형언할 수 없을 정도이다. 구름이 많이 껴서 비록 산 정상부가 가리웠더라도 실망치 말자. 단지 이 앞의 일부만 볼 수 있다 하더라도 후회없는 감흥이다. 급할 것 없다면 이곳에서 푹 쉬었다 하산하거나 - 복귀길은 올랐던 시간의 절반 정도면 된다. - 야영장비를 챙겨왔다면 아예 하루 머물고선 다음날 하산하기를 종용한다.

루팔 B.C.(헤를리히코퍼 B.C.). 루팔벽 상부는 구름으로 덮였다.

바진캠프에서 바라보이는 낭가파르밧 남면(루팔면)

라트보메도우 캠프와 낭가파르밧

바진캠프가 성에 차지 않는다면 조금 더 트레일을 이어가 라트보(라토바)메도우까지 가서 캠프를 차려도 좋다. 바진캠프 메도우초지의 서쪽언덕(빙하둑)을 넘어 이의 바진빙하를 가로지른 연후에 다음번 기슭자락의 메도우초지로 나아가게 되는데 거기가 바로 라트보메도우이다. 바진~라트보 약 3시간 정도 잡으면 되며, 라트보메도우 역시 매우 넓고 아늑한 초원지대로서 목동들의 거처와 가축들을 방목키 위한 여러 구조물들이 마련되어있다. 아울러 일기가 좋다면 낭가파르밧 남면의 모습 또한 더욱 장엄한 모습으로 마주할 수 있는 멋진 곳이기도 하다.

시간상 라트보메도우까지 진행하기는
좀 무리라고 판단되면 그냥 바진캠프
에 텐트를 치고 인근 메도우골짜기
상부나 전망좋은 빙하둑(빙퇴릉)
마루터기로 올라 풍치를 감상해보는
것도 좋다. 또는 바진캠프에서 북동향
다소 가파르지만 잔잔한 초지가 카페트
처럼 깔린 비탈면 언덕으로 올라 그로
부터 가슴 후련한 바진 기슭의 전경을
휘둘러봐도 좋다. 웅장한 산세와 빙하
뿐 아니라 이 가파른 비탈언덕 위에

바진 빙하둑 상부메도우 끝자락. 압도적인 루팔벽의 전망포인트 이기도 하다.

올라와 풀을 뜯으며 노니는 야크들과 또 운이 좋다면 야생 마코르(Markhor)나 아이벡스 (Ibex)의 모습도 관찰할 수 있을 것이다.

(※ 단, 어디서든 혼자서 무단행동은 금물이다. 가급적 둘 셋 이상에서 다니되 기왕이면 현지도우미(안내자)를 대동하는 것이 바람직하다. 여자들끼리는 비록 여럿이더라도 외진 곳에 함부로 나다니지 않도록 한다. 전망보다 안전이 우선이다. 이런 산간 현지의 상황은 특히 여성여행객들에게는 더더욱 예측하기 어렵다. 가급적 가이드를 대동하거나 같은 팀의 남성 동행들과 함께 움직이도록.)

타레싱 전경

라트보메도우에서 야영하고 다음날
아스토르로 복귀하는 것 역시 만약
타레싱에서 아스토르 행 차편을 미리 확
보해놓고 있다면 그리 문제되지 않는다.
라트보메도우~바진~루팔~타레싱
하산에 휴식/중식 포함 약 6시간
정도 잡으면 되고 이후 아스토르까지
는 차로 1시간 정도면 된다. 나아가
좀 더 일찍부터 서두른다면 아스토르
이후 길기트나 칠라스로의 당일 이동도

가능하다. (☞ 아스토르~길기트/칠라스 간 차량이동 각 2~3시간 소요.) 당일트레킹으로 타레싱 ~바진~타레싱 왕복에는 총 7~8시간 정도 잡는다.

∴ **권고일정** : 타레싱 출발 바진캠프 또는 라트보메도우에서 1박(야영) 후 하산하는 것이 가장 좋다. 당일치기 트레킹시에는 타레싱-루팔 B.C.(바진캠프)-타레싱 귀환 후 다음날 아스토르를 거쳐 길기트나 칠라스/라왈핀디(이슬라마바드)로 이동하는 프로그램이 좋다. (※ 트레킹 시작전/종료후 타레싱 숙박여부는 본인 선택)

🏠 숙소정보

- **아스토르** : 「PTDC Motel(라마 소재)」 / 「Kamran Hotel」 / 「Dreamland Hotel」 / 「New Ropal Inn Hotel」 / 「Lalazar Inn(구리코트 소재)」 /

    * NAPWD : 파키스탄 북부지역 공공사업부(Northern Area Public Works Department). 숙식편의 시설(레스트하우스)을 겸한 사무소가 파키스탄 북부의 각 주요도시마다 소재하고 있다. PTDC(파키스탄 관광개발공사) 지부들과 같은 형태다.

- **타레싱**

    - 상부마을〉 **Rupal Hotel**(롯지): 평범한 롯지 수준의 숙소이나 객실에서 낭가파르밧 전경을 조망할 수 있다. / **Nanga Parbat Hotel**(롯지): 야영장이 넓고 쾌적하여 단체 캠핑여행객들의 경우 이곳을 많이 이용한다. 낭가파르밧 조망은 앞의 숙소보다 못하다.

타레싱 낭가파르밧 호텔

타레싱 루팔호텔

- 하부마을-초리트〉 **Pakistan Hotel**(게스트하우스): 타레싱 상부마을로 오르기 전 초리트(Chorit) 계곡가에 있는 숙소지로 여행사무소를 겸업한다. 시설은 나름 괜찮으나 조망이나 캠핑면에 있어서 위의 두 곳보다 못하다. 지역유지인 주인장은 여행객들에게 매우 친절한 태도를 보인다. 하지만 시간을 단축하고 더 나은 조망을 원한다면 상부마을로 올라가 숙소를 잡도록. (하부마을~상부마을 도보 1시간이상 소요)

> ※ **현지섭외** : 길안내 및 취사·캠핑 등 현지도우미(가이드, 동키맨(Donkeyman) 등)를 필요로 하는 경우 타레싱 현지에 도착해서 숙소 주인에게 부탁, 적당한 수준의 카라반(취사·캠핑장비 포함)을 구성토록 요청할 수 있다. (☞ 보통 마부 + 나귀(노새)가 동행케 되며 인원이 많은 경우 한두 명의 도우미(길잡이)들이 더 추가된다.) 하지만 비수기의 경우는 타레싱의 숙소들이 아예 문을 열지 않는 경우가 많으므로 이전 아스토르에서부터 준비하고 나서야 하겠다. 캠핑일정이 긴 장기트레킹의 경우는 현지에서 즉흥적으로 구성하기보다는 사전 충분한 시간적 여유를 두고 확실한 에이전시를 수배하여 시작부터 계획적으로 진행하는 게 여러모로 유리하다. (※ 길기트와 스카르두의 트레킹에이전시도 이 낭가파르밧 트레킹 프로그램들을 취급한다. 이슬라마바드의 에이전시들도 물론.)

3-3. 낭가파르밧 남부루트 & 베이스캠프 답사(루팔~마제노~루팔) (7일)
(★사진협조 : Anis Hussain & Marc Ewert(http://Marc Ewert, www.panoramio.com))

✦ **특징** : 루팔계곡을 따라 낭가파르밧 남면 루팔면의 각 베이스캠프들을 답사하고 돌아오는 트레킹이다. 마제노패스를 넘어 낭가파르밧 서면(디아미르 사이트) 쪽으로의 진출이 불가할(또는 허용되지 않을) 때 단지 이렇게 마제노패스까지만의 여정으로 트레킹을 계획해볼 수 있다. 마제노패스 정상에 오르는 것만으로도 나름 성취도가 높다 하겠다.

✦ **트레킹 적기** : 6월~9월초(이후 겨울시즌으로 접어들면 동계 전문장비 필요)
　　　　　　　(※ 여러 상황을 감안할 때 8월~9월초가 최적시기라 볼 수 있다.)

✦ **트레킹 최고점** : 마제노패스(5,399m)

✦ **일정가이드** (접근방법은 루팔트레킹과 동일)

1일차(Day01) : 타레싱(2,910m)-(2시간)-루팔(3,150m)-(2시간)-바진(헤를리히코퍼 B.C.; 3,550m)-(3시간)-라트보메도우(3,530m)

☞ 앞선 루팔트레킹(3-2)과 동일하다. 소요시간은 총 7~8시간 정도.

2일차(Day02) : 라트보메도우(3,530m)-(2시간)-샤이기리(3,650m)-(3시간)-마제노 B.C.(4,050m)

라트보메도우에서 마제노빙하 아래의 마제노 B.C.까지 오르는 일정이다. 전날 만약 바진 B.C.에서 머물렀다면 이날 마제노 B.C.까지는 다소 벅차다. 물론 불가능한 건 아니지만 상당히 긴 거리에다 빙하를 가로지르는 모레인 구간도 여러 곳 있으므로 힘이 많이 부치고 시간이 꽤 걸릴 것이다. 일정에 쫓기지 않는다면 여유있게 마제노 B.C. 이전의 샤이기리 B.C.에서 운행을 마치고 하루 머무는 것을 종용한다.

라트보메도우는 넓은 초지가 드리워진 곳이다. 풀을 뜯는 짐승들뿐 아니라 여름에는 루팔마을의 주민들이 올라와 염소젖을 짜서 버터를 만들고 양털을 깎아 돌리는 왁자지껄한 풍경에도 맞닥뜨릴 수 있다. (※ 운이 따른다면 그들로부터 로컬 빵과 라시(Lassi; 버터 요구르트)를 얻어먹을 수 있을 것이다. 물론 공짜로 받아먹지는 말자.) 바진에서 이곳으로 나아올 때 바진빙하를 가로질러야 하는데 모든 빙하구간이 다 그렇듯 모레인 오르내림에 힘이 많이 들기에 천천히 걷되 이런 들쭉날쭉한 빙하 중심구간에서는 오래 머물러있지 않도록 하라. 숨어 있는 크레바스와 자갈층으로 덮인 빙사면이 언제 어떻게 돌변할지 모르는 일.

라트보메도우 초지. 정면으로 펀잡히말라야의 기봉 토샤인(6,424m)이 아련하다.

이윽고 바진빙하를 건너 서쪽 기슭언덕 위에 올라서면 비로소 널따란 초지가 내려다 보이는데 과거 한 때 넓은 호수의 지평마루였을 거라 추정되어 속칭 'Top Meadows' 또는 'Top Maidan'으로서 일컬어지기도 하는 이곳 바로 라트보'메도우이다. 아울러 이른바 세계최대의 루팔벽 바로 아래에 위치한 캠프지로서 이 또한 낭가파르밧 루팔벽을 통한 등정루트의 베이스캠프 일명 라트보 B.C.로서 지칭되기도 한다.

* 라트보(Latboh) : 돌(Lato)이 많은 초지(Boh/Bah)란 의미이다. 즉, (돌이 많은) '빙퇴석 지대의 초지'로 풀이하면 될 것이다.

이제 라트보메도우에서 계속 서쪽으로 루팔계곡의 북측기슭을 따라 나아간다. 주민들과 가축들이 많이 다닌 트레일을 따르는 건 그리 어렵지 않다. 도중 초지에 드리운 아담한 호수지대를 지나기도 하는데 특히 1시간여 진행하면 다음번 모레인기슭 상층부에 자리한 작은 빙하호수'를 들러볼 수도 있으며, 이로부터 30분여 더 진행하면 이윽고 북쪽에서 흘러내려오는 샤이기리빙하의 말미자락을 횡단하여 트레일을 잇게 되고, 그로부터

샤이기리빙하 하단의 빙하호수

드리우는 샤이기리 초지 역시 맑은 계류가 흐르는 넓은 초원캠프지로서 앞선 라트보에서와 마찬가지로 낭가파르밧 남면 루팔벽의 조망 또한 더욱 웅장한 광경으로 시야에 펼쳐진다.

* 주 트레일 상에서는 다소 벗어나있어 상대적으로 유명세를 타지는 못했으나 한편으론 그 바로 낭가파르밧 직등능선의 발치에 위치하고 있다 하여 일명 '낭가파르밧 호수(Nanga Parbat Lake)'라 호칭키도 한다.

샤이기리 초원지대

널찍한 샤이기리' 초지 또한 여름철에는 각종 야생화가 만발하여 아름다움을 더하며, 주변 나무숲도 우거져있어 땔감을 구하기도 쉬워 마찬가지로 가축 방목을 하는 루팔 사람들의 여름철 거처로서도 활용된다. 낭가파르밧 루팔면 등반의 전진기지로서의 역할도 앞선 두 곳(바진캠프/라트보캠프)보다 더욱 인기가 높은 곳인바, 시즌이 되면 많은 등반가들이 몰려 텐트촌을 형성키도 한다. 한편으론 등반/트레킹에 함께 나선 일꾼(포터)들이 이곳에서 염소를 잡아 제를 올리곤 밤늦게까지 어울리며 무사귀환을 비는 행사를 벌이기도 한다.

* 샤이기리(Shaigiri) : 샤이(Shai)는 '흰' 색을 뜻하고 기리(Giri)는 '산' 혹은 '돌(발티어 'Goro'와 상통)'을 지칭하는 단어로서 '하얀 산' 내지는 '하얀 돌밭'의 두 가지 의미로 풀이할 수 있겠다. 맘에 드는 해석으로 채용할 것.

샤이기리에서의 라일라(좌)-토샤인(중앙)-투르핀(우) 조망

샤이기리 초원과 낭가파르밧 루팔면

샤이기리에서 바라보이는 라일라(슐라긴바이트) 피크

바진빙하에서 바라본 토샤인 산군
(중앙의 루팔빙하 좌측이 토샤인5봉, 우측이 투르핀이며 토샤인1봉(사라왈리)은 그 뒤에 있다. 좌측 운무에 감싸인 봉우리는 라일라피크)

샤이기리 남쪽으로는 이제 루팔계곡이 빙하지대로 변하는 모레인 퇴석지대가 가로놓이게 되는바 그로부터 서쪽으로 일명 루팔빙하 또는 토샤인빙하'로서 일컬어지는 본격적인 빙하지대가 시작되고, 마제노 B.C. 방면 트레일은 이의 북측 모레인기슭을 따라 비스듬히 오르는 마제노계곡을 거슬러 이내 자잘한 계류부와 아울러 버드나무, 자작나무 군락이 성근 편안한 산길을 3시간여 진행, 이윽고 해발 4천고지의 고산초지 마제노 B.C.에 이르게 된다. 마제노 B.C. 역시 녹지가 드리운 훌륭한 야영지로서 맑은 계류부가 드리우고 주변엔 듬성듬성 향나무 관목들이 어우러져있다. 낭가파르밧 루팔면 조망은 반면 북동쪽 마제노피크(7,120m) 능선언덕 너머로 물러나버렸으나 대신 남쪽으로 토샤인빙하와 그 너머의 라일라피크(5,971m), 루팔피크(5,583m)로 펼쳐지는 낭가파르밧 남부산군의 일렁임이 화사하다.

* 토샤인(Toshain) 빙하 : 길이 약 20km, 폭 2km로서 낭가파르밧 산군의 가장 규모가 큰 빙하이다. 루팔빙하로 불리기도 하는데 엄밀히 구분된 지표에 의하면 서북에서부터 흘러내려오는 빙하가 토샤인빙하이며 달리 남서쪽에서 흘러오는 빙하를 루팔빙하로서 지칭한다. 이 두 빙하가 바로 마제노 B.C. 남단에서 만나게 되는데 전반적인 산세로부터 서쪽의 토샤인(토셰; 6,424m) 산군이 이 전체 빙하의 모태가 되는바 이로부터 일명

'토샤인빙하'로서 명명하고 있음이다. 하지만 샤이기리에 이르러 이내 빙하구간은 갈무리되고 루팔계곡이란 이름으로 동쪽 타레싱으로 흘러가게 되는바, 이에 따라 루팔계곡의 모태로서의 일명 '루팔빙하'로서도 혼용 지칭키도 한다. 즉 '산'을 기준으로 삼느냐, '물(골)'을 기준으로 삼느냐에 따라서 호칭을 달리하였을 뿐이다.

계류부와 관목초지가 드리운 마제노 B.C. 풍경. 멀리 키니바리(아스토르피크)가 바라보인다.

3일차(Day03) : 마제노 B.C. 휴식일(고소적응일)
※ 또는 전날 샤이기리 런치캠프 & 야영 후 이날 샤이기리-마제노 B.C.로 진행, 런치캠프 & 야영

해발고도가 높은 마제노 H.C.(하이캠프)와 마제노패스로 오르기 전에 고소적응을 안배한 하루 휴식일(예비일)이다. 경관과 조망이 뛰어나기에 날이 좋다면 편안하게 머물며 근처 전망포인트를 다녀와보는 것도 좋다. 고소적응에도 훨씬 도움이 될 것이다. 남쪽 방면으로 루팔빙하와 더불어 라일라피크(5,971m)*, 루팔피크(5,583m) 조망이 멋지다.

마제노 B.C. 인근 전망포인트에서 바라본 **남부산군**
(루팔피크-샤이기리피크-라일라 방면)

* 라일라(Laila; 5,971m) : 1852년 서양인으로서 낭가파르밧을 최초로 발견하고 화폭에 옮겨 소개한 독일 뮌헨 출신의 지리학자이자 산악인인 슐라긴바이트(Hermann Schlaginweit & Adolf Schlaginweit) 형제의 이름을 따서 일명 '슐라긴바이트피크'라고도 일컫는다. 동생 아돌프 슐라긴바이트는 한편 그로부터 5년 뒤인 1857년 카슈가르 여행 중 사망(피살)하여 이로부터 소위 '낭가파르밧의 저주'가 시작되었다는 설이 생겨났다. 한편으론 카라코람 후세밸리에 있는 해발 6,200m의 라일라피크와 혼동키도 하나 엄연히 다른 산계(펀잡히말라야 vs 카라코람)의, 다른 산봉우리임을 기억하라. 일각에서는 이 봉우리 서쪽의 토샤인 남봉(5봉; 6,110m)을 라일라피크 또는 슐라긴바이트피크로서 거명(표기)키도 하나 올바른 잣대는 아닌 듯싶다. 토샤인(사라왈리; 6,424m)은 한편 토샤인산군(Toshain Group)으로서 분류되며 토샤인빙하를 둘러싸고 있는 일련의 산봉들을 아우른다. 라일라(슐라긴바이트)는 반면 토샤인빙하 남쪽갈래인 루팔빙하의 동부에 솟은 봉우리로, 그 남쪽에는 해발 6,290m의 샤이기리피크가 솟아있으며 이는 동북향의 루팔핑거(5,870m) 및 루팔피크(5,583m)와 연결된다. 일각에서는 또한 이 루팔피크를 샤이기리피크로서 명명하는 경우도 있다. 여하간 낭가파르밧 남부에 큰 산군을 형성하는 이들은 다름아닌 파키스탄 펀잡히말라야와 북인도 카시미르히말라야의 연결고리 역할을 하고 있는 산령임을 알아두자.

4일차(Day04) : 마제노 B.C.(4,050m)-(4시간)-마제노 H.C.(4,700m)

마제노 H.C.(하이캠프)는 마제노 B.C. 이후 펼쳐지는 마제노빙하– 북쪽 마제노패스에서 흘러 내리는 빙하 –의 동측기슭을 따라 오른다. 이때껏 유지되었던 편안한 트레일은 끝나고 다소 가파른 힘든 트레킹 여정이 전개된다. 북쪽 마제노릿지의 날카로운 암릉과 빙하 상단의 펑퍼짐하게 늘어진 마제노패스를 줄곧 바라보며 이내 헐렁한 잡석더미만이 쌓인 오르막 트레일을 천천히 그리고 꾸준히 4시간여 진행하면 이윽고 마제노빙하 근방 모레인 지경에 펼쳐진 하이캠프에 이른다. 시간상으로 보면 그리 길지 않은 구간이나 오르막 내내 피로감이 쌓였을 테고 아울러 해발 4천7백미터에 육박하는 곳이라 고소증세도 발현될 수 있기에 이곳 하이캠프에서 더 나아가지 말고 런치캠프를 세우고 하루 머물고선 다음날 마제노패스 고지대에 오르길 바란다. (※ 만약 해발 5천4백고지의 마제노패스 정상부에서 야영코자한다면 체력도 그렇거니와

마제노 하이캠프 오름길

마제노 H.C.(하이캠프)

고소적응도 이미 완벽하게 되어있어야 할 터이다. 명심토록. 고소증은 밤시간에(잠잘 때) 더 많이 찾아온다.)

마제노 H.C.는 이제 황량한 돌무더기만이 드리운 캠프지다. 마실 물은 있으나 파릇한 생명체는 찾아보기 힘들다. 해발고도가 높은, 산소가 희박한 고지대라서 그럴 것이다. 뒤쪽(남쪽) 조망은 토샤인(사라왈리; 6,424m) 산군과 라일라피크(5,971m), 샤이기리피크(6,290m)로 빚어지는 남부산군의 맹렬한 일렁임이 여전하다.

5일차(Day05) : 마제노 H.C.(4,700m)-(4시간)-마제노패스(5,399m)-(4시간)-마제노 B.C.(4,200m)

마제노패스 오름길

최종목표지인 해발 5,399m의 마제노패스를 왕복하는 일정으로 가장 힘들고 긴 날이 될 것이다. 가급적 해가 떠오르기 전 이른 시간에 출발토록 하라. 기온이 상승하여 마제노 설원구간의 눈이 녹기 시작하면 보행에 어려움이 따른다. 북서 방향으로 오르게 되며 지대가 높아 산소가 희박한데다 가파르기까지 하여 쉬엄쉬엄 천천히 오르도록 한다. 하이캠프에서 마제노패스까지 느릿한 걸음으로 4시간가량이 소요되며, 빙설상태와 하산시간을 고려하여 오전 11시 전까지는 마제노패스 정상에 서도록 하는 게 좋다. 마제노패스 정상에서의

조망 역시 훌륭하다. 고개 너머 서북편으로 로이바빙하와 깊숙한 디아미르 골짜기가 내려다보이고 올라온 뒷방향 남쪽으로는 마제노빙하와 토샤인빙하, 그리고 남부산군의 토샤인(6,424m)*, 투르핀(5,901m), 라일라(5,971m), 샤이기리피크(6,290m), 루팔피크(5,583m)로 너울대는 힘찬 일렁임이 가득하다.

샤이기리~마제노 새벽오름길에서의 토샤인산군 조망. 중앙 루팔빙하 위편으로 좌측 토샤인5봉(6,110m), 우측 투르핀(5,901m)과 그 뒤 토샤인1봉(사라왈리; 6,424m)이 바라보인다.

올라온 방향 마제노패스 남쪽 조망. 루필피크-샤이기리피크-라일라-토샤인5봉-투르핀으로 하늘금을 짓는다.

* 아스토르/디아메르 쪽 명칭인 토샤인(Toshain)– 토세(Toshe)라고도 함 –피크는 달리 남쪽너머 아자드카시미르(Azad Kashmir) 방면에서는 '사라왈리(Sarawali)'피크 라 일컬으며 그로부터 좌우로 퍼진 산줄기 낮은 구간의 해발 4천미터대의 여러 고갯길들이 이의 북쪽 아스토르/디아메르 지역과 남쪽 파키스탄 아자드카시미르 지역을 연결하고 있다. 아자드카시미르는 한편 카시미르 영유권 분쟁에 있어 파키스탄령으로 편입된 지역으로 1972년 정전협정에 의거 동쪽 인도령 잠무카시미르와의 잠정적인 국경을 형성하고 있는 산악지역이다. 이에 속한 카시미르 주민들을 어우르기 위해 면적과 인구는 얼마 되지 않지만 이 아자드카시미르 지역을 파키스탄 정부는 하나의 자치주로서 지위를 부여하고 있기도 하다. (▶ '아자드(Azad)'는 우르드어로 '자유(Freedom)'를 뜻한다. 곧, '자유로운 카시미르', '속박되지 않은 카시미르'를 표방하는 이름이다. 다시 말해 카시미르인들의 기치인 '카시미르의 자유·독립'을 상징하는 표칭이라 보면 되겠다.) 이른바 '파키스탄 카시미르'로서의 이 아자드카시미르 역시 대히말라야산맥의 일원으로서 특히 낭가파르밧 남부산군과 접목된 북부산악지대 닐룸밸리(Neelum Valley) 일원의 아름다운 숲과 골짜기, 멋진 호수들이 어우러진 천혜의 명승지로 탐승가치를 높이고 있다. 한편으론 아스토르밸리나 데오사이고원 유람과 연계하여 탐승루트를 짤 수도 있겠으며, 다만 인도와의 접경지대라 다소간 긴장감이 도는 까닭에 미니메룩/캄리~타오밧/할마트 방면 탐승시 군 및 행정당국의 출입(방문)허가를 득하고서 나서야 하는 점을 확실히 해 둘 필요가 있다. (※ 남쪽 무자파라바드 방면이나 서쪽 코히스탄(카간밸리) 방면에서 진입하는 경우는 그다지 큰 제약은 없다. 물론 불과 10여 년 전만 해도 이 아자드카시미르 역시 주도(州都)인 무자파라바드 일원을 제외하곤 북쪽 닐룸밸리 쪽은 전혀 외국인의 출입이 허용되지 않는 금단의 골짜기이기도 했다. 현재 파키스탄 내의 가장 아름답고 청정한 계곡의 하나로 꼽힌다. ☞ 5장 '닐룸밸리' 편 참조)

마제노패스 북서쪽 조망. 설원에 감싸인 로이바빙하 중앙부 호수지대가 형성되어있는 곳이 카이 캠프지다. 상부 로이바캠프는 멀리 빙하지대가 고도를 급격히 낮추는 끝자락 아래 위치한다.

한편 낭가파르밧 서키트(Circuit) 트레킹의 경우 이 마제노패스를 넘어 서북향 로이바 빙하 방면으로 내려서게 되는데 이의 마제노빙하 방면에서 올랐던 것보다 훨씬 힘들고 내리막길 경사와 난이도가 무척 높다. 필수적으로 전문 하강장비(로프/크램폰/아이스 액스/하네스 등)를 지참하고 나서야 하는바, 발토로~후셰밸리 트레일의 곤도고로라를 넘는 트레킹과 동급의 수준이라 감히 말할 수 있다. (※ 시즌에는 그처럼 너머 지역의 디아메르 일꾼들이 로프구간 2~3곳을 가설해두기도 한다.) 아울러 아스토르 타레싱에서 고용한 속칭 '아스토르 일꾼(포터)'들은 단지 이곳 마제노패스까지만 역할을 하고 이후부터는 반대 편 디아미르 지역의 말하자면 '칠라스 일꾼'들이 도우미 역할을 하게끔 되어있다. 이곳 룰이 그렇단다. 지역경계에 따라 일꾼고용-역할분담에 있어서도 확실한 경계를 긋는 모양이다. (☞ 각 지역포터들 등·하산 일정까지 계산하여 임금- 스테이지(Stage)당 왕복임금 -을 산정해야 하므로 비용도 그만큼 높아진다.)

아무튼 서키트 트레킹에 나선 것이 아니라면 단지 마제노패스까지만 올랐다가 다시 루 팔 방면으로 되돌아 하산토록 하라. 달리 마제노패스를 넘어서 트레킹을 진행하고자 한 다면(낭가파르밧 서키트 또는 단순히 디아마르 방면으로 하산코자한다 해도) 처음 트레킹을 시작하 기 앞서 이처럼 지역별로 이원화된 고용체계에 의거, 전체 일정계획과 스태프(도우미) 구성- 반대편지역 일꾼확보 -을 타진'해야 한다. 타레싱에 도착하여 즉석으로 일을 추진하여 그들 아스토르 일꾼만을 대동하고 이의 마제노패스를 넘는 트레킹을 진행하기는 어렵다. 가급적 확실한 에이전시를 통해 진행하는 것이 바람직하다.

> * 이 또한 마제노패스 도착예정일을 명시하고 약속된 날짜보다 늦게 도착하지 않도록 일정을 잘 안배하여 추진 해야 하는바, 그리하여 마제노패스까지의 일정이 최소 5일, 최대 7일을 넘지 않아야 하는 까닭이기도 하다. (∴ 대부분의 트레킹 패키지(프로그램)의 경우 6일 일정(아스토르 시점)으로 이 마제노패스까지의 일정을 수립하며, 이는 고소적응 및 체력적인 안배를 고려할 때 최적의 일정으로 사료된다.)

하산은 올랐던 것보다 훨씬 쉽고 빠르게 진행할 수 있을 것이다. 그렇다고 내치듯 내달 리지는 말자. 사고는 하산길에서 더욱 많이 발생한다. 하산시간 2시간 정도면 출발지 였던 마제노 H.C.에 도달할 수 있고, 시간이나 체력적으로도 무리가 없다면 더 내려가 전날 머물렀던 **마제노 B.C.까지 하산**해도 좋다. 마제노패스에서 마제노 B.C.까지의 하산길은 넉넉잡고 4시간 정도면 충분하다. 출발부터 복귀까지 총 8시간 이상 걸리는 길고 고된 일정이긴 하지만 마제노패스 정상에 오른 성취감과 그로부터의 후련한 조망을 만끽하고 내려서는 발걸음은 가볍디가볍고 가슴뿌듯함 또한 충만할 것이다.

일정이 허락한다면, 아울러 충분히 고소적응이 되어있다고 판단되면 마제노패스에서 바로 하산치 말고 하루 머물렀다가 다음날 아침 인근 마제노릿지 서남릉 상의 **마무초티 (5,950m)** 피크를 올랐다 내려오는 것도 권할만하다.(왕복 5~6시간 소요.) 전망도 탁월할뿐더러 난이도도 그리 높지 않아 일반 트레커들도 로프와 크램폰 등 기본장비만 갖추면 충분히 도전할만하다. 물론 선택은 본인의 몫이다. 일기가 안 좋거나 몸에 문제(고소증세)가 있다면 절대 시도치 말 것 !

6일차(Day06) : 마제노 B.C.(4,050m)-(2시간)-샤이기리(3,650m)-(2시간)-라트보메도우(3,530m)-(3시간)-바진(3,550m)

하산길은 왔던 길 그대로 되밟아 내려가면 된다. 샤이기리빙하를 가로지를 때와 바진 빙하를 건널 때 하산길이라고 긴장을 풀지 말고 주의해서 나아가라. 히든크레바스에도 주의를 기울이며. 만약 마제노 H.C.에서부터 하산 시작한다면 바진까지는 하루에 가기 조금 멀다. 도중 라트보메도우나 샤이기리에서 야영하고 다음날 바진, 루팔 지나 타레싱까지 나아가 하산을 완료한다.

7일차(Day07) : 바진(3,550m)-(1시간30분)-루팔(3,150m)-(1시간30분)-타레싱(2,910m)-(차량이동 1시간)-아스토르(2,350m)

트레킹 마지막날이다. 하산루트는 올랐던 것과 동일하다. (☞ 3-2. 루팔트레킹을 참조토록.) 타레싱에 일찍 하산했다면 차를 타고 아스토르까지 곧바로 이동, 그로부터 칠라스나 길기트 각 방면으로 그리 늦지 않은 시간대에 이동이 가능하다. 반면 타레싱 도착시간이 늦었다면 차편이 있어도 굳이 아스토르까지 나아가려 하지 말고 그냥 전망 좋고 공기 좋은 타레싱에서 하룻밤 더 머물라. 아스토르보다는 분명 훨씬 쾌적하고 신선한 곳이다. 다음날 나머지 여정을 꾸려도 문제될 건 없다. 불과 1시간 차이일 뿐이다.

바진(헤를리히코퍼) B.C.의 빙하둑 분지(메도우)

타레싱에서 바라본 라이코트피크(우) & 낭가파르밧(중앙)

아스토르 녹지 언덕과 구름에 잠긴 키니바리(아스토르피크)

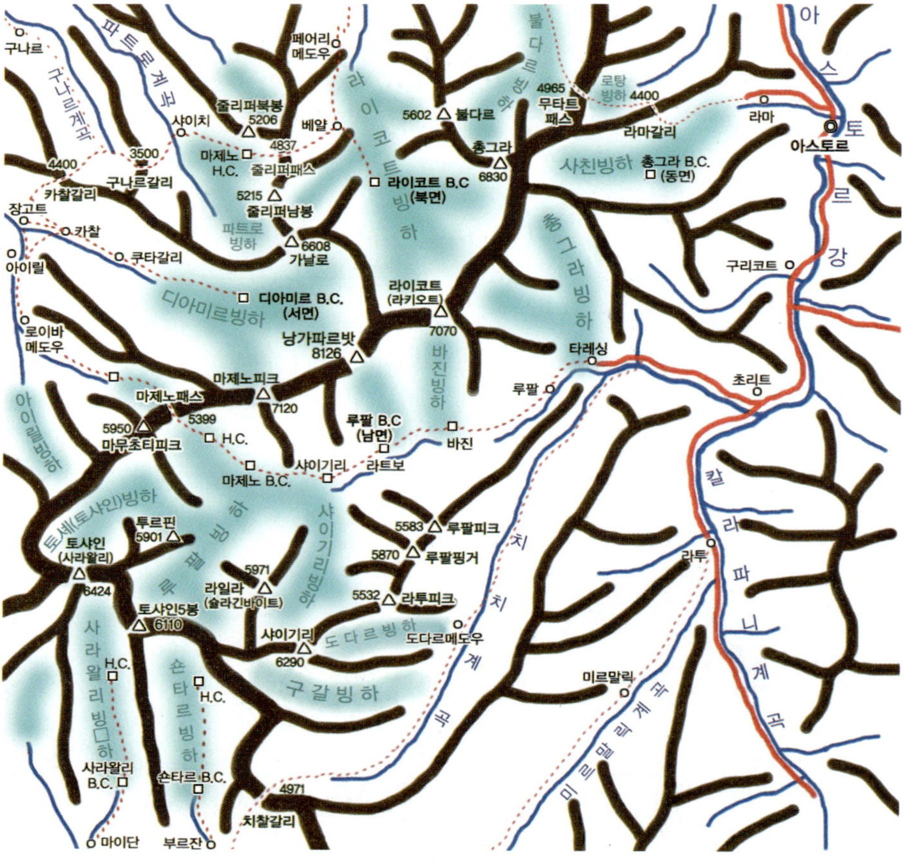

3-4. 낭가파르밧 서키트(루팔~페어리메도우~아스토르 일주)(20일)

(★사진협조 : Anis Hussain)

◆ **특징** : 펀잡히말라야의 핵 낭가파르밧을 말 그대로 '일주'하는 트레킹이다. 낭가파르밧의 전 3면〈남면(루팔)-서면(디아마르)-북면(라이코트)〉 등반 전진기지(베이스캠프)를 돌아보고 총 7개의 패스(고개)*를 통과함으로써 일주트레킹이 완수되며 여느 히말라야 일원의 일주(라운딩) 트레킹과 비교해서도 전혀 손색이 없는, 아니 훨씬 더 난이도가 높고 고되며 성취도 또한 높은 트레킹으로서 자리매김한다. (※ 참고로, 거리상으로 그리 멀지 않은 북인도 카시미르히말라야 잔스카르 트레킹의 경우 사오천미터급 5~6개의 고개를 넘게 되지만 빙하지대나 설원구간, 낙석위험구간이 없는데다 도중 숙식을 해결할만한 곳(마을)도 많이 지나게 되어 트레킹 난이도는 그리 높지 않은 편이다. 하나 더 덧붙이자면 유명한 네팔 히말라야의 안나푸르나 라운딩 트레킹의 경우 해발 5,416m의 토롱라를 넘는 것으로 대장정의 갈무리를 짓게 되며 무릇 그 토롱라 고개를 넘는 자체만으로도 큰 의미를 둔다. – ✔ 잔스카르, 안나푸르나(안나푸르나 3패스 포함) 일원 트레킹에 대해서는 후에 인도히말라야/네팔히말라야 편에서 소개한다.)

★ 낭가파르밧 7패스 : **마제노패스(5,399m)**-카찰갈리(카루사가르; 4,400m)-구나르갈리(3,500m)-**줄리퍼패스(카추패스; 4,837m)**-불다르갈리(슈아갈리; 3,350m)-**무타트패스(4,965m)**-라마갈리(4,420m)

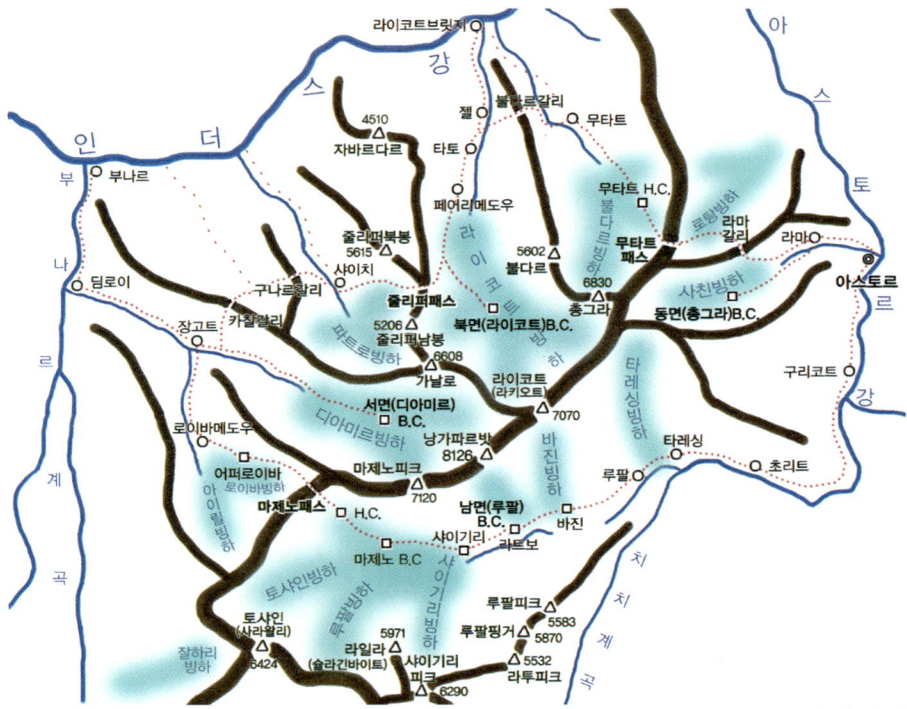

낭가파르밧 서키트 개략도(7패스)

✦ **트레킹 적기** : 6월~9월초 (이후 겨울시즌으로 접어들면 동계 전문장비 필요)

✦ **트레킹 최고점** : 마제노패스(5,399m) / 줄리퍼패스(카추패스; 4,837m) / 무타트패스(4,965m)

✦ **일정가이드**

(※ 접근은 보통 낭가파르밧 남면(루팔 방면)부터 시작하므로 앞선 루팔트레킹의 접근방법과 동일하다. 역으로 만약 북면(라이코트 방면)부터 시작한다면 페어리메도우 트레킹 편을 참조하고, 동면(라마 방면)에서부터 진행코자한다면 아스토르가 기점이 될 것이므로 역시 루팔트레킹의 아스토르 진입 편을 참조하기 바란다.)

∴ 아래 일정/여정은 표준 권고안이며 상황과 여건에 따라 조정 내지는 가감할 수 있음이다. 소요시간 또한 환경 및 각자의 상태에 따라 편차가 있을 수 있다.

1~4일차(Day01~04) : 타레싱-루팔-바진-라트보-샤이기리-마제노 B.C. & H.C.

☞ 루팔-마제노 트레킹(3-3.)과 동일하다.

5일차(Day05) : 마제노 H.C.(4,700m)-(4시간)-마제노패스(5,399m)-(2시간)-카이(4,800m)-(2시간)-로이바캠프(어퍼로이바; 4,200m)

앞서 언급했던 바처럼 전체 트레킹 일정 중 가장 힘든 날로 매겨지게 될 것이다. 재차 강조하지만 가급적 이른 시간에 여정을 시작하라. 기온상승은 몸을 따뜻하게 할지는 몰라도 설상면 보행에는 상당한 어려움을 야기한다. 아울러 마제노패스를 넘어 긴 여정을 계속 진행해야 하므로 출발시간을 더욱 일찍 잡아야 함이다. 가급적 해뜨기 전(오전 7시 전후)에는 출발토록 하라.

마제노 H.C.

마제노패스 오름길. 정상이 보인다.

하이캠프에서 4시간가량 가파른 길을 오르면 바로 해발 5,399m의 마제노패스다. 시간이 흘러 기온이 상승하면서 고갯마루 정상에는 강한 바람이 불어 체온을 떨어뜨릴 여지가 많으므로 적당히 쉬고 하산을 재촉한다. 사진촬영도 중요하겠지만 하산길 또한 매우 험난하기에 신체적 상황을 더욱 강조해마지않는다. 이제부터 서북향 디아미르 방면으로의 하산은 전 트레킹 구간 중 가장 난이도가 높은 구간이다. 낙석지대에 경사도 40도가 넘는 두어 군데 급비탈면은 로프가 필요하고 – 강설상태에 따라 더 많은 구간에서 필요할 수도 – 트레커 본인이 숙련된 등반전문가가 아니라면 스태프들의 도움이 절실할 것이다. 스태프들 또한 새로이 너머지역(디아미르)의 이른바 '칠라스 스태프(포터)'들로 대체되게 된다. (물론 미리 이러한 것들이 다 조율되어있어야 할 것이다. 만약 사전 조율되지 않은 채로 – 아스토르(타레싱) 스태프(포터)들로만 구성된 카라반으로서 – 예까지 왔다면 아쉽게도 그냥 돌아서야 한다. 마제노패스를 넘어 디아미르 지역으로 넘어설 수 없다.) 아울러 짐승(말/나귀 등)을 운반수단으로 활용하는 것도 단지 마제노 H.C.까지만이므로 이후 마제노패스를 넘는 일정은 오로지 인력에 의해서만 가능하다.

마제노패스 오름길 뒤편으로 보이는 루팔빙하(토샤인빙하)와 토샤인 연봉들

마제노패스 내리막 구간. 멀리 맨땅이 드러난 곳이 디아미르 방면 하이캠프인 카이 캠프지.

급사면에 낙석위험이 높은 비탈자락을 무사히 내려왔다면 이제 조금은 완만해진 지경에 이른다. 마제노패스에서 이렇게 1~2시간쯤 하산하여 내려오면 곧 빙하지대를 다시 만나게 되는데 바로 로이바빙하이다. 마찬가지로 이 로이바빙하 구간으로 내려 걸을 때 긴장을 늦추지 말라. 크레바스에 유의해야 함이다. 더더군다나 눈이 쌓였을 경우 보이지 않는 크레바스의 위험이 급증한다. 때문에 역시 로프가 필요할 수 있다(안자일렌). 로이바빙하를 통과하면 이후부터는 다소 편하고 쉬운 트레일이 이어진다. 만약 시간이 늦었다거나 체력이 부친다면 로이바빙하 지나 곧바로 나오는 작은 캠프지에서 야영을 고려해볼 수 있다. '카이캠프'란 곳으로, 원래는 현지 목동들이나 간혹 이용하는 야영지인바 사실 그리 좋은 터라고 말하기는 어려우나 사정이 여의치 않다면 – 긴 여정을 지속하기에 시간적·체력적으로 무리가 따르겠다면 – 이곳을 활용해야 할 경우도 상정토록. 마제노패스에서 이곳 카이캠프까지 내려서는데 약 2시간 정도 소요되는바, 물론 정상적인 운행에 정상적인 체력상태라면 2시간쯤 더 나아간 로이바' 캠프(어퍼로이바; Upper Loibah)에서 야영하는 것이 바람직하다.

로이바빙하 중단부 카이캠프에서 돌아본 마제노패스 방면. (발토로 트레킹 후스팡 하산길에서 되돌아본 곤도고로라의 풍정과 흡사하다.)

로이바캠프는 빙하지대가 끝나 계곡으로 바뀌는 기슭자락에 위치하며 카이캠프보다는 약 6백미터 정도가 낮은 해발 4천2백대의 캠프지로서 입지와 환경이 훨씬 낫다.

* 카이캠프 : 추천할만한 장소가 못 된다 해도 역방향 트레킹시엔 마제노패스 넘기 전 하이캠프로서 필수 활용해야 할 캠프지이다.
* 로이바는 현지어로 '초지', '풀밭'을 뜻한다고 하나 한편으로는 '아가씨'를 뜻하는 아랍어 '라이바'에서 유래되었다고도 하는 등 정확한 유래가 불분명하다.

6일차(Day06) : 로이바캠프(어퍼로이바; 4,200m) - (2시간) - 로이바메도우 (3,800m) - (3시간) - 아이릴(아이랄; 3,100m) - (3시간) - 카찰 (3,200m)

※ 또는 아이릴에서 캠핑 후 다음날,

① 아이릴 - (2시간) - 장고트(2,700m) - (3시간) - 딤로이(1,900m) - (30분) - 할랄레이 브릿지(1,800m) - (차량운행) - 부나르(1,100m)(KKH)로 하산 (∵ 탈출 및 후송루트)

② 아이릴 - (3시간) - 아이릴갈리(3,970m) - (30분) - 담미(3,800m) - (3시간) - 타마로스(2,000m) - (차량운행) - 부나르로 하산 (∵ 탈출루트로서라기보다는 낭가파르밧 남면·서면 B.C.만을 탐승하고 나오는 단기일정으로 나선 경우에 추천할만한 하산루트. ☞ 아이릴갈리(고개) 오름길이 조금은 고되나 덥고 지루하고 별 볼 것 없는 장고트 방면 하산루트보다는 풍치도 좋고 전망도 쾌적하여 나름 섭렵해볼만한 코스이다. 하루의 일정여유가 있다면 아이릴갈리 아래 담미 초원마루에서 캠핑해보는 것도 좋다. 단, 물을 구하기 어려우므로 정상부 이르기 전(약 30분 거리) 미리 준비토록.)

로이바빙하 상부메도우(Upper Loibah)의 풀꽃

로이바빙하의 말미 로이바메도우(Lower Loibah)

상부 로이바캠프(Upper Loibah)에서 아래쪽 로이바 목초지(로이바메도우/ Lower Loibah) 방면으로 이동하는 일정이다. 로이바 빙하지대가 갈무리되어 이내 계곡으로 바뀐 지경을 따라 계속 서북향으로 내려간다. 급하게 내려서는 구간도 있지만 마제노 패스를 내려설 때처럼 고난도의 테크닉을 요하지는 않는다. 빙하구간을 벗어난 트레일은 대체로 평이하며 경사구간을 제외하면 크게 험난한 곳은 없다. 1시간쯤 내려오면 좌측(서쪽)에서 내려오는 아이릴(아이랄)계곡과 만난다. 아이릴계곡은 더 남쪽의 토샤인 4봉(6,045m)에서 비롯된 아이릴빙하가 녹아 흘러내리는 계곡이다. 이로부터 트레일 주변은 초지가 더욱 파릇하게 드리우고 아울러 나무숲과 계류부가 어우러진 편안한 길로 트레일이 이어진다. 이의 아이릴계곡을 따라 북향으로 1시간쯤 더 내려가면 푸르른 초원에 수목이 우거지고 여러 돌집가옥들이 자리하고 있는 로이바메도우*에 다다른다. 캠프지로 삼아도 좋은 곳이나 상부 로이바캠프에서 불과 2시간여 거리밖엔 되지 않기에 여정을 좀 더 진행하여 다음 장소로 이동한다.

* 로이바메도우(Loibah Meadows)는 디아미르 지역 일원의 칠라스/부나르 지역민들의 여름거처로도 활용되는 곳으로, 제 시기에 찾았다면 이곳에서 방목과 농경에 열심인 현지민들을 만날 수 있을 것이다. 이들 속칭 '칠라스인'들은 외관으로만 보면 매우 강인하고 때론 그 긴긴 검게 휘날리는 무성한 수염 때문인지 꽤나 흉포해보이기도 하지만 실상은 상당히 친절하고 호의적인 사람들이다. 물론 안타깝게도 2013년 봄에 이 낭가파르밧 디아마르 사이트(디아미르 B.C.) 방면에서 등반가들을 대상으로 한 끔찍한 테러가 발생하기도 하였으나 실상은 거의 모든 주민들은 이방인에 대해 그리 적대적이지 않고 상냥하며 우호적인 태도를 보인다. 단지 급진적이고 과격한(혹은 무언가 반대급부를 노린) 무장집단에 의해 저질러진 악행인데. 실제로 해당 현지 지역주민들조차 경악을 금치 못하곤 그들 테러를 일삼은 자들을 강력히 비난하고 저주하기까지 했다. 같은 무슬림으로서 너무 수치스럽고 경멸스럽다고나. 아무튼 이곳에서의 더 이상의 테러는 없을 일이지만 당시 벌어진 일들은 현지인들로서나 방문객들로서나 가슴 한 켠 섬뜩하면서도 동시에 분노를 금할 수 없는 비통한 사건이 아닐 수 없다. 새삼 강조하지만 특히 이런 산악오지에서는 절대 혼자 행동치 말며 통제를 벗어난 무단 행동 또한 금물이다. 항상 안전을 염두에 두고 임하라.

장고트 마을. 낭가파르밧 서면(디아미르사이트)이 바라보인다.

그로부터 아이릴계곡을 건너서고 이어 북쪽으로 2시간여 가파른 협곡구간을 따라 계속 내려가면 좌측(서쪽) 언덕 위에 사람사는 마을이 보이는데 속칭 'Little Fairy Meadows'로서도 불리는 아이릴(아이랄) 마을이다. 이곳을 거쳐 계속해서 아이릴계곡을 따라 북쪽 장고트 방면으로 진행할 수도 있지만 낭가파르밧 디아마르 B.C. 방면으로 나아가기 위해서는 아이릴계곡을 다시 건너 북동기슭을 타고 카찰 방면으로 바로 질러감이 좋다. 산자락을 돌아 나갈 때 다소간 올랐다가 내려서긴 하나 지대가 낮은 장고트 쪽을 들렀다가 되오르는 것보다는 효율적이며 아울러 시간도 절약되고 주변 경관과 조망도 훨씬 낫다. 점심은 아이릴 근방에서 해도 좋고 아님 느긋하게 그 전의 로이바메도우에서 한가로운 초원의 식사를 즐겨도 좋겠다.

로이바메도우~아이릴~카찰까지는 줄곧 낭가파르밧의 서면(디아미르 사이트)을 바라보면서 걷는다. 길은 좋으며 특별히 어려운 구간은 없다. 지경이 바뀐 디아미르 계곡부의 카찰 방목지로 진입하면서는 소나무와 자작나무 숲이 우거진 트레일을 따르면서 해발고도 3천2백에 이르는 카찰 목초지까지 나아간다. 디아미르계곡 건너편 카찰 방목지는 네 갈래 트레일이 만나는 곳으로, 계속 북진하여 오르면 카찰갈리(카루사가르; 4,400m), 동남방면으로는 디아미르 B.C.(4,000m), 그리고 거쳐왔던 남서향 아이릴/로이바 방면 트레일과 더불어 서북방면 디아미르계곡 따라 하산루트인 장고트*(2,700m) 방면 이렇게 다시 말하면 각기 네 방향 루트가 나뉘는 지점이다.

카찰 목초지

> * 장고트는 디아미르계곡과 아이릴계곡이 합류하는 곳에 위치한 마을로서, 앞서 아이릴계곡을 따라 장고트로 하산하였다가 이처럼 합류하는 디아마르계곡을 거슬러 동진하여 카찰-쿠타갈리-디아미르 B.C.로의 여정으로 기획할 수도 있다. 아이릴~장고트 / 장고트~카찰 각 2시간 정도 소요된다.

카찰 도착시간이 이르다면 동쪽 디아미르 B.C. 방면으로 2시간쯤 더 나아가 쿠타갈리 목초지캠프에서 여장을 풀어도 좋다. 카찰과 마찬가지로 초지가 무성하고 목동들의 돌집 구조물들이 여럿 들어앉은 곳으로, 이 역시 앞선 카찰 목초지와 함께 낭가파르밧 서면 디아미르(칠라스/부나르) 지역주민들의 여름거처로서 활용되기도 하는 곳이다.

7일차(Day07) : 카찰(3,200m)-(2시간)-쿠타갈리(3,400m)-(4시간)-디아미르 B.C.(서면 B.C.; 4,000m)

쿠타갈리의 현지인들(목동) 거처

쿠타갈리 메도우지대에서 바라보이는 낭가파르밧. 중앙 봉우리가 8,126m 정상이다.

낭가파르밧 서면 베이스캠프인 디아미르 B.C. 탐승 일정이다. 만약 디아미르 캠프를 방문치 않을 예정이라면 굳이 주 서키트 트레일에서 벗어난 이 서면 B.C.로의 트레일을 따를 필요가 없다. 그냥 카찰에서 곧바로 북쪽기슭으로 올라 카찰갈리(카루사가르)

방면으로 진행하면 된다. 하지만 이곳이 처음이라면 당연 이 디아미르 사이트의 등반 전진캠프를 찾아볼 일이다. 낭가파르밧 등반의 가장 인기가 높은(가장 많은 등반가들이 찾는) 전진기지로서 자리매김하고 있는 곳으로, 북면 라이코트(페어리메도우) 사이트나 남면 루팔 사이트에서와는 또다른 낭가파르밧 서면의 강렬하고 웅혼한 인상적인 풍치를 담아볼 수 있다.

카찰~쿠타갈리는 디아미르계곡 좌측(북측)기슭의 계속되는 방목초지 트레일을 따라 진행한다. 2시간 정도면 충분하고, 넓고 평탄한 초지상의 자작나무, 소나무 숲 사이로 작은 수로길을 따라 나있는 트레일은 매우 안락하고 호젓하다. 사람들이 많이 다녀서인지 길도 잘 다져져있어 보행에 딱히 어려움이 없다. 쿠타갈리 역시 앞서 말한 대로 방목과 목축을 업으로 삼는 칠라스/부나르 지역민들의 여름거처이다. 목초지가 넓게 드리워져있고 주변엔 식수원으로 활용되는 맑은 계류부가 드리워있다. 쿠타갈리에서도 트레일이 나뉘어진다. 북서쪽으로 비탈길을 거슬러오르면 앞서 카찰에서 북상해 오르는 트레일과 만나 곧 카찰갈리(카루사가르) 고갯마루 방목지로 나아가게 된다. 디아미르 B.C. 답사 이후 여정은 바로 이 쿠타갈리-카찰갈리 코스로 진행케 될 것이다.

쿠타갈리를 지나면 트레일은 서서히 고도를 높이며 빙하지대로 들어선다. 이내 계곡은 갈무리되고 디아미르빙하 북단의 초지언덕(빙하둑 메도우 지형)을 따라 나아가게 되는데, 크고작은 빙하모레인 지경의 언덕배기들을 섭렵해가며 계속 서쪽으로 4시간 가량 진행하면 이윽고 웅장하고 화려한 낭가파르밧 디아미르 사이트의 전모가 펼쳐진 서면 B.C.에 이른다. 등반시즌과 맞물렸다면 수많은 텐트와 등반가들, 도우미로 나선 현지인들의 모습을 맞닥뜨릴 수 있을 것이다. (※ 혹 망원경을 지참하여 왔다면 실제 등반중인 산악인들의 모습과 등반루트를 이곳 베이스캠프에서 먼 발치로나마 가늠해볼 수도 있겠다.) 해발 4천미터에 이르는 캠프지는 빙하둑 위의 단구평원 형태로 빚어져있고 평탄부에는 잔잔한 초지가 형성되어있다. 여름철에는 야생화가 만발한 아름다운 풍경도 만끽할 수 있다.

디아미르 B.C.의 텐트촌. 낭가파르밧 정상봉우리(좌측)가 바로 앞에 보인다.

8일차(Day08) : 디아미르 B.C. 유람(휴식일)
※ 또는 오전에 디아미르 B.C. 일원을 유람하고 오후에 쿠타갈리로 하산하여 캠핑

남은 예비일 중 하루를 이곳에서의 휴식일로 취한다. 전망좋은 주변 언덕으로 올라 조망을 즐겨도 좋고 느긋하게 캠프지에서 머물며 원정대와 수다를 나눌 수도 있다. 일정이 여유롭지 못하다면 오전에만 이러한 유람과 여유를 즐기고 오후에는 쿠타갈리로 하산하여 야영할 수도 있겠다. 즉, 반일 휴식일로 갈음하는 일정이다. 대개 오후에 구름이 많이 껴서 낭가파르밧 조망이 어려워지고 날씨도 스산해지면 이처럼 오후 하산일정으로 조율한다. 서키트 트레일 기점인 쿠타갈리까지 하산은 3시간이면 충분하다.

디아미르 B.C.에서의 낭가파르밧 석양

일출 직후의 낭가파르밧 서면의 모습(B.C. 상부 전망포인트에서)

상부 전망지대에서의 디아미르빙하 조망

아침녘 디아미르빙하 & 빙폭(B.C. 메도우에서)

9일차(Day09) : 디아미르 B.C.(4,000m)-(3시간)-쿠타갈리(3,400m)

※ 또는 전날 휴식일로 할애치 않고 쿠타갈리로 하산할 수도 있으며, 아울러 달리 낭가파르밧 전체 라운딩으로 진행하기 어려운 단기일정의 경우 이날 **쿠타갈리**-(1시간)-**카찰**-(1시간)-장고트-(3시간)-**딤로이**-(30분)-**할랄레이브릿지**로 하산해 KKH의 **부나르**로 빠져나와 트레킹을 종료하는 일정도 상정해볼 수 있다. (☞ 즉, 낭가파르밧 남부라운딩(South Rounding) / 하프라운딩(Half Rounding) 트레킹의 일정이다.)

딤로이 하부(할랄레이)에서 바라본 낭가파르밧.

디아미르 B.C.에서의 쿠타갈리까지 하산에 3시간 정도 소요되며, 쿠타갈리에 도착하면 런치캠프를 차린다. 하산소요시간이 얼마 되지 않지만 그냥 이곳에서 일찌감치 캠프를 차리는 것은 굳이 카찰까지 더 내려가지 않아도 이 쿠타갈리에서 바로 다음날 서키트 트레킹 루트인 카찰갈리로 오르면 되기 때문이다. 물론 시간여유가 많다하여 곧바로 이날 계속해서 카찰갈리로 나아가겠다하는 생각도 있을 수 있겠으나 사실 해발 3천4백 쿠타갈리에서 표고차 1천미터를 극복, 해발 4천4백 카찰갈리까지 꽤 가파른 오르막을 그것도 단지 오후일정으로서 올라치기에는 그리 녹록지 않은 면이 있다. 고로 이 날은 어찌됐든 캠프를 차리고 다음날 카찰갈리로의 1천미터 오르막을 넘기 위한 전주로서 삼는 게 바람직하다. 쿠타갈리~카찰갈리 구간은 도중 캠핑할만한 곳이 마땅치 않아 더욱 그렇다.

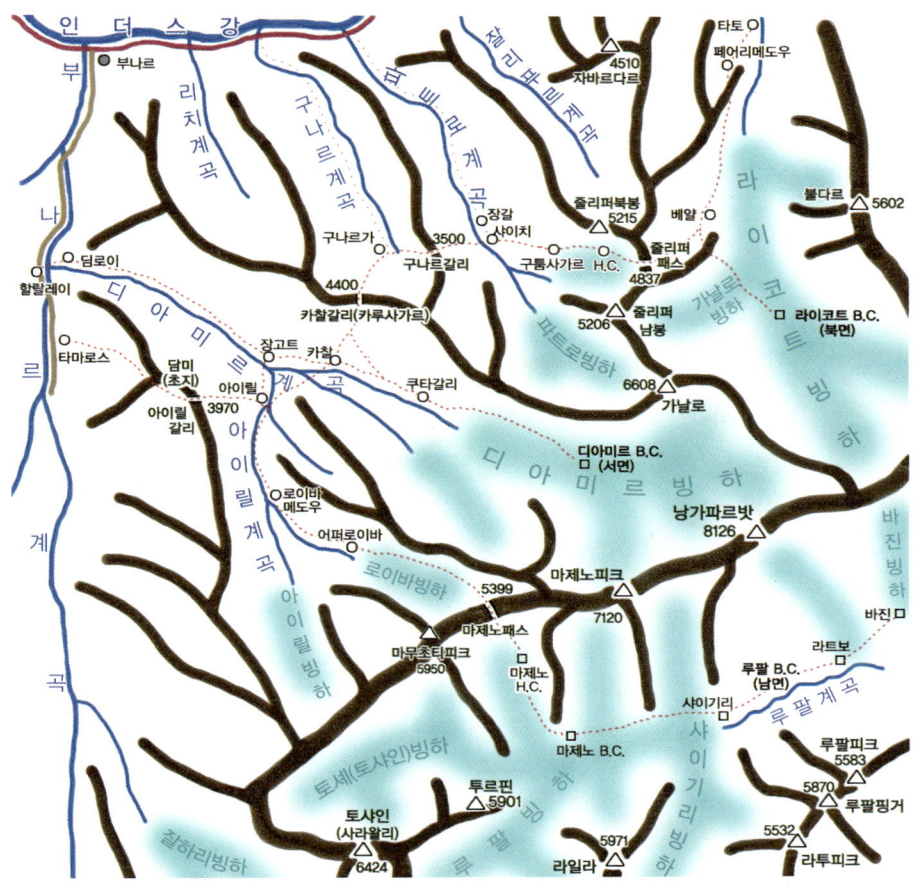

10일차(Day10) : 쿠타갈리(3,400m)−(4시간)−카찰갈리(카루사가르; 4,400m)− (2시간30분)−**구나르가**−(3,200m)−(1시간)−**구나르갈리 (3,500m)**

낭가파르밧 서키트 두 번째 고개인 카찰갈리(4,400m)를 넘는 날이다. 쿠타갈리에서 디아미르계곡 트레일을 버리고 북서쪽 가파른 비탈자락으로 타고 올라 길을 잇는다. 가파른 산허리길을 얼마간 진행하면 남쪽 카찰에서 급격히 올라붙는 길과 만난다. 여기까지 대략 1시간~1시간반 가량이 소요된다. 이후로는 더욱 급격한 오르막이다. 카찰갈리 고갯마루 정상부까지 다시 2시간 이상이 소요된다. 물론 몸상태가 좋지 않다거나 고소증세가 재현된다면 속도는 더욱 처질 수 있다. (✔ 이미 해발 5천4백고지의 마제노패스를 넘어왔기에 고소증 문제는 거의 해소되었을 것이나 그래도 매우 가파르게 오르는 길이기에 고소수칙을 무시하고 무리하게 진행시 비슷한 증세를 겪을 수 있다.) 아울러 오르는 내내 물을 발견할 수 없고 햇빛을 피할 그늘조차 없어 더욱 힘이 들고 지치는 구간이다.

힘겹게 올라 이윽고 고갯마루가 가까워지면서는 다시금 푸르른 초록사면이 반기고 시나브로 넓고 완만히 드리우는 카루사가르* 방목초지가 이의 카찰갈리 정상부로부터 훤칠하게 열리기 시작한다. 카찰갈리 곧 카루사가르 초원마루는 현지인들의 여름방목지로 유명하며 낭가파르밧을 휘둘러보는 넓고 평탄한 초지 일원에서의 멋드러진 오찬이나 또는 아예 하룻밤 머물고픈 충동도 들 것이다.

> * 카루사가르는 검다는 뜻의 '카루'와 초지/방목지를 뜻하는 '사가르'의 합성어이다. 고갯마루 일대의 방목초지 주변에 거무스름한 산세가 펼쳐져있어 이러한 명칭이 붙여진 듯하다.

카찰갈리   카루사가르 초원마루   구나르갈리 초지의 방목된 양떼

적당히 쉬고 다시 길을 재촉하여 이의 카찰갈리를 넘어 북동쪽 골짜기 아래로 방향을 잡고 트레일을 이어간다. 2시간여 가파른 산비탈길을 내려오면 곧 북쪽으로 흘러 인더스강으로 합류하는 구나르가(Gunar Gah)* 골짜기의 계류부를 만나게 되는데 트레일은 이를 가로질러 동북 방향으로 다시금 비탈자락을 따라 서서히 오르게 되며, 이윽고 1시간 남짓 진행하여 오르면 목적지인 구나르갈리* 마루터기의 캠프지에 이른다. 해발 3천 5백대의 고산초지를 형성하고 있는 이곳 역시 앞선 카찰갈리와 마찬가지로 남쪽 가날로 릿지에서 흘러내린 산줄기 능선상의 고갯마루 지형으로서 주변 경관과 조망이 뛰어나다. 특히 남동 방면으로 가늠되는 가날로피크(6,608m)와 낭가파르밧 북봉(7,816m)의 모습이 인상적으로 다가온다.

> * 가(Gah)는 '계곡', 갈리(Gali)는 '고개'를 뜻한다. 즉, 구나르계곡 & 구나르패스로 정의할 수 있다.

11일차(Day11) : 구나르갈리(3,500m)-(2시간)-샤이치(장갈; 2,900m)-(2시간 30분)-구툼사가르(3,500m)

구나르갈리에서 동북방향 파트로밸리로 내려선다. 가파르게 내려앉는 계곡안부까지 2시간가량 소요되며 계곡을 건너 파트로밸리의 방목초지인 샤이치 또는 장갈*에서 중식을 취하고 오후여정으로 계속해서 구툼사가르* 방목지캠프까지 나아간다. 구나르 지역의 여름철 방목지인 쟝갈/샤이치 일원의 파트로밸리 구간에서는 울창한 자작나무숲과 솔숲길을 따르면서 현지주민들이 올라와 일궈놓은 옥수수밭, 보리밭 풍경도 간간이 마주할 수 있다. 샤이치에서 바라보는 낭가파르밧의 모습 또한 빼놓을 수 없는 명승이다.

샤이치(파트로밸리)

* 파트로밸리 기슭의 장갈(Jangal)은 영어화하여 일명 '정글(Jungle)캠프'라고도 불린다. '장갈'은 우르드어/힌디어로 바로 그처럼 '숲'을 뜻하는 단어이다.
* 구툼사가르는 구툼(골짜기/협곡)과 사가르(초지/방목지)가 합쳐진, 즉 '계곡(골짜기)의 초지'로 해석할 수 있다. 이 구툼사가르 캠프는 달리 'Lower Khatsu Camp'라고도 불린다. (Katsu는 한편 Khutso, Khusto란 명칭으로도 표기된다.)

샤이치~구툼사가르 여정은 먼저 남동쪽 파트로밸리 골짜기길을 따르다가 구툼사가르 방목지로 들어서면서 주계곡을 버리고 동쪽으로 틀어 트레일을 잇는다. 도중 크고작은 계류들도 가로지르게 되는데 오후가 되면 수량이 증가하여 가교가 마련되어있지 않다면 부득불 신을 벗고 건너야 할 경우도 있다. 구툼사가르 또한 구나르 주민들의 여름거처로서 캠프지에 이르면 바로 앞 남서방향으로 가날로피크(6,608m)의 웅장

구툼사가르

한 하얀 산괴가 풍치를 더한다. 언덕배기의 목초지 주위로는 샘이 흘러나와 식수로 활용할 수 있다.

12일차(Day12) : 구툼사가르(3,500m)-(3시간)-줄리퍼(잘리푸르) H.C.(4,300m)

라이코트 사이트(페어리메도우)로 넘어가는 줄리퍼패스를 넘기 전 하이캠프(H.C.)에서 하루 머무는 일정이다. 구툼사가르에서 동쪽 줄리퍼 하이캠프까지는 서너 시간이면 족하며, 곧 하이캠프에 도착해서는 런치캠프를 차리고 야영을 준비토록 한다. 오후시간 무료하다면 근처의 전망포인트를 답사하고 돌아오는 일정으로 갈음한다. 구툼사가르~줄리퍼 H.C.로 오르면서는 수목한계선을 지나 도중 작은 호수와 폭포지대를 거치게 되며 하이캠프로 오르는 내내 정면으로 줄리퍼'피크를 조망할 수 있다. 좌측(북쪽)에 보이는 것이 해발 5,215m의 줄리퍼 북봉(North Juliper Peak)이며 우측(남쪽)에 솟은 봉우리는 그보다 조금 낮은 해발 5,206m의 줄리퍼 남봉(South Juliper Peak)이다. 줄리퍼패스'는 바로 이들 두 봉우

줄리퍼 북봉(트레킹피크)

리 아래 잘록하게 늘어진 안부 사이로 나있는 고갯길이다. 하이캠프의 수면고도(sleeping altitude)가 높은 편이나 이미 마제노패스(5,399m)와 카찰갈리(4,400m) 등 사오천 미터급 고지대를 거쳐왔으므로 고소증 문제는 딱히 신경쓰지 않아도 될 것이다.

* 줄리퍼는 달리 잘리푸르(Jalipur), 질리푸르(Jilipur)/질리퍼(칠리퍼), 갈리퍼(Galipur) 등등으로 현지인들이 부르는 이름(발음)을 각국의 자모(알파벳) 체계에 의거 제각각으로 표기한 경우가 많다. 심지어는 향나무(노간주나무)를 뜻하는 영어 'Juniper'를 써서 일명 "Juniper Peak/Juniper Pass"라고 지칭·표기하는 경우도 없지 않다. 단순히 들리는 발음에서 연상하여 재가공한 명칭이라 하겠다. (▶ 해발 4,837m의 줄리퍼패스에는 실제 쥬니퍼(향나무)는 없다. 아니 그 어떠한 나무도 없다. 단지 바짝 눌어붙은 초본류만 성글어있을 뿐이다.) 통상적으로 현지인들이 부르는 원음에 제일 가까운 것이 칠리푸르인데 대개는 '줄리퍼' 또는 '질리퍼'로서 호칭한다.

* 이 두 줄리퍼피크 사이에 놓인 줄리퍼패스의 원 명칭은 '카츄갈리(카츄패스)'이다. 줄리퍼 H.C. 역시 카츄 H.C.란 이름으로도 통용된다. H.C.(하이캠프)란 표기 대신 B.C.(베이스캠프)로 표기하는 지도 및 안내문도 있다. 한편으론 구툼사가르를 'Lower Khatsu Camp'라고 하는 것에 대응하여 이를 'Upper Khatsu Camp'로서도 지칭키도 한다.

13일차(Day13) : 줄리퍼 H.C.(4,300m)-(2시간30분)-줄리퍼패스(카츄패스; 4,837m)-(3시간30분)-베얄(3,550m)

페어리메도우(Fairy Meadows)로 잘 알려진 낭가파르밧 북면 라이코트 사이트로 넘어가는 날이다. 줄리퍼 H.C.에서 줄리퍼패스(카츄패스)로 오르는 것은 크게 어렵지 않다. 표고차 5백여미터에 소요시간 약 2시간반 정도만 극복하면 된다. 동쪽으로 빙하 골짜기를 따라 줄리퍼패스 정상부에 오르면 막힘없는 전망이 펼쳐진다. 남으로 해발 8,126m의 낭가파르밧 주봉과 아울러 가날로

줄리퍼패스 오름길

피크(6,608m)와 동쪽 라이코트빙하 너머로 총그라(6,830m), 불다르피크(5,602m)로 너울지는 낭가파르밧 북부산군의 전모가 드러난다. 물론 일기가 좋지 않거나 구름이 많이 꼈을 경우 이러한 명승진경은 다만 머릿속으로만 그려볼밖에 없다. 또한 날이 좋다 하더라도 오후에는 거의 구름에 덮이는 경우가 많으니 이 줄리퍼패스 정상의 훤칠한 조망을 얻기 위해서는 역시 너무 늦지 않게 서둘러 나설 일이다. (가급적 아침 8시 전에 출발하고 점심은 팩런치(도시락)로 준비한다.)

운무에 찬 줄리퍼패스 정상

줄리퍼패스 고갯마루를 넘어서면 곧 북동방향으로 가파른 내리막이 시작된다. 위험한 낙석지대나 빙설구간이 드리운다면 로프사용을 주저치 말도록. 1시간여 급사면을 내리면 잠시 완만한 퇴석지경으로 이어지다 이내 다시금 가파른 내리막길로 나아가게 되는데 그로부터 2시간가량 계속되는 내리막이 끝나면 바로 라이코트빙하 메도우지형에 터잡은 베얄 마을이다. 베얄까지 내려앉는 동안에도 동쪽으로 웅장한 라이코트빙하와 낭가파르밧 북동릉 총그라, 불다르피크의 하얀 너울을 조망할 수 있다.

베얄에 안착하면 페어리메도우가 그리 멀지 않으므로 곧바로 하산할 수도 있지만 만약 북면 B.C.(라이코트 B.C.)를 탐승코자 한다면 페어리메도우로 하산치 말고 이곳 베얄에서 캠핑토록 한다. 베얄에는 일반여행객들을 위한 숙박시설(롯지/코티지)도 마련되어있기에 - 북면 B.C. 트레킹편 참조 - 굳이 텐트를 치지 않고 이들 편의시설에 투숙할 수도 있다. 물론 비용은 별도

베얄캠프. 넘어온 방향 뒤쪽으로 줄리퍼 남봉이 보인다.

부담이다. 아울러 베얄 마을 주민들의 주거지를 대상으로 카메라를 들이대는 일도 없도록. 이방객들의 촬영행위에 그리 너그럽지 못하다. 특히 여인들의 안면촬영은 절대 금물이다. 아이들(남자)의 경우라도 먼저 찍어달라고 나서지 않는 한 무단촬영은 삼가토록.

14일차(Day14) : 베얄(3,550m)-(2시간30분)-라이코트 B.C.(북면 B.C. ; 3,960m) -(1시간30분)-베얄-(1시간)-페어리메도우(3,300m)

☞ 3-1. 낭가파르밧 북면(페어리메도우) B.C. 트레킹 편 참조.

북면 B.C. 전망언덕에서 바라본 라이코트빙하와 라카포시(좌)-디란(중앙)-푸파라시(우) 산군

(※ 북면 B.C. 근방에 1934년 낭가파르밧에서 사망한 독일의 알프레드 드렉셀(Alfred Drexel)과 빌리 메르클(Willy Merkl)을 기리는 기념물(돌탑 & 묘비)이 있다. 이곳을 다녀와보는 것도 좋다. 아울러 낭가파르밧에 그들 애환을 담은 많은 이야기들을 되새겨보는 것도 좋을 일이다.)

15일차(Day15) : 페어리메도우 휴식일 (※ 또는 일정종료 – 라이코트브릿지로 하산)

메르헨 동화속의 초원 즉 '메르헨비제(Märchenwiese)' 세칭 "요정의 낙원"이라는 페어리메도우(Fairy Meadows)에서의 멋진 휴식일을 갖는다. 만약 예비일을 진즉에 다 소진하여 여유부릴 지경이 아니라면 별 수 없이 다음 여정으로 진행해야 하겠다. 하지만 꽤나 애석할 것이다. 이 멋진 메르헨비제-페어리메도우에서의 유람시간을 갖지 못한다는 것이. 고로 이 날을 위해서라도 하루는 꼭 남겨두라. 그냥 지나치

롯지촌에서 바라보는 낭가파르밧(북면)과 라이코트빙하

기에는 너무 아깝다. 먹을 것도 풍족하고 돌아다니면서 구경할 것도 참 많다. 장기간 고된 행로에 소진된 체력을 보충코자 서로간 의기투합하여 고기음식을 섭취할 수도 있을 것이다. (☞ 게스트하우스와 마을 주민들로부터 양이나 염소고기를 제공받을 수 있을 것이다. 물론 값이 그다지 저렴하지는 않다는 것 또한 인지상정이다.)

낭가파르밧 일주트레킹이 이곳 페어리메도우에서 종료되는 것으로 계획되어있다면 바야흐로 충분한 휴식 후 하산이다. 당초계획이나 수행팀(스태프들)의 의지와는 상관없이 본인 각자의 의지'에 따라 이곳에서 몇날며칠 더 머물다 내려가고자 할 수 있을 것이다. 귀국 일정에 지장이 없다면 문제될 건 없다. 다만 하행길 타토~라이코트브릿지 교통편(지프)을 사전 확보토록 해두라. 아니면 아예 인더스강변 라이코트브릿지까지 걸어내려가든가…

* 일정진행을 담당했던 트레킹 에이전시에 바로 연락해서 차후 복귀편 내지는 후속일정에 문제가 없도록 미리 조율해둠이 좋다. (※ 통신이 가능한 – 휴대폰 통화가 터지는 – 지점이 페어리메도우 일원 딱 한 군데(외곽 언덕부) 있다. 그 곳 외에는 무전연락밖엔 방법이 없다. 위치는 현지인들(숙소관리인 또는 지역경찰)에게 물어보라.)

16일차(Day16) : 페어리메도우(3,300m)-(1시간30분)-타토(2,600m)-(2시간30분)-
불다르갈리(슈아갈리; 3,350m)-(2시간30분)-무타트 (2,750m)

페어리메도우 롯지촌에서 북쪽길로 타토까지 내려간 후, 타토 마을 앞 라이코트 계곡을 건너 불다르 산괴(불다르릿지)의 서측기슭자락 허리길을 타고 북동방향으로 불다르갈리(불다르패스) 방면으로 나아간다. 페어리메도우~타토까지는 도보 1시간반 정도 소요되고, 타토에서 라이코트계곡 건너 산허리길로 올라붙기까지 트레일 상황에 따라 30분~1시간 정도가 소요된다. 불다르 능선자락 허릿길로 오르면서는 경사도가 다시 서서히 높아지며 약 2시간여 걸어오르면 산모롱이를 돌아오르는 불다르갈리 고갯마루를 통과하게 되는데, 지금은 목동들이나 채집꾼들 외엔 그리 많이 다니지 않지만 과거에는 동쪽의 무타트 주민들과 서쪽의 이 타토 주민들깨나 왕래하던 소통로였다 한다. 불다르

릿지(Buldar Ridge)상의 고개를 넘는다 하여 일명 '불다르갈리' 혹은 '불다르패스'로도 불리지만 현지인들은 달리 '슈아갈리(Shua Gali)'로서 일컫기도 한다.

오른쪽 타토마을 건너편으로 보이는 산허리길을 따라 멀리 불다르갈리 능선마루에 이른 후 우측(동쪽)으로 돌아 무타트 방면으로 넘어간다.

무타트에서의 하산루트(지프로드). 인더스강 자락으로(부터) 불다르릿지의 급준한 벼랑길을 지그재그 돌면서 오르내리게 돼있다. 차량을 이용한다면 가히 목숨을 담보로 하는 길이랄 수 있다. (라이코트브릿지~타토 구간에서 촬영)

불다르갈리를 지나면서 트레일은 두 갈래로 나뉘는데, 북쪽 능선을 따라 내려가면 점차 가파르게 고도를 내리면서 인더스강변 라이코트브릿지 옆기슭으로 나아오게 된다. 타토까지 신작로(Jeep Road)가 뚫리기 전에는 바로 이 불다르릿지 북릉길을 통해 주민들이 오갔다 전해지며, 지금은 단지 황량한 바위산릉의 풍미만을 지닌 채 그저 목동들과 채집꾼들만 이 능선길을 이용하는 것으로 알려져 있다. 또다른 길은 바로 이의 낭가파르밧 라운딩 트레일의 경로로서, 곧 불다르갈리에서 모퉁이를 돌아 남동쪽 불다르 골짜기 방면으로 완만하게 내려앉는 길인즉, 바야흐로 불다르릿지의 반대편 동측자락으로 옮겨붙어 이내 라이코트 방면과는 등을 돌리고 새로이 무타트 방면으로 진출하는 트레일로서 진행케 된다. 곧 불다르갈리에서 약 1시간반 정도면 불다르 골짜기의 계곡안부에 닿게 되며, 계곡건너 현지인들의 작은 거주마을을 지나 다시 북동 방면 트레일을 따르면서 약 1시간쯤 산허리길을 돌아 나가면 이윽고 목적지인 무타트 마을 언저리에 당도하게 된다.

무타트 마을은 앞선 타토 + 페어리메도우를 합친 정도의 규모이며 역시 이곳까지 험로긴 하지만 차가 드나들 수 있게 산악도로가 나있어 상황이 여의치 않을시 탈출이 용이하다. 현지주민들의 가옥 외에는 여행객들을 위한 편의시설은 딱히 갖추어져있질 않아 대개 근처의 방목초지에서 캠프를 차리고 하룻밤 머물게 된다.

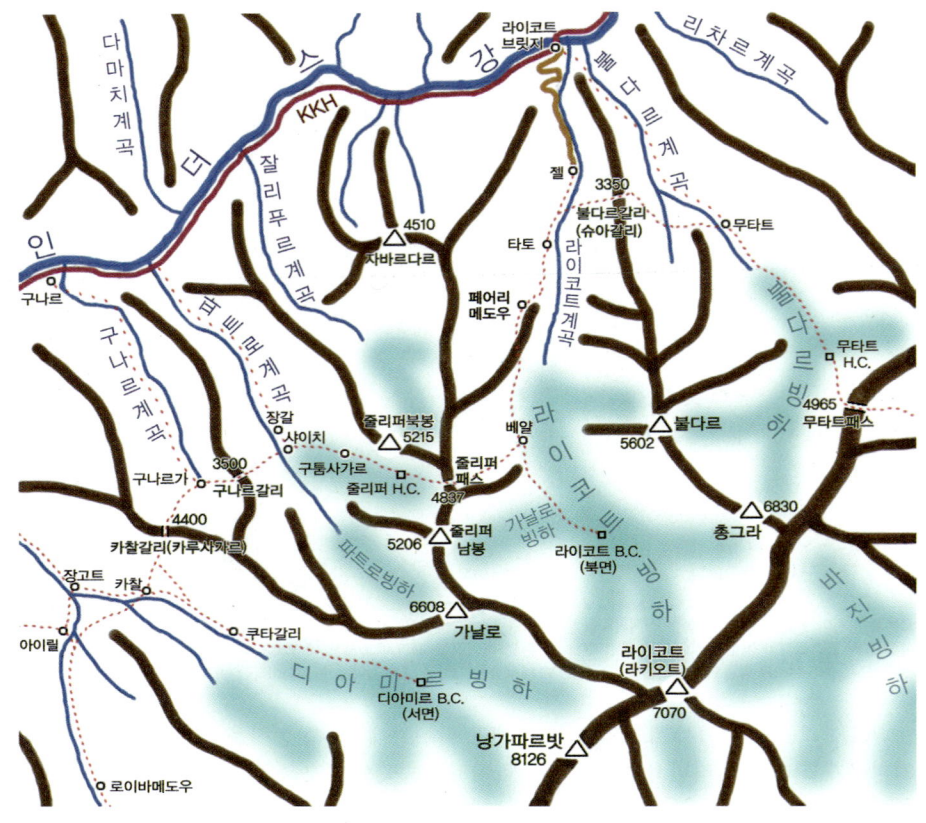

17일차(Day17) : 무타트(2,750m)−(4시간)−무타트 H.C.(3,970m)

무타트 마을을 뒤로하고 남동쪽 불다르빙하를 따라 거슬러 오른다. 트레일은 불다르 빙하의 좌측(동측)기슭 곧 빙하둑 위 목초지를 따라 오르게 돼있다. 여느 곳과 마찬가지로 녹음진 방목초지가 무성하며 불다르 빙하골짜기를 거슬러 나아가는 동안 남쪽 정면으로 또다른 면모로 드러나는 낭가파르밧 산괴의 다채로운 풍치와 주변 산봉들의 아름다움, 다각도로 맞이하는 각각의 골짜기의 신면모를 담아볼 수 있다. 무타트패스 아래 불다르빙하 자락의 초지캠프(무타트 H.C.)까지는 표고차 약 1천미터 가량의 꾸준히 오르는 길로 무타트마을에서 4~5시간 정도가 소요되며 사태나 계곡범람 등으로 트레일이 유실되지 않는 한 루트상의 특별한 난구간은 없다. 일찍 도착했으면 런치캠프를 차리고 다음날 해발 5천미터에 육박하는 종주트레일의 마지막 난관 무타트패스를 넘기 위해 일찌감치 휴식모드로 돌입한다. 주변 경관지대나 전망포인트를 가볍게 돌아보는 것도 좋다. 무타트 H.C.는 한편 불다르 빙하캠프(Glacier Camp)로서 언급되기도 한다.

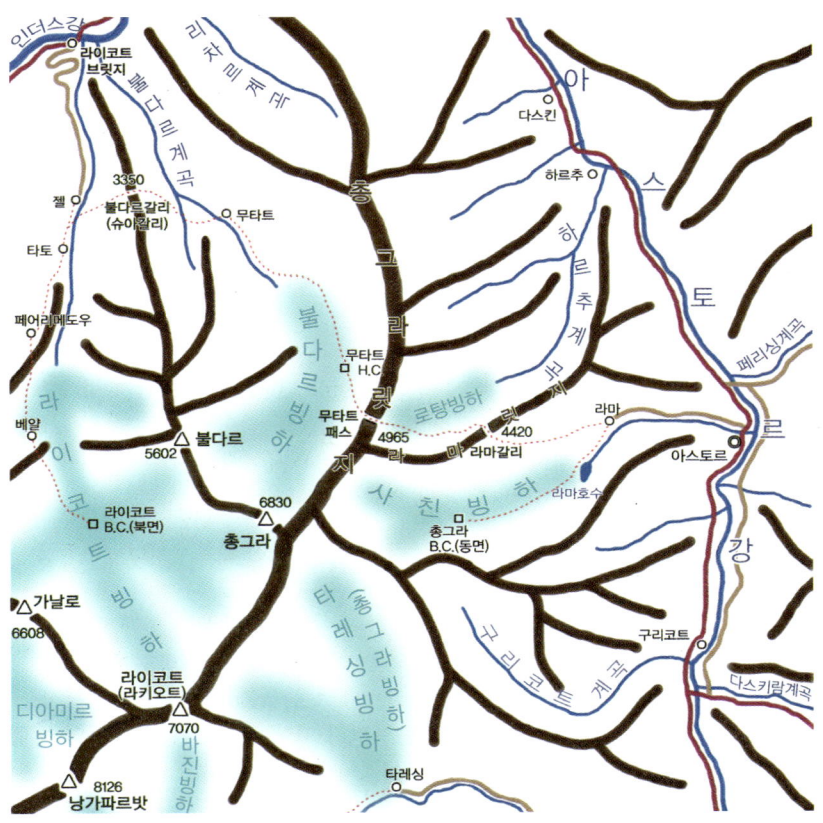

18일차(Day18) : 무타트 H.C.(3,970m)−(5시간)−무타트패스(총그라릿지패스; 4,965m)−(3시간)−라마갈리(라마릿지캠프; 4,420m)

낭가파르밧 서키트 트레킹의 마지막 관문 해발 4,965m의 무타트패스를 넘는 일정이다. 무타트패스는 남가파르밧 동북줄기로서 서쪽 디아미르 지역과 동쪽 아스토르 지역 경계를 이루는 총그라(6,830m) 릿지(능선) 상의 고갯마루로, 이제 그간의 디아미르 사이트와는 작별을 고하는 분수령이기도 하다. 이로부터 다시금 아스토르의 지경으로 발을 들이게 됨인즉 이의 모산줄기인 총그라릿지를 지칭하여 일명 '총그라릿지패스' 라고도 부르며, 다른 한편으로 디아미르 방면 바로아래 불다르빙하(Buldar Glacier)를 타고 올라 넘는 고개라고 해서 일명 'Buldar Glacier Pass' 또는 반대편 아스토르 방면 로탕빙하의 고개라 하여 'Lotang Pass'(Lotang Glacier Pass)'로서도 지칭한다.

* 참고로, 로탕패스 하면 북인도 히마찰프라데시 주의 마날리~킬롱/라하울&스피티 간을 이어주는 해발 3,978m의 로탕패스(Rothang Pass)를 연상케 되나 발음상(알파벳 철자상으로도) 분명히 다른, 단지 우리말 표기상으로만 같아보이는 이의 편잡히말라야 파키스탄 아스토르 지역의 낭가파르밧 서키트상의 빙하 & 고개 임을 새겨두자.

해발 5천미터에 육박하는 무타트패스를 넘기 위해 무타트 H.C.에서 역시 일찍 서둘러 길을 나선다. 불다르빙하 모레인에서 동쪽방향 오름길 행보로 총그라릿지 상의 잘록한 고갯마루 무타트패스 정상까지는 약 4~5시간이 걸린다. 해발고도가 꽤나 높기에 오름길 보행이 가볍지는 않을 것이다. 아름다운 낭가파르밧 산괴와 총그라릿지의 풍광을 감상하며 천천히 여유를

무타트패스 설원트레일

머금고 오른다. 무타트패스 정상에 서면 이제 더 이상 난관은 없다. 단지 동쪽 로탕빙하 방면으로 내려앉아 상부빙하를 가로질러 이웃한 지능선 라마릿지로 넘어가기만 하면 된다. 허기를 느낀다면 점심식사(팩런치)를 이곳 무타트패스 정상마루에서 취해도 좋다. 단, 고소증세나 저체온증이 느껴진다면 오래 머물지 말고 하산토록 하라.

무타트패스를 내려서서 상부 로탕빙하를 가로지르는 데 애로가 따른다면 동북방향 모레인기슭 아래로 조금 더 내려가서 빙하 하단부를 가로질러 나아갈 수도 있다. 조금 돌아가긴 하나 상부 트레일 상태가 여의치 않을 시 상황에 따라 이렇게 조금 우회하여 진행할 수도 있다. 로탕빙하를 건너면 계속 동쪽방향으로 길을 잡고 총그라의 지능선인 라마릿지로 올라붙어 능선상의 평탄한 마루터기에서 캠프를 차린다. 더 진행하여 이의 라마릿지패스(라마갈리)를 넘어 동쪽 가파른 골짜기 아래 라마밸리(라마계곡) 방면으로 내려설 수도 있지만 시간과 체력적으로 부담을 느낄 터라 그냥 이곳에서 하루 머무는 일정으로 갈무리한다. 물론 골짜기아래 라마밸리 캠프보다 경관도 이곳이 훨씬 좋다. 라마릿지와 총그라 산군의 장관이 마지막 명승을 선사한다. 라마릿지캠프에서의 야영시 식수는 능선아래 계곡부에서 조달토록 하라. (캠프에 이르기 전 미리 식수를 준비해두면 좋다.) 무타트패스에서 로탕빙하 건너 라마릿지캠프까지 트레일 상황에 따라 대략 2시간반~3시간반가량이 소요된다. 전체적으로 보면 하이캠프 출발 총소요시간 8~9시간 정도로, 낭가파르밧 서키트 상의 가장 마지막, 가장 길고 고된 구간인바 마지막 두 고개 무타트패스와 라마갈리가 트레일상에 놓여있음이다. 특히 **해발 4,965m의 무타트패스**는 앞서 **마제노패스(5,399m)**와 **줄리퍼패스(카추패스; 4,837m)**와 더불어 이른바 **낭가파르밧 3패스**로서 이름이 높은 고개이기도 하다.

19일차(Day19) : 라마갈리(4,420m)-(3시간)-라마(3,300m)-(1시간)-라마호수(3,482m)-(차량이동 1시간)-아스토르(2,350m)

트레킹 마지막 날이다. 바야흐로 낭가파르밧 올라운드 트레킹 대장정의 마지막을 장식한다. 라마릿지패스(라마갈리)에서 남동쪽 가파른 내리막길로 라마밸리를 향해 치닫는다. 총그라(6,830m) 동부의 사친빙하로부터 빚어진 라마밸리 계곡안부까지 표고차 1천

미터, 약 2시간가량 소요되며 그로부터 동북방향 라마계곡을 따라 라마 마을까지 다시 1시간 정도가 더 소요된다. 라마밸리는 소나무, 삼나무, 전나무, 향나무 등등의 다양한 수종이 어우러진 숲 짙고 울창한 아름다운 산간계곡분지이다. 트레킹시즌인 여름철에 찾았다면 아울러 파릇한 초지가 무성하여 곳곳에 방목된 가축떼가 노니는 풍요롭고 아늑한 정경을 목도할 수도 있을 것이다. (※ 그러나 실상 이러한 가축방목지로의 입지는 다른 여타 산악목초지들과 마찬가지로 단지 이 여름 한 철 뿐이며 그 외의 기간 특히 겨울철에 해당하는 연중 7~8개월 동안은 거의 눈에 덮여있는 풍경으로서만 맞이한다.)

라마밸리의 삼림지대   라마마을 산록과 낭가파르밧 총그라(6,830m) 설릉

라마 마을로 진입하면서는 찻길이 나오므로 차량을 대기시켜 이로부터 10km 거리의 아스토르까지 곧바로 귀환할 수도 있으며(도보로는 3~4시간 소요), 아니면 라마 근교의 좋은 숙소지를 잡아 하루 더 머물러도 될 터이다. 일정이 빡빡하지 않다면 트레킹 에이전시의 권고일정안으로서는 대개 라마밸리에서 남쪽으로 사친빙하 남단자락에 위치한 라마호수*를 방문하는 일정으로 짜여져 그곳에서 하루 더 캠프를 차리고 머무는 것으로 안배할 수도 있다. 하지만 라마밸리에서 약 5km 거리의 라마호수까지도 찻길이 나있어 쉽게 다녀올 수 있으므로 굳이 라마호수에서 하루 더 캠핑해서 머물 요량을 주장할 것은 못된다. 더욱이 서키트 트레킹을 완주한 마당에 이미 수많은 승경지역을 거쳐왔음인지라 더더욱 강권할 일은 아니다. 고로 단지 라마호수의 경관과 풍토를 둘러보고선 다시 라마 또는 아스토르로 복귀해서 좋은 음식과 안락한 숙소에서 머물고자하는 것도 나쁘지 않다.

> ★ 삼림이 울창하고 경관이 빼어난 라마호수 일원은 가벼운 하이킹 또는 단지 지프를 타고 속칭 '지프사파리'로서 방문하여 유람을 즐길 수 있는 곳이다. 해발 3천5백대에 위치한 라마호수 주변은 수종과 식생이 다채로우며 특히 히말라야 사향노루, 히말라야 설표, 아이벡스, 마르코르, 히말라야 바위새(자고새) 등등 다양한 종류의 포유류·조류를 위시한 희귀야생동물들이 서식하는 것으로도 알려져있다. 그리하여 이 라마밸리 일대는 더욱 많은 관광객들이 찾는 명소로서 자리매김하고 있음에, 단지 관광유람뿐 아니라 울창한 숲과 야생동식물, 또한 경이롭고 아름다운 빙하풍경과 더불어 그리고 지금 이렇게 이 모든 것들을 직접 몸으로 느끼며 체험하는 '트레킹'에 이르기까지 어느 하나 빠지지 않는 매력포인트로서 호소력을 지니고 있다. 그렇듯이 이 라마밸리 일원에 파키스탄 국영관광공사(Pakistan Tourism Development Company)의 아스토르 지부인 PTDC 모텔이 자리하고 있는 까닭이기도 하다.

충그라 연봉을 배경으로 들어앉은 라마밸리의 삼림과 초지 / 라마밸리 남단의 라마호수

다른 한편으론 만약 일정여유가 더 남았다면 차라리 라마호수에서 1박(캠핑) 후 다음날 충그라 B.C.(해발 4,000m) 방면 사친빙하 내원으로 탐승'하는 일정으로 삼는 것이 바람직할 듯하다. 빙하의 풍치와 함께 낭가파르밧 북동줄기의 맹주인 충그라 연봉의 장관을 코앞 가까이서 마주할 수 있는 훌륭한 탐승코스이기도 하며, 아울러 지금까지의 낭가파르밧 남면-서면-북면 B.C. 탐승에 이은 이 라마밸리에서의 사친빙하 & 충그라 B.C. 곧 낭가파르밧 동면 B.C.로서 어우를 수 있는 루트까지 탐승함으로써 소위 전 낭가파르밧의 동서남북 각 면 베이스캠프(B.C.)를 답사하고 돌아오는 기념비적인 일주 트레킹을 완수하게 된다. 그리곤 다시 라마호수로 되돌아와 거기서 차를 타고 바로 아스토르로 복귀하는 것으로 대단원의 막을 내린다. (☞ 예비일이 남았을 때 활용할 수 있는 방안으로, 물론 일꾼들을 아스토르로 하산시키지 않고 계속 동행케(또는 캠프에 머물게) 할 경우는 하루치(스테이지당) 임금을 더 계상해주는 것이 인지상정이다.)

사친빙하의 모레인지대. 멀리 구름에 감싸인 키니바리(아스토르 피크) 연봉이 보인다. / 사친빙하 내원 충그라 B.C. 바로 위 충그라 연봉이 바라보인다.

* 당초 계획된 모든 일정이 다 완료되었다 하더라도 만약 귀국일정에 여유가 있다면 에이전시와 협의(추가비용 지불약속 혹은 현장지급 확약) 후 확장일정으로 진행할 수도 있겠다. 추가비용(Extra Money)만 정리되면 이를 마다할 에이전시나 스태프들은 거의 없다. 물론 직후 곧바로 다른 트레킹 수행일정이 잡힌 스태프들이 있다면 그들을 대동하고 연장트레킹을 계속 진행하는 것이 곤란할 수는 있겠다. 그렇다 하더라도 다른 대안을 모색하여 아무 문제없이 연장트레킹을 진행할 수 있음이다. 모든 것은 트레킹 당사자 즉 '고객'의 의향에 달렸다.

20일차(Day20) : 복귀일(예비일)

아스토르에서 칠라스/길기트 방면으로 이동해서 각자 다음편 기행 또는 복귀편으로 진행하는 일정이다. 물론 전날 라마호수나 라마 마을에서 머물렀어도 크게 달라질 것은 없다. 단지 한두 시간차이밖엔 나지 않을 것이다. 어쨌든 중요한 건 마지막 날로서 안배해두어야 한다는 점이다. 곧 전체 낭가파르밧 일주프로그램의 최종일로서, 이 최종일을 포함 전체기간 중 모름지기 3~4일의 예비일을 두어야 함을 재차 피력한다. (∴ ① 마제노 B.C. 고소적응일 / ② 디아미르 B.C. 유람일 ☞ 오전유람일로만 할애도 가능 / ③ 페어리 메도우 휴식일 / ④ 복귀일)

* * * * * * * * * * * * * * * * *

🏠 숙소정보

· **아스토르 & 타레싱** : 루팔트레킹 편 참조.

· **라마** : PTDC 모텔 및 그 외 로컬 게스트하우스(레스트하우스)

라마밸리 PTDC 모텔

라마밸리 NAPWD Resthouse

· **칠라스** : 「Panorama Hotel」 / 「Hotel Chilas Inn」 / 「Shangri-La Indus View」 / 「Hotel Diamond Peak」 / 「NAPWD Resthouse」 / 「Karakorum Inn」 / 「Grace Continental Hotel」 등

* * * * * * * * * * * * * * * * *

⊙ **유의점** : 2013년 봄 낭가파르밧 서면 B.C.(디아미르 B.C.)에서의 테러(본문 참조) 이후 파키스탄 정부차원에서 이 디아미르 사이트 방면 트레킹에 제약(제한)이 따를 수 있음. 비록 트레킹허가를 받았다 하더라도 동행하는 안전요원(정부연락관/호위경찰병력 등)과 수행 스태프(Guide & Guard)들의 통솔과 통제에 적극적으로 따를 것. 개인행동은 자제하고 신변안전은 항상 본인 스스로 챙기고 매사에 유념하여 행동키 바람. 단독/무단행동은 절대 금물. 여성 트레커의 경우는 더더욱 주의!

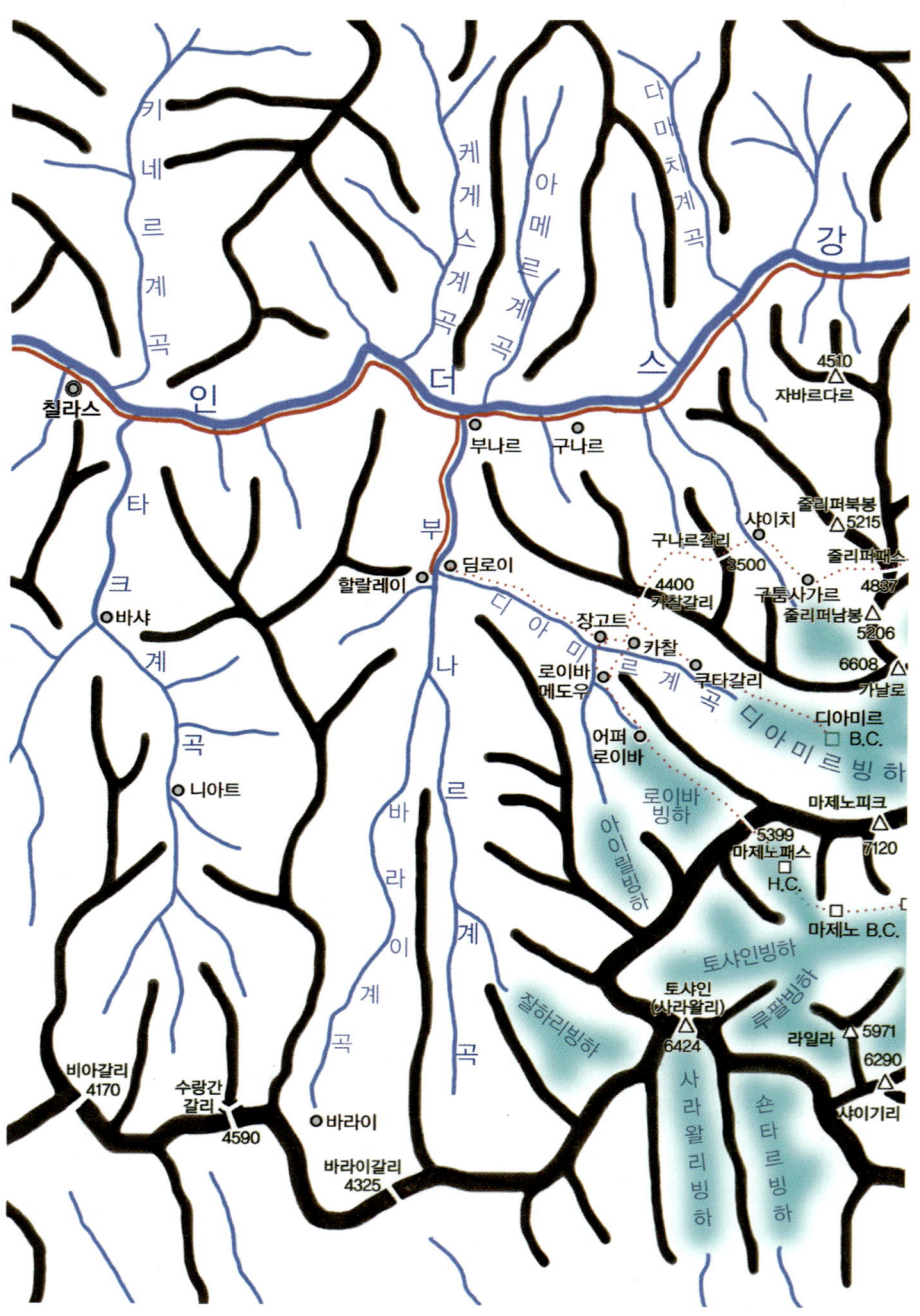

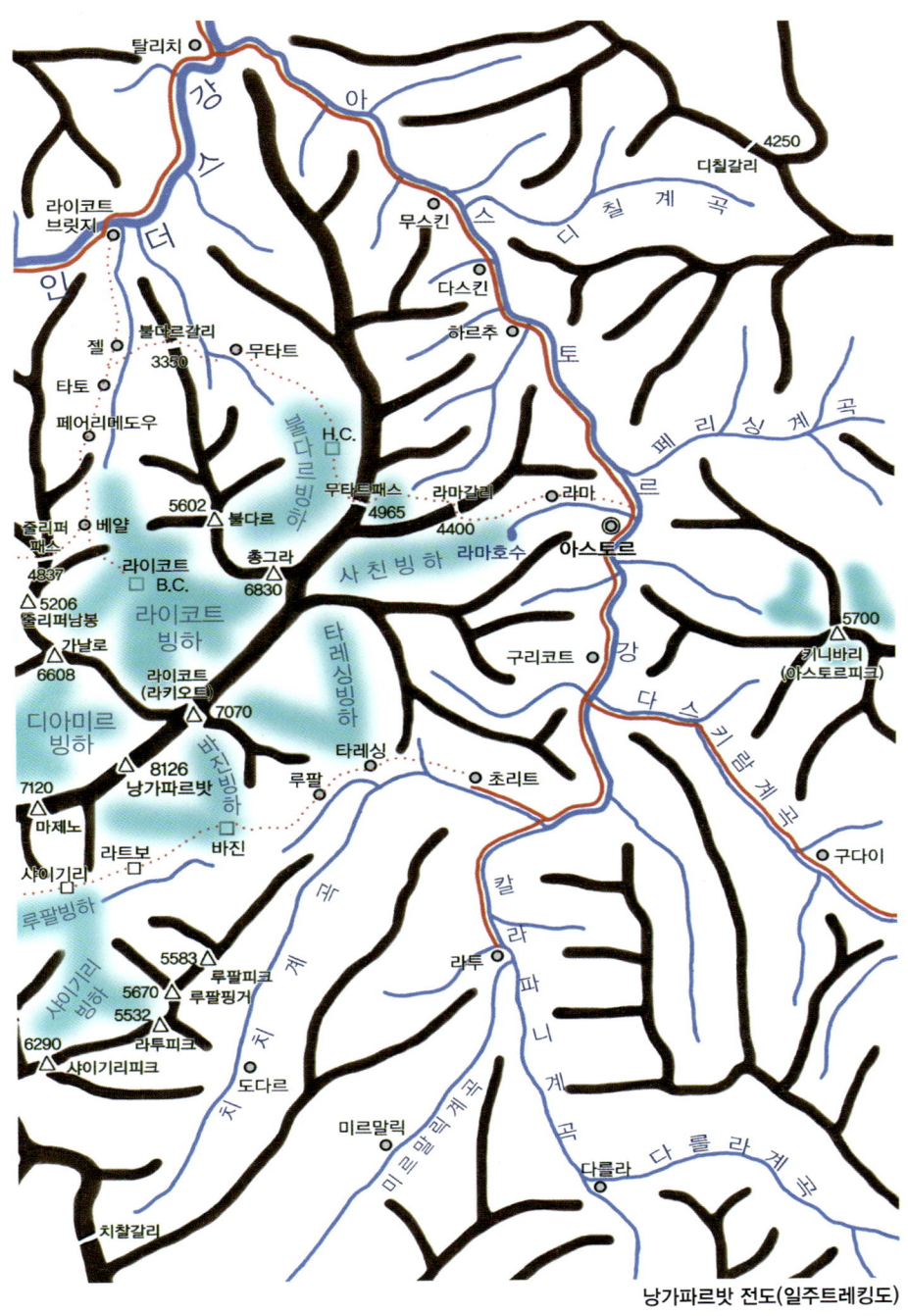

낭가파르밧 전도(일주트레킹도)

샤트파라 계곡이 끝나는(발류하는) 데오사이고원의 둔덕부

▶ 4장 – 데오사이 트레킹 & 사파리(펀잡히말라야)

- 데오사이고원(데오사이 국립공원) ······················· 258
  - 데오사이 개요 ······························· 258
  - 여행적기 ································· 261
  - 데오사이의 계곡 ····························· 261
  - 데오사이의 고개들 ···························· 264
  - 바라데오사이 & 초타데오사이 ····················· 265
  - 데오사이 경유 대중교통 ························· 267

  - 데오사이 트레킹 ······························ 268
    - 4-1-1. 부르게라(부르지라) 트레킹 ················ 269
      - ※ 변형(응용)코스 & 일정 ···················· 280
    - 4-1-2. 카추라-데오사이-아스토르 트레킹 ············ 280
    - 4-1-3. 부르게라 & 데오사이 라운딩 ················ 281
    - 4-1-4. 하르포 트렉 ························· 282

    - 발티스탄(스카르두)~아스토르 히말라얀패스 ············ 286

  - ◀데오사이 지프사파리▶ ························· 288
    - 4-2. 스카르두-데오사이-아스토르 ·················· 288

  - ◁아스토르밸리 연장사파리▷ ······················ 297
    - 4-3. 미니메룩-닐룸밸리 확장 ···················· 298

- 아스토르밸리 ································ 302
  - 아스토르 개요 ······························· 302
  - 주요 경유지 ································ 302

- 닐룸밸리 ·································· 307
  - 닐룸밸리로의 히말라얀패스 ······················· 308

▶ 4장 – 데오사이 트레킹 & 사파리(펀잡히말라야)

데오사이고원(데오사이 국립공원)

○ 데오사이 개요

티베트(창탕고원)와 파미르에 이어 세계에서 세 번째로 높은 고원지대로서, 카라코람과 서부히말라야(펀잡히말라야)와의 실질적인 경계구로서 자리매김한다. (∴ 엄밀히– **유역에 따른 구분** –는 데오사이 북쪽자락 인더스강 기슭까지를 대히말라야산맥–펀잡히말라야'의 지경으로 보고 이후 인더스강 건너편 산군은 카라코람으로 구분한다.) **어원유래**는 북방계 산스크리트어로 "거인의 땅, 신의 거처"라는 의미로서, 원래는 이곳으로 진출한 유목부족 구자르인들에 의해 그들 언어로 "거인의 땅" 곧 '데브바사이(Dev Vasai)'란 이름으로 회자되던 것이 후대에 데브바사이–데바사이–데오사이로 변천되었을 거라는 설이 유력하다. 특히 서구관념에 의거 데브→데오(신)로서 고양되었을 거란 점 또한 강한 호소력을 지닌다. (※ 발티인들은 데오사이 어원의 '바사이'가 단지 발티어로 '여름거처'를 뜻하는 '뱌르사(Byar–sah)'에서 유래했다고도 전한다. ⇒ 본시 'Gbyr(여름)–Sah(땅/거처)'로 이야기되나 발음이 까다로워 서구인들 발음체계에 가까운 Byar–sah로 표기.)

* 일각에서는 데오사이는 단지 평탄하고 두리뭉실한 구릉지로서의 지형특성 때문에 '산악(Mountains)'으로서의 요건이 갖추어져있다 보기 어렵다하여 이에 의거 히말라야(대히말라야산맥)의 일원이 아니라고– 단지 히말라야와 카라코람 사이 놓인(경계짓는) 초원의 마루로서 – 거론키도 하며 이는 지형적 관점에서 어느 정도 일리가 있는 논지이기도 하다. 하지만 '산수(山水)'의 기본지경인 '수계(水界)'에 의한 분계로 놓고 볼 때 곧 인더스강을 기준으로 놓고 본다면 이 데오사이고원 역시 히말라야 산계에 놓고 봄이 맞다.

카시미르 창공에서의 데오사이고원 전경 (그래픽 이미지 / 자료협조 : Christoph Hormann. 관련자료: http://earth.imagico.de) 광활한 데오사이고원의 전모가 잘 나타난다. 후방 원편으로 펀잡히말라야 낭가파르밧 루팔벽의 형상이 떠올라있으며, 멀게는 힌두쿠시 최고봉 트리치미르의 불룩한 하늘금도 아련하다.

지형적으로 보면 오래전 거대한 호수지대였던 곳이 세월이 흘러 물이 마르면서 고원지평만 남게 된 것으로, 이후 인간이 올라와 농사를 지으며 안주하여 살아보려 했을 것이지만 혹독한 기상조건 – 특히나 긴 겨울기간 –으로 인해 결국 정착생활이 이루어지지 못하고 모두 떠남으로써 황량한 고원의 풍정으로서만 지금까지 남게 된 것으로 추정된다. (☞ 이는 구자르인'들의 '데브–바사이' 전설'에서도 어느 정도 짐작되는 사안이며 실제 구자르 유목민들의 생활상을 봐도 알 수 있다. 만약 정착농경생활이 가능했다면 굳이 여름철에만 방목– 데오사이는 여름철 이들 구자르인들이 가장 선호하는 목초지이다. –을 위해 올라오지는 않았을 것이다.) 지질학적으로는 과거 화산분출에 의한 화산

대지였을 것으로 추정, 곧 데오사이 고원(바라데오사이) 중앙부에 표고차 2백미터 높이로 외따로 솟아오른 데오나툭(Deo Nau Thuk; 4,356m) 피크는 그 분출봉우리로 짐작된다. 그로부터 주위를 에둘러 해발 5천5백미터대의 산세가 이의 화산분지를 감싸안고 있는바 마치 거대한 화산분화구의 형국이다. **지질학적 토양**으로는 화산폭발에 의한 화산암과 빙하 융빙수에 의한 충적토양이 공존, 곧 태초 화산이

바라데오사이 평원의 데오나우툭 봉우리. 뒤로 데오사이의 남쪽장벽을 세우는 카시미르의 연봉들이 둘러쳐있다.

었다가 활동정지 후 오랜 기간에 걸쳐 빙하가 쌓였으며 이후 다시 서서히 녹으면서 완만하고 평탄한 고원마루 형태의 지형으로 굳어진 것으로 유추된다.

* **구자르인(Gujars)** : 펀잡부족의 하나인 카시미르 젤룸강 유역의 유목부족으로, 이 구자르 유목민들은 겨울엔 온화한 스리나가르 분지의 야지에서, 여름엔 서늘한 데오사이 고원의 산악지역에서 방목을 하면서 몽골초원의 유목민들처럼 일생을 이러한 유목과 방랑으로 보내는 떠돌이부족으로 살아가며, 도중 방목가축들로부터의 털, 모피, 우유 등을 거래하며 지역민들 혹은 여행자들과 교류하며 지내기도 한다. 카시미르 지역 내 이러한 구자르족의 숫자는 대략 2백만명에 이르는 것으로 추산되나 현재 인도·파키스탄 정전선(LOC; Line of Control)에 의거 경계가 갈림으로 해서 서로간 자유로운 이동에 제약이 따르는 실정이다. 단지 소수의 실질적인 유목민들만 통제선을 넘어 이동가능하나 이마저도 그리 자유롭지는 않다. 인도·파키스탄 카시미르 분할로 인해 이의 카시미르 구자르족 간 이산가족도 무척이나 많다. 남북한의 현실과도 비슷한, 카시미르가 풀어야 할 숙제 중의 하나이다. 파키스탄 내에는 펀잡지방인 아자드카시미르 닐룸밸리와 하자라(만세라) 카간·나란밸리 일원, 그리고 이 발티스탄(스카르두)과 아스토르 지역의 데오사이 일원에서 생활하고 있는 것으로 보고되고 있다.

* **데브-바사이(Dev Vasai) 전설** : 구자르인들로부터 구전되어 내려오는 데오사이의 전설로 이른바 '데브와 여우의 이야기'로도 통한다. 요약 정리하면; 태초에 거인 데브(Dev)가 이 높은 땅으로 올라와 농경을 일구며 터전(Vasai)을 만들고 살아보려 했으나 어느날 여우가 나타나 데브에게 "기껏 농사를 지어봐야 겨울이 닥치면 다 눈에 덮여 쓸모가 없어질텐데 뭐하러 힘든 수고를 쏟느냐"며, "달리 아래쪽 온갖 과실과 곡물들로 축제를 벌이며 떠들썩한 스카르두 사람들을 보라"고 조롱, 그로부터 데브는 자신의 땅〈Dev Vasai〉을 버리고 아래지평으로 내려갔다는 이야기다. (지역과 사람들에 따라 조금씩 다르게 묘사된다.) 즉, 마찬가지로 과거에 그러한 시련을 겪었을 구자르인 자신들의 데오사이에서의 애환적 삶의 모습을 우회적으로 빗댄 이야기로서도 받아들여진다. 이러한 데브바사이 전설은 구자르인들이 가는 곳마다 캠프지에서 회자되었을 것이며 결국 온 펀잡평원 전체에 퍼지게 되었을 것이고, 급기야 펀잡 동부의 힌두설화까지 가미되어 더욱 현란(!)한 이야기로서 각색되어 구전되기에 이르렀을 것이다. (※ 구자르인들은 그러나 여전히 '데오사이'가 아닌 '데바사이'란 이름으로 지칭한다.)

이 데오사이고원은 전체면적 약 3,600㎢에 공원구역˚ 약 1,400㎢ 로 이는 파키스탄 내 중앙카라코람 국립공원에 이어 두 번째로 큰 **국립공원** 면적에 해당한다. 여기에 평균고도

해발 4천미터 이상으로서 히말라야의 다른 어느 지역에서도 찾아볼 수 없는 대규모의 초원과 완경사 구릉언덕이 드리운 고원마루의 지형적 특성을 지녔으며 이러한 고원의 초지 일대에는 나무도, 관목류도 눈에 띄지 않는다. 오직 눌어붙은 초본류만 광활한 고원의 대지를 수놓고 있을 뿐이지만 그러나 이로부터 또한 신비롭고 다채로운 고산 생태계의 생물학적다양성(Bio-diversity)이 드리우고 있기도 하다. **기후조건**으로도 연중 상당기간(6~8개월동안)은 눈에 덮여 외부세계와 단절된 까닭에 단지 눈이 녹는 늦봄~ 여름기간(6~9월) 오로지 4개월 동안만 접근이 가능하며 이 기간 중 녹은 눈으로 인해 **습지**를 형성, 동시에 초본류가 무성해지면서 그로부터의 각종 생태서식환경의 기본 요건이 갖추어지게 되고, 아울러 여름철 강우로 말미암아 수량이 증가하면서는 때때로 범람하는 각 계류들에 의해 여러 작은 위성호수들도 생성되며 이는 또한편으로 각종 수생 식물들의 식생환경을 촉발시키게도 된다. 즉, **봄철 융빙→습지·초지형성→여름철 강우→하천범람→소호수 생성 ⇒ 「수생(습지)식물의 보고」** 로서 자리매김하는 것이다. **동물군**으로서 보면 대표적으로 히말라야갈색곰의 서식지이기도 하며, – 멸종위기인 이들의 '최후의 보루' 로서까지 표명되고 있기도 하다. – 아울러 설표(눈표범), 히말라야늑대, 붉은여우, 마르모트˚, 마코르, 아이벡스, 라다크산양(긴수염붉은양; 학명-'라다키우리알') 등 각종 희귀 야생종들의 보금자리가 되고 있다. 특히 고원 내 이곳저곳에서 목격되는 골든마르모트 – 현지어로는 '타르슌'이라 함. –는 또한 이 지역을 대표하는 설치류로서 비단 이들 외에 수많은 다양한 종류의 설치류들이 서식한다.

> * 밀렵꾼들로부터 멸종위기의 히말라야갈색곰 보호 기치를 들어 1993년 DNP(Deosai National Park; 데오사이국립공원) & WCA(Wildlife Consevation Area; 야생보호구)로 지정 관리해오고 있다. (DNP 공식집계에 따르면 당시 불과 15마리였던 갈색곰 개체수가 공원지정 10년 후 65마리로 증가했다 한다.)
> * 마르모트는 토끼와 쥐의 중간단계 동물군으로, 일설에 의하면 이 둘의 교배에 의해 탄생한 부류라 하나 야생 에서의 타당성은 입증되지 않았다. 주식으로는 토끼와 비슷하게 식물의 뿌리와 나뭇잎을 먹이로 삼는다.

공원구역 관문(**Entry Point**; 입장료 징수처˚)은 모두 세 군데다. 아스토르 쪽에서는 칠람차우키 또는 세르쿨리라고 불리는 곳으로, 대규모 군병력 주둔지가 있는 까닭에 포장 도로가 잘 닦여있고 차량왕래도 빈번하다. 스카르두 방면으로부터는 사트파라 호수를 지나 입장료를 징수하는 체크포스트가 있다. 다른 한 군데는 그리 많은 여행객들이 드나드는 곳은 아닌데, 바로 히말라얀패스 부르질갈리(부르질패스) 동편 곧 아스토르 지역과 스카르두 지역 간의 경계이기도 한 무르타자 고갯마루(무르타자패스)에 위치한 체크포스트이다. 이밖에 공원 내 경찰 체크포스트(Police Check-post)도 여러 곳 있는 데 곧 샤퉁 체크포스트 / 바라파니 체크포스트 / 칼라파니 체크포스트 / 세오사르 체크 포스트 등 데오사이 고원 상의 각 경유지 및 계곡(강) 도하부 근방에 위치하여 여행객들의 신상을 확인·기록하고 통과시키게 된다.

> * 이들 각 입출포스트마다 입장료지불 & 입장권확인을 하게 되는바, 여행객들은 혹여라도 입장권 구입 후에 분실치 않도록 유의한다. ⇒ 구매한 입장권을 출구에서 역시 보여주지 못하면 요금을 재차 지불해야 하는 상 황이 벌어진다. 특히 외국인의 경우는 요율이 높아 부담이 크다.

○ **여행적기**

6월~9월. 이전 시기는 폭우로 인한 산사태로, 이후 시기는 강설로 인해 통행이 어려워 사실상의 일반여행객들의 탐방이 거의 이루어지지 않는다. (※ 동계시즌에는 그러나 간혹 스키모험가들이 눈 덮인 설원에서의 스키탐험을 즐기기 위해 찾기도 한다.) 여행객들이 가장 많이 몰리는 시기는 7월말~8월말 약 1개월 기간으로, 이 시기에 찾았다면 온갖 야생화가 만발한 산상화원의 풍경을 만끽할 수 있다. 여름에는 그리하여 지프사파리와 연계한 관광유람, 승마체험, 하이킹, 낚시, 래프팅(초타데오사이 방면) 등등 레저활동과 아울러 사진 & 연구·조사를 위한 방문 및 야생동식물 관찰˚, 트레킹과 등반에 이르기까지 다양한 데오사이 탐방프로그램과 마주할 수 있다. 한편 비록 여름철에 나섰다 하더라도 해발 4천 미터 이상 되는 고원의 밤은 매우 추우므로– 7~8월에 눈발이 날리는 경우도 이례적이지 않으며 9월이 되면 밤과 아침에는 얼음이 언다. – 캠핑시 보온을 위한 두툼한 의복과 침낭을 지참토록. 특히 여름에도 비가 오면 낮시간에도 무척 쌀쌀하여 저체온증에 노출될 수 있기에 긴옷차림의 의류를 준비함이 바람직하다. 캠핑시에는 지정지역 이외 장소에서의 캠핑을 금하며, 특히 학술탐구 목적이 아닌 이상 일반여행객들의 '레드존(Red Zone)'˚ 캠핑은 절대 불허된다.

* 공원 내 공식적인 야생체험 숙박캠프(천막숙소)는 두 곳으로, **바라파니**브릿지(다리) 부근 1곳– 이른바 '**데오사이 히말라야호텔**'로서 언급되는 곳으로 간판은 '호텔'이라 붙었지만 실상은 허름한 텐트형 숙박지다. 한편으론 이 부근에 지역민들이 잉어를 방류하여 잉어낚시를 겸한 탐방도 많이 이루어진다. –과 **칼라파니**브릿지 부근 1곳이며, 그 외 셰오사르와 알리말릭패스 아래(사트파라밸리 상부)에도 비공식적인 허름한 여행자숙소가 있다. 야생 갈색곰 관찰을 위해서는 「갈색곰 보호지구」일명 '**레드존(Red Zone)**' 진입을 위한 당국의 허가를 받아야 하며 아울러 지정 야생동물가이드를 대동하고 나서야 한다. (※ 갈색곰을 보러 데오사이를 방문하는 이들이 많지만 실제 관찰에 성공하는 사례는 드물다. 만약 정말로 갈색곰을 보았다면 그것은 실로 대단한 행운의 소유자였음을 반증하는 것이다. 단지 운이 좋은– *실상 우연보다는 끈기와 인내심으로 무장한* – 극소수의 사람들에게만 목격된다.)

○ **데오사이의 계곡**

고원상의 주계곡으로서 ①부르게룽마(부그룽마/부그와이), ②샤퉁날라, ③바라파니(바라와이/초고추), ④칼라파니가 있다.˚ 이들 계곡을 건너는 데에 과거에는 두꺼운 목판을 받친 현수교 출렁다리– 소형차량 통행가능 –가 놓여있었으나 현재는 미국정부 지원 하에 콘크리트다리가 가설되어 점차 대형차량의 통행˚도 가능해지고 있는 실정이다. 이들 계곡 외에 고원 상의 여러 장소에 17개 이상– 유량증가시 때론 30개 이상 보고되기도 –의 호수가 존재하는 것으로 알려져 있다. 이들 중 **셰오사르**가 가장 크고 유명한 호수이다.

* 바라파니는 '큰(바라) 물(파니)'이라는 뜻이다. 즉 '큰 계곡'임을 지칭한다. '파니' 대신 동일한 의미의 펀잡계열 카시미르어 '와이'를 써서 '바라와이'라고 표현키도 한다. 달리 티베트계열 발티어로 '큰 계곡'의 의미인 '초고-추'로서 일컬어지기도 하나 잘 통용되지는 않는다. 칼라파니 역시 풀이하면 '검은(칼라) + 물/계곡(파니)'의 뜻이다. 이는 광활한 데오사이 평원을 흐르는 물줄기가 청명한 하늘아래 강렬한 햇빛에 반사하여 더욱 검게 비춰지는 광경에서 연유한 것으로 보인다. 샤퉁날라의 '날라(Nala/Nallah)' 역시 셰나어로 '계곡/강'을 뜻하는 말임을 피력한 바 있다. '부르게룽마'의 발티어 '룽마' 역시 동일한

'계곡/강'의 의미이다. (∴ 물/계곡을 뜻하는 각지의 방언 〉 추(티베트어) = 룽마(발티어/티베트어) = 가(셰나어) = 와이(카시미르어) = 날라/눌라(우르드어) = 파니(우르드&힌디&네팔어))

* 현재는 이처럼 도로가 닦여 쉽게 진출입이 가능하나 과거 이곳의 루트는 지금처럼 쉽사리 들고날 수가 없었던즉, 그로부터 이 데오사이 고원길이 열렸음을 아는 방법은 그저 구자르 유목민들이 여름철 방목을 위해 올라온 것을 보고서야 알아차렸다고 한다. 데오사이에는 이처럼 구자르 유목민들이나 혹은 가축들 꼴을 먹이려 올라온 지역민들 말고는 사람사는 거주마을이 전혀 없었다는 사실을 다시금 방증하는 대목이다.

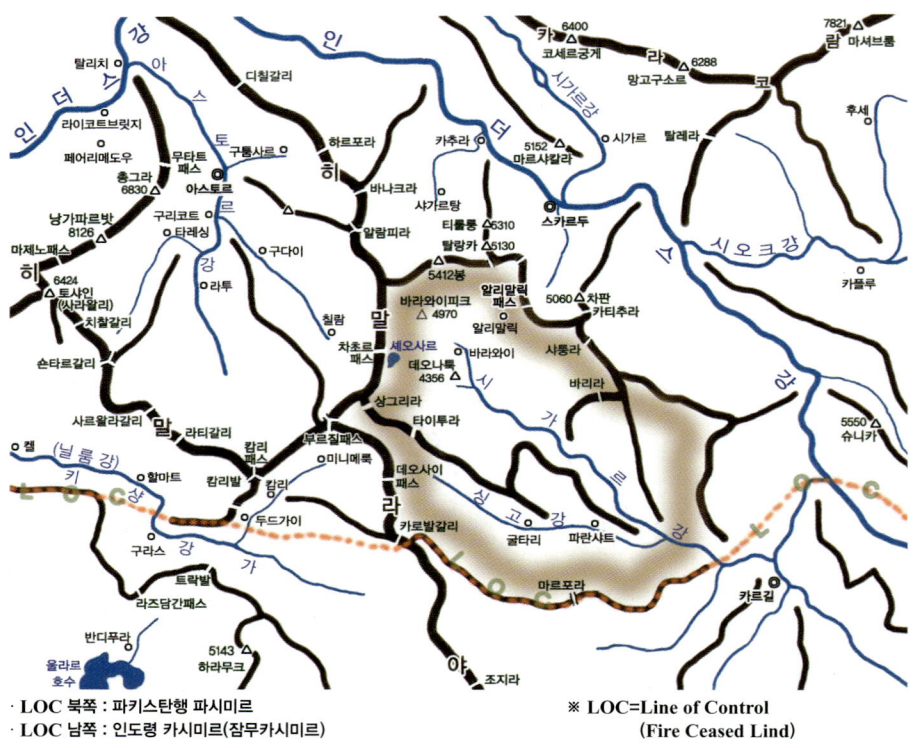

· LOC 북쪽 : 파키스탄행 파시미르
· LOC 남쪽 : 인도령 카시미르(잠무카시미르)

※ LOC=Line of Control
　　　(Fire Ceased Lind)

🌏 **셰오사르*(호수)** : 데오사이의 가장 크고 아름다운 호수이다. 길이 2.3km, 폭 1.8km, 평균수심 약 40m에 해발고도 4,142m로 세계에서 가장 높은 호수의 하나로서 연중 6개월 이상 눈에 덮여 단지 눈이 녹는 5~9월 기간만 탐승·유람이 가능하다. 이러한 고지대의 초원마루에 형성된 호수 일원은 최고의 관광명소이자 전망포인트로서도 각광받고 있다. 특히 서북방 차초르패스(차초르갈리; 4,266m) 너머 하얀 대리석과도 같은 낭가파르밧(8,126m)의 모습은 가히 장관이다. 더하여 남부의 광활한 데오사이 고원지평을 가로질러 멀리 카시미르히말라야 눈(7,135m), 쿤(7,077m) 산봉도 아스라이 바라보인다. 호수의 수원(水源)은 밝혀지지 않았다. - 호수 주변에 입출 지류들이 없이 단지 고원마루 상에 덩그러니 놓여있음으로 해서 더욱 신비스러움이 돋보인다. - 이로부터 애초 빙하호수에서 파생했을 것이라고 하나 확실치 않으며* 여전히 탐험·연구가치가 높은 신비의 호수로서 언급되고 있다.

셰오사르 호수 서쪽으로 바라보이는 낭가파르밧. 찻길이 넘어가는 능선안부가 차초르패스(4,266m)이다.

셰오사르로 향하는 바라데오사이 평원 언덕에서 바라본 카시미르 연봉들. 구름너머에 눈·쿤이 들어있다.

* 셰나어로 셰오(Sheo)는 'Blind', 사르(Sar)는 'Lake' 즉 '호수'를 가리킨다. 곧 "숨겨진/은밀한 호수"라는 의미로 해석할 수 있다. 다르게는 '샤오(샤우) + 사르' 에서 유래했다 하여 곧 "하얀(샤오) 호수(사르)"로서도 풀이케 되나 실상 이 호수가 '하얀 이미지'로 연상되는 경우는 없기에 – 실제 보면 짙고 푸르러 외려 '검어보이는' 이미지가 더 강하다. 물론 겨울철 온통 눈덮여있을 때 올라와 바라보면 또 다르게도 느껴지겠지만 그러나 이런 혹독한 계절에 찾아올라 바라보고 느낀다는 것 역시 일반적이지는 않은 거의 희박한 일임을 감안하면 그럴 개연성 역시 더욱 신빙성이 떨어진다. – 전자의 풀이가 맞을 것으로 사료된다. 즉, 산꼭대기(고원마루)에 은밀히 숨겨져있어 아래지역에서는 잘 눈에 띄지 않기에 그처럼 '눈 먼 호수(장님호수)' 곧 '숨은 호수'로서의 관념이 강하게 자리잡지 않았나 한다. 특히 이의 셰나어 사용권으로서 한참 낮은 지대인 아스토르밸리– 셰오사르 데오사이 고원에서 매우 급준하게 떨어져내린 골짜기지형으로 형성되어있다. – 방면에서는 더더욱 그러했을 것이다. 다른 한편으론 티베트계열 발티어를 써서 이른바 '높은 호수'– ※ 셰나어권 아스토르밸리 저지대 사람들로부터의 '셰오=숨은' 관념과는 상반되는 관점 –로서의 의미를 지닌 '초고-초'로서 일컫기도 하나 이 역시 널리 통용되는 명칭은 아니다.

* 호수 주변에 용출샘들이 나타나고 또 그러한 용출수들이 땅 속으로 스며드는 침출(배수)현상이 발견되는 것으로 보아 단지 오래전 빙하호수로부터 빚어진 것이 아니라 고원산자락 어디선가부터 수원(水源)이 비롯되고 또 이 호수물이 유출되는 것으로 사료된다.

셰오사르 호수일대 구릉초원

셰오사르 일대는 나무는 전혀 없고 오직 풀밭만 드리워져있다. 이곳을 서식지로 하는 일부 야생동물은 과거로부터의 밀렵과 포획에 의거 개체수가 취약하여 멸종위기에 처해있기도 하다. 셰오사르는 또한 여러 종류의 철새·텃새를 포함한 조류들의 식수원으로서, 검은갈매기(재갈매기), 장다리물떼새, 히말라야바위새(자고새), 오리 및 설계(雪溪), 할미새, 종달새, 꿩, 멧비둘기, 독수리 등 계절별로 나타나는 조류의 분포도 다양하다. 신선하고 깨끗한 수질의 호수이나 서식어종은 그리 많지 않은 것으로 조사되었는바 주로 메기류(Indian Snow Cab)들이 서식하고 있으며, 이곳이 또한 송어 서식에 최적생태조건으로 파악되어 한 때 정부차원에서 히말라야송어(Snow Trout) 방류를 시도한 적도 있으나 거의 모든 개체가 메기들에게 잡아먹혀 현재 송어류는 발견되지 않는 것으로 보고되고 있다. 셰오사르 외의 데오사이 고원상의 각 계곡들에도 이러한 메기류의 어종이 풍부하며, 아울러 셰오사르에는 보이지 않는 눈송어(히말라야송어)도 많은 것으로 이야기되고 있다. (⇒ 이러한 연유로 낚시를 겸한 관광으로도 많이 찾으나 야생보호차원에서 어로·포획행위는 제지받을(불허될) 수도 있음을 유념토록.)

○ 데오사이의 고개들

부르게라(부르지라; 4,816m) : 고원 북단에 위치한, 데오사이 최고의 전망포인트로서 이름이 높다. 데오사이 트레일의 독보적이면서도 그리 큰 비용을 들이지 않는 트레킹으로서 접근이 가능하다. K2, 브로드피크, 가셔브룸 연봉 & 낭가파르밧까지 파키스탄의 8천미터급 5개고봉 모두 조망이 가능하며, 아울러 살토로캉그리(7,742m), 초골리사(7,665m), 마셔브룸(7,821m), 무즈탁타워(7,284m), 라톡(7,145m), 바인타브락(오우거; 7,285m), 칸주트사르(7,760m), 푸마리키시(7,492m), 쿠냥키시(7,852m), 디스타길사르(7,885m), 트리보르(7,728m), 바투라(7,785m), 말루비팅(7,458m), 하라모시(7,409m), 라카포시(7,788m) 등등의 숱한 7천미터급 명봉들 역시 하나하나 휘둘러보며 헤아릴 수 있다. 더 나아가 남쪽 인도령 카시미르의 눈(7,135m), 쿤(7,077m)의 희끗한 산봉들 또한 아스라이 사로잡힌다. 부르게라 트레킹은 보통 스카르두 방면 데오사이 루트(산악도로) 상의 알리말릭패스(4,400m)나 아래쪽 계곡가 분지 알리말릭마르(4,100m)에서 진행하며 또는 스카르두 시가지 남쪽 와잘밸리 방면에서 곧장 치고 오를 수도 있다. (☞ 부르게라 트레킹 편 참조)

※ 그밖의 트레킹패스
· 다리라 : 부르게룽마~**다리라(4,724m)**~샤가르탕
· 알람피라 : 샤가르탕~**알람피라(5,030m)**~부빈계곡~구다이~아스토르
· 바나크라 : 샤가르탕~**바나크라(4,964m)**~우르동계곡~구툼사르~아스토르
· 하르포라 : 하르포~추타바~**하르포라(4,800m)**~구툼사르~아스토르
· 카티추라 : 알리말릭~**카티추라(4,588m)**~다바~파르쿠타(메디아바드)~스카르두

차초르갈리(차초르패스; 4,266m) : 고원 서북지역 곧 데오사이~아스토르로 넘어가는 길목의 대표적 지프로드 산악고개이다. 인근에 셰오사르(호수)가 위치하고 있으며 이로부터 달리 남동쪽으로 구자르 유목루트를 따라 인더스강 서부지류지역인 싱고밸리 초타데오사이(굴타리~파란샤트 일원) 방면으로 나아갈 수도 있다. (단, 싱고밸리(싱고강) 일원은 현재 인도·파키스탄 국경지대로 허가없이 일반인(여행객) 접근은 허용되지 않는다.)

부르질갈리(부르질패스; 4,200m) : 파키스탄 독립 전까지 길기트(카라코람)~스리나가르(카시미르)를 잇는 히말라야의 오래된 카라반루트로서 이때껏 가장 널리 알려진 고개 중의 하나이다. 데오사이 남쪽에 위치한 이 부르질 고개는 오래전 옛 신라의 혜초가 넘었던 루트로 유추되며, 이후의 지경(수계)은 카라코람과 히말라야 산권을 벗어난 펀잡히말라야 남부 곧 인더스강 펀잡 지류의 하나인 키샹강가(닐룸강)~젤룸강의 유역으로서 후에 펀잡 남부평원 차차란에서 인더스강과 다시 합류하게 된다. (혜초의 길은 바로 이 부르질고개~키샹강가 루트를 통해 젤룸강의 본향인 스리나가르로 향해갔던 것으로 추론한다.) 현재 이 부르질패스는 단지 아스토르~칠람~미니메룩 간을 이어주는 소통로 역할을 하고 있을 뿐, 미니메룩을 지나 구라스~트락발~반디푸라~스리나가르로의 옛 카라반 여정은 인도·파키스탄 양국의 정전선(LOC)에 가로막혀 더 이상 가능하지 않다. 분단된 카시미르인들의 희망처럼 언젠가 가능할 날이 오기를 꿈꾸어본다.

○ 바라데오사이 & 초타데오사이

바라데오사이(Bara Deosai)는 "Big Deosai"란 호칭이다. 즉,「**데오사이 중앙고원**」을 일컫는다. 다른 표현으로는 '고원의 여름방목지'를 뜻하는 '오호즈바르차(Ohoj Barchah)'로서 지칭하기도 한다. 초타데오사이(Chota Deosai)는 반면 "Little Deosai"로서 곧 중앙 데오사이고원으로부터 발류(發流)하여 동남쪽으로 흘러내린 물줄기- '바라와이'계곡이 '시가르(Shigar)'계곡으로 명칭을 달리하는 지역부터 -가 빚어놓은 「데오

바라데오사이 & 초타데오사이(카시미르 창공 그래픽 이미지 / 자료협조 : Christoph Hormann. http://earth.imagico.de) 낭가파르밧이 솟아있고 그 아래 둔중하게 올라선 중앙데오사이고원(바라데오사이)이 보인다. 초타데오사이는 바로 중앙데오사이고원의 남단으로 산첩첩 골첩첩 드리워진 일대이다. 광곽효과를 준 그래픽이라서 초타데오사이의 지경이 더 장대해 보이지만 실제는 거의 대등한 영역(면적)으로서 구획된다.

사이 남부 협곡지대」를 가리킨다. 역시 이와 다르게 '촌체바르차(Chonche Barchah)' 또는 '추니데오사이(Chuni Deosai)'로서 표현키도 한다. 카시미르의 구자르 유목루트는 바로 이 초타데오사이→바라데오사이로 오르는 구간이다. (※ 'Little Deosai'로 일컬어지는 곳이 또 한 군데 있는데 아스토르 남동쪽 키니바리(아스토르피크; 5,700m) 일대 해발 4천미터대의 고원지경으로, 데오사이 바나크라(4,964m)와 알람피라(5,030m) 서쪽에 솟아오른 산악고원지역으로 분류된다.)

* 시가르(Shigar)란 명칭은 발티스탄(스카르두 & 간체)의 여러 곳에서 발견되는 계곡/강의 이름이다. 데오사이에서 발원하여 카시미르의 카르길 북쪽에서 인더스강과 합류하는 이 시가르계곡(시가르강)은 앞서 발토로 트레킹 진입시 언급했던 '시가르' 강과는 다른 물줄기임을 알아두라. 아울러 부르게라 트레킹에서의 샤가르탕(Shagar Thang) 역시 '시가르탕(Shigar Thang)'으로도 일컬어지는즉, 이 역시 동명이곡(同名異谷)의 지명임을 상기하자. (※ 스카르두의 향토사에 따르면 이 '시가르'란 명칭은 오래전 이 지방을 통치했던 아리안족(Aryan) 샤k(Shaq) 왕(Kar)의 성(영지; Khar)을 지칭하는 이름 "샤카르 카르(Shaq-kar Khar)"로부터 비롯된 것이라 한다. 이후 샤카르카르→샤카르→샤가르로 변천되었는바 스카르두 일원에서는 달리 '시가르(Shigar)'로서 와전되어 고착되었다고 한다. 고로 원 유래는 바로 '샤카르 성(왕국)'이며 샤가르탕의 '샤가르'는 고대의 지명이 비교적 잘 반영된 이름이라 하겠다.)

바라데오사이(바라와이 일대)

초타데오사이 굴타리 일대 유목민 거처

✔ 데오사이에서의 각 방면 지프로드

```
칠람 — — — — — — — — — 차초르패스
 ↑                              ↑
부르질갈리 ——— 무르타자패스 — 셰오사르 — 칼라파니 — 바라파니 — 샤퉁 — 알리말릭패스 — 스카르두
 ↑           ↓         ↓                                        ↓(바리라)
캄리 - 미니메룩 - 도멜 // 초타데오사이 경유 — — — — 굴타리 ——— 파란샤트(카르망밸리)
```

∴ 초타데오사이까지 탐승한다면 앞선 바라데오사이(중앙 데오사이고원)의 다소 완만하고 지루한 풍정은 곧 잊어버릴 만큼 초타데오사이 일원은 푸른 숲과 깊고 울창한 골짜기 + 초지·수풀지역으로 우거진 더욱 빼어난 경관을 자랑한다. 단, 여행객(외국인·타지인)은 초타데오사이~카르망밸리 여행시 제한지역(국경지대) 출입을 위한 군 당국의 허가서를 사전 발급받고 나서야 한다.

○ 데오사이 경유 대중교통(아스토르~데오사이~스카르두)

사설 승합지프(대형 랜드크루저)가 1~2일 간격으로 운행한다. 최소인원 18명 정도에 닭, 염소, 양 등 가축들 여러 마리도 동승한다. 탑승객이 충분치 않으면(수지가 안 맞는다 생각되면) 운행치 않고 다음날로 연기된다. (☞ 출발을 원할 경우 탑승객과 차주 간 흥정이 필요하다.) 승차정원이 채워지면 아스토르~스카르두 간 요금은 1인 1,000~1,200루피 선이다. 중간지점인 데오사이 고원 내에서 탑승시에는 반구간요금으로 1인 500~600루피 정도이다. 단, 아스토르나 스카르두에서 탑승하고 중간에 데오사이 고원지역에서 하차코자할 때에는 반구간이 아닌 전구간 요금을 징수한다. 아스토르 출발시 칠람에서 정차나 하차승객이 없을 경우 논스톱으로 곧장 데오사이 체크포스트(세르쿨리)까지 올라간다. (☞ 닐룸밸리나 미니메룩 등지를 거쳐 칠람으로 나아왔다면 칠람에서 승객이 내리지 않는 한 합승하기 어려울 수 있다. – 아마도 탈 자리가 없을 것이다. ※ 아스토르~칠람 구간만 운행하는 차편은 1일 4~5회 정도로 비교적 자주(!) 있는 편이다.)

🚌 **노선(경유지)** 〉 아스토르—구리코트—구다이—키람—다스—다스발라—칠람—세르쿨리(엔트리포인트)
—차초르패스(4,266m)—셰오사르(4,132m)—칼라파니—바라파니(춤다쿠트; 데오사이 히말라야호텔)
—알리말릭마르(4,100m)—알리말릭패스(4,400m)—사트파라(엔트리포인트)—스카르두

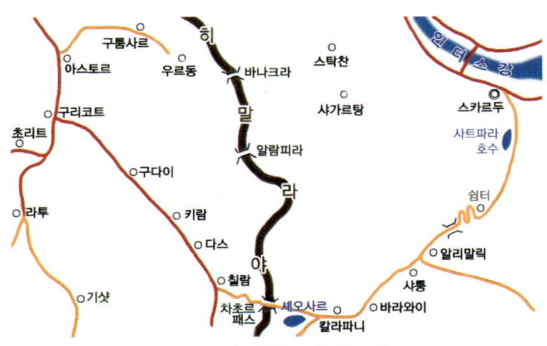

아스토르~데오사이~스카르두 노선도

사설승합지프의 차주는 보통 차 1대만 보유하고 있기에 통상 한쪽 지역에서 출발하면 다음 날 복귀편으로 운행하게 된다. (⇒ 왕복에 2일 소요) 예를 들어 아스토르 발 스카르두 편인 경우, 스카르두에 도착해서 1박 후 다음날 스카르두~아스토르 복귀 노선으로 운행한다. 통상 아침 일찍 출발하는바, 개인차량이다 보니 아스토르/스카르두의 버스 정류장에서 출발치 않으므로 – 보통 차주의 집 앞이나 가게 앞에서 출발한다. – 수소문해서 전날 미리 예약해두어야 하는데 현지인들은 여행자들에게 이런 사설 승합지프이용을 잘 권장하지 않으며 그러한 정보를 쉽게 알려주려고도 하지 않는다. (대부분 가족이나 지인 소유의 사설지프를 소개하여 전세차량으로 이용하길 강권한다.) 여행객들끼리는 10~12인 정도 합세하여 돈을 좀 더 보태 아예 전용으로 대절하여 가는 게 유리하다. 시간에 구애받지 않고 도중 내키는 곳이나 피크닉장소에 정차하여 유람을 즐기면서 지프여행을 진행할 수 있어 더욱 매력적이다.

아스토르~칠람~부르질패스를 경유하여 무르타자 체크포스트 통과 후 구자르 유목루트를 따라 굴타리(초타데오사이) 방면으로 운행하는 지프차량도 있다. 역시 승객이 모일 때까지 몇 날이고 대기. 어쨌건 출발했으면 다음날 복편으로 귀환케 된다.

데오사이 트레킹

부르게라 B.C.

✦ **특 징** : 카라코람에서 히말라야 산권으로 넘어가는 트레킹이다. 이른바 '데오사이 고원루트'로서, 데오사이는 바로 낭가파르밧과 더불어 대히말라야산맥 서북단 끝자락을 장식하는 장중한 고원지경인바 이를 빼놓고 또한 펀잡히말라야를 논할 수 없음이다. 이 데오사이고원을 통과하는 트레킹으로 일반 트레커들도 그리 어렵지 않게 도전해볼 수 있는 몇 가지 루트가 있는데, 그 대표적인 것으로 남쪽 부르게라(부르지라; 4,816m), 중앙의 알람피라(5,030m), 북쪽 바나크라(4,964m) 이 3곳의 산악고개를 도보로 넘게 된다. 스카르두에서 시작할 경우 남서방향으로 부르게라를 넘어 데오사이 고원으로 진입하게 되는 코스가 가장 인기가 높으며 아울러 스카르두 북서쪽 카추라 방면에서 서남방 바나크라 또는 알람피라를 넘어 진행하는 루트도 많이 소개된다. 한번 여정으로 여러 고개를 섭렵해보는 트레킹도 가능한데, 스카르두 방면에서는 부르게라~다리라(4,724m)를 거쳐 알람피라 또는 바나크라를 경유 아스토르 방면으로 넘어갈 수 있고, 또는 단지 스카르두~부르게라~다리라~카추라로 복귀하는 라운드 트레킹으로도 진행할 수 있다.

✦ **트레킹 적기** : 6월~10월초 (최적시기는 7월~9월초)

✦ **트레킹 최고점** : 부르게라(4,816m), 알람피라(부빈갈리*; 5,030m)/바나크라(4,964m)

* 갈리(Gali) : 지역어인 셰나(Shena)어로 '고개'를 뜻한다.

✦ 일정가이드

(※ 카라코람~히말라야로 넘어가기 위한 데오사이고원 루트는 매우 다양한데 그 중 가장 널리 알려지고 접근이 용이한 부르게라-알람피라/바나크라 트레킹코스를 중심에 놓고 소개한다.)

4-1-1. 부르게라(부르지라) 트레킹(카라코람→히말라야 트레일)(5일)

1일차(Day01) : 스카르두(2,400m)-(2시간)-카르피토(2,800m)-(4시간)-워잘호도르(3,810m)

핀도계곡. 뒷방향으로 스카르두가 보인다.

스카르두에서 남서방향으로 협곡을 이룬 핀도계곡을 거슬러 오른다. 시가지를 벗어나 남쪽 선상기슭 상의 카르피토 마을을 지나면 이내 핀도 골짜기 내원으로 진입하게 되는데 고도가 점차 급격히 높아지면서 속도도 쳐지고 체력적 부담이 따른다. 고소증에 유의하여 차근차근 4~5시간쯤 오르면 이윽고 목초지가 형성된 골짜기안부에 이르는데 바로 '워잘호도르'라 불리는 방목캠프지다. 1일 상승고도를 상당히 높여 올라왔으므로 더 이상 무리해서 나아가지 말고 첫날은 그냥 이곳까지만 진행하여 야영한다. 고소증세가 나타난다면 예까지 오르려하지 말고 그 전의 핀도계곡 저지대부에서 야영토록 한다.

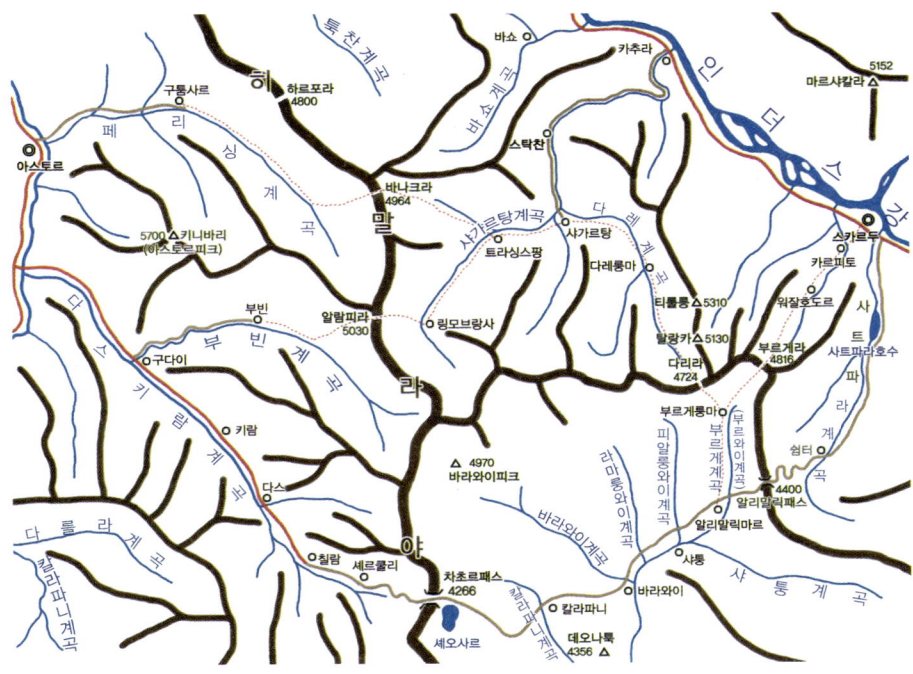

☆ 급격한 오르막으로 인한 체력부담 또는 고소증이 고민된다면 다음과 같은 **대체안**으로 임할 수도 있다.

☞ 스카르두-〈차량*〉-(2~3시간)-알리말릭패스/알리말릭마르*-〈트레킹〉-(3~4시간)- 부르게룽마캠프(부르게라 B.C.)

곧, 스카르두에서 차를 타고 남쪽 사트파라밸리 방면으로 진행, 사트파라호수를 지나 이의 사트파라계곡을 거슬러 알리말릭패스(4,400m)에 이른 후 하차, 이내 북쪽 능선자락을 타고 부르게룽마(부르지룽마) 캠프(부르게 B.C.; 4,115m)까지 도보(트레킹)로 이동한다. (또는 알리말릭패스를 넘어 알리말릭마르(분지)*까지 내려와 하차 후 북쪽 부르게룽마 계곡을 따라 트레킹, 부르게룽마 캠프까지 나아간다.) 첫 날 야영지는 바로 이 부르게룽마 캠프지로 삼는다. 즉, 힘든 오르막구간은 차량으로 이동하고 단지 서너 시간 가량의 짧고 완만한 트레킹만 진행하는 일정이다. (물론 부르게룽마 캠프지의 고도 또한 해발 4천미터가 넘는 곳이기에 고소증이 우려될 수 있는 곳이긴 하나 도중 해발 4천4백 알리말릭패스를 넘어서왔음을 감안하면, 아울러 힘든 오르막의 도보이동을 배제하고 그저 편하게 차를 타고 나아온 바에 의거 체력소모도 그리 많지 않았을 것이므로 심신의 피로감에 따른 고소증의 위험도 훨씬 줄어들 것이다. 부르게라 트레킹 프로그램의 대다수가 이러한 일정을 모델로 삼는다.)

* 알리말릭마르의 '마르'는 대체로 넓고 평평한 골짜기 지평을 가리키는 '분지'의 의미로 받아들이면 되겠다.

사트파라호수 / 알리말릭패스로 오르는 사트파라계곡 최상류 / 알리말릭패스 정상(데오사이 방면)

★ 주지사항 : 스카르두에서 전용차량(지프)으로 데오사이고원(알리말릭)으로 이동시 비용부담이 적지 않다. (지프차량 반일고용 한화 6~8만원선) 가급적 여럿이서 뜻을 모아 분담하여 이용토록 함이 바람직하다. 1~2일 간격으로 운행하는 대중교통편(승합지프)도 있긴 하나 이용이 쉽지 않으며, 설령 차편을 찾았다 해도 스카르두~아스토르 장거리 여행객에게 우선순위가 밀릴 여지가 많다. (또는 아예 스카르두~아스토르 간 전구간 요금을 지불토록 압력을 받을 수 있다.) 운이 따른다면 이용하되, 그렇지 않다면 포기하고 다른 방법을 강구하라. 가장 좋은 방편은 말했듯이 차량(지프)을 대절하여 가는 것이다.

2일차(Day02) : 워잘호도르(3,810m)-(4~5시간)- 부르게라(부르지라; 4,816m)-(2시간)- 부르게룽마(부르게라 B.C.; 4,115m)

남서쪽으로 계속해서 핀도계곡를 따라 올라간다. 부르게라까지 표고차 1천미터 이상의 가파른 오르막을 올라쳐야 하기에 적잖이 힘이 들고 고소증세도 발현되기 쉽다. 최대한 천천히, 수분을 자주 섭취하면서 오르도록 하라. 만약 이 과정이 고민이 된다면(고소적응이 특히 관건) 위에 조언한 차량이동 방법을 따르라. 고소적응 면이나 체력적인 면에서 상당히 유리한 점이 있다.

핀도계곡 상부 트레일

여하간에 부르게라 정상마루에 오르면 그다음은 보상이다. 카라코람과 히말라야의 장엄한 파노라마가 방문객의 눈과 마음을 사로잡는다. 특히 이 부르게라는 파키스탄의 8천미터급 5개고봉 모두를 휘둘러볼 수 있는 최고의 전망지로서도 이름이 높다. 동북방면으로 **K2**와 **브로드피크**, 그리고 **가셔브룸** 연봉이 아스라이 도열한다. 물론 이들 고봉들을 감싸고 있는 첨예한 첩첩산봉들 역시 해발 7천미터가 넘는 카라코람의 맹주들로 그 중에서 특히 선한 마셔브룸(7,821m)과 무즈탁타워(7,273m)의 모습도 꼽아볼 수 있을 것이다. 이어 북쪽으로도 카라코람의 맹렬한 준봉들이 펼쳐져있음은 곧 비아포산군의 라톡(7,151m), 바인타브락(오우거; 7,285m)과 아울러 히스파산군의 칸주트사르(7,760m), 주트모사르(유트마사르; 7,330m), 푸마리치시(7,492m), 쿠냥치시(7,852m), 디스타길사르(7,885m), 트리보르(7,728m), 몸힐사르(7,343m), 그리고 북서쪽 말루비팅(7,458m), 하라모시(7,409m), 라카포시(7,788m) 산군과 너머의 바투라무즈탁(7,785m) 산군까지- 무릇 7천미터 이상 세계최대규모의 고산군으로서 일컬어지는 북부 카라코람의 거봉들 - 아스라이 조망된다. 반면, 반대방향 서쪽과 남쪽은 이제 히말라야의 영역인바 그 중에서도 바로 이 편잡히말라야의 영주 **낭가파르밧**이 하얀 설산덩이를 두둥실 하늘 위로 띄우고 있으며, 남쪽으로는 광활한 데오사이 평원을 가로질러 또한 아스라이 멀리 카시미르히말라야 눈(7,135m), 쿤(7,077m) 산봉도 가늠해볼 수 있다.

부르게라 조망
(좌: 데오사이 부르게호수(부르게룽마 캠프) 방면 / 우: 스카르두 핀도계곡 방면(카라코람의 영봉들이 아련하다.)

단, 지형과 계절적 특성상 이러한 멋진 조망은 날씨가 뒷받침되어야 하는 것으로, 특히 오후가 되면 구름이 많이 껴서 애석하게도 이의 장관을 담아볼 수 없을 수도 있다는 점 또한 주지해야 할 대목이다. 그리하여 만약 부르게라에서의 멋진 조망을 기대코자한다면 될 수 있는 대로 이른 아침에 서둘러서 길을 나섬이 적극 권고된다. (가급적 정오 이전에는 도착할 수 있도록 일정과 시간을 조율하라. 아침 날씨가 맑았더라도 정오가 넘어가면 분명 구름이 몰려와 시야를 덮을 확률이 십중팔구이다. 특히나 여름시즌이라면 더더욱.)

부르게라를 넘어서면 바야흐로 데오사이 영내로 지경이 바뀐 '부르게룽마''를 따라 하산이다. 부르게라 안부아래 호수지대(Burghe Lake)를 지나 서남방향 완만한 내리막길로 2시간 남짓 나아가면 이윽고 이의 부르게룽마 캠프지에 이른다. 맑은 물이 흐르는 계류부 옆 야영터에는 풀밭이 잔잔히 깔려있고 사위가 트여있어 후련하나 해발 4천미터가 넘는 곳이라 밤이 되면 몹시 추워지므로 저체온증에 노출되지 않도록 보온에 유의하라. (∵ 여름이라도 이 4천고지 데오사이 고원은 쌀쌀하기 이를 데 없다. 더군다나 나무하나 없기 때문에 바람이라도 불라치면 더욱 스산하고 황량하기 그지없다. 9월에 한발이 날리는 것도 그리 기현상은 아니며 10월이면 내린 눈이 녹지 않고 쌓여 점차 설원으로 변하게 된다.)

부르게룽마 초지(부르게라 B.C.)

* '룽마'는 발티어(티베트어)로 '계곡/강"의 뜻을 지닌다. 곧, '부르게계곡'으로 풀이하면 되겠다.

구름이 걷혔다면 밤하늘 무수히 떠오르는 별빛을 감상하며 하루의 여운을 달랠 수 있을 것이다. 부르게라 트레킹의 가장 힘든 날은 이렇게 지나간다. 이후부터의 여로는 훨씬 여유롭고 '녹록한' 기행이 될 것이다.

☆ 만약 전날 차량으로 알리말릭 이동 후 부르게룽마까지 나아와(트레킹) 야영했으면 이날 **부르게라 답사(하이킹)** 일정으로 삼는다. 오전에 부르게라/부르게호수 일대의 풍광과 조망을 즐긴 후 오후에 캠프로 복귀토록. 마찬가지로 아침일찍 나설수록 원대한 조망을 감상할 확률은 그만큼 높다. 부지런한 새가 먹이를 잡는 법이다. 부르게룽마~부르게라 왕복에 중식/휴식시간 포함 5~6시간 정도 잡으면 무난하다. 점심은 도시락 지참을 권한다.

부르게룽마 골짜기와 부르게라, 다리라 원경(중앙부 잘록한 곳 좌측이 다리라, 우측 산능선 안부가 부르게라이다)

3일차(Day03) : 부르게룽마(4,115m)-(2~3시간)-다리라(4,724m)-(3시간)- 다레룽마(3,900m)

부르게룽마 캠프를 출발, 북서향으로 다리라(4,724m)를 향해 간다. 해발 4천7백이 넘는 다리라 또한 조망이 멋진 곳이다. 광활한 데오사이고원의 풍경이 한눈에 들어오고 그로부터 북동방 발토로의 고봉들, 그리고 서쪽 낭가파르밧과 남쪽 눈(7,135m), 쿤 (7,077m)의 아스라한 연봉 또한 가늠해볼 수 있다. 단, 북향으로는 탈랑카(5,130m) 와 티룰룽(5,310m) 봉우리에 가려 조망이 시원치 않을 수도 있다. 다리라 고갯마루에서 주변 능선언덕으로 오르거나 전날 올랐던 부르게라 방면 능선마루로 나아감이 좋은데 길이 뚜렷치 않거나 목동들에 의해 어지러이 산만하게 드리운 족적들도 많으므로 루트를 잘 아는 길잡이(안내자)와 동행하여 나설 일이다. 부르게룽마에서 다리라까지는 2~3시간 정도 잡는다.

다리라 서쪽 방면 데오사이의 파수봉들

고갯마루를 넘어서면 다시 내리막길이다. 계속해서 북서방향으로 새로이 지경이 바뀐 다레룽마 계곡루트를 따라 완만히 내려앉으면서 마땅한 곳에 자리를 잡고 야영지로 삼는다. 다리라에서 대략 2~3시간쯤 내려오면 아래쪽 샤가르탕(시가르탕) 사람들이 올라와 방목캠프지로 활용하는 좋은 영지들이 나오므로 이곳을 숙박지로 삼으면 좋다. 물론 시간과 체력이 허락한다면 두어 시간 더 내려가 아예 샤가르탕 마을 부근까지 가서 야영을 할 수도 있다. 당일 상황과 시간진행에 맞춰 정하도록. 점심장소는 다레룽마 계곡변 아무데서나 적당한 곳을 찾아 핫런치든 팩런치든 알아서 취한다. 다레룽마 골짜기 일원은 해발고도 4천미터 아래로 떨어졌으므로 고소증과 추위도 훨씬 덜할 것이다.

☆ 다른 대안으로는 이날 부르게룽마~알리말릭마르로 하산하여 차량으로 세오사르 방면으로 이동, 세오사르 호수 유람(또는 1박 캠핑) 후 계속해서 차를 타고 차초르패스(4,266m; 데오사이 고원 지프로드의 서쪽 출구)를 넘어 칠람~다스키람계곡~아스토르로 귀환하는 일정으로 짤 수도 있다. **지프사파리와 연계한 부르게라 미니트레킹(하이킹) 프로그램**의 경우 이렇게 세오사르 유람을 포함하여 1박2일~2박3일의 일정으로 꾸리게 되며 내외국인 할 것 없이 많은 여행객(관광객)들이 이같은 지프투어(Jeep Tour) 일정을 수용한다. (※ 꼭 지프차량이 아니더라도 일반 승용차량으로 데오사이를 여행(유람)하는 경우도 있지만 단지 파키스탄 자국민들 간에나 종종 그럴 뿐 외국관광객의 경우라면 이런 불안(!)한 승용차투어는 절대 비추이다.)

4일차(Day04) : 다레룽마(3,900m)-(3시간)-샤가르탕(시가르탕; 3,200m)-
   (2시간)-샤가르탕룽마(트라싱스팡; 3,700m)-(2~3시간)-
   링모브랑사(4,200m)

다레룽마

다레룽마를 따라 계속 북서향으로 계곡을 따라 내려간다. 고도가 가파르게 떨어지면서 양안의 산세가 험준해지고 골짜기도 깊어진다. 2시간쯤 내려오면 주계곡이 서쪽으로 틀어지면서 골짜기가 다소 넓어지고 완만해지는 지경에 이른다. 초본류만 무성했던 데오사이 고원풍토의 전형적인 모습에서 벗어나 굵직한 초목들도 점차 눈에 많이 띈다. 서쪽으로 꺾인 계곡길을 따라 샤가르탕(시가르탕)까지는 1시간여 더 내려간다. 샤가르탕은 바야흐로 데오사이 트레킹을 진행하면서 처음 만나는 마을로 주민들은 티베탄 계열의 발티어를 사용한다. (☞ 이로부터 주변 각 골짜기, 봉우리, 고개이름 등등이 티베트어/발티어 라, 초, 룽마, 등등으로 불려지는 것을 보면 그리 어렵잖게 짐작할 수 있다. 반면 이의 샤가르탕계곡을 따라 북쪽 카추라 방면 더 아래쪽 해발 3천미터이하 지역에 위치한 스탁찬 이후 마을은 발티족이 아닌 길기트족 셰나어를 쓰는 부족민들로서 이 발티스탄 스카르두의 언어·문화와는 다소 차이가 있는 풍토를 빚는다.) 한편으론 기실 다리라를 넘어 내려오면서부터는 곧 사람사는 지경이 나타났음

인즉 그 본연의 무인지경 데오사이 고원지경은 끝났다고 볼 수도 있다. 어쨌든 이로부터 여로는 두 갈래로 나뉘어지는바, 계속 하행길로 샤가르탕계곡을 따라 북쪽 인더스강 자락의 카추라로 하산하는 이른바「부르게라 데오사이 라운딩 루트」와, 그리고 이제 달리 서남향으로 샤가르탕계곡을 반대로 거슬러 아스토르행 알람피라(5,030m) 또는 바나크라(4,964m)로의 이들 또다른 데오사이의 히말라얀패스를 넘어 진행하는 루트이다.

샤가르탕

샤가르탕에서 이제 서쪽으로 다시 오르막 트레일을 진행한다. 이의 샤가르탕계곡을 따라 다시금 '거슬러 오르는' 길이다. 도중 여러 방면으로 흩어지는 골짜기와 안부들로 인해 본 루트를 가늠하기 혼란스러운 경우가 많으니 이제부터는 정말로 길을 잘 아는 안내자(가이드)와 동행해야 한다. 혹여 잘못된 골짜기나 언덕으로 접어들었다간 영 엉뚱한 곳으로 나아가게 된다. 물론 거의 모든 계류부와 골짜기가 아스토르방면 능선부로 나있지만 그럼에도 한번 길을 잘 못 들면 꽤나 에두르고 적잖은 고생을 감수해야 한다. 아울러 황량하고 스산한 골짜기와 고원언덕 후방부에 또 어떤 위험이 도사리고 있을지 모르니 절대 혼자 나서는 일은 삼가도록. 특히 아스토르 쪽 골짜기지경은 데오사이나 스카르두의 발티스탄 정서보다 좀 더 외람된(긴장되는) 면이 있다.

서쪽으로 샤가르탕계곡을 거슬러 2시간쯤 나아가면 계곡이 크게 갈라지는 곳에 이른다. 방목초지가 드리워져있고 목동들의 돌집거처들도 형성되어있다. 트라싱스팡 혹은 툴라싱스팡이라고 부르는 곳으로 달리 이름하여 '샤가르탕룽마 캠프'로서 지칭한다. 해발 3천7백쯤 되는 이곳에다 캠프를 차려도 좋지만 다음날 해발 5천고지 알람피라를 넘어야 하므로 좀 더 나아가 고도차를 줄인 해발 4천2백대의 링모브랑사(마아트)까지 진행하여 캠프를 차림이 좋다. 샤가르탕룽마 계곡갈림목(트라싱스팡)~링모브랑사까지는 서남향 골짜기길로 다시 2시간가량이 소요된다. (※ 또는 알람피라가 아닌 바나크라를 넘어 진행하고자 할 때 이 샤가르탕계곡을 버리고 트라싱스팡 서북골짜기로 진입. 바나크라로 향하는 트레일 상의 고원초지로 접어들어 야영토록. 역시 2시간쯤 나아가면 다시금 골짜기가 나뉘는 계곡 안부에 괜찮은 야영터가 있다.)

링모브랑사' 역시 방목지캠프다. 다시금 데오사이 고원의 완만하고 나릇한 고원풍토가 드리워지는 곳이다. 이곳에서 머물고 다음날 서쪽 해발 5,030m의 알람피라로 오른다. 바야흐로 데오사이 횡단트레킹의 마지막 밤이다. 아쉽다면 밤하늘 별빛에 다시금 취해 보도록. 물론 음주는 절대 금물이다.

* 링모브랑사(Ringmo Brangsa) : 발티어로 '분지'를 뜻하는 링모(Ringmo)- 혹은 '길다'는 의미의 '리모(Rimo)'의 변음이라고도 -와 '목초지(야영지)'를 뜻하는 브랑사(Brangsa)가 합쳐진 말이다. '기슭/자락'을 뜻하는 차미(Chami)가 더해져 일명 '링모차미브랑사'로서도 언급된다. 현지 목동들은 또다른 '마아트(Maat)'란 지명으로도 부른다.

☆ 대안 일정인 **지프사파리**로서 진행하여 **셰오사르**' 유람에 나섰다면 고원호수 순회 전망루트인 「초고초' 하이킹」프로그램 진행 후 차초르패스-칠람-아스토르로 귀환할 수 있다.

* 셰오사르 : 지역어인 셰나어로 'Blind(Sheo) + Lake(Sar)'의 의미이다.
* 초고초(Chogo Cho/Tso) : 발티어로 '높은/큰(초고) 호수(초)'의 의미이다. 즉 높은 곳에 위치한 큰 호수 바로 셰오사르를 지칭하는 다른 표현이다. '추(Chu)'를 쓰는 경우도 있는데 엄밀히 구분하자면 '추'는 '골짜기/계곡'이라는 뜻으로, 곧 '높은/큰 골짜기'의 뜻으로 해석케 되는바 이 셰오사르를 가리키는 명칭이 아니라 아래쪽 바라데오사이(중앙 데오사이고원)의 '바라와이(바라파니)' 계곡을 달리 부르는 발티어 표현이다.

5일차(Day05) : 링모브랑사(4,200m)-(3시간)-**알람피라(부빈갈리; 5,030m)**-(2시간 30분)-**부빈날라(3,600m)**-(5시간)-**구다이(2,700m)**-(차량이동 1시간30분)-**아스토르(2,350m)** (⇒ 또는 낭가파르밧 루팔트레킹으로 연계시 아스토르를 거치지 않고 곧바로 타레싱으로 이동)

부르게라-데오사이 트레킹 마지막날이다. 링모브랑사 캠프를 출발, 서쪽으로 길을 잡는다. 점차 가파르게 오르는 계곡길을 따라 이윽고 3시간쯤 오르면 마침내 알람피라(5,030m) 정상에 서게 된다. 데오사이 트레킹의 최고점이다.

알람피라에서의 조망 역시 탁월하기 그지없다. 동북방향으로 지나온 샤가르탕 분지의 고원지평을 가로질러 카라코람의 영주들이 도열한다. K2, 브로드피크, 가셔브룸, 마셔브룸 등등 날만 좋다면 하나하나 헤아려볼 수 있다. 북쪽으로는 가까이 솟은 높은 산봉에 가려 다소 전망이 가렸지만 그럼에도 라카포시(7,788m), 하라모시(7,409m), 말루비팅(7,458m), 트리보르(7,728m), 디스타길사르(7,885m), 쿠냥치시(7,852m), 칸주트사르(7,760m) 등 북부카라코람 고봉들의 파노라마를 어렴풋 짚어볼 수 있다. 서쪽은 반면 완전한 낭가파르밧의 세상이다. 해발 8,126m의 파키스탄 제2봉 바로 펀잡히말라야의 영주 '디아미르'의 영토다. 마치 거대한 하얀 대리석이 떠오른듯한 몸집으로 온 시야를 장악한다. 남쪽으로는 데오사이의 첩첩산령들 너머로 눈(7,135m), 쿤(7,077m)을 위시한 카시미르히말라야 산군의 일렁임이 아스라하다. 이 또한 더할나위 없는 펀잡-카시미르 히말라야 양대 너울의 조망처임이다.

알람피라 오름길. 목동집이 보인다.

알람피라를 내려서면 이제 데오사이의 지경은 끝이 난다. 아울러 발티스탄 스카르두의 지경과도 안녕이다. 서남향으로 가파른 지그재그길을 내려서서 곧 계곡부와 만나면 이내 경사가 수그러들면서 서쪽방향으로 트레일이 뻗어내린다. 알람피라에서 예까지 내려오는데 1시간반쯤 걸리고 곧이어 동남쪽에서 내려오는 부빈계곡(부빈날라*)과 만나 그로부터 이의 부빈계곡을 따라 너댓 시간쯤 걸어내리면 이윽고 다스키람계곡 본류와 합류하는 구다이 마을에 이르러 트레킹은 종료가 된다. 도로상황이 나쁘지 않다면 구다이까지 이르기 전에 부빈계곡을 따라 중간지점까지 차(지프)를 미리 대기시켜 이를 타고 아스토르로 곧장 복귀할 수도 있겠다. 만약 하산시간이 늦어져 하루 더 머물러야겠다면 맑고 깨끗한 부빈계곡이나 혹은 구다이 근방의 다스키람 계곡변 물가에서 야영토록 함이 바람직하다. 물론 구다이 마을 계곡 도로변에 자리한 여행자숙소(레스트하우스)에서 머물러도 될 터이다. (∵ 링모브랑사에서 알람피라를 넘어 아스토르까지의 여정이 길므로 – 총소요시간 10시간 이상 – 중간에 1박할 것이 아니라면 아침일찍 출발해 나서는 게 좋다.)

구다이 마을. 알람피라에서 내려오는 부빈계곡 들머리가 뒤편에 놓여있다.

구다이 다스키람계곡

맑고 깨끗한 다스키람계곡에서 물놀이를 즐기는 아이들

* 알람피라(Alampi La)는 한편 이 서쪽 아스토르 방면에서는 세나어 '갈리'를 써서 이른바 "부빈계곡의 고갯길" 즉 '부빈갈리(Bubin Gali)'로서 지칭키도 한다. 좌우(스카르두 vs 아스토르) 양편의 사람들이 어떻게

부르든 같은 고개이니 헷갈려하지 말자. 참고로, 알람피르(Alam Pir)로서 표기하는 경우도 있는데, 'Pir' 역시 '고개', '산(줄기)'를 뜻하는 펀잡지방의 언어임을 감안, 하나 다르지 않은 동의의 표현임을 인지해두면 좋다. 즉, 알람피르→알람피(르)라가 되었다고도 볼 수 있다.

* 날라(눌라)(Nala/Nallah/Nullah) 역시 셰나어에서 유래한 우르드어인즉 '계곡/골짜기'를 뜻하는 말로서 앞서 '초고추'에서 언급한 바 있었던 티베트계열 발티어 '추(Chu)'와 같은 의미이다. (※ 힌두계열 카시미르어로는 '와이(Wai)'로서 표현키도 한다. 이러한 '와이'가 들어가는 지명이 데오사이를 비롯 카시미르 일원에 매우 많다. ▶ 바라와이/자나와이/폴로와이 등   ☞ 데오사이고원 & 닐룸밸리 참조)

☆ **알람피라 대신 바나크라 경유 아스토르 행의 경우;**

전날 샤가르탕룽마 계곡갈림길(트라싱스팡)에서 서북골짜기로 올라 바나크라 방면 초지캠프(바낙브랑사)에서 야영 후,

☞ **초지캠프(바낙브랑사; 4,100m)**−(3~4시간)−**바나크라(4,964m)**−(2시간30분)−**페리싱계곡(우르동계곡; 3,700m)**−(2시간)−**우르동(3,400m)**−(1시간)−**구툼사르(3,050m)**−(차량이동 1시간)−**아스토르(2,300m)** 순으로 진행.

곧, 바나크라까지 계속 서북 골짜기길을 따라 나아가되 도중 비스무레한 길흔적들도 많이 나타나므로 트레일을 잘 살펴 진행한다. 바나크라로 오를 때 빙상구간이 나오는데 실족치 않도록 주의하라. 안전을 위해서라면 로프사용이 답이다. 캠프를 출발하여 3~4시간쯤 걸어올라 바나크라(4,964m) 정상마루에 이르면 서쪽 앞의 키니바리(아스토르피크; 5,700m) 산군에 가려 낭가파르밧의 전모가 알람피라에서처럼 화사하게 드리워지는 않는다. 대신 바로 이 키니바리피크의 풍모를 보듬어볼 수 있음이 또다른 매력이다. 바나크라를 넘어 트레일은 서향으로 가파르게 떨구어내린다. 급경사 험로구간에서는 지그재그로 트레일이 나있으며 그로부터 2시간가량 내려서면 남서쪽에서 내려오는 페리싱계곡과 만

바나크라의 빙상지대

난다. (✔ 페리싱계곡은 아래쪽 우르동 마을의 이름을 따서 일명 우르동계곡이라고도 불린다.) 이로부터 이 페리싱계곡을 따라 서북방향으로 2시간쯤 걸어내리면 우르동 마을에 닿게 되고 다시 1시간쯤 더 내려가면 정기차편이 들어오는 구툼사르 마을에 이르며 이것으로 트레킹은 갈무리된다.

우르동(페리싱) 계곡

구툼사르~아스토르 행 차편은 자주 있으며 1시간 정도가 소요된다. (⇒ 에이전시를 통해 미리 구툼사르나 우르동 마을에 차를 대기시켜 하산하자마자 곧바로 탑승토록 주문할 수 있다.) 구툼사르에는 여행객을 위한 레스트하우스 시설이 갖추어져있기도 하다. 계곡경관과 산세가 좋아 일정여유가 있다면 이곳에서 하루 더 머물고 다음날 아스토르로 귀환해도 좋다. 또는 앞서 우르동 마을에서 가까운 우르동호수 근처에 캠프를 차리고 하루 머물러도 좋을 것이다.

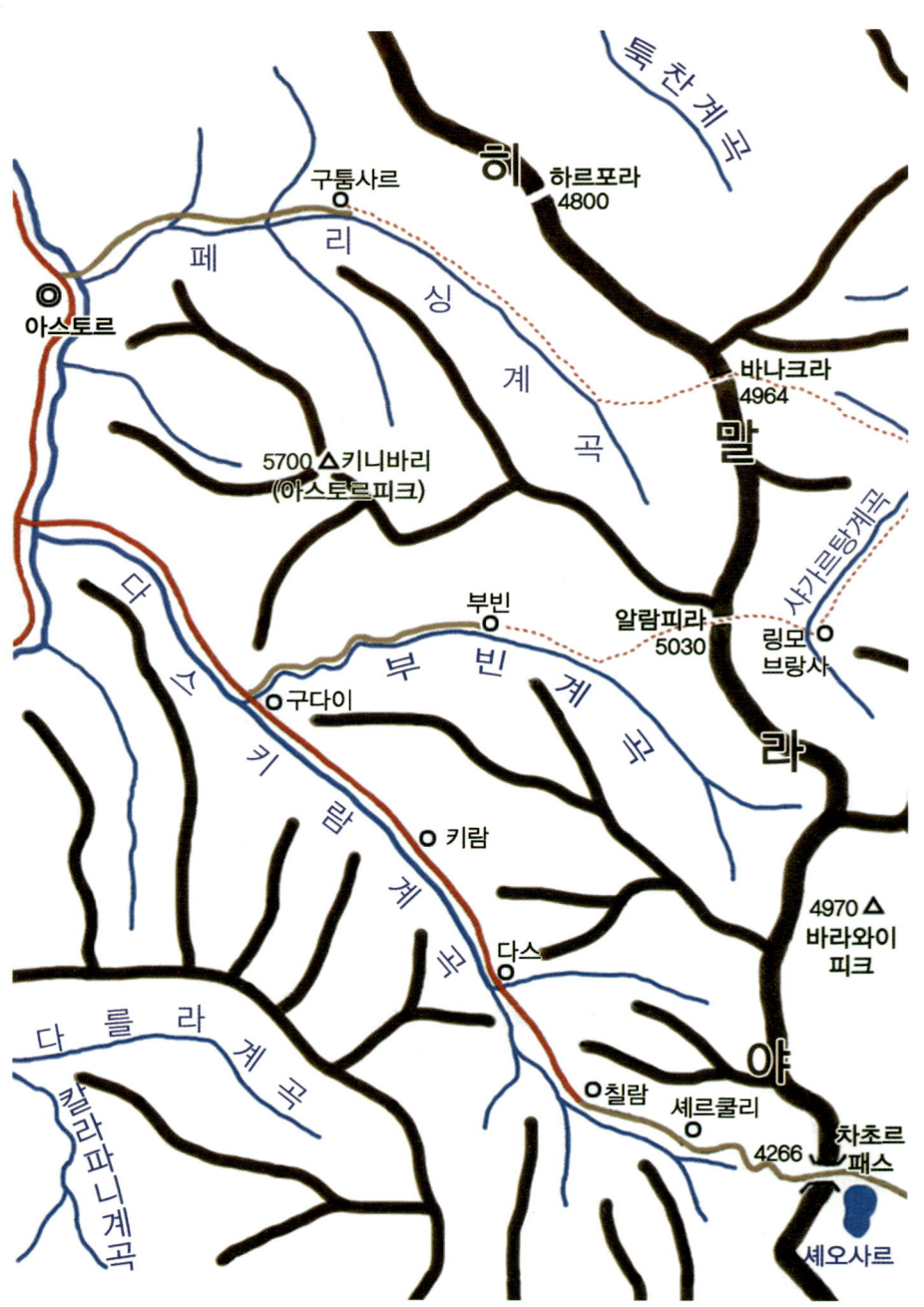

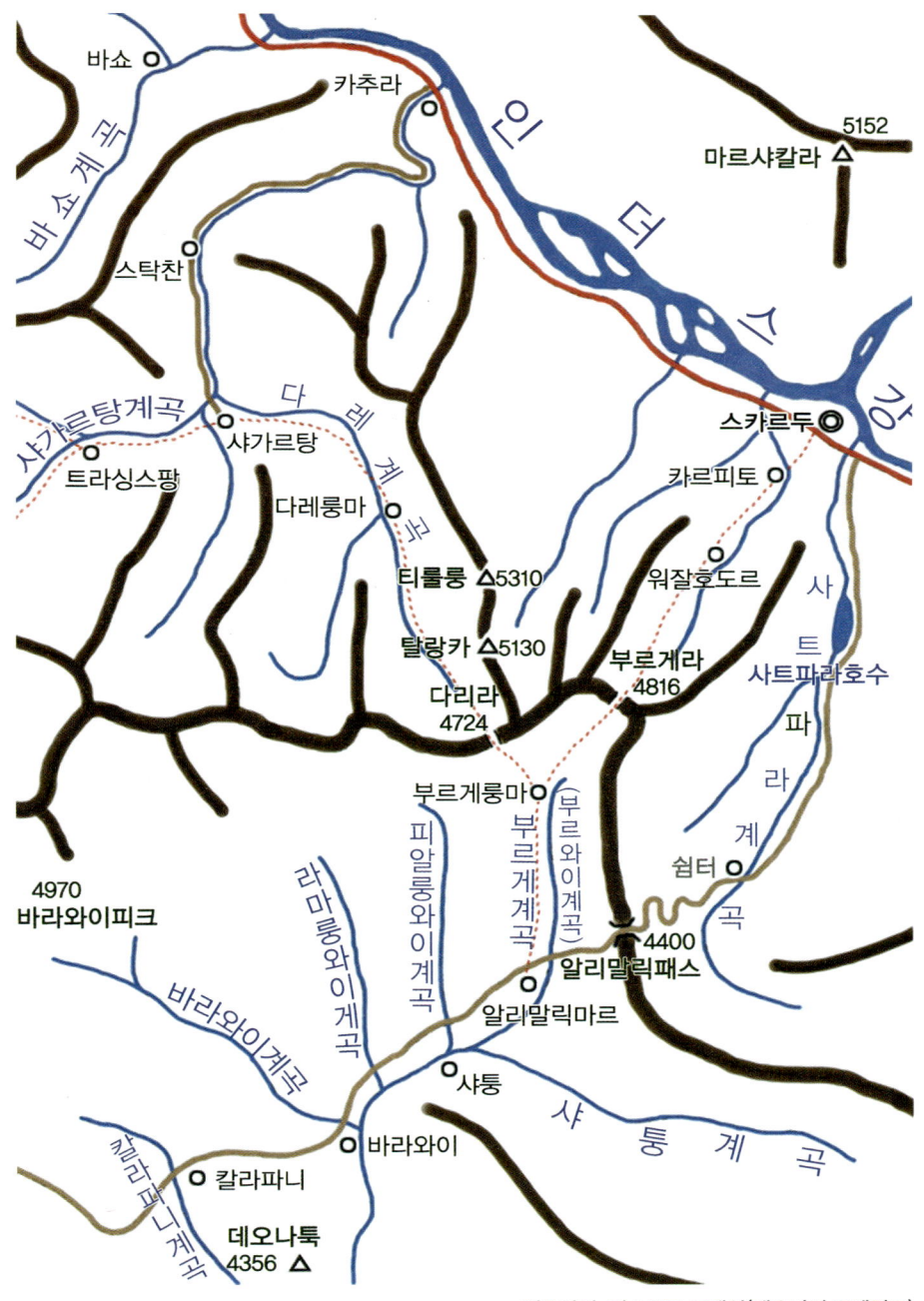

데오사이~아스토르 트레일(데오사이 트레킹도)

〈※ 변형(응용)코스 & 일정〉

4-1-2. 카추라-데오사이-아스토르 트레킹(4~5일)

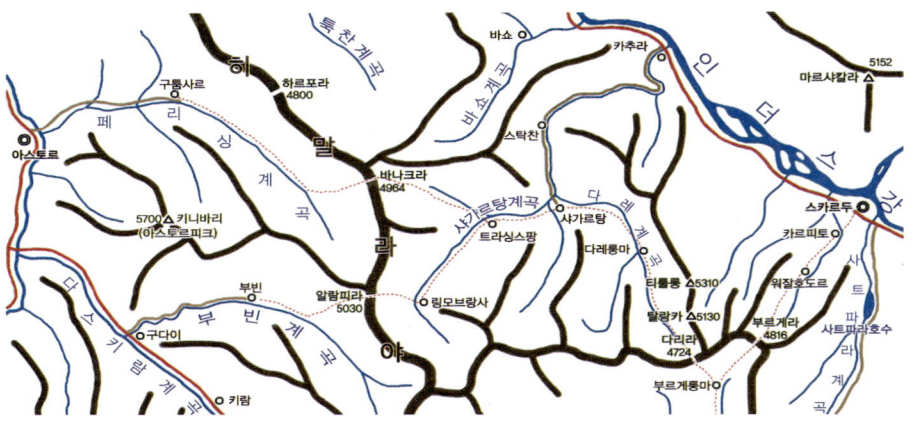

 # 1일〉 스카르두(2,400m)-카추라(2,350m)-플란차트(2,700m)-스탁찬(3,000m)-
샤가르탕(시가르탕; 3,200m)

☞ 스카르두~카추라 구간(차량이동 1시간)은 정기운행편이 있으나 카추라~플란차트~사탁찬은 정기편이 일정치 않아 - 승객수와 그때그때 상황에 따라 운행 - 보통은 카추라에서 차량을 대절하여 이동케 된다. 물론 걸어올라갈 수도 있으나 시간/체력적으로 비효율적이다. (⇒ 차량이용시 1시간 vs 도보이동시 5~6시간.) 일행을 모아 차를 대절하여 이동하는 방안을 강구하라. 사탁찬~샤가르탕 역시 지프차량으로 이동이 가능하나 도로 상태가 여의치 않을 시 도보로 이동하게 된다. 대략 2~3시간 정도 잡으면 될 것이다. 샤가르탕 이후 여정은 앞서 설명한 내용과 같다. 다만 고지대(알람피라/바나크라)로 나아가기 위한 고소적응단계가 필요하다면 도중 샤가르탕룽마 계곡부의 목초지 일원에서 하루 휴식일을 갖거나 혹은 급할 것 없이 오전만 운행하고 쉬는 반일일정으로 곧 하루여정을 이틀에 걸쳐 나누어 진행하는 일정안배를 고려하라.

사탁찬(스탁찬) 마을

 # 2일〉 샤가르탕(3,200m)-샤가르탕룽마(트라싱스팡; 3,700m)-링모브랑사(4,200m)
/바낙브랑사(4,100m)

 # 3일〉 링모브랑사(4,200m)/바낙브랑사(4,100m)-알람피라(5,030m)/바나크라
(4,964m)-부빈계곡(3,600m)/우르동계곡(3,700m)

 # 4일〉 부빈계곡(3,600m)/우르동계곡(3,700m)-구다이(2,700m)/구툼사르(3,050m)
-아스토르(2,350m)

 # 5일〉 예비일(도중 휴식일 안배)

4-1-3. 부르게라 & 데오사이 라운딩(카추라~데오사이~스카르두)(4일~5일)

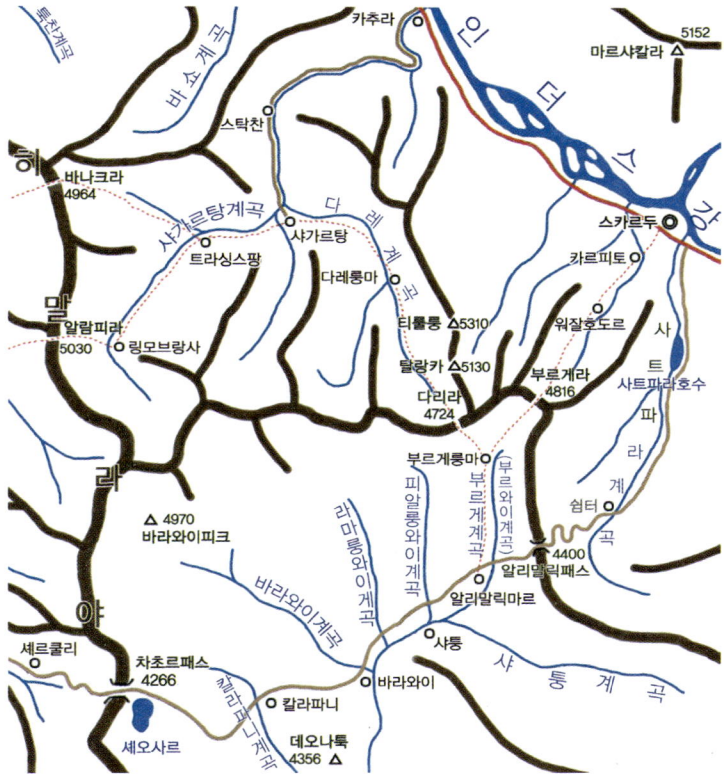

 # 1일〉 스카르두(2,400m)-카추라(2,350m)-스탁찬(3,000m)-샤가르탕(3,200m)

☞ 스카르두에서 샤가르탕까지의 여정은 위 카추라~아스토르 루트의 1일차 일정소개와 같다. 이후 일정은 앞선 부르게라 트레킹 여정의 반대로 정리하면 되겠다. 고소적응일이 필요하다면 역시 다르지 않다. 다레룽마 구간을 2일에 걸쳐 진행하면 될 일이다. 전일휴식이든 반일휴식이든 적절히 안배토록.

 # 2일〉 샤가르탕(3,200m)-다레룽마(3,900m)

 # 3일〉 다레룽마(3,900m)-다리라(4,724m)-부르게룽마(4,115m)

 # 4일〉 부르게룽마(4,115m)-부르게라(4,816m)-스카르두(2,400m)

☞ 또는 부르게룽마-부르게라 답사(하이킹) 후 알리말릭마르로 하산. 지프사파리로 전환하여 셰오사르-차초르 패스-칠람-아스토르로 진행(1~2일 지프투어 가산)

 # 5일〉 예비일(도중 휴식일 안배)

4-1-4. 하르포 트렉(스카르두~하르포라(우르동갈리)~아스토르)(2~3일)

✦ 발티스탄 스카르두 지역 최서단의 인더스강 남쪽 히말라야 산권을 통과하는 트레일로 과거 스카르두~아스토르를 연결하는 최단루트이기도 했다. 인더스강을 따라 돌아서 가는 도로가 닦이기 전에는 바로 이 하르포라가 두 지역 간 왕래가 빈번한 소통로 역할을 했다고 전해지나 현재는 단지 목동들과 채집꾼, 벌목꾼들의 이동로로서만 가치를 부여받고 있는 퇴락한 고개로서만 자리매김한다. 트레킹루트로서 또한 다른 곳보다 특히 산세가 험하여 일반 트레커들은 잘 찾지 않고 간혹 도전적이고 모험적인 오지트레커들 또는 촬영에 목적을 둔 사진가들 정도만이 찾는 쓸쓸한 옛길이 되어버렸다. 그럼에도 카라코람-히말라야를 연계하는 히말라얀패스 최북단의 트레일로 탐승가치를 언급해본다.

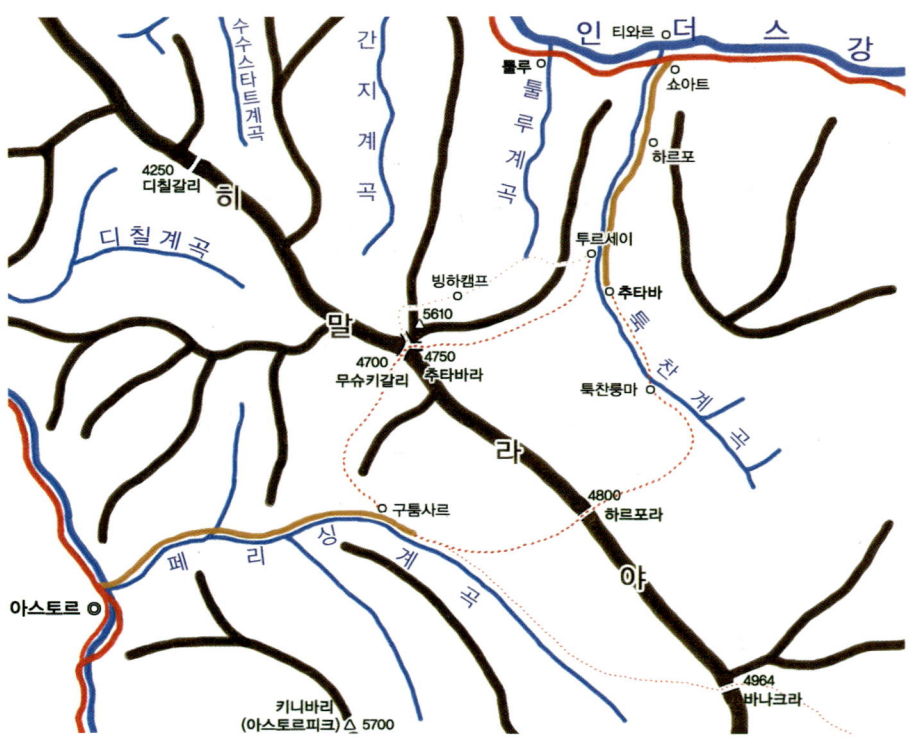

1일〉 스카르두(2,400m)-쇼아트-하르포(2,800m)-드릴룽-투르세이-추타바(3,400m)

스카르두~쇼아트까지는 정기차편(스카르두-길기트 노선)이 운행하나 쇼아트~하르포~추타바 구간은 정기편이 불투명하다. 발착이 일정치 않은 사설 승합지프를 이용하거나 차를 대절하여 이동하는 방안이 권고된다. 여럿이라면 아예 스카르두에서부터 차량을 고용하여 나서는 편이 낫겠다. (전구간 한 번에 차량으로 이동- 스카르두에서부터 차를 대절 -시 약 3시간 정도가 소요된다. 대중교통편을 이용한다면, 즉 스카르두~쇼아트까지만 차로 이동하고 쇼아트~하르포~추타바 구간은 도보로 움직인다면 차량 2시간 + 도보 4~5시간 정도 잡는다. 하르포-추타바 산악도로가 유실되어 차량이동이 곤란할 경우도 상정하여 이와 같은 일정계획을 염두에 둔다.)

2일〉 추타바(3,400m)-(2~3시간)-툭찬룽마(3,900m)

하늘에서 본 하르포밸리와 하르포라 원경. (산그림자가 진 툭찬룽마를 따라올라 우측(사진 중앙부)으로 꺾어들면 하르포라이다. 추타바는 그 전의(추타바) 우측골짜기로 진입하여 사진 우측의 설산(5610피크) 바로 아래 루트(빙상지대)로 넘어가게 된다. 꽤 험난한 코스이다.)

추타바는 쇼아트 인더스강 남쪽 골짜기 안쪽으로 깊숙이 들어앉은 산골오지 마을로 하르포라 트레킹의 기점이다. 이로부터 남동방향으로 툭찬계곡(툭찬룽마)을 따라 오른다. 두어 시간쯤 오르면 계곡들이 갈라지는 곳에 이르는데 이 일대(툭찬룽마캠프)에서 야영을 한다. 해발 3천9백정도 되는 곳으로 초지가 드리워져 있고 목동들의 돌집거처가 있다. 하르포라는 여기서 우측(남서쪽)으로 꺾어 오른다. 직진하면 바나크라 방면으로 오르게 되는데 위험한 빙하지대가 도사리고 있어 전문장비 없이는 진행하기 어렵다. 물론 하르포라 역시 만만한 고개는 아니다. 해발 4천8백미터의 높은 고개로서 사전 고소적응을 위해서라도 이날은 짧게 여기까지만 운행하고 휴식을 취하는 것으로 갈음한다.

☆ 다른 코스로서 추타바에서 툭찬계곡을 따르지 않고 남서쪽 추타바라(4,750m)를 넘어 툴루밸리로 이어지는 코스가 있다. 하지만 첫날 바로 이 해발 4천7백이 넘는 추타바라를 넘어야 하는 부담이 있는데다가 고개 넘어 빙하지대아래 캠프(일명 빙하캠프; 4,300m)에서 야영하고 다시 해발 4천7백 무슈키갈리 고개를 한 번 더 넘어 아스토르 방향으로 나아가게 되므로 극복해야 할 과제가 많아 일반 트레커들이 나서기에는 상당한 부담이 따른다. 고로 모험과 도전정신에 입각한 트레커들 위주로 탐승에 나서기를 권한다. 아울러 안전장비는 필수이며 체력적으로나 고소적응 면에 있어서나 상당한 준비가 되어있어야 할 터이다. (☞ 추타바(3,400m)-(6~7시간)-**추타바라(4,750m)**-(1~2시간)-**빙하캠프(4,300m)**)

3일〉 툭찬룽마(3,900m)-(4~5시간)-하르포라(우르동갈리; 4,800m)-(3~4시간)-우르동(3,400m)-(1시간)-구툼사르(3,050m)-(차량이동 1시간)-아스토르 (2,350m)

툭찬룽마 캠프에서 남서쪽 하르포라로 오른다. 도중 빙상구간과 사태너덜지역 등 난구간도 예상되므로 로프와 크램폰 등 기본 안전장비를 갖추고 나서도록. 너댓 시간 힘겹게 올라 하르포라 정상마루에 이르면 멋진 풍광이 보상한다. 서북방면으로 펀잡히말라야 데오사이 산괴의 끝자락 바리오칼치시(5,560m)와 서남방 키니바리(아스토르피크; 5,700m)의 화려한 설산봉우리들이 도열하고, 북방으로 하라모시(7,409m), 말루비팅(7,458m), 트리보르(7,728m), 디스타길사르(7,885m), 쿠냥키시(7,852m), 칸주트사르(7,760m) 등등의 즐비한 카라코람의 고봉들과 더불어 동쪽 멀리 K2(8,611m), 브로드피크(8,047m), 가셔브룸(8,068m), 마셔브룸(7,821m), 살토로캉그리(7,742m)를 위시한 발토로-시아첸 7~8천미터급 고봉들 또한 아스라이 넘실거린다. 남쪽으로는 아스토르밸리의 첩첩한 산하가, 그리고 서쪽 키니바리 너머로는 바야흐로 펀잡히말라야의 영주 낭가파르밧(8,126m)의 웅장한 하얀 산괴가 하늘향해 솟구친다.

하르포라 남서쪽 우르동(페리싱계곡) 방면 하산길은 매우 가파르고 험준하다. 낙석위험도 높으므로 안전에 주의를 기울이도록. 필요하다면 로프사용도 주저치 말라. 숨 돌릴 틈 없는 급경사 내리막의 연속이다. 이윽고 3시간여 내려오면 우르동계곡 합수부에 닿는다. 우르동 마을이 지척이며 이로부터 소풍길같은 넓고 판판한 트레일이 열린다. 북서쪽 우르동계곡 따라 1시간쯤 내려가면 구툼사르에 이르고 여기서 차를 타고 아스토르로 복귀한다. 또는 일정여유가 있다면 구툼사르 우르동계곡 일원에서 하루 머물고 내려가는 것도 좋다. 구툼사르에 여행객을 위한 레스트하우스도 있다.

☆ 전날 툴루밸리 빙하캠프에서 야영했다면 이어서 무슈키갈리-무슈키(셰파)-아스토르로 진행한다. 경관은 뛰어나나 난구간이 많아 더욱 주의를 요하며 여러 군데 길이 헷갈리는 곳도 나오므로 루트를 잘 아는 사람이 반드시 동행해야 한다. (☞ **빙하캠프(4,300m)**-(2~3시간)-**무슈키갈리(4,700m)**-(4~5시간)-**무슈키(셰파; 3,000m)**-(차량이동 1시간)-**아스토르** ⇒ 실상 4천7~8백미터급 두 개의 고개(추타바라 & 무슈키갈리)를 넘어야하기에 예나 지금이나 이보다는 주 루트로서 훨씬 수월한 - *단 하나의 고개만 넘는* - 하르포라 루트가 더 선호되어왔다.)

* * * * * * * * * * * * * * *

하르포라(좌측 끝), 디칠갈리(중앙) & 낭가파르밧(우)

히말라얀패스 디칠갈리(중앙 좌측 골짜기안부)와 낭가파르밧　　　　　낭가파르밧 & 바리오칼치시(우)

〈길기트 방면 인더스강 상공에서의 펀잡히말라야 파노라마〉

⛰ 발티스탄(스카르두)~아스토르로 넘는 히말라얀패스(북쪽부터)

① 디칠갈리(4,250m) : 실부(힐부)—수수르계곡—**디칠갈리**—디칠계곡—다스킨/무스킨—아스토르
② 추타바라(4,750m) & 무슈키갈리(4,700m) : 쇼아트—하르포—추타바—**추타바라**—툴루밸리 빙하캠프—**무슈키갈리**—무슈키(셰파)—아스토르
③ 하르포라(4,800m) : 쇼아트—하르포—추타바—**하르포라**—우르동—페리싱계곡—구툼사르—아스토르
④ 바나크라(4,964m) : 카추라—스탁찬—샤가르탕(시가르탕)—샤가르탕룽마—**바나크라**—페리싱계곡(우르동계곡)—우르동—구툼사르—아스토르
⑤ 알람피라(부빈갈리; 5,030m) : 카추라—샤가르탕—샤가르탕룽마—링모브랑사—**알람피라**—부빈계곡—구다이—구리코트—아스토르/타레싱

⛰ 데오사이 내원패스

· 다리라(4,724m) : 샤가르탕—**다리라**—부르게룽마—바라데오사이*
· 부르게라(부르지라; 4,816m) : 스카르두—**부르게라**—부르게룽마—바라데오사이
· 알리말릭패스(4,400m) : 스카르두—**알리말릭패스**—알리말릭마르—바라데오사이
· 카티추라(4,588m) : 스카르두—파르쿠타(메디아바드)—카티추계곡—**카티추라**—알리말릭마르—바라데오사이
· 바리라(4,970m) : 바라데오사이—샤퉁날라—**바리라**—마티얄—파란샤트—초타데오사이
· 상그리라(4,210m) : 바라데오사이—셰오사르(호수)—**상그리라**—무르타자패스/초타데오사이
· 타이투라(4,430m) : 바라데오사이—칼라파니—**타이투라**—초타데오사이(굴타리)

* 바라데오사이 = Big Deosai ↔ 초타데오사이 = Little Deosai

⑥ 차초르패스(4,266m) : 바라데오사이—셰오사르(호수)—**차초르패스**—셰르쿨리—칠람(칠림)—다스키람계곡—구다이—구리코트
⑦ 부르질패스(4,200m; 부르질갈리·무르타자패스) : 바라데오사이—셰오사르—상그리라—**무르타자패스**·**부르질패스**—칠람—미니메룩
⑧ 데오사이패스(3,919m) : 바라데오사이—초타데오사이*(구자르 유목루트)~**데오사이패스**—미니메룩
⑨ 카로발갈리*(4,160m) : 초타데오사이(구자르 유목루트)—부르게이(부르카이)계곡—**카로발***갈리—미니메룩/잠무카시미르(인도령)

* 카로발갈리(카로발패스)는 실상 인도(인도령 잠무카시미르)와의 국경라인(LOC)에 놓여있다. 즉, 이후 (이남) 지경은 인도 측 구역이다.

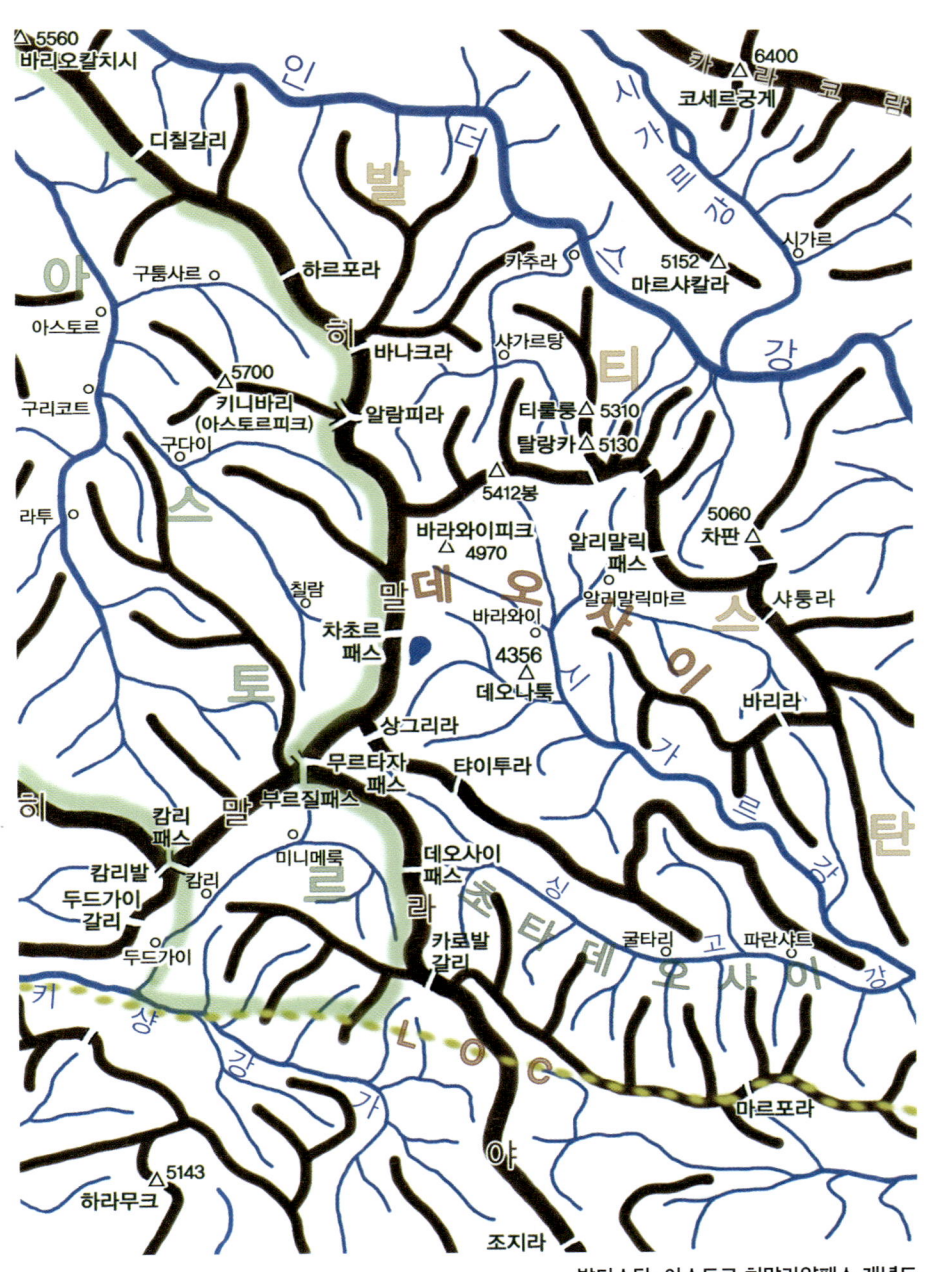

발티스탄~아스토르 히말라얀패스 개념도

◀ 데오사이 지프사파리 ▶

4-2. 스카르두-데오사이-아스토르(3일 기본일정)

 # 1일차 : 스카르두(2,400m)-(40분)-사트파라호수(2,800m)-(10분)-사트파라
(엔트리포인트)-(1시간30분)-알리말릭패스(4,400m)-(15분)-알리말릭마르
(4,100m)-(15분)-샤퉁(4,050m) (※ 런치캠프)

스카르두에서 남쪽 만탈계곡 방면으로 진입, 상수원인 사트파라호수를 지나 국립공원 입구(엔트리포인트)에서 매표 후 사트파라밸리 골짜기를 거슬러 상부 꼭대기까지 올라간다. 골깊은 협곡이 갈무리되면서는 점차 펑퍼짐한 고원의 풍광으로 변모하는데, 알리말릭패스 정상에 이르기 전 사트파라밸리 상부 고원지대에 위치한 티숍에서 잠시 쉬었다 갈 수 있다. (※ 숙박도 가능하다 하나 시설이 남루하여 사파리투어에 나선 관광객들로서는 썩 내키지는 않을 것이다. 차라리 근처 초지에서 캠핑을 하는 것이 더 나을 성 싶다.) 알리말릭패스 정상이 바로 가까이에 올려다보이나 지그재그로 한참씩 돌고돌아 올라가게 돼있어 보이는 것만큼 단숨에 오르게 되지는 않는다. 해발 4천4백 알리말릭패스 정상에 이르면 잠시 차에서 내려 풍치를 감상해본다. 올라왔던 북동쪽 사트파라계곡의 깊숙한 골짜기풍경과는 달리 서쪽과 남쪽으로 온통 넓고 두리뭉실한 고원의 풍정만이 가득 펼쳐져있다. 날이 좋다면 고원지평을 가로질러 서쪽 멀리 하얗게 돌출한 낭가파르밧(8,126m)의 모습도 선하며, 남쪽 평원과 구릉 산줄기 너머로 카시미르히말라야 눈(7,135m), 쿤(7,077m)의 아스라한 산봉도 떠오른다. 알리말릭패스 정상에서 트레킹루트인 북쪽능선 옆자락 허리길을 타고 부르게룽마(부르지룽마) 방면으로 나아갈 수 있다. 이어 계속해서 부르게라(부르지라; 4,816m) 방면으로 트레킹/하이킹을 진행하곤 알리말릭마르 혹은 북쪽 핀도밸리 방면으로 스카르두까지 계속 트레킹으로 하산할 수 있다. (☞ 부르게라 트레킹 편 참조)

| 사트파라계곡 | 데오사이 초입(알리말릭패스 직전)의 티숍 | 알리말릭패스 정상에서의 데오사이고원 조망 |

알리말릭패스를 넘어서면 이제 부드럽게 내려앉는 바라데오사이의 고원길이다. 곧 해발 4천1백 미터 지대의 분지골인 알리말릭마르를 지나게 되며, 한편 이로부터 북쪽 부르게계곡(부르게룽마)을 따라 부르게룽마 캠프에 이른 후 부르게라(부르지라)로 하이킹(트레킹)을 다녀올 수도 있다. (※ 위의 알리말릭패스에서부터 진행하여 이곳으로 돌아내려오는 방식의 미니트레킹/하이킹 프로그램으로서 많이 추진된다. ∴ 알리말릭~부르게라 1박2일 트레킹) 알리말릭마르를 지나서 남서방향 도로를 타고 계속 나아가면 곧이어 큰 물줄기가 광활한 평원 가운데에 가로놓이게 되는데 바로 동남쪽 바리칸드 방면에서 흘러오는 샤퉁계곡(샤퉁날라)이다. 이 일대가 바로 '샤퉁'으로서 1일차 캠프를 이곳에다 차리고선 주변 일대를 유람한다. 이 바라데오사이로 합류하는 두 물줄기 샤퉁계곡과 부르게계곡의 깨끗하고 맑은 계곡가에서 아름답고 여유로운 피크닉을 즐기기에도 더할나위 없이 좋다. 캠프를 차리고 오후에는 샤퉁밸리 방면으로 가볍게 하이킹을 다녀와보라. 사진가들도 많이 찾는다. 야생의 자연이 살아 숨쉬고 아름다움과 너그러움이 그윽한 곳이다. (※ 이의 샤퉁밸리를 거슬러 계속해서 바리칸드의 바리라(4,800m)를 넘어 초타데오사이 마티알(Matial), 파란샤트(Faranshat)로의 초타데오사이 방면으로 지프사파리를 진행할 수도 있으나 이 경우 LOC 지역 출입을 위한 군 허가서를 받고 나서야 한다.)

샤퉁계곡을 건너는 다리(샤퉁브릿지) 못미처 경찰초소가 있는데 이곳에서 인적사항을 확인 기록 후 계속 유람에 나서도록 한다. 인심좋은 초소 경관을 만났다면 뜻밖의 따뜻한 차 한 잔 대접받을 수도 있을 것이다. 물론 공짜다. 단지 기념사진 한 방 같이 찍어주면 될 일이다. (✔ 단, 짧은 일정으로 나섰다면 물론 이곳을 지나쳐서 계속 바라파니-칼라파니-세오사르 방면으로 진행해야 할 터인데 혹여 친절한 경관이 눈치(?)없이 너무 오래 붙잡고 수다를 떤다면 적당한 선에서 마무리짓고 길을 나서도록. 특히 세오사르에서의 멋진 낭가파르밧 조망을 기대하고 있다면 이런 중간에서 너무 지체하지 말라. 알겠다시피 시간이 지나 오후로 접어들면 기온상승에 의해 낭가파르밧 일대 구름이 몰려와 온전한 풍광을 감상하기 어려워진다. 그래 운무에 덮인 풍광으로서만 담게 될 것인즉, 실제 필자가 겪은 바이기도 하다. 그러므로 요령껏 잘 회피하여 시간지체가 되지 않도록, 그리하여 목적한 바를 못 이루는 일이 없도록 각자 알아서 잘 처신하기 바란다. 물론 이곳에서 하루 머물고 다음날 아침 세오사르로 출발하는 경우에는 상관없다. 어차피 오전시간대에 도착할 것이니.)

데 오 사 이

| 부르게계곡(부르게룽마) | 샤퉁계곡(샤퉁날라) | 샤퉁 경찰초소(Police Check Post) |

2일차 : 샤퉁-(40분)-바라파니(바라와이)-(40분)-칼라파니-(30분)-세오사르

샤퉁을 출발, 서남향 지프로드를 계속 타고 나아간다. 얼마 후 북쪽에서 내려오는 피아트계곡(피아트룽마)을 만날 것이다. 수량이 불어난 계곡을 따라 길은 계속 이어진다. 물을 건너지는 않는다. 샤퉁브릿지를 건넌 이후로 주계곡의 남단 구릉자락을 줄곧 끼고 길이 흘러가기 때문이다.

라마룽계곡(라마룽와이)과 낭가파르밧 원경

다시금 북쪽에서 흘러오는 라마룽계곡(라마룽와이)을 만난다. 물길은 더욱 풍성해지고 곧이어 천막숙소들이 옹기종기 모여있는 바라파니(바라와이) 기슭에 닿는다. 이름처럼 중앙데오사이고원(바라데오사이)의 가장 큰 물줄기 '바라와이(초고추)' 계곡이 드리운 곳이다. 서북방면 이 바라와이 계곡의 발원지 역시 동일한 '바라와이(4,970m)'란 이름의 봉우리로서 새겨져있다. 바라파니 캠프지에는 일명「데오사이 히말라야호텔」이라는 꽤 그럴듯해보이는 이름의 여행자숙소가 있다. 하지만 말이야 '호텔'이지 그야말로 보잘 것 없는 천막숙소에 지나지 않다. 그럼에도 이 데오사이 국립공원 내 지정된 여행자숙소이기 때문에 많은 개별여행자들이 묵어간다. 꽤 화려하지는 않아도 기본 식사를 포함한 매식거리는 충분하다.

바라와이(바라파니) 삼거리

바라와이 물줄기(하류 방면)

바라데오사이 초원마루

이곳에도 경찰초소가 있다. 역시 확인·기록 후에 통과하게 된다. 길도 두 갈래로 나뉘는데 직진하면 바라와이~시가르계곡(강)을 따라 남동방향으로 초타데오사이' 루트를 거쳐 이른바 카시미르의 주 통로였던 마티얄·파란샤트로 갈 수 있으며, 그로부터 싱고계곡(강)과 합류하여 잠무카시미르의 카르길로 이어지게 되나 인도령에 속한 지역이라 국경마을 팔와이·디를룽 이후로 더 나아갈 수는 없음이다. 달리 바라와이의 다리(바라와이브릿지)를 건너 우회전, 서북향으로 나아가면 아스토르 행 고원루트인 칼라파니~셰오사르 방면으로, 즉 이의 데오사이고원 지프사파리의 본 루트로서 진행케 된다.

* 초타데오사이(Chota Deosai) : "작은(Little) 데오사이"라는 의미로서, 즉 데오사이의 중앙고원(바라데오사이/오호즈바르차)을 벗어난 외곽의 비교적 고원의 규모가 작아진 지형으로서의 이른바 「소(小) 데오사이」임을 피력한다 하겠다. 하지만 이 초타데오사이 루트가 바로 동서양 문물이 교차하던 옛 카시미르의 주 이동로 – 근세의 인도·파키스탄 카시미르영유권 분쟁 이전까지만 해도 그러했다. –였음은 자명하다. 단지 양국 간 갈등이나 반목, 대립에 의거 잠무카시미르 라다크, 잔스카르, 스리나가르로 곧바로 나아갈 수 없음이 안타깝다. 결국 한참을 에둘러 라호르-와가-아타리-암리차르-잠무-스리나가르로 빙 돌아갈 수밖에 없는 현실인즉 우리나 저들이나...

바라데오사이 데오나툭(4,356m) 분화봉과 카시미르 연봉들

칼라파니브릿지

칼라파니 경찰 체크포스트. 천막휴게소도 같이 있다.

이제 바라와이 브릿지를 건너 서쪽으로 방향을 틀어 나아간다. 점차 오르막길로 진행되다 흙먼지 풀풀 날리면서는 어느새 구릉언덕을 넘어서게 된다. 잠시 차에서 내려 전망을 즐기며 쉬었다 가도 좋다. 광활한 데오사이 평원과 카시미르의 산하가 아스라이 펼쳐진다. 남쪽 멀리로는 초타데오사이의 불쑥한 봉우리들을 넘어서 카시미르히말라야 눈(7,135m), 쿤(7,077m) 산봉이 아른거린다. 언덕 넘어 다시 내리막이다. 서북방향으로 계속 직진하여 달려가면 곧이어 또다른 물길과 맞닥뜨린다. 칼라파니' 계곡이다. 이곳에도 천막숙소가 있으며 아울러 앞서 보았던 똑같은 돔 형태 - 발토로 트레킹시의 군 초소(Army Camp)와도 동일한 형태다. -의 경찰초소가 있어 같은 절차를 거친 후 통과하게 된다. 이러한 경찰 체크포스트는 데오사이 도로 상의 곳곳에 산재하는바 지날 때마다 일일이 확인, 기록하고 가야 하기에 다소 번거롭기도 하고 경우에 따라서는 시간도 꽤 지체되기 일쑤다. 그래도 여행자의 신분확인과 안전을 위해 필요한 조치라고 하니 역정내지 말고 여유롭게 받아들이도록. 또한편 이곳에 지정 여행자숙소가 마련되어있기도 하다. 물론 보잘 것 없는 천막숙소에 불과하지만, 도중 잠시 하차하여 음료수나 간식 등 기본 먹거리를 매식할 수도 있겠다. 이런 유료 천막숙소는 노정 상에 3~4곳 정도가 자리하고 있는데 세오사르 방면에도 하나 더 있다. 하지만 캠핑도구를 갖춰 왔다면 당연히 캠핑토굴. (∴ 여행사를 통해 지프투어를 기획했을 경우 보통은 이러한 캠핑장비까지 다 포함한 프로그램을 수행한다.)

* 칼라파니 : '검은(칼라) 물(파니)'이라는 뜻이다. ⇒ 실제 검고 탁한 물은 아니나 나무숲이 없이 온통 자잘한 초본류만 눌어붙은 고원대지에 강렬하게 반사된 물빛이 단지 그처럼 "검어보이는" 데서 유래한 명칭이라 보겠다. 다른 고산지대와 달리 이 데오사이 고원의 물은 매우 맑고 깨끗한 일급수 중의 일급수다. 고원 상에는 빙하지대도 보이지 않기에 더더욱 맑은 물일 수밖에 없다.

칼라파니 물길과 카시미르의 연봉들

칼라파니에 놓인 다리(칼라파니브릿지)를 건너 다시 오르막길로 진행한다. 계속 서북방향으로 한참을 오르면 이윽고 광대한 고원마루에 푸르른 물빛이 드리운 지경에 당도한다. 세오사르이다. 해발 4,142m. 지구상 가장 높은 호수 중의 하나! 소위 'Blind Lake'란 의미의 이 세오사르는 말마따나 이처럼 산꼭대기에 숨어있어 그처럼 '블라인드호수'라는 관념이 가시화된듯하다. 아무튼 참으로 신비하고 놀라운 산상호수이다. 도중 시간지체 없이 제시간에 도착했다면 이 세오사르에서 런치캠프를 차리고 점심식사 후 오후유람에 나설 수 있다. 더 일찍 도착했다면 도시락 지참 후 전망루트 일명「초고초 하이킹(4~5시간 소요)」을 추진해보는 것도 좋은 계획이다.

초고초(Chogo Cho/Tso)란 바로 이 셰오사르를 가리키는 것으로, 곧 셰오사르 호수 일대 도보로 한 바퀴 빙 둘러 하이킹하는 프로그램이 꽤 인기를 누린다. 나아가 서쪽언덕 해발 4,400m 봉우리까지 올라서면 그야말로 최고의 조망을 한눈에 만끽할 수 있을 것이다. – 데오사이뿐 아니라 낭가파르밧을 바라보는 최고의 전망대이다.

셰오사르 호수. 중앙봉(4,400m) 우측으로 낭가파르밧과 차초르패스 고갯길이 보인다.

1박2일 여정으로 나섰다면 첫날 샤퉁에 머물지 않고 이곳 셰오사르까지 나아오거나 아니면 둘째날 셰오사르는 잠깐만 들르고 이내 차초르패스 넘어 칠람~아스토르까지 진행해야 하겠다. 선택은 자유이나 아무래도 셰오사르에서 아침풍정을 맞이하는 게 좀 더 낫지 싶다. 대개의 2일짜리 지프투어 프로그램이 이같은 일정(셰오사르에서 1박)을 수용한다. 그만큼 셰오사르가 매력적인 곳이다. (※ 물론 1일투어로 진행할 수도 있다. 단지 차량만 대절하는 방식으로, 다음 소요시간을 참고하라.
☞ 스카르두~샤퉁 3시간 / 샤퉁~셰오사르 2시간 / 셰오사르~아스토르 3시간)

3일차 : 셰오사르(4,142m)-(30분)-차초르패스(4,266m)-(1시간)-셰르쿨리(엔트리포인트; 3,350m)-(20분)-칠람(3,170m)-(1시간분)-구다이(2,700m)-(1시간)-아스토르(2,350m)

셰오사르에서 오전시간 유람(또는 하이킹)을 즐기고 오후에 나서도 좋다. 아스토르까지 3~4시간이면 간다. 물론 아스토르로 가는 도중 물 맑고 깨끗한 다스키람 계곡가에 앉아 피크닉을 즐길 수도 있다.

셰오사르를 출발하여 서쪽 바로 앞 차초르패스를 향해 올라간다. 멀지 않아보이나 노면상태가 좋지 않다면 속도가 더딜 수 있다. 포장공사가 완료되면 좀 더 수월하게 달리게 될 것이지만 행락객들의 유입 또한 증가하여 환경침해가 염려된다. 관광유람도 좋지만 자연과 환경에 대한 계도가 수반되어야 할 것이다.

차초르패스 정상의 천막휴게소

차초르패스를 넘으면 이제 낭가파르밧의 땅이다. 서북방 정면으로 해발 8,126미터 파키스탄 제2위봉 낭가파르밧의 위용이 가득 들어찬다. 셰오사르에서 보였던 것은 단지 일부였다. 불현듯 솟아난 하얀 대리석과도 같았던 이 낭가파르밧의 산세는 차초르패스를 넘는 순간 더욱 기막힌 풍광으로 다가온다. 온 천하가 마치 그의 너울에 엎드려 절하는 듯하다. 그래 산중의 왕 '**디아미르**'라 했던가.

아스토르 방면 차초르패스 내리막에서 정면으로 바라보이는 낭가파르밧

차초르패스 넘어 내려서는 길은 다시금 구불구불한 내리막의 연속이다. 스카르두 사트파라에서 알리말릭으로 올라설 때와 다르지 않다. 다만 이처럼 지경이 바뀐 이 아스토르밸리 쪽은 산천의 푸르름과 녹음진 우거짐이 더욱 선명하다. 낭가파르밧의 하얀 빛이 더욱 강렬히 투영되어 이토록 더 푸르고 짙게 느껴지는 것이리라. 구비구비 한참을 내려오면 이윽고 아스토르 쪽 관문인 셰르쿨리 체크포스트에 이른다. 도로변에 세워진 초소에서 확인*을 거친 후 차단기가 올려지면 이내 여정을 계속한다. 셰르쿨리 체크포스트를 지나서도 계속 내리막이다. 칠람(칠림/칠룸)에 이르러서야 산악고갯길은 끝나고 평지가 드리운다. 칠람으로 내려올 때 도중 바라보이는 파키스탄군 주둔캠프를 향해 카메라 앵글을 들이대지 않도록 하라. 아무리 차 안에서 찍는다 해도 우연찮게 경찰이나 군인들 눈에 띄어 곤란한 지경에 처할 수 있다. 말했듯이 인도와의 접경(LOC)이 가까운 지역이다. 괜한 오해를 살 필요는 없다. 칠람을 지날 때도 경찰 체크포스트에서 신상 확인 및 기록을 거쳐야 한다. 마지막 체크포스트'인 셈이다. 점심식사를 않고 출발하여 시장기가 돈다면 칠람에 이르러 매식을 취할 수도 있다. 마을 도로변에 숙식이 가능한 레스트하우스가 있으며 아울러 이곳에서 차량- *그간 데오사이의 거친 산악도로를 나아오느라 고달팠던* -정비를 할 수도 있다. 많은 차량들이 이곳에 이르러 손상된 타이어를 수리하거나 스페어타이어를 교체하고 간다.'

* 이 때 기 구매한- 앞서 스카르두 사트파라 체크포스트에서 구매한 - 국립공원 입장권을 보여주어야 함이다. 만약 분실하여 제출치 못하면 여기서 다시 똑같은 금액의 입장료를 재차 지불해야 통과할 수 있다. 예전 우리도 그러지 않았던가, 어디든 돈 내고 들어가는 데면 들고날 때 모두 표를 보여주어야 했던... 그러므로 이런 모습들에 너무 낯설어하지는 말자.

* 셰르쿨리 국립공원포스트에서의 체크와는 별개다. 아마도 남쪽 부르질패스에서 넘어오는 또다른 길과의 합류점(=갈림목)이라서 그럴 것이다.
* 다시 말하면 칠람은 역으로 아스토르 방면에서 데오사이로 진입시 차량점검을 위한 마지막 장소라 하겠다. 물론 스카르두 출발이라면 응당 출발 전 미리 모든 게 확실히 체크되어야 할 일이다. 특히 타이어(스페어 타이어 포함)는 더더욱 그렇다. 도중 펑크가 나서 운전수나 관광객이나 발을 동동 구르며 애를 태우는 모습을 적잖이 목격하게 된다. 필자 역시 그러한 부류의 하나였다. 데오사이를 넘어오는 동안 무려 세 번이나 타이어펑크로 고초를 겪었다면 더 말할 필요도 없음이다. 그만큼 도로가 험악하다. (☞ 급기야 다른 현지주민의 차량을 돈 주고 불러 아랫마을에서 타이어를 배송(!)받아 교체 후 이동했다. 시간도 무척이나 잡아먹었음은 말할 것도 없다.)

셰르쿨리 마을

셰르쿨리 마을 뒤로 바라보이는 차초르패스

칠람에서 아스토르 방면은 북서쪽으로 꺾어 나아간다. 바로 다음은 다스발라 마을이다. 칠람 가까이에 위치하나 계곡건너에 자리하고 있어 작정하지 않고서야 굳이 들를 일은 없다. 이어지는 곳은 다스 마을인데 도로변 언덕위쪽에 자리하고 있어 역시 지나치게 된다. 하지만 구경삼아 마을 위로 올라 잠시 들렀다 갈 수는 있겠다. 다스를 지나면 다시 비슷한 분위기의 키람 마을이 나온다. 이들 세 마을 모두다 산골짜기의 오롯한 지평에 들어앉아 농경을 일구고 정착하여 살아가는 마을로 데오사이의 무인지경과는 판이한 형국을 빚는다. 아울러 이들 다스발라·다스·키람 세 마을의 이름을 따서 일명 '다스키람계곡(Das Khiram Gah')'이라는 이의 계곡명으로서 부여되었기도 하다.

* '가(Gah)'는 셰나어로 '계곡/물골'을 뜻한다. '날라(Nala/Nallah)'와도 일맥상통한다.

키람을 지나면 해발고도는 더욱 낮아진 골짜기 협곡구간을 나아가게 되며 계속해서 북서향으로 따라 흐르는 다스키람계곡의 풍광은 더욱 수려해지고 맑고 깨끗한 계곡수를 뿜어내며 나란히 달린다. 이윽고 구다이에 이르면 동쪽 부빈갈리(알람피라; 5,030m) 방면에서 내려오는 부빈계곡과 만나는데 빙하녹은 물이 흘러 합류해서인지 물빛이 조금은 탁해진다. 하지만 여전히 상류 쪽 맑은 계곡변에서 물놀이를 즐기는 주민들과 행락객들도 많이 띈다. 여름날 다스키람밸리의 전형적인 풍경이다. 이곳 구다이의 레스트하우스에서 묵어가거나 혹은 역으로 데오사이 방면으로 동쪽 부빈계곡을 거슬러 알람피라(부빈갈리)를 넘어 샤가르탕으로 진행하는 여정을 기획할 수도 있다. 하지만 단지 구다이의 다스키람 계곡가에서 여유로운 시간을 보내며 하루 머무는 것도 나쁘지 않다. 여행자숙소(레스트하우스)도 마련되어있기에 내외국인 자유여행가들이 여정 중에 많이 머문다.

칠람 일원. 정면으로 부르질패스로 오르는 길이 보인다.　　　다스발라 분지　　　다스 마을

구다이 다스키람계곡　　　구리코트　　　아스토르

구다이에 이어 파코라, 나우감(노감)을 지나 나오면 아스토르밸리 주계곡과 만나는 구리코트에 이른다. 여기서 다스키람 & 아스토르 계곡의 다리를 건너 구리코트 마을을 경유하여 북쪽 아스토르 방면으로 진행한다. 하지만 달리 낭가파르밧 타레싱·루팔 방면으로 나아가고자 한다면 다스키람 계곡의 다리만 건너 남쪽으로 진행, 파르조트 삼거리에서 서쪽 초리트~타레싱 방향으로 다시 다리건너 올라간다. 그리고 초리트 또는 타레싱에서 트레킹도우미(포터 & 나귀·마부 등)를 섭외하여 루팔트레킹에 나서면 되겠다. 아스토로 일찍 귀환했다면 길기트나 칠라스 방면으로 계속해서 다음 여정으로 진행할 수 있다. 또는 이슬라마바드·라왈핀디 행 장거리 공공버스(NATCO 버스)나 개인이 운영하는 미니버스/밴 등에 탑승하여 북부지역 여행을 마무리지을 수도 있겠다.

아스토르 지역에서 더 유람을 즐기고자 한다면 앞서 다스키람밸리나 루팔밸리, 치치계곡, 미르말릭밸리(라투계곡), 칼라파니밸리(사크말계곡/기샷계곡/리얏계곡) 등지를 찾아 산악오지 골짜기와 마을들을 섭렵해가면서 낭가파르밧 산세에 어우러진 그윽한 탐승여정에 나서도 괜찮다. (☞ 후속 '아스토르밸리' 편 참조) 하지만 단순히 휴식을 취할 것이라면 아스토르 바로 서쪽편에 자리한 라마밸리를 찾아봄이 좋다. 아스토르 제일의 명소로, 산세 좋고 경관 빼어난 고산초지와 수림지대 일원에 국영 PTDC 모텔을 비롯하여 나름 괜찮은 숙소들이 들어앉아있다. 더하여 가까운 라마호수를 가볍게 다녀와보는 것도 추천할만하다. 해발 3천5백미터 지대에 형성된 빙하호수로, 아스토르를 방문한 많은 여행객들의 첫 번째 나들이코스로 각광을 받는 곳이다. 라마호수까지도 지프도로가 나있어 차량으로도 쉽게 이동이 가능하나 기왕이면 도보로 하이킹에 나설 일이다. (∴ 라마-라마호수 왕복 3~4시간 소요.) 라마밸리는 한편 낭가파르밧 일주트레킹의 기점이 되는 곳이기도 하다. 곧, 라마~무타트~라이코트사이트(페어리메도우)~줄리퍼패스~디아미르사이트~마제노패스~루팔사이트~타레싱으로의 역방향(반시계방향) 낭가파르밧 서키트 트레킹의 첫 출발지로서 매겨진다. (☞ 3-4. 낭가파르밧 서키트 편 참조.) 물론 단순히 라이코트 방면 페어리메도우(메르헨비제)까지만의 단기트레킹에 나서는 경우도 종종 볼 수 있다. 아무튼 일정계획은 역시 각자 나름대로 기획 추진해보도록.

※ 혜초의 기행로 유추 〈카라코람·펀잡히말라야 ~ 카시미르(스리나가르)〉

①카르망루트 : 카라코람(길기트)-인더스강-카추라-스카르두-**카르망밸리**-〈인도령〉-카르길-조지라
(3,530m)-스리나가르

②부르질루트 : 카라코람(길기트)-인더스강-탈리치-아스토르-다스키람밸리-**부르질패스(4,200m)**-
미니메룩-〈인도령〉-구라스-트락발-울라르(반디푸라)-스리나가르

③데오사이루트 : 인더스강-카추라-샤가르탕-다리라-**데오사이**-알리말릭-바라와이-시가르강-
〈인도령〉-카르길-조지라(3,530m)-스리나가르

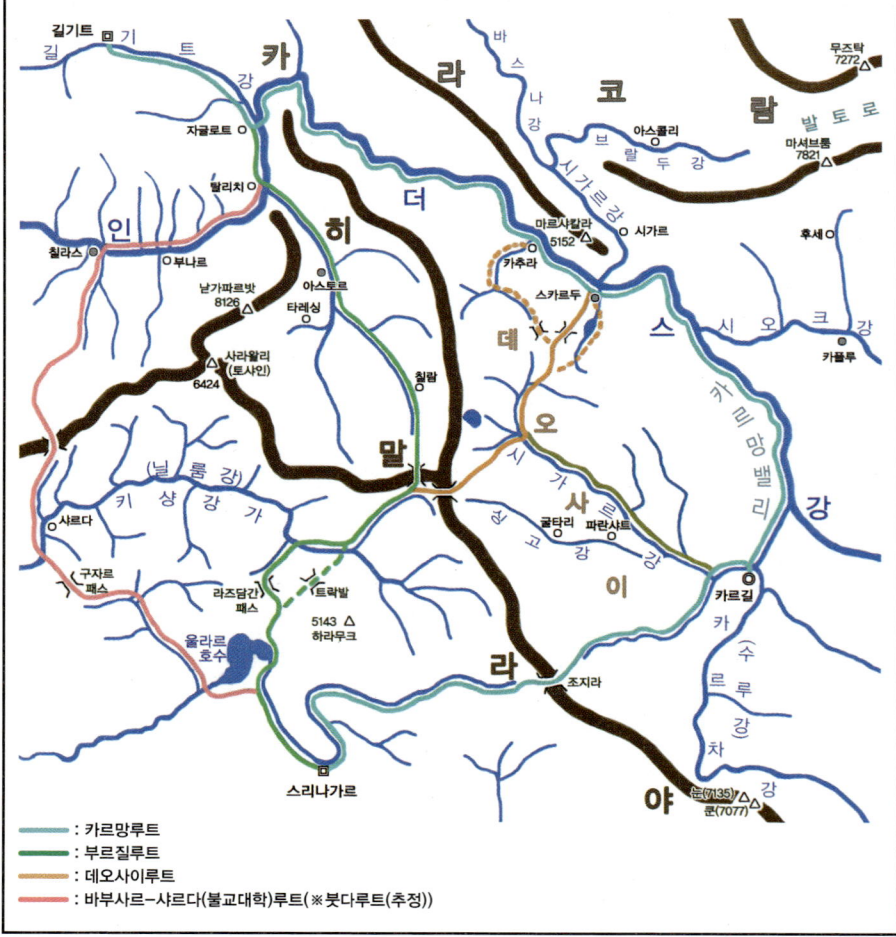

296

◁ 아스토르밸리 연장사파리 ▷

셰오사르에서 차초르패스가 아닌 서남향 초타데오사이 방면으로 무르타자패스(무르타자 체크포스트) 지나 도멜(부르질)~부르질패스를 거쳐 북쪽 칠람으로 나아오거나 또는 도멜에서 남쪽 미니메룩 방면으로 진행해갈 수도 있다. 이 남쪽루트의 경우 미니메룩에서 서남방면 캄리에 이른 후 히말라얀패스인 북서쪽의 캄리갈리(캄리패스; 4,073m)를 넘어 기샷계곡(칼라파니계곡)~라투~아스토르로 나올 수 있으며, 달리 캄리갈리에서 서쪽으로 캄리발(4,383m)을 넘어 아자드카시미르 닐룸밸리의 타오밧, 할마트 방면으로 넘어가 그로부터 닐룸강을 따라 서쪽으로 여행을 계속 진행할 수도 있다. (※ 단, 캄리갈리를 넘어 칼라파니계곡으로 진입하는 구간은 도로상태가 여의치 않아 일정구간 도보트레킹을 염두에 두어야 한다. 아울러 닐룸밸리 방면 히말라얀패스인 캄리발 구간 역시 차량으로는 불가하고 도보로서만이 횡단 가능하다.)

또한편으로 캄리에서 이의 캄리계곡(부르질계곡)을 따라 남서쪽 아자드카시미르의 접경마을인 두드가이까지 이동, 그로부터 서쪽으로 두드가이갈리(3,650m)를 넘어(트레킹) 마찬가지로 닐룸지역의 타오밧, 할마트로 진행할 수도 있으나 이,역시 LOC 접경지역의 루트라 군 당국의 제한지역 출입허가(승인)'가 없이는 불가하다. 어쨌든 만약 닐룸지역으로 넘어갔다면 그로부터 닐룸강 닐룸밸리를 따라 유람하면서는 각각의 다양한 루트선택에 따라 랄라자르~바부사르~칠라스 또는 사이팔물룩국립공원 카간밸리를 거쳐 KKH상의 만세라 방면으로 나아오거나, 아니면 계속 닐룸갈을 따라 아트무캄~무자파라바드~이슬라마바드로 복귀할 수 있겠다.

* 사실상 부르질패스 이남지역 곧 도멜(부르질), 미니메룩, 캄리, 두드가이 등지 및 초타데오사이 방면으로의 여행은 LOC에 위치한 군사지역으로 사전 군 당국의 출입허가를 득하지 않고서는 거쳐갈 수 없다. 실제 미니메룩에는 대규모 파키스탄군 병력이 주둔하고 있기도 하다. 마찬가지로 군사지역 특성상 사진촬영에 극히 주의를 요한다. (➤ 여행분위기를 망치고 군 심문실에서 조사받을 필요는 없다.)

◪ 과거 카시미르 분쟁(인도·파키스탄 전쟁) 이전에는 이 부르질패스~미니메룩~캄리~두드가이를 지나서 현 인도령의 키샹강가(강)를 따라 구라스~트락발~반디푸라~스리나가르 또는 키샹강가~조지라~카르길로의 빈번한 왕래가 이루어졌다고 한다. 바로 옛 카라코람~카시미르간의 카라반루트로, 그러나 지금은 더 이상 자유로운 왕래가 이루어지고 있지 못하다. 지역민들 또한 마찬가지다. 단지 닐룸강 서쪽 다리 하나를 사이에 두고 – 마치 한국의 임진강 판문각과도 같다. – 자리한 국경도시 칠레아나(인도측 티트왈)에서 카시미르의 양 지역 (파키스탄 아자드카시미르 vs 인도 잠무카시미르)간 복잡하고 까다로운 절차에 의거, 겨우 일부의 카시미르 주민들 사이에 가족, 친지를 방문하러 이른바 '상봉작업'이 한 달에 두 번 고작 이루어질 뿐이다.

4-3. 미니메룩(부르질밸리)-닐룸밸리 방면 확장일정(참고안)

(☞ 데오사이 지프사파리 3일차에서 계속)

3일차(지프사파리) : 셰오사르(4,142m)-무르타자패스(체크포스트)-부르질패스 (4,200m)-도멜(부르질; 3,300m)-미니메룩(2,850m)

셰오사르에서 칼라파니 방면으로 잠깐 되돌아 내려섰다가 삼거리에서 서남 방면으로 나있는 지프 도로를 타고 상그리계곡을 따라 진행한다.* 계곡 말미의 산상호수 두 곳을 지나면 곧 무르타자 패스*의 체크포스트가 나온다. 길이 세 갈래로 나뉘는데 서쪽 부르질패스 방향과 남서쪽 도멜 (부르질) 방향, 그리고 초타데오사이 구자르 유목루트인 남동쪽 굴타리 방향이다. 아스토르로 복귀 하려면 부르질패스 방면으로 진행하여 고개 넘어 북쪽으로 길을 잡고 산두르차우키로 내려서서 칠람으로 나아간다. 미니메룩*으로의 여정 시에는 곧바로 남서루트 도멜 방향으로 내려서서 이어 갈 수 있으나 역사적인 부르질고개를 거쳐본다는 심산에서 위와 동일하게 부르질패스 방면으로 진행, 그로부터 남쪽 주도로를 타고 도멜~미니메룩으로의 조금 돌아가는 노정으로 임해본다.

초타데오사이(굴타리 부근)

부르질패스에서 도멜(부르질) 방면으로 내려다본 풍경. 정면 산아래 합류부가 도멜(부르질)이다.

* 무르타자패스의 원 명칭은 계곡의 이름을 따온 상그리패스(샹리갈리)이다. 셰오사르와 비슷한 해발 4,150m 의 고도이다. 이는 실 지도상 우측의 '상그리라(공식표기는 산상그리라)'와 혼용 표기되기도 한다.
* 지도상에는 보통 미니마르그(Minimarg)로서 표기된다.

미니메룩은 아스토르밸리 최후의 오지마을이다. 자연경관의 풍치와 더불어 감회도 남다르다. 바로 남쪽에 LOC 곧 인도령 카시미르와의 분단장벽이 가로막고 있음이다. 미니메룩의 레스트하우스 또는 근처 좋은 곳에서 야영토록. 산세도 수려하고 초록이 그윽하며 물도 참 맑다. 셰오사르~무르타자패스를 거쳐 미니메룩까지 정상적인 운행이라면 지프차량으로 4~5시간쯤 소요된다. (☞ 체크포스트에서의 소요(대기)시간에 따라 좀 더 늘어날 수 있다. 아울러 미니메룩 방면으로의 여행은 사전 군 허가서를 받아두어야 함을 잊지 말라.)

미니메룩 골짜기와 부르질(캄리)계곡

★ 셰오사르~무르타자패스 간 길상태가 좋지 않을 경우 도보로 이동하는 것을 고려하라. 만약 전 구간 도보이동(트레킹)이라면 셰오사르~무르타자포스트까지 5~6시간 정도 잡는다. 이후 체크포스트에 이르러 다시금 차량을 호출하여 다음여정(부르질패스 또는 미니메룩 방면)으로 계속 진행한다. 더 이상 진행이 불가피한 경우 무르타자패스 일원에서 숙박(캠핑)토록.

4일차(트레킹) : 1〉 **미니메룩(2,850m)**–(차량이동 30분)–**캄리(2,780m)**–(4시간)–**캄리발(4,383m)**–(5시간)–**타오밧(2,490m)** 또는,

2〉 **미니메룩**–(차량이동 1시간)–**두드가이(2,700m)**–(3시간)–**두드가이갈리(3,650m)**–(1시간)–**두드가이칼(수림지대)**–(3시간)–**타오밧으로 진행**

1〉 미니메룩 서쪽 캄리로 이동한다. 차로는 20분 내외, 걸어서는 1시간반 가량 걸린다. 타오밧으로 넘어가려면 일정이 바쁘므로 차량이동을 권한다. (※ 캄리발을 넘고자 할 경우 전날 미리 캄리까지 와있으면 좋다. 아니면 미니메룩에서 아침일찍 나서거나.) 캄리에서 북서쪽 캄리갈리(캄리패스; 4,073m) 방면으로 오르다 고갯마루 정상부에 이르러 서쪽으로 방향을 틀고 캄리발 정상으로 향한다. 캄리발에서 계속 직진하면 기샷밸리(칼라파니계곡) 방면이다. 곧 기샷, 라투를 거쳐 아스토르로 나아가게 된다.

캄리 일대

해발 4,383m의 캄리발은 훌륭한 조망처다. 동쪽의 데오사이고원, 북쪽의 낭가파르밧, 서쪽의 닐룸밸리, 남쪽 인도령 구라스밸리와 하라무크(5,143m)를 비롯 사방으로 막힘없는 조망이 펼쳐진다. 캄리발 히말라얀패스를 넘어서면 이제 지경이 바뀐다. 아스토르의 지경은 물러나고 바야흐로 파키스탄령 카시미르 곧 아자드카시미르의 닐룸밸리 지역이 드리운다. 캄리발을 내려서서 서쪽 골짜기(차트리계곡) 따라 타오밧까지의 여정은 다소 길며 고되다. 이 차트리계곡 트레일을 4~5시간 걸어 나오면 이윽고 닐룸밸리 최후의 오지 타오밧에 이른다. 이 또한 그야말로 낙원과도 같은 곳이다. 아울러 새로운 여정이 시작되었음을 반긴다. 타오밧의 레스트하우스에서 머물거나 주민들이 마련해놓은 주변 좋은 터에서 야영한다. 송어가 많은 물가에서의 낚시도 별미다.

2〉 길고 고된 트락발코스가 내키지 않는다면 남서향 부르질계곡(캄리계곡)을 따라 캄리 남쪽의 접경마을 두드가이까지 내려가 서쪽으로 두드가이갈리(3,850m)~두드가이칼 수림지대를 거쳐 타오밧으로 갈 수도 있다. 고도가 상대적으로 낮아 좀 더 수월하여 그로 인해 많은 오지 여행자들이 이 루트를 따른다. 단, LOC가 바로 코앞이라 출입절차가 좀 더 까다롭다. 이쪽 방면으로 진행할 때에는 사전 이 두드가이로의 여행허가를 군 당국으로부터 필히 득하고

캄리계곡과 두드가이 마을

나서야 한다. (☞ 단순히 미니메룩만 방문하는 것보다 더 엄격하다. 자칫하면 목전에 두고 돌아서야 할 수도 있다. 상황에 따라서는 아예 출입을 허용치 않을 수도 있음을 유념토록. ∴ 현지 에이전시(여행사)를 통해 모든 절차를 확인하고 진행하는 게 최선이다.)

적법한 절차를 마치고 통과가 허용되었다면 곧 두드가이에 이르러 서쪽 가파른 길로 두드가이갈리 고갯마루를 향해 오른다. 고개 정상까지 약 3시간 정도 걸린다. 서쪽 타오밧으로 내려서는 길은 울창한 수림지대를 지난다. 일명 '두드가이칼'이라고 하는 삼림지대이다. 약 3시간여 계곡을 따라 하산하면 이윽고 타오밧 마을지경에 이른다. 아스토르의 경계는 고개를 넘어오기 전 이미 두드가이 마을에서 끝이 났다. 두드가이는 바로 아스토르 지역 곧 길기트·발티스탄 주와 이의 닐룸밸리 아자드카시미르 주와의 경계인 셈이다. 바야흐로 펀잡히말라야의 남단 닐룸밸리로의 여행이 시작되었음이다.

두드가이칼

5일차 이후 〉 펀잡히말라야의 남부지경 곧 본격적인 닐룸밸리 여행을 진행한다.

닐룸강 도로를 따라 차를 타고 여행할 수 있으며 중간중간 켈, 샤르다, 다와리안, 케란(닐룸), 쿤달샤히 등지에서 북쪽 골짜기를 거슬러 다시금 히말라얀패스를 넘어 길기트·발티스탄 주 디아미르(바부사르~칠라스) 지역 또는 NWFP* 주 하자라(랄라자르~카간밸리~쇼그란~만세라) 지역으로 연계 여행할 수 있다. 물론 계속 닐룸강을 따라서 파티카, 무자파라바드를 거쳐 이슬라마바드로 곧장 나아올 수도 있다. (☞ 닐룸밸리 여행코스는 후속 5장 「닐룸강 & 닐룸밸리」편 참고)

* NWFP : 파키스탄 북서부의 일명 「북서국경지방 주(州)」로서 번역되는 'North West Frontier Province'의 약칭이다.

(∴ 닐룸밸리 여행 역시 에이전시를 통해 진행하는 것이 바람직하다. 접경지역이라 실상 개인이 특히나 외국인이 혼자 힘으로 꾸려나가기에는 여러 부분에서 애로가 많다. 제한지역 출입(통과) 허가를 받는 일도 쉽지 않을 것이다.)

★ **주지사항** : 재삼 말하지만 지프사파리 투어에 있어서는 출발 전 차량의 타이어상태 확인이 필수이다. 특히 스페어타이어의 상태도 철저하게 점검 확인해야 한다. 사설승합차량 탑승시에야 어쩔 수 없지만 그러잖고 차를 전세내어 여행하고자 한다면 아무리 강조해도 지나치지 않은 필수 중의 필수사항이다. ⇒ 상태가 불량한 것은 즉각 교체토록 출발 전 단호하게 요구하라. 대수롭잖게 여기고 그냥 나섰다간 자칫 여행 전체를 망칠 수 있다. (∴ 기본적으로 도중 최소 한 차례는 펑크가 날 것이라 상정하고 나서라. 여정이 길다면 확률(횟수)은 더욱 증가한다. 큰 마을을 지날 때마다 항상 체크하고 다녀라. 문제가 생긴 타이어는 지나는 마을의 수리소에서 즉각즉각 수리 내지는 교체토록 스태프(기사)에게 주문할 것. 경우에 따라서는 타이어 수리(교체) 비용을 분담해주는 것도 여행 중 서로간 신뢰를 쌓는 좋은 방법이다.)

이러한 요구에 잘 따라주어 무난하게 사파리투어를 마칠 수 있었다면 일정종료 후 팁 외에 소정의 인센티브(보너스)를 사례토록. – 물론 너무 많게도, 너무 적게도 말고 적당한 선에서.

* * * * * * * * * * * * * * * * *

데오사이

데오사이 지프사파리에 나설 때는 차량의 타이어부터 점검하자.

아스토르밸리(Astore Valley)

○ 아스토르 개요

아스토르 지역은 길기트·발티스탄 주 디아메르(디아미르) 지역의 일부였다가 2004년 분리. 이로써 길기트·발티스탄 주는 길기트, 훈자·나가르, 스카르두, 간체, 기제르, 디아메르, 아스토르 이렇게 총 7개 소행정구역으로 정립되게 되었다. 지정학적 위치상 아스토르밸리는 KKH가 개통되기 이전까지 카시미르와의 주 교역로(카라반루트)이자 여행루트였으나 현재는 인도·파키스탄 간 카시미르 영유권 분쟁에 의거

아스토르 원경. 키니바리(아스토르피크)는 구름에 잠겨있다.

이러한 여정이 도중 단절되어있는 상태이다. 인구는 약 8만명으로 지역언어는 길기트 방언과 동일한 셰나(Shena)어를 사용하지만 길기트, 기제르, 훈자·나가르 등지와는 약간 다른 발음형태를 보인다. 행정중심지는 에이드가(Eidgah)이며, 스카르두 지역과 마찬가지로 교육에 대한 열정은 매우 높으나 험한 산간지역에 위치한 형편상 이러한 교육열을 부양할 자원(재원)이 부족한 현실

에이드가(이드가흐) 시내거리

이다. 특히 산악오지에 속한 마을들의 여성문맹률은 더욱 높은 실정이다. 아스토르 지역 주민들의 대체적인 정서는 매우 온순하고 호의적으로, 종교 역시 수니파와 시아파가 공존하나 다른 지방과는 달리 상호 평화적이며 우애가 돈독한 공동체적 모습을 유지함으로써 타의 귀감이 되고 있다. 지역축제로는 파키스탄 전역에서 개최되는 봄맞이꽃축제 자스네바하란(Jashn-e-Baharan) 행사가 인기를 끈다. 여행적기는 5~9월- **일부 고산지역은 더욱 짧은 6~8월 기간 동안만** -이며, 아스토르밸리 일원 여행에 앞서 여러 주의사항과 제약요소(출입제한/통제)가 많으므로 사전에 관광사무소에 여행(자) 등록 및 필요시 제한지역 통행허가(군 당국의 허가서)를 득하고 여행에 나서도록 한다. (※ 남부지역 및 닐룸밸리(아자드카시미르) 방면으로 넘어갈 경우는 특히 주의)

○ 주요 경유지

 # 다스킨/무스킨/하르추 : KKH 탈리치 갈림길에서 남쪽 아스토르 방면으로 꺾어 들어오는 계곡 구간의 마을들이다. (☞ 경로 : KKH-탈리치-돌란-투르벨링-**무스킨**-**다스킨**(디스쿤)-**하르추**-아스토르) 펀잡히말라야 낭가파르밧 북동줄기의 동측발치에 자리한 이들 세 마을지역은 계속되는 홍수·산사태 등으로 매년 고초를 겪는다. 다스킨과 무스킨 마을은 더욱이 2002년 지진으로 참상을 겪은 바 있다. 대개의 여행객들은 이들 마을자락들을 단지 스쳐지나가면서 목도할 뿐 딱히 방문하여 둘러

다스킨 산록과 골짜기

보거나하질 않는다. 여행객들로부터도 외면받고 있음이 더욱 안타깝다.

타레싱(2,910m) : 루팔트레킹 편에서도 소개한바 있는 이 타레싱 루팔 마을 일원은 빙하수를 농사에 활용하기 위하여 5~6백년 전부터 관개한 목조수로가 특히 관심을 끈다. 강인하고 협동심이 강한 타레싱-루팔 주민들의 모습을 떠올려볼 수 있으며, 매한가지로 훈자의 울타르절벽 관개수로처럼 루팔·타레싱의 명물로서 자리매김한다. 타레싱 마을에는 상점 여러 곳과 숙박업소(게스트하우스) 2곳, 메디칼센터(보건소) 1곳이 있으나 기상여건이 좋지 않을 경우 이러한 기본적이며 편의적인 장소(시설)들이 운영치 않을 때가 많아 이들 편의시설들을 전적으로 의지해서는 안 될 것이다. (☞ 여행자 본인이 기본적이며 필수적인 물품들을 구비하고 나서야 함이다. 다른 산간여행지 역시 마찬가지다. 아스토르 지역을 여행하기 앞서 미리 거점도시(중심지)에서 구비하여 나서도록 하며, 아울러 사전 충분한 정보, 여행사, 신뢰할만한 일꾼(포터) 및 물품(장비) 등에 대해서도 확실히 준비하고서 여행에 임하도록 한다.)

칼라파니계곡 : 아스토르 남부 라투(Rattu) 남쪽 상류골짜기를 일컫는다. 때묻지 않은 자연과 야생이 살아있으며 아울러 경관이 뛰어나고 울창한 숲과 어우러진 빙하풍경 또한 일품이다. 중간중간 목초지에 드리워진 캠프지 또한 나무랄 데 없다. 남쪽으로 계속해서 다를라발라, 기샤트(기샷)를 지나 기샷계곡을 거슬러 미니메룩으로 넘어가는 캄리갈리(4,073m)로 이어갈 수 있으며 이 캄리갈리에서 캄리발(4,383m) 정상을 넘어 서쪽 아자드카시미르(AK)의 닐룸밸리(타오밧) 방면으로 나아갈 수도 있다. (※ 단, LOC 근처라 군 당국의 출입허가가 필요하다.) 명소로는 다를라발라 인근 **다를라발라호수**와 기샷 마을 지나 리아트 마을 근방의 **리아트호수**가 유명하다.

칼라파니계곡 라투 일대

다를라발라호수

리아트호수

다스키람계곡 : 칠람~구리코트에 이르는 다스발라-다스-키람 세 지역에 연속된 수려한 계곡구간을 이들 마을이름을 따와 다스키람계곡으로서 명명하고 있다. 계곡수가 매우 맑고 시원하여 물놀이장소로서도 그만이다. (▷ 여름날에는 벌거벗고 자맥질하는 현지 꼬맹이들의 모습도 목격할 수 있을 것이다.) 관광지로도 유명, 이 일대에 숙식편의시설 및 전기·전화통신 등 제반시설들이 잘 갖추어져 있어 데오사이 유람과 연계하여 하루이틀 쉬어가기에 손색이 없다. 주민들도 매우 친절하고 우호적이어서 여행객들의 평이 좋다.

| 칼라파니계곡 | 다스키람계곡(키람 부근) | 칠람의 이정표 |

칠람(칠림/칠룸; 2,700m) : 스카르두로 넘어가는 데오사이고원(차초르패스) 방향과 미니메룩, 구라스(인도령)로 넘어가는 부르질패스 방향 길목에 위치한 거점마을로 아스토르~칠람 간 지역노선(정기차편)이 운행한다. 마찬가지로 아스토르밸리의 가장 혹독한 겨울날씨를 지닌 곳이지만 그럼에도 주민들은 강인한 생활력으로 꿋꿋이 견디며 잘 살아간다. 한편 파키스탄군 대규모 주둔병력이 있어 여행시 조금은 긴장감을 느끼기도 한다. 칠람에서 지프를 고용하여 데오사이나 미니메룩 방면으로의 사파리투어를 진행할 수 있고, 또는 나귀와 마부를 고용하여 카라반 형태의 트레킹으로도 진행 가능하다. (※ 아스토르 발 데오사이고원을 경유하여 스카르두로 가는 사설 승합지프(1~2일 간격으로 운행)를 이곳에서 합승하기에는 쉽지 않은 면이 있다. 차라리 여러 명이 모여 지프를 전세내는 편이 낫다. 부르질패스~미니메룩 방면이나 초타데오사이 방면 여행시에도 마찬가지이다. 아울러 LOC에 근접한 미니메룩과 초타데오사이 방면으로 여행코자하는 경우에는 사전 군 당국의 출입허가를 받아야 한다.)

도멜(부르질; 3,300m) : 부르질패스~미니메룩으로 향해가는 도중의 작은 마을로서 카시미르 사람들은 이 골짜기를 '부르질(Burzil)'이라 불렀다. 부르질패스(부르질갈리)란 바로 이 골짜기의 이름을 따서 붙인 지명으로, 해발 4천2백 고갯마루 일원은 수목한계선 위쪽지역이라 나무는 없고 초지만 무성하다. 동쪽 데오사이와 서쪽 낭가파르밧과의 히말라얀패스(=히말라야를 넘는 고개) 갈림목으로서의 입지도 중요하며 이로 인해 오래전 과거부터 카라코람(길기트)~카시미르(스리나가르)를

부르질패스에서의 부르질(도멜) 골짜기 방면 조망

연결하는 중요 소통로(카라반루트) 역할을 하기도 했다. 부르질 도멜은 또한 초타데오사이(=Little Deosai)로의 진입 거점이기도 하여, 여기서 동쪽으로 무르타자패스(무르타자포스트)를 거쳐 북동쪽 바라데오사이(=Big Deosai; 중앙 데오사이고원)의 셰오사르 방면으로 진행하거나, 달리 남동쪽 싱고계곡(강)을 따라서 이른바 구자르 유목루트인 초타데오사이 굴타리, 파란샤트 방면으로 진행

도멜(부르질)

할 수 있다. (※ 단, 초타데오사이 루트는 말했듯이 인도와의 정전선(LOC) 인근지역이라 사전 군 당국의 여행허가가 필요하다.) 한편 도멜~초타데오사이 구간 지프로드가 사태로 유실되어 차량운행이 곤란할 경우는 도보(트레킹)로 이동케 되며, 특히 사태지역을 지날 때는 조심해서 횡단토록 한다. 도멜~세오사르 구간 역시 도로유실로 차량통행이 어려운 경우 도보트레킹으로 진행케 되며 약 5~6시간이 소요된다.

미니메룩(미니마르그; 2,850m) : 아스토르밸리 최남단지역으로 해발 2천8백미터의 산간분지에 위치한, 세칭 지상낙원이라고까지 일컬어지는 곳이다. LOC 근방에 위치하여 출입이 제한되며 군 당국의 승인 없이는 여행이 불가하다. 봄~여름까지 4~5개월간만 여행가능(최적기는 7~8월)하며 그 외 7~8개월 동안은 눈에 덮여 거의 외부와 단절된다. (☞ 이 기간 중 모든 수송과 긴급상황은 헬기로 해결한다.) 차량으로 접근 가능한 유일한 루트는 히말라얀패스인 부르질패스(부르질갈리) 방면으로, 아스토르에서 지프로 4~5시간 정도 소요된다. 부르질패스를 넘어서면 이내 도멜(부르질) 등 소규모 산간마을이 자리한 부르질밸리 분지골이 나오고 이의 부르질계곡을 따라 미니메룩까지 내려간다. 주민들은 셰나어를 사용하고, 카시미르 양식의 목조가옥 형태로 산간마을을 형성하고 있다. 카시미르 영유권을 둘러싼 인도와의 접경지역(LOC)으로 파키스탄군 여단병력 주둔본부가 들어서있기도 하다. (☞ 2000년 초까지도 인근 카르길– *인도령 잠무카시미르 스리나가르~라다크 레를 연결하는 거점도시* –을 둘러싼 인도–파키스탄 간의 교전(일명 '카르길전투')이 활발했던 곳이다.) 미니메룩 골짜기 일원은 한편 데오사이에서 내려온 히말라야갈색곰의 동면지(겨울잠 장소)로서도 확인된 바 있다. 이로부터 또한 청정한 생태보존지역으로서 지정되어있기도 하다.

겨울 부르질패스(칠람 방면(북향))

미니메룩의 마을집들(카시미르 목조가옥)

두드가이(2,700m) : 아스토르 지역 최남단에 위치한 곳으로, 이웃한 아자드카시미르 지역의 경계마을(닐룸지역 최동단마을)이기도 하다. 미니메룩에서 부르질계곡(캄리계곡) 하루 방면으로 차로 2시간 정도 소요된다. 이후 LOC로 향하는 부르질계곡을 버리고 서쪽 능선고개(두드가이갈리; 3,850m)를 넘어서면 아자드카시미르 닐룸밸리 지역의 두드가이칼(수림지대) 골짜기로 들어서게 되나 차량이동은 어렵고 도보(트레킹)로 이동– *닐룸밸리 타오밧까지 7~8시간 소요* –해야 한다. (※ 계속 부르질계곡(캄리계곡)을 따라 남하하면 키샹강가'를 만나 구라스*에서 다시 북진하여 타오밧으로 또는 남서진하여 스리나가르로 가게 되는 루트로서, 인도·

두드가이(골짜기 너머로 두드가이갈리–타오밧으로 연결된다.)

파키스탄 카시미르 분쟁 이전의 길기트(카라코람)~스리나가르(카시미르) 간 주요 이동경로(혜초의 길)였으나 현재는 LOC 경계선을 통과할 수 없기에 이의 구라스밸리 루트를 버리고 두드가이 서쪽능선을 넘어 두드가이칼 수림지대를 통과하여 진행하는 것이 유일한 경로이다.

* 키샹강가(닐룸강) : 파키스탄령 카시미르(아자드카시미르) 지역으로 들어서면서부터는 아자드카시미르 닐룸지역이름을 따서 일명 '닐룸' 강으로서 명명된다. 즉, 인도령 잠무카시미르에서는 '키샹강가'로, 파키스탄령 아자드카시미르에서는 '닐룸날라'로서 서로 달리 부르고 있음이다. (※ '닐룸(Neelum)'은 '푸른 보석'의 뜻)

– 산스크리트어와도 상통. 예) 닐기리 = 푸른(닐) + 산(기리) – '강가'는 '강'을 지칭하는 힌디어, '날라(눌라)' 역시 강을 지칭하는 세나어/우르두어이다.)
* 구라스 마을은 기실 인도령 카시미르의 영역에 놓여있지만 그 북쪽의 파키스탄령 카시미르 닐룸강 할마트~타오밧~두드가이칼 일대를 이의 파키스탄 쪽에서도 일명 '구라스국립공원'이라 지정해놓음으로써 관광포인트로서의 관점 뿐 아니라 곧 구라스 일원이 자국영토의 일환임을 시사하고 있다.

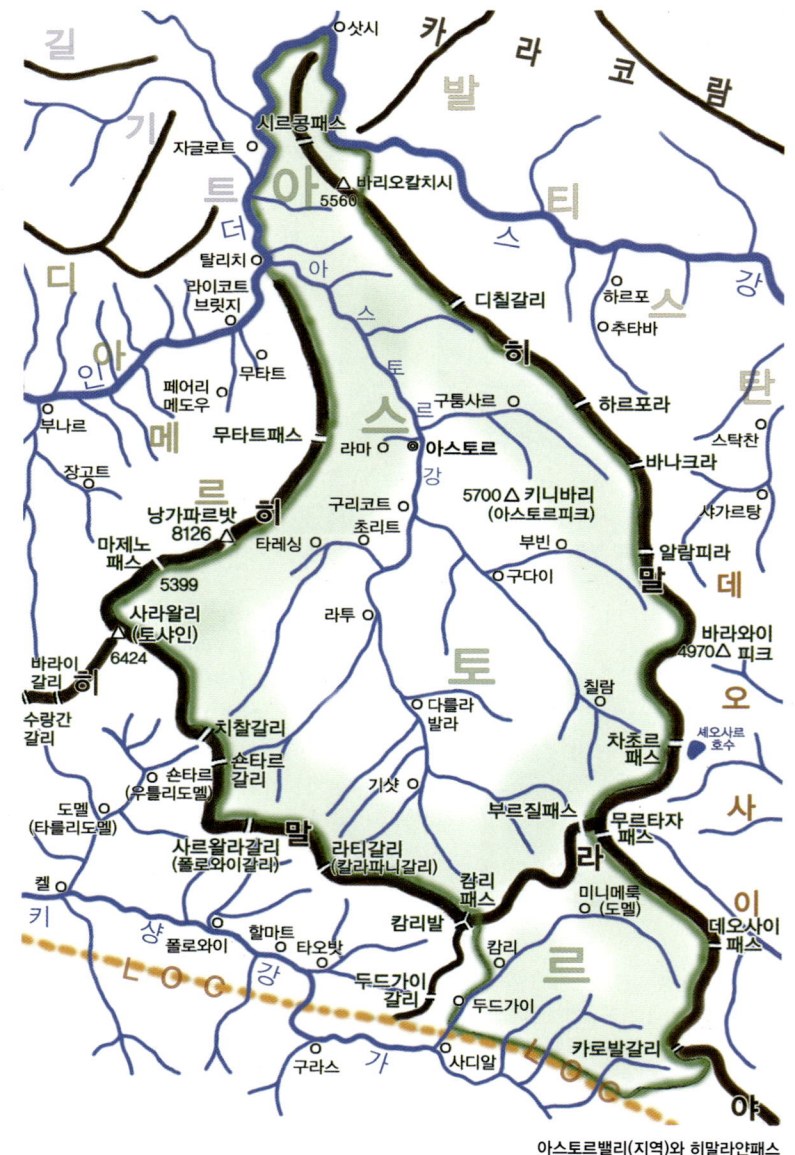

아스토르밸리(지역)와 히말라얀패스

닐룸밸리(Neelum Valley)

파키스탄 북부 만세라 지역의 유명한 카간밸리와 산줄기(해발 4천~5천미터대)를 가운데 놓고 남쪽에 나란히 달리는 닐룸˚밸리는 파키스탄령 카시미르 일명 '아자드카시미르'의 북단 닐룸강을 끼고 들어앉은 산악지역으로 풍정과 경관이 매우 수려하다. 아스토르에서 이 닐룸방면으로의 여정으로 진행할 수도 있는데, 곧 아스토르밸리~닐룸밸리로 넘어가기 위한 6개의 **히말라얀패스** 중 하나를 넘어야 하는바 차량으로는 불가하고 다음과 같은 도보트레킹으로서만 가능하다.

- * 닐룸(Neelum) = 푸른(Neela) + 보석/사파이어(Um/Am)으로 풀이된다. 즉, 푸른 사파이어처럼 청롱(淸瓏)한 골짜기임을 천명하는 표현이다.
- * 공식 표기명칭은 '아자드 잠무&카시미르(약칭 AJK)'이나 인도령 카시미르와 구분키 위해 파키스탄령은 그냥 '아자드카시미르(AK)'로, 인도령은 '잠무카시미르'– ☞ 원래 잠무&카시미르(약칭 J&K)이나 이 역시 그냥 붙여서 잠무카시미르(약칭 JK) –로서 표명한다.

① **두드가이갈리 코스(2~3일 / 난이도 하)** : 미니메룩/캄리에서 남서쪽 부르질계곡(캄리계곡)을 따라 두드가이로 이동, LOC로 이어지는 남쪽 부르질계곡을 버리고 서쪽골짜기로 올라 **두드가이갈리(3,850m)**를 넘어 구라스국립공원 두드가이칼(수림지대) 골짜기– *두드가이계곡이라고도 하나 분명치 않음* –를 거쳐 **타오밧**으로 나아간다.

② **캄리발 코스(2~3일 / 난이도 중)** : 미니메룩 또는 칼라파니계곡(기샷계곡) 방면에서 캄리갈리(4,073m)~**캄리발(4,383m)**을 넘어 서쪽 차트리계곡을 따라 구라스국립공원 **타오밧**으로 하산한다. 도중 차트리계곡 상부의 차트리마르˚ 호수를 들러볼 수 있다.

- * 마르 = 고원/분지

③ **칼라파니갈리(라티갈리) 코스(2~3일 / 난이도 중)** : 아스토르에서 남쪽 칼라파니계곡을 따라 **라투~구마이**로 이동, 남서쪽 기샷계곡을 거슬러 **칼라파니갈리(라티갈리; 4,294m)**에 이른 후 서남골짜기 사크말계곡을 따라 **폴로와이**로 하산한다.

④ **사르왈라갈리(폴로와이갈리)코스(2~3일 / 난이도 중)** : 아스토르에서 남쪽 **라투~미르말릭**으로 이동, 미르말릭계곡을 거슬러 고제르를 지나 남서방면 **사르왈라갈리(4,292m)**를 넘어선 후 남쪽 사르왈라계곡을 따라 하산, **폴로와이**로 내려온다.

⑤ **숀타르갈리(쇼운터패스) 코스(3~4일 / 난이도 상)** : 위 사르왈라갈리 코스의 미르말릭계곡 상류 **고제르**에서 서쪽으로 **숀타르˚갈리(4,563m)**를 넘어선 후 남서쪽 숀타르계곡(산두르계곡)을 따라 **켈(카일)**로 하산한다. 도중 숀타르계곡 상부의 우틀리도멜(어퍼도멜)에서 인근 치타카타사르(호수)를 많이 들렀다가들 내려온다. (☞ 우틀리도멜이나 숀타르에서 1박)

- * 숀타르(Shonthar)는 '고갯마루'를 뜻하는 북부방언 '산두르(Sandur)'의 변착된 언어로, 영어화하여 쇼운터(Shounter) 혹은 샤운터(Shaunter)로서도 변용되었다. (※ 참고: 길기트 vs 치트랄 주민간 산상 폴로축제 = '산두르' 폴로축제)

⑥ **치찰갈리 코스(4~5일 / 난이도 상)** : 아스토르~**타레싱** 이동 후 남서쪽 치치계곡을 따라 **치찰갈리(4,971m)**를 넘어 남쪽 숀타르계곡으로 하산, 이후 **켈**로 나아와 계속해서 닐룸밸리 여정으로 진행한다.

이들 중 ①, ② 코스가 비교적 쉬우나 대신 LOC 인근에 위치하여 군사허가서 득한 후에 트레킹이 가능하다.

🏔 그 외 닐룸밸리로의 히말라얀패스(동쪽부터) ※위치개략은 5장-닐룸강&닐룸밸리 편 지도 참조

디아메르 방면

⑦ 바라이갈리(4,325m) : **부나르(KKH)**~할랄레이~바라이계곡~**바라이갈리**~분다르계곡~**켈(카일)**

⑧ 수랑간갈리(4,590m) : **부나르(KKH)**~할랄레이~바라이계곡~**수랑간갈리**~카막도리계곡~수르곤계곡~**샤르다**

⑨ 비아갈리(4,170m) : **칠라스**~니아트~니앗계곡~비아계곡~**비아갈리**~카막도리계곡~수르곤계곡~**샤르다**

⑩ 가나이갈리(4,057m) : **바부사르/카간밸리**~사히드나르(굼미다스계곡)~**가나이갈리**~사랄계곡~수르곤계곡~**샤르다**

하자라(카간밸리) 방면

⑪ 사랄갈리(조르디갈리; 4,450m) : **카간밸리**~베살(랄라자르)~부르비계곡~**사랄갈리**~사랄계곡~수르곤계곡~**샤르다**

⑫ 누리나르갈리(잘카드칼리; 3,950m) : **카간밸리**~랄라자르~잘카드계곡~**누리나르갈리**~누리나르*(계곡)~수르곤~**샤르다**

* '나르(Nar)'는 골짜기/계곡을 뜻하는 말이다. 사히드나르, 누리나르는 곧 사히드계곡, 누리계곡이라 칭할 수 있다. '날라(놀라)'는 이보다 규모가 큰 '물줄기/강'으로서의 의미가 강하다. 셰나어 방언 '가(Gah)'와도 상통한다.

⑬ 라티갈리(라히르갈리; 4,200m) : **카간밸리(부르와이/랄라자르)**~조라계곡/룬다계곡~**라티갈리**~다리안계곡/누리나르~**다와리안/샤르다**

(✧위 카간밸리 방면의 라티갈리는 앞서의 아스토르 방면의 라티갈리(칼라파니갈리)와는 다른 고개이다. 단지 동명(同名)의 고개로서 새겨져있을 따름이다. 보통 트레킹으로 많이 넘어오며 다리안계곡으로 하산시 다리안 마을에서 1박 후 인근 다리안사르(호수)를 들렀다 내려온다.)

⑭ 데스차티갈리(4,120m) : **카간밸리**~부르와이~조라계곡~**데스차티갈리**~다리안계곡 ~**다와리안**

⑮ 파틀라파니갈리(4,260m) : **카간밸리**~부르와이~조라계곡~**파틀라파니갈리**~추타리(추라)계곡~**라와트(쿤디안)**

⑯ 칼라파니갈리(4,530m) : **카간밸리**~부르와이~조라계곡~**칼라파니갈리**~칼라파니계곡~자그란계곡~쿠탄~**쿤달샤히**

(✧아스토르 방면의 칼라파니갈리(라티갈리)와는 다른 고개이다. 카시미르 지역에는 이처럼 동명의 지명(산이름·고개이름)들이 많다. 지역과 위치를 혼동치 말도록.)

⑰ 시카르갈리(4,230m) : **카간밸리**~마한드리~샤카란(차차란)계곡~**시카르갈리**~시카르계곡~자그란계곡~쿠탄~**쿤달샤히**

⑱ 가티갈리(비츨라갈리; 4,420m) : **카간밸리**~마한드리~비츨라계곡~**가티갈리**~가티계곡~자그란계곡~쿠탄~**쿤달샤히**

⑲ 닐라갈리(쿤디말리; 4,330m) : **카간밸리**~자레드~닐라계곡~**닐라갈리**~파틀리안계곡~자그란계곡~쿠탄~**쿤달샤히**

(✧자그란계곡에 합류하기 전 파틀리안호수를 다녀와보는 것도 좋다. 여행객들이 많이 찾는 명소이다.)

⑳ 바드리갈리(3,200m) : **카간밸리**~시누~**바드리갈리**~바이리(베리)계곡~**파티카**

㉑ 마크라패스(샹가르갈리; 2,850m) : **카간밸리**~샹가르(샹그라)*~마크라밸리~**마크라패스**~차리왈라계곡(사디푸르계곡)~**카호리(코리)**

　(✧마크라피크(3,884m) 남쪽 고갯길을 넘는 루트로, 경관이 수려하여 트레킹코스로 많은 이들이 찾는다. '분지(골)/마루'를 뜻하는 '바익(Baihk)'을 써서 달리 '샹그라바익'이라고도 지칭한다.)

　* 샹가르/샹그라는 달리 '쇼그란'으로서도 일컬어진다. 쇼그란고원/쇼그란밸리 등의 명칭이 이를 피력한다.

㉒ 물라왈리바익(2,740m) : **카간밸리**~핫사~시샤르계곡~**물라왈리바익**~차리왈라계곡(사디푸르계곡)~**카호리(코리)**

㉓ 갈로티갈리(2,530m) : **카간밸리(코트발라)**~**갈로티갈리**~마이라~**카호리/무자파라바드**

㉔ 샤히드갈리(1,800m) : **카간밸리(수카다르)**~**샤히드갈리**~쇼와이계곡~사리안~**무자파라바드**

무자파라바드~닐룸 고갯길

㉕ 참바르갈리(미아말리; 3,132m) : **파티카/판지그란**~마치아라밸리(국립공원)~**참바르갈리**~자그란계곡~쿠탄~쿤달샤히

　(✧무자파라바드 vs 닐룸 경계의 세리피크(3,884m) 북쪽 고개를 넘는 루트로서. 위와 달리 참바르계곡~참바르(쳄베르)로 나아올 수 있으나 군사지역으로 통행에 다소 제약이 따른다.)

㉖ 추갈리(쿠타추갈리; 2,400m) : **판지그란**~**추갈리**~레스와~**주라**

　(✧무자파라바드 vs 닐룸 경계 춘지피크(3,450m) 남쪽 고개로서. 닐룸강 강변길 주도로를 따르지 않고 산을 끼고 우회하여 닐룸밸리로 넘어가는 산악도로가 닦여있다.)

* * * * * * * * * * * * * * * * *

닐룸밸리 vs 카간밸리 경계의 마크라피크(Spider Mountain)

아자드카시미르 지방의 전형적인 카시미르 목조가옥

아자드카시미르 닐룸밸리

◈ 5장 - 닐룸강 & 닐룸밸리(펀잡히말라야)

- ○ 개 관(지리/언어/교통/숙박/여행적기) ········· 312
  - 🏔 닐룸 3대 계곡 ········· 313
- 🔺 유명 트레킹코스 ········· 316
  - ▶ 로어닐룸(5-1. ~ 5-3.) ········· 316
  - ▶ 어퍼닐룸(5-4. ~ 5-11.) ········· 316
  - ⊙ 주의사항 ········· 320
- ◇ 주요 경유지 ········· 321
  - ▶ 무자파라바드 지역 ········· 321
  - ▶ 닐룸 지역 ········· 324

· AK : Azad Kashimr (파키스탄령 카시미르)
· JK : Jammu Kashimr (인도령 카시미르)

(NWFP : North West Frontier Province
  FATA : Federally Adminstered Tribal Areas)

311

◈ 5장 – 닐룸강 & 닐룸밸리(펀잡히말라야)

○ 개 관

인도령 카시미르(잠무카시미르)의 키샹강가 물길이 파키스탄 카시미르(아자드카시미르)로 진입하여 형성된 골짜기로. 이로부터 아자드카시미르의 '닐룸강'으로 명칭을 달리하여 무자파라바드로 흘러간다. 닐룸밸리는 파키스탄의 가장 매혹적인 산악협곡 관광지이자 또한 카시미르 고유의 문화와 전통을 간직한 곳으로 오랫동안 외국인에게는 비개방지역으로 남아있었다. (※ 2000년 이전까지만 하더라도 카시미르 영유권을 둘러싼 대치상황으로 파키스탄 자국여행객들도 이곳 닐룸밸리를 여행할 때는 인도군의 사격반경에 들어서면 야간에는 차량의 라이트를 끄고 이동해야만 했으며, 여행도중 심심찮게 총성과 포격소리도 목격했다 한다. 지금은 양국 간 긴장완화국면으로 더 이상의 민감한 대치상황은 없는바, 곧 닐룸밸리의 최동단 타오밧까지도 누구나 여행가능하다. 다만 정전선으로 그어진 LOC(Line of Control) 지역 특성상 때로 여행에 제한이 따르기도 하여 여행 전에 이러한 상황/정보를 얻고 필요한 허가를 득하고 나서도록 한다.)

닐룸 지역이 속한 아자드카시미르 지방은 주로 젤룸강 분지의 서부지역을 차지하며 이 중 북쪽 닐룸지역에만 만년설이 덮인 고산풍정을 보인다. 전반적인 카시미르 지역과 동일한 아열대 고산기후의 풍토를 보이며, 연평균강수량은 약 1,300mm, 연교차는 사막기후에 준하는 영상 45도에서 냉대권인 영하 3도에까지 이르고, 이에 따른 설상고도(Snow Line)는 여름에는 해발 3천3백미터 내외, 겨울에는 해발 1천2백미터 내외로 고도편차 또한 매우 크다.

무자파라바드에서부터 아자드카시미르 북단 닐룸밸리를 형성하는 닐룸강 구간은 총 240km에 달하며 그로부터 공식적인 '닐룸' 행정구역의 시작은 칠레아나(찰리아나)인바, 대개(비공식적으로) 칠레아나~아트무캄 구간까지는 **로어닐룸(Lower Neelum)**으로, 이후 동쪽 할마트~타오밧~두드가이에 이르는 아스토르 접경까지를 **어퍼닐룸(Upper Neelum)**으로서 구분한다. 닐룸밸리 전역은 수려한 골짜기와 울창한 숲으로 덮여있으며 데오다르(히말라야삼나무), 소나무, 전나무, 자작나무, 향나무 등등 다양한 수종과 함께 계곡 양안으로는 서부히말라야(펀잡히말라야)의 끝자락을 장식하는 준봉들이 도열하며 계곡의 풍광을 더욱 빛낸다. 이의 닐룸밸리 전체가 다 아름답고 매력적이지만 특히 어퍼닐룸 최동단의 구라스국립공원 곧 사르다리~할마트~타오밧~두드가이 구간은 더욱 빼어난 산악풍경의 진수를 보여준다. 나아가 타오밧~두드가이칼~두드가이갈리~두드가이~캄리~미니메룩~부르질패스~아스토르 방면으로 계속해서 여정을 기획할 수도 있으나 단, 인도접경 LOC 지역 출입(통행)을 위한 사전 군 당국의 승인을 얻고 나서야 하겠다.

✦ **지역언어** : 닐룸강이 흐르는 구간마다 지역민들이 자체적으로 구사하는 언어가 조금씩 다르다. 곧, 무자파라바드–쿤달샤히–아트무캄–케란(닐룸)–다와리안–두드니알 지역은 **힌드코**(=인도아리안 계열의 서부 펀잡어) 및 카시미르 지역방언을 사용하고, 두드니알을 지나서 옛 카시미르 왕국의 고토였던 샤르다(카리감) 일원은 **표준 카시미르어**를 사용한다. 샤르다 이후 켈(카일) 지역은 다시 힌드코를 방언으로 구사하며, 이어 자나와이~폴로와이~사르다리 일원은 **칠라스어**(⇒ 셰나어의 지역방언으로 주로 칠라스 지역민들이 구사)를 사용, 그리고 나머지 할마트·타오밧 일대의 사람들은 통상적인 길기트·아스토르 지역언어와 동일한 **표준 셰나어**를 사용한다.

✦ **교통편**(※ 2011년 기준) : 무자파라바드 출발 닐룸밸리 전 구간으로 운행하는 버스편이 매일 있다. 닐룸지역 경계인 바일라 누르사(노우사리)에서 정차, 이후 아트무캄~켈을 거쳐 할마트, 타오밧까지 간다. 포장도로가 잘 닦여있는 무자파라바드~아트무캄 구간은 매 15분~1시간 간격으로 버스/밴/지프 차량이 수시 운행하며, 도로상태가 덜 양호한 켈~타오밧 구간은 고급형 밴(Van)은 운행치 않는다. (아트무캄까지만 운행) 자그란밸리, 수르곤밸리, 숀타르(쇼운터)밸리 등등 산악 내원 구간은 험한 비포장길로 쿤달샤히, 켈 등지에서 승합지프로 환승하여 이동케 된다.

✦ **숙박** : 아자드카시미르 주정부 운영 고급형 레스트하우스(Resthouse)는 케란(카이란), 샤르다, 켈에 소재한다. 시설 양호하며 요금도 합리적이다. (1실 3,000~5,000루피 선. 무자파라바드 관광사무소에서 사전예약 가능) 저렴한 숙소를 원하는 경우 타오밧까지 이르는 닐룸밸리 도로상 곳곳의 절약형숙소(Budget Hotel & Resthouse)를 이용하면 되겠다. (※ 원하는 지역(마을)의 숙소정보를 무자파라바드의 관광사무소에서 확인가능하다. ➢ 닐룸지역 숙소명부 요청. Budget Hotel의 경우 대략 1실 800~1,500 루피 선이다.)

✦ **여행적기** : 다른 히말라야 지역과 마찬가지로 5월~10월 약 6개월 동안만 일반적인 여행이 가능하다. 닐룸밸리 일원은 한여름에도 18~30도 가량의 서늘한 기온을 유지함으로써, 특히 이 시기에 무덥고 습한 펀잡평원의 더위(섭씨 40도 이상)를 피하려 이슬라마바드와 라왈핀디, 파이살라바드, 라호르 등지의 도시 관광객들이 많이 찾아든다. 닐룸밸리 상류지역은 10월이 되면 눈이 내리기 시작, *– 때론 이른 9월에도 눈발이 날리기도 –* 이후 겨울기간 동안은 눈에 덮인 설국 풍정으로 탈바꿈한다. 이 기간 중에는 사진이나 스키여행을 겸한 관광객들이 종종 찾는다.

> 🏔 **닐룸 3대 계곡**
>
> ① **자그란계곡**〉 쿤달샤히~쿠탄~**자그란**~닐라갈리/가티갈리/시카르갈리/칼라파니갈리
>
> ② **수르곤계곡**〉 샤르다~**수르곤**~누리나르갈리/사랄갈리/가나이갈리/비아갈리/수랑간갈리
>   (⇒ 가모트국립공원)
>
> ③ **숀타르계곡**〉 켈~**숀타르**ˇ~(치타카타호수)~사라왈리빙하/숀타르빙하 & 바라이갈리/
>   치찰갈리/숀타르갈리
>
> * 바라이갈리에서 내려오는 분다르계곡이 합류하는 숀타르(마을) 일대를 달리 '타를리도멜'이라고도 한다. 이는 곧 숀타르계곡 상류의 사라왈리빙하와 숀타르빙하로부터 흘러내리는 두 계곡이 합류하는 '우틀리도멜'에 대응한 호칭이기도 하다. 즉, 이 숀타르계곡은 크게 두 개의 합수부(=도멜)를 형성하고 있는즉, 상류쪽 합수부를 어퍼도멜(Upper Domel) 곧 '우틀리도멜'로, 아래쪽 합수부를 로어도멜(Lower Domel) 곧 '타를리도멜'로서 각각 대비시켜 매기고 있음이다. 숀타르(Shonthar)는 단순히 '높은지평(=마루/고개)'을 가리키는 '산두르(Sandur)'에서 나온 말로, 여기에 굳이 '위/아래'를 첨언하여 구분 – 말하자면 '윗고개' vs '아랫고개' 라는 식으로 – 표현하는 것은 아무래도 사리에 맞지 않아보였을 것이기에 그처럼 합수(合水)하는 '계곡'에 초점을 맞추어 지명으로서 달리 부기하였을 것이다.

닐룸지역 전도

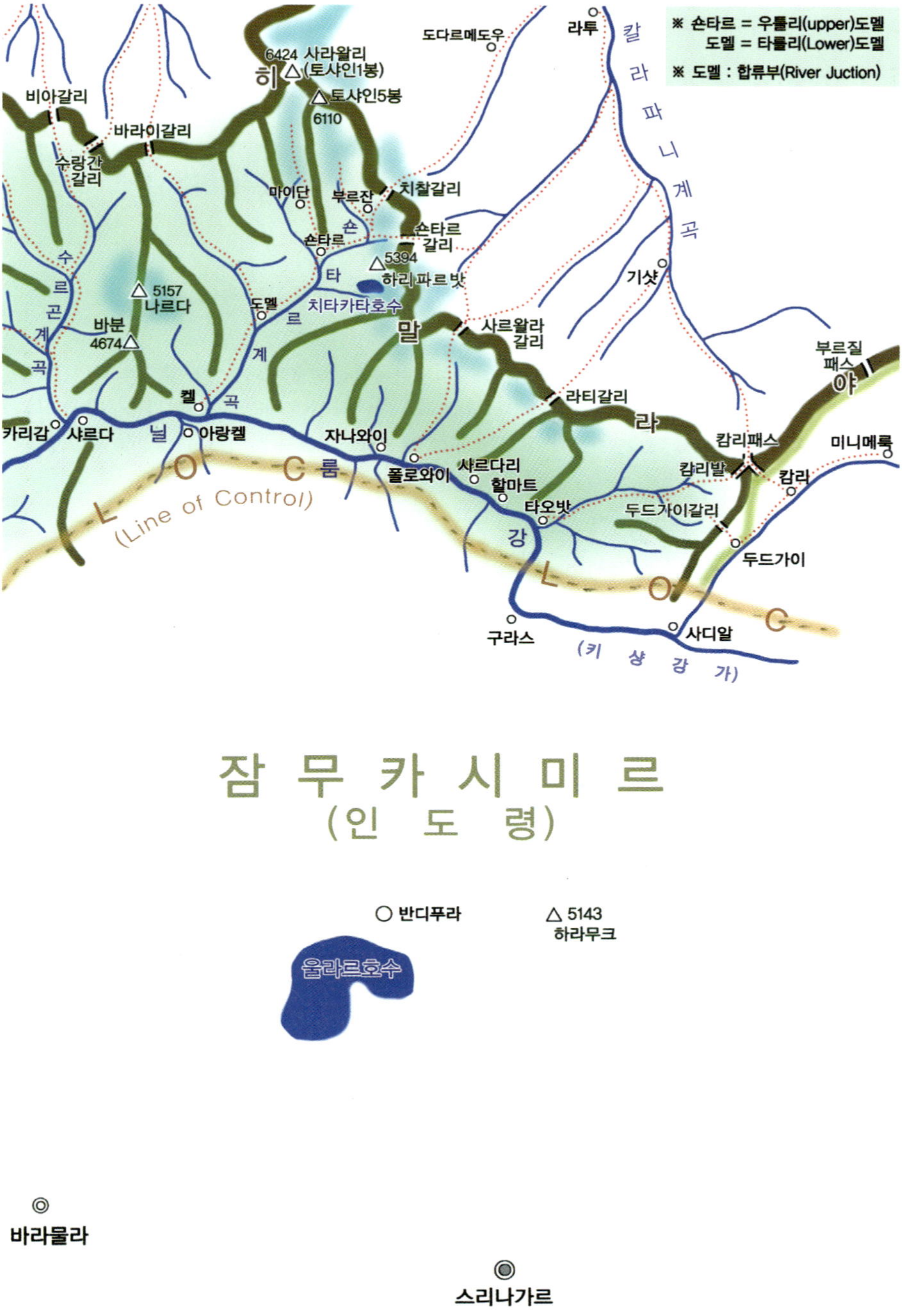
※ 숀타르 = 우틀리(upper)도멜
도멜 = 타를리(Lower)도멜
※ 도멜 : 합류부(River Juction)
6424 사라왈리
(토샤인1봉)
토샤인5봉
6110
비아갈리
바라이갈리
수랑간
갈리
마이단
부르잔
치찰갈리
숀타르
숀타르
갈리
5394
하리파르밧
도다르메도우
라투
칼라파니계곡
기샷
5157
나르다
바분
4674
도멜
치타카타호수
숀타르계곡
수르곤계곡
사르왈라
갈리
라티갈리
부르질
패스
히말라야
켈
카리감
샤르다
아랑켈
닐룸
자나와이
폴로와이
샤르다리
할마트
타오밧
두드가이갈리
칼리패스
칼리발
칼리
미니메룩
두드가이
강
LOC
(Line of Control)
구라스
사디알
(키샹강가)
잠무카시미르
(인도령)
반디푸라
5143
하라무크
울라르호수
바라물라
스리나가르

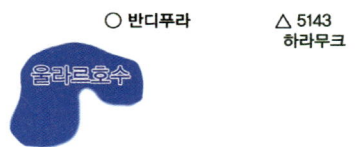

⚠ 유명 트레킹코스

▶ 로어닐룸(무자파라바드) 지역 (각 1~2일) (✦ 트레킹적기 : 4~10월)

5-1. 마크라패스 트레일 : 무자파라바드~카호리(고리)~차리왈라계곡(사디푸르계곡) ~마크라패스(2,850m)~카간밸리(쇼그란고원)

마크라피크(3,884m)와 연계한 트레킹코스로 많이 찾는다. 쇼그란고원으로 넘어가는 마크라패스는 달리 '샹가르갈리', '상그라바익'으로도 불린다.* (※ '마크라'는 거미(Spider)란 뜻.)

* 샹가르/상그라는 쇼그란(샤그란)과 같은 어원의 지명이다.

5-2. 바드리갈리 트레일 : 파티카~바이리(베리)계곡~바드리갈리(3,200m)~카간밸리 (쇼그란고원)

무자파라바드 지역 닐룸강 북쪽(파티카 북부) 마치아라국립공원을 경유, 만세라 지역과의 경계인 바드리갈리(3,200m)를 넘어 카간밸리 쇼그란고원으로 이어지는 트레일이다. 어퍼닐룸지역보다는 산세가 다소 낮지만 나름 울창한 숲과 청정한 대자연의 아름다움이 묻어나오는 인상적인 트레킹 코스로 많은 이들이 찾는다.

5-3. 마치아라국립공원 코스 : 파티카/판지그란~마치아라국립공원~참바르갈리(미아말리; 3,132m)~자그란계곡~쿤달샤히(닐룸밸리)

마치아라국립공원의 주봉 닐라파하르(=Blue Mountain; 3,840m) & 간자파하르(=Bald Mountain; 3,318m) 일대의 탐방루트이다. 닐라파하르(Neela Pahar)는 이름답게 푸른(Neela) 숲이 울창한 반면 간자파하르(Ganja Pahar)는 숲이 벗겨지고(Ganja) 바위로 점철되어있어 대조적인 풍경을 보인다. 남쪽고개인 참바르갈리(미아말리; 3,132m)를 넘어 닐룸지역 쿤달샤히 자그란계곡으로 나아올 수 있다.

마크라피크와 쇼그란 시리파이호수

카간밸리 사이풀물룩호수(국립공원)

마치아라국립공원(로어닐룸지역)

* * * * * * * * * * * * * * * * *

▶ 어퍼닐룸 지역 (✦ 트레킹적기 : 6~9월)

5-4. 칼라파니갈리 트레일 : 쿤달샤히~자그란계곡~칼라파니계곡~칼라파니갈리 (4,530m)~카간밸리 (2박3일~3박4일)

닐룸밸리의 가장 빼어난 골짜기 중의 하나인 자그란계곡을 거쳐 칼라파니갈리(4,530m)에 이른 후 하자라(만세라) 지역의 카간밸리 사이팔물룩국립공원으로 내려서는 명코스이다. 카간밸리 바탄쿤디 방면 랄라자르메도우(3,200m)나 나란 방면 사이팔물룩호수(3,200m) 일대에서의 유람과 함께 하루 머무는 일정을 고려할 수 있다.

5-5. 라티갈리호수(바르카티아호수) 트레일 : 샤르다~수르곤계곡~누리나르(계곡)~ 라티갈리사르(바르카티아사르; 3,870m)~라티갈리(라히르갈리; 4,200m)~카간밸리 또는, 다와리안~**다리안계곡~다리안사르~라티갈리~라티갈리사르~수르곤계곡~샤르다**로 회귀하거나 라티갈리~카간밸리로 횡단트레킹 (각 2박3일)

닐룸밸리 중에서도 수르곤계곡과 다리안계곡 일대는 특히 삼림이 울창하고 자연이 아름다워 아자드 카시미르 주의 국립공원(가모트국립공원)으로 특별 지정 관리되고 있는 지역이다. 라티갈리사르 (3,870m)와 다리안사르(3,910m) 등 고산호수들을 둘러보고, 나아가 라티갈리(4,200m)를 넘어 닐룸밸리로의 원점회귀 또는 북쪽 카간밸리 랄라자르 방면으로 계속해서 여정을 꾸려나갈 수 있다.

5-6. 누리나리갈리(잘카드갈리) 트레일 : 샤르다(카리감)~수르곤계곡~누리나르계곡 ~**누리나르갈리(3,950m)~카간밸리** (2박3일)

역시 울창한 삼림과 야생의 자연이 살아 숨쉬는 가모트국립공원 지역이다. 서쪽 라티갈리 호수 지대와 연계하여 루트를 짤 수 있으며, 또는 북쪽 수르곤계곡 상류의 사랄갈리(조르디갈리; 4,450m) 방면으로 진출하여 카간밸리(베살/랄라자르) 방면으로 넘어갈 수도 있다.

자그란밸리 상부 코리안메도우

누리나르메도우

라티갈리사르(호수)

다리안사르(호수)

사랄갈리 & 호수

잘카드메도우(카간밸리)

5-7. 숀타르밸리 & 치타카타호수 트레일 : 켈(카일)~숀타르(타를리도멜)~숀타르계곡 ~**우틀리도멜~치타카타호수(3,800m)** (1박2일)

야생의 활기가 넘치고 푸르름이 만연한 숀타르(쇼운터)밸리는 일명 호수의 골짜기로서도 일컬어진다. 대략 7개의 호수(사르)가 있으며 아직 손길이 닿지 않은 미답호수도 남아있는 것으로 파악된다. 알려진 호수는 다음과 같다. ①치타카타사르 / ②룬다사르 / ③숀타르사르(스푼레이크) / ④사라왈리 빙하호 / ⑤아스만바익사르 / ⑥바분사르 / ⑦파리안사르. 이 중 치타카타호수가 제일 유명하고 경치가 아름다워 사람들이 많이 찾는다. 켈~숀타르(타를리도멜)까지 도로가 나있는바,

곧 여기까지 차를 타고 이동 후 숀타르계곡을 따라 상류지역 우틀리도멜(어퍼도멜)까지 가서 하룻밤 머물고 다음날 치타카타호수까지 왕복 5~6시간 정도의 1일 하이킹에 나서면 되겠다. 우틀리도멜에서 말·나귀를 고용하여 트레킹에 나설 수도 있다. 우틀리도멜에서 치타카타호수까지도 지프차량 통행가능한 산악도로가 개설되어있으나 경치가 수려한 지역이므로 기왕이면 도보로 트레킹하는 것을 권한다. (➤ 트레킹을 확장진행코자 한다면 아래 두 코스까지도 섭렵하는 일정으로 계획해본다.)

숀타르(우틀리도멜) 마을   숀타르사르(스푼레이크)   치타카타사르

사라왈리빙하 일대의 승경(편잡히말라야의 봉우리)
(사라왈리 B.C. / 사라왈리피크(=토샤인) & 사라왈리빙하 / 하리파르밧(5,394m)

5-8. 사라왈리 B.C. 트레일 : 켈~숀타르계곡~우틀리도멜~파틀레계곡~마이단(3,050m) ~사라왈리바익*(3,360m)~사라왈리빙하(사라왈리 B.C.; 3,850m) (3박4일~4박5일)

아자드카시미르 최고봉 사라왈리(사르벨리; 6,424m)의 남부빙하인 사라왈리빙하를 따라 베이스캠프까지 탐승하는 트레킹이다. 사라왈리피크는 달리 '다바르(Dabbar)'피크라고도 불리며, 너머의 북쪽 길기트·발티스탄 주 디아메르, 아스토르 방면에서는 **토샤인** 또는 **토셰**피크로서 명명되어 있다. (☞ 카시미르에서 낭가파르밧으로 향하는 편잡히말라야 주산줄기상의 기봉— *길목에 솟은 봉우리* —으로서 새겨둔 바 있다.) 이의 사라왈리빙하는 또한 아자드카시미르 지역 내 가장 규모가 큰 빙하로, 이웃한 숀타르빙하와 함께 남부히말라야의 빙하트레일로서 많은 인기를 끌고 있다.

* 마이단/바익 : 둘 다 목초지/방목지의 의미를 내포하는 단어로, 마이단은 '마루(형)분지'의 개념, 바익은 '언덕 안부/골(자락)'의 개념을 지닌다.
* 사라왈리: 힌드코(편잡 힌디어) / 사르벨리(사르발리): 힌드코+로컬카시미르어 / 다바르: 표준카시미르어

5-9. 숀타르빙하 트레일 : 켈~숀타르~우틀리도멜~코트리~코타왈리(부르잔; 3,300m)~숀타르빙하(B.C.; 3,810m)~H.C.(4,200m) (3박4일~4박5일)

숀타르빙하는 남쪽 아자드카시미르 주 닐룸 지역과 북쪽 길기트·발티스탄 주 디아메르 지역과의 경계를 세우는 사라왈리피크의 남봉(토샤인5봉; 6,110m)에서 남쪽으로 흘러내린 빙하로서, 바로 서편너머의 사라왈리빙하와 더불어 아자드카시미르 최대 규모의 빙하로 꼽힌다. 빙하탐승은 사라왈리빙하 트레일과 비슷하나 하이캠프(H.C.)까지 가서 머물 경우 고소증에 노출되지 않도록 유의한다. (안전장비 필수 지참)

(➤ 빙하탐승 후 치찰갈리나 숀타르갈리(쇼운터패스) 넘어 아스토르 방면 연계도 가능하다. (추가 3~4일 소요.) 곧, 코타왈리~치찰갈리(4,971m)~치치계곡~타레싱/초리트로 하산하거나 또는, 코트리까지 이른 후 숀타르갈리 (4,563m)~고제르~미르말릭계곡~라투로 내려올 수 있다. 사라왈리빙하 탐승 후의 연장코스로서도 마찬가지다.
☞ 아스토르~닐룸밸리 히말라얀패스 편 참조.)

숀타르밸리 협곡부(숀타르 B.C., 방면) / 숀타르갈리 오름길 카라반 / 숀타르갈리 정상 조망(닐룸밸리 방면)

치찰갈리 고갯마루 / 치찰 B.C.(아스토르밸리 치치계곡 B.C.) / 치치계곡 도다르메도우

5-10. 두드가이칼 트레일 : 타오밧~두드가이칼~두드가이갈리(3,850m)~두드가이~ 부르질계곡(캄리계곡)~미니메룩(아스토르밸리) (3박4일)

삼림이 울창한 구라스국립공원 두드가이칼 수림지대를 따라 나서는 트레일이다. 단순왕복도 나쁘진 않지만 기왕이면 두드가이로 넘어가 세칭 지상낙원이라는 미니메룩, 캄리 일원까지 돌아보고 아스토르로 귀환하는 일정을 종용해본다. 아스토르 행 여정은 아래 캄리발 코스로도 나설 수 있다. 단, 어느 코스든 LOC 지역 출입을 위한 군 허가서를 받고 나서야 한다.

(✓ 두드가이는 아자드카시미르의 최동단 마지막 마을로, 발치에 놓인 부르질계곡 물길의 흐름에 의해 길기트·발티스탄 아스토르 지역과 경계를 나눈다.)

5-11. 캄리발 트레일 : 타오밧~차트리계곡~캄리발(4,383m)~캄리갈리(4,073m)~ 캄리~미니메룩(아스토르밸리) (3박4일)

구라스국립공원 북단의 차트리계곡과 차트리마르호수, 푸리안호수 일원을 탐승하는 트레킹으로, 더 나아가 캄리발(4,383m)을 넘어 아스토르밸리로 진행할 수 있다. 아스토르로의 여정이 위 두드가이칼 코스보다는 조금 고되지만 그만큼 청정한 대자연으로부터 땀과 노고의 대가를 충분히 보상받을 수 있을 것이다.

캄리갈리(캄리발~캄리 구간)

(➤ 캄리갈리(4,073m)에 이르러 캄리~미니메룩 방면이 아닌 기샷계곡(칼라파니계곡)~라투 방면으로 하산여정을 짤 수도 있다.)

◉ 주의사항

아자드카시미르(AK)지역 여행시엔 파키스탄 자국민들도 필히 NIC(National Identity Card)를 지참해야 하는바, 특히 인도령 잠무카시미르와의 접경지역으로서 방문객의 엄격한 신분확인이 요구되는 닐룸밸리로의 여행 시에는 더더욱 필수적인 사항이다. 외국인은 여권- *취재목적은 불허. 거주자여권이나 관광목적의 비자가 첨부되어야 함* -으로 갈음되나 제한구역(타오밧~두드가이~캄리/미니메룩 등지)으로의 여행 시에는 군 당국의 허가도 받아야 한다. (내국인도 마찬가지.) 아울러 닐룸지역의 닐룸강을 가로지르는 교량 일대에서는 일체의 사진촬영도 불허된다. (★ 위반시 카메라 압수! ⇒ 여행자(차량) 통과시 군인들이 사진촬영 여부를 면밀히 주시하는바, 멋모르고 사진찍던 관광객들과 종종 마찰이 빚어지기도 한다. 군사지역은 어디나 마찬가지다. 꼭 사진을 찍어야겠다면 촬영 전 필히 현지주민이나 군 관계자에게 문의- *사진촬영 가능한지 여부* - 후에 시도할 것.)

* * * * * * * * * * * * * * * *

숀타르계곡의 나무다리(숀타르갈리 트레일)

◇ 주요 경유지

➤ 무자파라바드 지역

무자파라바드(Muzaffarabad; 610m) :
아자드카시미르의 주도(州都). 이슬라마바드/ 라왈핀디 방면에서의 닐룸밸리 여행의 시발점으로 닐룸밸리 각 방면으로의 교통이 편리하며, 하자라(만셰라) 카간밸리나 디아메르 칠라스밸리, 아스토르밸리 등 산악지역의 높은 고갯길을 경유하지 않기에 가장 많은 여행객들이 이의 닐룸밸리 여행을 위한 거점도시로 삼는다. 닐룸밸리의 젖줄 닐룸강(키샹강가)*

젤룸강이 휘어도는 무자파라바드 전경

– 히말라야(펀잡히말라야)의 분수령 데오사이(초타데오사이의 카로발패스 & 데오사이패스) 발원 –이 도시를 관통하며, 시가지 남단 도멜* 어귀에서 동남방면에서 흘러오는 젤룸(Jhelum)강* – 인도령 잠무카시미르의 스리나가르 분지(아나트낙)에서 발원 –본류와 합류하여 그로부터 펀잡(Punjab) 다섯 물길의 최북단 강줄기로서 수량을 불리며 흐름을 이어가 이윽고 물줄기명의 본원 '젤룸' 시가지를 가로지른 후 남부 펀잡평원에서 체나브강, 라비강, 수틀레지강과 합세, 이어 신드평원 북부의 타르사막 인근 미탄코트, 차차란 평야에서 인더스강과 만나 카라치 남부해안의 아라비아해로 흘러든다. 17세기 옛 성을 비롯, 역사적으로도 관광매력이 넘치는 이 도시의 유래는 바로 그 17세기 당시 강성했던 무굴제국 악바르대제의 공격을 물리친 차크족의 칸(Khan) **'무자파르'**의 이름을 따서 일명 무자파르의 도시 즉 '무자파르–아바드'란 이름으로 불리게 되었다.

* 키샹강가(Kishang Ganga)는 원래의 카시미르어 강이름– '강가'는 '강'을 뜻하는 산스크리트어 –으로, 인도 쪽에서 계속 통용되고 있는 것과 달리 파키스탄 측에서는 자국 영내인 아자드카시미르 지역으로 접어들면서부터는 달리 '닐룸강'으로서 명명하고 있다.

* 도멜(Domel) : 도마일(Domail)로도 표기하며 '둘(Do)이 합해진다(Mel/Mail)'는 뜻으로 두 강의 합수부 즉 우리말의 '아우라지'와 같은 의미로서의 지명임을 상기해볼 필요가 있다. 부르질계곡의 도멜, 숀타르계곡의 도멜(타틀리도멜/우틀리도멜) 및 자그란계곡, 차리왈라계곡의 도멜 등등 수많은 '도멜'이란 지명들 역시 같은– 각각의 계곡들이 '합쳐지는 지점'으로서의 – 맥락이다.

* 젤룸강 : 다섯 물줄기를 뜻하는 펀잡(Punjab)의 최북단 강줄기로, 중앙의 스리나가르분지 발원 젤룸강 본류와, 북쪽 히말라야산계 발원의 닐룸강, 그리고 남쪽 피르판잘산맥 발원의 푼치강 이 세 물줄기가 모여 남쪽 펀잡평원을 가로지르며 인더스강으로 합류한다. (∴ 젤룸강 본류는 잠무카시미르 스리가가르 분지의 아나트낙 산지에서 발원. 서북향으로 흘러 아자드카시미르 무자파라바드에서 북쪽 히말라야산계에서 발원하여 흘러내린 닐룸강과 만나며, 이로부터 남쪽으로 흐름을 꺾은 뒤 북쪽 하자라 카간밸리에서 흘러내린 쿠나르강을 합류시키고 계속 남하. 이윽고 펀잡지방 젤룸평원 북단(망글라호수)에 이르러 북쪽 피르판잘산맥에서 발원한 푼치강을 거둔 후 곧 이의 물줄기명의 토대가 된 '젤룸' 시가지를 관통하여 펀잡평원 남부로 흐름을 긋는다. 즉, 북부 인더스강 아래 펀잡히말라야–카시미르히말라야의 남쪽 유역을 일구는 강이 바로 젤룸강이다.)

카호리(코리; 760m) : 무자파라바드에서 닐룸강을 따라 북쪽 10km 거리에 위치한다. 닐룸강을 벗고 북쪽 차리왈라계곡(사디푸르계곡)으로 진입하여 마크라패스(샹가르갈리; 2,850m)를 넘어서면 카간밸리 쇼그란고원으로 넘어갈 수 있다. 무자파라바드, 파티카와 더불어 인구가 많은 밀집지역이지만 이 북쪽골짜기 안으로 들어가면 나름 풋풋하고 호젓한 산악정서를 느낄 수 있다. 차리왈라계곡 서편골짜기로도 물라왈리바익(2,740m) 등 만셰라 카간밸리로 넘어가는 고갯길들이 나있다.

> ▲ **무자파라바드의 히말라얀패스(Himalayan Pass)** (※ 닐룸밸리 히말라얀패스 ⑳~㉑ 내용)
> · **참바르갈리(3,132m)** : 파티카~마치아라계곡~**참바르갈리**~자그란계곡~쿤달샤히
> · **바드리갈리(3,200m)** : 파티카~바이라(베리)계곡~**바드리갈리**~카간밸리(쇼그란고원)
> · **마크라패스(2,850m)** : 카호리(고리)~차르왈라계곡(사디푸르계곡)~**마크라패스(상가르갈리)**~마크라밸리~
>   상가르~카간밸리(쇼그란고원)
> · **물라왈리바익(2,740m)** : 카호리(코리)~차르왈라계곡(사디푸르계곡)~**물라왈리바익**~시샤르계곡~카간밸리(핫사)
> · **갈로티갈리(2,530m)** : 무자파라바드~마이라~**갈로티갈리**~카간밸리(코트발라)
> · **샤히드갈리(1,800m)** : 무자파라바드~사리안~쇼와이계곡~**샤히드갈리**~카간밸리(수카다르)
> ※ ㉖추갈리(쿠타추갈리; 2,400m)는 무자파라바드~닐룸 지역 간의 산간고개로, 히말라야 주산줄기에서 남쪽
>   으로 갈라진 산릉 곧 두 지역 경계를 구분하는 능선기 상의 고갯마루이다.

 # 파티카(바테카; 830m) : 카호리에서 7km 거리. 협곡 풍경으로 변모하는 닐룸강 닐룸밸리로의 관문으로서 무자파라바드를 출발한 닐룸밸리 여행자들의 첫 기착지이다. 중급규모의 상업도시로서, 출렁다리*로 연결된 닐룸강 건너편에 매일시장(바자르)이 형성되어있어 활발한 왕래가 이루어진다. 비록 단순한 도시의 형태지만 녹지가 풍성하고 산으로부터 빚어져 내려오는 초록이 만연하여 정서적 감성 또한 풍부하다. 인근 수력발전소가 시설되어있어 도시 전역 전력공급이 원활하며 재정적으로도 부유하다. 시내 중심부의 은행가에서는 어디나 그렇듯이 해외로부터의 – **특히 중동국가들과 연관된** – 사업과 송금업무 처리에 분주하다. 금융은 이처럼 활발하나 반면 공장시설은 없어서 도시 분위기가 매우 상쾌하다. 더하여 초록의 숲과 수려한 폭포들로 하여금 여행객들의 발걸음이

저절로 멈추어지게도 된다. 도시전체가 싱그러운 풀내음, 숲향기로 가득하고 주변엔 산자락을 개간하여 물결모양으로 일군 계단논(다락논)이 풍치를 더욱 돋보이게 한다.

> * 지프도 통행가능하다. 닐룸강 일대에는 이렇게 강을 사이에 두고 양안의 지역(마을)간 강물 위에 로프를 설치하여 서로 왕래를 도모하는 곳이 많다. ⇒ 위험해보이지만 한편으론 스릴감도 맛볼 수 있어 처음 방문하는 여행객들에게 매력적으로 다가오기도 한다. 하지만 근자에 대형차량도 통행가능토록 점차 콘크리트다리를 축조함으로써 이러한 옛 풍정은 사라져가고 있는 추세이다.

과거 카시미르의 긴장이 수그러들지 않던 시절- *2000년대 초반까지만 해도* -에는 외국인은 단지 이곳 파티카까지만 여행이 가능했으며 닐룸밸리 방면으로는 더 이상 나아갈 수 없었다. 아울러 자국민의 경우도 닐룸밸리 여행절차가 매우 까다롭고 복잡하며 제약이 많았다. 지금은 내외국인 모두 소정의 절차와 확인– **필요시 군 당국의 승인 절차** –을 마치면 큰 제약 없이 닐룸밸리 일원을 드나들 수 있다. 파티카에는 현재 작은 동물원도 들어서있으며 정부에서 운영하는 여행사숙소(레스트하우스)도 마련되어 있다. (➢ 닐룸강을 따르는 여정 대신 이 파티카를 기점으로 북쪽 바이리(베리)계곡으로 진입, 편잡 히말라야의 마지막 남부산줄기구간 바드리갈리(3,200m) 산악루트를 경유하여 NWFP* 주의 하자라(만셰라) 지역 카간밸리 쇼그란고원으로 넘어가는 여정– **트레킹 또는 지프사파리** –으로 꾸릴 수도 있으며, 달리 북서쪽 마치아라 국립공원*을 경유, 참바르갈리(3,132m)를 넘어 닐룸밸리 자그란계곡으로 곧바로 나아갈 수도 있다.)

NWFP 지경도

* **NWFP** : 이른바 '북서국경지방(주)'를 지칭하는 「North West Frontier Province」의 약칭으로, 북쪽 치트랄 힌두쿠시산맥 지경의 ①**말라칸드** 지역부터 남으로 ②**하자라**, ③**마르단**, ④**페샤와르**, ⑤**코하트**, ⑥**바누**, ⑦**D.I.Khan** 이렇게 7개 권역과 서쪽 아프가니스탄 접경지역 곧 ⑧FATA(Federally Administered Tribal Areas; **연방직할부족지구** – 현 대테러전쟁 수행지)로 일컬어지는 분역까지 총 8개권으로 행정 관리체계가 구분되어있다. 히말라야 산계의 <u>카간밸리는 이 중 ②하자라 지방의 '만세라' 지역에 놓여있다.</u>

* **마치아라국립공원**은 바로 아자드카시미르 무자파라바드 지역과 너머의 북쪽 하자라 만세라 지역과의 경계를 짓는 펀잡히말라야의 마지막 최남단의 산악승경지역으로, 이의 아자드카시미르에서는 「마치아라국립공원(Machiara National Park)」으로서, 달리 하자라 쪽에서는 카간밸리를 포함하여 「사이풀팔룩국립공원(Saifal Muluk National Park)」으로서 각각 지정 관리해오고 있다. '마치아라'는 한편 공원 서부능선 상에 위치한 마크라피크(3,884m)와도 관련이 깊다. 즉, 하자라 지방에서는 '마크라'로서 매겨진 이름을 무자파라바드 쪽에서는 조금 다른 '마츄라/마치라/마챠라' 등등으로 불리는 데서 연유한 명칭인 까닭이다.

판지그란(890m) : 파티카에서부터 시작된 닐룸강 협곡의 수려한 경관이 계속되며, 북쪽 히말라야 말미자락 세리파하르'(세리피크; 3,882m) 일원 마치아라국립공원의 참바르갈리(3,132m)를 통하여 닐룸밸리의 자그란계곡~쿤달샤히 또는 닐룸밸리로의 우회로인 판지그란~쿠타추갈리(추갈리; 2,400m)~레스와~주라 루트를 경유하여 쿤달샤히로 이어갈 수 있다.

* **파하르(Pahar)**는 우르드어/힌디어로 '산'을 뜻하며 펀잡(카시미르)어로는 축약하여 '파르(Par)'로서 표기하기도 한다.

데올리안(데블리안; 910m) : 판지그란에서 노우사리로 향해가기 전 파클라를 지나서 닐룸강 남측 하안에 자리한 동네이다. (☞ 판지그란–파클라–데올리안이 연이어있다.) 예전 목조 출렁다리가 명물로 존재했으나 지금은 콘크리트다리로 교체되어 더 이상 특별한 눈요깃거리를 제공하지 않는다. 데올리안에 특별한 볼일이 없는 한 대부분 그냥 지나친다.

노우사리(나우사다; 940m) : 무자파라바드 지역에서 닐룸 지역으로 넘어가는 곳으로, 다리를 건너면 바로 닐룸지역(칠레아나)의 시작이다. 무자파라바드에서 노우사리 브릿지까지의 닐룸강 하류구간은 약 45km로, 중간의 파티카~판지그란 일대의 경관이 수려하다.

* * * * * * * * * * * * * * * * *

▶ 닐룸 지역

칠레아나(찰리아나; 975m) : 아자드카시미르 주의 닐룸지역(Neelum District)*이 시작되는 곳이다. 즉, 이의 닐룸 지역과 앞선 무자파라바드 지역과의 경계도시로서 자리매김한다. (▶ 노우사리에서 다리를 건너 산모롱이를 돌아서면 바로 칠레아나이다.) 이로부터 닐룸강(키샹강가)을 따라 인도·파키스탄 LOC(Line of Control) 국경도시 할마트까지 200km*에 걸쳐 닐룸밸리의 수려한 경관이 이어진다. 칠레아나는 대리석광산으로도 유명하여 이로부터 무자파라바드를 비롯 파키스탄 각지로 유통된다.

* 아자드카시미르는 총 8개 지역으로 나뉘어져있다. 행정도읍(주도)인 ①무자파라바드 지역을 중앙에 두고 남쪽의 ②바그(Bagh), ③푼치(Poonch), ④수드나티(Sudhnati), ⑤코티(Khoti), ⑥미르푸르(Mirpur), ⑦빔베르(Bhimber), 그리고 이 북쪽의 ⑧닐룸(Neelum) 지역이다. (※ ⑧닐룸은 한편 중심지인 아트무캄에 연유하여 일명 'Athmuqam District'로서도 표기한다.) ※ P311 지도 참조
* 무자파라바드의 도멜(젤룸강 합수부)에서 할마트까지의 즉, 파키스탄 영토 내의 닐룸강 총길이는 245km에 달한다. 이후 LOC를 넘어서부터는 원래명칭인 '키샹강가'로서 곧 카시미르 초타데오사이의 히말라야 내원으로 스며든다.

티트왈 방면

칠레아나에 이르러 또달리 닐룸강의 다리를 건너면 바로 LOC 건너편 인도령 잠무카시미르 티트왈(테트왈)* 지역으로, 바로 이 양국의 경계(LOC)로서 드리운 닐룸강 칠레아나브릿지(티트왈브릿지)를 건너 인도·파키스탄 양국의 카시미르 친인척들이 한 달에 두 번 왕래가 가능한 곳으로 지정되어있기도 하다. (☞ 2005년 이후 인도·파키스탄 양국 및 지방정부의 동의하에 이러한 조치가 이루어졌는바, 단, 해당 카시미르 주민들 왕래에 수반되는 절차가 매우 길고 까다롭고 복잡하여 실제 상봉이 이루어지는 건수는 그리 많지 않다. ⇒ 한국과 다를 바 없다. 곧 한국의 판문각/금강산의 이산가족 상봉장과도 같은 역할로, 더욱 남다르지 않은 분단의 현실과 정서를 공감케 된다.) 칠레아나~쿤달샤히 간 닐룸밸리 하류지역의 주요 마을로는 카지낙, 바리안, 반디, 미르푸라, 레스와, 주라, 이슬람푸라, 참바르(쳄베르) 등이 있으며, 특히 쿤달샤히 남쪽의 참바르는 카시미르 주둔 파키스탄 군병원이 소재한 곳이기도 하다.

* 티트왈은 현지인들과 일부 역사학자들로부터 고대 카시미르왕국의 도읍이었다고도 전해지나 뒷받침할 역사적 자료가 부족하여 단지 '설화'로서만 회자되고 있다.

쿠타추갈리(2,400m) & 레스와(1,800m) / 주라(1,300m) : 무자파라바드 지역 판지그란에서 남쪽으로 굽이치는 닐룸강을 따르지 않고 동쪽 산악도로로 올라 쿠타추갈리(추갈리; 2,400m)를 넘어서면 곧 레스와 마을이 나타나며, 이로부터 산허리길을 따라 주라 마을로 나와 닐룸강과 다시 만나서 쿤달샤히로 이어지게 된다. 곧, 판지그란~쿤달샤히 간을 우회하여 왕래하는 산악루트로서 바로 대히말라야-펀잡히말라야 산맥이 닐룸강으로 맥을 가라앉히기 전 마지막 산괴인 춘지파하르(춘지피크; 3,450m)의 남단을 통과하는 구간이다. 고갯마루에 정차하여 왕복 5~6시간 가량의 춘지파하르 하이킹으로 탐승해볼 수도 있으며 나아가 북쪽 마치아라국립공원의 세리파하르(세리피크; 3,882m)까지 산악트레킹으로 나설 수도 있다. (※ 국경지대의 산봉이라 사전 군 당국의 출입(등산)허가를 받아야 할 수도 있다.)

쿤달샤히(1,350m) : 닐룸지역의 중심지 아트무캄에 이르기 전 북서쪽에서 내려온 자그란계곡의 물길이 합류하는 지점으로, 아트무캄과 더불어 시장과 상점이 잘 발달해있어 닐룸밸리 여행의 필요물품 구비에 용이하다. (※ 실상은 단지 소도시지역이었던 지역이 파키스탄군의 카시미르 군사작전중심지'로 자리매김하면서 그로 인해 군인들과 더불어 오가는 인원도 많아지고 점차 상업규모도 커지며 인구도 늘어나 더욱 북적거리는 상업지역으로서의 면모를 갖추게 되었다.) 정류장 부근에는 수작업으로 지어진 통나무집

쿤달샤히 중앙거리

숙박시설(레스트하우스)이 있으며 서쪽강변 도로변에는 대형 제재소도 들어서있는데, 이로부터 닐룸밸리의 가장 아름다운 골짜기-이른바 '닐룸 3대계곡'-의 하나인 북쪽 자그란계곡으로 진입할 수 있다.

* 칠레아나~쿤달샤히 구간에서 LOC는 닐룸강과 거의 붙어서 가거나 매우 근접하여 이어지다 미르푸라를 지나 쿤달샤히로 들어서면서는 LOC는 다시 수킬로미터 남쪽으로 물러난다. 이로 인해 쿤달샤히는 인도군 포격권 밖의 비교적 안전한 지대로 인식되어, 공식적인 닐룸지역 중심지 아트무캄 소재의 주요 관청들이 한 때 이 쿤달샤히로 옮겨와 행정사무를 담당했던 적도 있다.

◇ 키안샤리프 : 성자 '키안샤리프(Kian Sharif)'의 이름을 따서 지어진 쿤달샤히 인근에 위치한 작은 마을. 그로 인해 일명 '성자의 땅'이라고도 일컬어져 매년 '우르스'- *이슬람 전통의 혼례 축제; 이슬람 지도자 후세인의 혼례일을 기리는 것으로부터 유래* - 예식 때면 카시미르와 파키스탄 각지에서 온 사람들로 북새통을 이루기도 한다.

◇ 쿠탄(쿠톤; 1,650m) : 자그란밸리 여정의 첫 번째 탐승지역으로 쿤달샤히에서 약 10km 거리에 위치, 도보 3시간 정도 소요된다. (또는 지프로도 이동가능하다.) 인근에 파틀리안사르(호수)'가 위치하여 쿠탄에서 가볍게 다녀올 수 있다. 쿤달샤히와 아트쿠캄 지역에 전력을 공급하는 소수력발전 시설이 또한 이 쿠탄에 있으며, 아울러 자그란계곡변 경관좋은 터에 수력개발국(HPM)'에서 운영하는 숙박시설(레스트하우스)과 아자드카시미르

쿠탄 자그란계곡의 소수력발전 댐

관광국에서 지은 여행자숙소가 있다. (※ 2005년 대지진 당시 모든 시설이 파괴된 이래 현재 대부분의 건물들은 이후 새로이 지은 것들이다.)

* 닐룸밸리에 '파틀리안'이라 이름붙은 호수(사르)는 두 곳이다. 하나는 위의 자그란밸리 쿠탄 서쪽의 파틀리안호수이고 다른 하나는 어퍼닐룸 북쪽 라왓밸리의 파틀리안(파틀라파니)호수로서, 후자가 더 유명하고 여행객들로부터 인기가 높다. 닐룸지역에 라티갈리가 두 군데인 것처럼 이 파틀리안이란 지명 역시 두 곳임을 알고 헷갈리지 말 것.
* HPM : Hydro Project Management

자그란계곡은 일명 '송어의 계곡'이라 하여 그만큼 "물 반 송어 반"이라 불릴 만치 송어가 많은 곳으로, 쿠탄 인근과 쿤달샤히에 주정부 어업부(수산부) 산하의 송어부화장이 세워져있기도 하다. 여행적기는 4월~10월이며, 자그란 마을 언덕부에 오르면 더욱 빼어난 경치를 조망할 수 있다.

🔺 **자그란계곡** : 닐룸 3대계곡의 하나로 로어(Lower) 닐룸밸리의 핵심구간이다. 쿤달샤히에서 북쪽 히말라야산계로부터의 파틀리안계곡, 가티계곡, 시카르계곡, 칼라파니계곡 등등의 크고작은 골짜기가 내려와 합쳐져 빚어진 수려한 계곡으로, 맑은 계곡과 폭포수가 쏟아내리는 계곡가엔 관광호텔 & 휴양시설(Tourist Resort)이 들어서있으며 골깊은 협곡풍정이 하얀 설릉을 이고 있는 히말라야 연봉들의 배경과 맞물려 더욱 인상적으로 다가온다. 자그란계곡 내에 쿠탄, 자그란, 투니안, 켄시(간시) 등 산악오지와 더불어 쿠탄 서쪽 닐라갈리(쿤디말리) 방면 파틀리안호수가 찾아볼만하다. 등산/트레킹을 위한 여정을 잡기에도 안성맞춤으로 해발 1천5백~4천미터대에 이르는 자그란밸리 산악구간 각 골짜기마다 유명 트레일이 산재해있다. 특히 북쪽 히말라야 산줄기 너머 하자라(만셰라) 지역 카간밸리로 넘어가는 파틀리안계곡~닐라갈리(쿤디말리; 4,330m), 가티계곡~가티갈리(비츨라갈리; 4,420m), 시카르계곡~시카르갈리(4,230m), 칼라파니계곡~칼라파니갈리(4,530m) 트레일은 트레킹을 좋아하는 사람이라면 한번 탐승해볼만한 좋은 루트이다. 연중 맑은 물이 흐르는 계곡 일원에는 송어가 많아 낚시를 겸한 여행으로도 많이 찾는다.

◇ **자그란(2,000m) / 투니안(2,200m) / 켄시(간시; 2,400m)** : 쿠탄에서 자그란계곡 북쪽으로 거슬러오른 자그란, 투니안, 켄시(간시) 일원은 자연관광과 더불어 산악체험여행의 요람으로서 매겨진다. 특히 북쪽으로 히말라야 산줄기를 넘는 칼라파니갈리(4,530m), 시카르갈리(4,230m), 가티갈리(비츨라갈리; 4,420m)로의 트레킹 여정은 더욱 매력적이다. 대히말라야의 긴 여로가 바로 이 자그란밸리에서부터 비롯 내지는 갈무리되는 것이라 하겠다. 아울러 이들 히말라얀패스를 넘어 다른 지경인 하자라(만셰라) 카간밸리로의 여정을 계속할 수도 있다.

자그란밸리 여행의 거점 쿠탄 마을

자그란밸리 북부 가티갈리 방면 히말라야 설산령(쿠탄에서)

샬켈라(샬칼라; 1,360m) : 쿤달샤히에서 닐룸강 상류 아트무캄 방면으로 3km 거리에 위치한다. 마을은 주도로에서 벗어나 닐룸강 건너편 남쪽에 터잡고 있어 번잡함을 벗어나 한적함을 찾는 여행자들의 호감을 당긴다. 주정부 어업부 산하의 송어부화장이 있으며, 아울러 숙박 가능한 레스트하우스와 롯지(통나무집) 등이 마련되어있다.

샤코트(1,370m) : 샬켈라 지나 아트무캄 직전의 마을이다. 닐룸강에 합류하는 북서쪽 쿠타(카타)계곡을 따라 올라 쿠타페란, 밍갈, 칼코르 등지의 마을로 갈 수 있으며, 도가파하르(4,200m) 트레킹/등반을 위한 진입로가 된다.

> ◇ 쿠타페란(1,500m) & 밍갈(1,570m) & 칼코르(1,580m) : 쿤달샤히~아트무캄 도중 샤코트에서 북서쪽으로 쿠타계곡을 따라 올라간 곳에 위치한 작은 마을들. 지프도로가 나있으며 도가파하르(4,200m) 트레킹/등반 기점으로 삼을 수 있다. 밍갈과 칼코르는 쿠타계곡의 마지막 마을들로, 그로부터의 물줄기는 아래의 샤코트와 아트무캄 지역의 상수원이자 관개용 농업용수 역할을 한다. 수려한 풍광을 보이는 계곡 곳곳에 폭포지대가 형성되어 있으며, 아울러 이 쿠타계곡의 마을들 또한 나름 독특한 경작풍토와 도예문화를 갖고 있기도 하다.

아트무캄(1,371m) : 쿤달샤히에서 10km 거리에 위치한다. 닐룸지역의 행정중심지로서 아트무캄(Athmuqam)은 '여덟(Ath)번째 기착지/도시(Muqam)'라는 의미이다. 강 건너편 아트아이(Athai) 지역 포함 전체인구 약 2만명- 아트무캄 도심지역 약 8천명 -으로 은행, 바자르(매일시장), 병원, 대학, 우체국, 통신(국제전화)사무소 및 여행자숙소, 관광호텔 등 다양한 문화·편의시설을 구비한 소도시로서 자리매김하고 있다. 아울러

아트무캄

고등교육시설- *한국의 고등학교에 해당* -로 사립 컬리지스쿨(College School) 1곳과 정부운영 공립학교(Governmental College) 2곳이 있으며, 이 외에 정부 또는 개인이 운영하는 연구소가 운영중으로 주민들 중 상당수는 이들 사업처의 직원들이거나 고용된 일꾼들이며 나머지는 주로 농업에 종사한다.

지형적으로 사방이 녹지언덕으로 둘러싸인 움푹한 분지 안에 들어앉은 형국으로, 이로부터 옛 선사구전에 따르면 이 아트무캄 일대는 닐룸강 유역의 한 왕국(공국)의 도읍으로 회자될 만큼 가장 크고 발전된 번화한 도시였으나 후에 홍수에 휩쓸려 무너지면서 폐허가 되었다고 한다. - *실제 이러한 구전을 뒷받침하는 증거(유물/유적)들이 각지에서 발굴, 출토되고 있다.* - 근대사로 들어와서는 무굴제국 종식 후 더욱 많은 인도 각지의 사람들이 이주해와 터전을 이루기 시작하면서 다시금 지금과 같은 도시의 면모를 갖추게 된 것으로 알려져 있다. 이같은 입지로부터의 분위기 또한 대체로 조용하고 평온하여, 떠들썩하지 않은 호젓한 여행을 즐기는 이들에게 안성맞춤인 곳으로 매김한다.
(✓ 그러나 이 아트무캄 일대 역시 닐룸밸리의 독특한 경관과 풍토, 그윽한 아름다움을 지닌 여행매력이 충만한 곳임은 틀림없지만서도 한편으론 인도령 카시미르에 밀접한 접경(LOC) 지역임을 간과할 수 없기에 때로 서로간 민감한 상황에 의거 부득불 여행이 제한되기도 한다.)

아트무캄 정류장

무자파라바드에서 아트무캄 행 대중교통(버스/밴/지프)편이 매 15분~1시간 간격으로 운행하며 (※ 2011년 기준), 이어 닐룸밸리 상류지역으로의 여행은 역시 매일 운행하는 대중교통편을 이용해서 해도 좋으나 일행이 여럿이라면 아트무캄에서부터 지프차량을 대절하여 나서는 게 제대로 관광을 즐기기에 좋다. 특히 최동단 카시미르의 국경도시 자나와이, 사르다리, 할마트, 타오밧으로의 여정은 닐룸밸리의 때묻지 않은 가장 아름다운 승경지를 찾아 나서는 여행으로서 새겨지게 될 것이다. 여행자를 위한 레스트하우스 등 숙박시설은 히말라야 줄기로부터 흘러내린 서쪽언덕받이에 위치한다. 숙소건물들 또한 예쁘게 단장한 통나무집 목조건물들로서, 이곳 아트무캄부터 닐룸강 상류지역으로 올라갈수록 이러한 전형적인 카시미르양식의 2층구조 통나무집 형태의 목조가옥들이 차차 많이 나타나기 시작한다. 도심을 벗어나 북서쪽 쿠타밸리 방면으로나 또는 닐룸강 건너 남동쪽 라오타밸리 방면 구투르(구테르)* 등지의 다양한 아트무캄 근교하이킹에 나서볼 수 있으며, 특히 경관이 뛰어난 북쪽 도가파하르(4,200m) 일대 산악고지대에 휴게공원 및 여행객을 위한 게스트하우스단지 조성 프로젝트도 추진중이다.

* 단, 라오타계곡의 구투르(구테르) 지역은 LOC 접경이 지척이라 때때로 출입에 제한이 따르기도 한다. 사전 출입가능 여부를 확인하고 나서도록.

케란(카이란: 1,520m) / 닐룸(1,560m) : 통칭하여 이른바 '닐룸'이라고 불리는 곳으로 무자파라바드에서 차로 3시간, 아트무캄에서는 – *약 10km 거리* – 30분 정도가 소요된다. 남쪽의 옛 카시미르왕국의 도읍으로 회자되는 티트왈과 함께 북쪽에 위치한 이곳 또한 이의 닐룸밸리의 가장 역사적인 도시의 하나로 기억된다. 아름다운 강변자락에 자리한 케란은 달리 로어닐룸(Lower Neelum)으로서도 일컬으며 그로부터 약 2.5km 상류지역 낙다르계곡 초입에 자리한 닐룸마을 일대를 어퍼닐룸(Upper Neelum)이라 하고 이로부터 닐룸강 상류의 본격적인 닐룸밸리 승경지역이 펼쳐지기 시작한다. (∴ 이 어퍼닐룸 곧 닐룸 마을은 닐룸밸리의 가장 아름다운 마을의 하나로 언급되는바 그로써 이름하야 '닐룸-강', '닐룸-밸리'라는 필명이 비롯되었음이다.) 바자르(매일시장)와 우체국, 통신(공중전화)사무소가 있으며 케란-닐룸 일원에 케란리조트(AK 관광청 운영), 닐룸밸리호텔 등 고급형호텔과 더불어 절약형(Budget)호텔들도 다수 들어앉아있어 다양한 형태의 여행객들이 많이 들렀다 간다. 아울러 동물원과 놀이공원도 조성중이며, 나아가 관광자원활성화 시각에서 더욱 각별한 관심을 보이는 AK 관광청에서는 이러한 닐룸 일대의 매혹적인 관광매력에 기반하여 케란-닐룸 전역을 휴양공원(리조트)화하려는 관광개발프로젝트를 추진중이다.

케란(로어닐룸)

닐룸 상부마을(어퍼닐룸)

한편 바로 앞 닐룸강 건너편은 인도령 잠무카시미르 티트왈 지역으로서 출입할 수 없다. 이의 국경(LOC)으로 진입하는 닐룸강 교량은 군에서 축조한 것으로 인도·파키스탄 양측 병사들이 경계를 서고 순찰을 도는 모습을 볼 수 있으며, 닐룸 마을 뒤편 하이킹코스를 통해 전망능선 위에 올라서면 닐룸밸리 남동쪽 너머로 인도령 잠무카시미르 스리나가르 분지의 모습이 아련히 들어온다.

◇ **낙다르(1,650m)** : 닐룸 북서쪽 해발 4,650m의 라타파하르에서 남동쪽 닐룸 방향으로 흘러내린 골짜기 내원의 마을로. 케란 서북향 약 15km에 이르는 계곡구간의 중앙부에 자리한다. 조금은 번잡한 케란의 상업지구로부터 벗어나 골 안쪽으로 들어앉아있어 더욱 호젓하고 한적한 아름다움이 깃든 곳이며 아울러 간벌(삼림벌채)지역으로부터도 비교적 동떨어져 있어 자연주의 여행자들에게 더욱 인기를 끈다. (⇒ 닐룸강 쪽에서 보면 마치 아무도 드나들지 않는 골짜기처럼 보이나 실제 두어 시간 계곡을 따라 올라가면 주민들이 사는 낙다르밸리의 마을들이 나온다.) 마을 일원 대규모 경작지에서 재배하는 옥수수, 콩 산지로 유명하며 이 곡물들은 인기리에 닐룸지역 각지로 팔려나간다. 수차(물레방아)를 이용한 방앗간도 계곡자락 곳곳에 많이 보인다. 이곳 낙다르 주민들 상당수가 교직 및 교육산업에 연관되어있다는 점 또한 특징이다.

지프차량으로 산악도로를 따라 낙다르밸리 내원으로의 여행도 가능하나 자연주의여행 관점에서는 도보여행-트레킹이 답이다. 낙다르밸리에서 북동방면으로 해발 3,200m 능선마루에 오르면 장쾌한 히말라야 연봉이 북으로, 그리고 동쪽과 남쪽으로는 너릇한 잠무카시미르의 스리나가르 분지가 드리운다. 낙다르에서 왕복 5~6시간 정도 소요되며 고소증세가 나타날 수도 있으니 천천히 오르도록. 라타파하르(4,650m) 일대 능선전망지로 오르고자할 경우 왕복에 2일 이상이 소요되며 해발 4천미터가 넘는 고산이라 빠르게 오를 경우 급성고소증(HAS/AMS)이 우려될 수 있다. ⇒ 안전한 산행(고도순응)을 위해 해발 2천5백~3천미터대 일원에서 하루이틀 머물면서 진행하는 캠핑트레킹을 권장한다.

🏔 **닉론밸리** : 케란(닐룸)~다와리안에 이르는 도중의 닐룸강 협곡구간을 일명 '닉론(니크론)밸리'로서도 지칭한다. (☞ 지역방언에 기인한 발음차이로 곧 닐룸→닉룸→닉론으로(또는 그 반대 즉 닉론이 닐룸으로') 변용된 것으로도 보인다.) 다른 한편으론 닐룸 북서골짜기 낙다르밸리를 이 닉론밸리의 다른 이름이라고도 하고, 혹은 다와리안으로 향하는 도중 북쪽으로 휘어올라간 라왓밸리를 달리 닉론밸리라고 지칭하는 경우도 있다. 어쨌거나 닉론=닐룸이 다르지 않음으로 해서 곧 이의 닐룸밸리 전역을 닉론밸리로서 동일시한다 한들 틀릴 것은 없다 하겠다.

* 실은 닐룸의 원 명칭이 바로 이 '닉론'이었을 듯싶다. 곧 이의 지명 닉론→닉룬/닉룸의 발음에서 연상되었을법한 다소 추상적인 '푸른(Neela) 사파이어(Um/Am)'라는 관념이 이 일대 계곡의 풍정과 감성에 꼭 들어맞아 그로부터 일명 '닐룸'으로서 후대에 변착되었을 가능성이 높다고 본다.

닉론(닐룸)계곡과 추라피크(3,720m)

라와트(1,630m) : 닐룸~다와리안 중간의 **쿤디안**에서 북쪽 추타리계곡~파틀라파니갈리 (4,260m) 방면으로 오르는 길목에 위치한 마을이다. 양 옆 케란(닐룸)과 다와리안 계곡의 유명세에 눌려 이 라와트(라왓) 골짜기는 그리 많은 여행객들이 찾아들지는 않는다. 하지만 파틀라파니갈리를 통해 카간밸리로 넘어가는 히말라얀 패스 트레일은 나름 탐승해볼만한 가치가 있다. (2~3일 일정)

쿤디안 강변(라와트 들머리)

다와리안(도와리안; 1,670m) : 닐룸(케란)에서 약 13km 거리에 위치한 곳으로 주변엔 울창한 침엽수림이 감싸고 있다. 북쪽 다와리안계곡을 따라 트레킹에 나서 데스차티갈리(4,120m), 라티갈리(라히르갈리; 4,200m)를 넘어 하자라 (만셰라) 지역 사이팔물룩국립공원 카간밸리의 나란/랄라자르 방면으로의 여정을 기획할 수 있다. 도중 닐룸 가모트국립공원 지역의 산상호수 다리안사르(3,700m)와 라티갈리사르 (바르카티아사르; 3,830m)를 들러볼 수 있으며, 드넓은 산상고원에 펼쳐진 이 호수들은 규모는 작지만 풍경이 아름답고 수질이 깨끗하여 많은 관광객들이 찾는 명소로서 자리매김하고 있다. 그로부터 라티갈리 언덕마루에 통나무집 숙박시설도 두 곳 – Forest Resthouse /

다와리안계곡

Angler's Hut – 마련되어있다. (✓ 다리안계곡 트레일로 이곳까지 보통 1박2일 일정으로 추진되며, 다와리안으로 원점회귀하는 경우 동키카라반– *마을에서 나귀와 마부를 고용* – 형태로 진행할 수도 있다. 카간밸리로 넘어갈 시 2박3일 일정으로 진행케 되며, 또는 라티갈리 경유 북쪽 누리나르갈리 방면으로 진행하거나 누리나르~수르곤계곡으로 하산하여 샤르다로 돌아내려오는 3~4일 기간의 라운드 트레킹으로서도 계획할 수 있다.)

두드니알(1,830m) : 닐룸밸리의 다와리안~샤르다 구간 중간지점의 경유지로서 다와리안에서 약 10km 거리– *아트무캄에서 32km* –에 위치한다. 다른 곳들과 달리 북쪽 히말라야에서 내려오는 큰 계곡이 없이 산릉 돌출부가 닐룸강변에 잦아들면서 이의 닐룸강을 끼고 양안에 아름답게 자리잡은 마을지경으로 빚어져있다. 주민 대부분이 자작농으로서 특히 감자 주산지로 유명하며 아울러 많은 주민들이 또한 정부사업 또는 개인 자체사업으로 부수입을 얻으며 살아간다. (※ 남쪽으로 잠무카시미

두드니알 강변

르의 스리나가르 분지로 넘어가는 두 개의 큰 골짜기가 있으나 이 역시 LOC에 막혀 통행할 수 없음이 안타깝다.)

샤르다(1,980m)
: 두드니알에서 약 20km 거리에 있다. 닐룸강 건너 북쪽으로 샤르다왕국 공주의 전설이 깃든 두 봉우리 샤르다(4,430m), 나르다(5,013m)가 바라보인다. 닐룸밸리의 가장 아름다운 그림같은 풍경을 지닌 곳으로, 겨울이면 꽝꽝 얼어붙는 청정계류 그러나 여름철 녹음우거진 계절에 찾았다면 이의 싱그러운 계곡 양안을 따라 정원처럼 펼쳐진 파릇한 녹지를 단지 산보만 하면서 보낸다한들 단 며칠만 이곳에 머물러도 돈값어치는 충분 할 듯. 닐룸강을 따라 형성된 계곡부의 경관은 강자락으로 흘러드는 크고작은 계류들과 그들 갈래친 골골이 우거진 무성한 숲과 초지로 덮인 비알자락과 언덕들, 그리고 비탈결을 개간하여 물결치듯 일군 아름답고 풍요로운 산간경작지의 풍경으로 더하여진다. 샤르다 또한 역사도시로서, 9세기경에 꽃피운 힌두문명 샤르다 문자(경전)가 발견된 곳이며, 아울러 동양에서 가장 오래된 퇴락한 옛 불교대학(샤르다대학)의 유적이 남아있기도 하다. (∴ 성곽을 뺀 나머지 부분은 현재 폐허로만 남아있다. 고고학과 역사학에 조예가 깊은 이들이 많이 찾아온다.) 닐룸강 남단에 위치한 이곳에 이르기 위해서는 현수교 출렁다리를 건너서 들어서야 하는데, 흔들거리는 강물 위에서 만끽하는 풍경과 기분 또한 잊지 못할 여행의 묘미다. 주 관광청에서 운영하는 중급 레스트하우스 시설이 샤르다에 갖추어져있다.

겨울 샤르다의 설경

샤르다의 고대 불교대학 유적지

✧ 카리감(2,050m)
: 샤르다의 닐룸강 건너편 수르곤계곡부의 초입에 위치한 마을로서 북쪽 하자라(카간밸리), 디아메르(칠라스밸리)와의 경계구인 누리나르갈리(잘카드갈리), 사랄갈리(조르디갈리), 가나이갈리, 비아갈리, 수랑간갈리 방면에서 내려와 합세하는 **닐룸 3대계곡의 하나 수르곤계곡**이 바로 이 샤르다 닐룸강 건너편 카리감에서 합류한다. 곧 역으로 거슬러 올라 수르곤에서 서쪽 누리나르갈리(3,950m)를 넘어 카간밸리(랄라자르 방면)로, 또는 계속 수르곤계곡을 따라 올라 북서쪽 사랄갈리(4,450m)나 가나이갈리(4,057m)를 경유 카간밸리(랄라자르·바부사르 방면)로 넘어가거나, 북쪽 카막도리계곡 방면으로 올라 비아갈리(4,170m) 혹은 수랑간갈리(4,590m)를 통해 디아메르의 칠라스, 부나르 지역으로 넘어가는 이의 **히말라얀패스 트레킹**을

수르곤밸리 상류부의 사랄호수(가모트국립공원)

계획해볼 수 있다. (※ 디아메르 부나르 방면 루트는 KKH에 이르기 전 할랄레이에서 동쪽으로 낭가파르밧 디아미르사이트(디아미르 B.C.) 방면으로도 연계 확장하여 트레킹을 진행할 수도 있다. ☞ 낭가파르밧 서키트편 참조.) 닐룸지역 「가모트국립공원(Ghamot National Park)」은 바로 이 북쪽 수르곤 골짜기와 삼림지대를 엮어 서쪽의 다리안밸리와 함께 묶어 지정 관리되고 있다.

켈(카일; 2,100m) : 샤르다에서 약 20km 거리에 위치. 닐룸 3대계곡 숀타르계곡이 합류하는

닐룸강 북단의 마을로 바자르, 은행, 병원, 컬리지스쿨, PCO(Public Call Office; 통신사무소-국제통화 가능) 및 다양한 관광숙박시설이 갖추어져있다. 아자드카시미르지역 등반/트레킹의 전초마을로서 곧 아자드카시미르의 최고봉 사라왈리(토샤인; 6,424m) 등반, 아자드카시미르 최대의 빙하 사라왈리빙하 & 숀타르빙하 트레킹 등 다양한 산악프로그램의 출발기점이 된다. 더불어 숀타르계곡 동북방 우틀리도멜(어퍼도멜)에서 치타카타호수로 가

는 트레일도 유명하다. (※ 이러한 산악지역으로의 트레킹 시에는 켈에서 말/나귀를 고용하여 카라반 형태로 다녀올 수도 있다. 한편 우틀리도멜~치타카타호수 간 산악도로도 나있으나 보통 트레킹으로서 많이 탐승에 나선다. 아울러 이 숀타르밸리 일대에 7개의 크고작은 산악호수가 깃들어있음을 아울러 피력한 바 있다. ▶ ①치타카타호수 / ②룬다호수 / ③숀타르호수(스푼레이크) / ④사라왈리 빙하호 / ⑤아스만바익호수 / ⑥바분호수 / ⑦파리안호수)

기상조건이 무난하다면 무자파라바드에서 켈까지는 버스가 매일 운행하며, – 단, 고급형 밴(Van)은 아트무캄까지만 운행 – 켈에서 이후 할마트-타오밧까지는 보통 지프형 승합차량으로 운행한다. (※ 켈 이후 여정은 대중교통편보다는 여럿이서 지프를 빌려 여행하는 게 편리하다. 아울러 닐룸밸리 내원의 더욱 깊숙한 산악지역으로의 여정 시에는 위에 언급한 것처럼 방문하는 각 현지마을에서 말/나귀를 고용하여 카라반 형태로 나서는 것도 권할만하다.) 켈을 지나 자나와이, 폴로와이, 사르다리, 할마트, 타오밧 구간은 닐룸밸리의 가장 아름다운 지경으로서 일명 **'구라스국립공원'** – 공식명칭「Musk Deer Gurase National Park」로 지정하여 관광자원보호 및 지역경제활성화를 도모하고 있기도 하다.

🔺 **숀타르계곡** : 디아메르 방면 바라이갈리(4,325m), 낭가파르밧으로 향하는 편잡히말라야의 본줄기 곧 아자드카시미르 최고봉 사라왈리(토샤인; 6,424m) 산군, 아스토르 방면 치찰갈리(4,971m) & 숀타르갈리(쇼운터패스; 4,563m)에서 내려오는 계곡들이 모여 이루어진 웅장한 골짜기다. (※ 바라이갈리 방면에서 내려와 합류하는 서쪽 분다르계곡을 구분, 단순히 동쪽 곧 숀타르(타를리도멜=로어도멜)~우틀리도멜(어퍼도멜)* 일대의 골짜기 구간만을 이의 숀타르밸리로 일컫기도 한다.) 매우 아름다운 풍광을 지녔으며 달리 쇼운터밸리/산두르밸리로서도 지칭한다. 아울러 이곳 첩첩한 산악오지의 마을주민들이 착용하는 고유의 전통의상 또한 여행객들의 관심을 끌어모은다. (☞ 과거 카시미르왕국의 전통으로부터 이어져 내려온 각 부족 간 고유의 의복문화로서의 연구가치가 높다.)

우틀리도멜(어퍼도멜)

해발 3천미터의 고산마을 숀타르 인근에 위치한 숀타르호수(스푼레이크) – *마치 숟가락같은 모양이라 하여 그러한 별칭이 붙었다.* –는 달리 산두르호수라고도 하며 규모는 작지만 풍치가 뛰어나다. 우틀리도멜(어퍼도멜)에서 트레킹으로 동쪽 치타카타호수(4,100m)나 북쪽 사라왈리(6,424m) B.C., 숀타르빙하 방면으로 다녀올 수 있으며, 동북방 숀타르갈리(쇼운터패스)를 넘어 미르말릭계곡 방면 아스토르 지역으로의 여정을 기획할 수도 있다. (➤ 아스토르밸리 방면 확장트레킹 시 즉, 켈~숀타르계곡(치타카타호수 포함)~숀타르갈리(쇼운터패스)~미르말릭계곡~아스토르 행 여정에는 대략 6~7일 정도의 일정이 필요하다. 치찰갈리 트레일 역시 소요일정은 비슷하나 고도가 좀 더 높고 빙상구간 및 크레바스 통과지역도 있어 철저한 준비가 필요하다. 사라왈리빙하(사라왈리 B.C.)·숀타르빙하까지 탐승 후 아스토르밸리로 넘어가고자 한다면 3~4일의 추가일정이 더 필요하다.)

숀타르사르(Spoon Lake)

룬다사르

치타카타사르

숀타르계곡

숀타르빙하 트레일

사라왈리 B.C.(중앙: 사라왈리(토샤인))

* 타를리도멜(로어도멜) = 분다르계곡(서쪽)+숀타르계곡(동쪽) 합류부 / 우틀리도멜(어퍼도멜) = **파틀라파니계곡**(서쪽)+숀타르계곡(동쪽) 합류부. 즉 이러한 각 계곡(물줄기)들의 합류부를 '도멜(도마일)'이라 한다. 곧 우리 옛말 '아우라지'나 '합수목이' 등과 같은 이곳 현지식 표현이라 할 수 있겠다. (※ **파틀라파니**는 앞서 쿤디안 라왓밸리 최상부의 고개 파틀라파니갈리(4,260m)와는 연관이 없다. 이 또한 단지 동명의 – 유사한 지리/지형에 입각한 – 다른 지명일 뿐이다.)

◇ **아랑켈(2,550m)** : 켈 남쪽 닐룸강 건너 약 450미터 언덕위에 자리한 마을로 경관이 빼어나다. 남쪽 능선너머로는 바로 인도령 잠무카시미르의 지경이다. 닐룸강 건너 바로앞 북서쪽 바분피크(4,674m)와 북쪽 나르다피크(5,157m)너머로 사라왈리피크(6,424m)가 조망된다. (※ 해발 5,157m의 나르다는 옛 샤르다왕국 공주의 전설이 깃든 봉우리로 샤르다 왕국의 역사와 맥을 같이 한다.)

아랑켈

자나와이(2,280m) : 켈~할마트 구간의 중간마을- *켈에서 약 20km 거리* -로서 주민들은 셰나어의 일종인 칠라스어를 구사한다. 주변 경관이 아름다우며 지나는 도중 북쪽 만년설산의 빙하풍경이 바라보인다.

폴로와이(2,330m) : 할마트로 향하는 자나와이 다음 마을로, - *자나와이에서 4km* - 동일한 칠라스어를 방언으로 사용한다. 북쪽으로 고산지대 만년설산의 풍광이 가까이 바라보이고, 북동쪽 골짜기 (사르왈라*계곡 & 사크말계곡)로 진입하면 히말라야 줄기의 사르왈라갈리*(4,292m)와 라티갈리 (칼라파니갈리*; 4,294m)로 이어지는 트레일을 따라 아스토르밸리로 넘어갈 수 있다.

* '사르왈라'계곡/갈리는 사라왈리피크(6,424m)/사라왈리빙하와는 관련이 없다. 단지 이름이 같은(비슷한) 계곡일 뿐이다. 라티갈리/칼라파니갈리 역시 마찬가지다. ⇒ 다리안밸리의 라티갈리(4,200m), 자그란밸리 (칼라파니계곡)의 칼라파니갈리(4,528m)와 혼동치 말 것.

자나와이　　　　　　　　　　폴로와이브릿지　　　　　　　　　사르다리

사르다리(2,400m) : 이 역시 켈~할마트 가는 도중의 - *폴로와이에서 약 8km* - 아름다운 마을이다. (※ 켈 이전 '샤르다'와 혼동치 말 것.) 여기서부터 동쪽으로 할마트~타오밧~두드가이 일원은 앞선 자나와이, 폴로와이의 칠라스어와는 또 다른 아스토르 지역방언과 동일한 셰나어를 사용한다.

할마트(2,450m) : 켈에서 38km거리- *사르다리에서 6km* -에 위치한다. 인도령 잠무카시미르와의 국경마을로서 이의 닐룸밸리 동단의 **켈~할마트** 일대를 단순히 '**할마트밸리**'로서도 지칭한다. (☞ 이 구간상의 자나와이, 폴로와이, 사르다리, 할마트 중에서 할마트가 가장 인상적으로 자리매김하는 것에 기인한 호칭이다. 물론 자나와이, 폴로와이, 사르다리 역시 아름답고 그윽해마지않은 전원마을이다.) 이로부터 할마트~타오밧 일대 카시미르 고유의 전통 가옥구조/건축양식이 돋보이며 학술적으로도 연구 가치가 높다. 켈~할마트 구간 이동에 약 4시간이 소요되는바 도로상태는 덜컹거림이 심하고 먼지가 많이 일며 때로 도로상의 너저분한(공사판) 풍광도 많이 엿보인다. 도중 작은 지류계곡과 폭포 지대도 통과하게 되며 한편으론 이 닐룸밸리로 흘러내리는 북쪽 몇몇 **빙하**'의 모습도 가늠된다. 할마트에도 여행객을 위한 숙식편의시설이 마련되어있다. 또한편 이 할마트밸리(켈~할마트)부터 이후 타오밧-두드가이 일대까지를 환경보호 및 지역민 경제부양을 위해 이른바 '**구라스국립공원**' 으로 지정하여 관리해오고 있기도 하다.

* 자나와이 전·후 구간에서 잘 가늠되며 특히 폴로와이 지역을 지날 때 북동방면 라티갈리빙하의 광경을 목도 할 수 있다.

아자드카시미르 지역의 빙하(규모순)

- 사라왈리빙하 & 숀타르빙하 : 사라왈리(토샤인; 6,424m) 남부
- 파르밧빙하 : 숀타르밸리 동부 하리파르밧(5,394m) 남부(치타카타호수 빙원) 및 북부
- 라티갈리빙하 : 라티갈리(구라스국립공원) 북부
- 미아니치빙하 : 샤르다 북부 나르다피크(5,157m) 일원
- 다리안빙하 : 다리안밸리 루타파하르(4,532m) 일원(다리안호수 부근)

할마트

타오밧(타오붓트)

타오밧(타오붓트; 2,490m) : 아자드카시미르 닐룸밸리의 종착지이다. – 할마트~타오밧 약 7km – 때묻지 않은 자연경관과 초목의 풍경이 다른 어느 곳보다 인상적인 곳으로, 초록이 무성한 여름철이 최적의 방문시기이나 종종 산사태와 하천범람으로 진입로가 끊기기도 한다. 이후 9월말~이듬해 4월까지 약 6~7개월간은 설국으로 변하는 겨울기간으로 주민들은 특히나 가장 추운 한겨울 4개월 동안 스스로를 위한 식량과 가축들 먹일 사료들을 집에 보관해놓곤 집 안에서 함께 생활한다. 이 시기에 남자들은 한편 돈을 벌러 다른 곳으로 일을 나가기도 하여 그로부터 여름철 수확시기가 돌아오면 다시 집으로 돌아오게 되므로 그때까지 대개 여자와 아이들만 홀로 남아있는 경우가 많다.

타오밧에는 붉은색으로 지붕을 물들인 목조가옥들이 듬성듬성 자리하여 고지대에서 바라보면 마치 달력사진에서나 본 듯한 스위스 알프스의 마을을 연상케 한다. 타오밧 북동골짜기(차트리계곡) 방면으로 차트리마르사르(3,650m), 푸리안사르(3,800m) 등 고산호수 트레킹(왕복 2~3일 코스)에 나서볼만하며, 또는 서쪽 두드가이계곡을 거슬러 두드가이칼 수림지대로 여정을 이어가거나 계속해서 두드가이갈리(3,850m) 넘어 아자드카시미르 닐룸 지역 마지막 마을인 두드가이에 이르러 북동쪽 부르질계곡(캄리계곡)을 따라 캄리–미니메룩–부르질패스 방면으로의 아스토르·데오사이 여정으로 확장 진행할 수도 있다. (➤ 아스토르 행 총 소요일정 7일 이상 필요하며 아울러 LOC 부근 출입제한지역 통과를 위한 군사허가서를 득하고 나서야 한다.)

할마트~타오밧 일대의 카시미르가옥

타오밧 내원 차트리계곡의 목초지. (계곡을 따라서 푸리안사르 또는 두드가이 방면으로 넘어갈 수 있다.)

◢ **구라스(구레즈; 2,500m)** : 아자드카시미르 닐룸 지역의 최동단지역*으로 인도령 잠무카시미르와의 접경지역 골짜기 일대를 어우르는 지명이다.* – *이곳을 초기 탐험한 영국인들에 의해 "Grace Valley"로 호칭되기도 했다.* – 자연경관이 뛰어난데다가 LOC 일대에 위치함으로써 인간의 출입이 제한되어 그로 인해 삼림벌채로 인한 야생동식물의 서식지파괴나 불법 채집·밀렵·포획 행위로부터도 보호되어 다양한 동식물군의 평화로운 안식처이자 각종 희귀동물의 서식지로서 자리매김하고 있다. (★ 항암제 추출성분으로 알려진 주목을 비롯한 가치높은 식물종들의 천국으로 일컬어지며, 동시에 사향노루, 갈색곰/흑곰, 털날다람쥐 및 다양한 종류의 조류 등이 인간과 동떨어진 안전한(!) 세상에서 평화롭게 살아가고 있다. 마치 한국의 비무장지대(DMZ)와도 흡사한 형국이다. ∴ 카시미르 LOC ≒ 한국 DMZ) 아울러 초록과 자연미 그윽함으로 주정부에서 또한 계속 관광개발중인 곳으로, 곧 켈~할마트~타오밧~캄리발 일대 해발 2천~4천미터 일원의 계곡과 산악구간 약 53㎢(52,800 헥타르) 면적을 이른바 **"구라스국립공원"**으로서 지정, 자연환경보전과 더불어 지역민들의 경제적 수익창출효과를 기대하고 있다. 이로써 샤르다의 수르곤밸리 & 쿤디안 라왓밸리 북쪽 다리안계곡·다리안호수 일원을 어우르는 '가모트국립공원'에 이어 닐룸지역 양대 국립공원으로 자리매김하게 되었다.

* 이 지역 주민들은 주로 여름기간에만 농업에 종사하며 – *농사(수확)철이 아닐 때에는 벌목 내지는 때때로 야생동물 포획으로 생계를 유지키도* – 겨울이 되면 다른 일감을 찾으러 외지로 떠난다. 교육시설이 충분치 않아 문맹률이 30% 이상에 달하여 과거 한 때 정부에서 이곳에 초·중·고등 교육시설을 확충해주었으나 학생들 대부분이 교과 수료 후 외지로 빠져나가 – *도시의 대학으로 진출 또는 이주하여 생활* – 지역 문맹수준이 개선되지 않는다. 의료지원도 부족하여 단지 두어 군데 보건소 수준의 초급의료소만 있을 뿐. 특히 눈이 많이 내리는 겨울철엔 이런 로컬진료소라도 가기가 어려워 어쩔 수 없이 민간요법에 의존해야 하는 경우가 많은바 상당수 노약자들이 이러한 동절기에 사망한다. 이 지역의 상당수 임산부여성 또한 임신 합병증 등으로 사망하는 사례가 많은데 무슬림 특성상 여성 산부인과의사가 절실히 요구되나 정부차원에서의 지원이 요원한 실정이다.

* 실상 구라스 본 마을과 골짜기는 인도령에 속해있다. (인도 쪽 역시 '구레즈밸리(Gurez Valley)' 또는 '키샹강가밸리(Kishang Ganga Valley)'로서 소개) 하지만 파키스탄 측에서는 이 구라스 일대를 자국영토의 일환임을 상기시키고자 이른바 **"구라스국립공원"** – 공식명칭으로는 *이 지역 대표보호종인 '사향노루'를 필두에 내세운* 「Musk Deer Gurase National Park」 – 으로서 이의 닐룸강 말단의 구라스밸리~할마트밸리 일대 (켈~사르다리~할마트~타오밧 일원)를 지정, 여행객들의 관심을 환기시키고 있다.

한편 이 구라스(인도령) 일원은 오래전부터 길기트~스리나가르를 잇는 카라코람–히말라야 카라반의 대표적 루트이기도 했다. 신라의 혜초 역시 이 길을 통행한 것으로 사료되는바, 곧 길기트–아스토르(또는 데오사이)–부르질패스–미니메룩–캄리–두드가이–구라스–라즈담간–트락발–반디푸르–울라르(호수)–스리나가르로의 여정으로 짐작할 수 있다. 허나 지금은 카시미르 정전선(LOC)이 그어져 이전까지만 해도 양 지역 서로간 왕래가 잦았던 이 일대가 더 이상 오가기 힘든 애환과 안타까움의 망망(茫茫)한 고장이 되어버렸다. (➤ 현 인도령 잠무카시미르의 라즈담간패스(3,526m)~트락발(3,200m) 구간은 피르판잘산맥과 울라르호수를 포함하는 카시미르 분지·골짜기 전경을 조망할 수 있는 최고의 전망루트였다 한다. 특히 이곳에서 동남방으로 바라보이는 하라무크(5143m) 산의 모습이 일품이었다 전한다.)

🇮🇳 **사디알(2,600m; 인도령)** : 인도령 키샹강가(파키스탄명 닐룸강) 구라스밸리의 동쪽 상류 지역 마을로, 북동지류인 부르질계곡(캄리계곡)을 거슬러 나아간 초반부에 위치한다. 길기트-스리나가르 카라반루트인 이의 부르질계곡을 따라 북쪽으로 계속 올라가면 파키스탄 아스토르지역의 두드가이 마을 – *공식 행정구역상으로는 아자드카시미르 닐룸 지역에 속함* –이 나오나 현재는 양국간 정전선(LOC)으로 인해 사디알-두드가이 두 마을간 통행이 불가하다. (☞ 서쪽으로 멀리 떨어진 칠레아나-티트왈 게이트를 통해서만 서로 왕래가 가능하다. 한 달에 두 번 그것도 여러 가지 까다롭고 복잡한 절차가 요구되어 실상 그리 많은 상호방문이 이루어지지는 않는다. ⇒ 한국의 분단상황과 다를 바 없다. 카시미르(아자드카시미르 vs 잠무카시미르)의 많은 마을이 이처럼 분단상황에 놓여있으며 그로부터 서로간 왕래도, 심지어 가족·친지간 상봉도 어려운 이산가족의 현실이 더더욱 남다르지 않음이다.)

인도령 구라스(구레즈)밸리의 다바르(하바카툰) 암산

부르질계곡 두드가이-사디알 접경부

 # 두드가이(두드자이; 2,700m) : 아자드카시미르의 최동단마을로 길기트·발티스탄 아스토르 지역과의 경계– *부르질계곡* –에 놓여있다. 실질적으로는 길기트·발티스탄 주 아스토르 지역에 속할 수도, 아자드카시미르 주 닐룸 지역에 속할 수도 있는 마을이다. 교통편의상으로는 도로가 닦인 부르질 방면 아스토르밸리 쪽이 더 원활해보이나 겨울철 통행이 어려워 – *동절기 눈이 많이 쌓이는 부르질패스(4,200m) 통행이 쉽지 않다.* – 서쪽 타오밧 방면에 생활권을 두는 경우가 많다. (➢ 두드가이 갈리(3,850m)가 타오밧으로 넘어가는 장벽으로, 과거 카시미르분쟁 이전에는 단순히 구자르 유목루트 & 옛 카라반 루트로서의 부르질계곡을 따라 남쪽 키샹강가와 만나는 사디알에서 닐룸 또는 스리나가르 쪽으로 이동하면서 생활권을 형성하기도 하였으나 현재는 LOC의 계곡을 따라서 더 이상 진행이 불가하여 서쪽 두드가이갈리를 넘어서만 왕래가 가능하다. ∴ 두드가이~타오밧 도보 5~6시간 소요)

⛰ **닐룸 지역의 히말라얀패스** : 전편에 소개한 '닐룸밸리' 도보트레킹 & 히말라얀패스(①~⑲) 참조

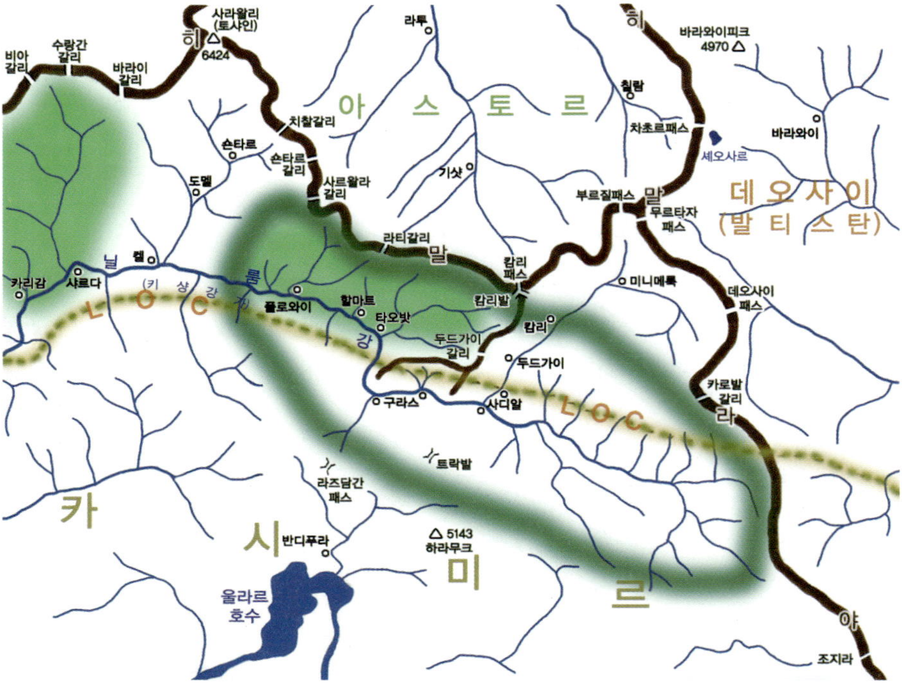

구라스밸리(녹색테두리 범위) & 닐룸지역 가모트국립공원(좌), 구라스국립공원(중앙) 조감

* * * * * * * * * * * * * * *

키샹강가(닐룸강)를 사이에 두고 카시미르의 인·파 양국민들이 대면하고 있다. 건너편이 인도령 잠무카시미르(티트왈 지역)

닐룸 오지길 비좁은 공간 속의 해맑은 아이들

● 트레킹 조언

　▲ 1일 적정운행시간 및 고도상승 ·· 340
　▲ 고도적응 팁(고소7칙) ·· 340
　▲ 휴식일/휴식시간 활용 ·· 342
　▲ 현지인과 어울리기 & 스태프와 친해지기 ································ 342
　▲ 특별보수(팁 & 인센티브)에 관한 조언 ····································· 343
　▲ 여행경비 산출 조언 ··· 346

◎ 팀워크 및 리더십 & 멤버십 ··· 351
　※ 인터넷동호회를 통한 참여유도(동행모집)시 유의점 ·················· 359

◎ 스태프(현지수행원)와의 갈등, 마찰, 난관 ···································· 362

◎ 자기관리(예방접종/응급키트/정수/고소증/구조/테러/거머리) ············· 370

◆ 위급상황(후퇴·후송 / 군캠프 활용) ··· 374

339

● 트레킹 조언

▲ 1일 적정운행시간 및 고도상승

하루의 적당한 운행시간은 한국에서의 등산행태와 다르지 않다. 약 6~7시간 정도가 알맞다. 곧 아침 8시 전후해서 그날의 트레킹을 시작했다면 대략 오후 4시 이전에는 행군을 마치도록. 물론 상황에 따라서는 더 일찍 혹은 더 늦게 종료할 수도 있을 것이다. 고산트레킹 시에는 좀 더 냉정하고 엄격히 적용하라. 특히 고산지역은 해가 저물면 기온이 급강하하므로 조금 더 일찍 운행을 마치고 휴식에 들어가는 게 좋다. 대략 오후 3시 전후해서는 그날의 운행 일정이 종료되도록 안배하라. 고도상승지침 또한 기 언급한 대로 하루 칠팔백미터 이내이다. 해발 3천미터가 넘어가는 고지대에서의 트레킹 시에는 만약 고도적응이 되지 않았다면 하루 5백미터 이내로 권고한다. 즉, 그날 출발시의 고도와 종료시의 고도가 5백미터차 이하 범위에서 지켜져야 함을 기본 매뉴얼로 삼고 있다. 단, 그 이상의 고도를 올렸더라도 이내 곧바로 하산하여 저지대로 내려와서, 즉 **출발점과 하산점이 5백미터 이내** 고도차에 해당한다면 매뉴얼(고도상승지침)에 어긋나지 않는다. 그렇다 하더라도 등반고도가 1일 1천미터 이상은 가급적 지양하라. 완벽히 고소적응이 되어있지 않는 한, 이러한 고도차를 극복하는(=오르는) 도중 나타나는 고소증세로 인해 심히 고초를 겪고는 더 이상 전진하지 못하고 되내려와야 할 수밖에 없을 경우를 상정해야 함이다. ⇒ 거의 필연적이다 !

▲ 고도적응 팁(고소7칙)

①**단계별 고도적응(고도순응)**이 최선이다. 즉 위에 말한 대로 1일 적정운행시간 및 적정고도상승 지침을 준수하여 고산트레킹에 임한다. 아울러 대기 중 산소농도가 20~ 30% 단위로 감소하는 해발 3천5백미터대 & 4천5백미터대에서의 *– 꼭 이 높이가 정확해야 할 필요는 없다. 대략 그 쯤 되는 높이라는 것을 말함이다. –* 휴식기를 갖기를 종용한다. 하루 전체를 휴식일 즉 '고소적응일'로 삼는 게 바람직하나 여유가 없다면 최소 '반일휴식일'이라도 갖는다. 즉 오전시간만 운행하고 오후 전체는 휴식일로 삼는 방도이다.

②고지대에서의 **반복되는 오르내림**은 고소적응효과가 좋다. ⇒ 바꿔 말하면 "좀 더 나은 고소적응을 위해서라면 일부러라도 오르내림을 반복할 필요가 있다." 라고 받아들일 수 있다. 즉, 일정 진행(운행)이 없는 휴식기(또는 휴식일)라 하더라도 가만히 있는 것보다 주변 높은 곳을 **올랐다 내려오는** 행위는 확실히 고소적응에 큰 도움이 된다. 대체로 인근 전망포인트나 볼만한 유람코스 등을 답사하고 돌아오는 일정으로 갈음한다. 물론 본인의 체력여하에 따라 정할 일이다. 체력이 고갈되었는데도 굳이 무리해서 이를 준용할 필요는 없다. 오히려 역효과가 날 우려가 많다. 반대로 또 체력이 남아돈다고 해서 너무 무리해서도 안 되겠다. 이 역시 1일 고도상승지침에 의거하여 대략 4~5백미터 이내 고도차 범위의 장소를 택해 올랐다 내려오기를 권한다. 그 이상 오르다간 되려 또다른 고소증에 당면할 수 있다. 다음날 편안한 여정을 위해서는 이들 조언을 무시하지 말도록. 고소증이 이미 찾아온 상황이라면 이런 '오르는 행위' 자체가 무리일 것이다. 이때는 그냥 편하게 심신의 안정을 취하며 쉬는 게 답이다. 내일 일은 내일 걱정하자. 오늘 현재 당일의 컨디션이 더 관건이다. 만약 고소증이 심해서 다음날이 걱정된다면 고소적응을 위한 다른 방안도 있다. 위와 다르게 '**내렸다 오르는**' 것이다. 즉, 고소증세가 나타난 상태에서 아래(저지대) 지역으로 일단 하산하라. 그리곤 어느 정도 고소증세가 호전되었다 싶을 때 다시 원위치로 올라오는 것이다.

이 또한 고소증에 대처하는 기본 매뉴얼의 하나다. 올랐다 내리든 내렸다 오르든 고소적응에는 모두 효과가 있다. 그때그때 상황에 맞춰 잘 활용토록. (실제 상당수의 트레커들이 고소증으로 인해 하산을 결정했다가는 얼마 지나지 않아 다시 원위치로 올라서게 되는 – *심지어 앞서나간 이들보다 훨씬 좋은 몸상태로* – 경우를 많이 목격한다. 즉 낙오. 패퇴의 개념이 아니라 단지 "1보 전진을 위한 1보 후퇴"의 개념으로 받아들이곤 여유있는 마음자세로 임하라.)

③**수분섭취**이다. 해발 2천미터 이상부터는 1일 물 섭취량을 3L 이상으로 늘려라. 보통 2천5백~3천미터 정도부터 고소증이 발현되지만 그에 앞서 미리 수분을 충분히 몸에 비축해둠으로써 '대비'코자 함이다. 고소예방약인 다이아목스 역시 이때쯤부터 복용하는 것과 같은 이치이다. 즉, 본격적인 고소지대에 들어가기 앞서 미리부터 몸을 준비시키는 것이다. 나아가 해발 4천미터가 넘어가면 물 섭취량을 4L 이상으로 늘인다. 이후 1천미터 높아질 때마다 1L씩 섭취량을 늘려야 하는 게 보통이나 통상 일반 트레커들은 해발 5천미터 이상까지 오르는 경우가 드물므로 – *있다 하더라도 단지 곧바로 하산하는(=하이패스(고개) 통과 등) 경우가 대부분* – 이러한 5천미터 이상 고도에서의 적응지침은 예외적인 것으로 분류한다. (하지만 정말로 해발 5천미터 이상에서 수면고도를 취해야 한다면 이를– **하루 수분섭취량 5L 이상** – 꼭 따르도록. ∴ **수분섭취량 ∝ 고소적응도**이다.)

④**식단**에도 신경을 쓴다. 특히 양파, 마늘, 생강 등은 고소상황에서 효과가 좋다. 이러한 식재료가 들어간 음식들을 많이 섭취한다. (∵ 생양파. 생마늘은 실제 고소증 상태에서도 곧바로 어느 정도 효과를 발휘한다.) 아울러 지방성분이 많은 육류나 차 종류(우유/밀크티/버터티(수유차) 등)는 어느 정도 고소적응이 될 때까지 가급적 피한다. 소화불량을 야기하여 고소증에 더 신속히 직면하게 만들 수 있다. 술과 담배는 더더욱 치명적이다. 현지인들(또는 수행일꾼들)의 음주·흡연행위를 보고 나도 괜찮겠거니 따라하지는 말도록. 앞으로의 일정을 관두고 이내 하산할 것이 아니라면 말이다. 1일 **정량섭취**도 준수한다. 고산에서의 체력안배를 위해 무조건 많이 먹어야 한다는 속설(!)에 동요치 말라. 적당히, 먹을 만큼만 먹으라. 권고컨대 한 끼 식사를 평소 식사량의 20~30% 정도 줄여서 취하는 게 바람직하다. 그리고 도중 2~3회 정도 간단한 행동식이나 간식거리로 요기를 더하면 가장 좋다. 즉, **소량으로 자주** 먹는 것 또한 고소적응단계에서의 유용한 팁이다.

⑤**호흡법과 보행법**에도 신경을 쓴다. 곧 들숨은 최대한(= 숨이 폐 끝까지 닿는구나 싶을 정도로) 깊고 길게 들이마시고, 날숨은 최대한 빠르게 그러나 한꺼번에 내뱉는 식으로 하라. 매 걸음걸이마다 또한 차근차근 한발 한발 천천히 진행하라. 힘들다면 몇 발짝 걷고 몇 숨 쉬고 하면서 가다쉬다를 반복하면서 천천히 오르는 것이다. 저기까지만 더 올라서 쉬어야지 하는 생각은 좋지 못하다. 그러다보면 목적지에 도달하기 전에 어느덧 고소증세로 만신창이가 되어있는 자신을 발견하게 될 것이다. 그렇다고 너무 오래 쉬지는 말 것. 심신이 너무 풀려버리는 것도 좋지 않다. 특히 대기가 차가운 상태에서의 오랜 휴식은 저체온증과 직결된다. 저체온증은 곧 급성고소증으로의 지름길이다. 냉기가 들기 전 이내 몸을 추스르고 다시 한발 한발 나아가도록.

⑥**신체보온**도 무척이나 중요하다. 반대로, 보온에 소홀히 했을 시 저체온증→고소증 직행이다. 재삼 설명할 필요가 없을 것이다. 대부분 이 저체온증으로 말미암아 급기야 응급후송까지 당한다. 취침시 특히 보온에 유념하고, 쉴 때에도 항상 체온유지에 힘쓰라. 고소증은 따뜻한 사람에게는 범접치 않는다. 비아그라를 복용하는 이유도 딴 것 없다. 단지 혈액순환 기능을 증진시킴으로써 체온상승을 유발하는 것이다. 달리, 고소증을 몸소 체험(!)해보고자 한다면 최선의 방법은 바로 본인의 체온을 떨어뜨리는 일이다. 간단하다. 고지대에서의 찬 물로 머리감기, 샤워하기, 노출몸매

자랑하기, 손발노출 혹은 젖은 장갑·양말 그대로 착용하기, 옷 벗고 땀 말리기, 얇은 옷만 입고 활보하기, 취침시 모자 안쓰기 등등 방법은 많다. 어렵다면 이 중 하나만이라도 행해보라. 얼마지 않아 고소증으로 허덕이는 자신을 발견하게 될 것이다. 체험 성공!

⑦**짜증금지!** – 즉, 스트레스를 받지도 주지도 말자. **스트레스 ∝ 고소증**이다. 또한 **고소증 ∝ 스트레스**이기도 하다. 그러니까 스트레스(짜증)가 생기면 생길수록(⇒혈관압박) 고소증이 더 잘 생기며 그로부터 고소증이 더 커지면 커질수록(⇒ 신경기능 장애) 스트레스 또한 더더욱 커지리. 계속 악순환이다. 고로 처음부터 이런 환경에 처하지 않도록, 곧 그러한 환경을 유발하는 언행, 행동 등은 나타내지 않도록 함이 중요하다. 조금만 참자. 참는 자에게 복이 있다니 곧 인내하는 자에게 화(=고소증)는 물러설 것이다. ∴ **인내심 ∝ 고소적응**!

▲ 휴식일/ 휴식시간 활용

아주 피곤해서 녹초가 되어있지 않는 한 낮시간 수면은 지양한다. (사실 아주 고단해도 낮잠은 좋지 않다. 참을 수 있으면 참으라.) 이로 인해 밤에 잠을 잘 못 자게 되어 뒤척이다 혹여 고소증세에 맞닥뜨릴 수 있기 때문이다. (☞ 실제 많은 사람들이 이 현상을 경험한다. 즉, 밤잠을 잘 이루지 못하면서 고소증에 당면하게 될 가능성이 높다. 거꾸로 낮시간 고소증으로 힘들고 어려운 상황이었더라도 밤잠만 잘 자면 그 다음날 깨어나 보면 고소증은 상당히 호전되어있음이다. 고로 고소적응을 위해서는 밤시간에 더 초점을 맞추라.) 그처럼 운행이 일찍 종료되어 더 이상의 일과가 없는 오후시간이나 혹은 휴식일에는 단지 근처를 빈둥빈둥 산보– **가벼운 인근나들이(유람코스/현지마을 탐방 & 전망/촬영포인트 답사 등** –하든지 또는 음악감상이나 독서 등으로 어쨌건 '깨어있는' 상태로 보냄이 좋다. 일행이 여럿이라면 **또는 가이드/포터/마부 등등 수행도우미로 나선 이들과도** – 서로간 가볍게 잡담이나 수다를 떨면서 보내든가 혹은 카드놀이 등 여흥을 돋우며 서로 즐겁고 재미난 분위기를 유지하면서 소일하는 것도 바람직하다. 물론 상대방– **동료건 일꾼이건** –에게 스트레스가 되거나 자극적인 행동·놀이가 되면 안 되겠다.

▲ 현지인과 어울리기 & 스태프와 친해지기

트레킹의 묘미 중의 하나가 바로 현지동화이다. 즉, **현지인·현지문화와 어울려 여행의 즐거움을 한층 배가**하는 것이다. 어려울 것 없다. 비록 나 우리와는 상이한 얼굴의, 상이한 분위기, 상이한 행색과 태도, 습성(관습)을 보유하고 있는 그들일지라도 누구든 먼저 마음을 열고 다가서기만 하면 안 될 것은 없다. 모든 오지여행이 다 그렇게 통한다. 특히 산간지역에 사는 사람들과 만나는 이러한 산악트레킹인 경우는 더욱 그러하다. 단지 나와 다르게 보여서, 그래 깔끔치 못하고 구질구질해 보인다 해서 외면하고 피하지는 말자. 우리 예전 칠팔십년대만 하더라도 그러지 않았던가. 다를 것 없다. 단지 나의, 우리의 옛모습이라 인정하고 나면 거리는 더 가까워진다. 단지 마음을 열고 받아들이면 곧 그들 역시 우리를 자신들의 친구, 이웃으로 여기고 그들 또한 마음을 열고 더욱 기쁘고 환한 얼굴로 맞이할 것이다. 그리고 이로부터 더욱 친밀하고 돈독한 인간애–우애까지도 쌓을 수 있을 것이다. 꼬맹이들부터 저 나이든 꼬부랑 할머니 할아버지까지. (∴ 인심은 따라오는 덤이다. 그러다보면 선뜻 그들의 친절한 배려나 대접까지도 생각잖게 받게 된다. 더할나위 없는 여행의 축복이다. 물론 나 또한 그들에 답례하는 것을 잊지 말자. 사진 한방이라도 찍어서 디스플레이 창으로 보여주며 함께 웃으면 그들에게 역시 훈훈한 추억이 될 것이다. 단, 허락 없이 – **특히 무슬림계 현지여성들** – 무단 촬영하는 일은 삼가자.)

나(우리)와 동행하는(수행하는) **일꾼들(스태프 & 도우미)과의 교감**도 중요하다. 특히 이런 피고용된 일꾼들에 대해 우린 곧 '고용주'의 입장이라고 그래 우린 주인이고 너희들은 마치 종인 양 함부로 대하려고 하는 경우가 있는데 절대 좋지 못한 모습이다. 주종관계가 아니라 또한 동료·동업자 - *경제관계에 의거 서로 도움을 주고받는* - 로서 생각하자. 그들이 없다면 나의, 우리의 이 여행이 온전히 진행될 리 없다. 그러므로 그들 역시 우리에게 도움을 주는, 그리고 우리는 '물질-금전'으로서 또한 그들에게 도움을 주는 '상호 도우미'로서의 입장으로 받아들이자. 이러한 마인드로 임하면 서로간 갈등과 마찰은 상당히 줄어들 것이다. (∵ 우리도 인간이고 그들 또한 인간이다. 단지 추구하는 바가 다를 뿐이다. 그것이 단지 '돈'과 '트레킹'으로서 구현되고 있음인 것이다. 친해지는 방법 ? 간단하다. 말했듯이 단지 '동료'로 인식하면 될 일이다. 즉, 나를 돕는 '도우미'이면서 또한 나와 동행하는 '동료' 임이다. 그들 역시 그렇다. 우리는 그들에게 '금전적 도우미'이면서 또한 마찬가지로 '트레킹 동료' 임이다. 뭐가 다르지 ? 그저 돕는 방식과 행색, 그리고 말씨(언어)만 다를 뿐이다. 친해지는 것 참 쉽다. 같이 앉아서 이야기하고 또는 함께 어울려 카드놀이도 하면서, 때론 각자의 나랏말, 얘깃거리 등도 나누면서 똑같이 그렇게 대접해주고 배려해주고 하면 금방 친해진다. 그래도 어렵다면 그건 둘 중 하나 틀림없이 문제있는 것이다. 즉, 내가 문제거나 그가 문제거나.)

그렇다고 너무 격을 허물어뜨리고 잘해주란 것은 아니다. **고용-피고용 관계로서 어느 정도의 격식과 거리는 유지**해야 함이다. 친밀해지자 해서 모든 것을 허물고 대등하게 임해라 하는 것은 아니다. 사람 누구나 그렇듯이 자칫 본분을 망각하고 때론 본말이 전도되는 듯한 양상을 보일 수도 있다. 이럴 땐 과감히 경고하고 제지하자. 즉, 너무 스스럼없이 나서서 고용주에 대한 존경심이나 배려심이 퇴락해버렸다면, 혹은 예의 없이 무분별한 행동으로 물의를 빚거나 기고만장, 태만한 행동 등을 보인다면 그것은 잘못된 나의 처신에서 비롯된 것임이다. 곧 그러한 양태들이 나타나지 않도록 이 또한 적정선을 지키면서 곧 본연의 **「고객 vs 수행원」**으로서의 관계가 정립되어야 할 것이다. (☞ 때론 아주 가깝고 친밀하게 풀어주고 받아들이지만 때론 엄격히 공·사를 구분하여, 특히 본연의 임무수행에 절대 나태해지지 않도록 잘 밀고 당기면서 임해야 하는 까닭에 한편으론 이런 트레킹도우미(스태프)들과의 인간관계가 또한 그리 녹록치만은 않아 보이기도 한다. 그러나 어쨌든 잘 처신해서 좋은 관계로, 아울러 적당한 거리와 상호관계를 유지하며 여정이 끝날 때까지 잘 갈무리할 수 있다면 정말 좋을 것이다.) 즉 내가 먼저 끌어 안되, 정도를 넘어선 포용 곧 **과잉배려, 과다한 번외적인 물질적(금전적) 헌사/지원은 지양**토록. 마음과 마음에 더 초점을 맞추라. 때에 따라서는 따끔하고 단호한, 과감한 언행, 행동이 필요할 것이다. 심지어는 이런 잘못된 관계를 돌이킬 수 없어 급기야 도중 '해고' 사태까지 불러일으키고야 마는 불행한 사례도 적지 않다는 점 명심하기 바란다. (∵ 뭐든지 중용이 중요하다. 너무 못해줘도, 너무 잘해줘도 문제다. '적당'이란 말이 가장 어려운 법이다.)

▲ 특별보수(팁 & 인센티브)에 관한 조언

(※ 정해진 규칙은 아니나 동서양을 막론하고 통상적인 트레킹시의 불문율로서 받아들여지는 룰을 언급한다.)

팁(Tip) :

· 롯지(티하우스/게스트하우스) 트레킹 시 임금의 10~15%
· 캠핑트레킹 시 15~20%
· 트레킹피크 시 20~30%
· 등반(엑스페디션)의 경우 30% 이상 ⇒ 등반 성공시 성공수당(30~50%) 별도지급(보편적)

상기 요율은 물론 정해진 것은 아니다. 트레킹의 난이도와 성공/실패에 따라서도 달라지게 될 것이며, 아울러 수행도가 높고 – *서비스의 질이 우수* – 성취도 역시 높았을 경우 보통 10~20% 정도를 추가로 더 지급하기도 한다. 물론 그 이상도 본인 마음이지만 이런 높은 요율(지급액)이 행여 수행 도우미들의 기대심리를 자극(=고정관념화), 이후의 여행자(트레커)들에게 불이익(안 좋은 행태)으로 작용할 수 있음에 적정선을 초과하는 과다한 금전적 배려행위는 자제함이 좋다. 대신 따로 식사대접이나 고국에서 가져온 선물(또는 여정종료 후의 옷가지/장비 등 헌사) 등으로 추가 배려함이 더 바람직해 보인다.

인센티브(보너스) : 등반(트레킹피크 포함)의 경우에 많이 적용되지만 보통의 트레킹의 경우에도 적용할 수 있다. 즉, 각별히 힘든 – *평소보다 길고 고된 장시간일정이나 원거리구간 수행* - 내지는 트레커의 개인배낭까지도 이들이 다 짊어메고 어려운 구간/일정을 수행했을 경우 등등 – 일정을 소화했다거나, 난이도 높은 코스– *고지대 하이패스 통과 등* –를 성공적으로 잘 극복해냈을 경우 등에 대해 해당 스태프·도우미들에게 적정선의 별도 인센티브˚ 명목으로 지급할 수 있겠다. 또는 선택적 – *예를 들면 굳이 모든 스태프·도우미들이 전부다 나설 필요가 없는 코스/일정 등* – 상황에서 자원하여 나선 스태프·도우미들에게 차별적인 보너스 형태로 지급하는 경우도 상정한다. 이러한 인센티브/보너스 역시 각 일정상의 임금(1일치)에 해당하는 액수를 배려해줌이 보통이다. 물론 강제사항은 아니나 모쪼록 일꾼들의 동기부여, 사기진작 및 그로부터의 원활한 일정진행을 위해서 잘 안배하여 활용할 수 있는 단순하면서도 나름 의미도 있고 효과도 좋은 방편이다. (∴ 보너스는 누구(에게)나 인지상정.)

* 파키스탄의 경우는 이러한 상황을 감안하여 그들 자체적으로 이른바 '스테이지(Stage)'라는 개념을 도입하여 트레킹시 각 일정상의 소요구간을 나름대로의 난이도와 거리/시간기준에 의거 여러 단계(스테이지)로 분할하여 임금–요율체계를 적용하고 있기도 하다. 곧, 같은 하루의 일정이라도 스테이지가 2단계, 3단계, 4단계냐에 따라서 해당일정을 수행할 일꾼의 임금(요율)이 달라지게 된다. 즉 하루 단위로 계산하는 네팔 등지의 트레킹임금의 요율방식과는 다르다. 어느날 예정보다 빨리 진행하여 더 먼 구간(거리)을 나아갔다면 그에 해당하는 추가 스테이지만큼의 요율을 더 추가하여 그날의 임금을 계상하게 된다. 말하자면 대중교통수단(버스·택시)의 구간운임처럼 일꾼(포터)들의 구간구간 임금(요율) 또한 미리 구분하여 정해져있는 셈이다.
* 때로는 사전 이러한 사안을 주지시켜 미리 '동기부여' 즉 문자 그대로 '인센티브'로서의 명분을 부여할 수도 있다.

☆ 트레킹 현지스태프(가이드·포터·요리사·주방보조원·마부 등) 1일 임금 예시
 (단, 원정등반(클라이밍)의 경우 상향)
 ► 가이드(영어) $25~30 // 포터 $15~20 // 요리사 $20~30 // 주방보조원 $15~20

단, 네팔히말라야 지역을 안내하는 라이센스(면허) 없는 가이드의 경우 포터˚와 똑같이 $15 정도로 낮게 책정되기도 한다. 그러나 팁(Tip)에 있어서는 면허 보유 가이드와 마찬가지로 {@25×수행일수}×10%가 바람직할 듯하다. 트레킹피크에 있어서는 이보다 30~50% 정도 상향된 임금으로 책정된다. (⇒ 해발고도 5천5백미터를 넘어가는 지역에서의 일정에 대해 계상)

* 포터(Porter; 운반요원)– *고소포터든 트레킹포터든* –들은 라이센스란 게 존재하지 않는다. 간혹 이들 포터들과의 잡음, 불화시 '라이센스' 운운하는 이들이 있었던 것으로 보고되는데, 알아두라. 라이센스는 가이드에게만 해당한다. 요리사나 주방보조원, 마부들에겐 이런 '면허'는 발부되지 않는다. 제도적으로 아예

그런 시스템조차 없다는 점 알고 나서도록. 공연히 라이센스 따지고 들다간 애꿎게 더 망신만 당할 일이다. 굳이 라이센스 있는 요원들만을 원한다면 여행사에 특별히 부탁해서 모든 스태프들을 다 라이센스 있는 가이드요원들로 배치토록 주문하라. 물론 늘어나는 비용은 본인들이 감당해야 할 몫이다.

$ 고산등반의 경우 고도분류– *6천미터급 vs 7천미터급 vs 8천미터급* –에 따라 각 스태프들의 임금도 차등 책정된다. 이른바 고소포터– *6천미터 이상 수행* –로 부여된 포터들의 임금은 일반 트레킹포터의 임금보다도 2배가량 높다. 여기에 등반 성공수당까지 계상케 된다면 일반 트레킹포터보다 약 3~4배에 이르는 급료 + 성과금을 수령케 된다. 위험부담이 큰 만큼 큰 액수가 보장되는 매력적인 일감이다. 반면 트레킹포터보다도 못한 일반 로컬포터(Local Porter)– *교통이 열악한 산간오지에서의 현지고용주들(롯지·호텔 주인 등)에 의해 고용되어 짐을 나르는 단순히 '운반짐꾼'로서의 역할* –들의 경우는 하루 종일 나르고도 이들 트레킹포터의 절반에도 못 미치는 임금– *기껏해야 1일 한화 5~7천원선* –을 받는다. 참으로 열악하고 처량하기 짝이 없는 상황이다. 그런 점에서 본다면 트레킹포터란 직종은 그나마도 처우가 나은 일감이라 할 수 있겠다.

$ 캠핑트레킹시의 스태프 임금은 위 제시된 임금에서 $5 정도를 감하여 책정되기도 한다. 이유는 끼니를 자체적으로 해결하지 않아도 되기 때문이다. 즉 이들의 $5에 해당하는 임금분은 고객(트레커)들이 음식 & 취사도우미 비용으로 지불해놓은 셈이다. 허나 만약 이들이 캠핑팀과 별도로 즉 그들 자체적으로 끼니를 해결– *만들어먹든 사먹든* –하는 것으로 계약이 잡혀있다면 임금은 이 원래의 – *$5를 감하지 않은* – 액수로 지급된다. 말하자면 이 $5 정도의 금액은 곧 이들 포터들의 '식비'인 셈이다. 단지 자체해결이냐 함께하냐에 따라서 요율이 달라지게 됨이다. ⇒ 네팔에서는 TAAN(트레킹협회) 협의 지침이기도 하여 팁(Tip)에도 반영토록 권고된다. 그래서 캠핑트레킹시의 포터 팁이 역으로 롯지트레킹시보다 5% 정도 더 지급되게도 되는 이유이다. (☞ 낮은 요율에 대한 보전책이기도 하다.)

$ 말/나귀를 대동하는 경우 당연 마부도 동행케 되는데 비용은 대동하는 필수에 따라 책정되고 마부 자체의 임금은 따로 책정하지 않는다. 이 경우 대개 마부의 숙식은 스스로 해결하게 되며 마부의 팁이나 보너스 역시 포터와 동일한 수준으로 지급하면 무난하다. (⇒ 고소포터에 비유함은 의미가 없다. 어차피 말/나귀 등 짐승들은 단지 운반도우미로서 단지 트레킹지역에서나 활용될 뿐이며 혹은 원정등반에 있어서도 고작 해발 5천미터 내외의 베이스캠프까지만 왕래하는 것을 지원*하기 때문이다. 그 이상의 등반루트로는 당연 나아갈 수 없음이다. 때론 네팔 돌포지역, 나르푸지역 등 해발 6천미터 가까이 되는 높은 카라반루트를 통과하는 경우도 있으나 이 경우도 고소등반과는 동떨어진 단지 '트레일'을 따르는 것이므로 일반 포터의 요율로서 책정 지급된다 보면 틀리지 않다.)

  * 5천미터급 동키카라반의 예 :
   〈네팔〉 돌포트레킹/다울라기리 히든밸리 트레킹(단, 마르파~어퍼무스탕 코스로만 왕래 가능/다울라기리 B.C. 방면으로는 통행불가)/안나푸르나 북부라운딩(토롱라 통과)/마나슬루 라운딩(라르케 통과)/칸첸중가 B.C. 트레킹(단, 군사~북면 B.C. 구간 야크(좁쿄) 카라반으로만 가능. 동키(나귀)는 진입불가)
   〈시킴〉 칸첸중가 고첼라 트레킹(좁쿄 활용)
   〈파키스탄〉 발토로 4대봉 B.C. 트레킹(말·동키(노새) 활용)
   (※ 참고로, 이런 짐승(말·나귀)들도 해발고도가 높은 곳에서는 심한 고산증을 겪기도 한다. 이로 인해 이들 짐승들 또한 부득불 하산하거나 최악의 경우 트레일상에서 유명을 달리하기도 한다. ☞ 특히 파키스탄 발토로 트레킹시 이러한 운반짐승들의 사체를 많이 목격하게 된다.)

◈ 여행경비 산출 조언(예시안)

(☞ FIT 등 개별여행시 각 항목별 예산짜기 – 출발부터의 여행사 통합프로그램(여행상품)에 참여치 않고 독자적으로 수립하여 나설 경우)

1. 국제선항공료 : 한국에서 카라코람과 히말라야 지역– *파키스탄·인도·네팔·부탄 등지* –으로 운항하는 국제선항공권의 왕복운임은 대략 미화 **$1,000~$1,300** 내외가 된다. (☞ 경유편이냐 직항편이냐에 따라서 다르다. 일반적으로 직항편의 가격이 높은 것으로 상정된다.) 초기예약– *여행시기보다 훨씬 앞서 예약하는 이른바 'Earlier-Bird Booking'* –인 경우 예약 시기에 따라 해당 운임에서 많게는 30%, 적게는 10% 정도 할인요율로 발권할 수 있다. 반면 사전예약을 하지 않고 임박해서 구입하는 경우, 특히 여행객들이 몰리는 성수기 스케줄을 예약코자 한다면 외려 할증된 요금으로 발권해야 하는 상황이 빚어진다. 해외여행을 꿈꾸었으면 가급적 일찍 여행계획을 수립하고 항공권 발권에 나서는 것이 현명하다. 어쨌든 할인/할증을 배제한 기본운임으로 계상하면 대략 평균치인 **$1,200** 정도 소요되는 것으로 잡는다. (※ 단, 여행기간이 긴 경우 즉, 왕편과 복편 사이의 간격이 3개월이 넘어간다면 항공사에 따라 요율이 좀 더 높게 책정되어 비용이 늘어날 수 있다. 이 경우 6개월요금– *스톱오버(Stop-over) 포함* –으로 적용되는 항공권 중에서 가장 경제적이고 효율적인 항공사의 탑승권을 선별하여 발권에 나서는 지혜도 필요하다. 항공권 예약 발권은 어쨌건 해외여행의 가장 큰 부분이며 아울러 첫째로 중요한 항목임을 새겨두라.)

2. 현지교통비 : 현지 국내선 항공료와 육로교통편 내지는 차량 렌탈(전세)비용을 포함한다. 파키스탄 카라코람지역으로 여행하는 경우 이슬라마바드–스카르두 또는 이슬라마바드–길기트 행 항공편 이용이 권고된다. 비용은 편도 $120~$130 정도이다. 왕복에는 두 배(**$240~$260**)가 소요될 것이다. (물론 할증·할인요율도 있겠으나 기본요금으로서 감안한다.) 육로이동이라면 좀 더 저렴하나 대신 하루이틀 여행기간이 늘어날 것이다. 어쨌든, 저렴하게 위 국내선항공요금(편도)의 1/5~1/4 (=**$25~$30**) 정도 비용이면 된다. 물론 도중 숙식비는 포함치 않은 것으로, 만약 이 부분까지 계상하면 두 배 가량 늘어날 것이다. (⇒ 아래 숙식비 계산 참조. ※ 이동경로는 트레킹 본문상의 교통정보)육로교통편을 참조할 것.)

이어 현지교통비 또한 계상해야 하는데, 대개는 길기트나 스카르두 등 거점도시에서 차를 전세(렌탈)내어 이동케 되므로 이 경우를 상정하여 1일 1대당 약 **$150~$200** 정도로 산정한다. (☞ 차량크기에 따라 다르다. 트레킹지역으로의 이동시 비포장 험로가 많아 대개는 소형 지프차량으로 이동케 된다. 단, 훈자, 파수 방면으로의 여행시에는 도로상태가 양호하여 일반형버스나 중급 밴, 미니버스, 마이크로버스 등으로 각 여행인원수에 맞춰 차종을 선택하여 임차할 수 있다.) 이들 총 임차비용(1일비용×사용대수×사용일수)을 인원수로 나누어 1인당 소요비용을 산출한다. 예를 들어 6명이 소형 지프차량 2대에 나누어 타고 트레킹 시작일 & 종료일 **2일간** 고용한다면 곧{@150×2대×2일}÷6명 = **1인당 $100** 정도로 산출되게 될 것이다. 이동거리가 짧은 경우– *근교트레킹코스 등* –에는 물론 비용이 훨씬 줄어들 수 있다. 개별여행객인 경우 역시 대중교통편을 이용하여 현장까지 갈 수도 있다. 비용은 훨씬 저렴할 것이지만 카라코람 트레킹의 특성상 일반적인 것은 아니므로 어쨌든 '전세차량비/n(인원수)'로서 계상하여 수립한다. 전용차량을 이용한 1~2일의 추가 투어프로그램까지 활용코자 할 때에도 같은 방식으로 산출하여 합산하면 된다. 그리하여 트레킹 출·발착 및 근교투어까지 총 **4일간** 전용차량을 위와 같은 방식(인원)으로 사용한다면 **1인당 $200** 정도가 소요되는 것으로 추산한다. (⇒ 일반적인 현지 트레킹에이전시의 운용방식이기도 하다. 즉 트레킹 출·발착 + 근교투어 2일(공항/터미널 Pick & Drop 포함))

(※ 인도·네팔 트레킹시의 현지교통비 산출은 해당 편에서 언급한다. 부탄여행은 현지교통비 개념이 없다. 외국여행객– 단, 인도국적의 여행객은 예외 –은 오로지 여행사에서 제공하는 프로그램을 통해서만, 즉 전용차량을 이용해서만 여행할 수 있다. 곧 모든 비용이 에이전시의 견적비용에 포함되는 것이므로 단순히 이 총비용을 1/n로 나누어 분담하기만 하면 된다. ⇒ 왕실에 납부하는 특별 로열티가 포함되어있어 상대적으로 타지역의 여행경비보다 상당히 비싸다.)

3. 숙식비 : 1일 평균 숙박비(트레킹(캠핑)기간 제외)와 1일 3식 기준으로 계산한다. 예를 들어 3주간 총 21일(=20박21일) 일정에 트레킹기간 15일이라면 이를 뺀 5일(5박6일) 기간의 숙식비를 산출한다. (※ 물론 계산방식에 따라 약간의 편차는 있을 수 있다.) 먼저 숙박비 1박(중급숙소 기준) 1인 1실 $30 정도로 산정, 곧 1인 @30×5일=**$150**이 되겠다. – *2인1실일 경우는 1/n로 해서 절감할 수 있을 것이다. 부부나 커플 또는 동료애가 돈독한 경우 많이 활용한다. 낯설고 부담된다면 1인1실이 답이다.* – 식비는 1일 3식으로 계산케 되지만 이것도 통상 하루 평균비용으로 산정하여 대략 1일 1인 $20 정도로 계산하면 무난할 듯싶다. 곧 1인 @20×6일=**$120** 정도 잡는다. 이렇게 하여 5박6일간 총 숙식비 **1인당 약 $270** 정도로 산정되었다. 물론 숙소의 수준(고급형호텔 vs 절약형호텔)에 따라서도 달라질 것이며 식사 또한 어떤 메뉴를 선택하느냐에 따라 달라질 것이다. 그러므로 빡빡하게 짜기보다는 조금 여유있게 약 10~20% 가량 더 예산을 잡는 게 좋다. 위의 산출이라면 대충 **1인당 $300** 정도로 잡으면 무난하다. (단, 개인 기호에 따른 부식비, 간식비, 주류(이슬람국가에서는 해당 안 됨) 및 음료비는 위 예산에서 제외되는 것으로 본다.)

4. 현지투어/트레킹 경비 : 가장 중요한 대목이다. 사실 계산하기 가장 까다로운 항목이기도 하다. 여행기간/트레킹일수에 따른 차이뿐 아니라 동일프로그램이라 하더라도 인원수에 따라 비용차이가 많이 난다. 일단 인원수에 따른 기준액을 놓고 산정해본다.
[⇒ 인건비+장비비+식비+장소사용료+에이전시커미션(수수료)]

· 9인 이상 그룹 : 1인 1일 $50 내외
· 7~8인 그룹 : 1인 1일 $55 내외
· 5~6인 그룹 : 1인 1일 $60 내외
· 3~4인 그룹 : 1인 1일 $70 내외
· 2인 그룹 : 1인 1일 $80~90 내외
· 1인 트레커 : 1일 $150 내외 (단, 경우(지역)에 따라서는 1인 트레킹 불가)

위 **그룹규모별 산정액**˚은 대략적인 평균치이다. 에이전시에 따라서, 서비스내용에 따라서 편차가 있을 수 있다. 어쨌든 위 기준액을 근거로 소요예산을 산출해본다면, 예를 들어 15일짜리 – *가장 잘 알려진 발토로지역 15일 트레킹의 경우를 상정하여* – 캠핑트레킹 프로그램의 경우, 만약 그룹규모가 위에서처럼 6인이라면 @60×15일=$900 즉, **1인당 $900** 정도로 산출된다. 4인그룹이라면 @70×15일=**$1,050**이며, 부부나 커플 등 단둘이서 나선다면 @90×15일=**$1,350** 정도로 또는 2인1텐트 사용시 조금 저렴하게 @80×15일=**$1,200** 정도로 책정할 수 있겠다. (☞ 물론 순수 트레킹에 해당하는 비용만이다. 이동교통비/입장료·입산료(등반료)/퍼밋비(허가비) 등 부대비용까지 합산한다면 더 증액될 것이다.) 꼭 15일짜리가 아니라 그 이상이나 이하의 일정이라도 위 요율이 거반 다르지 않게 적용된다. 일반 기준안이라고 보면 된다. 단, 단기프로그램(7일미만)의 경우는 식량 등 운반품목이 상대적으로 적어 필요한 도우미(일꾼/짐승) 수가 많지 않기에 요율이 조금 하락할 수 있다. (※ 페어리메도우나 루팔 등 단기트레킹– *롯지/레스트하우스 숙식이 가능한 트레킹지역* –의 경우는 일반 투어프로그램에 준하여 계산한다. 단지 현지교통비와 현지고용비– *현지가이드/나귀&마부 등* –만 추가하면 될 일이다. 물론 이 또한 기 짜여진 여행사 프로그램을 통해 진행할 수도 있겠다. 그렇다면 위와 같은 트레킹예산 방식으로 산출토록.)

* 혹자는 이러한 '그룹규모(인원)별 기준액' 대신 여행/트레킹에 수반되는 모든 품목— 스태프(가이드/포터/나귀) & 대여장비 & 장소사용료 & 식음료비 & 에이전시수수료 등 전 세부항목 —에 따라 일일이 단가를 매겨 산정코자 하는 경우도 있으나 거의 무의미한 방식이다. 단지 숫자놀음일 뿐이다. 에이전시에 그렇게 요청하면 물론 그렇게 견적을 내주겠지만 이미 산출해놓은 가격에 단순히 숫자(금액)를 요리조리 끼워맞춰 보기좋게(그럴듯해보이게) 재가공하여 보여주는 것밖에는 안된다. 그러므로 이 역시 인원수별 1인당 1일비용으로 포괄하여 다루는 게 바람직하다. 대개의 트레킹에이전시 역시 이러한 룰에 입각하여 견적을 산출한다. 포함되는 스태프 & 운반짐승의 수와 역할, 장비 수나 품목, 식자재와 식단 등등의 각 수량과 단가가 어찌어찌 되는지 처음부터 일일이 따지고들며 여행비용을 산출코자 한다면 이쪽이나 저쪽이나 정말 골치아플 것이다. 그러므로 일단 견적을 받은 후에 스태프의 조건, 인원수, 장비조건 및 여타사항 등을 중점적으로 질문, 이후 추가로 더 필요하다거나 또는 불필요하다고 생각되는 부분은 가감하여 견적에서 증액/차감토록 요구하자. 그것이 현명한 견적조율 방법이다. 처음부터 스태프 숫자, 개별임금 & 품목별 단가, 스테이지별 책정단가 등등에까지 꼬치꼬치 물고 늘어져 진을 빼기보단 일단 에이전시의 견적부터 받고 그 내용을 검토하면서 차근차근 더 세부적으로 조율해나가는 것이 합리적이다.

한편 **현지투어경비**는 모호하지 않고 좀 더 깔끔하게 정리 산출할 수 있다. 곧 위에 적용한 숙식비 산출방법 등을 활용, 숙박비·식비를 가산한 1일 투어경비에 단순 현지고용비(가이드) 및 교통비(차량임차) 정도만을 합산하여 산정하면 되겠다. 예를 들어 6인서 2일짜리 투어일정에 나섰다면 단순히 2일치(1박2일) 숙식비 $30+{$20×2}=**$70** 현지가이드고용 {$30×2일}/6인=**$10**, 여기에 차량임차 {$150×1대×2일}/6인=**$50** 이런 식으로 나누어 산출하여 예산에 포함시키면 될 일이다.

5. 팁(Tip) & 특별지급액(Incentive·Bonus) : 이 역시 중요한 항목으로, 간과해서는 안 될 부분이다.

먼저 수행원 곧 트레킹시의 운영진(가이드/포터/마부 등) 팁이다. 소요인원이 어찌될 진 모르지만 보통 캠핑트레킹의 경우 그룹규모의 3배수 이상의 스태프(운영진)가 구성되므로 이에 의거 예상액을 산출해본다. 곧, 6인그룹의 15일 트레킹프로그램일 경우 운영진 20명으로 가정하고, 이 중 리더(가이드) 2명에 요리사 1명, 요원(주방팀+운반팀(포터) 17명— *말/나귀를 대동하는 경우 포터들의 수는 상대적으로 확 줄어들 것이다. 허나 어쨌든 포터들을 위주로 일정을 추진하는 것으로 상정한다. —*이라 치면;

(※ 팁 역시 예산 짤 때는 넉넉히 20% 지급율로 산정한다. 운영진 수가 늘어날 경우도 대비하는 방도이다.)

① 가이드(2) & 요리사(1) : @25×15일×20%×3명 = $225
② 주방요원(4) & 운반요원(13) : @15×15일×20%×17명 = 765

⇒ ①+② = 총 $990이 나왔다. 이를 그룹인원 6명으로 나누면 ⇒ $990÷6 = **1인당 $165** 정도를 운영진 팁 예산으로서 준비하면 되겠다. 그룹인원 규모에 따라 이 금액은 가감될 수 있을 것이다.

(► 8인그룹이라면 트레커 1인당 대략 **$150** 정도, 4인그룹이라면 1인당 **$180** 정도로 산정될 듯하다. 그 이하 인원 그룹의 경우는 트레커 1인당 **$200~$250** 정도를 운영진 팁으로 준비한다.)

∴ 어쨌든 '총액÷그룹인원수'인데 그룹규모가 작아졌다 해서 운영진규모 역시 비등하여 작아지지는 않으므로— 캠핑트레킹에 있어서는 그 특성상 기본 구성 운영진규모가 있다. — 결국 임금(팁) 총액 감소분이 인원수 감소분만큼을 보전치 못해 그룹규모가 작을수록 트레커 1인당 부담해야 할 지출비용은 상응하여 늘어나게 되는 셈이다. 단지 팁뿐 아니라 전체 인건비 계산에 있어서도 마찬가지 맥락이다. 즉, 그룹규모에 따라 1인당 1일 기준액이 달라지는 이유가 바로 여기에 있다.

그다음 이러한 공동분담지급하는 팁 외에 개별지급하는 인센티브/보너스 형태의 비용이 있을 수 있다. (✓ 이 또한 중요하다. 개개인이 특별(!)대우를 받았거나 할 때 응당 이에 대한 사례는 기본이다. 그리고 이는 전적으로 '개인' 부담이다. 특별대우의 예는 앞서 언급한 바 있다.) 곧, 15일 기간 중 3회(넉넉하게) 정도 특별지급을 상정한다면;

포터 1일 임금분으로 계상 ⇒ @15 × 3회 = $45 정도를 따로 준비토록 한다.

이리하여 트레커 **1인당 팁(Tip) $165 + 특별지급(Incentive) $45 = $210**이 산출되게 되었다. 6인 그룹 15일 트레킹프로그램의 예이다. 물론 이 산출식에 너무 얽매일 필요는 없다. 단지 소요예산을 짜는 참고안이자 방법론일 뿐이다. 하지만 기본적으로 이 정도는 예산으로 준비할 것을 주지함이다.

여기서 또다른 팁/인센티브 부분이 추가되어야 할 경우가 있다. 즉, 트레킹프로그램과는 별개의, 예를 들어 시내관광프로그램에 나선 가이드, 운전기사 팁 등이 그것이다. 역시 비슷한 방식으로 약 4일간 관광안내+차량기사고용의 건으로 계산해보면;

{@25(가이드)+@15(기사)} × 4일 × 10% = $16 (※ 트레킹이 아닌 일반 투어프로그램의 경우는 **통상 10%의 요율이 일반적이다.**) 이를 그룹인원수로 나눈 액수를 가산하면 되는데 곧, [$16 ÷ 그룹인원수] 즉 인원수가 많아질수록 1인당 부담액은 반비례하여 작아지는바, 결국 이에 대한 지출액은 전체로 볼 때 아주 적은 금액에 지나지 않으므로 이런 부분들은 그냥 **예비비**'에 포함하여 활용토록 한다. (∴ 단, 현지에서 적용코자 할 때는 확실하게 각 구성원들간에 비록 이러한 작은 금액이라도 정확히 분담(갹출)하여 예산을 운용토록 한다. ⇒ 사소한 것에까지 잡음이 없으려면 매사 확실히 해두어야 함이다. 단체 여행시에는 더더욱 그러하다. 구성원 간 갈등과 마찰은 이런 사소한 것에서부터 비롯된다.)

성취수당(성공인센티브)은 한편 전 구성원 합의하에 성공적인 트레킹 종료 후 추가적인 보너스의 의미로 일꾼들에게 지급하는 부분이다. 이는 구성원 한 사람이라도 거부케(또는 액수문제로 인한 의견불일치 등) 되면 잡음만 일고 분위기를 망칠 수도 있으니 신중하여 고려하여 실행하라. 아니면 아예 이러한 별도의 사례금(성공수당) 부분을 트레킹 시작 전부터 미리 합의해두고서 진행함이 바람직하다. 스태프들에게까지 알리지는 않더라도 구성원(팀원 멤버들) 간에는 의견공유 및 합의점이 미리 도출되어있으면 나중에 말썽이 생길 확률이 적다. ⇒ 이 부분을 만약 적용코자 한다면 별도로 '**예비비**' 항목으로 뽑아둔다.

6. 부대비용 : 다음과 같은 소비항목들을 집계하여 통칭 '부대비용'으로서 합산한다.

■ **공원·유적지 입장료, 트레킹 허가비(퍼밋비)/입산료(등반료) 등** : 트레킹을 위한 허가비(퍼밋비) & 입장료/입산료 외에도 경유도시 또는 거점도시의 근교 일원 여러 유적지나 공원 등을 관람차 방문하게 될 것을 상정한다. 중앙카라코람국립공원은 1인 **$50**, 데오사이국립공원은 1인 **$10** 정도 계산한다. 이밖에 스카르두, 길기트, 훈자 지역의 유적지/공원 입장료 또한 1일 $10 정도 계상, 2일 정도 유람한다 치면 약 **$20** 정도 소요될 것으로 계산한다. 대도시인 이슬라마바드나 라호르 등지에서의 시내관광일정도 포함, 관광지요금 1인당 1일 **$20** 정도로 잡아본다. (※ 조금 넉넉하게 잡는 게 좋다.) 대략 합산하여 $100 정도 계산되는데 어찌될지 모르니 좀 더 여유있게 **$150** 정도로 책정한다.

■ **주류·음료 및 부식/간식비 등** : 포괄하여 1인 1일 $10 정도로 잡아둔다. 단, 트레킹기간 내에는 이런 비용들을 거의 지출할 일이 없으므로 단지 비 트레킹기간에만 국한하여 적용한다. 즉, 총 여행기간 20일 중 15일 트레킹일정을 배제한 5일 정도만 해당시켰을 경우 곧, $10×5일=**$50** 정도면 되겠다. (※ 파키스탄과 같은 이슬람국가의 경우는 주류반입·구입이 실상 불가하므로 이 예산을 좀 더 긴축할 수 있을 것이다.)

■ **통신비(전화/인터넷 등 사용)** : 빈도가 높지는 않겠지만 필요한 항목이다. 대략 1일 $5 정도로 계산한다. 위와 마찬가지로 트레킹일정에 속하지 아니한 기간에 대해서만 적용, 곧 $5×5일=**$25** 정도 잡으면 되겠다. (※ 이 항목을 굳이 잡지 않아도 무방하겠으나 필자의 경우 국제통화 & 인터넷 PC를 자주 이용했던 사례를 감안하면 대략 하루평균 저 정도 금액이 들었던 것으로 추산되었다.)

7. 예비비 : 말 그대로 만약의, 여러 상황에 대비한 예비예산 부분이다. 대략 소요예산의 10~20% 정도 잡는다. (혹 현지에서의 물품/기념품 등 구입의향이 크다면 각자 판단에 따라 높게 편성한다.) 대충 위 전체예산(최대계상액)의 15% 정도를 예비비로서 계상한다면;

$1,200(국제선항공료) + $260(현지 국내선항공료) + $200(차량임차) + $300(숙식비) + $900(트레킹비) + $210(팁/인센티브) + $225(부대비용) = **$3,295**

곧 이 금액의 대략 15% 정도인 **$505**를 예비비로 준비한다. (⇒ 단순히 끝전을 맞추었음이다.)

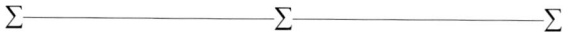

∴ 이리하여 총 **$3,295 + $505 = $3,800** 이것이 6인기준의 파키스탄 카라코람 3주 여행(캠핑 트레킹 15일) 일정의 예로써 대략적인 소요예산이다. 만약 여행일수가 늘어난다면 그만큼 위 산식에 의거 산출 합산하여 예산을 짜보도록 하라.

▶ 다시 말하지만 애초부터 여행사에 전적으로 의뢰하여– *시작부터 끝까지 잘 짜여진 패키지상품 합류시* – 나오는 견적금액과는 상당한 차이가 있을 수 있음을 재차 주지한다. 예산을 얼마나 효율적으로, 경제적으로 산출하고 또 운용하느냐는 여행을 준비하는 개개인 여행자 각자의 몫이다. 만약 이 모든 것이 불편하고 어렵고 머리아프다면 그냥 훌훌 털고 마음 편하게 '패키지여행'에 시작부터 합류하여 나섬이 최선책이다. 모든 것은 노력과 수고만큼 상응하여 따라오는 법이다. 여행사 역시 이러한 일련의 과정–작업들을 통해 그들 나름의 몫을 할당받는 것이고. 에이전시(Agency) 즉 여행대리인으로서의 커미션이 바로 그러한 맥락이다. 이러한 에이전시커미션은 대략 총 예산의 20~30%를 분배받는 것이 통례이다. 개입하는 에이전시(여행사)가 많을수록 그러한 커미션 부담액 또한 늘어날 수밖에 없는 비용구조라는 점 알아둘 부분이다. 대신 그러한 고비용의 여행사프로그램에 참가하여 나설 때의 이점도 분명 있다. 어떠한 방향으로 여행에 나설 것인지는 각자 본인 선택의 몫이다.

* * * * * * * * * * * * * * *

◎ 팀워크(Team Work) 및 리더십(Leadership) & 멤버십(Membership)

▷ **팀워크란** : 운동경기나 직장생활에서만 해당되는 덕목은 아니다. 여행시, 특히 해외트레킹 시에 또한 요구되는 사안이며, 카라코람이나 히말라야 등지의 고산트레킹에서는 더더욱 필요한 부분이다. 즉, 나 혼자만의 산행, 트레킹이 아닌 어울림의 산행, 트레킹이 되어야 함이다. 물론 나 혼자 떠난다면 상관없겠다. 하지만 대개는 이러한 고산트레킹 - *특히나 다중의 캠핑카라반 형태로 진행하는 방식* -의 경우 여럿이서 소위 '팀-Team'을 이루어 진행하기 때문에 이러한 팀 내 분위기와 구성원 간의 조직적이고 협력적 또는 분업적인 수행방법 및 과정은 더욱더 중시된다. 그리하여 고산트레킹에 나서는 단순한 그룹(Group)차원에서⇒팀(Team)으로서 고양되는 기저로서 팀워크는 더욱 간과되어서는 안 될 항목이다.

▷ **리더십과 멤버십** : 리더(Leader)는 문자 그대로 '리드(lead)하는' 즉 팀을 이끄는 사람이다. 간단한 말로 그 팀의 '대장'이라 할 수 있겠다. 대장은 하나다. 여러 사람이 대장이 될 수가 없다. 만약 그렇게 된다면 그것은 리더가 아니라 단지 난파되기 직전의 우중(愚衆)의 하나에 불과할 것이다. 리더십은 곧 팀의 이러한 대장, 리더로서 팀을 이끌고 수행하는 역량을 말한다. 그러기 위해서는 분명코 리더-대장으로서의 자질과 능력이 수반되어야만 한다. 곧, 리더에게는 **책임감, 판단력, 결단력, 통솔력, 이해심, 봉사·희생정신** 등등이 요구된다. 만약 이러한 덕목이 갖추어지질 않았다면 리더로서의 역량이 부족하다고 감히 말할 수 있다. (↔ 반대로, 무책임하고, 판단력 떨어지고, 통솔력 부족하고, 우유부단하고, 이해심 없고, 봉사·희생정신 없이 나 몰라라 하는 사람을 리더로 앉힌다면? 결과는 불을 보듯 뻔할 것이다.) 고로 만약 본인이 리더이고자 한다면 이러한 덕목을 갖추도록 노력하라. 고산트레킹 카라반에서 역시 마찬가지다. 고되고 힘겨운, 때론 고민과 갈등이 수반되는 상황에 누차 당면할 수 있다. 즉, 이럴 때 리더의 능력-리더십이 빛을 발한다.

멤버는 반면 단순하다. 그저 팀 내 일원으로서만 자리매김하고 있으면 되는 것이다. 그러나 멤버십은 그냥 단순하지만은 않다. 바로 '구성원=멤버(Member)'로서 요구되는 자세(Manner)와 기본(Basics)을 지켜야 함이다. 리더처럼 '자질'까지는 필요없다. 하지만 '자세' 곧 팀 내 임하는 모습과 태도는 중요하다. 그것이 곧 멤버로서의 자세-자격 즉 멤버십(Membership)이다.

▷ **리더로서의 자질 및 역할** : 리더로서의 기본은 **책임감**이다. 책임감이 없는 리더는 리더라 할 수 없다. 다음으로 **판단력**이 중요하다. 선택과 결정의 순간이 적지 않다. 이럴 때 리더의 통찰력(분별력/예측력)과 판단력은 성공적인 일정수행에 큰 작용을 한다. 그다음 **결단력**이다. 판단하고 결정했으면 '결단-실행'에 옮기는 능력이 중요하다. 최적의, 최선의 판단을 해놓고도 결단치 않으면, 움직이지 않으면 무의미하다. 곧, '결단력-<u>우유부단하지 않음</u>'이 바로 리더의 가장 중요한 덕목 중의 하나로서 요구되는 까닭이 바로 여기에 있다. 이어 **통솔력** 또한 관건이다. 만약 통솔하는=이끄는(leading) 힘이 부족하다면 진정한 '리-더(Lead-er)'로서의 자질 또한 부족함이다. 판단하고 결단했으면 다음은 따라오게(follow) 만드는 힘이다. 그렇다. 따라오게 하려면? 먼저 앞장서 나서는 즉, **솔선수범**하는 모습을 성원들에게 보여야 함이다. 먼저 나서지 않는, 솔선수범하지 않는 모습의 리더는 공염불에 불과하다. 즉, 말만 앞세우고 실천은 없는, 행동하지 않는 헛 리더에 그칠 것이다.

여기까지 리더로서 요구되는 기본 역량과 자질을 언급해보았다면 이제는 리더로서의 자세와 역할 또한 나열해본다. 즉, 이제까지 리더 개인의 역량이었다면 다음은 리더로서의 기본 소양이다. 첫째 '**존중과 예의**'이다. 리더-대장이라고 해서 정형화된 조직에서처럼 권위를 내세우고 휘두르는 경우가 있는데 옳지 못하다. 여행(트레킹)그룹 내에서는 더욱 금기사항이다. 팀 내 불화의 가장 큰 원인이다. 달리, 존중과 예의의 자세로서 마찬가지로 임해야 하는바 곧 팀 내 하찮은(연소한) 구성원이라 할지라도 그의 의사와 방식을 존중하고 이해해주는 자세를 갖추어야 하겠다. 이해심과도 상통한다. 지켜야 할 예의 또한 마찬가지다. 리더라고 해서 특권을 가지고 있다는 생각은 버려라. 오히려 솔선수범하여 더욱 예의를 갖추고 진중하게 임해야 할 터이다. 아랫사람에게 역시 그럴수록 더욱 탈권위적이고 인격존중적인 자세로 대해야 할 것이다. 그래야 리더 또한 존경받고 신뢰받고 지지를 얻고 더욱 따르게 될 것이다. 또한편 덕목으로 '**희생과 봉사**'이다. 만약 누군가 나서서 하기를 꺼려한다면 과감히 대장이 나서라. 그것이 진정한 리더, 곧 따르게 하는 힘이다. 자기자신 희생도 감수하라. 그리고 리더인 내가 먼저 돕고 베풀라. 봉사하라. 그러면 신뢰와 열정과 지지를 얻을 것이다. 만약 희생·봉사정신이 결여되어 대신 다른 누가 나서서 하기만을 바라거나 요구한다면 그것은 올바른 리더의 모습이 아니다. 굳은 일, 남이 하지 않으려고 하는 것 내가 먼저 나서서 처결함이 바로 진정한 리더의 모습임이다. 그것이 희생이고 또 봉사다. 이로써 진정한 리더로서 거듭나게 될 것이다. 모든 성원들이 믿고 따르는, 단지 '높은양반-보스(Boss)'가 아닌 '진짜 리더(Real Leader)'로서…

▷ **멤버(성원)으로서의 자세, 행동양식 및 기본예의**

첫째, 공동체의식이다. 즉, 나 한사람만이 아닌, 여럿이 모두가 함께 어우러져있음을 알고 그에 합당한 태도와 행동을 보여야 함이다. 나 하나만의, 나부터라는 이기주의·이기심을 버려라. 단체-'팀'을 이루어 나섰으니 곧 '팀의 구성원'으로서 함께 나아간다는 자세로 임하라. 〈공동의 목표〉, 〈공동의 일정·과정〉에 나포한 다른 이들과 함께 놓여있음이다. 만약 나부터, 내가 먼저이고 싶다면 당신에게 팀은 필요치 않다. '혼자' 여행에 나서라. 팀은 당신에게 불편한 매개체일 뿐이다. 단지 경비를 절감하려 팀에, 그룹(단체)에 합류했다? 소탐대실(小貪大失)이다. 경제논리보다는 개인주의-자유의지를 먼저 펼쳐라. 곧 "나홀로여행"이 답이다. 그리하지 않는다면 여럿에게 민폐다.

둘째, 상호존중이다. 팀 구성원들 개개인 서로간, 남녀노소 & 세상사 지위고하를 막론하고 서로 존중해줄 줄 아는 태도와 마음가짐이 필요하다. 다만 "같은 목적의 공동체〈팀〉 안에 어우러져있는" 각자 개개인 인격체라는 경외심으로. 곧 성(性)이 다르다고 해서, 어리다고 해서, 빈약해보인다고 해서 - *속칭 '빈티'가 느껴진다는 둥* - 해서 무시하거나 또는 차별하거나 하는 태도, 언사, 행동 따위는 결코 그룹여행에 있어 바람직하지 못하다. 일단 팀이 이루어졌으면 그리하여 이러한 부분들을 잘 어우르고 포용하면서 이른바 '팀워크(Team Work)'가 잘 가동되도록 서로서로 노력하고 더욱 존중하는 자세로 임해야 할 것이다.

셋째, 리더(Leader)의 권위 존중 및 복종(결정사안 따르기)이다. 아무리 권위를 배제한 트레킹그룹의 리더라 할지라도 멤버들 자체적으로는 리더로서의 권위를 나름 인정해주고 또 존중해주어야 함이다. 곧, 어느 정도는 리더를 중심으로 한 위계질서도 있어야 하겠다. 무작정 리더랍시고 세워만 놓고 존중하지도 않으며 멤버들 각기 제멋대로 분란스럽게 행동한다면 그 또한 리더십의 의미도, 멤버십의 의미도 퇴색되어버리고 마는 즉, 쓸 데 없는 헛짓거리만 한 - *아무런 효과도, 효용도 없는* - 격이 될 것이다. 즉, 단지 속칭 '얼굴마담'으로서의 리더로서 내세워졌을 뿐이며 그저 허드렛일만

하는 '이용도구'에 지나지 않을 것이다. 이런 리더를 또 누가 감히 나서서 하려고도 하지 않을 것이며. 곧 어느 정도의 **권위와 가치**는 멤버들 스스로가 부여해주고 또 리더 그 자체로서 **인정, 존중**해 주는 것이 또한 멤버로서의 기본자세이자 의무이다. 아울러 리더의 판단력, 결단력 또한 존중해 주고 때에 따라서는 리더로부터의 요구사항, 분담과제 등에 대하여도 묵묵히 **복종**하여 따르는 수행멤버로서의 자세도 요구될 터이다. 그 또한 '멤버십'이자 멤버로서의 '역량'임이다.

넷째, 책임감이다. 맡겨진 일〈임무〉가 있다면 책임감을 갖고 완수토록 힘쓴다. 만약 어렵거나 부당하다고 여겨진다면 구성원 간 임무가 배정 정리되기 전에 합당하고 타당한 이의를 제기하여 수정토록 요구하라. 단지 맡은 일이 마음에 들지 않는다고, 또는 단순히 리더가 못마땅하다고 해서 맡은바 주어진 임무〈과제〉를 나 몰라라 팽개친다면 그 또한 멤버로서의 즉 팀 성원으로서 자격이 없는 것이다. 이런 사람은 '멤버'라 불려서는 안 되며 아니 애시당초 '팀'의 구성원으로 합류하지 말아야 함이다. ⇒ 자유분방한 개인주의 여행프로그램 또는 말마따나 "나홀로여행"으로 추진토록.

∴ 아무튼 어려울 것도 없지만 그렇다고 마냥 쉽지도 않은 **멤버십, 팀워크**, 그리고 물론 **리더**의 모습이다. 하지만 그래도 충분히 감내할 가치가 있는 항목〈덕목〉들임에는 틀림이 없다. 특히 어려운 고산트레킹에 임하는 팀-멤버들로서는 이러한 사항을 잘 준수하고 맡은바 소임을 다하며 하나하나 감당해나가면 보다 **성공적인 트레킹 완수**의 기쁨·성취감을 누릴 것이다.

▷ **세부사항**

✔ **이해심·이타심·인내심** : 리더든 멤버든 팀 내 속해있다면 요구되는 사안들이다. 이해심은 '알아주고 받아들이는' 마음이다. 즉 상대방의 마음과 처지와 가치관을 존중해주고 인정해주는 것이다. 역지사지(易地思之)를 항상 마음속에 그리라. 다른 이의 입장이라면, 즉 '내'가 아닌 '그'의 입장이라면 어떠할까, 어땠을까 하는 것을 매사 마음에 그리고 임하라는 것이다. 단지 사자성어 미덕으로서만이 아니라 팀 내 구성원간, 리더(Leader)와 팔로워(Follower)-멤버(Member) 간 갖추어야 할 요건이다. 이타심 역시 그렇다. 단지 한 발 더 나아가 '나' 보다는 '남'을 더 "먼저 생각하고 이해하는" 부분이다. 즉, 희생·봉사 정신과도 상통한다. 나 먼저가 아니라 상대방 먼저 배려하고 이해해주는 순간부터 그 팀의 분위기와 모습 곧 팀워크가 생기게 됨이다. 그로부터의 멤버십, 리더십은 저절로 따라오는 덕목이다. 다시 말하지만 나를 앞세우기 전에 상대방 먼저, 내가 우선이기 전에 상대방을 우선할 줄 아는 이해심과 이타심을 고양토록 노력하자. 단체여행시 숱하게 회자되는 팀 내 불화, 갈등, 잡음, 마찰 이런 것들이 생겨날 리가 없다. 단지 이 두 마음자세만으로도.

그리고 인내심이다. 기다림이자 끈기이다. 참을성이기도 하다. 모든 게 이 한 단어에 응축되어 있다. 즉 이 하나만으로도 모든 어려움을 극복할 수 있음이다. 따지고들기 전에 잠깐 멈추자. 도발적으로 응대하기 전에, 성난 목청을 드러내기 전에, 화를 표하기 전에 잠깐 멈추고 생각하자. 그리고 한 번 더 참을 수 있으면 참자. 참는다고 손해본다 생각하지 말자. 나만 참고 다른 이들은 안 참는다 해서 나도 그럴- *인내하지 않을* - 필요까지는 없다. 그룹트레킹시의 많은 갈등이 인내심의 결여에서 나온다. 조금만 참으면 되는데 그러지 못해서 그렇다. 잠깐만 기다리면 되는데 그러지 못해서 그렇다. 바꿔 말해 조금만 참고, 잠깐만 기다리고, 때론 조금 더 길게 끈기있게 인내심을 발휘하면 만사 해결될 터인데 말이다. 어렵지만 쉽다. 그 첫걸음은 바로, 단지 나부터 앞세우기보다는 상대방 먼저 배려하는 것이다. 즉, 내 얘기보다는 남의 얘기부터 먼저 들어주는 것이다. 다른 사람의 말, 타인의 이야기를 듣자. 내 말, 내 주장만 주구장창 앞세우지 말고.

✔ **회의 및 의사결정** : 그룹트레킹 곧 팀을 이루어 트레킹 시, 특히 난관이 많고 매사 고민거리가 많은, 더욱이 일꾼들과 그리 소통이 원활하지 않은 고산지역으로의 트레킹 시에는 그룹 멤버들끼리 모여서 의논을 하고 의사를 결정해야 할 상황이 많이 발생한다. **일정(코스)을 어떻게 진행**할 것인지에서부터 **위험요소, 안전문제**에 관한 논의 및 대처방안, 나아가 **일정의 축소·연장**이라든가, **이동거리·소요시간**에 대한 논의, **장소(야영지)선정**의 문제, **휴식기-휴식시간/휴식일** 등에 대한 안배, **고소증 및 응급상황** 대처시의 문제, 심지어 **수행 운영진과의 잡음, 마찰** 내지는 사소해보이지만 예민한 **음식·식단**에 이르기까지, 아울러 **여흥·자축연(뒤풀이)**에 관한 부분과 **시간/일정 안배 및 추가비용-갹출**의 문제, **팁 & 특별보수** 등등의 결정에 관한 사안 등 일반적으로 상정되는 부분들과 더불어, 최악의 경우 **스태프 해고(또는 신규고용)**, 혹은 팀 내 불화~갈등 봉합이 불가능해 급기야 **팀을 해체하거나 분리**하게 되는 지경에 이르기까지 등등 그룹트레킹시에 발생하는 난관의 사례들은 무척이나 많다. 이러한 경우 묵과하고 그냥 넘어가거나 혹은 리더나 몇몇 핵심요원- *대개는 연장자들로서 분류되는* -들에 의해 계획과 방향이 수정되거나 의사가 결정되고 만다면, 그리고 이러한 상황이 반복된다면 필시 더 큰 문제와 난관으로 발전될 가능성이 높다. 그러지 않기 위해서는 때마다 적절한 회의를 통해 의견을 수렴하고 진지한 논의를 거쳐 의사를 결정하고 결정된 사안·지침을 수용, 일정과 계획에 반영하는 일련의 과정이 필요하다. 즉, '**회의**'를 통한 '**의사결정**'이다.

민주적인 방식에 의거 팀 구성원들끼리 모여 회의를 진행하되 리더가 주관할 것이며, 연장자들 또한 그러한 '연배'를 앞세워 본인들의 일방적인 견해나 주장을 관철시키려고 들지 말아야 할 것이다. '**동행(同行)**'이기에 '**동격(同格)**'임에도 단지 연장자- *"나이가 많다"* -라는 것 때문에 회의석상에서도 이러한 동격의 룰이 지켜지지 않는 경우가 많은바, 아랫사람들의 입장과 의견을 무시하고 전근대적 봉건적인 사고방식으로 곧 그러한 '**동등한 자격**' 임을 무시하고 자기주장만 펼친다면 결과는 불을 보듯 뻔할 것이며 그로부터 역시 아랫사람들로부터도 배척당하거나 마찬가지로 무시당하고 진중한 논의로부터 배타적으로 처해질 것은 자명하다. 결국 이러한 것들이 모여 팀 내 갈등과 불화로 번지게 되는 것인즉. 그렇다. 간단하다. 회의석상에서는 연장/연하가 없다. **같은 목적, 같은 상황**에 처했으니, 또한 **같은 비용**을 내고 모였으니 즉 '**동격-동급**'으로서 서로를 인정하고 존중해주면 될 터이다. 연배가 아래인 사람들 역시 혈기왕성하다고 해서 또는 세대차이가 난다 해서 윗 연배인 이들의 사고와 의견을 경청하지 않고 무시해서는 안 될 터이다. 오히려 더더욱 경험과 연륜이 많은 그들의 고견과 조언에 귀를 기울여야 함이다. 그로써 보다 발전적이고 서로간 의기투합하는 분위기가 조성될 것이며 아울러 최선의, 최적의 결과가 도출되기에 이를 것이다. 즉, 모든 구성원이 **동등한 지위**로서, 다만 서로의 입장과 사고, 가치관을 존중해주면서 나름의 의견과 제안을 피력하는, 그리고 리더는 그러한 내용들을 독선적이지 않게 잘 수용하면서 어우르고 때론 단호하고 결단력있는 모습으로 회의를 주재함으로써 의사결정에 일조하는 모습으로 !

다시 말하지만 이러한 공동체적 동격의 회의석상이나 모습들이 싫다면, 오로지 자기주장만 늘어놓고 관철시키고 싶다면 그렇다면 그룹여행이 아닌 홀로여행에 나서길 종용한다. 그런 마음자세를 갖고 단체여행에 임한다면 정말로 모든 사람에게 *– 본인을 포함한 –* 피해라는 것을 스스로도 잘 알 것이다. 단체여행에 나선 이상 최소한 이정도의, 위에 말한 최소 기본적인 소양을 갖추도록, 그러한 '매너'를 지키도록 노력하자.

✔ **낙오 및 후송** : 고산트레킹시에 가장 빈번하고 많은 논의가 되는 사례가 바로 고소증이나 부상 등으로 인한 환자 발생, 그리고 그로 인한 대열에서의 이탈(낙오), 후퇴, 일정조정 및 위급시의 후송에 대한 부분이다. 이 경우도 몇몇 이들의 독단적인 결정에 의해서보다는 회의를 통해서 수렴 되도록 한다. 물론 긴박한 상황이라면 이럴 여유마저도 없을 것이다. 곧바로 특단의 조치를 취하여 응급후송에 이르게끔 하는 게 리더의 몫이자 수칙이다. 반면 조금 덜 시급한 하위의 사안들에 대해서는 여유를 가지고 상황을 재고해보면서 보다 적절하고 합리적인 대처방안을 논의, 도출해 낼 수 있을 것이다.

일반적으로 응급환자 발생 경우는, 특히 고소증의 경우라면 증세의 정도에 따라서 잠시 대기 혹은 좀 더 긴 시간— ☞ *반일 휴식 내지는 다음날 일정 강행치 않고 휴식일로 할애 등* —을 환자를 위해 배려하는 식의 방안을 도출해낼 수 있을 것이다. 하지만 일정여유가 없어 시간에 쫓기는 경우 이러한 환자의 입장 만을 배려해 마냥 시간을 할애할 수 없는 사정상 고민도 있을 것이다. 결국 어쩔 수 없이 대오에서 이탈—〈**낙오**〉—시켜야만 하는, 또는 되돌아 내려가게—〈**후퇴**〉—종용하는 방안이 나오게 마련 이다. 이렇게 의사가 결정되었을 때 당사자(환자) 역시 다수의 이익을 위해 따르는 모습이 필요 하다. 그래 받아들일 수밖에 없는 상황이라면 마땅히 받아들여야 함이다. 계속 기다려달라고 하는 것 역시 나만의 이기주의이자 민폐이다. 물론 다른 이들 역시 무조건 낙오, 후퇴, 후송시키고자 하는 의향부터 피력해서는 안 되겠다. 최선을 다해 돕고자하되 부득불 어쩔 수 없는 상황이니만큼 다수의 정상적인 일정진행을 위해 그러한 소수 당사자의 처지를 더 이상 헤아릴 수 없는 상황임을 또한 이해시켜야 할 것이다. 하지만 그렇다고 나 몰라라 하고 방치해둠을 의미하는 것은 아니다. 곧 그에 상응하는 조치 또한 수반되어야 함이다. 낙오될 수밖에 없는 사람에게 필히 스태프 한둘— **가급적 어느 정도 의사소통이 가능한 요원으로** —은 함께 남아주거나 하산(후퇴)동행토록 배려해주어야 하며, 만약 더 나서서 희생할 수 있다면 의사소통이 더 나은 멤버 중 누군가 함께 남아주거나 동행해 줄 수 있으면 더 좋다. 리더도 물론 그러한 희생·봉사정신을 발휘할 수도 있겠지만 더 중한 본연 의 책무는 다수의 대원들과 함께 계속 그들 리더〈대장〉으로서 남은 일정을 수행해야 하기에 즉, 말마따나 '대의'를 위하여 그럴 —*'대'를 위해 '소'에 희생할* — 수 없음을 인정할 수밖에 없다.

응급후송의 경우는 좀 더 심도있는 논의가 필요하다. 즉, 앞서 언급한 바 있는 지극히 위험한 **급성고산증(AMS)**이나 **동상, 저체온증** 및 심한 **출혈이나 골절을 동반한 심각한 내외상** 등 부상 으로 인해 생명위독 내지는 후유장애(불구)의 상황이 우려되어 시급을 다투어 최대한 빠른 시간 안에 구조수단을 호출하여 후송해야 하는 상황으로, 매우 진중하게 그러나 신속하게 처결해야 할 사안이다. 또한 이 때 비용에 대한 문제도 빼놓을 수 없는데, 한국과 달리 외국여행시의 응급구조 상황에 직면하면 구조수단(구조헬기, 앰뷸런스 등) 호출 사용에 막대한 비용이 소요되기 때문이다. 그렇다더라도 일단 생명이 소중한 것이니 잘 결정해서 우선순위가 바뀌지 않도록 하자. 이럴 때를 대비해서 응급후송비용까지 지원되는 여행자보험을 들어두고 나섰다면 큰 도움이다. 아울러 환자 만 덜렁 후송시키지 말고 동료멤버 누군가도 함께 보호자의 입장으로서 동승시키도록. 역시 희생 정신이 필요한 부분이다. 누구도 나서려하지 않는다면 그땐 리더가 나서야겠다. 리더의 덕목이라 했다. (※ 일례로 단순히 포터— *의사소통도 되지 않는* —1인만을 동승시켜 항공후송시킨 사례를 목격했는데 정말 힘들고 어려운 상황이었음은 말할 것도 없다. 동료 한 사람만이라도 함께 있었더라면 정말로 좋았을 텐데 말이다. 결국 그 친구는 도시지역 공항에 착륙하기까지 의사소통도 제대로 못한 채 거의 혼자 힘으로 내려앉다시피 했다. 멤버십, 리더십이 발휘되지 않았던 응급후송의 사례라 하겠다.)

✔ **간병(간호) 등 건강관리** : 부상자나 고소증 환자가 나왔을 경우 이를 가만 놔두어서는 안 되겠다. 곧, 부상과 증세의 정도에 따라 리더의 지시 및 팀원간 협력에 의해 간병(간호)행위를 수행해야 함이다. 경미한 부상의 경우는 상관없지만 출혈이 심하거나 골절상으로 인해 더 이상 일정진행이 어렵다 판단되면 간호행위와 더불어 후송시키는 방도를 모색한다. 고소증 환자의 경우, 만약 그 증상이 심하다면 특히 밤시간 상태가 악화되어 더 위험한 지경에 처할 수 있는바, 같은 숙소(객실/텐트) 내에서 합숙하며 간호·간병하는 보조의료행위가 필요하겠다. 이때도 개별적으로, 독자적으로 수행치 말고 리더의 지시를 따를 것이며 아울러 팀원들 간에도 임무를 분담하여 각기 협조체계를 구축하도록 하라. 특히 취침시에는 고소증 환자를 절대 혼자 두지 말라. 누구든 한 사람은 옆에 붙어서 – *비록 힘들고 고달프겠지만* – 거의 깨어있다시피 하여 지켜봐야 함이다. 단, 이성간의 합숙에 있어 만약 관계가 돈독한 부부, 연인 사이가 아닌 이상 여자는 여자가, 남자는 남자가 합숙하여 돌보게끔 하라. 친분이 쌓이지 않은 단순 그룹멤버들 간의 간호행위에 있어서는 이 또한 리더의 지시에 따라 잘 처신할 것이며, 만약 리더의 지시·지침과는 별개로 팀원 개별적인 친분관계에 의해서 간호행위를 시행할 경우에도 그에 상응하는 안전책 및 책임의식과 더불어 혹시라도 발생할 수 있는 이성간 불미스러운 사건사고 접수사례(**추행**˚으로 오인 등)에 대해서도 미리 주지받고 임해야 할 것이다. 반면에 팀원 각자 본인의 건강 또한 본인이 스스로 챙기는 모습과 노력을 보여야 하겠다. 유경험자의 조언과 리더의 지시에 잘 따르고 더불어 고소수칙과 안전수칙을 방관하지 말고 잘 준용하여 트레킹에 임하도록 한다. 아프고 힘들면 본인만 손해이다. 그러니까 아프다고 누구한테 의지하려들기보다는, 아니 누군가 도와주어야만 하는 상황에 이르기보다는 본인 스스로 여행 중의 몸관리, 건강관리에 철저히 신경쓰자. – 개인 구급의약품 준비도 철저히 ! – 남녀 할 것 없이 말이다.

* 진심 조언컨대 만약 일행 중 여자 혼자인 경우 그녀가 고소증으로 고초를 겪는다면 그리고 마땅히 돌볼 다른 여성동료가 없다면, 그래 남편이나 연인 아닌 이상 다른 – *친분이 그리 쌓이지 않은* – 남성이 합숙하여 간호행위를 하기보담 그냥 하산시키거나 후송토록 함이 최선책이다. 의외로 민감한 상황이라 어떠한 간호행위라도 혹여 '추행의(=더듬는)' 행위로 오해를 살 수 있음을 간과하지 말기 바란다.

 (☞ 바뀐 성폭력특별법에 의거, 피해자(라고 인식하는 자)의 진술만으로도 처벌이 가능케 되었는바, 즉 간호한 본인은 선의의 의도로 성심껏 헌신적으로 간호·간병행위를 했음에도 '당하는(받는)' 사람의 입장에서 만약 조금이라도 수치심을 유발할만한 여지(신체접촉행위)가 수반되었다면 성추행– **법문상으로는 '강제추행'; 전혀 강제성이 없었음에도** –으로서 피소, 형사처벌 받을 수 있음을 의미한다. 즉, '간호' 행위가 우선이 아니라 '성적수치심'이 더 우선한다는 사실. 현행법상 그러하다. (※ 실제 당사자가 받은(신체접촉) 정도보다도 더 확대 과장 및 왜곡 가공하여 진술하여 형사고소, 처벌케 한 사례가 있음. 당시 심한 고소증으로 인한 수면장애, 환각, 환청상태가 의심되었음에도 받아들여지지 않고 피해자(로서 받아들여지는 이)의 일방적 진술에 주로 초점이 맞추어짐으로써 선의의 간호행위를 한 간호자가 도리어 가해자로 몰린 어처구니없는 사건. ⇒ 종종 일반의료행위에 있어서도 발생되곤 했던 사안이나 고산트레킹 시의 고소증환자 간호행위에 있어서도 다르지 않게 적용된 사례이기도 함.) 곧, 남자들의 이른바 맹목적인 의협심 말인즉슨 '기사도정신'보다는 '성추행(으로 오해받는 사례) 방지'를 더 우선시해야 함이다. 희생정신·봉사정신과는 상관없다. 상황을 제대로 알지도 못하는 세간의 손가락질을 받으면서 속칭 '범죄자'로 낙인찍히면 그처럼 바보같은 짓이 어디 있는가 ?)
 이처럼 서로간 오해 및 최악의 불미스러운 사태를 미연에 방지하기 위해서라도 비록 간호가 절실한 상황이라도 이성과의 합숙행위는 신중히 제고토록 조언한다. 여성들도 가급적 본인 혼자 그룹에 참여하지 말고 최소 한두 명이라도 같은 여성여객들과 합세하여 단체트레킹에 임하길 바란다.

✔ **위기관리** : 단체트레킹시 당면하게 되는 어려운 상황– *물리적 & 정신적 난관* –을 상정하여 대처방법과 자세를 조언해본다.

• **물리적 난관**〉 대표적인 사례만 나열한다. 시작부터 봉착하는:

(1) **운송수단–교통편(Transportation)** 문제이다. 가장 빈번한 것이 국내선항공 결항의 예이다. 리더의 판단 + 팀원 회의를 거쳐 신속히 대안을 마련하고 이후 일정에 더 이상 차질을 빚지 않도록 의기투합하여 상황을 극복하려 노력한다. 운항이 재개될 때까지 무작정 대기하는 방안도 있겠지만 가급적 신속하게 다른 **육로이동수단을 모색**하여 대처하는 방안도 있을 것이다. 어쨌든 결정된 사안에 따르되, 이후 불거질 수 있는 문제점– *추가비용문제, 전체일정연장 혹은 후속일정 축소(조기종료) 등* – 또한 모두가 수용해야 할 것임을 미리 주지한다. 만약 이러한 초기 교통편 문제로 일정축소가 불가피하다면 이에 상응하는 대안일정 또는 축소일정으로 운용하는 방안을 에이전시 대표나 운영리더(가이드 & 서다〈포터대장〉 등)를 포함하여 함께 더욱 진지하게 논의, 최적 최선의 일정으로 재편성하여 후속일정–「Modified Itinerary」–에 조치토록. (∴ 그래서 해외 트레킹시에는 총 소요일정 + 예비일(최소 2~3일)을 필히 두어야 하는 이유이기도 하다.)

(2) **신체적(Physical)** – *건강상태 곧 부상 & 고소증* – 문제이다. 트레킹 도중 당면하는 물리적 난관의 가장 일반적인 예로 또한 누구든 이 문제에서 자유롭지 못한 부분이기도 하다. 기 언급한 바대로 첫째 개인건강은 각자 본인 스스로 먼저 챙긴다. 그럼에도 만약 질병(부상)이나 고소증이 발현됐다면 **리더〈대장〉의 통솔**과 팀원 구성원간 **협력과 봉사정신**에 입각하여 상황개선에 최선을 다한다. 특히 이런 상황에서 많은 사람이 더욱 예민해지기 쉬운데 그리하여 **참을성, 인내심이 더욱 요구**되는 시점이기도 하다. 리더는 이러한 상황들에 대비해서도 팀 내 구성원 간 분위기 또한 잘 추스려야 하며 – *더욱 명철하고 단호한 리더십 요구* – 필요시 전담 간병(간호)임무를 부여하여 상황에 대처코자하는 역량– **판단력 & 결단력** –도 발휘해야 한다. 팀원들 역시 이러한 지시·결정사항에 배타적으로 응하지 말고 공동의 안녕을 위해서 이해하고 적극 받아들이는 자기희생적 **복종**과 **봉사**정신– **공동체의식(멤버십)** –을 보여야 하겠다. 그렇다면 이러한 물리적 위기상황은 점차 타개되어 나갈 것이다.

(3) **기상악화 및 통행불가** 등으로 인한 일정차질(부득불 후퇴 & 일정 조기종료). 이 또한 의외로 많이 벌어지는 사안이다. 즉, ①**폭우·폭설 또는 산사태** 등으로 더 이상 진행이 불가할 때, ②**일기가 악화되어 안전문제로 부득불 철수**– 예를 들어 일정상에 놓인 하이패스를 넘어 다른 지역으로 나아가야 하는데 기상악화로 포기·후퇴 –를 결정할 수밖에 없을 때, ③**트레일 상에 위험요소가 많아 진행을 재고**해야 – 아울러 트레커들은 나아가고자해도 일꾼들(포터 & 운반짐승)이 진행불가를 선언하고 협조하지 않는 사례(소위 '스트라이크' 사태)도 포함 – 할 때, ④**현지 사정상 진입(진행)불가 내지는 대기/후퇴/복귀(철수) 명령** – *행정당국의 방침·규정 변경이나 돌발사태(사고) 등에 기인* – 등등이 그러하다. 모든 사례들이 다 쉽게 해결이 어려운 국면인바, 이럴 경우 독단은 안 되며 절대적으로 회의를 통해서 – *필요시 운영(스태프) 대표진들도 포함* – 의견을 수렴하고 최적의(=최대다수의) 선택안을 중용하여 차후 일정을 조율한다. 설령 반대의견을 낸 이가 있더라도 결정된 사안에는 묵묵히 따른다. 그게 민주주의 방식이고 또 난국을 타개하는– **또는 더 큰 위기를 초래하지 않는** – 최선의 방식, 태도이다.

이밖에도 당면하는 물리적 난관의 예는 많겠지만 어쨌든 위와 같은 방식과 자세로 대처해 나간다면 상당부분 극복해낼 수 있을 것으로 기대된다. (⇒ 여러 경우를 상정한 '위기상황 목록(매뉴얼)'을 미리 만들어놓아 상황별 대처방안을 여행 시작 전 팀원들과 공유. 어느 정도의 마인드-공감대를 형성해놓고 있으면 더욱 유용하고 효과적일 듯하다. 비단 고소등반그룹에만 해당하는 것으로 치부할 필요는 없다. 해외 오지 트레킹시에도 역시 마찬가지로 이러한 매뉴얼이 구비되어있으면 좋다.)

• **정신적 난관**〉 물리적 난관보다 사실 이게 더 어려운 상황이다. 즉, 가장 큰 **스트레스와 갈등**을 유발하는 대목이다. 곧, 팀 내 구성원 간 – *리더도 물론 포함* – 갈등, 그리고 운영진(스태프)과의 마찰/불화이다. 어떻게 풀어야 할 것인지는 이미 앞서 다 말했다. 아니 이러한 상황에 당면하지 않도록 먼저 공동체적 단체트레킹에 임하는 기본 소양과 자세를 거론했다. 하지만 그랬음에도 이러한 상황이 빚어졌다면 역시 다시금 스스로의 자세를 낮추고 더욱 이해심을 갖고, 더욱 이타적으로, 더욱 인내심을 발휘하여 난국을 타개하도록 노력하자. 그것밖에는 없다. 아니면 **파국***으로 치닫는 일 뿐이다.

> ★ 말한 대로 팀 해체, 분리가 답이다. 더 이상 **갈등과 불화**를 안고 '함께=공동의' 여정을 진행한다는 것은 마치 '폭탄'을 안고 불길에 뛰어드는 것과 마찬가지다. **들인 돈이 아깝다고?** 아니다. 더 이상 **소탐대실**하지 말자. 돈보다 **정신적 안정과 평화**가 더 값비싼 덕목이다. 즉, 돈을 버리더라도(= 금전적으로 손해를 입더라도) 그렇게 해야 함이다. 그게 정답이다. 만약 그런 생각 – '돈이 아깝다' – 이랑 들 양이라면 아예 처음부터 스트레스상황, 갈등국면에 놓이지 않도록 스스로 먼저 노력하고 처신했어야 함이다. 남 탓? 그래 '나' 아닌 '다른 사람' 탓? 다 똑같다. 달리, 적어도 나라도 양보하고 나라도 이해하고 나라도 참았으면 이 지경까지는 안 갈 텐데 하는 생각을 가지라. 아니 그 전에, – "그런 파국의 상황에 이르기 전에" – 당연 그렇게 하라. **아니 왜 나만 항상 양보하고 이해하고 인내해야 하지?** 라면 그럼 애초 단체여행에 따라나서서는 안 되는 것이었다. 그게 단체여행에 임하는 자세이다. 몰랐다면 지금이라도 단체여행계획을 취소하고 빠지라. 정 그럴 자세와 기본이 되어있지 않다면, 그리하여 언제라도 마음상하고 기분나빠하고 스트레스받을만한 상황에 처하게 될 것 같다면 그렇다면 단체여행에 나서서는 안 된다. 누차 말했듯이 홀로여행이 답이다. 홀로 나서는 게 두렵다면 아주 친한 가족이나 지인 두엇이서 합세하여 나서라. (▷ 사실 이조차도 걱정이다. 친한 가족과 친구도 사실 오랜 여행에 나서보면 시쳇말로 친구가 적이, 가족이 원수가 된다고 하지 않던가? 그러니 가장 좋은 방법은 즉 "혼자 떠나는" 것이다. 말 그대로 FIT(= Free Individual Travel)! – 필자 역시 그러한 부류의 하나이다. 즉, 돈을 더 들여서라도 구애받지 않고, 간섭받지 않고, 눈치보지 않고 하는 '자유'로운 여행을 선호한다. 혼자 떠나는 여행이야말로 정말 매력적이다. 이런 단체여행시의 정신적 스트레스에 당면할 일이 훨씬, 아니 거의 없기 때문이다.)

정신적 난관 별 거 없다. 단지 **더 이해하고, 더 생각하고, 더 참고 양보**하면 그걸로 끝이다. 만약 이런 것들이 너무 어렵고 싫다! ⇒ 그럼 혼자 떠나라. 비아냥거림이 아니라 정말 그렇다. 단지 '돈'이 문제이다. 그래서 '소탐대실'이라 말하는게다. 단지 '돈'을 절약하기 위해서 따라나선 것이라면, 그렇게 '돈' 때문에 자기자신의 정신적 평화와 안녕을 희생하고 나선 것이라면 그것이야말로 "소탐대실"이다. 우선순위가 뒤바뀌어있음이다. '돈'에 앞서 스스로의 성격과 품성에 먼저 초점을 맞추라. 단체여행, 특히 이런 고되고 예민해지기 이루 말할 수 없는 고산지역으로의 단체트레킹이 그리 녹록치만은 않은 까닭이다. 역시, 마찬가지로 일촉즉발의 정신적 위기상황이라면 폭발 전에 '**해체**'하는 게 답이다. 즉, 팀을 분리하거나 아예 해체하는 지경이 되더라도 이렇게 해야 한다. 견디다 견디다 안 되면 결국 폭발한다. 그것이 심리고 또 원리이다. 그렇게 폭발하여 결국 모든 게

엉망– 극단의 증오와 악감정으로 점철되어 급기야 욕설과 폭력까지도 난무하는 지경까지 –이 되어버리고 나면 이미 늦은 것이다. 들인 돈은 잊어라. 만약 자꾸 떠오른다면 그럼 그대가 자중하라. 양보하고 참고 받아들이라. 그럼 갈등의 위기–난국은 자연스레 축소된다. 아니면, 들인 돈을 잊고 떠나라. 속칭 **"찢어지라 !"** 그것이 최선이다. (▷ 실제 단체트레킹시 이러한 사례를 종종 본다. 물론 애초부터 여행사의 일반패키지에 참가하여 나섰을 경우 이렇게 분리/해체가 쉽지 않겠지만 – *실제로는 거의 불가능하다 보겠다*. – 단, 트레킹에서라면 어느 정도는 가능하다. 즉, 단순히 **일정만 분리**해도 될 터이다. 곧 팀을 나누어 진행 시차를 두는 것이다. 최대한 멀리 떨어져서 서로들 대면하지 않도록. 물론 운영진(스태프)을 분리하기 애매한 캠핑트레킹의 경우는 다소 어려운 부분이 상존하기도 한다. 그래도 어쨌든 불가능하지는 않다. 다만 그에 상응하는 불편과 때론 추가적으로 요구되는 비용들을 감수해야 할 것이다. 이러한 불편과 추가비용 등등의 물리적인 부분들을 곧 정신적 안녕과 맞바꾸는 셈이다.)

하지만 얼마나 불행한가 ? 또 스스로도 그럴 것이다. 참 꼴불견이라고. 그래 이런 최악의 극단적인 조치에 직면하지 않도록 기왕지사 처음부터 참고 이해하여 끝까지 공동체적 운명을 유지하자. 리더의 역량, 역할이 이래서 더 중요하기도 하다. 팀 내 갈등과 위기는 한편으론 리더의 적절한 대응과 처신으로 잘 극복 내지는 '그럭저럭이라도 봉합'할 수 있음이다. 그리고 또, 팀원들 역시 이러한 리더의 역량을 더욱더 신뢰하고 따라야만 이러한 심적으로 직면한 난관을 잘 극복해낼 수 있을 것이다. 리더는 곧 중재자여야하기도 한다.

* * * * * * * * * * * * * * *

※ 현지 운영진(스태프 등 수행요원)과의 잡음, 마찰, 갈등 및 불화시 대처방안은 후속내용으로 다룬다. 물론 그 역시 모범답안은 아니다. 단지 경험에 입각한 '제시안'일 뿐이다.

※ 인터넷동호회를 통한 참여유도(동행모집)시 유의점

인터넷 여행동호회(여행카페) 및 여행사홈페이지 등 불특정 다수가 이용하는 웹(Web)상에서 여행 동행모집 또는 동참코자 하는 경우에는 주의해야 할 사항이 있다. 특히 장기간의 해외 고산트레킹의 경우는 더더욱 그러하다. 기본적인 몇 가지 주안점들을 제시해본다.

가. 동행모집 게시글을 올릴 경우 **성별, 나이를 명시**하라. 대체로 성별은 미혼/기혼을 구분. 특히 동성(같은 성별) 그룹에 이성(다른 성별)의 단독인원이 참여요청 시에는 – *더욱이 미혼여성일 경우 보다 신중* – 여러 고려사항들을 잘 체크하여 수용토록 한다. 겪다보면 알겠지만 숙소(객실/텐트) 문제부터 시작해서 상호간 불편한 점이 많다. 고로 최소 **같은 성별의 인원이 2인 이상**이 되도록 조율하라. 아울러 **연령차 또한 10살 내외[= 본인의 나이와 ±10 정도]**로 정함이 좋다. (물론 친분이 돈독한 사이라면 이런 것들은 전혀 상관이 없을 수도 있다. 하지만 불특정다수, 부작위의 '인터넷'이라는 점을 감안하자. 모르는(몰랐던) 사람들과의 만남, 동행이다. 즉, 살아온 방식부터 해서 식성, 잠자리, 말투, 행동 모든 게 맞추기 쉽지 않을 거라는 점을 먼저 상정하라. 그럼에도 이런 불편한 점들을 감수하고 나서는 게 소위 불특정다수가 참여하는 인터넷 상에서의 '동행모집'이다. 소위 뒷감당(!)을 잘 하려면 처음부터 이러한 부분부터 확실히 짚고 넘어가야 함이다. (※ 연배가 너무 어리다면 말마따나 어르신을 "모셔야"하는 상황을, 역시 반대로 어른 입장에서는 막말로 "젊은 것이 싸가지없다" 이런 식의 감정들이 생겨나지 않으리라는 보장이 없다. "아름다운 동행"이란 그저 세간에 회자되는 관념일 뿐 실제상황에서는 그리 아름다운 결말로 정리되지만은 않는 까닭이다.)

나. 비용 때문에 서로간 틀어지고 감정 상하는 경우도 많다. 고로 굳이 **비용분담 부분**을 첫 게시글부터 명시'할 필요까지야 없다 보지만, 대신 동행참가요청이 접수되면 그 때 세부적으로 당사자(동행희망자)와 비용에 대한 부분부터 꼼꼼하게 의논 결정하여 나중에 가서 딴 얘기가 나오지 않도록 한다. 이걸 간과하면 틀림없이 여행시 문제가 된다. 이로 인해 감정 또한 서로 상하는 건 물론. 특히 **현지운영진(스태프) 팁 문제**는 닥쳐서(상황에 직면하여) 대강 해결하려하지 말고 아예 출발 전(출국전)부터 협의하여 어떻게 한다 못박아두고 나서는 것이 좋다. 말마따나 "OK"하면 동행이고 "No"하면 동행배제다. 이걸 미리 규정짓지 않고 떠나면 필시 잡음과 마찰이 야기되기 쉽다. 다양한 사례들을 통해 늘상 겪는 문제이기도 하다.

* 또한편으로, 영리 목적의(여행업을 겸하는) 인터넷카페나 여행사이트(여행사 홈페이지) 상에 이러한 비용부분을 게시하면 운영진들로부터 상도덕에 대한 문제로 대두되기도 하여, 제제를 받거나 심할 경우 예상치 못한 강퇴(=강제 회원탈퇴)조치까지 당하게도 된다. 물론 그러한 예가 드물긴 하지만 실제 발생했던 사례들도 없지 않다.

다. 롯지트레킹 동행 : 현지에서 막상 2인1포터를 쓴다거나, 2인1실을 쓴다거나 하는 등등의 문제로 고민상황에 당면할 수 있다. 조언컨대 만약 급조된 동행간의 트레킹이라면 **1인1포터, 1인1실**로 하는 게 여러모로 낫다. 이 또한 **출발 전 즉 모집당시부터 명시**되어야 한다. 물론 가족이나 친분이 두터운 지인들끼리의 동행인 경우에는 객실이 뭔 문제랴, 게다가 2인1포터든 3인1포터든 상관없겠지마는 일면부지의 동행인 경우에는 도중 마찰과 갈등, 불화에 의거 '해체' – 속칭 **'찢어짐'** – 가능성도 있고 하니 이를 대비하여서라도 1인1포터가 권장사항이다. 굳이 짐꾼(포터)비용 몇 푼 아끼려고 이 점을 무시했다간 일정 내내 후회와 회한 속에서 트레킹 해야 할 수도 있다. (무거운 짐 스스로 다 짊어메고 다니거나 꼴보기 싫은 동행과 계속 붙어다니거나...)

라. 캠핑트레킹(카라반) 동행 : 정말 중요하다. 가급적 이전에 이러한 방식의 트레킹을 해본 **유경험자와 동행**을 꾸리도록. 그렇지 않고 캠핑트레킹(카라반) 경험 없는 이들과의 동행은 상당히 유의해야 할 부분이 많다. 아니면 모집하는 **리더(대장)'의 지휘·통솔에 전적으로 따르고 복종**하겠다는 다짐을 한 희망자들만 모집한다. 이건 기본이다. 경험도 없는 일천한 자들이 제대로 알지도 못하면서 실제상황에서 잡음과 마찰을 유발하는 사례가 많기 때문이다. (∴ 히말라야·카라코람 등지의 고산 캠핑카라반은 한국에서의 야영산행과는 근본적으로 다르다. 시스템도 다르고 임해야 하는 마음자세. 방식도 다르다.) 고로 절대 섣부르게 추진해서는 안 되며, 만약 그래야 한다면 몇 번이고 사전모임을 통해 계속 주지, 확인시키고 동의 및 공감대를 확실히 만들어놓고서 추진토록 한다. (☞ 무경험자와의 캠핑카라반 동행 시에는 소위 '절대복종' 각서 수준의 다짐을 받아두고 참여시키길 종용한다. 애초부터 이 정도도 못 받아들인다면 – *"뭐 그렇게까지야"* 하는 사람이 있다면 – 당연 캠핑카라반 동행에서 제외되어야 한다.)

* 이러한 캠핑카라반에서는 응당 '대장'이 있다. – 기 언급한 '리더' VS '멤버'의 맥락이다. – 보통 모집글을 올린 게시자(=기획자)가 대장이 되는 법인데, 여행을 시작하고 지내다보면 어쭙잖게 일행 중 연장자가

대장행세를 하게 되곤 한다. 또는 그러한 연장자들이 포함된 그룹이라면 나이어린 대장의 말을 듣지 않고 제멋대로 행동, 심지어는 심한 갈등과 불화를 야기시키는 경우가 있다. 그러므로 이런 부분들에 대한 언급(**지침 & 규율**)도 여행을 떠나기 전 – *기왕이면 동행참가 접수 직후* – 단단히 못박아두어야 할 일이다. 그렇게 해도 막상 실제상황에 부딪히면 수많은 갈등과 마찰, 잡음이 생기기 마련이다. 그래도 최소한 이런 사항들을 시작 전부터 확실히 새겨두고서 떠나면 실제에서의 문제(트러블) 발생확률은 감소할 것이라고 본다. 그래서 될 수 있으면 가치관이 크게 다르지 않은 비슷한 연령대의 사람들로 동행을 꾸리는 게 캠핑카라반에 있어서는 가장 바람직한 양태라 하겠다.

마. 이전에 이야기한 적도 있지만, 롯지트레킹이든 캠핑트레킹이든 동행희망자들끼리 한번은 **직접 만나서 서로를 관찰**하는 것이 필요하다. 과연 이들과 함께 여행-트레킹을 할 때 무탈하게 즐겁고 기분좋은 여행이 될 수 있을까 하는. 말하자면 일종의 '간'을 보는 것이다. 외람되게 표현했지만 꽤나 중요한 부분이다. 사람마다 살아온 방식이 다르고, 성격도 다르고, 말투/말씨도 다르고, 여기에 식성 다르고, 잠자리스타일 다르고, 또 돈(비용-지출)에 대한 개념도 다르고 하니만큼 – *뭐 물론 크게 차이나지 않는 정도라면 대충 맞춰가면서 여행한다 할 수 있겠지만 그러나!* – 장기간, 그것도 열사나흘 이상 고된 트레킹 여정을 계속하면서 또 서로서로 더욱 예민해지다보면 모든 행동 하나하나, 말투 하나하나가 다 못마땅해질 수 있다. 서로간에 잘 극복해야 하는 부분이기도 하겠지만 가급적 이런 불일치(가 예상되는) 부분들을 사전에 체크하는 것이 바람직하다. 그러기 위해 여행 전에 직접 만나보고 대화해보면서는 서로의 **성격과 스타일 등등을 파악**해보는 것 역시 중요한 작업이다. (☞ 솔직히, 만나서 한두 시간 대화해보면 얼추 답이 나오는 부분이기도 하다. 만약 조금이라도 꺼림칙한, 시쳇말로 "켕기는" 부분이 느껴진다면 그럼 절대 동행해서는 안 된다. "그래도 뭐 함께 지내다보면 어찌어찌 되겠지…" 이건 오산이다. 절대 그렇지 않다. 친한 친구끼리의 동행도 갈등과 대립, 충돌이 빚어지는 고산트레킹이다. 생면부지의 사람(들)과 갑작스레 어울려 장기간 트레킹한다는 것 애초부터 확실히 해두지 않으면 서로의 마음만 상하고 차라리 안하느니만 못한 결과를 초래할 수 있다. 많은 이들이 공감하는 부분이기도 하다. 여행사의 소위 '패키지여행'처럼 처음부터 인솔자나 가이드가 따라붙어 동행하는 경우에는 모르겠지만, 그런 매개역할자 없이 독자적으로 추진하는 – *체계(시스템)화되어 있지 않은* – 경우에는 상당히 피곤해지는 경우가 많다.)

∴ **결론 :** 좋은 포터나 가이드 구하는 것보다 **좋은 동행 구하는 것** 사실 이게 **훨씬 더 힘든 일**이다. 솔직히 언어소통 잘 되지 않는 현지인들만 대동하고 나섬이 어떤 점에서는 훨씬 속 편하기도 하다. 복잡해질 일이 없으니까. 그리고 무엇보다 '고용-피고용' 관계라는 점. 그러나 '동행'이란 주종관계도 상하관계도 아님이다. 단순히 문자적으로 '같은〈동〉 + 일행〈행〉' 곧 단지 "같이 간다"는 단순의미의 동행이 아니다. **"동격의 일행"**이란 의미임을 다시 한 번 상기하라. 적어도 이러한 '트레킹카라반'에 있어서는. 그러나 겪다보면 이러한 '동'의 관계가 무너지면서, 즉 어찌어찌 상하관계가 형성되면서 그로 인해 갈등과 잡음과 마찰, 그리고 충돌과 다툼, 불화가 빚어지게 되는 것이다. 그래서 모르는 사람일수록 가급적 같은 연배- *비슷한 연령층 & 성별* – 끼리 동행을 꾸리는 것이 좋다 하는 이야기를 거듭 강조해서 피력한다.

◎ **스태프(현지수행원)와의 갈등, 마찰, 난관** (☞ 운영도우미(스태프)를 대동한 트레킹시 또한 발생할 수 있는 상황이다. 다음과 같은 부분들을 살펴보도록 하자.)

▷ **스태프에 대한 기본예의** : '트레킹스태프'로서 매겨지는 운영도우미들- *소수건 다수건* -은 보통 현지인들로 구성된다. 이러한 현지 운영요원들에 대해 트레커들로서는 **기본적인 예의**를 갖추어야 하겠다. 단순히 돈을 좇아 이런 힘든 일에 나선 자들이란 인식- *특히 돈 없고 가난하고 열악한, 무식한' 하층민이란 관념* -을 버리고 앞서 말한 대로 우리의 트레킹을 위해 꼭 필요한, 곧 이들이 없다면 결코 우리의 트레킹이 온전히 성취될 수 없다는 생각으로 임하자. 이로부터 이들에 대한 마음과 태도 또한 우리 스스로 자리매김하게 될 것이다. 기본적으로 **첫째, 절대 무시하는 태도로 대하지 말 것.** 무시하면 무시할수록 우리 역시 무시당할 것이다. 공과 사는 구별하되 인상쓰는 얼굴이나 강압적인 언행, 태도로 일관하지 말고 될 수 있는 대로 따뜻하고 인자한 모습으로 대하자. 아무리 고용-피고용 관계라곤 해도 이러한 '인덕'의 면모 또한 트레킹 고용주들이 지녀야 할 덕목이다. 때론 다함께 얘깃거리, 즐길거리 등도 나누면서. **둘째, 욕설 금지.** 말이 안 통할 테니 이런저런 욕지거리를 한들 알아채겠냐 하는 오산은 버려라. 세계 어느 나라 어느 민족이든 욕설은 입모양, 얼굴모양만 봐도 누구나 알 수 있다. *– 반대로 생각해보라. 만약 저들이 그들 말로 우리에게 욕설을 퍼붓는다면 우리 역시 알아채지 못할 것 같나 ?* – 인지상정이다. 깔보면 그들도 깔보고 욕하면 그들도 욕한다. **셋째,** 매사 **명령조로 대하지 말 것.** 만약 요구할 사항이 있다면 **"Please"**를 서두에 붙이라. 많이 배운 가이드요원이 아니어도 이 정도 단어는 웬만한 이들은 다 알아듣는다. 아울러 이 표현 하나로 서비스의 질이 좌우되기도 한다. 즉, 대접받고 싶다면 먼저 대접- *'부탁' 표현* -하라. **넷째,** 또한 도움을 받았거나 부탁/요구사항이 이루어졌다면 매한가지로 **'감사' 표현**을 한다. 그네들 언어로 구사하면 더욱 친근감을 불러일으키게도 되겠지만 그러지 못한다면 그냥 영어단어 **"Thank you"** 한마디만 해도 충분하다. 하나 더, 반대로 말이나 행동에 실수가 있었거나 혹은 다소간 이들을 혼란스럽게 만든 여지가 있었다거나 한다면 역시나 당연 **'사과' 표시**를 해야 하겠다. 이 역시 기본적인 **"Sorry"** 표현 정도면 무방하다. 아무튼 바람직한=좋은 마음가짐과 행동가짐에 의한 표현과 태도, 그리고 그에 상응하여 따라오는 서비스 역시 인지상정이다. 이런 기본적인, 인간적인 표현·표시를 하고 안하고의 차이는 무척 크다. 고맙단 말 한마디, 미안하단 말 한마디에 모든 응어리와 갈등이 풀어지게도 된다. 피고용된 이들 일꾼들(스태프들)에 대해서도 이러한 이타적이고 이해심 다분한 언행과 행동으로 응대한다면 서로간 갈등과 불화의 국면 또한 상당부분 해소 내지는 감소하게 될 것이다.

* 사실 학식이 있는 트레킹가이드가 아닌 일반도우미(주방요원(키친보이) & 단순 짐꾼(포터))로서의 트레킹스태프들의 문맹수준 또한 그리 열악하지만은 않다. 특히 트레킹의 메카로 불리는 네팔의 경우, 정상적인 트레킹에이전시를 통해 트레킹도우미로 나서는 상당수의 젊은 일꾼들은 기본적으로 중등교육(한국의 고등학교 수준) 이상 과정을 수료했으며 개중에는 고등교육 이상의 과정(컬리지 & 대학교)까지 이수했으면서도 이러한 고된 트레킹포터 또는 키친보이(쿠킹헬퍼) 일에 나서는 이들도 많다. 그러므로 이들이 무식자, 문맹자, 저학력자이겠거니 하는 그릇된 고정관념은 버려라. 오히려 어떤 면에 있어서는 우리보다 더 나은, 세칭 '스마트한' 면을 보이기도 한다. 돌아보자. 우리 30년 전 모습을 떠올려보도록. 학력은 고만고만해도 그저 돈 좀 더 벌기 위해 상경하여 허드렛일 하면서는 고달픈 삶을 지탱했던 그때 그 모습들…

▷ **사전 체크(요구)사항** : 인덕으로 대하는 것도 중요하지만 그에 앞서 이들 트레킹 스태프들의 **자격/자질**에 대한 부분 및 **요구사항** 등에 대해서도 확실하게 체크하고 넘어간다.

가. 먼저 **신체적인 요건**이다. 당연한 것이겠지만 트레킹스태프로서 몸이 허약하거나 질병이 있는 자는 배제토록 요구한다. 트레킹으로 이들에게 돈을 벌게 – *트레킹도우미로 이들을 고용함으로써 이들에게 돈벌이 즉 금전적 소득을 얻게끔* – 해주는 것임에는 틀림없지만 그렇다고 트레커들이 독지가는 아니다. 즉, 이들의 돈벌이 목적 이전에 우리의 트레킹 목적 곧 '성공적인 트레킹 완수'가 더 우선이다. 그러기 위해서는 고용되는 도우미〈일꾼〉들의 수준 또한 어느 정도 갖추어져야 함이다. 무작정 측은지심으로 대할 일은 아니다. 이러한 부분들을 사전 확실히 체크하고 만약 질병이나 허약체질로서 온전한 일정수행에 지장을 초래하리라고 판단된다면 시작 전 과감히 교체를 요구한다. 에이전시를 통해 진행하는 경우에는 보다 수월할 것이고 그렇지 않고 개별적으로 추진(임의고용)했다면 그만큼의 수완이 또 필요할 것이다.

나. 가이드요원의 경우는 **라이센스(자격증) 유무**를 확인하라. 만약 라이센스가 없다면 상응하여 보수(임금)와 결부시킨다. 기본이다. 비 라이센스(무자격증)가이드를 라이센스가이드와 똑같이 대접한다면 이 역시 불공평한 처사이다. 에이전시를 통한 경우라면 미리 체크해두도록 한다. 나중에 일정 도중 가이드의 실제 자격을 놓고 잡음이 일며 갈등이 빚어지는 경우도 많다. 트레킹 전 모두가 가이드의 자격여부를 인지하고 나섬이 좋다. 그래야 고객들도 이를 빌미로 사태를 악화*시키지 않는다.

* 심지어는 이런 문제가 비약되어 속칭 '무면허 가이드 사칭'이라며 이른바 사기행위로 당해 여행사(에이전시)를 고발한 사례가 있었다고도 한다. 이런 말썽이 없으려면 고객이든 에이전시든 애초부터 가이드요원의 자격여부를 확실히 해두고 넘어갈 일이다. ☞ 잘 진행되면 하등 문제삼을 것도 없겠으나 꼭 일이 틀어져서 잘 안 될 때 이러한 부분들이 그제야 불거지는 – *따지고들게 되는* – 법이다. 이럴 때 당초 주선자(기획자)만 비난받는 상황에 처하게도 된다. (∴ 가이드 이외의 요원(가이드헬퍼, 주방장, 주방요원(쿠킹헬퍼), 서다(포터대장), 포터, 마부 등 가이드를 제외한 모든 일꾼)은 라이센스란 게 없다. 있다면, 그리고 그걸 제시한다면 그것이야말로 '사기' 임을 직시하라. 물론 호텔조리사 자격증 같은 걸 제시하는 주방요원이 때로 있을 수 있겠으나 이것도 실은 믿을 것이 못된다. 좋은 호텔주방 일을 놔두고 굳이 힘든 트레킹 주방요원으로 따라나설 연유가 있을까? 포터(짐꾼)의 경우는 더더욱. 라이센스란 게 절대로 있을 수 없다. 알고 나서라. 그럼에도 라이센스니 자격증이니 운운하는 이가 있다면 스스로 무식을 입증하는 것이다. 말했듯이, 만약 라이센스 보유 포터를 고용코자 한다면 달리 라이센스 보유 가이드를 그렇게 '포터'로써 쓰는 것밖에는 없다. 그러나 나름 고학력이라 자부하고 또 그렇게 자존심도 센 라이센스 가이드들이 과연 그러한 허드렛 포터 일에 내맡겨지고자 할까? 물론 가이드임금 이상의 웃돈– *훨씬 높은* –을 쥐어준다면 또 모르겠다만...)

다. 스태프들의 **태도, 행동가짐** 또한 체크사항이다. 단정하고 예의발라야 할 필요는 없지만 그래도 고객에 대한 기본예의는 갖추어진 자들이어야 한다. 특히 고객에 대한 존경심이 없는 (없어보이는) 일꾼들은 과감히 제외시켜라. 여러 상황에서 마찰을 빚을 가능성이 높다. 이러한 자들은 호의를 당연시하고 또는 더 많은 호의와 사례를 요구하거나 의도적으로 유발할 가능성도 있다. 간혹 임박해서 급조된 일꾼들의 경우 이러한 사례가 많은데, 그래서 가급적 미리부터 좋은 스태프들이 구성되도록 신경을 기울여야 하는 바이기도 하다.

라. 일정에 돌입하기 전 **규칙**도 정한다. 아니, 반드시 지켜져야 하는 요구사항이다. 대표적 몇 가지만 나열한다. ① **운행(보행) 중에는 시야에서 벗어나지 말 것.** 거꾸로 말해 트레킹도우미는 수시로 고객의 위치를 확인하고 동행토록 요구. (★ 특히 가이드 없이 포터만 대동하고 나서는 롯지트레킹의 경우 최우선으로 주지해야 할 대목이다. 이로 인해 많은 경우 포터의 행로와 이탈되거나 혹은 휴식지/중식지/숙소지를 잘 못 선정하여 갈등과 마찰이 일기도 한다. 서로에 대한 불만과 불신이 점점 쌓여감은 물론.) 만약 이를 어길 시 인센티브나 팁에 영향을 주겠다고 미리 엄포를 놓으면 유용할 것이다. (반대로 이러한 요구에 잘 따라주면 인센티브/보너스를 배려할 수도 있다는 점을 주지시키는 것도 한 방법이랄 수 있다. 즉, 전자는 채찍이고 후자는 당근이다.) 한편 가이드 및 가이드헬퍼(Guide Helper)를 대동한 트레킹의 경우는 이러한 포터들이나 여타 일꾼들의 독주(!)에 그리 신경 쓰지 않아도 될 터이다. 말마따나 가이드만 옆에서 맡은바 길잡이역할을 잘 해주기만 하면. ② 일정 도중 특별한 경우(때) - **성공적인 일정종료단계의 이른바 '뒤풀이행사' 등** - 를 제외하고는 스태프의 **일체의 음주행위 금지.** 특히 짐꾼(포터)들이 자신들 맡은 임무가 힘들고 고되다 하여 습관처럼 음주행위를 일삼는 경우가 많은데 결코 좌시해서는 안 될 사안이다. (⇒ 다른 요원이 대신 짊을 지게 되거나 또는 탈이 난 자를 간병 내지는 회복될 때까지 상당시간 대기·지체 및 심지어는 다른 일꾼을 차출하여 하산동행케 하는 사태까지 발생.) 이로 인해 고객뿐 아니라 그 외 다른 일꾼들(포터/주방요원)이 대신 고초를 겪게도 된다. 만약 이를 어기는 스태프들은 도중이라도 단번에 해고시킬 수 있음을 초장부터 주지하라. 시작부터 규율이 엄할수록 이후 일정은 평온하고 화목해질 것이다. (✔ 고객들 역시 마찬가지다. 일정 도중 무분별(!)한 음주행위는 본인들의 일정에 차질을 빚게 할뿐만 아니라 이들 일꾼들에게도 유사한 행태를 야기·용납케끔 하는 상황으로 발전시키게도 된다. 즉, 고객이 먼저 솔선수범해야 이들 일꾼들 역시 마찬가지로 따라오게 만들 수 있는 것이다.) ③ **'투기금지'** 즉 돈놀이 금지이다. 돈 몇 푼 더 벌기 위해 이런 고된 일에 나선 것인데 하물며 서로간 투전노름에 의해 돈을 잃거나 한다면 - **물론 따는 이도 있겠으나 알다시피 잃은 자들의 심리에 의한 폐해가 더 많다.** - 그 해악은 고스란히 고객들에게 돌아온다. 즉, 잃은 돈을 보상받고자 하는 심리와 행태를 고객들에게 표출할 우려도 있고 또 이로부터 외람되고 태만한 작업수행이나 변질된 행동양태 곧 자신의 고객들로부터 속칭 '뭔가 더 얻어(뜯어)내고자 하는' 그릇된 모습을 보일 수도 있다. 하여간 실제 단체트레킹에 임하는 다수의 트레킹일꾼들 간에 비일비재한 놀이행태이기도 한데, 문제는 그 와중에 상당액의 '돈'이 오간다는 것이다. 아울러 돈을 잃은 자들의 기분 역시 좋지 못하여 그러한 기분, 분위기 하에서 고객에 대한 서비스의 질 또한 좋아질 리 없다. 또 반대로 돈을 땄다고 해서 그것이 고객서비스에 반영될 리도 만무하다. 그러니까 어쨌든 이러한 '돈놀이' 행위는 전체(스태프건 고객이건)에게 해악으로서만 작용할 뿐이다. 그러므로 사전 이러한 「**투전놀이 금지**」조항을 시작 전 새겨놓도록 하라. 이 또한 어길 시엔 즉각 해고할 수 있음도 주지토록. 그들의 처지와 문화 - **그릇된 습관** - 를 이해하기에 앞서, 말했듯이 우선순위가 "무탈하고 잡음 없는 준수한 일정진행" 곧 「성공적인 트레킹 완수」에 있어야 함이다. 이에 반하는(또는 반하여질) 행태나 금기항목들에 있어서는 시작부터 단호히 규율로서 새겨놓아야 하겠다. 에이전시를 통해 진행하는 경우라면 더더욱 확실히 해 둘 일이며 그로 인해 만약 고객의 피해가 촉발되었다면 손해배상도 청구할 수 있음을 주지시키라. (※ 단 실제 '돈'이 오가지 않는. 즉 단순히 오락용으로서 즐기는 비금전적 카드놀이 등은 외려 기분전환과 심심풀이 소일거리용으로 전혀 나무랄 데가 없다. 고객들 역시 이러한 맥락에서 이들 일꾼들과 어울려 패를 주고받으며 함께 웃고 떠들고 즐기기도 하는 등 이러한 유희용 오락행위는 트레킹시의 무료함을 달래기 위해서라도 적극 권장된다. 단지 심한 감정기복이 좌우되는 금전-돈이 오가지만 않으면 된다. 일례로 그날그날 임금(에 준하는 액수)을 투전으로 몽땅 날려버리는 포터들을 보았다. 감정이 격하여져 그러한 기분상태가 고스란히 고객들에게 전달되었다. 본연의 임무(고객서비스)가 형편없는 수준으로 퇴락했음은 말할 것도 없다.)

마. 수행도우미로 따라나선 일꾼들의 **개인지참물**도 확인 체크한다. 장기간 트레킹을 하는 만큼 기본적으로 **개인침구류**, – 단, 롯지트레킹의 경우는 이들에게 불필요. 그러나 홈스테이트레킹의 경우는 필요하다. – **개인 의복, 양말, 여분의 신발(Spare Shoes) 및 개인상비약** 등이다. 이러한 것들이 갖추어지지 않은 상태로 동행에 나서면 그때마다 별 수 없이 고객들이 이러한 품목들을 지원해주어야 하는 상황이 벌어진다. '에이전시를 통한' 경우라면 미리 위와 같은 기본적이고 필수적인 스태프들의 개인지참물을 준비하고 나서도록 주문한다. 특히 개인용품 중에서 여분의 양말과 신발은 장기간의 캠핑트레킹' 시에는 꼭 준비토록 요구한다. 도중 새로 장만할 여건이 안 되기 때문이다. 실제 험산지역의 오지트레킹을 진행하다보면 일꾼들의 양말이나 신발이 닳아서 애로를 표출하는 사례를 많이 본다. 예비용, 말마따나 'Spare Socks & Shoes'를 구비하고 나섰다면 문제를 금방 해결할 수 있으나 개중에 이런 개념 없이 대충 '돈' 만 보고 따라나선 이들도 꽤 있는 까닭에 그래서 만약 그들의 이런 개인적인 문제 발생시 부득불 고객들이 자신들의 물품이나 장비를 제공하여 해결해주는 경우가 많은데, 사실 그리 바람직하지 않은 상황이다. 물론 어쩔 수 없는 경우 이렇게라도 해야겠지만 그러나 애초부터 확실히 하고 나서면 이러한 불편을 최소화할 수 있는 사안이기도 하다. 곧, 트레킹 시작 전 고용된(고용될) 일꾼들에게 미리 이러한 기본구비품목을 주지시켜 확실히 채비하고 동행에 나서도록 강권한다. 만약 제대로 갖추지 않았음에도 그저 자기네들 속성대로 "No Problem"을 남발하고 수용치 않는 자들이 있다면 더 볼 것 없다. 돌려보내고 다른 사람으로 고용하라. 적어도 이런 단호한 태도를 보이면 아무리 무개념자들이라도 일감을 놓치지 않기 위해 요구안을 받아들이려 할 것이다.

* 대개의 에이전시 고용 일꾼들은 이러한 점을 경험적으로 잘 숙지하고 있기에 스스로 알아서 챙겨서 나서는 게 일반적이지만 그러나 간혹 에이전시를 통하지 않고 임의고용된 일꾼들의 경우 속칭 '무개념'으로 이러한 부분들이 간과되거나 혹은 이 모든 기본적인 것들까지 고객들이 지원해주는 것으로 당연스레 여기기도 한다. 결국 이로부터 일정 도중 실제로 뜻하지 않은 서로간의 불만과 갈등이 표출되기도 하며. 곧, 이런 부분들까지 처음부터 확실히 다듬고 나서야 잡음이 없을 것이다.
* 알다시피 캠핑트레킹을 하는 이유는 숙식해결 및 물품구매가 가능한 편의시설이 열악한 오지를 트레킹한다는 데 있다. 이른바 시설이 잘 갖추어진 지역으로의 '롯지트레킹'의 경우라면 애초부터 이러한 개인물품들을 갖추라 종용하지 않아도 될 것이다. (☞ 그때그때 구입하면 될 일이니. 대신 상응하여 일정액 이상의 금전적인 개인비용을 지참토록 종용해야 하겠다. 아니면 고객이 대신 내주되 차후 임금에서 감한다는 조건을 먼저 피력하라. 물론 에이전시에 일체의 비용 선납 후 진행되는 트레킹의 경우는 해당성이 없다. 그저 수행일꾼들에게 지급된, 차후 돌려받지 못하는(= 그럴 가능성이 큼) 소위 'Extra Money'의 형태가 될 것이다.) 하지만 그야말로 2주 이상의 장기간 오지 캠핑트레킹에 나섰다면 상황은 다르다. 필수적으로 이들 또한 각자 필요물품들을 구비하고 나서야 함이다.

아울러 설원지대나 빙상(아이스빙하)지대로의 여정이 잡혀있는 경우 스태프들 각자 또한 **선글라스**도 지참토록 요구한다. 실제 이를 간과하고 아무 생각 없이 나섰다가 크게 곤혹스러워하는 경우를 많이 봤다. 심지어 설맹으로 더 이상 일정수행을 못하고 후송된 사례도 있다. **개인상비약** 또한 그리 거창할 것까지는 아니어도 최소 기본적으로 진통제(두통약), 지사제(설사약)와 항생제는 구비토록 요청한다. 에이전시를 통했다면 미리 스태프들을 위한 의료용품(의료키트)도 배려토록 주문한다. 실제 현지 일꾼들 역시 일정수행 중 고산증과 체체온증, 부상 등으로 고초를 많이 겪는다. 특히 두통약과 염증약을 구비치 않아 늘상 고객(트레커)의 의료품에 의지하는 사례가 많다. 물론 베풀어줄 수 있으면 좋겠으나, 알다시피 정상적인 캠핑트레킹시의 스태프 소요인원수는 트레커의 3배수 이상이다. 이들의 몫까지 일일이 챙길라치면 고객들 역시 상당히 부담스러울 것이다. 그러므로 발생빈도가 높은 두통, 설사 증세를 위한 의약품과 더불어 부상을 입었을 경우 염증확산을 방지하는 항생제 정도를 가능하면 준비해오도록 종용한다. (※ 실제 고산증에 노출된 상당수의 포터들에게 매일같이 진통제와 지사제를 제공하다보니 금방 바닥나서 정작 더 긴박한 상황에서 활용치 못했던 사례도 있다. 트레커들 역시 마찬가지다. 나 하나쯤 남에게 신세진다 한들 괜찮겠지 하는 생각을 버리고 개인상비약(의약품)은 각자 준비토록 한다. 또는 팀원간 소임을 나누어 전담 준비토록 하는 방안도 있을 수 있다.)

▷ 갈등의 발단 및 전개양상(예시)

▶ **갈등의 시작** : 대개 사소한 것부터 비롯된다. 고용주(트레커)와 피고용자(스태프)의 입장에서 각각 들어본다. 먼저 **고용주의 잘못**으로부터 비롯되는 사안이다. 가장 대표적인 예가 <u>스태프 무시</u>행위이다. 역지사지에 인지상정이다. 무시당한 자 역시 악감정과 불만이 쌓여가 급기야 서로간 갈등의 양상으로 발전될 것이다. 반대로 처음부터 과도하게 잘해주는 행위 역시 나중에 문제를 야기하기도 한다. 즉, 기대치 이상의 호의를 베풀었을 때, 그리고 그러한 과도한 호의가 반복될 경우 말하자면 '수혜자'는 으레 그러한 호의를 계속해서 '기대'하게 되며, 나중에 이러한 '기대치'가 충족되지 못하면 아이러니하게도 불만의 감정을 표출하거나 또는 외람되고 나태한 행동양태로 나타날 수 있다. 결국 이 역시 종국에는 서로간 불만과 갈등의 상황으로 치닫게도 만드는 것이다. 고로 뭐든지 '중용'을 지키는 것이 중요하다. 세상만사 뭐든 이치가 다 그렇다. '적당치' 즉 너무 덜하지도, 과하지도 않게 처신하는 것이 특히 이러한 피고용된 자들을 어우르는 데 있어서 더욱 요구된다. 다음 **피고용자의 행태**로부터 빚어지는 갈등이다. 거꾸로 이건 피고용자가 고용주를 무시하는 – *존중하지 않는* – 태도가 가장 크다. 말했듯이 시작전부터 이런 분위기나 태도들을 감지하여 즉각 교체했어야 하는데 어쩌다보니 그냥 진행하다 나중에 결국 문제가 비화되어 갈등의 양상으로 발전되는 경우이다. 당연하고 기초적인 사항도 준수치 않고 불순한 태도로 일관하며 또한 기본적인 고객의 요구/지시사항을 계속 무시, 이행치 않으며 그로 인해 지속적으로 고객의 심기를 불편케 하거나 또는 고객과 마찰을 빚는 자들인바, 만약 이들을 통솔하는 지휘체계가 있다면 그 대장 – **보통은 '서다(Sirdar)'라고 하는, *이른바 포터대장으로서 강력한 권한과 영향력을 행사하는 실질적인 수행일꾼들의 '대장'*** – 역할을 하는 이에게 그러한 외람되고 불경한 태도와 행동을 보이는 자들을 단속하도록 주문한다. 그럼에도 상황(태도/행동)이 개선되지 않았을 시 도중 해고도 불사함을 강력히 주지시킨다. 즉 최악의, 극단적인 방책도 주저치 않을 것임을 단호히 언지하라. 아울러 이들을 고용 주선한 에이전시에게도 책임을 물을 것이며, 나아가 이러한 말썽의 당사자들이 향후 더는 트레킹 일꾼으로 나설 수 없을 것임도 강력히 표명하라.

▶ **갈등의 전개** : 그러나 어쨌든 갈등상황에 접어들었으면 다음과 같은 추이로 전개되기 마련이다. ①계속되는 불만 ②무시/불신감 증가 ⇒ 상호신뢰 상실 ③여정의 즐거움 상실 ④극도의 불만과 감정대립 ⇒ 매사(말 한마디, 행동 하나하나) 스트레스 ⑥각자 냉담 & 무반응 ⇒ 서로 더욱더 철저히 무시 ⑦여정상의 문제 및 불화 발생 ⑧분노 폭발 ⇒ 격노, 분쟁과 다툼, 심지어 욕설 내지는 공격행위 등 극단적 행동 표출 ⑨동행불가 ⇒ 해고 또는 일정중도포기!

▷ **갈등·마찰시의 대처** : 만약 정말로 위의 최종단계까지 전개되었다면 참으로 비참한 상황이 아닐 수 없다. 고로 이러한 '파국'에 이르기 전에 조금이라도 추스를 수 있다면 그렇게 하라. 행여 화가 치밀어 오르고 분통이 터진다 해서 **무력과 완력을 사용하는 일은 절대 금물**이다. 이방인(여행자)에게 결코 유리하지 않다. 힘으로 제압하기도 어렵거니와 현지 주변인들과 합세하여 이방객에게 적대적으로 나올 경우 더더욱 수습하기 어려워진다. 심하게는 오히려 예기치 못한 폭행이나 피습의 우려도 있다. (☞ 실제 그러한 일이 – *비록 트레킹그룹은 아니지만* – 고산등반그룹의 대원들과 스태프들 사이에 벌어진 일이 있다.) 결국 가장 좋은 방법은 **갈등의 당사자들끼리 자리를 함께하여 진지한 대화**를 주고받으면서 서로의 갈등을 푸는 것이다. 100% 완벽히 풀 수 없다면 단지 조금씩만이라도 풀면서 나가라. 하루에 십분지일씩만 갈등의 분위기가 풀려도 며칠 후에는 상당부분 완화된 서로의 감정과 모습으로 대할 수 있을 것이다. 때로는 대화 외적인 수단도 동원하라. 오락행위나 또는 과하지 않은 선에서 서로간 술잔을 기울이기도 하면서 마음속에 있는 악감정과 불만, 요구사항을 털어놓고 또 나누면서 그래 받아들일 수 있는 것은 받아들이고 그렇지 못한 것은 서로간의 절충안을 찾거나 그마저도 어렵다면 미안하지만 안 되겠다는 의향을 진중한 대화로서 풀어나가도록 노력한다. 상당부분의 갈등국면은 이러한 상호간의 대화를 통해서 완화 내지 해소되기 마련이다. (∴ 말이 통하고 안통하고는 둘째 문제이다. 일단 이렇게 **함께 마주보며 자리를 갖는 자체**가 의미있다.) 그리고 이렇게 서로간 대화와 이해로 해결된 갈등의 국면은 차후 더는 나타나지 않을 것이며 나아가 정반대의 더욱 돈독한 신뢰감과 친밀감, 우정으로까지 다져지게도 되는 것이다. 단지 누가 먼저 나서서 해소코자하냐인 것인데, 당연! 고용주가 먼저 나서야 함이다. 즉, 이런 갈등의 상황에서는 '고객'이라는 생각 이전에 '고용주'라는 관념을 먼저 갖고 임하자.

▷ **스트라이크(파업)·사보타쥬(태업) & 해고 및 후속조치**

그럼에도 결국 갈등이 해소되지 못하여 급기야 '파국'에 이르렀을 경우, 별 수 없다. 더 이상 갈등이 악화된(=파국에 이른) 스태프와의 동행은 불가하다. 아니, 더 지체할 수는 없다. 정리는 빠르면 빠를수록 좋다. 즉, 해고이다. 해고하는 방법은 단순하다. 이 말 한마디면 된다. **"You are fired !"** 그리고 그동안의 임금만 지불해주면 그걸로 끝이다. 만약에 불응하고 계속 동행하겠다며 태도를 누그러뜨리는 자가 있다면, 그러나 믿지 말라. 이미 이 지경까지 온 상황이라면 앞으로도 역시 불을 보듯 뻔하다. 즉, 단지 돈 – *추가적인 보수에 대한 미련* – 때문에 그럴 가능성이 농후하다. 바로 말해 '거짓내색'이다. 그리고 이미 이 지경까지 왔는데 해고를 철회하고(없었던 걸로 하고) 다시 계속 동행한다? 위험천만한 발상이다. 이런 상황까지 이르게 했던 자가 또 어떤 악감정과 악행으로 해코지를 할 지 어찌 알 텐가? 그건 마치 불붙은 장작을 끌어안고 가는 것과 마찬가지이다. (➤ 해고철회–동행재개 뒤에 밤시간에 금품갈취/폭행 후 야반도주했던 나쁜 놈의 사례도 있다.)

한편 반대로 일꾼(스태프)들의 사고방식에서는 트레커를 골탕먹이거나 또는 더 나은 처우/보수를 요구하기 위해서 소위 '파업'을 선언하고 더 이상 일(정)을 수행치 않으려는 경우도 있다.˚ 이른바 '스트라이크(Strike)' 즉 '파업' 상황이다. 또 달리 이러한 '파업'까지는 아니어도 무언가 불만은 계속 쌓여가고 기대–욕구 충족이 되지 않아 맡은바 소임을 느슨하게 하거나 매우 태만하게(느릿느릿 게으르게) 또는 의도적으로 일정을 지체시키거나 수행도를 저하시키는 행위를 하는 자들도 나올 수 있는바, 즉 '사보타쥬(Sabotage)' 상황이다. 이 역시 파업이나 진배없다. 단지 직장이나 사업장에서 벌어지는 노동쟁의집단의 파업, 사보타쥬 행위가 아니라 그저 트레킹도우미로 나선 일꾼들의 외람되고 태만한 임무수행, 아니 실은 본연의 임무를 내던진 아주 불공하고 나태하며 무례한

양태를 보이는 사례이다. 역시 가차없다. 마찬가지로 '해고'가 답이다. 어찌어찌 대충 봉합하고 재개한다 한들 필시 똑같은 양태를 보일 가능성이 높다. 특히 에이전시를 통하지 않고 임의고용한 스태프들 중에서 이러한 속성을 지닌 속칭 '사보티지 상습범''들이 종종 판친다.

* 물론 단순이 일이 고되고 힘들어서 또는 진짜로 자기 '고객'이 못마땅해서 – 말마따나 "더럽고 치사하고 아니꼬워서" 그래 더는 못해먹겠다 하여 – 중도하차하는 자들의 경우도 상정할 순 있겠으나 통상적으로 보아 극히 드문 일이다.

* 일례로; ⓐ아주 열악하고 허름한, 후진 숙소지로 고객을 데려가 영업주로부터 리베이트(뒷돈)를 챙기는 행위. (⇒ 만약 고객이 불응하거나 불평불만을 제기할 시 이후 일정수행을 매우 고약하게 – 고객의 관점에 맞추기는 커녕 고객 vs 도우미 관계의 기본적인 규칙과 규율도 준수치 않고 – 몹시 나태하고 게으르게, 소위 '뺀질거리는' 행태를 보이는 등) ⓑ일정 도중 이런저런 핑계를 들어 – 물리적(신체적), 환경적(코스일정)으로 전혀 문제가 없음에도 – 더 이상 못가겠다며 **당초 예정된 목적지까지 나아가려하지 않고** 나몰라라 배째라 식으로 중간에 주저앉아 버리는 행태. (⇒ 대개는 당초 계획했던 하루일정을 이틀로 늘여서 진행하고자하는 의도 ⇒ 보수(임금)를 증대시키려는 흑심) 아니면 ⓒ**당초 목적된 곳까지 계속 진행하려거든 추가적인 보수 즉 '엑스트라머니(Extra Money)'를 요구**하는 행위 등; 알게모르게 촉발되는 사보타쥬의 사례는 꽤나 많다. 물론 정말로 그들 입장에서 애로가 있어 그들 사정을 들어줘야 할 경우라면 그렇게 해야겠지만 그러잖고 다분히 부가적인 수입증대 내지는 말마따나 고객편의는 뒷전이고 그저 자신들의 안위(편안함)을 우선하여 추구코자하는 의무태만으로 비춰진다면 절대 들어주지 말 것이며, 아닌 말로 과감한 해고조치까지도 강구하는 자세로 임해야 할 것이다. (∴ 물론 '해고' 표현은 실제 이를 실행키 전까지는 절대로 입 밖에 내지 않도록 한다. 말을 내뱉는 순간 즉 돌이킬 수 없음을 뜻한다. 이런 '해고' 언사를 들은 당사자 역시 그러하다. 되레 반감이 급증, 심지어 더 큰 해악을 끼치려 할 우려가 있다. 즉, '해고'란 단어는 최종표현이 되어야 함이다. 단순히 '엄포' 차원에서의 발설은 금기이다. 이 말을 들은 이상 이미 서로간(고용주 vs 피고용자)의 신뢰감은 완벽히 깨어지게 되기 마련이다. 이내 더는 함께 동행할 수는 없음인즉.)

반면, 에이전시를 통했다면 이러한 상황에 긴급히 대처하여 후속조치를 강구할 수 있다. 즉, 도우미(일꾼)로 나선 스태프들이 파업이나 사보타쥬 상황을 빚을 경우에 곧바로 에이전시에 연락을 취하여 신속히 대응토록 요청한다. 최소한 에이전시는 이러한 상황에 대해 사과를 표명, 동시에 곧바로 문제자들을 퇴출조치하고 새 일꾼들을 투입시키거나 혹은 인근의 대체일꾼들을 수배하여 임무를 넘겨받아 동행토록 조치할 것이다. 그렇지 못한(아니하는) 에이전시 역시 능력이 없는 것으로 간주, 또는 마찬가지로 '나몰라라', 소위 '배째라' 하는 식의 사기성 짙은 에이전시라면 이내 관리당국에 고발조치토록 해야 하겠다. 하지만 명망있는 등록 에이전시들은 비록 손해가 나더라도 이러한 문제시에 대개는 고객의 요구에 부응하여 일처리'를 진행한다.

* 에이전시수수료(커미션)란 게 달리 있는 게 아니다. 바로 이런 지저분하고 골치아픈 일– 심지어는 수행일꾼의 심각한 부상으로 인한 후송작업(앰뷸런스 & 헬기)에 소요되는 비용이나 혹은 불의의 사고로 인한 불구 또는 사망시 지급하는 보상금에 관한 사안(☞ 보통은 에이전시 몫(커미션)의 일부를 각 에이전시마다 갹출하여 협회/연맹의 기금 형태로 비축하여 활용)에 이르기까지 –에 대한 처리역량에 대한 응당 보수이기도 한 것이다. 그러므로 돈 좀 더 쓰더라도 괜찮은 에이전시를 통해 진행할 것이냐, 아님 나 당신 본인의 역량이 출중하니 이런 에이전시를 통하지 않더라도 충분히 감내할 수 있겠다 하여 곧 경비절감 차원에서 소위 '직거래'에 의거 일꾼들을 저렴하게 고용할 것인지의 판단은 순전히 개인 본인 선택의 몫이다. 아울러 이후의 문제에 대한 처리/해결 역량 또한 선택 당사자(에이전시 vs 개인)에 달려있다.

☆ **해고 후속조치(방법론)** (※ 개인트레커 견지)

1) 중도포기 : 가장 단순한 방안이다. 즉, 이후 모든 일정을 다 취소하고 파국이 빚어진(수행일꾼해고) 상황에서 이내 여정을 매조지하고 복귀하는 것이다. 복귀교통편만 신경쓰면 된다.

2) 단독진행 : 수행도우미가 없어도 이후 일정을 혼자 힘으로 충분히 해나갈 수 있겠다고 판단되면 이렇게 단독으로 계속 여정을 진행한다. 상대적으로 몸이 고달프겠지만 마음이 홀가분하여 많은 (파국의) 경우 이같은 형태로 여행을 지속한다. 체력단련과 더불어 극기심훈련이라 받아들이고 나서면 좀 더 가벼워질 것이다. 단, 이러려면 애초 시작 전부터 본인의 체력적인 정도와 짐의 무게 등에 대해서도 어느 정도 간파하고 나서길 종용한다. 이런 경우에까지 대비코자 한다면 여행준비단계에서부터 가급적 짐의 부피/무게를 최소화하고 아울러 본인의 신체능력 향상에도 힘을 기울인다.

3) 신규고용 : 해고의 선택이 매우 자유로운 환경이다. 즉, 인근에서 다른 대체일꾼을 찾기 쉽거나(대개는 큰 마을 일원) 또는 에이전시에 연락하여 새로운 일꾼을 제공받을 수 있는 유리한 상황에 놓여있음이다. 다만 이러한 과정을 완결하기 위해 다소간 시간과 노력을 쏟아야 하는 당면과제가 있다. 곧 새로운 일꾼을 찾기 위한 노력 및 과정, 새로운 일꾼이 준비·투입되기까지의 기다림(여정중단 & 대기) 등등. 참고로, 신규고용시에는 무작정 주위에다 대고 호소하여, 말인즉슨 "나 도와서 함께할(같이 갈) 사람 !" 이런 식으로 졸속으로 대충 뽑지 말고, 적어도 일대의 어느 정도 보증력이 있어보이는 자들(☞ 롯지·게스트하우스 주인/경찰초소장/학교선생 등)을 매개자로 하여 합당한 일꾼을 소개받고 결정토록 한다. 즉, 이들 매개자-주선자들이 말마따나 '에이전시'의 역할을 어느 정도는 하게 되는 것으로, 만약 또다시 그러한 소개받은 일꾼들로 인한 심각한 문제/사건 발생시 역시 이들 주선자들을 통한 처결이 어느 정도 보장된 말하자면 '안전책'인 셈이다. 그리고 새로이 고용된 자들 역시 그래야만 의식적으로도 더 단속되어 무분별하고 도발적인 행위로 고객에 피해를 끼치는 행동들을 조심해서라도 더욱 하지 않게 된다. 이 역시 '인지상정 !'

▷ **문제제기(고발) 및 보상청구** : 문제제기란 건 사실 별 거 아니다. 직접고용에 의한 피해발생으로 해당 일꾼을 고발코자 할 때 – *단순히 근무태만 이런 사유는 안 되고 확실한 물증/증인이 있는 절도·폭행·금품갈취(환불불응도 포함) 같은 사안에 대하여* – 관광경찰국(Tourist Police)이나 정부관광국, 여행협회 등에 제소, 해당자에 대한 리포트를 제출하는 것이다. 물론 한국이 아니기 때문에 대부분 영어로 진술, 보고(고발)해야 하기에 나름 번거롭고 또 귀찮기도 한 점이 있다. 그렇지만 할 수 있다면 하는 게 좋다. 이러한 안 좋은 사례들의 점진적인 개선 및 재발방지를 위해서라도. (⇒ 당국의 관리행정 개선 & 블랙리스트 작성·유포 및 해당 가해자(위해자) 단속 등) 한편 에이전시를 통해 진행하다가 불거진 경우라면 좀 더 수월하다. 대개 에이전시 측에서는 고객의 항의에 나몰라라 하지 않고 사안을 처리해 주려 하기 때문이다. 단, 이것도 만약 한국어가 통하지 않는 현지에이전시를 통한 경우라면 역시 영어로 작성, 제출해야 하는 수고가 따른다. 그럼에도 마찬가지로 귀찮다고 대충 묻어버리지

말고 할 수 있다면 하라. 이유는 같다. 또한 에이전시로서도 더욱 경각심을 갖고 사안을 처결하고자 할 것이며 차후 재발방지 차원에서의 에이전시의 스태프 운용능력 및 처리능력, 아울러 에이전시 자체의 역량확대에도 분명 도움이 될 것이다. 반면 애초 한국에서부터 에이전시(여행사)를 끼고 진행된 경우라면, 그리하여 한국어가 가능한 스태프나 에이전시 관계자가 포함되어있는 경우라면 굳이 영어로 의사소통할 필요가 없기 때문에 일처리는 좀 더 수월해보인다. 하지만 그것도 역시 단지 '나' 본인이 '한국어'로 '한국인(또는 한국어 의사소통 가능자)'에게 진술, 보고한다는 것 밖에는 없다. 즉, 모든 내용은 다시 현지화(영어번역→현지어번역)하여 제출된다는 것이다. 결국 아무리 한국어 에이전시라 하더라도 일처리 방식에는 큰 차이가 없다. 단지 내가 직접 영어로 작성하여 해당 관서(당국)에 직접 고발하느냐 아니면 나 대신 대행자(에이전시 관계자)가 이 역할에 중개(간섭)하여 대신 제출하느냐 그뿐이다.

보상청구 역시 현지에서는 별 실효가 없다. 파국으로 인해 고용계약을 해지케 되었을 경우 – **해고** – 만약 전 일정에 대한 임금치를 선납한 상황이라면 해고상황 이후 일정에 대한 나머지 차액분은 거의 돌려받지 못한다고 보면 된다. 직접고용시에도 마찬가지고 에이전시를 통한 고용시에도 거의 다르지 않다. (단. 에이전시에서는 일종의 도의적 차원에서 이후 차액분에 대한 기지급 임금 중 다는 아니어도 일부는 환불해주기도 한다. 그럭저럭 양심적인 에이전시라 할 수 있다. 대개 젊은 대표가 운영하는 에이전시일수록 그렇다.) 특히 직거래(직접고용)한 일꾼의 경우는 막말로 '배째라'이다. 못 내놓겠단 인간들이 열에 아홉이다. 그래도 돌려받지 못하는 돈이 아까워서 다시 해고를 철회하고 계속 동행하겠다 ? 어리석은 짓이다. 소탐대실 따로 없다. 아깝다면 처음부터 확실한 에이전시를 통해 확실한 일꾼으로 고용하라. 혹여 말썽을 일으켜 해고국면에 놓이더라도 에이전시를 통해 비록 금전적 환불은 어렵더라도 최소 다른 인력– 대개는 이럴 경우 에이전시 측에서는 먼젓번 자보다 더 나음직한 인력으로 충원시켜준다. –으로 대체받을 수 있으므로.

* * * * * * * * * * * * * * * *

◎ **자기관리** : 해외트레킹, 특히 고산지역으로의 트레킹에 있어 각자 본인이 관리해야 할 부분이다. 남이 챙겨주겠지, 다른 사람이 도와주겠지 하는 생각 이전에 스스로 먼저 자기자신을 준비하고 관리하라.

예방접종 : 카라코람이나 히말라야 고산지역으로의 트레킹여행 시에는 굳이 열대성 전염병에 대한 예방접종을 받을 필요가 없다. 대체적으로 기후가 서늘하고 건조하기 때문이다. 물론 몬순기 여름철에 방문한다면 때때로 높은 기온으로 인해 일사나 열사의 위험에 노출될 수도 있을 것이다. 하지만 그렇다 하더라도 고산지역에 있어서는 전염성 질병의 위험이 그리 크지 않다. 기본적인 의약품과 구급품 정도만 잘 챙겨오길 바란다. 단, 무덥고 고온다습한 열대기후지방을 장기간 거쳐 올라올 시 예기치 않게 급성전염병을 앓는 수가 있다. 이를 대비하여 한국에서부터 미리 황열병(말라리아) 등의 1급 열대전염병 예방접종(최소 여행 전 40일 전후)을 받고서 여행에 임하기도 한다. (※ 다른 얘기지만 한편으론 남인도나 편잡지방 등지에서 이러한 전염성 열병으로 고생하던 이들이 히말라야 산간으로 찾아들자 상태가 호전되어 저절로 나았다는 이야기들도 많이 들린다. 그만큼 히말라야의 고산풍토는 자연치유력이 왕성한 것으로 회자된다.)

응급키트 : 예방접종과는 별개로 여행자 본인이 필수 지참해서 응급상황시에 활용해야 할 구급의약키트(First Aid Kit / Emergency Medicine Kit)를 말한다. 보통 적당크기의 파우치나 소형 이너백(Inner Bag) 같은 데에 기초응급의약품들을 챙겨 넣어 본인의 트레킹배낭에 수납하여 가지고 다닌다. (☞ 앞서도 정리한 바 있는 기본 필수의약품들 소량씩(대략 1~2일치 분량)을 따로 본인이 메는 배낭 안에 일명 '응급키트'로서 마련하여 항상 지참토록. 단독산행을 많이 해본 사람은 요령을 잘 터득하고 있을 것이다.) 대략 챙겨보자면 ; 두통약(진통소염제), 해열제, 소화제, 지사제(설사약), **항생제**, 기침약, **콧물약(가려움증 겸용)**, **상처연고제(푸시딘, 마데카솔 등)**, 입술크림, **스티커밴드**, **거즈/반창고**, 관절·근육패치(일명 '파스'), 벌레물린데 바르는 약, 비아그라(고소치료제) 등이다'.

* 만약 현지에서 구비코자 할 경우 다음과 같은 전문의약용어를 알아두면 유용하다.
  항생제 Anti-biotic / 상처소독제(연고제 대용) Antiseptic 또는 Betadine / 진균(무좀)약 Anti- fungal cream / 붕대·거즈 Elastic Bandages & Gauze Pads / 스티커밴드 Band-aids / 알레르기약(콧물, 가려움증) Decongestant(코막힘 해소) 또는 Anti-histamine(항히스타민제)

정수키트/정수제 : 마시는 물에 의해 탈이 나는 경우도 많으므로 이를 대비하여 현지의 음용수를 정수하기 위한 도구 등도 갖추어 나서면 좋다. (생수〈미네랄워터〉 구입이 여의치 않은 지역으로의 트레킹시 이러한 정수도구를 예비용으로 지참해가면 유용하다. 물론 롯지트레킹이나 캠핑트레킹 시에 쉽게 끓인 물을 얻어마실 수 있다면 이러한 정수도구/용제들은 굳이 필요치 않다.) 시중에 파는 정수키트가 부담 – *가격 & 부피* – 된다면 간단한 알약이나 시럽 형태의 정수용제들로 구비(현지구입 가능)하여 갈 수도 있다. 수통에 물을 받아놓고 용량/용법에 따라 정수제를 투여, 일정시간 경과 후 음용하면 대체로 무난하다. 단, 아주 더럽고 불결한 오수는 아무리 정수제나 정수키트를 활용하여 정수한다 한들 세균과 바이러스는 완벽히 걸러낼 수 없기에 가급적 이런 물을 시험삼아라도 정수 시도하여 음용치는 않도록 한다. 가장 좋은 것은 언제나 '끓인 물'을 받아 준비해두는 것이다.

고소증 관리 : 본인이 관리(자가치료)할 수 있는 증상에 대해서는 굳이 다른 사람의 도움을 받으려하지 말고 스스로 해결토록 노력한다. 가장 대표적인 증상으로 두통과 설사가 있는데, 특히 **두통**증세는 초기에 바로 대응하여 처신해야 한다. 즉, 고산지역으로의 트레킹시 경미한 두통이라도 나타났으면 곧바로 두통약을 꺼내 먹고 운행속도도 감소시키면서 아울러 머릿속에 복잡한 생각들도 치우고 스스로 편안해지도록 노력한다. **설사**증세 역시 매우 흔하여, 그러나 한편으론 그리 간단하지만은 않은데 이 역시 방치할수록 증세가 악화되는 경우가 많으므로 – ☞ *심지어는 아무 것도 먹지 못하고 수 회 연속으로 설사 ⇒ 탈수/탈진으로 악화* – 일단 계속된(2회 이상) 설사증세가 나타난다면 곧바로 지사제를 복용하여 탈수 증세를 막도록 한다. (※ 개중에는 이러한 지사제 복용이 변비를 유발한다고 하여 끝내 복용치 않고 억지로 참고 견디고자하는 경우가 있는데 바보같은 짓이다. 탈수가 심해져 나중에는 결국 탈진현상으로 이어져 더 이상 일정을 진행치 못하고 중도포기하고 하산해야하는 상황에 이를 수 있다. 즉, 변비 걱정하다가 일정 전체를 망가뜨리는 경우이다.) 또한, **저체온증**이 발현되어 한기가 들고 몸의 감각이 둔해지며 숨가쁨, 호흡곤란 증세가 가중될 때 이 역시 그냥 무작정 손 놓고 있다가 사태를 더 악화시키지 말고 고소치료제 비아그라를 복용(1/4~1/2정)하여 상태를 개선시키도록 하라. 이 또한 남이 챙겨주길 바라기보다는 스스로 먼저 챙겨야 함이다.

구조요청 : 흔히들 고산원정등반 시에 일어날 상황이라고만 치부하고 간과할 일은 아니다. 곧 '고산'지역으로 여행하는 모든 경우 급성고산증(AMS)을 비롯 불의의 사고 등으로 말미암아 자기 혼자 해결(후퇴/하산)이 곤란하여 긴급구조를 요할 수밖에 없는 상황이 왕왕 빚어진다. (☞ 예로써 해발 4천미터 이상 지대를 줄기차게 걸어서 여행하는 네팔히말라야의 고산 트레킹지역에 있어서는 성수기 평균 하루 1회 이상 구조헬기(Rescue Helicopter)가 뜬다고 보고되기도 한다. 그만큼 일반 트레커들로서도 예외적인 상황은 아닌 것이다.) 트레킹의 경우 대개는 중증 고산증에 의한 구조상황이 가장 많은데*, 일단 시급을 다투는 지경이 되면 주저하지 말고 빨리 구조수단을 호출토록 한다. (∵ 사실 이 정도 상황에 이르렀으면 당사자 본인이 직접 거동하여 일을 처리하기에는 무리가 있을 것이다. 다만 주변인들로 하여금 **대신 구조호출을 요청토록 당부**할 일이다. 정신이 있는 한 이것은 **본인이 해야 할 몫**이다. 그저 가만히 있어도 누가 대신 알아서 후송시켜주거나 구조팀을 호출해주겠지 하는 안이한 생각은 버려라. **의식이 있는 한 최대한 본인이 처결**할 수 있도록 노력하라.) 구조헬기를 호출 시에 비용이 문제가 되기도 하는데, 한국과 달리 이러한 모든 응급구조비용은 전적으로 여행자 본인이 부담*해야 하기 때문이다. 그래서 비용을 절감하기 위한 편법(!)으로, 큰 병원이 있는 대도시지역까지 구조헬기로 한 번에 이동치 않고 일단 다른 항공편(경비행기)으로 환승이 가능한 거점도시(트레킹 초입지역)까지만 구조헬기를 이용하고서 이후에는 기본 항공운임으로 이동 가능한 수단으로 갈아타고 병원 소재 도시지역으로 옮겨가곤 한다. 많은 경우 – **동서양인을 막론하고** – 이러한 비용절감방법이 동원된다. 역시(돈 앞에) 인지상정인게다.

- 원정등반(엑스페디션)의 경우는 고산증과 더불어 동상 및 추락에 의한 부상 등등으로 사례가 더 많다.
- 이러한 부분들까지 대비코자한다면 트레킹 전 미리 현지에서 적당한 – *기본적으로 헬기후송비용이 지원되는* – 여행자보험을 들어두고 나서도 좋다. 비용은 3주기간의 경우 보험료로 1인당 대략 $150~$250 정도 드는 것으로 파악된다. 한국에서부터 가입하는 보험상품은 오히려 보상절차가 더 까다롭고 복잡한 것으로 이야기된다. (※ 일반 단순여행자보험은 구조헬기비용까지를 보전해주지는 않는다. 아울러 북인도(카시미르)나 파키스탄(카라코람·펀잡히말라야) 등지로의 여행은 한국에서는 이른바 '여행제한지역'으로 분류되어 아예 여행자보험 자체가 적용되지 않기도 한다.)

테러리즘 : 위에 언급한 파키스탄이나 북인도 카시미르, 아삼히말라야 지역을 여행할 때 예상치 못한 테러의 위협에 노출되기도 한다. 가급적 갈등과 긴장의 정도가 높은 분쟁지역이나 국경지역으로는 여행을 자제하며, 아울러 종교갈등에 의거 민감한 분위기를 형성하고 있는 지역 또한 주의해서 여행토록. 매한가지로 현지인의 종교적 정서에 위화감이나 갈등을 부추길 수 있는 이방적 종교행위 또한 섣부르게 나타내지 않도록 주의한다. 곧 첫째는 말 그대로 **'테러위험지역(도시)'으로의 여행을 지양**하는 것이며 둘째는 또한 **현지정서(특히 종교)에 반하는 태도, 행동들을 보이지 않는** 것이다. 이러한 위험성이 다분한 지역을 피하기 위해 아울러 가급적 육로교통보다는 곧바로 트레킹지역으로 넘어갈 수 있는 항공편 이용이 적극 권고되기도 한다. (☞ 말했다시피 트레커들이나 주로 찾는 카라코람, 히말라야의 산악트레킹 지역은 그만큼 산세가 험하고 접근이 용이치 않은 까닭에 소위 정치색을 띠고 '데모·과시'에 초점을 맞추어 특정다수를 대상으로 하는 테러의 위협으로부터도 다소 자유로운 면이 있다. 다만 거쳐가는 도중의 인구밀집지역이나 혹은 지역민들 간에 분위기가 뒤숭숭한 지역은 때때로 불시의 테러상황에 뜻하지 않게 휘말릴 수 있으므로 이런 곳을 지날 때는 항상 주의를 집중하고 다녀야 할 것이다.)

산거머리(Leech) : 여름철 몬순기에 히말라야 산악지역으로의 트레킹에 나선 경우 숱한 거머리(산거머리)의 공격에 노출되기도 한다.˚ 가장 흔한 네팔 지역에서는 일명 '주카(또는 주가)'라 하여 마치 이쑤시개 정도 크기의 자그마한 자벌레와 같은 형태와 움직임을 보이는데 – **양껏 피를 다 빤 거머리의 크기는 반면 사람 손가락 하나 크기만큼 부풀어진다. 즉 흡혈량이 엄청나다.** – 특히 날이 습하고 비가 오는 상황에서 더욱 극성을 부린다. 세칭 '몬순기의 폭군(Tyranny of Monsoon)', '여름날의 드라큘라(Summer Dracula)'라 할 정도로 악명이 높다. 하지만 대개는 이들이 옷이나 신발 속으로 기어들어와 피를 빨고 있다는 사실을 전혀 깨닫지 못하여 나중에 신체 부위에서 피가 나는(흐르는) 것을 보고 그제야 거머리에 (피를) 빨렸음을 알게 된다. (➤ 포식을 끝낸 거머리는 이미 어디론가 떨어져나가 버리고 없을 것이다.) 그래서 여름철 몬순기 트레킹시에는 더더욱 짧은 옷차림의 트레킹을 지양해야 하는 이유이기도 하다. 그래도 어쨌든 거머리의 공격은 예기치 못하게 드리우는 것이니, 만약 이를 방지코자한다면 비가 오는 날에는 가급적 정글지역으로의 트레킹을 자제하고(물론 해발 4천 미터가 넘어가면서부터는 거머리들이 거의 사라진다.), 달리 스타킹– **옛날 우리네 모내기 때 대안으로 착용하곤 했던 것처럼** –이나 토시 같은 것을 한편으론 옷 속에 덧대어 입고 나서는 방편도 있다. 하지만 이처럼 거머리에 피를 빨렸다 하여 출혈이나 감염으로 인한 심각한 위험은 없으니 만약 피를 빨렸다고(피가 난다고) 해서 놀라거나 흥분하지 말고 그냥 그러려니(그랬구나) 하고 받아넘기도록. (☞ 여름철 몬순 트레킹'의 통과의례라 생각하라.) 출혈부위는 한편 거머리의 흡혈과정에서 분비되는 화학성분으로 인해 지혈이 잘 되지 않는 경우가 있으므로 이를 대비하여 지혈제(도포용) 등의 상비약을 지참하고 나서면 좋을 듯하다.

* 파키스탄 카라코람, 펀잡히말라야, 힌두쿠시 지역에서는 여름철에도 습하지 않고 건조한 기후풍토를 보여 거머리의 위협이 없다. 북인도 카시미르와 히마찰 지역의 히말라야 산간 역시 그러하다. 반면 인도 우타란찰(쿠마온히말라야)과 네팔, 시킴, 부탄, 아삼 히말라야 지역은 몬순기 거머리가 극성을 부린다.
* 최근 기후변화(지구온난화)의 영향인지 10월말 11월초까지도 히말라야 중산간지역(2천~3천미터대)에서 거머리가 기승을 부리기도 한다. 필자 역시 건기 중의 최고라는 11월로 넘어가는 10월 마지막 주에 해발 2천 7백미터대의 히말라야 중산간 지역을 트레킹하다 무수한 거머리의 공격으로 고초를 겪은 바 있다. 이런 건기에까지 정말 말도 안 되게 거머리에게 공격당했다니 그야말로 이변이 아닐 수 없다.

어쨌든 일단 거머리를 예방(방지)하는 방법˚은; ①**짧은 옷차림으로 정글지역 트레킹에 나서지 않기**(특히 비오고 습한 날). ②**정글이나 풀숲에서 털썩털썩 주저앉지 말기**(휴식시에 유의. 특히 풀밭과 돌판 위에 무척 많음. ※ 보행자 휴식을 위해 돌로 쌓은 휴게단(L자형)에도 거머리가 판을 치므로 주의할 것). ③**보행 중 수시로 다리와 발(양말/신발) 체크**. ④**머리와 목 부위 노출 지양**(모자와 후드 착용). ⑤**만약 흡혈중인 거머리를 발견했을 시 소금을 뿌리면 효과적.** (※ 거머리 기피 약제(스프레이형)도 있다 하나 비와 땀에 씻기면서 실효가 떨어지는 것으로 사료.)

* 거머리를 피하는 제일 좋은 방법은 즉 우기(몬순)가 끝난 건기 계절(10월 이후)에 찾는 것이다. 하지만 한국인들의 경우는 특히나 히말라야 지역의 몬순기와 맞물린 여름철 휴가/방학 기간을 활용, 그처럼 날궂은 시기임에도 불구 히말라야(네팔지역) 트레킹에 나서는 이들이 상당히 많은바 이러한 몬순기 트레킹 시의 유의점들을 미리 숙지하고 나서도록 한다.

* * * * * * * * * * * * * * *

◆ **위급상황**

▷ **후퇴·후송** : 기 언급한 바도 있지만 고산증이나 심각한 부상 등으로 인해 부득불 더 이상 전진을 하지 못하고 하산하거나 심지어는 위급한 지경에 이르러 긴급 후송을 해야 하는 상황을 말한다. **후퇴** 즉, 도로 되내려가야 할 수밖에 다면 이 또한 지체하지 말고 빨리 서둘러서 하산을 실시토록 한다. 여력이 조금이라도 더 있을 때 추스르는 것이 여러 모로 더욱 바람직하기 때문이다. 아울러 일시적으로 후퇴하였다가 몸을 다시 추슬러 재도전(트레킹 재개)하는 데 있어서도 훨씬 유리한 점이 있으므로 일단 후퇴해야 할 상황이 발생했으면 꾸물거리지 말고 서둘러 하산일정을 종용하는 것이 상책이다. **후송**의 경우는 이런 재도전, 재시도의 생각을 둘 여유가 없이 일단 위급한 환자를 구호장비를 갖춘 이동수단을 통해 최대한 빨리 안전한 지대로 이송하는 데 주력을 둔다. 즉, 단지 근거리의 환경이 조금 더 나은 곳으로 내려보내는(하산시키는) 것이 아니라 시급을 다투는 응급상황에 이른 '환자'를 구호하고 소생시키기 위해 제반 의료장비/시설이 갖추어진 후송수단을 호출, 더욱 신속하고 체계적인 구호조치와 응급치료를 병행하면서 그처럼 긴박하고 위험한 상황으로부터 최대한 빨리, 그리고 멀리 벗어나는 데 주안점을 둔 사안이다. 이러한 후송의 예는 기본적으로 육로를 통한 병원차량(앰뷸런스) 후송의 예가 보편적이라 하겠지만 한편으로 히말라야나 카라코람과 같은 험산오지의 산악지역에 있어서는 육로이동수단으로의 접근이 원활치 않아 부득불 항공구조-구조헬기를 동원하여 후송작업을 치르는 경우가 많다. 이로 인해 상당한 고비용을 감수해야기도 하는데 그래도 생명을 잃거나 불구가 되는 것보다는 나으니 너무 돈에 연연하지 말고 이런 위급상황이 닥쳤으면 최대한 **빠른** 결정으로 현명하게 대처토록 하기 바란다.

▷ **현지 군 캠프(Army Camp) 활용** (위급호출 및 후퇴/후송 불가시) : 원칙적으로는 사실 이러한 산악트레킹지역 내의 현지 군 캠프를 여행객-트레커들이 이용하는 것은 불가하다. 하지만 인지상정이라고 지구상 어디든 극도로 어려움에 처한 이를 나몰라라 내치는 경우는 없다. 군인들 역시 마찬가지다. 비록 엄격한 규율과 통제에 기반하여 그네들 나름의 군사의무를 수행하고 있지만 그럼에도 이들 군인들 내심 또한 따뜻하고 우호적인 마음 한편을 내포하고 있음이다. 그래서 만약 정말로 난관을 헤쳐나가기가 어려워 부득불 군 캠프의 신세를 져야 할 때, 또는 아닌 말로 사경을 헤매는-생사가 갈리는 상황에서 이들 군의 도움 말고는 대안이 없을 때 결국 이들에게 도움을 청해서라도 사태를 해결해야 함이다. 일례로 기상악화에 의거 도중 옴짝달싹 못하고 트레일 상에서 갇히게 되었을 때, - *무리해서 이동 강행시에는 더욱 큰 위험에 봉착!* - 만약 인근 군 캠프가 있다면 그들에게 도움을 청하라. 적어도 최악의 상황은 피할(피하게 해줄 수 있을) 것이다. 아울러 시급을 다투는 응급환자(심한 동상/저체온증/급성고산병 등)가 있을 시에도 이러한 군 캠프에 도움을 요청할 수 있겠다. 원칙적으로는 안된다 하지만 일단 사람부터 살리고 보는 게 또한 인지상정이라 그네들 나름대로 최소한의 구호조치 내지는, 나아가 정말로 긴박하고 위중한 경우 군 헬기를 호출해서까지

후송토록 조치해줄 수도 있다.* (※ 물론 비용에 대한 부분 또한 발생할 수 있겠으나 그건 나중이고 일단 그렇게 군의 도움을 받을 수 있다는 사실이 중요하다.) 그리하여 이러한 현지의 군 시설이나 군 당국에의 도움-구조 요청은 험산오지를 여행하는 등반가나 트레커들에 있어서는 최후의 보루로서 인식되기도 한다. 하지만 명심하라. 말했듯이 정말로 아주 위중한, 생사가 갈릴만한 위급한 상황이 아니라면 이러한 군 시설(Army Camp)의 도움을 결코 기대치는 말도록. 그럴 리도 없거니와 만약 그랬다간 그들 역시 규율 위반 및 본연의 책무 불이행으로 상부로부터의 문책과 불이익을 받게 될 것인즉, 그래 단지 최후의 수단으로서만 활용되어야할. 말마따나 「라스트옵션(Last Option)-최후책」 으로서만 인지하고 있으라.

* 위험도가 높은 원정등반의 경우 정부연락관을 대동토록 하는 규정이 있는 것도 바로 이러한 위급상황시에 정부 차원에서의 군 당국의 협조와 구호를 비교적 수월하게 요청하여 받을 수 있다는 데 요점이 있다. 참고로, 파키스탄이나 인도, 네팔과 달리 부탄 히말라야 지역은 산악지역에 주둔하고 있는 인도군 - *부탄의 외교와 국방은 인도정부에서 관할한다.* - 캠프에서 기본적으로 군 헬기를 동원하여 후송조치가 가능하다. 후송비용 또한 별도 징수되지는 않는 것으로 알려져 있는데, 아마도 다른 지역(국가)에 비해 매우 높은 부탄 여행(트레킹)경비가 이러한 부분까지를 보전- *일종의 보험료로서* -하고 있는 것으로 받아들여진다. 말하자면 나름 고가로 책정된 부탄여행비용은 바로 이런 위험요소에 대한 안전책의 사례까지 다 떠안고 있는 것으로 이해하면 될듯하다.

＊＊＊＊＊＊＊＊＊＊＊＊＊＊＊＊

〈부 록〉

◆ **파키스탄 국경넘기** ··· 377

　▷ 파키스탄-인도 ··· 377

　　🔲 편잡 짚어보기 ·· 382

　　　◇ 편잡 개요 ··· 382

　　　◇ 라호르 & 암리차르 ··· 384

　▷ 파키스탄-중국 ··· 390

　　▶ 파미르고원 개략 ··· 393

　　　◇ 타슈쿠르간 & 카슈가르 ··· 401

　　▲ (6-1.) 야르칸드 기점 K2 북부지역 트레킹 ···················· 406

◆ **주요 산악언어 풀이** ··· 426

좌상) 파키스탄 와가 국경관문. 정면으로 인도 쪽 관문이 멀리 보인다.　/　우상) 인도(아타리) 쪽 국경관문
좌하) 인도(아타리국경) 쪽에서의 파키스탄(와가) 게이트　　　　　　 /　우하) 쿤제랍패스 중국(신장위구르) 국경관문

◆ 파키스탄 국경넘기

〈육로를 통한 파키스탄으로(부터)의 국경통과 방법이다.〉

▷ 파키스탄-인도

펀잡지방 와가(파키스탄측)-아타리(인도측) 국경이 유일하다. 한국의 남북한 관계처럼 서로 앙숙인 두 국가간 대치상황으로 인해 오직 한 곳, 바로 이 펀잡 주의 파키스탄 라호르 ↔ 인도 암리차르 간 국경을 통해서만 외국인들의 입출경이 가능하다. 다른 국경초소에서는 일절 불허된다. (단, 아자드카시미르(파키스탄령)-잠무카시미르(인도령) 간의 국경도시 칠레아나(닐룸 지역)-티트왈(스리나가르 지역)에서는 양국(양 지역)간 협상에 의거 한 달에 두 번 LOC(Line of Control; 정전선) 관문을 개방, 칠레아나-티트왈 사이에 놓인 다리를 건너 서로간 왕래를 허용키도 하나 이것도 단지 카시미르 주민들에 한해서- **복잡하고 까다로운 절차를 거쳐야 한다.** -만이며 외국인들의 통과는 결코 허용되지 않는다.)

국경을 통과하기 위해서는 기본적으로, 해당국가의 **비자**를 여권 상에 받아두어야 한다. 곧, 도착비자 발급은 불가하기에 필히 입국코자하는 국가의 비자를 미리 받고 나서야 함이다. 그러나 서로 앙숙인 양국 상황에 기인하여 볼 때 여행 도중 현지에서 비자를 득하기는 쉽지 않을 것임을 상정하면 으레 한국에서부터 미리 비자를 받아오는 게 좋다. 아니면 여러 나라를 경유하는 장기간 배낭여행객의 경우 이들 국가와 관계가 나쁘지 않은(= 비자발급이 용이한) 제3국- **네팔, 태국, 싱가폴, 말레이지아 등지** -에서 미리 인도/파키스탄 비자를 발급받아오도록. (※ 현재 파키스탄 입국비자는 여행자 본인의 모국에서만 받게끔 돼있다. ⇒ 비자정책이 수시로 변하니 여행 전 미리 대사관에 확인토록.)

인도 방면

파키스탄 방면

국경통과 가능시간(**국경개방시간**)은 **오전 10시~오후 5시**까지이다. 인도와 파키스탄 간 시차가 30분 있으므로 각국의 기준에 맞춰 시간안배를 하도록. 국경 출입국사무소(Immigration Office)을 거쳐 국경통과에 소요되는 시간은 대략 1시간반~2시간 정도 산정하면 된다. 인원이 많을 경우 또는 단체로 이동시에는 훨씬 더 많은 시간이 소요되기도 한다. (※ 이민국 사무 개시 직후의 아침시간에는 비교적 빠른 수속이 이루어진다. 시간이 지나면서 이민국 직원들의 행태와 일처리에 차츰 게으름과 태만함이 보여지기도 하는데, 경우에 따라서는 개인용무로 한참동안 자리를 비운 후에 돌아와 출입국 사무를 처리해주기도 한다. 짐수색* 역시 마찬가지다. 운이 없다면 가진 짐 몽땅 풀어제껴 검사원에게 일일이 보여주어야 하는 수고를 감내해야 하기도 한다. 짜증내지 말고 그냥 복불복이라 생각하고 순순히 받아들이도록.)

* 입국시의 짐수색에 있어서는 파키스탄 측보다 인도 측이 더 까다롭고 정밀하게 조사한다. 특히 인도(아타리) → 파키스탄(와가) 이동시에는 짐수색을 그리 꼼꼼하게 하지는 않지만, 반대인 경우 즉 파키스탄 → 인도 입국인 경우 인도 측에서는 매우 철저한 짐수색을 실시한다. 심지어는 탐지견을 동원하여 여행자의 배낭 속 소지품을

일일이 꺼내어 샅샅이 살피기도 한다. 행여 곤혹스러운 상황이 발생치 않도록 반입금지(특히 테러용 무기로 의혹 살 수 있는 도검류 등) 품목에 대해 미리 대비해두는 것이 좋다. 파키스탄 입국시에도 그리 깐깐하게 수색하지는 않으나 이슬람 율법상 금지품목인 주류 반입에 있어서는 매우 엄격히 통제되므로 국경통과 전 짐을 꾸릴 때 혹여라도 미처 생각지 못한 금지품목이 있는지 전날 재삼 확인토록 한다.

국경통과방법은, 일단 국경지대에 도착하여 이민국(출입국사무소; Immigration Office)을 방문하여 - *군인들에게 먼저 여권을 제시함으로써 이민국 진입이 가능하다.* - 출국수속을 마친 후 국경 게이트로 이동, - *이때에도 지키고 서있는 군인(국경수비대 병력)들에게 여권을 제시해야 한다.* - 게이트(관문)를 통과함으로써 국경통과가 이루어지게 된다. 하지만 이걸로 끝난 건 아니고 곧바로 상대국 수비대 군인들에게 재차 여권을 보여준 후 입국 당사국의 이민국 사무소로 이동, 입국수속(짐 검사 포함)을 마치고서야 비로소 국경통과가 마무리된다. (※ 파키스탄(와가) 쪽은 국경게이트와 이민국이 지척에 위치하고 있어 바로 도보로 이동하면 된다. 인도(아타리) 쪽은 국경게이트와 이민국의 위치가 다소 동떨어져 있는데 보통 셔틀버스에 탑승하여 군인과 동승하여 이동하게 돼있다. 무더운 펀잡지방에서의 열기와 땀을 잠깐이나마 식힐 수 있는 고마운 수단이기도. 그러나 파키스탄 영내에서는 이러한 편의수단은 일절 없이 뜨거운 뙤약볕을 오로지 걸어서 이동해야 한다.)

한편으론 인도 델리~파키스탄 라호르 간을 주 3회 연결 운행하는 국제버스*(2003년 11월부터 재개. 양국간 정치상황에 따라 운행조정)가 있어 이를 이용하여 조금은 수월하게 국경을 통과하기도 한다. - *이를 이용하려면 직접 예약수속을 진행하기보다는 델리나 라호르 현지의 여행사를 통하는 것이 쉽고 편하다.* - 하지만 진정한 매력은 바로 '걸어서' 넘는 그 자체이다. 삼면이 바다로 둘러싸이고, 또 있다 해도 도저히 걸어서는 넘을 수 없는 우리 남북한의 대치상황으로는 마냥 생생하기만 하고 신기해보이기만 하는 육로 국경넘기이다.

* 인도 델리 출발인 경우 델리게이트 인근 암베드카르 경기장(Ambedkar Stadium) 버스터미널에서 델리운송공사(DTC; Delhi Transportation Corporation)에서 운영하는 인도-파키스탄(라호르 행) 국제버스를 이용하면 된다. 매주 월요일, 수요일, 금요일 주 3회 오전 6시에 출발하며, 델리~라호르 약 11~12시간 정도가 소요된다. (☞ 조식/중식/석식 및 수하물검사, 출입국수속, 통관시간 등 모두 포함). 에이전시(여행사)를 통하지 않을 경우에는 직접 전화로만 예약이 가능하다. (T. +91-23-318080, 23-712228) 아울러 구비품목(서류), 수하물에 대한 안내, 주의사항, 운임, 연락처, 운행정보, 경유지 등에 대한 세부내용은 델리 지방정부 홈페이지(www.delhi.gov.in)를 방문하여 DTC 편(Delhi-Lahore Bus Service)을 참조하기 바란다.
파키스탄은 국영 관광개발공사(PTDC; Pakistan Tourism Development Corporation)에서 운영하며, 출발지인 라호르터미널 외에 라호르의 PTDC 모텔(약칭 PC호텔)에서도 예약할 수 있다. 출발일은 매주 화요일, 목요일, 토요일 주 3회이며 라호르 자유시장(Lahore Liberty Market) 인근 굴버그(Gulberg) III 라호르터미널(66-D-1)에서 출발. 발차시각은 마찬가지로 오전 6시이다. (예약은 T. +92-42-35755940, 42-35875360. E-mail: ptdc_lahore@hotmail.com을 통해서 가능하다. 자세한 내용은 역시 파키스탄 관광개발공사(PTDC) 홈페이지(www.tourism.gov.pk)를 방문하여 PTDC 운송서비스(Transport Service) 항목의 「Lahore-Delhi Bus Service」편을 참조토록.)

(※ 참고로 버스편이 아닌 열차편을 이용하여 양국(델리~라호르)을 넘나드는 방법도 있으나 통상적인 육로(아타리-와가보더 경유) 국경통과 수단은 아니기에 이에 대한 추가 언급은 생략한다.)

$ 환전 : 파키스탄이든 인도든 상대국의 화폐는 일절 통용되지 않는다. 심지어는 서로 상대국의 화폐를 지참하고 입경하는 것조차 허용치 않기도 한다. (※ 때론 압수조치. 물론 소액인 경우에는 실제 그리 큰 문제를 삼지는 않는다.) 고로 남은 현지화에 대한 환전 - *어차피 상대국의 화폐로는 환전이 불가능하기에*

미화로 할 것. -이 필요한데, 가급적 출입국 전날 숙소지의 환전소나 은행, 또는 숙소 자체(호텔/게스트하우스 등지) 내에서 미리 환전을 해두도록 하자. (☞ 단지 당일 결제해야 할 숙박비와 식비, 국경까지의 이동교통비 정도만을 남겨두도록.) 물론 깜빡했다거나 시간여유가 없어 미처 환전을 하지 못했다 하더라도 걱정할 필요는 없다. 각 국경 출입국사무소 내에서 암묵적으로 활동하는 환전상이 있기 때문이다. 단, 이 경우 상대적으로 매우 불리한 환율이 적용될 것임은 자명하다. 그도 그럴 것이 이것 말고는 현장에서 전혀 그 어떠한 대안도 없기 때문이다*.

* 곧, 현지교통수단을 이용하기 위해(= 어느 정도의 현지화 필요에 의해)서라도 어쩔 수 없이 이들을 통해야만 함이다. 이러한 국경지대의 환전상은 상대국 화폐의 경우 통상 정해진 요율보다 50% 이상 불리한 값으로 환전을 해준다. 미화(U$)의 경우는 그래도 좀 낫다. 흥정하기에 따라 다르지만 대략 은행매입율과 비슷하거나 10~15% 가량 요율(마진)을 더 매기고 환전해준다. 큰 금액은 환율이 좋은 시내 환전소를 통하고 국경지대에서는 가급적 소량의, 단지 이동에 필요한 교통비 내지는 하루치 여행경비 정도 액수만을 환전토록 하자.

⏱ **시차** : 파키스탄 vs 인도는 서로 30분의 시차를 둔다. 즉, 파키스탄 와가에서의 시간이 3시라면 인도 아타리의 시간은 3시30분이 된다. (☞ 한국시간으로는 7시.) 국경을 넘어서면서부터 바로 이처럼 해당국의 시간에 맞게 시계추를 ±30분씩 조정한다.

🚌 **국경통과 후 이동** (※ 역방향[=국경으로의 이동]도 마찬가지다. 다만 이동수단 선택의 폭이 조금 더 넓다는 장점이 있다.)

🇮🇳 **인도 아타리로 입경**했다면 이민국을 나와 곧바로 대로변 휴게소에 대기중인 택시나 오토릭샤*를 타고 거점도시인 암리차르로 이동한다. 시크교성지이자 관광지로 유명한 암리차르의 황금사원(Golden Temple) 지구까지 곧바로 이동할 수도 있다. (※ 황금사원 본원지구로는 자동차나 오토릭샤의 진입이 불가하다. 진입기점에서 내려 일반릭샤(싸이클릭샤)로 갈아타고 이동하든지 그냥 도보로 사원 외곽의 다수의 숙박업소가 소재한 관광단지로 이동한다.) 아타리 이민국~암리차르 간 오토릭샤 운임은 택시요금의 절반 정도에 불과해 알뜰여행자에게 많이 선호되나 단, 그만큼 사고의 위험부담이 있다는 걸 감수하고 나서도록*. 좀 더 저렴한 대중교통수단을 이용하려면 국경~암리차르 간을 오가는 버스를 이용하면 되는데, 국기강하식 전후 시간이 아닌 경우 국경 쪽 운행편이 그리 많지 않으므로 경우에 따라 상당시간을 기다려야 하는 상황에 처하게도 된다. *– 만약 더운 계절에 여행을 나섰다면 이러한 기다림의 시간은 특히나 무더운 편잡지역에 있어서는 그리 녹록치 않을 수도 있다. –* 효율적인 방안은 국경~아타리(시내) 간은 오토릭샤로, 아타리~암리차르 간은 버스로 이동하는 것이다. 아타리-암리차르 간은 일반 대중버스가 수시로 운행한다.

* 오토릭샤는 말 그대로 릭샤(릭쇼)에 동력(모터)장치를 달아 자동차(Auto Car)처럼 운행하는 교통수단을 말한다. 보통 모터바이크(오토바이)를 개조하여 4~6인 정도 탑승– *때론 인도 지역의 특성(?)상 10인 이상 탑승의 경우도 목격!* –이 가능하도록 승차공간과 덮개(지붕)를 장착한 형태의 운송수단이다. 릭샤는 반면 동력장치 없이 일반 자전거 형태에 단순한 승차공간만을 마련하여 순전히 사람의 힘으로서만(페달을 돌려) 움직이는 이동수단이다. 보통 '싸이클릭샤'라고 하며 간단한 근거리 이동에 주로 활용, 말하자면 우리 옛 '인력거'와 같은 형태와 수준이라고 보면 된다.

* 물론 실제 사고가 그리 많이 발생하지는 않으나 아무래도 일반 택시보다는 구조와 동력수단이 열악한 오토릭샤의 특성을 감안해야 함이다. 아울러 도중 아타리 본 마을에 이르러 다른 오토릭샤로 환승케하여 가기도 하는데, 말하자면 국경~아타리 & 아타리~암리차르 간 2중운행체계로 운영되는 셈이다. 택시는 반면 이러한 것이 없다.

🇵🇰 **파키스탄 와가 입경** 시에는 이민국을 나와 군 초소(바리케이트)를 지나오면 역시 대기중인 택시(대개는 사설(자가용)택시)들이 있는데 – 파키스탄 와가 국경지대에는 인도와 달리 오토릭샤는 진입 못하게 돼있다. – 다른 이동수단을 찾기가 귀찮다면 그냥 이들과 흥정하여 라호르 시내까지 타고 나오면 된다. (∴ 라호르~와가국경 간 택시비는 인도 암리차르~아타리국경 간 택시비용과 대동소이(원화환산 기준)하다.) 아니면 국경에서 그리 멀지 않은 와가 마을지역까지 도보이동 후(40분~1시간 정도 소요) 거기서 역시 오토릭샤나 다른 대중교통수단을 이용하여 라호르 시내까지 나아올 수도 있겠다. 국경에서부터 택시로 이동하는 것보다는 훨씬 저렴한 비용으로 이동할 수 있을 것이다. 하지만 무더운 계절에는 단 몇 발짝 그것도 무거운 배낭여행 짐을 메고 이동하는 것 자체가 그리 만만치 않으리라는 점을 유념토록. 무리해서 몸을 혹사(!)해가면서까지 너무 돈 아끼는 데 급급해지는 말자. 1만원 정도만 더 투자하면 훨씬 덜 고되며 행복한 여행이 될 것이다.

✔ **볼거리(국기강하식; Flag Lowering Ceremony)** : 인도·파키스탄 양국의 말하자면 각자의 매일같이 이루어지는 「국기하강」을 명분으로 한 일종의 패트리어트게임(Patriot Game)이다. 즉, 서로의 애국심이랄까 그러한 국가적 기치와 위상을 드높이기 위하여 소위 과장된 방식과 양태로 벌이는 경쟁적 애국심고취 행사의 일환으로 비단 양국 국민들뿐 아니라 양 지역을 오가는 외국여행객들 간에도 한번 구경해볼만한 가치가 있는 행사프로그램으로서 자리매김 되어왔다. (⇒ 가이드북에도 숱하게 소개되어있으며 양국 역시 관광객들의 관심을 끌기 위하여 더욱 거창한 스타일로 행사를 주관하고 참여를 독려한다.) 아울러 국기강하식 시간에 맞춰 국경통과(입출국) 수속을 마친 후 곧바로 행사 관람장소(관람석)로 이동하여 국기강하식을 참관하고서 시내로 들어오는 방법도 많이 선호되는데, 국기강하식을 위해 따로 재방문할 필요성을 배제함으로써 비용절감 측면에서도 유리하기 때문이다. 하지만 국경을 통과하고(국경 문이 닫히고) 나서도 한참을 기다린 후에야 비로소 국기강하식이 거행되기 때문에 만약 더운 계절에 나섰다면 (무더위로 인한) 상당한 육체적 고통을 감수하고 인내심*을 발휘해야 하는 상황임을 인지하고 나서라.

양국 국기하강장면(파키스탄 쪽에서 촬영) / 인도 쪽 풍경 (보통 파키스탄 쪽보다 참관인원(관광객)도 훨씬 많고 분위기도 더욱 열정적이다.)

* 즉, 국경폐쇄시간은 오후 5시이므로 통상 외국여행객의 경우 늦어도 오후 3~4시쯤에 국경통과 과정을 마치게 된다고 보면, 이후 오후 6시~7시 무렵 이루어지는 국기하강식까지 약 2~3시간 정도 대기해야 하는 상황이 빚어진다. 그 시간 마땅히 휴식을 취할 시원한 장소도 없고 하여 행사가 벌어지는 일원에서 마냥 기다리고 있어야 함인데 실제 무더운 여름에는 상당한 고역이기도 하다. (※ 물론 국기강하식 본 행사에 앞서 참관나온 관광객들과 함께하는 응원열전, 릴레이퍼레이드 등의 사전행사가 펼쳐지기도 하나 이 역시 꼬박 2시간가량을 더위 속에서 참관하고 있으라치면 그리 녹록치만은(=즐겁지만은) 않은 상황임이다. 특히 국경통과 후 지친 심신을 이끌고 더욱이 어디 시원한 그늘도 없이 백주대낮에 뜨거운 뙤약볕 아래에서 계속해서 앉아있기만 해야 했던 처량한 국경통과여행객들이라면 더더욱...)

- 🇵🇰 **파키스탄(와가) 측** : 라호르 현지의 여행사(여행사무소)를 통해 파키스탄 측 국기강하식 참관프로그램에 참여할 수 있다. (∴ 일행 여럿이서 또는 모객된 여럿과 함께 이동하기 때문에 투어경비가 비교적 저렴하다.) 혹은 직접 와가까지 대중교통수단을 이용하여 이동, 거기서부터 도보로 국경까지 걸어가서 정해진 관람석으로 옮겨가 행사를 참관할 수도 있다. 역시 국경까지 한 번에 택시를 타고 오갈 수도 있으나 일행이 여럿이 아닌 경우 비용문제로 그리 선호되지는 않는 방편이다. 파키스탄 패키지여행(트레킹여행 포함)에 나선 경우 대개는 주관여행사에서 – *꼭 라호르 소재의 여행사가 아니더라도* – 이 와가보더(Wagah Border) 국기강하식 참관프로그램을 일정 중에 포함하여 진행한다.

- 🇮🇳 **인도(아타리) 측** : 역시 암리차르 현지의 여행사를 통해 인도 측 국기강하식 행사에 참가할 수 있다. 파키스탄 쪽 보다는 상대적으로 참관객(희망자) 수가 많아 좀 더 쉽게 모객이 이루어진다. 한편으론 굳이 시내의 여행사무소를 방문하지 않아도 특히 수많은 내외국인 관광객들이 몰리는 시크교성지 황금사원(Golden Temple) 일원의 호텔이나 게스트하우스 등지에서 손쉽게 국기강하식 프로그램 참여신청이 가능키도 하다. 일명 '모집꾼'이 돌아다니는데, 호텔 프런트에 참가신청을 하면 모객꾼에 의해 수배된 사설 승합차량이 픽업, 국경 행사장까지 1인당 소정의 비용만 부담하여 쉽고 편하게 다녀올 수 있다. 단, 이 경우 보통 승차정원의 20~30% 가량 인원을 더 태우고 나서게 되어 – *물론 승차정원으로 맞춰 가고자하는 경우 비용을 그만큼 더 부담하면 된다.* – 탑승좌석의 여유가 빡빡하긴 하지만 그리 긴 이동시간은 아니므로(편도 40~50분 소요) 조금만 감내하면 이처럼 훨씬 저렴한 비용(택시요금의 1/3~1/4 가격)으로 국기강하식을 참관하고 올 수 있는 것이다. 좀 더 저렴하게 다녀오려면 매일 특정시간대에 운행하는 국기강하식 행사장 행 투어리스트버스를 이용하는 방법이 있다. 대략 오후 3~4시 경에 출발하는데 문제는 이처럼 다소 일찍 출발하는 만큼 도착하고 나서도 본행사까지 긴 시간을 기다려야 한다는 점이다. (※ 모객꾼을 통해 사설차량으로 이동시 암리차르/황금사원에서 오후 5시쯤 출발시간을 잡으므로 국경 행사장에 도착하자마자 그리 오래 기다리지 않고서 곧바로 참관이 가능하다.) 하지만 요금이 저렴하기 때문에 그만큼 많은 알뜰여행자들이 선호하는 방편이기도 하다. 예약제로 운영되는데 관광객이 많은 시기에는 일찌감치 좌석이 마감되어 탑승에 어려움을 겪기도 한다. 만약 이를 이용코자 한다면 가급적 전날이나 해당일 아침시간에 예약토록 하자. 암리차르 시내의 여행사무소와 더불어 황금사원 주변의 여행알선업체 등지에서 승차권을 예매할 수 있다.

★ **국기강하식 참관시 반입금지품목** : 민감한 양국간의 국경지대에서 이루어지는 행사이기 때문에 그만큼 출입참관시의 제약이 많다. 특히 소지품에 있어서 더욱 그러한데 다음과 같은 품목들은 국경 행사장으로 일체 반입이 불가하고 타고 온 차량에 놔두거나 보관소에 맡기고 들어가야 한다. (국경지대 매점 등지의 사설보관소를 이용시 보관비를 별도로 징수하기도 한다.)

- 가방/배낭 : 크기에 상관없이, 그 어떠한 가방이나 배낭 등 내용물이 보이지 않는 수납용기는 무조건 지참금지이다. ⇒ 테러용품 반입 의혹을 살 수 있다.
- 날카로운 물건 및 발화물 : 흉기로 사용될 여지가 있는 뾰족하거나 날카로운 물건 및 발화 위험물질 역시 반입금지이다. 다용도칼, 열쇠고리, 라이터 등이 대표적이다. 여성의 경우 길쭉한 머리핀이나 날카로운 장식물 등도 금지품목에 해당하므로 머리를 묶고자 할 때는 고무로 된 도구를 이용하자.
- 대형카메라 : 내부개조를 통해 폭발물 운반용으로 위장 가능해보일만한 크기와 형태를 갖춘 중대형카메라 및 무비카메라 등도 금지이다. 이하 직간접적으로라도 테러도구(흉기)로 활용될만한 또는 테러용품 수납이 가능한 것으로 의심될만한 품목들은 행사장 출입이 엄격히 차단되게 된다. (검색대 통과 및 몸수색 병행.)

◼ 펀잡(Punjab) 짚어보기

◇ 펀잡 개요

언급했다시피 펀잡(Punjab)은 **'다섯(Punj) 물줄기(Ab)'**라는 뜻이다. 즉, 파키스탄 동부와 인도 서북부 지역의 인더스강 다섯 지류(강)— **젤룸강, 체나브강, 라비강, 베아스강(실질적으로는 수틀레지강의 지류), 수틀레지강**—를 기반으로 펼쳐진 비옥한 평원을 일컫는다. 이 펀잡 지방은 파키스탄과 인도 양국 모두 '펀잡'이란 명칭으로 하나의 '주(State)'로서 관할하고 있는데, 곧 파키스탄의 펀잡 주, 그리고 인도의 펀잡 주로서 각기 자리매김하고 있음이다. **기후**조건은 전반적으로 고온다습한 계절풍기후의 특성을 보이며 특히 5~9월 동안은 높은 기온과 더불어 무덥고 습한 열대성 몬순의 영향을 강하게 받는다. **인구**는 파키스탄 펀잡 주는 약 1억명, 인도 펀잡 주는 약 3천만명 정도이다. (∴ 파키스탄에서 이 펀잡 주는 가장 인구가 많은 지역이기도 하며 면적상으로도 서쪽의 이란/아프카니스탄과 접한 발로치스탄 주 다음으로 두 번째로 큰 주이기도 하다.)

역사적으로는 한편 고대로부터 중앙아시아와 그리스·페르시아 문명의 교차지이기도 하여 그로부터의 수많은 고대 유적과 문화풍토가 비롯되어있기도 하며, 8세기에 이르러서는 서쪽으로부터 이슬람문명이 파급되어 이후 15세기~18세기 무굴제국 치세를 거치면서 문화적, 종교적으로 정점을 이룬다. 이 외에도 18세기 무렵 서쪽에서 세력을 확장해온 아프간왕조의 영향력 안에 들기도 했으며, 무굴제국의 지배력이 약화된 틈을 타 18세기 중순 마라타 힌두왕조의 통치를 받기도 하였다. 아울러 18세기말~19세기 중엽에 이르는 동안에는 무굴제국의 영향권에서 벗어난 시크교도 마하라자 란지트 싱의 시크왕조로서 번영을 구가하기도 하였으나 이후 서구열강 제국주의의 확장으로 영국의 식민지배하에 놓이면서 20세기 중반에 독립(1947년)을 쟁취하기까지 1백년 이상 문화,

정치적 암흑기를 지내왔다. 이어진 인도·파키스탄 분리독립으로부터 또한 카시미르의 영유권에 대한 서로간 3차에 걸친 전쟁을 거치면서 동시에 이 양분된 펀잡 지역 또한 양국의 적대적 정서와 정치 상황에 기인하여 한동안 대립과 분쟁이 끊이지 않는 민감한 지역으로서 자리매김되어왔다.

종교는 파키스탄 내 펀잡 지역은 95% 이상이 이슬람교도(무슬림)이며, 이하 기독교, 힌두교, 시크교 등이 5% 미만의 소수종교로서의 분포를 보인다. 인도 펀잡 지역은 반면 시크교가 대세를 이루어 약 60% 이상의 점유율을 차지하고 있으며, 이 외에 힌두교가 약 35%, 나머지 5% 미만의 기독교와 이슬람교 등이 소수종교로서 분포하고 있다. 펀잡지방의 **주요 도시로는**;

파키스탄 지역〉 인구 1천만의, 파키스탄 제2의 도시이자 펀잡 주의 주도(Capital City)인 **라호르**, 인구 5백만의 제3의 도시 **파이살라바드(리알푸르)**, 그리고 인구 3백5십만의 제4의 도시 **라왈핀디**가 있으며, 아울러 라왈핀디와 맞붙은 수도 **이슬라마바드** 역시 펀잡 지방의 핵심도시로서 매겨볼 수 있다. 이 외에도 라호르-라왈핀디 사이의 인구 3백만의 **구즈란왈라** 및 펀잡 남부지역 방면으로는 고대 하라파 유적지 가는 길목의 인구 2백5십만의 **물탄** 등 대도시가 자리하고 있다. (∵ 경제규모 역시 파키스탄 내에서 가장 크다. 파키스탄 전체 총생산(GDP)의 60%가 이 펀잡 지역에 근거하고 있으며, 전형적인 1차산업(농업) 부문과 더불어 2차산업(제조업)과 3차산업(서비스업) 부문도 상당비율을 차지한다. 교육수준도 점진적으로 개선되어 문맹률(기초교육을 받지 못한 인구비율)은 현재 25% 정도로 타 지역에 비해 상당히 양호한 수준이다.)

인도 지역〉 파키스탄 라호르 지역과의 접경도시로서 인구 2백5십만(외곽지역 포함)의 **암리차르**를 거점으로 서쪽을 제외한 동-남-북으로 많은 도시들이 산재하고 있으며, 가장 큰 도시는 펀잡 주 중앙부에 위치한 **루디아나**로서 인구 약 3백만(외곽지역 포함)에 이른다. 주도(Capital City)는 한편 델리로 향하는 길목의 하리아나 주와의 접경에 위치한 인구 1백만의 **찬디가르**로서, 동시에 하리아나 주의 주도로서 공유되어 있기도 하다. (∵ 인도 펀잡 주의 경제는 1차 산업인 농업이 주를 이루며 2차·3차 산업인 제조업과 중공업, 서비스업의 비중은 파키스탄 펀잡 지방과 달리 그리 높지 않다. 다만 계획도시인 찬디가르는 한편 교육/행정/문화 중심지로서 이에 대응한 상당비율의 서비스업 부문이 활성화되어 있기도 하다.
☞ 뭄바이와 더불어 인도에서 가장 물가수준이 높은 도시 중의 하나이다.)

문화유적으로는 대표적으로 파키스탄 물탄 방면 사히왈(몽고메리) 서쪽의 고대 하라파유적과 더불어 라호르, 물탄 일원의 옛 왕조(왕국)의 유물·유적들, 아울러 이슬라마바드·라왈핀디 북서쪽 탁실라의 시르캅 고대도시 유적과 자울리안사원 등 불교유적, 그리고 인도 펀잡 주 암리차르의 황금사원(Golden Temple) 시크교성지가 유명하다.

파키스탄 펀잡 지방의 하라파 유적

인도 펀잡 지방 암리차르의 황금사원(Golden temple)

◇ 라호르 & 암리차르

🇵🇰 **라호르** : 인구 1천7백만의 카라치 다음으로 파키스탄 내 두 번째로 큰 인구 1천만명의 대도시이다. 파키스탄 산업, 경제의 핵심인 펀잡 주의 주도(Capital City)로서 아울러 수많은 역사문화유적과 유물을 간직하고 있기도 하다. 파키스탄 여행의 시발·종착점이기도 하여 곧 세계 각지로부터의 항공편을 어우르는 국제공항과 더불어 각 지역으로의 철도노선, 버스노선 등이 이로부터 거미줄처럼 뻗어 나간다.

✧ **볼거리/즐길거리** : 라호르성(Lahore Fort) & 샤히킬라, 살라마르 정원, 바드샤히 모스크, 와지르칸 모스크, 제항기르 모슬렘(묘역), 아나르칼리 모슬렘, 파키스탄타워(Minar-e-Pakistan), 이크발공원, 라호르박물관, 애치슨대학, 라호르 먹거리장터(Food Street), 와가보더(Wagah Border) & 국기강하식 등

라호르성

바드샤히모스크

🏠 **숙박** : 대도시인 만큼 라호르에는 1박에 $200이 넘는 럭셔리 호텔부터 일반 여행자들을 위한 $30~50 내외의 중저가 호텔까지 다양한 수준의 호텔들이 즐비하다. 각자 취향과 예산에 맞게 선택, 예약 후 여행에 임하도록. (인터넷 숙박예약은 아고다 등 호텔예약사이트를 통해 쉽게 할 수 있다.) 도시지역이라 비교적 저렴한 숙박업소를 찾기가 그리 쉽지 않지만 그래도 나름 추천할만한 중급형($50 내외) 숙박지로서는 ; 「Parkway Hotel」, 「Mirage hotel」, 「National Hotel」, 「Sunfort Hotel」, 「Best Western Lahore」, 「Live Inn」, 「Corporate Inn」 정도를 들 수 있겠으며, 이 외에도 시설과 서비스에 따라 다양한 가격대의 호텔이 많으니 라호르 지역 여행안내서나 인터넷 호텔정보사이트를 참조하여 적당한 호텔을 고르도록 하자.

※ 또는 라호르 현지에서 사업을 하는 한국 교민의 집에서 이른바 '홈스테이' 형식으로 숙박을 취할 수도 있겠다. 비교적 호평을 받아온 곳으로 라호르에서 공예품 갤러리를 운영하는 교민의 홈스테이를 권해볼만한데, 1박(2식 포함)에 $30~50 정도 지불하면 되며 2인1실로 투숙이 가능하다. 단, 주인이 여자분이므로 여성동행이 없는 남성분들끼리만의 숙박요청은 곤란하다. 여성투숙객이거나 필히 여성동행이 있는 커플/부부 사이여야만 한다. (사업장(갤러리) 주소: BGY(Beads Gallery Yettang), Suit No.1, Second Flr. Front Divine One(Plaza), Airport Defence Road, Lahore Cantt. 사전예약은 Mobile: +92-301-842-6791, 300-458-6506 / E-mail: csylike@hanmail.net이다. 귀국이나 여행 등 개인사정에 의해 투숙객을 받지 않을 수도 있으니 사전확인은 필수이다. 아울러 라호르 지역 여행에 관한 전반적인 소개 및 필요에 따라서는 사전 비용을 조율한 후에 교민 분께서 직접 가이드를 해주도록 부탁해도 되겠다.)

🚌 **연계여행(연결도시)** : 다음의 노선은 직통으로(환승 없이) 운행되는 교통편(버스&열차)이 있으므로 참고하여 연계여행코스로 짤 수도 있다. 하지만 파키스탄 남부와 서부의 경우는 치안이 불안하고 테러의 위험이 상존하는 곳이니 여행시에 각별히 주의토록 한다. 가급적 이런 지역을 여행코자할 때는 혼자서 말고 여럿이서, 아울러 확실한 여행에이전시를 통해 일정을 진행토록 하는 것이 바람직하다. (∵ 스스로의 안전은 스스로가 책임진다.)

· 북부노선) 라호르-이슬라마바드 (⇒ 카라코람 & 아자드카시미르(닐룸밸리) 방면)
· 중부노선) 라호르-파이살라바드 (⇒ 중앙펀잡 방면)
· 남부노선) 라호르-물탄 (⇒ 사히왈 하라파 유적지 등 남부펀잡 방면)
· 최남부노선) 라호르-카라치 (⇒ 라르카나 모헨조다로 유적지 등 신드 주 방면)

※ 카라코람 여행을 위해서는 일단 **이슬라마바드(라왈핀디)**로 올라와야 하는바, 이 경우 항공편이나 고급형 직통버스를 이용한 여행이 선호된다. 특히 라호르에서 사방팔방 뻗어있는 각 고속도로는 과거 한국의 대우그룹이 준공한 대토목공사로 이름이 높은데, 이러한 고속도로를 통행하는 고급형버스 또한 일명 '대우버스'라 하여 예전 이곳에 진출한 '삼미' 그룹에서 운영하던 데서 따와 소위 '삼미-대우' 버스라 불리던 것이 현재는 파키스탄 내 이른바 '버스등급'으로서의 고유명사화하여 통용되고 있다. 곧, 이러한 **대우버스**를 이용하여 라왈핀디(이슬라마바드)까지 약 4시간30분 정도면 다다르게 되며, 도중 여성승무원을 통해 차내식 및 차내서비스가 제공되기도 하여 소위 항공기에 못지않은 품격과 수준을 갖춘 최고급형 육로 대중교통수단으로서 언급되고 있다. (☞ 택시를 타고 터미널로 가려면 라호르 시내 "칼마초크(Kalma Chowk) 대우버스 터미널"이라고 기사에게 얘기하면 된다. 라호르-라왈핀디(이슬라마바드) 편은 거의 1시간 간격으로 있지만 인기있는 노선이기에 이용자가 많아 때에 따라 좌석이 매진되어 한참을 기다려야 하는 상황도 발생한다. 전화로도 예약이 가능하나 외국인이 직접 예약하기에는 애로가 많아 보통 현지 에이전시를 통해 예약하는 방법을 많이 취한다. 운임은 한국의 서울-부산 고속버스의 절반 정도 수준이다.)

☪ 이슬라마바드 & 라왈핀디 / 칠라스(KKH)

◎ **이슬라마바드 & 라왈핀디** : 이슬라마바드는 일명 '이슬람(Islam)의 도시(Abad)'란 의미로서, 라왈핀디 서북방 포토하르 고원 상에 파키스탄의 행정수도로서 건설된. 이른바 구조화된 계획도시로서 이룩된 인구 약 1백3십만명의 행정도시이다. 이웃한 라왈핀디와 합쳐서 소위「이슬라마바드-라왈핀디 메트로폴리탄지구」로서 거론되기도 한다. (이로부터 인구/산업/경제 규모로서도 카라치-라호르에 이은 국내 3위의 규모로서 매겨진다.) 도로와 거리, 건물들이 각 구간구간마다 반듯반듯 잘 구획되고 체계화되어 있으며 그로부터 파키스탄에서 가장 단정하고 쾌적한, 그리하여 파키스탄 내 가장 부유한 이들이 모여사는 파키스탄 최고의 명품도시로서 회자되고 있기도 하다. 반면 이웃한 라왈핀디는 훨씬 인구도 많고 규모도 큰 데 비해 오래된 도시구조와 도시민의 모습들이 크게 변화하지 않아 이러한 인공적이며 잘 균형잡힌 이슬라마바드와는 상당히 대조적인 풍을 보인다. 하지만 사람살이 모습과 내음은 바로 이렇게 더러는 어수선하고 북적스러워마지않은 라왈핀디가 더 인상적으로 다가오는 것 또한 인지상정이기도 하다. 현지에서는 이 인구 3백5십만의 시끌벅적한 라왈핀디를 단지 줄여서 '핀디'라 호칭하기도 하는바, 과거 한 때 파키스탄의 임시수도였던 위상을 지니고 있는 도시이기도 하건만 현재는 거꾸로 더 작은 규모의 '수도 이슬라마바드'의 마치 남부 위성도시인양 치부되고 있는 현실이 애처롭기만 하다. 어쨌든 이슬라마바드가 행정중심지라면 라왈핀디는 달리 파키스탄 중북부의 교통/상업/경제/군사의 중심지라 할 수 있겠다. 특히 파키스탄군 총사령부가 라왈핀디에 소재하고 있음으로 해서 바야흐로 '행정도시' 이슬라마바드와 각을 형성하는 '군사도시'로서의 특별한 위상으로 자리매김하고 있기도 하다. 국제공항은 이슬라마바드 시가 외곽에 들어서있으며, 주된 육로교통편은 이와 달리 라왈핀디에 있는 각 운송터미널에서 다루어지고 있다. (물론 이슬라마바드 관내에도 정류장이 소재하여 정차(하차) 및 승차를 할 수 있다.) 숙소 역시 라왈핀디 쪽이 이슬라마바드보다는 비교적 저렴한 중저가 숙소들이 많이 형성되어 있다. 그래서 알뜰여행자들은 더욱 이 라왈핀디를 선호하는 까닭이기도. (라왈핀디의 바자르 역시 물가가 저렴하여 이슬라마바드에서 온 알뜰쇼핑객들이 많이

찾는다.) 주요 명소로서 파이살(Faisal) 모스크, 다마네코(Daman-e-Koh) 전망공원, 샤카르파리안(로즈&자스민 정원), 마르갈라(Margala) 산록, 무리(Muree) 언덕, 라왈댐(호수), 국립박물관, 록비르사(Lok Virsa) 박물관, 탁실라박물관 & 유적(시르캅시티/자울리안사원), 로타스 요새, 아유브 국립공원, 지나공원(Jinnah Park), 라자바자르(Raja Bazaar) 등을 찾아볼 수 있다.

(🏠 **숙박**): 라호르처럼 이슬라마바드와 라왈핀디에도 초호화 럭셔리 호텔부터 저렴한 중저가 숙박업소까지 무척이나 많으므로 각자 취향에 맞게 호텔정보(예약)사이트를 통하여 예약하거나 에이전시를 통해 본인 사정에 부합하는 적당한 수준의 호텔 예약을 진행토록 요청한다. 그럭저럭 알뜰여행자를 위한 중저가 호텔로는; 라왈핀디의「Civic Hotel」,「Park Hotel」,「Hotel Executive」,「Anurya Hotel」,「Akbar Hotel」,「Antepara Hotel」 및 이슬라마바드의「Comfort Residency」,「Hotel Ornate」,「Four Seasons Hotel」,「Islamabad Inn Guesthouse」,「New Cap Grace Guesthouse」,「Nexus Grace Guesthouse」 정도가 잘 알려져 있다. 단, 더운 계절에 찾았다면 염가숙소의 경우 에어컨 가동 여부를 확인하고 투숙하도록. 라호르만큼은 아니지만 라왈핀디와 이슬라마바드 역시 비록 해발 9백미터대의 고지대에 위치하고 있다고는 해도 여름철에는 상당한 더위로 에어컨을 가동치 않고서는 밤잠을 설치기 십상이다. ※ 염가형 숙소들에는 보통 에어컨 대신 선풍기만 덩그러니 놓여있다. 또 있다 해도 자가발전시설이 갖추어져있지 않아 정전시- **네팔처럼 파키스탄 역시 정전이 잦다**. -에는 에어컨이건 선풍기건 일체 작동시킬 수 없는 상황에 놓이기도 된다. 말마따나 부채질 말고는 대안이 없는, 특히 날 뜨거운 낮시간이라면 좀체로 견디기 쉽지 않을 상황임을 상정하라.)

파이살모스크

다마네코 전망공원에서 바라보이는 파이살모스크

로타스요새

탁실라의 시르캅시티(고대 불교도시) 유적

◎ **칠라스**: 카라코람과 힌두쿠시에서 히말라야의 바부사르 고개를 거쳐 나아가던 인도행 고대 카라반루트의 대표적 기착지. 현재는 카라코람하이웨이(KKH)를 통해 카라코람과 히말라야, 힌두쿠시 산권으로 올라가는 길목의 요충지, 기착경유지로서 역할을 달리 부여받고 있음에, 아울러 이로부터 바야흐로 남부권(펀잡 & 코히스탄)을 벗어나 이른바 파키스탄 최고의 산악승지, 산악의 요람「길기트·발티스탄」주의 속살로 파고드는 첫 관문이 되기도 하는 곳이다. 이슬라마바드/라왈핀디~칠라스까지는 차로 14시간 이상이 소요되며, 달리 KKH를 따르지 않고 하자라 지역의 카간밸리를 경유, 곧 사이팔물룩 국립공원 지역을 거쳐 쇼그란고원-랄라자르고원-

바부사르패스(고개)를 넘어서 가는 방법도 있다. 줄곧 히말라야의 산세를 끼고 준수한 산악승경지역을 통과해 가므로 경관이 매우 아름다우며 인상적인 훌륭한 여정이긴 하나, 해발 4천6백미터에 이르는 바부사르 패스(고개)를 넘어서 가야 하기에 기상조건에 따라 차량통행에 어려움이 따르기도 하며 그만큼 소요시간도 KKH 루트보다는 더 많이 잡아야 한다. 하지만 일정이 넉넉한 여행자들의 경우라면 이 편잡히말라야 산록의 카간밸리 루트를 탐승하면서 칠라스로(부터) 넘어가는(넘어오는) 여정을 적극 추천해본다. 칠라스 방면(으의) 주요 명소로는 이의 카간밸리 하자라 지역의 사이팔물룩국립공원를 비롯, 쇼그란고원, 나란밸리, 랄라자르고원, 바부사르고원 등의 산악고원 풍경구와, 달리 KKH 루트상에서는 특히 고대 그리스·헬레니즘·파르티아왕국 및 옛 간다라불교와 관련된 라왈핀디 북서쪽 약 35km 지점에 위치한 탁실라의 시르캅시티(파르티아왕국 고대도시유적)와 불교유적, 자울리안사원, 박물관 등을 들러볼 수 있고, 이와 더불어 칠라스 방면(으의) 코히스탄 인더스강 자락의 샤티알 일원에 산재한 간다라불교 암각화 또한 빼놓을 수 없는 명승으로 자리하고 있다.

(🏠 숙박 : 3장 – 「낭가파르밧 트레킹」편의 '칠라스' 숙소정보 참조)

사이풀물룩 호수(카간밸리)

랄라자르 초원동산(카간밸리)

바부사르패스

바부사르고원

칠라스의 불교암각화

🇮🇳 **암리차르(암릿사르)** : 인구 약 2백5십만명으로, 파키스탄과 접한 인도 펀잡 지방의 거점도시로서 아울러 황금사원이 있는 이른바 시크교성지로서 유명한 도시이기도 하다. 이 암리차르 일원에서는 어디서든 시크교의 터어반(머리털을 가리기 위해 두르는 시크교 고유의 두건)- **성인 남자들은 터어반 형태로, 미혼 남자(아동 포함)는 머리 앞쪽(이마)에 상투처럼 틀어올려 방울 모양으로 돌출시켜 천으로 감싼 형태의 고유한 머리차림이 이색적이다.** -을 한 사람들의 모습을 흔하게 목격한다. 아니, 실제 맞닥뜨리는 남자들의 행색이 거의 그러한바 마치 영화 속의 장면에 들어와있는 듯한 기분이 들기도. 종교비율대로 약 60% 이상 남성이 시크교 터어반과 상투머리를 하고 있음을 떠올리면 어쩌면 이러한 행색이 아닌 사람을 보는 것이 외려 이채롭게도 여겨질 일이다. 대체적으로 덩치도 큰데다가 또 여기에 긴긴 수염까지 덥수룩하게 기른 저들의 인상이 상당히 투박하고 거칠며 때론 위압적으로 꽤나 섬뜩해 보이기도 하지만 실상은 보기와 달리 꽤 순수하고 친절하다. 말마따나 인도의 다른 어느 지역보다도 마음씨가 너그러우며 이방객에 호의적인 동네가 바로 이 시크교의 도시 암리차르이다.

황금사원 성지의 연못(성수)에서 목욕하는
시크교 청년들

황금사원의 야경

파리드코트 성

◇ **볼거리/즐길거리** : 황금사원(Golden Temple), 파리드코트 성, 고빈드가르 성, 풀 칸자리 마을, 바바 아탈라이 사히브(성지), 시타 만디르(사원), 마타 만디르, 람 바그(정원), 람 티라트 사원 및 도심 내 수많은 시크교 구루(성자)의 드와라(= 일명 '구루드와라')가 있으며, 칼사대학, 로렌스거리, 아타리보더(와가보더) & 국기강하식, 바이샤키 축제 & 구루 나낙자얀티 축제 등도 찾아볼만하다. (※ 이 외에 영국 식민지배시절 무고한 양민을 학살한 장소로 알려진 잘리안왈라 바그(공원)를 참례해볼 수도 있겠다.)

🏠 **숙박** : 국내외의 많은 여행객들이 찾는 황금사원 일대에 고급형 호텔부터 중저가 게스트 하우스에 이르기까지 여행자숙소가 상당수 밀집되어있다. 황금사원 방문계획으로 왔다면 이 지역을 이용하는 것이 좋다. 비교적 무난한 중급형(1박 $20~$50) 호텔로는;「Shiraz Castle」,「P.R. Residency」,「CJ International」,「Country Inn & Suites」,「La Cascade」,「Lawrence Hotel」,「Heritage Inn」,「Lucky Guesthouse」등이 있으며, 1박에 $10 이하의 염가형 여행자숙소(게스트 하우스)도 황금사원 주변에 다양하게 분포하고 있으므로 경비절감을 염두에 둔 알뜰여행자라면 이런 곳들을 이용토록 한다. (※ 단, 염가숙소의 경우는 에어컨이 없이 선풍기만 비치되어있는바, 게다가 역시 자가발전시설이 없는 경우가 태반이므로 정전시 불편은 감수해야 한다. 아울러 여름날에는 벌레(특히 개미떼)로 인해 고역을 치르기도 한다. 음식물을 객실 내에 방치해두는 일을 삼가자.)

🚌 **연계여행(연결도시)** : 버스터미널이나 기차역으로 이동하여 연계여정을 진행한다. 황금사원에서 그리 멀지 않다. 원거리 여행시에는 암리차르 공항에서의 항공편을 이용할 수도 있다. 황금사원이나 시내에서 거리는 좀 떨어져있지만 오토릭샤로 그리 큰 돈 들이지 않고 이동할 수 있다.

· 동남부노선〉 암리차르-델리 (⇒ 인도동부/네팔/부탄 등지로의 연계여행 또는 델리 발 귀국편을 위해 이동할 시)

· 동남부 단축노선〉 암리차르-찬디가르 (⇒ 히마찰프라데시(심라/마날리) & 라다크(레) 방면 여행 연계)

· 동부노선〉 암리차르-다람살라(맥로드간즈) (※ 버스여행만 가능 ⇒ 다람살라에서 버스로 심라 또는 마날리 방면으로 계속 연계여행할 수도 있음.)

· 북부노선〉 암리차르-파탄코트 (⇒ 카시미르(잠무~스리나가르) & 다람살라(맥로드간즈) 방면 여행 연계)

· 그 외 펀잡 중앙 루디아나 방면 또는 펀잡 주 남부의 하리아나, 라자스탄 방면으로의 연계교통편을 체크하여 남인도로의 확장여행루트를 짤 수도 있다. 세부적인 것은 시중의 인도 편 가이드북을 참고토록.

▷ 파키스탄-중국 (소스트~쿤제랍(훙치라포)~타슈쿠르간~카슈가르)

파키스탄~중국 역시 육로를 통해 입출국을 할 수 있다. 현 중국령의 최서북단 '신장위구르' 지역을 거쳐 들고나는 방법이다. 카라코람하이웨이(KKH) 상의 파키스탄 길기트·발티스탄 주 북방 훈자·나가르 지역의 최북단 **소스트** 출입국사무소에서 출입국 절차를 마친 뒤 중국 쪽으로(부터) 이의 육로를 통해 출입국할 수 있다. 중국(**타슈쿠르간**) 쪽에서 입경시 과거 이 소스트 출입국사무소에서 파키스탄 도착비자가 가능했는데 현재는 발급이 중단되어 입국 전 미리 한국이나 중국에서 파키스탄 비자'를 받고서 여행에 임해야 한다. 중국 쪽은 예나 지금이나 도착비자 발급행정이 없다. 이 역시 파키스탄에서 또는 애초 한국에서부터 중국 비자를 득하고 나서야 함이다. 또한 파키스탄(와가) -인도(아타리) 국경과 달리 쿤제랍(훙치라포)을 경유하는 파키스탄-중국 국경은 걸어서 넘는 것이 불가하다. 오로지 차량에 탑승하여 이동해야 한다. (※ 국경관문에서 잠깐 정차하여 차에서 내려 기념사진을 찍을 수는 있으나 단지 그걸로 끝이다. 다시금 차량에 올라타 관문을 통과하여 이동해야 한다.)

* 현재는 파키스탄 입국을 위한 비자는 고국(한국)에서 받아와야만 입국이 가능하게 돼있으나 비자정책 변화에 따라 달라질 수도 있으니 제3국을 통한 입국을 계획할 경우 여행 전 미리 대사관에 확인토록.

훈자강 하안에 자리잡은 소스트 마을(파키스탄 출입국사무소 소재). 정면으로 심샬파미르의 영주 카룬코(7,164m)가 보인다.

쿤제랍패스 중국국경관문

✦ 쿤제랍* 통과 가능시기 : 5월 중순 ~ 9월말

(∴ 10월부터 이듬해 5월초까지는 겨울 기간이라 폭설과 한파 등으로 길이 막히며 그로부터 쌓인 눈이 여름이 돼야 녹기에 이 기간에는 통행이 절대적으로 불가하다. 고로 파키스탄~중국 간 육로 이동 여행을 계획했다면 일단 여름 한 철에만 가능하다는 점을 염두에 두고 나서라.)

* '쿤제랍'은 여러 의미가 있다. 각각 다르게 불리는 지역(민족/부족) 방언에 따라 단순히 「집/고향(Kun) + 골짜기/계곡(Jerab/Zherav)」으로서의 합성어라는 이야기도 있고, 달리 「피(Khun)의 골짜기」라고 의미화하면서 과거 이 일대에서 각 부족/왕국 간 서로 죽고 죽이는 치열했던 전투·전쟁의 역사에서 비롯된 이름이라고도 한다. 또 다르게는 '훈족(Khun=Xun/Hun)의 골짜기'를 지칭하는 데서 연유된 이름이라고도 하여, 어쨌든 이러한 각 지방(부족들)의 방언·발음에 따라 해석이 분분하다. 즉, 단순히 "**Home Valley**"냐 혹은 나름 의미심장(!)한 "**Blood Valley**"냐 아니면 그저 훈자(Hunza) 왕국의 어원마냥 그러한 "**Hun's Valley**"냐 이들 중에서 각자의 상상과 추론에 의거 알맞다고 판단되는 쪽으로 고르도록.

◆ **국경통과 가능시간 :** 실질적으로 양국 출입국사무소의 업무시간 이내가 된다.
(∴ 사실상 쿤제랍 고개 정상의 파키스탄-중국 간 국경(게이트)은 항시 열려있으나 두 지역 간 시차에 의해 양국 출입국사무소의 업무시간이 서로 다르므로 실제 여행객이 통과가능한 시간은 하루 중 대략 3~5시간 내외가 되겠다. ☞ 국경(게이트) 기준으로 파키스탄에서 넘어올 시 오전 11시(중국시간 오후 2시)~오후 2시(중국시간 오후 5시), 중국에서 넘어올 시 낮 12시(파키스탄시간 오전 9시)~오후 5시(파키스탄 시간 오후 2시) 사이)

◆ **이동수단 :** 외국여행객의 경우는 보통 침대버스 형태의 여행객전용 국제버스(타슈쿠르간↔소스트 왕복)를 이용해 넘어가게 된다. (파키스탄/중국 자국민 관광여행객도 탑승.) 보통 전날(소스트/타슈쿠르간 도착일) 차표를 미리 끊고서 다음날 이동케 되나 단, 비수기에는 승객이 모일 때까지 운행치 않을 수도 있다. 이 경우 달리 파키스탄 측 NATCO 버스- *타슈쿠르간에서는 하이관 출국처에서 승차. 침대버스가 아닌 일반버스 형태로 주로 파키스탄-중국 교역상들이 이용* -를 타고 월경에 나서기도 하나 비좁은 좌석에 더욱 까탈스럽고 깐깐한 초소검문(짐수색 물론) 등 상당한 불편을 감수해야 한다.
요금(외국인)은 동일.

◆ **이동과정**

🇵🇰 파키스탄〉 세관검사(소스트 터미널건물) → 차량탑승 → 이민국(출입국사무소) 이동 → 출국심사 → 차량 재탑승 및 국경방면 이동 → '디(데)' 체크포스트 정차(쿤제랍국립공원 입장료 징수) → 쿤제랍 파키스탄 국경초소 정차(검문/여권확인) → 국경관문'(중국령) 통과 → 중국 측 국경초소 정차(검문/여권확인)* → 차량 재탑승 및 이동(이후 타슈쿠르간까지 임의하차 불허) → 타슈쿠르간 도착 → 통관(세관검사) 및 입국심사 → 타슈쿠르간 체류 → 익일 카슈가르로 이동(파미르고원→타클라마칸 사막 경유) (⇒ 이후 신장위구르 지역의 K2 북부지역 트레킹이나 타림분지/실크로드/타클라마칸사막 등지로의 중국일정 진행 또는, 타지키스탄/키르키스탄 방면으로의 **파미르** 본토여행으로 확장할 수 있다.)

* 국경관문 통과 직전 잠시 하차하여 기념사진촬영하고 가자고 기사에게 요청할 수 있다.
* 경우에 따라 중국 측 국경초소 후방 건물에서 승객모두 하차시킨 후 짐검사를 하기도 한다. 원칙적으로는 타슈쿠르간의 세관에서 받도록 돼있으나 중국 측의 민감한 행정에 의거 국경지대에서도 종종 이러한 까탈스러운 짐수색을 실시하곤 한다. 입국이든 출국이든 다르지 않다. 양국간 더욱 많아진 국경무역상들 때문에 더 그러한 듯하다. (※ 여행자전용 중국버스의 경우는 그래도 별 제지 없이 통과시키곤 하나 국경교역상들이 많이 탑승한 파키스탄버스의 경우는 좀체로 그냥 통과시키지 않고 승객들을 매우 거칠게 대하고 까다롭게 짐수색/소지품검사를 행한다.)

🇨🇳 중국〉 차량탑승(타슈쿠르간 교통빈관(Traffic Hotel) 국제터미널 또는 하이관 출국처) → 이민국 이동 → 세관검사 → 출국심사 → 차량 재탑승 및 국경 방면 이동 → 쿤제랍 중국 국경초소 정차(검문/여권확인 ※ 파키스탄버스의 경우 재차 짐수색) → 쿤제랍 국경관문(중국령) 통과 → 파키스탄 측 국경초소 정차(검문/여권확인) → '디(데)' 체크포스트 정차(쿤제랍국립공원 입장료 징수) → 소스트 도착 → 통관 → 입국심사 → 소스트 체류 또는 후세이니(아타바드 호수 선창) 이동 (⇒ 이후 아타바드 호수 도선횡단 후 KKH를 따라 파키스탄 여정 진행 ➤ 훈자/길기트/스카르두/아스토르/칠라스 등 카라코람 & 펀잡히말라야 여행)

참고로, 파키스탄 관내에서는 임의로 정차하여 볼일을 보거나 사진촬영 등 행위에 큰 제약이 없다. 단, 중국 측과 마찬가지로 초소건물/병사 등 촬영금지대상을 향해 앵글을 들이대는 일은 없도록.

✔ **버스노선 및 운행(배차)간격**
- 후세이니(도선장)~소스트 파키스탄버스 1일 2~3회 (미니버스는 수시운행)
- 소스트~카슈가르 국제버스 주 1회 (중국버스-침대형)
- 소스트~타슈쿠르간 국제버스 주 3~4회 운행 (중국버스 & 파키스탄버스)
- 타슈쿠르간~카슈가르 중국버스(일반) 1일 2~3회 (현지시각 아침 9시경부터 운행하나 일정치 않음. 승객이 찰 때까지 기다리는 것이 예사. 숙소(호텔/게스트하우스/유스호스텔 등)에서 투숙객들 상대로 사설 차편(승용차 & 지프)을 중개해주기도 한다.)

◆ **주요 절차**

 # 통관(세관검사) : 파키스탄보다도 중국 쪽이 더욱 까다롭다. 그때그때 근무자(중국쪽에서는 초소군인도 합세)의 기분에 따라 모든 짐을 다 풀어헤쳐 하나하나 꺼내 검사하기도 하는바, 저 와가-아타리 국경에서의 인도 세관보다 훨씬 더 까탈스럽고 시간을 많이 잡아먹기도 한다. 아무래도 이 중-파 국경은 외국인들뿐 아니라 양국 현지인들이 인-파 국경과 달리 별 제약 없이 넘을 수 있기에 더 그러한 듯하다.

 # 출입국심사 : 파키스탄(소스트) 출입국사무소는 오전 9~10시 무렵부터 업무개시. 중국(타슈쿠르간) 출입국사무소는 오전 11시*(북경표준시)경부터 시작. 근무시간이 지나면 양국의 출입국사무소는 문을 닫고 모두가 퇴근하나, 다만 도로상황이나 기상문제 등으로 여행자들의 도착이 늦어졌을 경우 비록 근무시간이 지났다 하더라도 사무소 직원들을 호출하여 통관 및 출입국심사를 진행토록 할 수 있다. (☞ 그렇잖고 만약 익일 처리케 되면 도착한 이 날은 무단입국이 되는 셈이다.)

* 중국 측의(북경표준시) 오전 11시면 신장위구르 고유시각은 파키스탄과 동일한 오전 8시이다. 따라서 대부분 주민들의 활동 및 근무자들의 업무가 이때 즈음부터 이루어진다.

 # 국경초소 검문 : 여행객들은 보통 여권과 신분(방문목적)만 확인하고 통과시키게 되나 현지인(교역상)들인 경우 중국 측 초소에서는 후방 건물에 차량을 정차시켜 탑승객 모두 내리게 한 후 모든 짐을 풀어헤치게 하는 등 깐깐한 짐검사(짐수색)를 행하기도 한다. 이 경우 만약 국경교역상들이 잔뜩 들어찬 버스(파키스탄버스 포함)에 탑승하고 있었다면 단순 여행객이라 할지라도 예외없이 함께 하차하여 까다로운 짐수색과 소지품검사를 받아야 하는 상황에도 처한다.

 # 쿤제랍 국경관문(게이트) 통과 : 쿤제랍 고갯마루의 국경초소에서 잠시 정차·검문 후 실제 국경관문(중국령)은 그냥 제지 없이 통과하게 된다. 단지 기념사진촬영만을 위해서 섰다가 가기도 하나, 경우에 따라 중국 측 국경수비대 군인이 동승, 승객들의 하차 및 사진촬영행위를 막기도 한다.

◉ **유의사항 :** ① 국경지역의 세관, 출입국사무소, 초소 등 **중요시설 사진촬영 금지.** 특히 중국 쪽은 더욱 엄격히 제지된다. (※ 국경게이트(관문) 역시 촬영금지대상이나 대부분의 여행객들이 이곳에서 하차하여 기념사진을 찍고 지나간다.) 반면 파키스탄 쪽은 명목상일 뿐 직접 군 초소와 장병들을 향해 카메라를 들이대지 않는 한 별 제제를 하지 않는다. 하지만 원칙적으로는 파키스탄 국경지대 역시 시설물들에 대해서는 촬영금지임을 명심하라. ② 양국간 국제버스 이용도중 검문검색의 경우를 제외하곤 **도중 정차·하차할 수 없게끔** 돼있다. (※ 파키스탄 영내에서는 그래도 어느 정도 융통성있게 발휘되나, 중국 쪽은 속칭 '얄짤'없다. 중국 영내ㅡ *쿤제랍 국경초소→타슈쿠르간 구간* ㅡ에 있어서는 아주 특별한(응급상황 등) 경우를 제외하곤 일체 정차·하차가 불가하다.) 고로 차량 탑승 전 필히 화장실 용무를 봐두도록 하며, 아울러 이동시에 또한 허기가 들 수 있으므로 차내에서 먹을만한 먹거리 등도 탑승 전 미리 준비하도록 한다. (☞ 소스트나 타슈쿠르간(또는 카슈가르)에서 전날 미리 장을 봐두면 좋다.) ③ 쿤제랍 고개에 이르는 동안 고도가 매우 높아지므로 **고산증에 유의**한다. 특히 소스트→쿤제랍 구간 이동시 고도가 급격히 올라가므로(해발 2,700→4,700으로, 약 2천미터 급상승) 더욱 고소증에 노출되지 않도록 신경을 쓴다. 곧, 고도가 상승하면서 나타나는 바깥날씨로부터의 추위와 더불어 신체상에 한기가 드는 것을 막기 위해 두툼한 의복을 지니고 있는 배낭에 꼭 챙겨넣을 것. ▷ 타슈쿠르간에 이를 때까지 중국령 신장위구르 지역의 이른바 세계의 지붕 **'파미르고원*'**의 영내임을 감안, 아닌게아니라 해발 4천미터대의 고원지경을 여행하게 되므로 상황에 맞는(기후/기온 등) 의복을 준비토록 요망한다.

◆ **기타사항**

$ **환전 :** 파키스탄 화폐 역시 중국에서는 통용되지 않으므로 소스트에서 미리 환전하여 나간다. 타슈쿠르간이나 카슈가르에서도 환전이 가능하나 환율이 썩 좋지는 않다. 중국 화폐는 반면 파키스탄 내에서 통용되기도 하나 그래도 파키스탄 루피화로 환전하는 게 낫다. 카슈가르, 타슈쿠르칸에서 환전하거나 파키스탄 입국 후 소스트에서 환전상을 통해 처리할 수 있다.

🕒 **시차 :** 쿤제랍 패스를 넘어서는 순간부터 중국 시간(북경표준시)이 적용*된다. 순식간에 파키스탄과는 3시간 후로 시계추를 돌려야 하는 것이다. (⇒ 이로 인해 한국의 시차와는 단지 1시간 시차만을 두게 된다.)

* 같은 경도상에 위치해있음에도 어불하게 저 먼 동방의 북경 표준시에 맞춰야 함이다. 이 역시 중국의 확장정책 및 중화근본주의에 근거한 이른바 '서북공정'의 일환이 아닐 수 없다.

▶ 파미르*고원 개략

중앙아시아 최고(最高)의 산악고원을 이루고 있는 곳으로, 이로부터 북동으로 천산(톈산)산맥, 동으로 곤륜(쿤룬)산맥, 남동으로 히말라야와 카라코람산맥, 남서로 힌두쿠시산맥 등의 웅고하고 장대한 세계 최고의 산맥들이 펼쳐나간다. 그리하여 일명 '산맥의 기원' 곧 '세계의 지붕'이란 필명을 얻고 있기도 한바, 아울러 오래전부터 중앙아시아 대상(隊商)들의 주 교역로가 지나던 곳으로서 곧 동서양 문물의 교차로인 실크로드(비단길)를 비롯하여 당나라 현장법사, 신라의 혜초 등 구법승들의 기행루트, 또한 군대를 이끌고 원정에 나섰던 한나라의 장건*과 이광리, 반초, 고구려출신 장수 당나라 고선지의 원정로 등등 역시 이 파미르 고원지경을 거쳐 나아갔던 것으로서도 기록되어 있다.

(※ 서방의 알렉산더 동방원정은 달리 이 파미르 지경을 넘지 못했던(않았던) 것으로 사료. 곧, 힌두쿠시산맥은 넘었으되 카라코람과 히말라야는 넘지 못하고 힌두스탄(인도평원)에서 갈무리했던 것으로 역사는 보고 있다. ⇒ 만약 파미르를 넘어섰다면 당시 동방제국=중국과의 충돌이 불가피했을 것이다.)

* '파미르'란 말의 어원은 옛 페르시아어로 '지붕(의 땅)'에서 유래, 즉 '높은 땅', '높은 고원'을 의미한다. 아닐 것도 없이 이 파미르고원을 이른바 "세계의 지붕"으로서 묘사하고 있음이 바로 이러한 맥락에서이다. 또다른 해석으로는 고대 페르시아의 「파(=땅) + 미르(= 태양신 미트라)」로부터 유래, 곧 "신의 땅"이라는 좀 더 상징적인 의미로서 피력되기도 한다. 하지만 과거부터 내려온 대개의 지명들이 무릇 '단순한 지칭'에서부터 비롯된 것이었음을 상기해보면 단순히 '산(줄기) 혹은 높은땅(고원)'을 지칭하는 "파" + '우두머리/으뜸"을 의미하는 "미르"의 합성어라는 설이 훨씬 더 설득력이 있다. 즉 말 그대로 "산꼭대기", "산 정상" 곧 "고원" 지경을 가리키는 호칭-단순명사에서 유래했다는 설이다.

* 장건은 실상 군인이라기보다는 외교관에 가까웠다. 즉 그가 서역으로 나아간 목적은 정복전쟁이 아닌 외교적 동맹을 맺기 위함이었다고 역사는 전하고 있다. 본격적인 서역 원정은 이후 이광리에 의해 수행되었으며 장건이 그랬던 것처럼 파미르의 험산지경을 넘어서까지 정벌을 감행했던 것으로 보고 있다.

평균고도는 해발 5천5백미터. 주민들이 사는 **초원(목초지) 지경**은 해발 3천~4천미터 사이에 분포한다. 히말라야와 카라코람처럼 4천미터가 넘는 지대는 인간거주(정착생활)가 거의 불가능한 고산지역으로, 특히 해발 5천미터 이상에서는 만년설과 빙하가 펼쳐져 생명체의 흔적을 찾아보기 힘들다. 이 파미르 고원은 대략 **5개의 권역**(국가별)으로 구분하여 짚어볼 수 있는데, 가장 큰 면적을 차지하는 ①**타지키스탄** 동부 고르노바다크샨' 지역(중앙파미르), ②**키르기즈스탄** 남부 오슈·밧켄 지역(북파미르), ③**중국** 신장지역(동파미르), 남단의 힌두쿠시와 카라코람이 분기하는 ④**아프가니스탄** 북동부 바다크샨 지역(남파미르 와칸 지경) 및 ⑤**파키스탄** 북부 고잘/심샬 지역

(킬릭-쿤제랍-심샬파미르)으로서 분류된다. **주민구성**으로는 고원지역 내 90% 가량이 페르시아 계인 타지크족이며, 투르크 혼혈계인 위구르족과 북방 유목부족인 키르기즈족' 및 남방계 산악부족 코히스탄(하자라)족 등이 소수부족으로서 10% 내외의 분포를 보인다. 언어는 국가별 자국공용어 *- 키르기스탄·타지키스탄: 러시아어 / 신장위구르: 중국어 -* 외에 지역 및 부족(민족)에 따라서는 위구르어를 사용하는 곳도 많이 나타난다. 종교는 주민의 90% 이상이 이슬람교로, 그들 대다수는 파키스탄 훈자·나가르 지역처럼 이스마일리 파의 교의를 신봉함으로써 비교적 외지인에게 호의적이고 상냥한 태도를 보인다. (여성들 역시 그처럼 사진촬영 행위에도 거부감 없이 선뜻선뜻 잘 응해준다.)

* 고르노 바다크샨 = 쿠히스타니 바다크샨 (☞ 타지키스탄 동부지역(주) 명칭)
* 중앙아시아의 유목민족은 크게 두 부류로 대변된다. 하나는 남에서 북으로 즉, 인도아대륙의 펀잡 & 카시미르 지방에서 북쪽 히말라야와 힌두쿠시, 카라코람 방면으로 이동하여 유목생활에 나섰던 구자르(Gujars)인들 이고, 다른 하나는 반대로 북에서 남으로 즉 키르기즈스탄, 우즈베키스탄, 카자흐스탄 등지의 초원부족으로 부터 이의 파미르, 힌두쿠시, 카라코람으로의 유목에 나선 키르기즈(Kirghiz) 족속이다. 전자는 현재 아프가니스탄과 파키스탄, 카시미르 일대에 많은 수가 분포하고 있으며, 후자는 키르기즈스탄과 타지키스탄, 중국령 신장위구르 지역 곧 이의 '파미르 고원' 일대에 다수가 분포하고 있다. (☞ 파키스탄 펀잡히말라야-데오사이 편에서 구자르인에 대한 언급을 한 바 있다. 반면 이와 다른 북부카라코람-파미르 산계인 파키스탄 북부 훈자·나가르 지역의 파수/고잘/심샬 일대는 달리 '키르기즈' 유목민들의 관습과 유물·유적, 생활풍습 등이 많이 남아있기도 하며 그들 유목민들로부터 비롯된 언어문화 및 지명 또한 많이 나타난다. 일례로 '유르츠'. *- 유목민들의 천막거처를 뜻하는 말로, 몽골어로는 '게르(겔)', 중국어로는 '파오(包)'로 지칭된다. -* '요스(야스=야크)', '키르기즈 와스크', '알와스크' 등등의 표현이 그러하다.)

🏔 **고봉과 빙하 :** 파미르의 최고봉 콩구르'(7,719m/신장위구르)를 비롯, 무즈타그아타'(7,546m/신장위구르), 이스마일사마니(7,495m;일명 코뮤니즘봉/타지키스탄), 레닌봉(7,134m/타지키스탄·키르기즈스탄) 등을 꼽을 수 있으며, 카라코람의 시아첸빙하와 더불어 길이 72km로 세계 최대의 내륙빙하로 꼽히는 페드첸코빙하'(타지키스탄빙하)가 있다. (☞ 이스마일사마니~혁명봉(Revolution Peak; 6,974m) 산계의 동쪽에 형성)

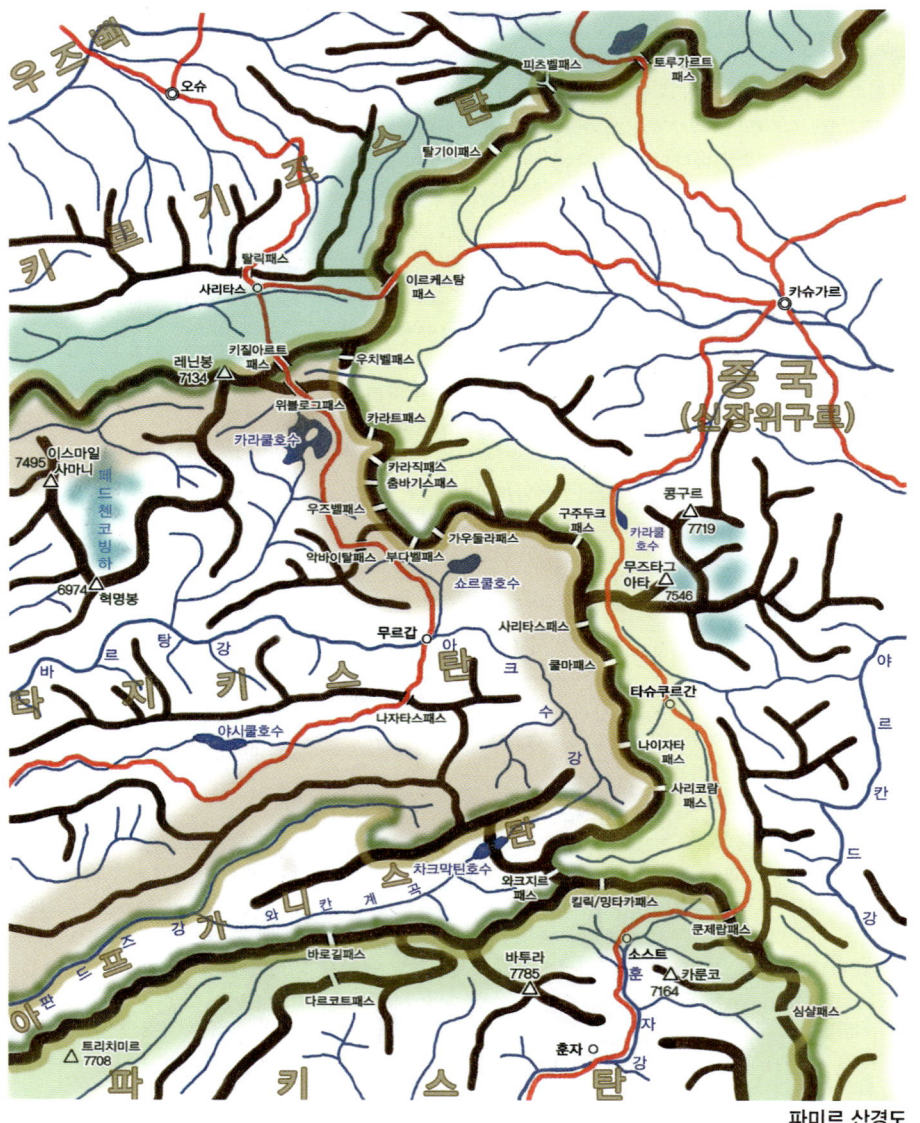

파미르 산경도

* 콩구르(Kongur) : 타지크어 '콩(Kong)'은 발티어(티베트어) '캉/강(Kang/Gang)'과 같은 '얼음'의 의미. '우르(Ur)' 역시 발티어 '리(Ri)'와 같은 '산'의 의미를 지닌다. 곧, 카라코람-히말라야의 여느 산이름과 거반 다르지 않게 '빙산/설산'의 의미를 지닌다. (⇒ 캉그리/강리)

* 무즈타그아타(Muztagh Ata) = 무즈타그(설산) + 아타(아버지/고향). '무즈타그'의 의미는 '눈(Himal)의 거처(Alaya)'인 '히말라야'와 상통한다 하겠다. 단지 언어의 기원이 다를 뿐이다. ☞ 투르크어(타지크어/키르기즈어/위구르어) vs 산스크리트어(고대 인도어)

* 페드첸코빙하의 규모(길이&면적) 역시 자료마다 각기 다르다. 길게는 80km에서부터 70km 정도로 작게 기록된 것도 있다. 시아첸빙하, 발토로빙하, 히스파빙하, 바투라빙하 등 카라코람의 유수한 빙하들의 규모에 대한 자료(수치) 역시 제각각이었던 것처럼 이 페드첸코빙하 역시 조사자료의 일관성이 떨어지는바, 대략적인 중간치로 인용코자한다. 어찌됐든 저 카라코람의 대빙하들과 함께 가장 거대하고 웅장한 파미르의 내륙빙하로서 새겨두면 될 터이다.

🏔 주요 고개

(※ 지도상의 고개(Pass) 표시 페르(Per) : '페르'는 러시아어로 고개(Pass)란 뜻이다. (⇒ 발음상으로는 '뻬르[Ppyer]'로 들린다.) 현지 타지크어로는 다반(Daban)으로도 표시한다. 파키스탄 지방의 셰나어 '갈리', 발티어(티베트어) '라'와 같은 의미임을 상기하자.)

카라코람패스(5,540m) : 신장위구르-시아첸*(인·파 분쟁지역) & 악사이친(인·중 분쟁지역)-북인도(라다크). **카라코람산맥**의 기원이 된 고개로서, 예로부터 중앙아시아와 카시미르, 티베트를 오가는 구도자들의 중요한 이동통로가 되곤 했으나 현재는 국가간 분쟁지역에 놓여 어떠한 여행객도 통행이 불가하다. (☞ 수계-분수령 관점에서 카라코람산맥과 쿤룬산맥의 교차지로서 매겨지기도 한다.)

★ 시아첸 : 이른바 세계 최고(最高)의 전장으로 회자되는, 해발 6천미터가 넘는 고산지대에 형성된 일명 **'살토로라인(살토로릿지)'** 분쟁지구. 라다크의 명품 여행지역으로 알려진 **누브라밸리** 최상류가 바로 이 세계최대의 빙하 '시아첸빙하' 지역으로서, 살토로캉그리(7,742m), 세르피캉그리(7,380m), 시아캉그리(7,422m)를 비롯한 카라코람의 고봉군에서 비롯되는 웅장한 빙하지대에 그 원천을 두고 있다. 1984년 4월 인도군의 전격 점령이래 파키스탄 측의 재탈환이 이루어지지 못하고 – 실상 누브라밸리를 통해 인도군이 진격해 올라가기는 쉬워도 반면 해발 7천미터 이상의 고봉군(살토로릿지)에 막혀 지원군 투입과 보급, 후송이 상대적으로 더욱 쉽지 않은 파키스탄군 입장에서는 더더욱 탈환이 어려운 일이었으리라. 달리, 인도군의 이 시아첸 진주는 양국 영토관계에 있어 '제대로 정의되지 않은(모호한) 카시미르 최북단 시아첸 지역' 곧 자국령인 누브라밸리의 상류-수원을 확보한다는 명목에서 어쩌면 지극히 당연한 것이었는지도 모른다. – 양국간 크고작은 교전상태가 지속되어왔으나 추위와 고산병으로 무고한 군인들의 사상만 더욱 늘어날 뿐 양국 모두 별다른 실익이 없어, 이러한 무의미한 소모성 교착상태를 종결시키고자 2003년 11월 양국이 휴전에 합의, 그로부터 더 이상 총성은 멎었으나 철군에 대한 문제는 여전히 타결되지 않고 계속 답보상태로서 양국 정부가 현재까지도 대규모 병력을 주둔시키고 있는 상태이다. (☞ 인도/파키스탄 양국 모두 각 사단병력 규모의 주둔군을 상주시키고 있는바, 이들 유지비용만 각국이 하루 10억원에 달하는 것으로 보고되고 있다. 특히 2012년 4월 시아첸 분쟁지구 파키스탄군 최전방 병영에서 대규모 눈사태로 군 장병 100여명이 매몰된 비극적인 사건도 있는바, 실질적인 전투보다는 이러한 악천후와 더불어 극심한 고산병과 험난한 지형으로부터의 위험극복 및 생존이 양국 군인들에게는 더욱 큰 전투〈사투〉로서 거론되고 있다.) 인도는 한편 이 지역을 2007년부터 일반인에 개방, 일명 세계최대의 **'시아첸빙하' 트레킹**으로 소개하는 코스– 누브라밸리~시아첸빙하 중부 해발 *4,800m 지점(시아첸 B.C.)까지* –로서 부각시킨 바 있다. (※ 현재까지도 이 프로그램이 유용한 것으로 되어있으나 실제 현지 정세와 안전문제 등으로 인해 누브라밸리 상류부를 넘어선 본격적인 시아첸빙하 내원으로의 탐승(트레킹)은 거의 이루어지지 못하는 것으로 이야기되고 있다.)

아길패스(4,780m) : 신장위구르(야르칸드) ~ 악사이친/카라코람패스. 중국령 아길패스 자체는 여행객 통행가능. (☞ K2 북부 트레킹/등반 진입루트.) 카라코람패스 방면은 시아첸 & 악사이친 분쟁지역으로서 통행불가.

심샬패스(4,820m) : 파키스탄 길기트(심샬) ~ 샥스감밸리 ~ 신장위구르(야르칸드). 트레킹으로 치카르/샥스감밸리 일대까지만 통행가능. 이후 중국 국경 쪽으로는 통행불가.

쿤제랍패스(4,700m) : 파키스탄 길기트(소스트) ~ 신장위구르(타슈쿠르간). 도로포장이 된 KKH 구간으로 동절기 제외 **여행객 통행가능.**

킬릭패스/밍타카패스(4,709m) : 파키스탄 길기트(미슈가르) ~ 신장위구르(타슈쿠르간). 파키스탄-신장위구르 경계에 나란히 놓인 두 고개 모두 **쿤제랍 KKH 개통 이전 훨씬 왕래가 활발했던 주 소통로**이다. (킬릭패스는 와크지르패스를 경유하는 와칸남로와도 연결된다.) 쿤제랍 개통 이후 현재는 통행이 전면 금지되어 있다.

바로길패스(3,882m) : 파키스탄(치트랄) ~ 아프가니스탄(와칸). 중앙아시아에서 인도평원으로 넘어가는 **옛 카라반루트의 대표적 통과고개**였다. 현재는 여행객 통행불가. (※ 치트랄에서 힌두쿠시의 최고봉 트리치미르(7,708m) 서쪽편의 고개를 넘는 도라패스(4,550m)와 함께 파키스탄~타지키스탄으로 연결되는 최단루트의 고개이기도. 하지만 아프가니스탄 땅(바다크샨 지역)을 잠시 스쳐가야 하는바, 현재는 무장게릴라(탈레반) 출몰위험지역으로 외국인 통행불가는 물론 국경지대로의 일체의 접근도 불허된다. – ☞ 심심찮게 총기사고도 나는 곳이며, 혹 이 지역을 무단 여행하다 적발되었을 경우 즉각 치트랄 경찰국 본소로 압송됨은 물론 차후 파키스탄 여행(입국)에 제약을 받을 수도 있다. – 만약 아프간 접경 도라패스 인근의 트리치미르 트레킹에 나설 경우 필히 여행(트레킹) 에이전시를 통해 일정을 진행하도록. ⇒ 정부연락관 및 경찰병력이 필수 동행케 되는바, 단독추진은 절대 금물이다.)

다르코트패스(4,575m) : 산두르패스(3,720m), 투이패스(4,490m)와 함께 파키스탄 치트랄 ~ 길기트로 넘어가는 대표적 고갯길로, 한편으론 위 바로길패스와 연결되어 **중앙아시아 고대 카라반루트의 통로**를 형성하기도 했다. 현재는 역시 테러위험으로 인해 허가받지 않은 외국 여행객은 통행할 수 없다.

와크지르패스(와칸남로; 4,927m) : 신장위구르(타슈쿠르간) ~ 아프가니스탄(와칸). 동파미르(신장)-남파미르(와칸)를 잇는 최단루트로, 아프간 바다크샨 지역 와칸밸리*의 남부루트를 경유한다 하여 일명 **'와칸남로'** 라 칭한다. 여행객 통행불가.

> * 와칸(바칸)밸리 : 아프가니스탄 동북방으로 마치 짐승의 꼬리자루처럼 얇고 길게 비죽 돌출되어 나간 영토 내, 그처럼 또한 좁고 기다란 협랑(峽廊; Corridor)을 형성하고 있는 산악지형으로 일명 '와칸코리도어(Wakhan Corridor)'라고도 지칭한다. 길기트·칠라스 등지와 함께 고대부터 근현대에 이르기까지 중앙아시아를 통행하는 대상(카라반)들의 주 교통로였으며, 페르시아(이란)로부터 카시미르와 인도로 연결되는 고대 카라반루트의 거점이기도 했다. 현재는 사방 각국의 국경이 교차하는 지정학적, 군사학적으로 민감한 위치에 놓여있어 더 이상 일반인들의 원활한 교통로의 역할을 수행하고 있지 못하지만 언젠가 다시금 옛 상념이 자욱한 여로가 열리기를 기대해본다.

차크막틴호수(와칸북로; 4,015m) : 타지키스탄(무르갑) ~ 아프가니스탄(와칸). 아프가니스탄 와칸밸리 상부의 차크막틴 호수는 북쪽 타지키스탄의 무르갑으로 흘러가는 오크슈(악슈) 강과 서쪽 칼라이판즈로 흘러가는 와칸 강의 발원지로서, 이 두 강은 파미르고원을 에두르며 서로 한참을 돌아 이윽고 타지키스탄과 아프가니스탄 접경의 루샨에서 판즈(판드즈) 강으로 만나 함께 흘러가게 된다. 곧, 이 차크막틴 호수 자체가 파미르의 분수령 즉 '고개'로 설명할 수 있는바 모름지기 남쪽 와크지르패스의 와칸남로와 대응하는 와칸밸리 북부루트 곧 **'와칸북로'** 카라반루트의 하이패스(High Pass)라 하겠다. 이 역시 여행객은 현재 일절 통행할 수 없다.

사리코람(사리쿨)패스(5,558m) : 신장위구르(타슈쿠르간) ~ 타지키스탄(무르갑) & 아프가니스탄(와칸). 옛 카라반루트 중 **가장 높은 고개의 하나**이다. 여름 한철에만 통행이 가능했을 것이다. 추위가 닥치면 조금 서쪽의 베츠크패스(4,662m)로 우회하여 넘기도 했으며 고개를 넘어서 북쪽 무르갑(타지키스탄) 방면 대신 서쪽으로 와칸북로(아프가니스탄)를 경유하여 인도행 카라반루트로 나아갈 수도 있었다. ⇒ 근자에까지도 이 와칸북로가 활발하게 이용되었으나 현재는 각국간 국경지대의 긴장과 테러위험에 의거 여행객의 통행이 전면 금지되고 있다.

나이자타스패스(4,576m) : 신장위구르(타슈쿠르간) ~ 타지키스탄(무르갑). 북쪽의 쿨마패스와 더불어 타슈쿠르간-무르갑을 잇는 최단루트. 여행객 통행불가.

쿨마패스(4,362m) : 신장위구르(타슈쿠르간)~타지키스탄(무르갑). 여행객 통행불가.

사리타스패스(4,536m) : 신장위구르(타슈쿠르간) ~ 타지키스탄(무르갑). 쿨마패스 북쪽으로 우회하여 넘는 고갯길. (※ 키르기즈스탄의 거점도시 사리타스와는 관련이 없다.) 여행객 통행불가.

구즈두크패스(5,292m) : 신장위구르(카슈가르) ~ 타지키스탄(무르갑). 카슈가르-무르갑으로 넘어가는 최단경로상의 고개. 그러나 표고가 높아 추운계절 통행에 제약이 따르기도 하여 그리 활발한 소통로로 이용되지는 않는다. 여행객은 통행불가.

가우둘라패스(4,456m) : 신장위구르(카슈가르) ~ 타지키스탄(무르갑). 구즈두크패스처럼 카슈가르-무르갑 간 가장 빠르게 넘어갈 수 있는 고개이기도 하다. 랑쿨'호수, 쇼르쿨'호수로 내려와 파미르하이웨이로 이어진다. 남쪽 부다벨패스(4,251m)로 우회하여 넘기도 한다. 여행객은 통행불가.

> * 랑쿨/쇼르쿨의 '쿨(Kul)'은 타지키어로 '호수'를 뜻하는 말이다. 곧, 랑-호수, 쇼르-호수로 번역할 수도 있겠으나 현지어 그대로 표기가 원칙인바 포함하여 기술한다. (사리쿨/카라쿨 등 역시 마찬가지다.) 키르기즈스탄 쪽에서는 '콜(Kol)'이라 표기하기도 한다. (예: '차트리콜' 호수 등)

춤바기스패스(4,771m) : 신장위구르(카슈가르) ~ 타지키스탄(무르갑). 고개넘어 파미르 하이웨이로 이어진다. 남쪽 우즈벨패스(4,653m)로 우회하여 넘을 수도 있다.

우치벨패스(4,225m) : 신장위구르(카슈가르) ~ 타지키스탄(마르칸수) & 키르기즈스탄(사리타스). 위의 우즈벨패스와 혼동치 말도록. 고개 넘어 파미르하이웨이와 만나 남으로 위블로그패스(4,232m)~카라쿨~무르갑 또는 북으로 키질아르트패스~사리타스로 이어진다. (※ 우치벨패스 남쪽으로 카라트패스(5,350m), 카라직패스(5,217m) 등 고갯길이 있으나 해발 5천미터가 넘는 고개들이라 현지 유목민들 말고는 거의 왕래가 없다.)

키질아르트패스(4,280m) : 키르기즈스탄(사리타스) ~ 타지키스탄(무르갑). 키르기즈스탄 오슈 ~ 타지키스탄 무르갑으로 이어지는 파미르하이웨이(M41 도로) 상의 양국 국경을 맞댄 고개이다. 출국절차를 마친 **여행객이 제약없이 통과**할 수 있다. (※ 한국여행객의 경우 키르기즈스탄은 무비자 입국이 가능, 60일간 체류할 수 있다. 타지키스탄은 외교·관용여권 소지자에 한해 무비자 90일 체류가 가능하며 일반여권 소지자는 별개로 비자를 받아와야 한다.)

이르케스탐패스(2,841m) : 신장위구르(카슈가르) ~ 키르기즈스탄(사리타스). 파미르고원의 국경을 넘는 고개 중 가장 낮은 고개이다. 아울러 중국-키르기즈스탄 간 가장 많은 **여행객이 통과**하는 고개이기도 하다. 통행허가증은 불필요. 특히 한국-키르기즈스탄 간 비자면제협정에 의거, 60일간 무비자 입국이 가능하다.

탈기이패스(3,667m) : 신장위구르(카슈가르) ~ 키르기즈스탄(오슈). 카슈가르에서 북서쪽으로 키르기즈스탄의 오슈로 곧장 연결하는 고개이다. 외국여행객은 통행할 수 없다.

피츠벨패스(3,933m) : 신장위구르(카슈가르) ~ 키르기즈스탄(오슈/나린). 중국 신장지역과의 국경이자 키르기즈스탄 오슈/나린 지역과의 접경이기도 한 세 갈래 교차점에 놓인 고개이다. 서쪽으로 오슈, 북쪽으로 나린으로 연결된다. 외국여행객은 통행불가.

토루가르트패스(나린패스; 3,752m) : 신장위구르(카슈가르) ~ 키르기즈스탄(나린). **외국여행객 통행이 가능**한 고개이다. 단, 군사지역이므로 **통행허가증 필요**. 고개를 넘어서면 차트리콜 호수(해발 3,450m)를 끼고 돌아 북쪽 나린으로 연결된다.

이 외에도 파키스탄/신장위구르/아프가니스탄/타지키스탄/키르기즈스탄 등 중앙아시아 파미르 고원에 지경을 두고 동서남북으로 연결되는 수많은 고개들이 있으나 대부분 인적왕래가 드물어 대략 위에 열거한 고개들 정도만 현재까지 그럭저럭 명맥을 유지하고 있는 실정이다.

파미르하이웨이(Pamir Highway; 약칭 PMH) : 카라코람하이웨이(KKH)에 필적하여 소위 파미르고원의 높은 지경을 달리는 자동차도로이다. 지도상에서는 「M41」도로로서 표기된다. 마찬가지로 '고속도로'로서의 의미라기보다는 '고지대의(High) 도로(Way)'란 의미로서 받아들이면 더 타당할 듯싶다. 전체적인 경로(구간)는 키르기즈스탄의 오슈~사리타스~키질아르트 패스(키르기즈/타지크 국경)~타지키스탄의 카라쿨(호반도시)~무르갑~코로그~칼라이쿰~두샨베(타지키스탄 수도)까지 총길이 약 1,250km에 이른다. (⇒ 키르기즈스탄 오슈 ~ 타지키스탄 두샨베까지 파미르고원의 동-남-서로 달리면서는 대략 'J'자 형태의 주행으로 그어진다.)

◇ 타슈쿠르간 & 카슈가르

🦅 타슈쿠르간' 개요 : 약칭 타스. (※ 중국인들은 타셴(塔懸)이라 부른다. 역사적으로 과거 사리콜 왕국의 도읍이었던 데에 기인하여 한 때 '사리쿨'이란 도시명으로 불리기도 하였다.)

중국령 신장위구르(신쟝웨이우얼) 자치구의 서남단 파미르고원 동부(동파미르)의 타지키스탄과 아프가니스탄, 파키스탄 국경 인근에 **위치**한다. 북으로 파미르의 최고봉 콩구르(7,719m)와 2위봉 무즈타그아타(7,546m), 남으로 파미르매듭(Pamir Knot)의 카라코람과 힌두쿠시의 준령에 둘러싸인 해발고도 3,200m의 고원도시이다. 북쪽으로 카슈가르, 우르무치와 함께 오래전부터 동서양을 왕래하던 대상들의 교역로가 지나던 거점도시였는바, 세칭 '실크로드'의 주 경유지로서 이름이 높았으며 이러한 입지적 위상에 의거 고대부터 페르시아, 투르크(돌궐), 훈(흉노), 위구르(원대의 색목인), 티무르제국 및 여러 이슬람왕조 등 수많은 왕국과 군주(영주)들이 들어서 흥망을 일구었던 지역이기도 하다. 특히 동방으로부터 과거 **'서역'** 이라 불리면서는 중국 한 제국과 당 왕조, 서요(거란), 금(여진), 원(몽골) 제국과 청 제국의 지배하에 오랫동안 놓여있었던 **역사**에 답습하여 현재에도 중국의 속령으로서 이른바 '신장위구르 자치구' 내지는 '신강성' 등의 이름으로 그저 중국 서북부의 일개 지역구로서 매겨져있는 현실이 애틋하다.

* 타슈쿠르칸 : 타슈(돌) + 쿠르간(성)의 합성어인즉 말마따나 "돌의 성(도시)"이라는 의미이다. 한자식으로는 '석두성(石头城)'이라고도 표현한다.

* 서역 & 신강(신쟝) : 이름 그대로 '서유기'의 무대였던 서역은 당, 원대를 지나 1759년 청의 건륭제에 의해 다시금 중국의 지배하에 놓이게 되었으며 이후 1884년 재정벌하여 완전 복속시킴으로써 이 때 '신강' 즉 "새로운 강역" 이란 명칭이 부여되게 되었다. 1911년 신해혁명으로 청이 무너지고 중화민국이 일어나자 위구르 세력이 다시 일어나고 그로부터 중국의 지배력이 약화된 1934년과 국공내전이 한창이던 1944년 동투르키스탄– ※ 현 타지키스탄 지역인 파미르 서부는 서투르키스탄 –이란 이름으로 독립을 선포하기도 했으나 그리 오래 지속되지 못하고 각 군벌들이 창궐하여 다시 분열, 그러다 1949년 중화인민공화국 수립과 함께 마오쩌뚱의 인민해방군이 진격하여 다시금 중국영토로 복속시키게 된다. 그로부터 1955년 위구르인들에게 자치권을 부여하여 일명 '신장위구르 자치구'란 지명으로서 재편되게 되었다.

시간은 북경표준시를 따르므로 이웃한 파키스탄, 타지키스탄, 아프가니스탄 등과는 3시간 차이'를 두며 키르기즈스탄과는 2시간 차이를 보인다. (☞ 같은 경도상의 파키스탄이나 타지키스탄, 키르기즈스탄에서 넘어오는 여행자들이 제일 처음 당황해하는 부분이기도 한다.) 육로로 파키스탄을 오가는 여행들의 거점이기도 하여 이로부터 출입국사무를 위한 이민국과 세관이 마련되어 있다. **인구**는 약 5만5천명 (외곽지역 포함)으로, **종교**는 이슬람교(이스마일리파)', **주민** 대부분은 타지크족이며 시내 중앙에는 이러한 타지크족의 상징인 검은독수리 상이 의연하게 세워져있다. 기후는 대체로 사막형 고산기후의 특징을 보이며 특히 겨울철에는 혹한과 함께 몹시 춥고 건조한 날씨가 한동안 지속된다. 반면 여름에도 그리 덥지 않고 비교적 서늘하고 건조하여 이 시기에 특히 많은 여행객들이 찾는다. 타슈쿠르간 일원은 금, 은의 산지로도 알려져 있으며 주변에 파미르의 고봉들과 호수들이 어울려있다.

* 예외적(비공식적)으로 이 신장위구르 자치구는 그들 자체시각(파키스탄·타지키스탄시간과 동일)을 쓰는 것을 허용하고 있기도 하다. 하지만 공식적인 행사나 집무는 여전히 북경시간을 고수하고 있다.
* 반면 산악지대를 벗어나 북쪽 카슈가르~우루무치로 올라가면서부터는 위구르족이 다수(인구비율 50% 이상)를 차지하여 종교 역시 다소 과격한 성향을 띠는 이슬람교 수니파가 우세. 이로부터 그들 종교성향에 기반한 크고작은 폭력적 소요사태 및 반중국 저항운동이 벌어지기도 한다.

✧ **명소(관광코스)** : 석두성(Stone-City Fort) 유적, 홍치라포(쿤제랍) 고개(⇒ 국경지대이므로 방문절차가 복잡하다.).

· 하이킹) 동파미르 초원, 카라쿨*호수, 바이샤후(백사호) ※ 각 호수지역 유르트(유목민 천막숙소) 형태의 숙소가 마련되어있음.

· 트레킹) 콩구르(7,719m) B.C., 무즈타그아타(7,546m) B.C. ※ 단, 네팔, 파키스탄과 달리 짐꾼(포터) 활용은 불가(사회주의 체제에 기인). 낙타나 나귀(노새)를 이용하여 짐을 운반하는 형태로 진행.

* 카라쿨 : 타지크어로 검다는 뜻의 '카라' + 호수를 뜻하는 '쿨'의 합성어로서, 직역하면 '흑호', '흑해' 등으로 표기되기도 한다. (※ 바이샤후(백사호)는 중국어 표기)

∴ 티베트와 달리 신강성(신장위구르) 지역은 외국여행객의 여행시 여행허가서(퍼밋) 불필요. (타지에서 온 중국여행객만 필요.) 만약 외국인임에도 허가증이 필요하다하여 현지여행사 투어프로그램 참여를 종용하는 이가 있다면 거짓임을(속칭 바람잡이-'삐끼'임을) 알아채라. 차라리 이런 호객꾼들(차량기사 포함)보다는 숙박지의 주인장(호스트)에게 의뢰하는 편이 낫다. 아니면 직접 현지 여행사무소를 방문하여 본인 취향과 사정에 맞는 프로그램을 조율토록.

석두성(Stone City)

바이샤후(백사호)

카라쿨호수와 무즈타그아타

타슈쿠르간 KKH에서 바라보이는 무즈타그아타(좌) & 콩구르(우) 설산령

🏠 **숙박** : 「Traffic Hotel(교통빈관)」/「Ice Mountain Hotel(빙산빈관)」/「Crown Inn」/「Pamir Inn」/「Stone Cicy Hotel」/「Binlixin Hotel」/「K2 Hostel」등

🍴 **음식** : 파키스탄 북부 또는 타지키스탄과 비슷한 이슬람식 음식과 중국식 볶음면류/탕면류(라미엔), 양꼬치 및 위구르식 구운빵(Naan) 등 (신장지역 거의 공통)

🔵 카슈가르* 개요 : 약칭 카스(카시)

신장위구르 지역의 타림분지(타클라마칸 사막) 서쪽 끝자락에 위치한 도시. 타슈쿠르간에서 북쪽으로 실크로드의 갈래인 천산(톈산)남로 & 북로가 만나는 교통의 요지로, 비옥한 충적토양의 오아시스(우물) 지대에 형성되었다하여 일명 '오아시스 도시'라 불린다. 천산(톈산)산맥이 분기하는 파미르 고원 북단 해발 1,300m의 내륙분지로서 기후는 더욱 건조하여 연평균강우량이 100mm 이하이며 이것도 거의 여름철에만 내릴 뿐 봄가을과 겨울철은 더욱 메마르고 황량하다. 하지만 연중 화창한 하늘과 쾌적한 날씨로 인해 많은 여행객들을 불러 모으고 있으며 특히 참외, 수박, 무화과, 포도, 석류 등 온갖 과일들의 풍요로운 산지로서도 이름이 높다. 서쪽과 남쪽으로 파미르고원에 지경을 맞대고 있어 그로부터 서쪽 키르기즈스탄과 타지키스탄, 우즈베키스탄, 남쪽 아프가니스탄과 파키스탄 등지를 넘나드는 옛 파미르 카라반들의 중요 기착지가 되기도 했으며, 아울러 남동 방면으로도 고대 카라반루트의 중앙통로를 형성하는 요지의 역할을 하고 있었음인즉, 카슈가르 ~야르칸드를 지나

카슈가르 전경(구시가지)

카슈가르 신시가지

타클라마칸 사막 남쪽길을 경유하여 투루판이나 중국 내륙의 청해(칭하이)성으로 들어가는 천산남로와 더불어, 곤륜(쿤룬)산맥을 통과하여 야르칸드~라다크~카시미르~인도평원으로 이어지는 인도행 구법루트 및 야르칸드~악사이친~카일라스(티베트)로 이어지는 고원행로(현 신장공로)의 거점으로서도 알려진 바 있다. (⇒ 현재 이 두 루트(라다크/티베트 방면)는 인도와의 영토분쟁 및 중국 정부의 티베트입경 제한조치 등에 의거 여행객들의 통행이 불가하거나 상당한 제약 – 제한적 티벳여행허가서 발부 등 – 이 따르는 상태이다.)

* 카슈가르 : 타지크어로 '형형색색의(Kash) + 집(Gar)'이라는 의미와, 위구르어로 옥석(Kash)의 땅(Gar)이라는 두 가지 의미로 풀이된다. 실제 이 신장위구르 지역의 카슈가르 일대가 아름다운 옥(玉)의 산지였음을 감안하면 후자의 해석이 더 타당할 듯하다.

역사·문화적 배경으로는 위의 타슈쿠르간과 함께 언급한 신장위구르 지역과 전반적인 맥을 같이 한다. (⇒ 장건, 이광리, 고선지, 현장, 혜초, 마르코폴로 등 중앙아시아-서역을 여행한 수많은 역사적 인물들 또한 이 유라시아통로의 기착지 카슈가르를 거쳐갔던 것으로 기록되어 있다.) **인구**는 전체지역 총 400만명 가량으로 외곽지역을 제외한 도시지역에 약 130만명이 거주한다. **인종**은 타지크족, 위구르족, 키르기즈족, 카자흐족, 우즈베크족, 한족, 몽골족 등 다양한 분포를 보이고 있으며, **종교** 역시 거의가 이슬람교이나 파미르고원 상의 타지크족 중심의 이스마일리 파와는 구분되는 위구르족(주민의 80% 이상) 중심의 수니파가 절반 이상을 차지하고 있다. 이러한 종교성향은 때때로 카슈가르 지역에서 과격한 시위나 폭력사태가 발발하는 근원이 되기도 한다.

❖ **주요명소** : 이드가흐 모스크*, 아바크호자 묘 & 향비묘, 구시가지(옛 민가촌), 국제시장(일요 시장이었다가 현재는 상설시장으로 발전), 실크로드 박물관, 수공품거리(직인가), 한나라 반초성 유적, 막이불탑(시가지 동쪽 30km 지점 사막지대에 위치한 중국 최서단의 불교유적)

　　　이드가흐(에이드가) 모스크　　　　　아바크호자 묘　　　　　막이불탑(Mor Buddhist Stupa)

* 이드가흐(이드가르) 모스크는 '애제타이 청진사'란 이름으로도 불린다. 무슬림들의 기도처·예배당인 모스크는 한편 여성의 입장이 불가하나 이슬람 법도에 부합하는 복장을 한 외국인 관광여행객에 한하여 입장을 허용키도 한다. 정해진 기도/예배시간에는 물론 모든 여성 입장불가이다.

✓ **무슬림들의 기도**
- 제1기도〉파즈르 (새벽~해가 올라오기 전)
- 제2기도〉주르 (정오~오후 중반)
- 제3기도〉아스르 (오후 중반~해가 넘어가지 전)
- 제4기도〉마그리브 (해가 지고 난 직후)
- 제5기도〉이샤 (밤~새벽)
∴ 때와 장소 등의 문제로 상황이 여의치 않을 경우 교의(교파)에 따라서 위 5종기도 중 2~3회는 생략하기도. (주로 제2/제3기도 생략 – 트레킹시에도 제1·제4·제5기도는 거의 꼬박 드린다.)

🏠 **숙박** : 동서양의 교차로 역할을 했던 대도시답게 카슈가르는 숙소선택의 폭이 매우 넓다. 고품격의 특급(4~5성급)호텔부터 일반여행자들이 많이 찾는 중급(3성급)호텔들, 그리고 알뜰여행자들이 선호하는 염가형 호스텔 및 게스트하우스에 이르기까지 다양한 형태의 숙소들이 널려있다. 여행자 본인의 취향과 주머니사정에 의거하여 고르도록. 비교적 잘 알려진 호텔/호스텔들은 대략 다음과 같다.

- 특급〉「Airlines Hotel(Airport Hotel)」/「Yin Rui Lin International Hotel」/ 「Tianyuan International Hotel」/「Western Holiday Inn」

- 상급〉「Wenzhou International Hotel」/「Shenlang International Hotel」/ 「Yambu International Hotel」/「Qinibagh(Qiniwak) Hotel*」/ 「Radisson Blu Hotel」/「Taxinan Barony Hotel」

  * Qinibagh Hotel(치니바그빈관)은 과거 영국 영사관이었으며 Seman Hotel(서만빈관)은 러시아 영사관이었다. 과거 이 지역을 주름잡던 두 대국의 핵심건물들이었는바, 그러나 빛바랜 역사처럼 현재의 시설수준은 다들 고만고만하다.

- 중급〉「Eden Hotel」/「Xinlong Hotel」/「Seman Hotel*」/「Super 8 Hotel」/ 「Xinde Business Hotel」

・알뜰형(호스텔)〉「Mai Tian International Hostel」/「Pamir Youth Hostel」/
「Old Town Youth Hostel」/「KKH Breesz Hostel」 등

◇ **교통 :** 중국 국내선항공 및 여객열차(우르무치 방면), 각 방면 지역버스 & 국제버스(키르기즈스탄/파키스탄 방면) 운행.

연계여행(연결도시) (※ 버스운행간격)

- **내륙지역〉** 우르무치: 버스 1일 8회. 열차로도 이동가능 ⇒ 신장지역 성도(省都)로서 한국행 직항편(성수기) 운항. // 야르칸드(샤처)·카르길릭(예청): 수시운행.
  (※ 카르길릭(예청)에서 곤륜(쿤룬)산맥 악사이친 동북고원을 경유하여 서장지구(티베트) 아리(Ngari/Ali) 간을 운행하는 신장공로 버스편(2~3일 간격. 35~40시간 소요)도 있으나 외국여행객은 중국정부의 티베트여행 허가서(퍼밋)가 없이는 이용할 수 없다. 사전 카슈가르나 우르무치 등 대도시의 여행사무소에서 허가서를 받아 지참하고서 여행에 임해야 한다. 수시로 바뀌는 중국정부의 티베트관광정책 상 때로 외국여행객의 티베트 단독(나홀로)여행은 불허하고 4~5인 이상 그룹을 구성해야만 퍼밋을 내주기도 하여 실제 이러한 티베트 변경지방을 통해 입경하는 일이 쉽지가 않다.)

- **키르기즈스탄〉** 사리타스·오슈: 주 2회-월/목. 통행허가증 불필요 // 비슈케크: 주 4회-월/목/금. 중국인/키르기즈인을 제외한 외국인은 허가증 필요 ⇒ 현지 여행사에 신청 // 나린: 정기버스가 없어 개인여행객은 통행불가. 단체로 차를 대절하여 국경을 넘어야 함.
  (※ 한국인은 키르기즈스탄 무비자 입국. 60일 체류 가능)

- **파키스탄〉** 소스트: 주 1회. 승객 수에 따라 운행치 않을 수도. 대개는 타슈쿠르간으로 이동하여 파키스탄(소스트) 행 국제버스(중국버스/파키스탄버스) 이용.

▲ (6-1.) 야르칸드 기점 K2 북부지역 트레킹

파키스탄 북부 길기트·발티스탄 주 스카르두 지역에서 접근하는 발토로 K2 트레킹과 달리 중국령 신장위구르 지역 서남부 카슈가르(1230m)-야르칸드(샤체; 1200m) 방면에서 접근하는 **K2 북부지역** 루트는, 오로지 탐험정신에 입각한 극히 소수의 전문 산악인들만 드나들 뿐 그간 일반인들에게는 거의 알려지지 않은 미답의 신세경과도 같은 곳이었으나 1987년부터 본격적으로 소개된 이래 근자들어 외국 트레커들에게도 확대 개방됨으로써 점차 인기있는 코스로 발전해나가고 있다. 이러한 카슈가르 방면에서 이루어지는 K2 북부지역 탐사는 1887년 카슈가르 주재 영국영사관의 요원으로서 중국과 인도를 탐험 여행하던 영국군 장교 프란시스 영허스밴드(Francis Young-Husband; 1863~1942)에 의해 그의 나이 24세 되던 해에 첫 시도되었으며 이는 당시 러시아 제국주의 확장에 맞선 영국정부(영국령인도)의 **지리정찰 및 탐사정책**'의 일환이기도 했다. 곧 그는 광범위한 파미르-카라코람 매듭고리인 이 지역을 탐험한 첫 번째 여행가로서 당시 구르카(네팔)인과 파탄(아프간)인을 조수로 대동하고 이의 야르칸드~K2 북부지대로의 루트를 통하여 **수게트장갈~심샬패스 통과행로**'에 나섰던 것으로 알려져있으며, K2 북부지역 루트는 1937년 영국의 위대한 탐험가이자 산악인인 에릭 쉽톤(Eric Shipton; 1937~1977)이 또한 이 일대에 대한 더욱 세밀한 탐험과 정찰에 나서면서 그로부터 실로 장엄하고 웅장한 K2 북부빙하와 해발 8천미터를 넘나드는 높이로 거대하게 치솟은 카라코람의 영봉들을 서사적으로 표현 기록하고 각 골짜기와 산세에 대한 묘사를 지도로 남김으로써 더욱 경이롭고 장엄한 그 실체가 세상에 드러나게 되었다. 이 북부루트를 통한 초등은; 1976년 중국산악협회 창설 이후 지속적으로 이의 K2 북부구간 정찰, 탐사에 나선 이래로 그로부터 1982년 8월 일본원정대에 의해 첫 등정이 이루어졌으며, 이후 이탈리아, 미국, 일본 등 여러 국가의 원정대들이 또한 이 중국 쪽 신장위구르 지역의 K2 북부루트를 통하여 성공적인 등정을 이루어냈다.

* 카시미르 영유권다툼과 관련하여, 이 K2 북쪽 일명 '샥스감밸리(Shaksgam Valley)' 지역 역시 당초에는 파키스탄 관내에 속했던(POK; Pakistan Occupied Kashimr) 지역으로, 하지만 1963년 중국과의 협약에 의거 중국 측에 이양된 이래 무릇 세계 2위봉인 이의 K2(8,611m)를 비롯, 가셔브룸 1봉(8,068m)·2봉(8,035m), 브로드피크(8,047m) 등 8천미터급 4개봉과 수많은 7천미터급 봉우리들이 또한 중국의 영토에 들어가게 된 사연을 안고 있다. (⇒ 그러한 영토이양이 없었더라면 여전히 파키스탄을 통해 이 북부지역 탐승 또한 활발하게 수행되었을 터.) 이로써 중국은 카시미르 동북방의 악사이친과 더불어 이 카라코람 동북부 일명 '트랜스카라코람'- 카라코람·쿤룬(곤륜)산맥 교차산계 -이라고도 불리는 샥스감밸리 지역까지 차지함으로써 카시미르의 양대 고산지경을 거머쥔, 그리하여 또한 인도·파키스탄과 더불어 카시미르 영토 3분할국가의 하나로서 확고히 자리매김하게 되었다.

* 당시 인도-중국 내륙행로 개척의 일환이었던 'Old Muztagh Pass' 통과 대장정시의 루트로서, 현 K2 북부 탐승루트는 바로 이 경로를 그대로 따르는 것이다.

* 그 첫 시도에서 거대한 크레바스빙하(현 스칼리빙하)에서 1주일간 헤매다가 결국 루트를 찾지 못하고 베이스캠프(수게트장갈)로 후퇴하였으며 그 후 1개월 뒤 다시금 심샬 방면으로의 루트개척에 나섰고 기어이 성공하고야 말았다. 이로써 영허스밴드는 심샬패스를 통과한 최초의 유럽인으로서도 기록되게 되었다.

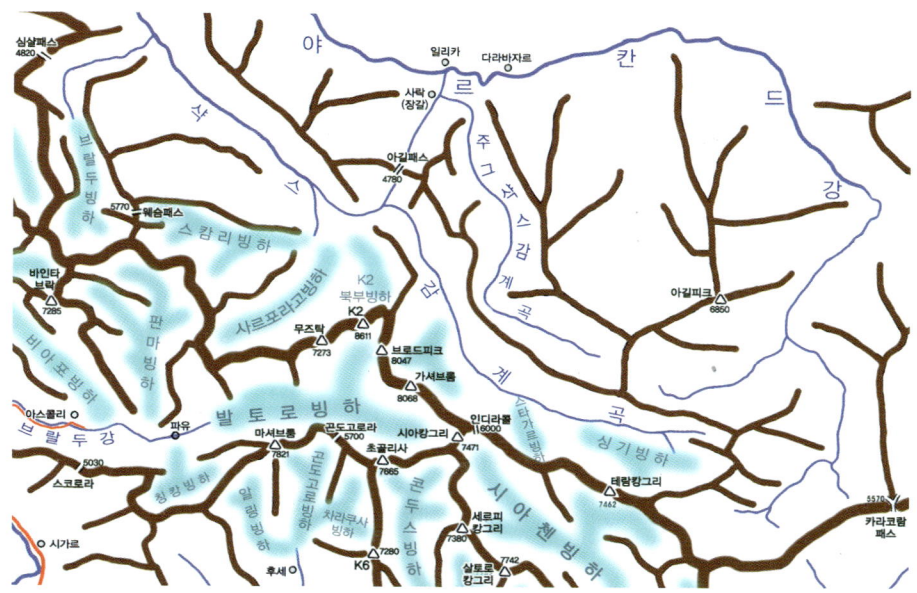

◆ **특징** : 장구한 야르칸드강과 샥스감계곡이 카라코람의 고봉들로부터 물길을 쏟아내고 이러한 웅혼한 산경으로부터 또한 더욱 깊고 험준한 골짜기, 협곡들을 빚어냈다. 아울러 이 북쪽 방면에서 진입하는 계곡과 골짜기는 파키스탄 쪽보다 평균고도가 낮아 그로부터 첨예한 고봉들로부터 깊숙한 협곡아래 바닥까지 더욱 급준하고 심오한 산세로서 다가온다.

◆ **트레킹적기** : 봄(4~5월) & 가을(9월) (∵ 여름에는 샥스삼계곡의 수량증가로 도하가 불가능할 때가 많아 이 지역으로의 여행이 제한된다. 이 북부루트를 통한 등반시즌은 보통 4월 ~5월초 사이로 정해지며, 이후에는 북쪽에서 밀려오는 타클라마칸 사막의 열풍— 빙하와 빙원, 설사면을 어마어마한 속도로 녹이며 이로 인해 계곡수의 수량 또한 급증하며 깊은 협곡은 더욱 통과하기 어려운 험준한 형태로 변모한다. —과 시시각각 변화하는 험궂은 날씨 및 폭우/폭설 등 악천후로 인해 상당한 문제를 야기하기에 등반행위가 거의 이루어지지 못한다.)

> ✔ 파키스탄 발토로트레킹이 여름(6~8월)이 최적기임에 반해 이 반대편 북쪽 루트는 정반대로 여름이 최악의 시즌이다. 고로 만약 이 북쪽코스로 택했다면 6~8월은 제외한 봄철 4월~5월, 그리고 가을시즌 9월~10월초에 시기를 맞추어 스케줄을 잡으라. 10월~4월초 기간은 동계시즌으로 모험적이고 도전적인 전문 탐험가/등반가들만이 간혹 나설 뿐 역시 일반인들이 섣부르게 트레킹에 나서기는 매우 어려운 계절이다.

◆ **난이도** : 파키스탄 쪽 발토로빙하 방면 트레킹보다 좀 더 어렵다. 첫 출발지가 뜨거운 사막지역인 것도 그렇고 이후 트레킹 초반부터 해발고도가 높은 아길패스(4,870m)를 넘어서 진행해야 하는바 그만큼 초장부터 당면하는 고소증에 대한 우려도 높다. 나아가 트레킹 최종목적지인 K2 북부 베이스캠프(전진캠프) 또한 해발 5,200m가 넘는 곳으로 발토로 쪽 베이스캠프보다 고도가 높다는 점도 그러하다. 그리고 복귀길에서 또한번 아길패스를 재차 넘어서 돌아와야 한다는 것 역시.

K2 북부

◆ **접근** : K2 북부지역 트레킹을 위해서는 일단 야르칸드(샤처)나 카르길릭(예청)으로 나아와야 한다. 이 중 접근교통편이 좋은 카슈가르- *야르칸드·카르길릭 행 버스 수시운행* - 에서부터 내려오는 게 일반적이나 동쪽으로부터 신장위구르 지역의 동단 곧 고비사막 서남부의 양기 방면이나 간수(감숙)성, 칭하이(청해)성 방면에서 타클라마칸사막 남부루트(천산남로)를 경유하여 나아오는 방법도 있다.

🌴 **야르칸드(중국명 샤처)** : 카슈가르와 같이 중국령 신장위구르 지역의 타림분지 타클라마칸 사막 서부 끝자락에 자리한 녹음진 오아시스의 고장으로, 중앙아시아·인도·중국을 연결하던 활발한 교역로 상에 위치한 도시이다. 옛 한 때 위구르인들의 왕국(야르칸드왕국) 도읍지이기도 했다. 과일의 산지로도 특히 유명하여 K2 북부지역으로의 탐험여행(트레킹/등반)에 나서는 경우 먹거리 등의 필수품은 보통 이곳에서 장을 보게 된다.

야르칸드 시내거리

카르길릭 인민광장

카르길릭의 바자르 입구

🌴 **카르길릭(중국명 예청)** : 야르칸드 남쪽에 위치한 역시 사막의 오아시스 도시로서, 이로부터 동쪽으로 타클라마칸 사막 남단으로 나아가는 길(천산남로)과 남쪽 샥스감밸리 및 K2 북부지대로 넘어가는 길이 분기한다. 이 남쪽 길은 해발 4,960m의 사일라케달라로패스(중국명 엥리다반)를 넘어 마흐자르(마자르)에 이르러 다시 동쪽과 서쪽 두 갈래로 나뉘는데 동쪽은 곧 옛 선현들의 인도행/티벳행 구법루트로서 악사이친을 경유하여 라다크나 티베트로 나아가는 길(신장공로*)로, K2 방면으로 나아가려면 반대편인 서쪽 곧 다라바자르를 지나 야르칸드 강을 건넌 후 남쪽 아길패스(4870m)를 넘어 진행해야 하는바, 차량은 다라바자르를 지나서 일리카(일릭)까지만 가능하고 이후부터는 낙타카라반으로 진행하여 아길패스를 넘어야 한다. (⇒ 일정개략 편에서 다시 언급)

* 도로포장은 되어있으나 외국여행객들은 허가가 없이는 일정구간 이후에는 더 이상 통행이 불가하다. 이른바 곤륜(쿤룬)산맥을 넘는 이의 '신장공로'를 경유하여 중국령인 티베트 아리(Ngari) 지역으로 넘어가고자 할 경우에도 예청(카르길릭)-아리 간 버스편(2~3일 간격)이 있으나 반드시 여행사무소를 통해서 중국정부의 여행허가서(퍼밋)를 발급받은 후 이동해야 한다. 근자 들어 티베트 문제와 관련하여 외국여행객들의 티베트 방문이 더욱 까다롭고 엄격해지는 분위기다. 참고로, 중국도로표기에 의한 도로번호로는; KKH로부터 넘어온 쿤제랍~카스 구간을 포함, 우르무치로 연결되는 천산북로는 「G314도로」, 카스~카르길릭을 지나 타클라마칸사막 남단을 경유 칭하이(청해)성으로 들어가는 천산남로는 「G315도로」, 그리고 이의 쿤룬산맥을 통과하여 악사이친-티베트로 넘어가는 신장공로는 「G219도로」로서, 특히 이 신장공로는 해발 4천~5천 미터급의 수많은 고개를 넘어서 가기에 북인도의 히마찰(마날리)~라다크(레)를 연결하는 「NH21 도로」 - * NH = National Highway -와 함께 세계 최고(最高)의 하이웨이로서 이름이 높으나 아쉽게도 외국인의 자유로운 통행은 제한되어있는 현실이다. (☞ 사전 티베트여행 허가서(퍼밋) 필요. 정치적 상황에 따라 때론 4~5인 이상 단체여행객에게만 발부. 악사이친 지역 또한 인도와의 영토분쟁지역으로 통제제한이 많음. 무단통행 적발시 상당한 불이익 - 강제압송, 여권압수, 구류 및 심지어 간첩행위 등에 대한 심문 등 - 감수).

✔ **이동경로 및 수단**

▷ 카슈가르-야르칸드-카르길릭 ⇒ 버스로 이동(수시운행)

▷ 카르길릭-마흐자르-다라바자르-일리카 ⇒ 지프차량으로 이동 (∴ 보통 K2 북부트레킹에 나선 경우 카슈가르나 야르칸드에서부터 전용차량으로 이동하게 된다. 그룹인원이 많을 시에는 위에서처럼 카슈가르~카르길릭 구간은 버스차량으로, 카르길릭~마흐자르~일리카 구간은 지프차량으로 환승하여 여러 대로 나누어 가게 된다.)

▷ 일리카에서부터 낙타, 말, 나귀, 야크에 짐을 싣고서 본격적인 트레킹 시작.
 (⇒ 일명 '영허스밴드 베이스캠프'인 수게트장갈까지)

▷ 수게트장갈~북부 B.C.(전진캠프) 구간은 낙타카라반은 더 이상 진행이 불가하고(크레바스 등 위험구간) 인력으로서만 도보로 이동가능하다. (※ 낙타 대신 나귀(노새)를 대동하고서는 어느 정도까지는 진행할 수 있다. 이 때문에 그룹규모가 좀 되는(대개 8인이상그룹) 카라반에서는 낙타 외에 소수의 나귀들을 상부루트 진행용으로 함께 대동하고 나서기도 한다. ⇒ 소규모 그룹이라면 트레킹 시작 전에 미리 에이전시와 상의하라.)

◆ **트레킹 방법** : 캠핑트레킹. (※ 파키스탄/네팔과 달리 허드렛일을 하는 보조일꾼(짐꾼/주방요원/텐트요원)들은 원칙적으로는 별도로 고용해서 갈 수 없고 등반객/트레커들이 스스로 운반 및 취사·캠핑을 해결해야 했다. 그러나 점차 이곳을 찾는 그룹들이 많아짐에 따라, 현지 에이전시(여행사무소)를 통해 진행할 경우 에이전시 재량— *일꾼들을 에이전시 소속 직원으로서 임시고용하는 등의 방식* —으로 주방팀·운반팀 등을 따로 꾸려 진행할 수도 있게 되었다. 이 경우 운반도우미로서는 보통 짐승(낙타/말/나귀/야크)들을 마부와 함께 고용하여 활용케 된다.)

◆ **퍼밋** : 등반/트레킹 시작 전 중국등산협회(Chinese Mountaineering Association; 약칭 CMA)로부터 등반/트레킹 허가(퍼밋)를 득해야 하며, CMA를 대신하여 등반·트레킹 협조/지원에 나설 정부연락관도 대동하고 가야 한다. 보통 이 모든 절차를 카슈가르 현지의 에이전시를 통해 진행하게 된다. (∴ 사실상 이러한 점들 때문에 에이전시를 통하지 않고 단독으로 추진— *퍼밋 발급에서부터 장비확충, 도우미(인력/짐승) 고용 등등* —하는 것은 거의 불가능하다 하겠다.)

✦ **일정개략(카슈가르 기준) : 3주(21일) 일정**

(※ 표기된 고도 역시 자료마다 제각각이다. 대략 평균치로 적어놓았으니 그쯤이라는 것만 알고 이를 너무 신봉치는 말자.
★ 사진협조 : 2009 러시아 삭스감밸리 탐험대(www.turclubmai.ru) & Roger Nix(http://Roger Nix, www.flickr.com)

1일차 : 카슈가르(1,230m). 퍼밋 등 행정절차

2일차 : 카슈가르(1,230m)-야르칸드(1,200m)-카르길릭(1,460m). 〈차량이동 5~6시간〉

카르길릭에서는 호텔에 투숙하게 되며 남는 시간동안 시내구경을 하거나 과일/부식거리 등을 구입한다.

3일차 : 카르길릭(1,460m)-쿨가르(1,970m)-푸샤(2,200m)-아크메치트(2,650m)-아크메치트 패스(아카지달마 패스; 3,300m)-아카지달마(3,050m)-쿠디(2,930m)-사일라케달라로패스(치락살디패스/엥기다반; 4,960m)-마흐자르(3,500m)-다라바자르(3,400m)-일리카(일릭; 3,500m). 〈차량이동 8~10시간〉

아크메치트패스

아크메치트패스에서의 카라코람산맥 조망

치락살디(사일라케달라로)패스

차로 이동하며 도중 두 개의 큰 고개(아크메치트패스 & 사일라케달라로패스)를 넘어서 오게 된다. 쿤룬산맥의 큰 고개인 사일라케달라로(Sailake Dalaro) 패스를 넘어 **마흐자르**에 이르면 동쪽 악사이친-티베트로 향하는 신장공로(G219 도로)를 버리고 서쪽 **다라바자르** 방면으로 길을 틀어 나아간다. 예전에는 차량은 마흐자르까지만 운행이 가능하여 이곳에서부터 낙타를 끌고 본격적인 카라반을 시작하였으나 현재는 일리카(일릭)까지 도로가 개설되어 마흐자르-다라바자르를 지나

410

마호자르(마자르)

지프차량으로 이곳까지 통행이 가능하다. **일리카**는 남쪽에서 유입되는 **주그샥스감(Zug Shaksgam) 계곡**이 **야르칸드 강**으로 합류하는 곳이다. 이 주그샥스감밸리 트레킹 역시 손꼽히는 탐승루트이나 아직까지 사람들의 발길이 많이 닿지 않아 더욱 오지 중의 오지로 꼽힌다. 일리카 마을에서 숙박(홈스테이)이 가능키도 하나 트레킹으로 왔다면 보통은 강변 합수부의 야영지에서 캠핑을 하며 머문다.

4일차 : 일리카(3,500m)-(3~4시간)-장갈(사락; 3,830m)

비로소 본격적인 트레킹 카라반이 시작된다. 일리카에서 계곡을 건너 남쪽 **주그샥스감계곡**을 따라 **장갈**에 이른 후 야영한다. 더 진행할 수도 있겠지만 고도적응을 위해서 초반부에는 이렇게 반일여정으로 진행하는 일정을 권고한다. 이름마냥 숲지대가 형성되어있는 장갈은 남서쪽에서 내려오는 **수루크왓(사라크왓)계곡**이 남동쪽에서 흘러오는 주그샥스감 계곡으로 합류하는 곳으로, 계곡의 이름을 따서 '수루크왓' 또는 '사락'이란 지명으로도 불린다. 계곡 안쪽으로 마을이 형성되어 있어 홈스테이를 요청할 수도 있으나 역시 트레커들로서는 캠핑이 보편적이다. 이후부터는 트레일 상에 마을은 없고 오로지 방목을 위해 지어진 유목민들의 돌집거처들만 나타난다.

주그샥스감 계곡과 일리카 마을

일리카에서 본격적인 낙타카라반을 준비한다.

* 이전(낭가파르밧 편)에도 언급한 바 있지만 장갈은 영어 '정글'과 같은 의미이다. 즉, '우거진 숲'을 뜻하는 이 우르드어/힌디어 단어로부터 영어 '정글(Jungle)'이 파생되었다고도 볼 수 있다.

※ 주그샥스감계곡 내원 풍광

초입 협곡부의 하상

계곡 중반부 후방 설산 봉우리들(6,500미터급)

상류부 바위협곡구간

5일차 : 장갈(3,830m)-(5~6시간)-코타즈(카리야르; 4,250m)

K2 북부트레일은 주계곡인 주그샤스감계곡을 뒤로하고 서남쪽으로 수루크왓계곡 방향으로 이어진다. 이로부터 수루크왓밸리의 협곡지대를 통과하여 나아가게 되는바, 트레일은 약 1백미터 높이의 계곡절벽 하상단애지역의 상부로 이어가게 돼있다. 경치가 압권이며 약 5시간 거리의 코타즈 구간까지 승경지대가 펼쳐진다. 카리야르란 이름으로도 불리는 **코타즈**는 키르기즈 유목민들이 왕래하며 쉬어가던 곳으로 일명 '키르기즈란치'라고도 부른다. 아길패스로 향하는 도중의 **계곡합수부**에 위치한다. 소위 아길패스로 오르는 베이스캠프 역할을 한다 하여 달리 '**아길패스 B.C.**'라 매기기도. 취침시 고소증에 유의한다.

사락(수루크왓) 마을의 아낙들

수루크왓계곡

코타즈의 녹지캠프

6일차 : 코타즈(4,250m)-(4~5시간)-아길패스(4,870m)-(3시간)-케르친(칭홍탕; 3,950m)

힘들게 올라서는 구간이다. 고산중세에 유의하여 한발 한발 천천히 오른다. 가파르게 3시간가량 올랐다가는 서서히 완만해지면서 부드러운 고원평탄구에 이른다. 해발 4,870m의 아길패스이다. 힘들게 올라온 노고를 이곳에서의 멋진 조망으로 보답받는다. 남쪽으로 K2(8,611m), 브로드피크(팔첸캉그리; 8,047m), 가셔브룸1봉(8,068m)·2봉(8,035m), 마셔브룸(7,821m) 등 카라코람 제일의 고봉들과 주위 사방으로 7천미터가 넘는 무수한 산봉들의 파노라마를 목도할 수 있다. 아길패스 넘어 하산은 거칠고 가파른 내리막이다. 그로부터 수 km 아래의 샤스감계곡 하안에 닿기까지 이러한 고된 길은 계속된다. 3시간가량 걸어내려 이윽고 **샤스감계곡**의 물길과 만나면 넓은 강자락 북측기슭에 버드나무숲으로 둘러친 캠프지가 있다. **케르친**이라는 곳으로 샤스감계곡 건너편으로 형형색색의 단층석벽이 멋지게 드리워져있어 일명 중국어로 '**칭홍탕**'이라고도 불리며, 남쪽에서 흘러오는 샤스감계곡의 아늑한 정취와 맞물려 고고하고 기품있는 풍치를 자아낸다. 유목인들의 옛 돌집구조물들도 산재해있는바 힘들었던 여로를 갈무리하고 캠프를 구축 야영에 들어간다. 높은 고개를 넘어왔으므로 고소중세는 한결 나아질 것이다.

아길패스 정상부. 멀리 좌측으로 K2가 보인다.

샤스감밸리의 넓은 하상. 빙하수가 급증하는 여름에는 온통 물바다가 된다(트레킹 불가!). 우측 아래 단구지형에 케르친 캠프지가 있다.

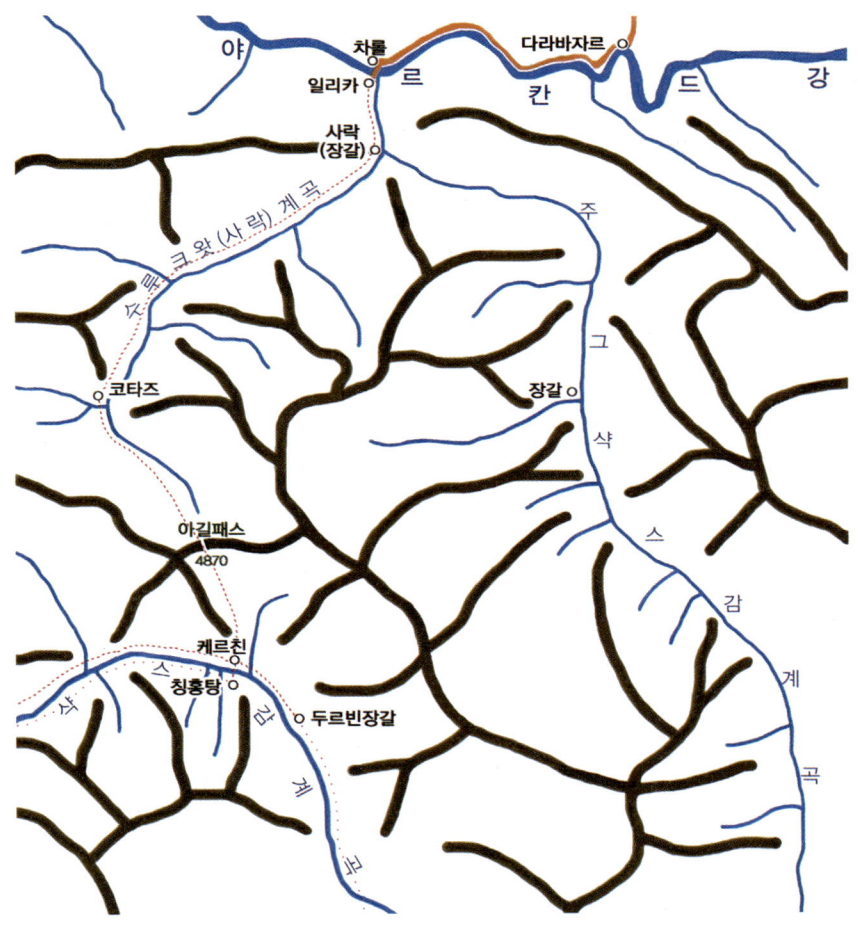

7일차 : 케르친(3,950m)−(6~7시간)−오투르장갈(3,820m)

K2 방면 트레일은 **샥스감계곡**을 따라 하류인 서쪽으로 이어진다. 다소 내리막길이다. 반대로, 상류인 남쪽으로 거슬러 오르면 이의 샥스감계곡 주계곡을 따라서 싱기캉그리(7,202m) 발원의 **싱기빙하 & 스타가르빙하***, 가셔브룸1봉(8,068m)·우르독(7,200m)·시아캉그리(7,422m)·인디라콜(6,000m)*에서 흘러내린 **우르독빙하**, 가셔브룸2봉(8,035m)·4봉(7,925m)·브로드피크(8,047m)를 모산으로 하여 흘러내린 **가셔브룸빙하** 등의 카라코람 북부빙하 탐험루트로 이어진다. 허나 예외없이 빙하지대로 올라서면 루트가 난해하고 위험지대가 사방에 도사리고 있어 일반 트레커들이 쉬이 탐승에 나서기는 상당한 어려움이 있다. (∴ 만약 이 지역을 트레킹하고자 한다면 철저한 준비와 함께 전문적이며 경험이 많은 에이전시/일꾼들과 합세하여 나서길 바란다.)

* 인디라콜(6,000m)을 넘어서면 동부카라코람의 시아첸빙하 지역이다. 스타가르빙하 상부의 우측(남부)능선 투르키스탄패스(5,855m)를 통해서도 이 시아첸으로 넘어갈 수 있다. 현재 인도군이 진주하고 있어(인·파 분쟁지역) 어떠한 통행도 금지된다.

K2 북부

케르친 캠프지

칭훙탕 부근의 석회암 절리대

색대비가 강한 칭훙탕 일대 암산절벽

※ 샥스감밸리 상류 방면 탐승(탐험) 루트상의 풍정(2009 러시아탐험대)

싱기빙하 초입부

싱기빙하 본진

스타가르빙하 초입부

우르독빙하

가셔브룸빙하와 가셔브룸 1봉(좌)·2봉(우)

북부 가셔브룸빙하와 브로드피크

싱기빙하 최상부에서 바라본 발토로 연봉들
(좌로부터 가셔브룸1봉(8,068m)-2봉(8,035m)-브로드피크(8,047m)-K2(8,611m). 이들 너머가 바로 파키스탄 발토로빙하 지역이다.)

케르친 캠프를 떠나 이내 바로 앞에 놓인 샥스감계곡의 물길을 건너야 하는데 야트막한 곳으로 잘 찾아서 건너도록. (※ 수량이 많고 건너야 할 계곡(강)의 폭이 넓어 대개 **낙타를 타고** 도하하게 된다. 이럴 경우 낙타에 짐을 내렸다가 다시 싣고 하는 등의 꾸리는 시간이 제법 소요되기도. ⇒ 그룹규모가 클 경우 보통 낙타를 활용한 계곡도하에 1시간 이상은 기본이다.) 샥스감계곡을 따라 나아가면서 적색/청색/갈색/황색 등의 형형색색으로 기이하게 줄을 긋고 있는 석회암 단층의 풍경이 매혹적이며 신비감을 더한다. 계곡의 하상은 모래층과 혼합된 자갈/잡석층으로, 넓은 곳은 강폭이 1km 이상 넓이로 확장되기도 하는바 이렇듯 샥스감계곡은 때로 넓어졌다 좁아졌다를 반복, 더욱이 넓은 하상에서는 여러 가닥으로 물길이 갈라져 흐르기도 한다. (☞ 파키스탄 발토르트레킹 (문종~파유 구간) 시의 분위기와 매우 흡사한 풍정이다.) 이 샥스감계곡 트레일은 간혹 사이사이 갈라진 물길들을 도하하거나 바위/절벽지대를 우회하는 경우 말고는 진행에 그리 큰 어려움은 없다. 더불어

샥스감계곡 낙타 도하

오랜 세월에 걸쳐 침식 풍화된 하상단애의 풍광은 계속되는 눈의 즐거움이다. 트레일은 계곡 좌측(남쪽)기슭 단애부의 상부면 위로 나있으며 – 갈수기에는 샥스감계곡의 하상을 그냥 일자로 종단하여 트레일을 진행할 수도 있다. 유량의 많고적음에 따라 판단토록. 대개는 트레커 본인들은 하안단구 상부트레일로, 장비를 운반하는 낙타행렬(카라반)은 강바닥 하상트레일로 진행한다. – 이윽고 남쪽에서 합류해 흘러드는 **사르포라고(Sarpo Laggo)** **계곡** 합수부에 도달. 이로부터 트레일은 좌향(남쪽)으로 꺾어들어가 이의 샥스감계곡을 벗고 사르포라고 계곡으로 진입하여 이어간다. 바로 이 사르포라고계곡이 샥스감계곡과 합수하는 일대가 **오투르장갈** 캠프지로, 이날 일정은 더 이상 진행하지 않고 이곳에서 캠프를 차리고 야영하는 것으로 갈무리한다. 바야흐로 캠프지 남쪽 사르포라고계곡의 넓은 하상 위로 하얗게 떠오르는 K2(북면)의 모습이 비로소 드리우기 시작한다. 아울러 오른편으로 도열하는 총타르(7,370m) 연봉의 모습 또한 강렬하다.

사르포라고 계곡 합수부의 오아시스지대 (오투르장갈 캠프지)

오투르장갈 합수부에서 바라보는 사르포라고 계곡의 넓은 하상과 K2(좌)-총타르 (중앙)의 전위봉들. (계곡하상 중앙 좌측 골머리가 수게트장갈이다.)

* 사르포라고의 유래가 이를 첫 탐험한 영국인 영허스밴드의 'Young + Husband' 즉, "젊은(Sarpo) + 낭군(Laggo)"으로서의 현지식 표현이라는 소개가 있으나 이는 얼토당토않은 것으로, 시쳇말로 '너무 오버한' 뜬금없는, 아닌게아니라 그냥 되는 대로 갖다붙인 설명이고 실은 발티어 '사르포(노랑/붉은) + 라(고개) + 고(높은)'가 합쳐진 말로서 보는 것이 타당하다. 즉, 단순히 이 일대 주변의 산세로부터 묘사되어 이름지어진, 즉 우리식으로 표현하면 "황색고개-황치" 정도로 풀이될만한 지명 임이다. 물론 이 사르포라고 계곡 자체가 '라고(La-Go)' 즉 '고개'와는 상관이 없어보이지만 그러나, 바로 그 최상층의 발원(빙원)이 곧 너머 발토로산권과의 연결부=분수령인 해발 5,685m의 '사르포라고패스' 임을 - 또한 바로 그 북쪽에 '사르포라고피크(6,225m)'로서 이름불은 봉우리도 있다. - 상기해보면 그리 잘못 지어진 명칭이 아닌, 아니 지극히 타당한 이름이렸다. 곧, 바로 그 "사르포라고 고개로부터 흘러내린 골짜기=계곡" 즉 '사르포라고 계곡' 인 것이다. 탐험가 영허스밴드의 계곡이 아니라. (☞ 우리식이라면 말마따나 "황치계곡/황치골" 이라고나.)

* 오투르장갈 =「오투르(우투르/우타르; 위쪽) + 장갈(숲)」. 과거 파키스탄 영내였던 만큼 남방언어인 우르두어로 불리는(연관된) 지명 또한 여럿 보인다. 하지만 대개는 토착어인 발티어나 타지크어, 키르기즈어로 된 지명들로, 특히 사람의 발길이 닿기 어려운 산과 골짜기, 빙하 등은 발티어 명칭이 대부분이고, 달리 목초지나 수풀지대, 마을일원 등 생활주변은 여러 족속(민족)들의 발길이 오갔던 탓에 그처럼 각 족속들의 언어- *타지크어/키르기즈어/투르크어/위구르어/몽골어 및 중국어까지* -로 같은 대상(장소)에 대해 각기 서로 다른 명칭으로들 불리고 있다.

합수부의 샥스감계곡과 구름에 덮인 크라운 피크(7,265m)

오투르장갈 샥스감계곡의 폭넓은 하상

오투르장갈 캠프지

8일차 : 오투르장갈(3,820m)-(3시간)-수게트장갈(3,890m)

근거리의 짧은 일정이다. 오투르장갈에서 남쪽으로 사르포라고계곡을 따라 진입하여 두어 시간 정도면 수게트장갈에 이를 수 있다. 달리 오투르장갈 북서쪽으로 계속 샥스감계곡을 따라 내려가는 하부루트는 아직까지도 그리 많은 탐사가 이루어지지 못한 미답지역에 속한다. 아니 불과 몇 십 년 전만 하더라도 이 산줄기의 북쪽 지경은 있는지조차도 몰랐던 원시골짜기였던바 소위 기본적인 물줄기의 향방조차도 가늠하지 못했다 한다. 혹여라도 섣부르게 이 샥스감계곡 하류'를 탐승 -탐험해보겠다는 생각은 버리도록. 필경 무수한 급류와 절벽길 사이에서 오도가도 못하는 상황에 처하고 말 것이다.

* 지도에는 하류로 어느 정도 내려간 후에 서쪽 브랄두계곡을 따라 파키스탄 영내로 접어들어 심샬패스 (4,820m)를 넘어 길기트·발티스탄 주 훈자·나가르 지역 동단의 심샬지역(심샬파미르)으로 나아갈 수 있는 것으로 되어있으나, 실상 중국/파키스탄 양국 국경이 놓여있는 상태라 이 지역을 트레킹으로 넘는 여행객들은 거의 없다 보면 된다. 오직 전문 탐사꾼이나 탐험정신에 입각한 모험가들만 그것도 사전 특별허가를 득하고서야 나설 수 있는 일이다.

수게트장갈은 황량한 사막같은 곳에 자잘한 버드나무숲으로 둘러친 오아시스같은 곳으로서 1937년 탐험가 에릭 쉽톤(1907~1977)의 캠프지로서 알려진 곳이며, 그보다 50년 전인 1887년 프란시스 영허스밴드가 첫 탐험에 나섰을 당시 캠프를 쳤던 곳이기도 하다. (⇒ 그의 이름을 따서 '영허스밴드캠프' 또는 이처럼 중국 지역에 구축한 베이스캠프라 하여 일명 '차이니즈 베이스캠프(Chinese Base Camp)'라고도 하나 그리 많이 통용되는 명칭은 아니다.) 분위기는 파키스탄 쪽 발토로트레킹 지역의 '파유' 캠프지와 비슷하다. 이 수게트장갈 캠프지에서 **K2의 우뚝한 모습을 조망**할 수 있으며, 일대 산록에서 무리지어 다니는 키앙(야생당나귀)이나 바랄(야생산양) 등 야생동물들의 군집도 어렵잖게 목격할 수 있다.

사르포라고 계곡. 본류는 좌측 골짜기로 형성되어있다. 우측 골짜기는 스캄리계곡(크레바스빙하) 방면. 아래쪽에 수게트장갈 녹지대가 보인다.

수게트장갈 캠프지

이로부터 K2 북부빙하지대로의 트레일이 본격적으로 시작되는바, 곧 이 수게트장갈 캠프를 이에 의거 'K2 북부베이스캠프' 로서 지칭키도 하나 실상은 후방캠프로서의 역할인즉 실질적인 전진캠프 (Advanced Base Camp; 약칭 ABC)는 K2 북부빙하(K2 North Glacier)를 따라서 1천3백미터 높이를 더 올라간 빙하지대 상부에 위치한다. 즉 발토로트레킹의 콩코르디아 캠프와 같은 후방캠프로서의 입지이며, 이어 발토로빙하와 고드윈오스틴빙하 상부의 K2 B.C. 및 G1·G2 B.C.를 그러한 '전진기지'로 내세우는 것처럼 이 북부루트의 실질적인 전진기지는 또한 바로 그처럼 K2 북부빙하 해발 5,200m 빙하지대 상부에 위치하고 있음이다.

9일차 : 수게트장갈 휴식일

본격적인 K2 북부 내원탐승에 들어가기 전에 하루 충분한 휴식을 취한다. 물론 일정상황에 따라 융통성있게 적용할 일이다. 가만히 앉아 쉬는 게 무료하다면 서쪽 크라운피크(왕관봉) 방면의 엥기소가트빙하나 남서쪽의 스캄리빙하, 사르포라고빙하 또는 남동쪽 스키앙북부빙하 일원으로 다녀와보는 것도 괜찮다. 물론 하루만에 이들 빙하지대를 다 탐승하고 돌아오는 것은 불가능한 일이기에 만약 따로 이들에 대한 답사/탐승 일정을 별도(프로그램)로 잡은 게 아니라면 적당히 둘러보고 돌아와야 할 것이다. 단지 고소적응 내지는 유람 차원에서만.

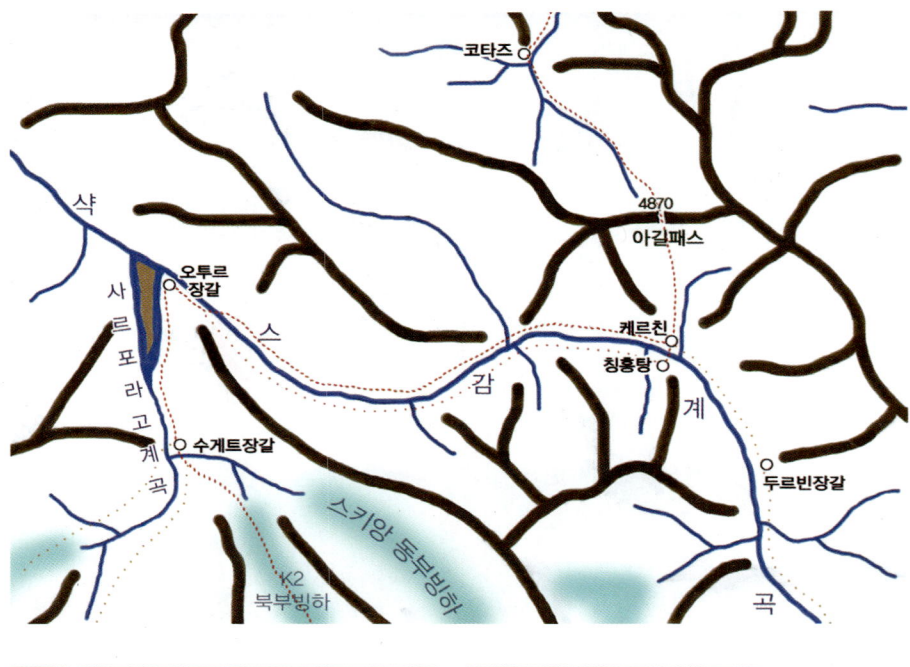

좌) 사르포라고계곡 본류. 앞쪽 빙하초입부 너머 우측으로 티오르(6,735m)의 모습이 떠올랐다.
우) 사르포라고빙하 본진. 계속 나아가면 웨스트무즈탁패스, -※ 스캄리빙하의 웨슴패스가 이의 약칭이라 혼동키도- 사르포라고패스, 모니라 등의 발티스탄 능마루를 넘어 발토로빙하 지역으로 넘어가게 된다.

수게트장갈에서의 K2(우) & 스키앙캉그리(좌) 조망

검게 드리운 스캄리빙하(일명 '크레바스빙하') 방면. 좌측에 솟은 봉우리는 스캄리피크(6,730m)

10일차 : 수게트장갈(3,890m)-(4~6시간)-카라타스(4,400m; 하부빙하*)

* K2 북부빙하의 하부빙하지대 카라타스를 일명 '파키스탄캠프'라고도 일컫는다.

낙타카라반은 수게트장갈까지만이다. 이후로는 자갈과 얼음이 뒤섞인 모레인 빙퇴구 지형의 숱한 오르내림을 반복해야 하는데다가 예측불허의 위험한 크레바스지대가 곳곳에 도사리고 있어 이들 짐승들을 이런 지형으로 운반도우미로 데리고 나서는 것은 극도로 위험하기 짝이 없다. 고로 이제 K2 북부빙하를 거쳐 ABC(Advanced Base Camp)까지의 구간은 인력으로만 이동가능하며, 경우에 따라서는 낙타 대신 나귀(노새)를 대동하고 진행키도 하나 크레바스 통과에 어려움이 따르기에 이탈리안캠프 이후에는 역시 사람의 힘으로서만 모든 일을 수행해야 한다. (✔ 파키스탄 발토로 트레킹보다 쉽지 않은 점이 여기 또 있다.)

바야흐로 남서쪽으로 향하는 사르포라고 주계곡*을 벗고 남쪽 K2 북부빙하 지역으로 올라간다. 계곡 따라 어느 정도 진행한 후에는 이제 K2 북부빙하지대로 올라서야 함이다. 늘 그렇듯이 빙하 초입으로의 오름길이 에두르고 힘들다. 일단 올라선 후에는 경사도는 완만해지나 발토로빙하 때와 마찬가지로 빙퇴석 오르내림이 만만찮다. 세락(빙탑) 구간도 나타나 요리조리 잘 에둘러가면서 나아가면 상황에 따라 다르지만 약 4~5시간 정도면 대략 하부빙하지대의 캠핑할만한 터에 이른다. 카라타스란 곳으로 불리나 사실 정확한 명칭은 없다. 이후의 이탈리안캠프 역시 마찬가지다. '카라타스'란 것은 단지 '검은(카라) 돌(타스)'이 많다는 데서 나온, 곧 이러한 빙퇴석지대를 일컫는 호칭일 뿐, 이탈리안캠프 역시 이처럼 '카라타스 캠프'로서도 지칭되는 까닭이다. 순차적인 고도적응을 위해서 이날은 이 카라타스 하부캠프까지만 운행하고 야영한다. 물론 고소적응이 완벽하게 되어있다면 더 나아가 중부빙하지대인 이탈리안캠프까지 가서 야영하는 것도 생각해볼 수 있을 것이다. 허나 무리할 것은 없다. 천천히 오르면서 멋진 풍광을 만끽하자.

* 달리 사르포라고 주계곡을 따르면 이내 빙하골짜기의 동남방면으로 총타르(7,370m) 연봉, 스킬브룸(7,360m)과 사보야캉그리(7,263m) 연봉, 무즈탁타워(7,273m) 등등의 파키스탄 발토로산권과 맞닿은 카라코람의 연봉들을 휘두르며 올라가 최종적으로 사르포라고패스(5,685m)를 넘어 트랑고 연봉이 펼쳐진 빙하지대(트랑고빙하)로 나아갈 수 있는데, 전문 등반코스인데다 중국/파키스탄 국경이 교차하고 있어 사전 양국정부로부터 특별허가를 받지 않고서는 이를 넘을 수 없다. (※ 국경을 넘지 않는 단지 정상등반만 하는 등반 프로그램의 경우는 그래도 허가(퍼밋)를 받는 것이 어렵지는 않다. 중국등산협회 측에서도 이 카라코람 북부 지역을 통한 고봉등반을 세계 유수의 등반가들에게 적극 장려하고 있는 실정이다.) 한편 사르포라고 주골짜기로

들기 전에 서쪽으로 스캄리빙하 지역으로 올라갈 수도 있는데, 이 루트는 종국에 웨슴패스(5,770m) – *한편으론 남쪽 사르포라고밸리의 웨스트무즈탁패스(West Mustagh Pass)의 약칭이라고도 하는 둥 실상 두 고개의 위치와 유래가 분명치 않다.* – 를 넘어 남쪽지경으로 파키스탄 영내의 브랄두계곡을 따라 치카르(3,820m)로 나아간 후 서쪽으로 다시 심샬패스(4,820m)를 넘어 길기트·발티스탄 주 훈자·나가르 지역의 심샬(3,050m)고원 이른바 '심샬파미르' 지경으로 나아가게 되는바, 역시 국경통과루트로서 양국의 특별허가 없이는 웨슴패스를 넘어갈 수 없다. 마찬가지로 일반 트레커들 역시 불가하고 전문 탐사/등반그룹에 한해서만 퍼밋이 발부된다.

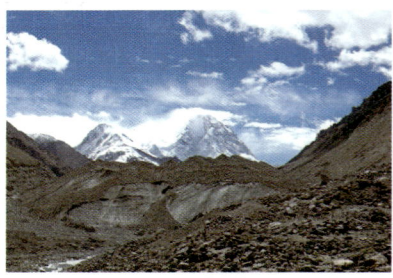

K2 북부빙하 초입부. 빙하모레인 위로 K2가 불쑥 솟았다.

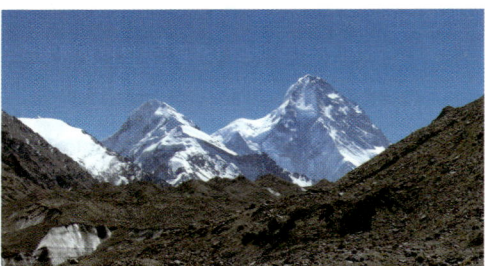

하부빙하캠프(카라타스)에서의 K2 조망

※ K2 북서부지역(스캄리빙하/사르포라고빙하 & 발티스탄패스) 연계도

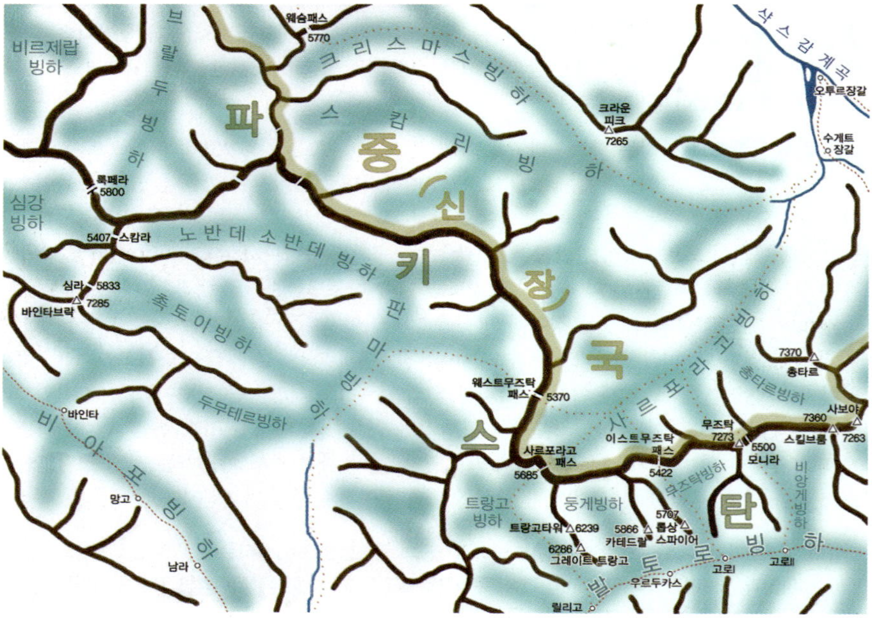

······· : 일반 트레킹코스 　　　 · · · · · · · : 전문 탐험루트 (특별퍼밋(Permit) 요망)

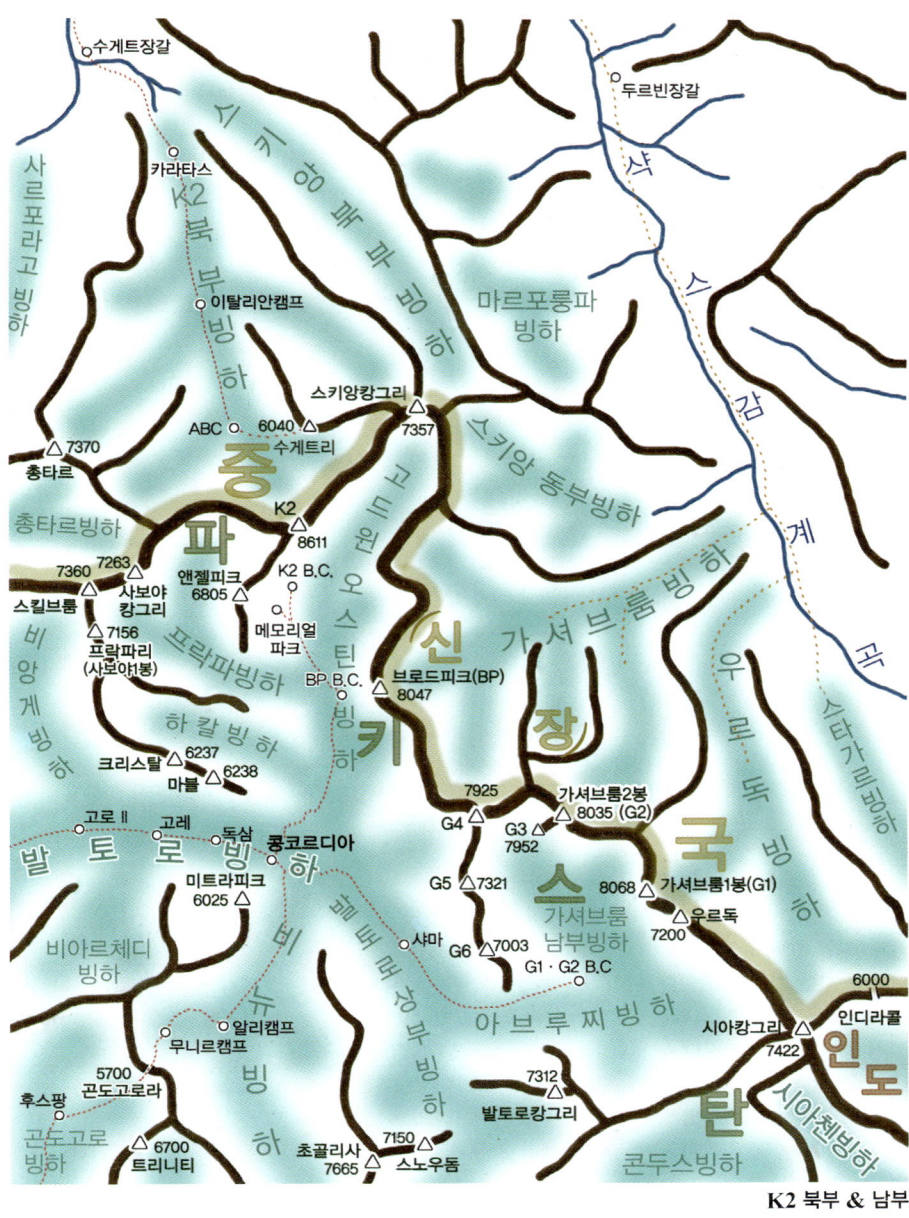

K2 북부 & 남부

11일차 : 카라타스(4,400m; 하부빙하)-(4~6시간)-이탈리안캠프(4,700m; 중부빙하)

크레바스에 유의하여 나아간다. 위압감을 주는 크고 높은 장괴한 빙탑(세락)들도 잘 에둘러 나아가라. K2 북부빙하 중반부인 이탈리안캠프까지 소요시간 4~5시간 정도 잡는다. 제시간에 도착하면 런치캠프가 가능하나 만약 시간이 지체될 것을 상정하여 도중 끼니를 해결코자한다면 팩런치(도시락)로 준비해오라. 물론 간단한 행동식으로서만 해결코자할 수도 있다. 고소증에 유념하여 한발 한발 천천히 급하지 않게 내딛도록 한다. 건너뛰거나 급한 오르막에서도 절대 무리하여 힘을 주어 도약하지 말 것. (⇒ 고소증으로의 직행길이다.) 남쪽 정면으로 K2(8,611m)의 장엄한 풍광이 바라다보인다. 좌측(동쪽)으로는 스키앙캉그리*(7,357m), 우측(서쪽)으로는 스킬브룸(7,360m), 총타르*(7,370m) 연봉이 고고하다.

 /

K2 북부빙하의 중반부. 좌우로 거대한 세락들의 행렬이 압권이다. / 이탈리안캠프 남단의 모레인 세락지대. K2가 웅혼하다.

* 스키앙캉그리 = 「ㅅ+키앙(당나귀) + 캉그리(설산)」또는, 「스캉(스캄; 헐벗은) + 캉그리(설산)」으로 풀이가 가능하다. ⇒ 산스크리트어 산명인 '낭가파르밧(벌거벗은 산)'과 상통하는 맥락이다. 실제 분위기도 비슷한 것으로 언급된다.
* 총타르 = '초(높은)' + 'ㅇ+타르'(땅/더미)」 또는 「총/창(큰) + 타르」로 풀이할 수 있을듯하다. 즉 단지 '높고 큰 대상(=산)'을 가리키는 단순지칭이었던 데서 나온 말일 듯싶다.

12일차 : 이탈리안캠프(4,700m)-(4~6시간)-ABC(5,200m; 상부빙하 전진캠프)
(※ 또는 이탈리안캠프-ABC-이탈리안캠프 왕복; 일정단축)

최종목적지인 ABC(Advanced Base Camp) 곧 K2 북부 B.C.를 향한 마지막 오름길이다. 빙하지대의 풍광은 더욱더 빛을 발한다. 좌우로 여러 지류빙하와 빙폭들이 쏟아져내린다. 가히 압권이다. 정면으로 K2의 모습은 더욱 고고하게 솟았다. 이의 K2 북면에서 바라보는 풍광 정말이지 세상 제일이라 칭할 수 있다. 동쪽으로 스키앙캉그리(7,357m), 서쪽으로 총타르(7,370m) 연봉이 호위한다. 멋진 하루를 이곳 하이캠프에서 보낼 수 있다면 그야말로

K2 북부빙하 ABC(전진캠프)

최고의 선물이다. 그러나 만약 고산증세가 엄습해오길 두려워 꺼린다면 그렇다면 하산이다. 안전이 더 우선이니까. 단지 소풍나온 기분으로 이 ABC까지만 올랐다가 간단하게 도시락으로 끼니만을 해결한 후 내려가라. 많은 트레킹그룹들이 이같은 일정으로 나선다. (☞ 취사/야영장비 운반 문제도 수반) 하지만 만약 고산증세가 없고 밤과 아침의 추위만 극복해낼 수 있다면 바로 이 K2 코앞 발치아래에서 아침을 맞이하는 것이야말로 최고의 추억이 될 터이다. K2가 선사하는 지상 최고의…

북부빙하 ABC에서의 K2

북부빙하 동쪽 수게트리 방면에서 바라본 K2의 형상

☆ ABC에서 가까이에 솟아있는 해발 6,040m의 수게트리(Sughet Ri) 전망포인트를 올라보는 계획도 세워볼 수 있다. 이 경우 하루 일정을 더 추가해야 하며, 로프를 비롯한 아이스액스(얼음도끼), 크램폰(아이젠) 등의 안전장비들도 추가로 챙겨야 한다. 물론 등반에 준할 정도로 그리 난이도가 높은 코스는 아니다. 하지만 기본 고도가 6천미터를 넘으므로 산소부족으로 인한 고소증 및 체력소진 등의 문제를 간과해서는 안 되겠다. 만약 이 수게트리 등반계획까지 세워서 왔다 하더라도 몸상태가 안 좋거나 일기가 좋지 못하다거나 한다면 단연코 시도치 말고 물러날 일이다.

13일차 : ABC(5,200m)-(4시간)-이탈리안캠프(4,700m)

올랐던 길 그대로 하산이다. 내리막이라 시간은 훨씬 단축될 것이다. 단, 여전히 빙하지대의 위험한 지경을 통과해야 하니 더더욱 실족하거나 길을 잃지 않도록 주의할 것. 말했듯이 발토로빙하지역보다 훨씬 더 난해하고 위험한 구간이다. 남은 일정이 빠듯하다면 더 아래의 하부빙하(카라타스) 캠프까지 내칠 수도 있겠다. 하지만 역시 무리하지는 말자. 사고는 항상 무리하여 강행한 데서 나오는 법이다. 아울러 이탈리안캠프 역시 사방 경치가 훌륭해 하룻밤 더 머물고 간들 후회될 것은 없다. 일정 상황에 맞춰 조율토록. (※ 때로는 이 K2 빙하 중반부의 이탈리안캠프에서 온전한 하루 휴식일(예비일 활용)을 갖기도 한다. 하이캠프(ABC)를 다녀온 것에 대한 일종의 보상이자 체력적인 배려로서 말이다.)

14일차 : 이탈리안캠프(4,700m)-(4시간)-카라타스(4,300m)-(3시간)-수게트장갈(3890m)

거리가 좀 되나 푹신한 자갈빙하지대인 카라타스보다는 아예 수풀우거진 수게트장갈까지 내려와서 쉬는 게 좋다. 이로써 K2 북부빙하와는 안녕이다. 검고 위압적인 빙하 말미자락을 뒤로하고 수게트장갈로 내려선다. 서쪽 새하얀 총타르(7,370m) 산군이 신부처럼 마중나와있다. (※ 전날 카라타스까지 내려왔다면 이날 수게트장갈 지나 오투르장갈까지 가는 일정으로 추진해볼 수 있다.)

15일차 : 수게트장갈(3890m)-(3시간)-오투르장갈(3,820m) 〈∴ 반일휴식일〉

가까운 거리이므로 일찍 도착하여 런치캠프를 차린 후 그간 못한 빨래나 하면서 느긋하게 보내는 일정으로 갈음한다. 샥스감계곡을 따라 주변 산보를 다녀와도 좋다. (※ 수게트장갈에서 오투르장갈 지나 샥스감계곡 중간쯤에서 머물 수도 있겠으나 장소가 그리 좋지 못하므로 아무래도 숲지대가 형성된 오투르장갈 일대가 캠핑에는 적합하다. 물론 아예 케르친까지 나아가고자할 수도 있겠으나 거리와 소요시간이 만만치 않다. 게다가 날 화창한 땡볕이라도 내리쬐는 날에는 더더욱...)

16일차 : 오투르장갈(3,820m)-(6~7시간)-케르친(칭홍탕; 3,950m)

들어올 때의 역방향 그대로 진행한다. 소요시간도 당시와 별 차이가 없다. 햇빛강한 날에는 일사/열사에 주의하여 운행토록. 샥스감계곡 도하시 다시금 낙타 등에 올라타고 건너는 재미를 만끽한다. 객기는 절대 부리지 말라. 빙하녹은 물은 얼음짱처럼 차갑다. 점심은 진입 때와 마찬가지로 팩런치든 핫런치든 상관없다. 미리 스태프들과 잘 상의하여 정하도록.

17일차 : 케르친(3,950m)-(4~5시간)-아길패스(4,870m)-(2시간)-코타즈(카리야르; 4,330m)

마지막 막바지의 괴로운 – **피하고 싶은 !** – 일정이다. 하지만 이 아길패스를 다시 넘어야 함이다. 다른 길은 없다. 발토로트레킹이라면 저 아스콜리에서 스코로라(5,030m)를 넘어 시가르로 나아오는 형국이랄까. 하지만 그건 '필수'가 아닌 '선택'이었다. 이 K2 북부트레킹은 또한번 이의 아길패스를 달리 '선택'이 아닌 '필수'에 의해서 넘어야 한다. 최초의 고행길이었던즉 최후의 고행길이기도 한 것이다. 즐거운 마음으로 넘자. 아울러 정상마루에서의 멋진 조망도 한껏 음미하고. 캠프 역시 먼젓번 키르기즈란치로 불리던 코타즈(카리야르) 바로 그곳이다. 해발 4천미터대의 마지막 밤이다. 밤하늘 별빛도 음미하자.

18일차 : 코타즈(4,330m)-(3시간)-장갈(사락; 3,830m)-(2시간)-일리카(일릭; 3,500m)

들어올 때 이틀일정이었던 구간을 복귀시에는 이렇게 하루일정으로 단축이 가능하다. 들어설 때와 마찬가지 길을 힘들이지 않고 편하게 단지 내리막길로 이어지므로 운행시간이 그처럼 짧아지기 마련이다. 점심(핫런치)은 도중 수루크왓(사락)계곡 언저리의 마을 부근에서 취하면 되겠다. 일리카에 여장을 풀고 마지막 캠핑에 들어간다. (※ 또는 아예 일리카에 일찍 도착하여 런치캠프를 차릴 수도 있겠다.)

19일차 : 일리카-마흐자르-카르길릭(예청). 〈차량이동 10시간〉

※ 도중 마흐자르에서 신장공로(G219 도로)를 따라 남동쪽으로 티베트 아리(Ngari/Ali) 방면으로의 여행을 기획할 수도 있다. 물론 사전 에이전시와 협의되어있어야 할 사항이다. 퍼밋(티벳여행허가서) 없이 티베트 지역으로의 무단입경은 불허되기 때문이다. 때에 따라서는 단체가 아닌 개별여행객(4인미만)의 입경은 불허(퍼밋발급 거부)되기도 한다. 고로 이 계획을 실행하려면 일단은 뜻 맞는(함께 여행코자하는) 일행들을 포섭하여 미리부터 의기투합하여 나설 일이다. (티베트 퍼밋도 그렇게 미리 준비해놓도록. 맞닥뜨려서 하려면 여러모로 번거롭고 시간도 그만큼 더 많이 소요될 것이다.)

20일차 : 카르길릭(예청)-야르칸드(샤처)-카슈가르. 차량이동 5시간. 〈∴ 일정종료〉

※ 또는 카슈가르까지 올라가지 않고 카르길릭(예청)에서 동쪽으로 천산남로(G315 도로)를 따라 타클라마칸사막 남쪽으로 횡단하여 칭하이(청해)성 방면으로 나아가는 남부 실크로드 여정으로 연계진행하는 확장여행도 계획해볼 수 있다. 이러한 부분들 역시 사전 에이전시와 협의하고 나서면 (불필요한) 비용을 절감할 수 있다.

21일차 : 예비일 (☞ 트레킹일정 중간 고소적응일이나 휴식일, 악천후에 따른 대기일 등으로 활용)

* * * * * * * * * * * * * * * *

K2 북면(석양)

우르독빙하(좌)와 가셔브룸빙하(우) 사이 능선상의 전망포인트에서 바라본 카라코람의 고봉군.
(좌로부터 가셔브룸2봉(8,035m)-3봉(7,952m)-4봉(7,925m), 그리고 중앙부 희끗한 가셔브룸빙하가 휘어도는 정면으로 브로드피크(팔첸캉그리; 8,047m)와 우측 K2(8,611m)가 고고하게 솟구쳐있다. 너머의 발토로빙하지역에서 보는 것과는 정반대의 또다른 풍모이다. ★ 사진협조 : 2009 러시아 삭스감밸리 탐험대(www.turclubmai.ru) & Roger Nix(http://Roger Nix, www.flickr.com)

K2 북부

◆ 주요 산악언어 풀이(발티스탄 & 인근지역)

명칭	뜻	유래(언어)
카르포	흰색	발티
사르포(세르포)	노랑(금빛)/밝은	〃
마르포	빨강	〃
낙포	검정	〃
라(La)	고개	〃
라고(La-go)	고갯마루	〃
카	눈(雪)	〃
캉(강)	얼음/빙하	〃
캉그리(강리)	설산/빙산	〃
초(Tso)	호수	〃
추(Chu)	물/계곡	〃
추미크(추믹)	샘/수원	〃
룽마	계곡/강	〃
룽카	합류부	〃
룩파(룩페)	그늘/응달	〃
초고(Cho-go)	높음/우뚝함	〃
리(Ri)	봉우리	〃
리사(Li-sa)	사냥터/Female Highland(Risa)	〃
가셔(가샤)	아름다운	〃
스킬	가운데/중앙	〃
브룸	산(山)	〃
시아	들장미	〃
첸	많은(多)	〃
팔첸	넓은(Broad)	〃
스키앙	당나귀(키앙)	〃
셰르피(셰릅)	해뜨는/동방	〃
사세르(Sa-ser)	금광/금산	〃
코세르(Kho-ser)	금봉(金峯)	〃
구소르	토기(土器)	〃
총타르(종타르)	큰산	〃
브랑사	오아시스(목초지)	〃
뱌르사(바르차)	목초지	〃
브로크(브록)	목초지/고원	〃
브라크(브락)	바위(봉)	〃
곤도	조각/파편	〃
고로	돌	〃
(스)코로	잡석(모레인)	〃
폰	돌더미/바위	〃

※ **사르포(노랑/밝은)**와 **셰르피(황금(색)/일출)**은 의미상 서로 상통하는 면이 있다. **낙포(검정)**와 **룩파(어두운곳/음지)** 역시 관념적으로 상통한다. 발음상 비슷하면 곧 의미(관념)적으로도 유사한 점을 내포한단 얘기다.

명칭	뜻	유래(언어)
바르두	성가신/거친	발티
말(마르/마앗)	터/기슭자락	〃
파유	소금	〃
울리	머리/위쪽	〃
비아호	수탉	〃
롭상	넓은/열린	〃
(우)르두카스	쪼개진 바위	〃
예르	위쪽	〃
만두	나무(木)종류	〃
비앙게	잡석/모래	〃
독삼	디딤돌/석단	〃
무즈탁	설산/빙산	투르크(터키)
가(가흐)	계곡/강	셰나(시나)
갈리	고개	셰나
고무카(고묵)	얼음/빙하	셰나/힌드코
바르푸(바릅)	얼음/빙하	부루샤스키/우르두
하라(하르)	골짜기/계곡	셰나/부루샤스키
자라브(제랍)	골짜기/계곡	와키
코(코르)	산/봉우리	와키
디(데)	산	와키
디아	산	셰나
미르(메르)	군주/으뜸	셰나/부루샤스키
치시(키시)	산/봉우리	셰나/부루샤스키
사르	산	부루샤스키
사르	호수	셰나
날라(눌라)	계곡/강	셰나/우르두
닐라	푸른	우르두
파하르(파르)	산/언덕	우르두/힌디
모렌(모레인; moraine)	빙퇴석(지대)	불어/영어
세락(sérac)	빙괴/빙탑	불어
크레바스(crevasse)	균열빙하	불어
베르크슈룬트(Bergschrund)	거대크레바스	독일어
비박/비부악(Bivak/Bivouac)	야영/노숙	독일어/불어

* * * * * * * * * * * * * * * * *

내 인생의 반려자이자 히말라야의 반려자였던
사랑하는 아내에게 이 책을 헌정한다.

I dedicate this to my love my wife
who is accompanier in life and was that of Himalaya.

= *Lyric* =